教育部人文社会科学百所重点研究基地
吉林大学边疆考古研究中心系列学术文集

先秦考古探微

王立新 著

科学出版社
北京

内 容 简 介

本书是作者关于中国新石器时代考古与夏商周时期考古的专题论文集，共计收录论文33篇，包括"新石器时代考古""夏代考古""商代考古""周代考古""青铜时代考古综合""理论与方法"六个专题。主要研究内容涉及两个方面，一是中国中原地区龙山至商代考古学文化的编年谱系、变迁过程与发展动因研究，一是北方长城地带新石器时代至青铜时代的文化与社会进程研究及早期游牧文化的形成机制研究。

本书供考古学、历史学及相关领域研究者与高校相关专业的师生阅读参考。

图书在版编目（CIP）数据

先秦考古探微 / 王立新著. —北京：科学出版社，2016.12
（教育部人文社会科学百所重点研究基地吉林大学边疆考古研究中心系列学术文集）
ISBN 978-7-03-052651-9

Ⅰ.①先… Ⅱ.①王… Ⅲ.①考古-中国-先秦时代-文集 Ⅳ.①K871.414-53
中国版本图书馆CIP数据核字（2017）第092732号

责任编辑：王琳玮 / 责任校对：邹慧卿
责任印制：肖 兴 / 封面设计：陈 敬

科学出版社 出版
北京东黄城根北街16号
邮政编码：100717
http://www.sciencep.com

北京建宏印刷有限公司 印刷
科学出版社发行 各地新华书店经销

*

2016年12月第 一 版　开本：787×1092　1/16
2016年12月第一次印刷　印张：29
字数：690 000
定价：188.00元
（如有印装质量问题，我社负责调换）

序

　　王立新把他的论文集初稿给我看，要我写一个序。我便有幸细读了一遍，感到受益匪浅！

　　我记得，在他做张忠培先生的硕士研究生时，正是类型学研究在吉林大学十分盛行之时。他曾把他的硕士论文《单把鬲谱系研究》初稿给我看，给我留下挺深的印象。我觉得，他的思维相当严密：先把单把鬲、单把斝式鬲和单把斝分清楚，再把单把鬲和单把斝式鬲的总体形态细致分为领口、三空足、腹腔三个部分，分别研究它们形式上的变化序列，进而找到同步演变的趋势。从而把单把鬲和单把斝式鬲统一分为甲、乙两大类，分别排出各自的演变序列，使人感到很有说服力。这和当时不少研究生只是机械地把器物排列成表面上看来是循序渐变的系列，在思路和眼光上都显然有别。他的这种细致而周密的类型学方法，在他的博士论文《早商文化研究》分析早商陶器和青铜器的形态演变序列时也清楚地表现出来。再后来，在他指导张礼艳的博士论文关于西周陶器形态演变序列部分，即《丰镐地区西周墓葬分期研究》（载于《考古学报》2012年第1期）中，也突出地表现出来。

　　我觉得，当初蒙德留斯建立独立于地层学的类型学相对年代研究方法，其思路并非仅依赖遗物外在形态的循序演变系列［滕固：《先史考古学方法论》译为"联类"（Serie）］，他特别强调要以最审慎的态度去研究发现物的互相关系，要用是否有平行排列的演变系列来验证所排系列是否正确。苏秉琦先生把蒙德留斯的方法应用于中国考古学研究，在斗鸡台和中州路两批资料中主要是使用的不同遗物的演变系列是否有平行（或"同步"）现象的方法。而同一种遗物本身不同部分的演变是否有平行（或"同步"）现象，在邹衡、严文明两位先生的研究中有较大的发展。王立新的单把鬲研究和早商陶器研究都可以作为细致研究同一遗物各方面特征是否有同步的演变系列的可借鉴的范例。

　　王立新在做我的博士生时，有两件事我很称赞。一个是他作为考古的博士生，对我讲的古文字学和先秦文献的课学得很起劲。记得他还和我的另位攻读古文字学的博士生合写过一篇考证西周金文中有关车马器的论文。而他在攻博期间写《桐宫再考》文章时（我只是提供了《史记》说伊尹放太甲于"桐宫"的"宫"是司马迁加上去的这样一个想法），查了很多历史地理方面的文献，都是他自己独立查到的。他自己说，既然当了林老师的研究生，那么林老师所长一定也要学。现在看他的论文集，不但有多处是运用先秦文献、古文字资料和考古学材料相结合来讨论问题的，说明他毕业后还在这些方面继续下功夫，而且为了扩大研究面，还继续学习了地质学、古环境学、文化人类学、科技考古等方面的著作，知识面已经比我更广了。而使我感动的是，我的学生后来大都只关心自己所从事的学术方向，对我的各个方面的研究进展多不甚了了，而王立新则一直关心我发表了哪些新的论文，能相当全面地介绍我的研究成果。这是很不容易的。另一个是，我的学生有不少说很怕我（我自己一直不明白为什么），先想好见我要说什么，见了我就想不起来了。王立新不是这样，很有主见，常常和我辩论不止。我那时家里虽已有三室，一间住我母亲，一间住两个孩子，我的书房和寝室是一间，如果晚上王立新来了，一辩论起来，我爱人便不能睡觉了。但是我很喜欢这样的学生。后来我看到有些我很敬爱的前辈学者，到了晚年，因为周围有很多人无原则地捧着，便不能清醒对待自己，很怕自己也会这样，便嘱咐王立新，说我如果老到那样的程度，你可不要那样捧我，该辩的时候一定要辩，让我能保持一点清醒啊。

这次全面看了王立新的论文集，觉得有三点很值得称赞：

第一条，是研究的问题不限于一个方向，而在不同方向上都有重要的突破。

王立新在攻读硕士学位时是做新石器时代研究的，而到了博士生时就专攻商代考古了，后来接替我讲夏商周考古，所以在夏商考古方面都有钻研，他的博士论文《早商文化研究》在早商文化的分布过程及其动因的研究上取得重要突破，入选"高校文科博士文库"（每年在人文社会科学博士论文中仅选10篇）。《从嵩山南北的文化整合看夏王朝的出现》《下七垣文化探源》《试论下七垣文化的南下》《从早商城址看商王朝早期的都与直辖邑》等文，都是深入细致分析考古资料，结合文献记载，复原夏、商历史的重要力作。但吉林大学地处东北，又成立了"边疆考古研究中心"，因此他的田野工作集中在中国东北地区，先是在夏家店下层文化的田野工作和综合研究方面取得了领先的成果，不仅在分期和分区上超过前人，而且在该文化的来源、社会形态、社会发展阶段、经济形态等方面都有新的认识。继而在林西井沟子发掘了首批可以明确定为东胡的墓葬、在克什克腾旗喜鹊沟发掘了早到商代的铜锡砷共生矿，进而在白城双塔遗址发现了距今万年前后的陶器，都是东北考古的重大突破。

除此之外，他也对长城地带从东到西的周代考古资料做了全面的综合研究，并提出了不能机械地看待气候变化和经济类型改变的关系、长城地带并非一下子全盘游牧化等重要观点。

第二条，他多年的考古研究始终没有脱离田野考古的实践。

比如，他在东北考古上的重要突破，都是在他亲自参加发掘的遗址或墓地的研究中所获得的，而且多数发掘的地点是他和考古同行或带领学生多次调查才选定的。而他对中原地区夏商考古的资料虽不能亲自参加发掘，但利用各种机会进行实地考察并认真观摩发掘品，一直是他醉心的事情。因此，他在考古学研究上取得的丰富成果，是和他始终不脱离田野考古、尽可能贴近考古第一线分不开的。

第三条，他是考古工作者中爱思考又善于思考的一员。

我觉得，他在开始时是在地层学和类型学上很下功夫的，但在反复实践中又不断探索正在发展中的新的考古学研究方法。这些想法在《浅论考古资料系统化与解释研究的方法》和《大安后套木嘎遗址发掘方法、技术与记录手段的新尝试》中较集中的反映出来，表现出决不故步自封而不断开拓进取的精神。

纵观他的全部论文，有相当大的部分已经是研究古代的社会演进过程，影响社会进程的动力，以及经济形态的改变和气候变化的关系等问题。要研究这些问题，特别需要综合多方面的考古资料，而且不限于考古资料，进行深入的思考，才能有所创获。

以对红山文化的社会发展阶段研究为例，他就没有像不少研究者那样，附和苏秉琦先生的"古国""原生型国家"说，而是从红山文化遗址的地面调查材料，结合个别的发掘成果，分析出红山文化已经出现了中心居落和一般居落构成的聚落群，而若干个聚落群又构成地跨数百平方千米的遗址群体，比较令人信服地说明了当时已存在部落联合体，从而证明牛河梁是刻意选址、严密规划、规模宏大的坛、庙、冢一体的遗址群，无疑反映了超部落的社会组织的存在。另外，他用女神崇拜（按：因所谓"女神庙"并未全面发掘，此点尚应存疑）、各积石冢中心大墓分属不同族团故不同宗、尚无迹象表明有唯一的王者、神庙为中心的布局表明了神权的至上等，论证红山文化的社会形态应该和早期国家尚有一定距离，而且从伦福儒、厄勒对酋邦社会的最新研究结果推定红山文化的社会是"一种以团体为本位的复杂酋邦社会"，就颇足以自成一家之言。比如，他从红山文化的聚落群分布的密度，远者10余千米，近者只有2~3千米，说明当时可供垦用的土地已不富余，来说明红山文化这种粗放式的、较高强度的农业活动一旦和气候干冷化耦合，必然导致社会的突然衰落，这也是很有说服力的。又比如，过去对于长城地带经济形态的游牧化，是简单的推想因为气候的干冷化，从朱开沟文化开始畜牧业的比重就逐渐增加，进而演变为游牧的。我在《夏至战国中国北方长城地带游牧文化带的形成过程》中反对这种见解，但也是简单化地认为是北方游牧人群南下所致。

他在《试论长城地带中段青铜时代文化的发展》一文中，根据新的考古发现和研究成果，比较细致地论证了重新界定的朱开沟文化并无畜牧业逐渐增加的迹象，其后的西岔文化和李家崖文化的经济形态也仍是以农业为主。气候干冷化只是造成了中段的北部地区人烟稀少，而春秋晚期到战国早期，出现了多人种、多文化传统和不同经济形态的人群在此地杂居的局面。而该地区发达的游牧业的兴起，北来人群的作用尤为重要，使该地区游牧化的实际历史呈现出来了，并由此提出，经济形态的转变不能只考虑环境的制约作用，也应充分注意战争及人群的迁徙等人为因素的作用，这样才有更大的说服力。

他的论文中也有一部分是属于中国考古学中传统的考古学文化界定和文化因素分析的。但因为他把这种研究和文献记载相结合，就在复原历史方面给人以新的启示。

例如，他在研究二里头文化的形成时，仔细区别了嵩山以北的郑洛区和以南的汝颍区在陶器器形、外来成分的构成和出现频率上的差别，明确地分为两种不同的考古学文化——王湾三期文化和煤山文化。进而又较生动地描绘了在龙山末期，煤山文化因素沿嵩山东侧北上，经郑州地区而进入王湾三期文化腹地的图景。改变了过去很多学者认为是嵩山南北的龙山文化经过新砦期发展到二里头文化的单线渐进观，把新砦期变成了煤山文化和王湾三期文化相互碰撞、整合的过程，且认为整合过程中煤山文化扮演着更主动、更重要的角色。在和文献结合方面，他不同意李伯谦先生所说二里头文化的形成是"后羿代夏"的结果，而把煤山文化的北上和夏启代益后，征伐观、扈等部族联系起来，把二里头文化形成作为启成为"天下咸朝"的联盟主的结果。随之，又提出了在此之前不可能有所谓的"早期夏文化"，以及二里头文化作为"夏文化"已经是一种"国族文化"这样的有新颖理论意义的见解，可供考古界同仁展开热烈讨论。

以上只是举例说明王立新在研究问题时爱思索又善于思索，相信读者在读他的其他论文时一定也会自己体察到这一点的。我想：爱思索是出于他对考古的热忱，所以能钻进去，抓住问题不放手；善于思索则是建立在他不断吸收考古新发现、新研究成果，以及考古学之外的多方面知识的坚实基础之上的。

读完这部论文集之后，有两个想法：一个是，中国考古学需要有更多像王立新这样能不局限于一个研究方向、始终不脱离田野实践、又爱思索并善于思索的工作者，如果有了他们，就一定能使中国考古学发展得更快更好，矗立于世界考古之林；另一个是，我们中国的学术界现在还很少有对前辈学者的观点大胆提出不同意见的论著，希望这部论文集问世之后，不要再是一味的称赞，而能引起一点研讨论辩之风。那是将会对考古学的发展大有好处的。

林　沄

2017年1月1日于长春

目 录

序 ·· 林 沄（i）

新石器时代考古

辽西区史前社会的复杂化进程 ·· （3）
中国东北地区发现万年前后陶器——吉林白城双塔遗址一期遗存的发现与初步
　认识 ·· （17）
试论红山文化的社会性质 ··· （26）
瑶山祭坛及良渚文化神徽含义的初步解释 ································ （37）
单把鬲谱系研究 ·· （45）
关于"龙山时代"的概念 ··· （75）

夏 代 考 古

从嵩山南北的文化整合看夏王朝的出现 ··································· （83）
下七垣文化探源 ··· （101）
试论下七垣文化的南下 ··· （113）
夏家店下层文化渊源刍论 ··· （129）
关于夏家店下层文化的几个问题 ·· （146）
大山前遗址发掘资料所反映的夏家店下层文化的经济形态与环境背景 ···· （162）
试析夏家店下层文化遗址的类型与布局特点 ······························ （170）
夏家店下层文化的非龙山化过程及骨卜习俗的先进性 ····················· （178）
夏家店下层文化综论 ··· （182）

商 代 考 古

试论早商文化的分布过程 ··· （207）
从早商城址看商王朝早期的都与直辖邑 ··································· （233）
"桐宫"再考 ··· （257）
论克什克腾旗喜鹊沟铜矿遗址及相关问题 ································· （263）
试析商代方国都邑与商王朝军事重镇的异同——以三星堆和吴城城址为例 ···· （274）

周代考古

关于天马—曲村遗址性质的几个问题…………………………………………………（283）
龙头山遗址的几个问题……………………………………………………………（291）
探寻东胡遗存的一个新线索………………………………………………………（302）
秦统一前内蒙古中南部地区的文化多元化及其历史背景………………………（314）

青铜时代考古综合

试论长城地带中段青铜时代文化的发展…………………………………………（347）
辽西区夏至战国时期文化格局与经济形态的演进………………………………（368）
中国东北地区所见的珍珠纹陶器…………………………………………………（398）
也谈"昔三代之居，皆在河洛之间"的根由………………………………………（411）

理论与方法

也谈文化形成的滞后性——以早商文化和二里头文化的形成为例……………（421）
关于文明探源研究的一点思考……………………………………………………（432）
浅论考古资料系统化与解释研究的方法…………………………………………（435）
大安后套木嘎遗址发掘方法、技术与记录手段的新尝试………………………（444）
灰坑发掘中应当注意的三种情况…………………………………………………（453）

后记……………………………………………………………………………………（455）

新石器时代考古

辽西区史前社会的复杂化进程

本文所说的辽西区，是考古学上文化区的概念。早在1977年，张忠培先生在为吉林大学考古专业学生讲授东北地区考古学文化的区系类型时，就明确提出战国以前的辽西区可以作为一个相对独立的考古学文化区。1991年，张先生在《辽宁古遗存的分区、编年及其他》一文中，进一步对该区的地理范围进行了界定。他指出，该区"是指医巫闾山以西，北至西拉木伦河两侧，包括西拉木伦河、老哈河、大凌河、小凌河及它们的支流地区"[1]。

就目前认识，这一区域内已确认的史前文化主要是新石器时代中后期的兴隆洼文化、赵宝沟文化、红山文化和小河沿文化。它们应当属于前后相继的单一文化序列[2]。从文化内涵上看，这四支文化相互之间的一些主要文化成分具有明显的传承关系。因而，从文化谱系上说，它们大体应属同一系统的考古学文化。

自兴隆洼文化至小河沿文化，作为一个单一文化迭相更替且文化传统连绵不断的考古文化区，辽西区的古代社会究竟经历了什么样的演进过程？导致或影响这一社会进程的动力是什么？这些都是东北史前考古中需要着力解决的重大课题。

近年，辽西区一系列史前遗址的大规模发掘和区域性考古调查的蓬勃开展，以及多学科分析手段在实际工作中的运用，都为上述问题的解答积累了颇为丰富的资料。本文即拟在综合分析以往考古发现和研究认识的基础上，对辽西区史前社会的复杂化进程做一尝试性探索。

一

兴隆洼文化的年代据^{14}C测定，在公元前6200～前5400年[3]。这一时期聚落内部的布局大体有两种。

第一种以敖汉兴隆洼[4]、克什克腾南台子[5]和阜新查海[6]聚落为代表。特点是几乎所有居住性遗迹皆相互毗连，集中在地形起伏不大的同一区域之内。从分期的角度看，处于兴隆洼文化偏早阶段的南台子和兴隆洼一期聚落，居住区外都有椭圆形的围沟。沟内房屋皆成排分布、整齐划一，体现了建筑过程中的统一规划和设计。南台子聚落共发现房址33座，最大的一间房子位于居住区中心偏北。兴隆洼一期聚落所包含的房屋数尚不确知，但规模可以肯定要大于南台子聚落，这里最大的两间房屋并排建置于居住区的中心部位，面积各达140多平方米。这两处聚落都呈现了一种以大房子为中心的凝聚式布局。按照以往对仰韶聚落的分析，似可推测这两处聚落各自代表了一个以血缘关系相维系的氏族公社。需加说明的是，两聚落的围沟既窄且浅，宽、深均仅1米上下，与后来的城壕不可同日而语。所以，与其说它们是一种公共的防御性设施，倒不如说是一种界沟，借以强调整个聚落的统一精神。

查海三期聚落大体属兴隆洼文化的偏晚阶段。聚落内的房屋集结为若干个房屋组，每组2～4座，组内的房屋大多仍遵循着排列成行的习惯。而从整个聚落看房屋已不再有统一分排的现象。聚落内房屋由统一分排到出现若干房屋组，似乎意味着氏族内部血缘纽带的维系力开始减弱，而按血缘关系的亲疏程度进一步区分的"小集体"的地位正在逐渐得到重视。据介绍，兴隆洼聚落的偏晚阶段，亦出现了类似现象。可见，至少从兴隆洼文化晚期阶段开始，类似查海这样的聚落已可区分为聚落—房屋组—单个房屋的三级结构。综合各方面现象，可以认为以房屋组为代表的人群此时已成为村落中相对独立的经济单位。依组内房间的可居住空间判断，这种规模的人群少则七八人，多则十数人，很可能是包含三代人左右的一个大家庭，或称家族。单个房间虽然也都发现有灶，并常伴随日常的生产与生活用具出土，但从整个聚落内少见单个房屋独立成组的现象看，以单个房间为代表的人群在经济上未必能够成为一个独立的单位。尽管此时聚落内的人群已按血缘上的亲疏关系趋于分化并体现于房屋布局中，但就整个聚落来说，凝聚性却并未因此而丧失。在查海，在一个由若干房屋组所围绕的500平方米左右的场地内，发现一处长19.2米的龙形堆石，其南侧又分布有10座墓葬和2座内存烧灰和猪骨的祭祀坑。这片遗迹的规模虽小，作用却有可能已类似于年代略晚的半坡文化村落中心的广场，属于整个村落举行公共性礼仪活动的重要场所[7]。况且，此时这片居住区的外围仍有界沟的环绕。

在林西白音长汗[8]和敖汉兴隆沟[9]遗址，看到的则是兴隆洼文化聚落内部布局的另一种形式：聚落由彼此分开的2或3个区或地点组成。这些区由于彼此紧邻而仍可视为一个有机的整体。白音长汗遗址属同一时期的聚落被分为南北两区，各自都有围沟标界。两区之间约有40米的空阔地带相隔。北区发现有房址29座，呈4排分布。南区规模与北区大体相若。两区相距甚近却以围沟严格界分，透露出彼此所居人群在血缘关系上的疏远。这大概代表了两个因联姻或其他需要结邻而居的氏族公社。兴隆沟聚落则可明确区分成东、中、西三区，彼此亦有空白地带相隔。如果说这里每区各能代表一个氏族公社的话，那么整个聚落的人群就很可能属于包括了三个氏族公社的高一级社会组织。这种组织的性质不大明确，或可称之为氏族联合体。由于白音长汗和兴隆沟聚落的年代大体都在兴隆洼文化的中期或稍晚阶段，因而，这种高于氏族公社一级的社会组织的出现时间，当不晚于兴隆洼文化的中期。

在近年中美赤峰联合考古队对赤峰西部地区所进行的区域性考古调查中，在765.4平方千米的范围内共发现兴隆洼文化的遗址14处[10]。遗址点的分布稀疏且较为均匀。这些遗址点有的单独一处，有的则两三个在彼此相距很近的距离内结邻，相互之间只有几十米的空白地带或自然沟壑相隔，而整个范围的长度均不超过1千米，以至于各个地点的社团成员能够很容易地进行日常的面对面交流或从事共同的事业。这种"毗邻而居"的若干遗址点在以往我国学者所从事的调查中一般是作为同一个遗址来记录的。其中的各个地点则往往被视为遗址中的不同分区。前述白音长汗和兴隆沟遗址即是这样的情况。所以，若按我们传统上对遗址的判定标准，合并若干毗邻而居的"遗址点"之后，调查区内的兴隆洼文化遗址实际要少于14处。

结合已发掘的几处遗址看，兴隆洼文化的聚落在规模上虽有差异，所对应的社会组织在层次上又各有不同，但从空间分布和内部结构看，并未表现出中心聚落出现的任何迹象。

凡保存较好的兴隆洼文化的房址，内部多数只有日常生活必需的日用陶器和工具。房屋的形制、结构与陈设也都十分相似。个别房址在所处位置、规模或出土遗物上与其他房屋有所不同，如查海聚落中的F46，位于聚落北部居中位置，是聚落内最大的一座房址，面积约120平方米，房内出土了一对特大型石铲，较之一般石铲大一倍有余，刃部无使用痕迹。发掘者推测这可能是举行某种仪式的特殊用具，同时也是此屋主人地位的象征。又如白音长汗F19，该房址位置并不居中，规模也并非最大，多数出土物与其他房屋无甚区别，但室内居住面中央矗立一座石雕女神像，显示了此屋在功能上的特殊性[11]。

兴隆洼文化的墓葬存在三种类型。第一种是将死者埋于室内，见于兴隆洼、兴隆沟与查海三地。第二种为中心广场墓葬，见于查海。第三种即一般墓葬，分布于居住区之外，见于兴隆洼、白音长汗和巴林右旗的锡本包楞[12]等地点。前两种墓葬均有特殊性，埋葬的原因及墓主人的身份都不甚清楚。其中部分室内墓葬的死者随葬有玉玦、玉匕形器及蚌饰、牙饰等较精致的物品。兴隆洼M118居室葬墓主甚至与两头整猪同穴并列埋葬，可能反映了死者的身份地位与众不同[13]。白音长汗聚落附近的坡顶上有一处小型墓地，居山顶中心部位的M5为长方形石板墓，地表有石砌围圈，其余墓皆土坑竖穴式，地表有积石。M5被盗，其余墓葬多见个人的小件装饰品，仅个别墓葬随葬有陶器。推测M5墓主人的地位可能要较其他诸墓为高。以上现象反映当时社会已有初步的阶层分化，但不同阶层在居住和埋葬待遇上的差距并不悬殊。所以，这一时期可视为古代社会正由较早阶段的平等社会向分层社会的过渡阶段。

此外，与白音长汗石雕女神像风格类似的实物还见于林西西门外[14]等兴隆洼文化遗址。这说明女神崇拜已不是单个聚落中的偶然现象，可能已具有一定的普遍性。

二

赵宝沟文化的绝对年代在公元前5200～前4200年[15]。该文化已开始接收到来自中原方面的影响，出现了一些比较精致的泥质陶器。

在赤峰西部的区域性调查中，共登记有含赵宝沟文化陶片的遗址29处，数量比兴隆洼文化多一倍。遗址点的分布相对比较均匀。这一时期仍旧有一些独立一处的遗址点，但几个遗址点相聚成群的现象较为多见。即使按毗邻而居即属同一聚落的原则合并了若干个遗址点之后，仍有2或3处遗址相聚成群的现象。群内的遗址相距近者约数百米，远者可达1千米以上。这种遗址群的出现，表明该时期社会组织结构的复杂性进一步加大。按照前文我们关于聚落遗址所对应的社会组织是氏族或氏族联合体的推论，这种遗址群所代表的显然应是更高一级的社会组织。如果和已知的人类学材料相对比，似可将这些由邻近聚落中的人群所构成的小范围的地域性社会组织，对应于部落这一层级。

赵宝沟文化的聚落规模不等，甚至同一聚落内不同居住地点的规模也存在一定的差异。敖汉赵宝沟聚落[16]的面积约9万平方米，是目前所知该文化聚落中规模较大的一处，居住地可分两区，中间有浅凹地带相隔。从对第一区的发掘来看，聚落内部房屋的分布特点与兴隆洼文化偏晚阶段相似。往往2～4座房屋聚为一组，组内房屋多按同一方向排布。有时几组这样的房屋倒似沿坡岗上的同一等高线形成一排，但就整个聚落来说，已不存在统一分排的规律。在整个聚落中，房屋组才是最引人注目的单元。生活于其中的家族，构成了社区中相对独立的、恐怕也是最基本的经济单位。此时位居第一区中央的仍是一所大房子（F9），面积近100平方米。房屋倒塌堆积中出土有大量遗物，仅可供饮食的钵碗类器皿即有37件，占所清理的17座房屋出土全部饮食器的近三分之一。可见它不仅仅是一个家族日常起居之处，也当是赵宝沟聚落中一处重要的公共活动场所。除此大房子之外，聚落东部有一处以石块垒砌的圆角方形的平台状遗迹也颇为重要。发掘者推测，这可能是该聚落的一处公共的祭祀性建筑。大房子和石砌建筑的存在，标志着聚落的统一精神依然强固。

类似于赵宝沟聚落F9那样的大型房屋和居住区附近祭坛性质的石砌建筑，目前还不见于其他地点的报道。赵宝沟聚落是否已构成了附近一定范围之内的中心性聚落，限于对比资料的匮乏，尚不得而知。

缺乏墓地的揭露使得分析赵宝沟文化的阶层分化受到一定限制。不过，可反映社会分层的迹象在若干聚落中已有不同程度的体现。《敖汉赵宝沟》一书的作者依据房屋的规模、形制、建筑技术及出土遗物的差别将聚落内已清理的17座房屋分为由高及低的四个等级，以此来表现房屋主人身份地位的差异。不过，由于所分过细，各等级之间的差别实际上非常微小。小山遗址F2是研究赵宝沟文化的学者们经常要提到的一处重要遗迹[17]。该房址出土遗物在居住面上的分布，显示出房内已有男、女两性劳作空间的分割[18]。出土于男性一侧的一件石钺，制作精巧无比，当是权力的象征；一件陶尊的腹部竟刻划有环绕器身的成组神秘化动物纹，可辨其形者有肋生双翅的鹿、躯体盘卷如蛇的猪和一只似鹰非鹰的怪鸟，图案之抽象，令人惊异。由此，足可窥见当时人们精神活动的复杂。类似的神鹿形象也见于赵宝沟和敖汉南台地[19]聚落出土的陶尊之上，反映出对此类灵物形象的创作和表现，在较大的范围内已遵循着相同的程式。所以，拥有这种特殊陶器和石钺的房屋男主人毫无疑义地被认为是该聚落中首领级的人物。但须强调的是，与这些高级别遗物同出的毕竟还有石核和大量石片，这是制作石器的遗留。显然，这一"尊贵"的人物并未脱离普通的劳动。这一事实似乎表明，赵宝沟文化的聚落中虽有成员之间的等级地位之分，但更多的应是表现在祭祀或其他的礼仪活动方面，未必达到经济或政治地位不平等的地步。而且，较之社会关系更为复杂的等级社会来说，此时尚未达到全社会划分为若干不同阶层的程度。而这些，正是部落社会所具有的特质。

值得一提的是，在位于赵宝沟文化分布区边缘的滦平后台子遗址中，曾发现6件石质女性雕像[20]。看来，女神崇拜仍然是这一区域中人们精神活动的重要组成部分。

三

接下来的是红山文化。该文化的绝对年代可推定在公元前4200～前3000年。它与中原文化之间的联系，较之赵宝沟文化阶段要更为紧密。这一时期，遗址的分布密度陡增。前述赤峰西部的区域性调查共发现含红山文化陶片的遗址点160处，比赵宝沟文化阶段的遗址点数量多了数倍。按照周南（Robert D.Drenan）教授的看法，这160处遗址点实际上可归并为125个"村落"级的遗址，而其中大约半数的"村落"遗址在空间上可聚合为13个较大的群体。不仅如此，分布于调查区域东南部的其中6个群体，由于彼此相距较近，相互之间似乎又集结为一个更高层次的群体[21]。

以往敖汉旗的文物普查也已揭示出了类似的现象。据邵国田先生介绍，该旗范围内红山文化遗址点的结群现象十分普遍。一般每群包含3～5个遗址点，多者可达20余个遗址点。而以河谷为纽带，若干遗址群又聚集成更高层次的群体。旗内大约可分出6个这样的群体。这种规模的群体所占据的地域面积均在数百平方千米以上，所包括的遗址群的数量多少不等。牤牛河上源的这种群体包括了11个遗址群，分布于大约700平方千米的流域范围内[22]。其分布密度与在赤峰西部调查中所看到的情形大体相同。这种地跨数百平方千米的遗址群体的出现，较之赵宝沟文化阶段无疑是一个大大的进步。如果说聚落群这一小范围的地域性社团对应于部落一级的社会组织的话，那么，这一时期占地更广的遗址群体的出现,或许表明若干地域邻近的部落已经以某种形式结合成了一种部落联合体。

敖汉旗的调查资料显示,这一时期的遗址已明确出现大、中、小三级结构,面积较小的遗址多为4000～5000平方米,中型遗址多在3万～10万平方米,而大型遗址面积可达2～3平方千米。一个遗址群往往由一个大型或中型遗址为中心,周围则是若干较小的遗址,表明遗址群中已出现中心聚落与从属性聚落的对立现象。

位于牤牛河上源丘陵山地中的西台遗址群,共包含12个遗址点。位居中心的西台遗址设有两个相连的围沟,平面恰好形成一个"凸"字形的轮廓。其中东南侧的围沟周长600多米,现宽约2米,最深处2.25米,具有一定的防御功能[23]。这种设防的中心性聚落,或许已具备了后来方国都邑的某些功能。

巴林左旗友好村二道梁遗址是一个经较大规模发掘的普通性聚落[24]。在3215平方米的发掘范围内共发现红山文化房址15座,灰坑171座。遗迹显得比较稀疏。房屋有的两三座聚为一组,有的则单独一处,分布上已无成行排列的现象。这一布局显示出家族一级的社会组织仍是稳定的经济单位,而有的家庭在经济上或许也具有了一定的独立性。这一变化可能表明氏族公有制经济成分有所削弱,而私有制经济成分正逐步得到强化。

已发现的红山文化墓葬大多以积石冢的形式出现。常见的墓地一般规模较小,多位于某一处遗址附近的山岗上。墓葬少则几座,多则数十座集中于一个相对狭小的区域内。结构形式与兴隆洼文化山岗墓地(如白音长汗)所见一脉相承。已知克什克腾旗南台子、林西白音长汗、阜新胡头沟[25]、巴林右旗洪格力图[26]等地点都有发现。据称,敖汉旗最南端的四家子镇也发现了3处积石冢墓地[27]。上述墓地,大体都是就近选址,且与某一聚落存在对应关系的普通墓地。

地处辽宁建平与凌源交界处的牛河梁遗址群,是红山文化晚期的一处规模庞大的墓地群兼祭祀中心。已发现的20余处遗址点,集中分布于50平方千米的范围内。在已编号的16个地点中,有13个地点都有积石冢。这些积石冢分布于牛河梁一带绵延的丘岗之上。一般一岗一冢,也有一岗双冢和一岗多冢的情况,而每冢中墓葬数量多少不等,多者一冢可达数十座墓。每冢中央都有1或2座规模较大、地位显赫的墓葬。除积石冢外,另外的几个地点都是重要的祭祀场所。其中,位于牛河梁主梁顶部的女神庙及其北侧经人工修整的大型山台,显然是整个遗址群的重心所在。多年的工作和研究表明,牛河梁遗址群当初的建设,无疑是经过了严密的统筹规划和设计,从而将墓地群与几处重要的祭祀场所完美地结合在一起,并与周围的自然景观融为一体[28]。调查发现,在这片墓地群与相关祭祀址所在的上百平方千米范围内,已不见任何世俗的居住性遗址。

种种迹象显示,牛河梁遗址群选址之刻意、规划之严密、规模之宏大、内涵之复杂已远非前述普通墓地可比拟。它并非某一部落、更非某一氏族所能拥有,至少应是周围方圆数百平方千米范围之内的人群所共同经营的一处"圣地"。它的存在，与前文对遗址分布的分析一样，同样表明红山文化中业已产生了超部落的社会组织。

与赵宝沟文化阶段相比，红山文化社会组织的整体发展明显是一种飞跃。其显著标志，即出现了超部落的社会组织——部落之间的联合体。但是，这种部落联合体究竟属于什么样的政治组织形式，却是需要解决的关键性问题。

在关于红山文化社会性质的诸多看法中，当以苏秉琦先生的主张最具影响。他认为，出现了坛、庙、冢的红山文化后期，已率先跨入了国家形态演进的第一阶段，即"古国"阶段[29]，而且由此可将中华文明起源模式中的"原生型"文明的出现上溯至距今五千年前[30]。当然，也有一些学者对此持不同看法。其中有些学者即主张将红山社会看作是前国家阶段的一种复杂社会的形态。笔者在《试论红山文化的社会性质》一文中，通过对牛河梁遗址群的分析，曾将红山文化这种超部落社会组织的一些突出特征概括为如下几点。

（1）流行以女神崇拜为中心的多神崇拜。
（2）出现了权力阶层。
（3）权力阶层内部有等级之分。
（4）高阶层的管理权主要是通过对"通神"权的控制而获得的。
（5）丧葬礼与祭礼已初步形成。

在此基础上，拙文又进一步提出，红山文化的部落联合体虽然在一些方面已经接近了以三代社会为代表的中国早期国家的形态特征，但是，两种社会之间的区别仍十分明显。主要表现在三个方面：①红山文化的女神庙不同于三代社会以男性祖先为本位的宗庙。②牛河梁遗址群中的各积石冢地点乃至各冢本身都有相对的独立性，表明以积石冢中心大墓墓主人为代表的最高阶层系来自联合体中的不同社团，如果像有的学者那样将中心大墓的墓主人视为王者，那便同三代社会各代之王出于同宗，显具本质的不同。况且，迄今仍无迹象证明整个部落联合体中已出现权力高度集中的王者。③牛河梁遗址群所反映的丧葬礼与祭礼虽已初具三代社会同类制度的一般性特征，但该遗址群以神庙为中心的整体布局、墓葬间以通神之玉以区别等级的做法，均体现了这两种制度以神权为核心的特点。与三代社会以王权为核心、王权高于神权且规范性较强的成熟礼制相比，尚有很大不同。所以，笔者倾向于认为，红山文化社会的政治组织形式距以三代社会为代表的中国早期国家之间尚有一定的距离。它应当属于一种前国家阶段的复杂社会[31]。

若将红山文化这种部落联合体与西方人类学界所描述的酋邦社会相比，便会发现它们之间有着相当程度的一致性。其中最关键的一点，就是红山文化这种部落联合体确实已具备了酋邦社会的最根本特点即社会分层[32]。它不仅出现了凌驾于普通民众之上的权力阶层，而且权力阶层的内部也有明显的等级之分。

20世纪70年代中期以来，西方人类学界和考古学界对于酋邦社会的研究较之塞维斯（E.R.Service）等的开创性阶段已有许多重要的进展[33]。例如，在社会组织结构方面，伦佛儒（Colin Renfrew）发现酋邦社会存在以团体为本位和以个人为本位的两种社会类型[34]，厄勒（Timothy K.Earle）等则提出酋邦制本身的发展过程又可分为简单酋邦社会和复杂酋邦社会阶段[35]。这些研究成果对于我们认识红山文化社会的发展无疑会有很大帮助。从牛河梁遗址群的分析来看，该遗址群所对应的部落联合体，似乎很接近以团体为本位的酋邦社会。集中表现在联合体有共同的信仰和崇拜对象、共同修筑大规模的公共设施、最高阶层由来自联合体内的各个群体的成员共同组成等方面。另外，中心大墓墓主人在冢内一人独尊的现象，表明他对所在的群体曾经有过最高的管理权，然而放眼整个部落联合体，他又可能只是更高一层决策机构中的一员而已，况且地位也未必与其他群体中的最高人物完全匹配。而这种管理层中的两级决策机构，正是衡量上述复杂酋邦社会的最实质性的标准。所以，笔者认为，至少牛河梁遗址群所对应的部落联合体已是酋邦社会发展的较高阶段，是一种以团体为本位的复杂酋邦社会。它虽然处于前国家阶段，但距国家出现已并不遥远。

四

自红山文化之后兴起的小河沿文化，处于辽西区以筒形罐为代表的文化系统的衰落阶段。对于它的年代，可参考红山文化的下限年代和夏家店下层文化的上限年代将其估计在公元前3000～前2200年。该文化除继承当地红山文化的因素之外，还吸收有庙子沟文化和大汶口文化的成分。

通过赤峰西部的区域性调查了解到，小河沿文化的遗址数量较之红山文化时期骤减，仅发现36处，与赵宝沟文化遗址的数量比较接近。遗址在分布上比较疏散，部分遗址有三五成群的现象，但已不见集结为更高层次遗址组群的现象。大多数遗址面积较小，都在数千平方米左右，较大者也很少超过2万平方米。遗址地表暴露的陶片等遗物数量也很少，与红山文化相比，形成鲜明反差。因此，调查者推测小河沿文化时期人口指数大幅降低。

以小河沿文化堆积为主的遗址至今未经过大面积的揭露。因此，人们对该文化聚落内部的布局结构尚缺乏深入的了解。从敖汉旗小河沿南台地[36]等遗址的发掘来看，该文化的房址主要是圆形或椭圆形的半地穴式建筑，且规模很小，多在10平方米左右。在房址的形状、结构与规模方面与本地区此前诸文化相比有很大变化。此期单个房址的周围都散布有大小不等的灰坑，有的当是窖穴。经全面揭露的翁牛特旗大南沟石棚山墓地[37]，对了解该文化聚落内部的社会组织结构有一定帮助。这处墓地共发现77座墓葬，可分4个小区[38]。每区之内分若干首尾对应、排列齐整的行。墓地、区、行当代表不同层次的社会单位。行中的墓葬有双人合葬的现象，其中有明确为男女合葬者。这可能反映了一个重要的变化，即家庭一级的社会组织或许已成为相对稳定、独立的社会单元。在这批墓葬中，有的墓随葬有成套的生产工具（斧、锛、凿、骨梗石刃刀等），相伴的其他类别的随葬品也稍丰厚、精致，说明有手工业技术特长的成员的经济地位相对较高。但总体看，墓葬间的贫富差别仍不很大。M52中出土大型石钺和带成组刻划符号的陶罐，墓主人被认为是拥有权力和社会地位的特殊人物。即便是此墓，其随葬品的数量和质量在墓地中仍属一般，表明自兴隆洼文化以来辽西区古代社会以礼仪别地位的传统依然存在。

小河沿文化阶段不仅未见遗址大规模结群的现象，也未发现地位突出的中心性聚落或类似红山文化那样的祭祀礼仪中心，社会政治组织的演进似乎出现了停滞甚至倒退的现象。

五

究竟是什么原因导致辽西区史前社会的复杂化进程出现了谜一般的起伏变化？实在值得人们去深思。综合以往的研究来看，造成这种变化的动因是多方面的，其中交织着人地关系的互动。

从地理环境来看，辽西区有着复杂多样的地貌、土壤和植被类型，日照和降水也比较充足，具备为多种经济形态的发展提供理想生境的条件。另外，由于区域内地貌以山地丘陵为主，沙性黄土分布广泛，年降水量又过于集中（80%的年降水量集中于夏季），经营不当易造成水土流失和荒漠化，从而显示出生态上的脆弱性[39]。辽西区地理环境的这种双重特性，在很大程度上制约着史前文化的发展。

古土壤和孢粉组合的研究表明，距今8000～5000年，辽西区处于全新世以来水热条件相对比较优越的时期[40]。正是在这一时期，由兴隆洼文化至红山文化，原始农业得到了逐步的发展。

兴隆洼文化阶段，目前已发现人工栽培的作物颗粒[41]，但被定为农耕工具的石锄和石铲一般既大又笨，形态颇为原始。此期遗址中常见马鹿、斑鹿、野猪、狍、野牛、蚌、鱼等野生动物的遗骸和胡桃楸果核[42]，表明渔猎采集在当时人们的经济生活中占有非常重要的地位。赵宝沟文化时期石质生产工具中出现了便于翻耕土地的石耜，并且可能开始了对猪的驯养，说明农业生产有了一定程度的发展。但遗址中见有较多的野生动物的骨骼，显示狩猎经济仍占有较大的比重[43]。到了红山文化时期，生产工具中用于翻耕的石耜和用于收割的石刀大量增加，而野生的鹿、狍、牛等动物的骨骼呈现了减少的趋势[44]，表明农业在此时的经济生活中已居于主导地位。

农业的发展，最直接的后果便是带来了人口的迅猛增长。从兴隆洼文化至红山文化，遗址数量呈几何倍数上升即是明证。一般来说，人口的增加必然会导致氏族本身规模的扩大和不断的分裂,并进而造成彼此不具血缘关系的人群在近距离范围内的接触。这样,邻近的聚落出于相互联姻、相互提供保护或共同开发周边资源而又不引起纷争的需要,往往选择聚合成一定规模的地域性组织。实际上正是如此,伴随人口的不断增长,由兴隆洼文化至红山文化,社会组织结构得以不断地复杂化:先是于赵宝沟文化阶段形成部落这种小范围的地域性组织,至红山文化时期又进一步发展出跨地数百平方千米的部落联合体。与此相应的是,要管理和协调好这些不同层次的社会组织,便需要不同等级的管理者。于是,社会出现了明显的分层现象,就此进入了酋邦社会。当然,在牛河梁遗址群所对应的酋邦社会中,权力阶层之所以会获得对社会的有效管理权,主要是利用了辽西区源远流长的女神崇拜这种共同的信仰,通过对通神权的控制而达到的。此外,由于红山文化在发展过程中又先后吸收了来自中原的后冈一期文化和庙底沟文化的因素[45],并出现了彩陶,所以也应考虑在其复杂化进程中中原地区所给予它的影响。但是,在红山文化的礼仪系统中始终是以当地传统的玉器作为礼神之器的[46],彩陶虽也使用,却是处于从属地位,从而反映出自身突出的个性。

  农业的发展以及由此而导致的人口的迅猛增长,带来了红山文化的繁荣,并加速了社会的复杂化进程。但也应看到,红山文化的农业仍然是一种依靠大规模垦荒维持的旱作农业类型。就这种粗放式的农业类型来说,假如人口的密度不大,轮流的休耕仍然会使土地得到"休养生息"的机会。可是从调查来看,辽西区红山文化聚落的分布已达到较大的密度,不仅每个聚落群可跨地几千米到十多千米,而且就是聚落群之间的间隔区域也并不大。从敖汉旗的情况看,聚落群之间的间隔远者10余千米,近者则只有2~3千米[47]。除去易受洪灾的河谷和土壤贫瘠或基岩裸露的山梁之外,每个聚落可供垦用的坡地已并不富余。这说明人口的增长对环境所造成的压力在红山文化时期已逐步显露出来。到了该文化的晚期,这种趋势可能会表现得更为明显。所以,红山文化以粗放式的农业类型来支持超限度的人口密度,势必会对辽西区的丘陵山地造成严重的破坏,导致持续不断的水土流失和荒漠化。再者,根据东北泥炭地的空间变迁和孢粉组合研究,得知距今5000年前后曾出现降温事件,降温幅度在1~3℃[48]。与此相伴的是,在东北西部开始经历风沙活动期,并且古土壤停止发育[49]。红山文化这种粗放式的、较高强度的农业活动与距今5000年前后开始的气候干冷化相偶合,必然导致辽西区的环境迅速向不利于人类生存的方向转化,并最终导致人口的大量外流。这应是红山文化酋邦社会突然衰落的主要动因。

  伴随红山文化在距今5000年前后的结束,辽西区的史前文化进入到了发展的低谷时期。密度较低的小河沿文化的人们只能重新以较小的群体分散于区域内水热条件相对较好的地段,去维持缓慢的发展。

  综上所述,辽西区的古代社会经历了一个由简单到复杂却又最终趋于衰落的发展过程。自兴隆洼文化至红山文化时期,社会组织结构得以不断的复杂化。由兴隆洼文化那种分散的村落组织，到赵宝沟文化时期流行的部落，再到红山文化时期脱颖而出的复杂酋邦，表现出持续进步的演进态势。这一切，主要是由原始农业的不断发展和因此带来的人口迅猛增长而造成的。但物极必反，红山文化晚期所达到的较高的人口密度以及粗放的旱作农业类型，使得辽西区脆弱的生态环境难负重荷，加之距今5000年前后出现的气候干冷化，人为因素与自然因素交互作用，终于导致红山文化的消亡和酋邦社会的解体，社会重新开始以较低水平的组织进行运转。

注　释

［1］　张忠培：《辽宁古遗存的分区、编年及其他》，《辽海文物学刊》1991年第1期。

［2］　这是参考以往众多的研究成果，并根据自身在辽西区近十多年工作中的体会而得出的一种综合性的认识。至于过去在涉及辽西区的考古文章中被经常提及的富河文化，据目前的调查和分析看，主要分布在乌尔吉木伦河的中上游地区，它与东北方向的嫩江流域的新石器时代文化有着较多的相似性，有可能属于另一个相对独立的考古学文化区。就其年代来看，该文化大体与赵宝沟文化并行。参见朱延平：《富河文化的若干问题》，《内蒙古文物考古文集》第1辑，中国大百科全书出版社，1994年。

［3］　郭治中：《内蒙古东部区新石器——青铜时代的考古发现与研究》，《内蒙古文物考古文集》第2辑，中国大百科全书出版社，1997年。

［4］　中国社会科学院考古研究所内蒙古工作队：《内蒙古敖汉旗兴隆洼遗址发掘简报》，《考古》1985年第10期；《内蒙古敖汉旗兴隆洼聚落遗址1992年发掘简报》，《考古》1997年第1期。杨虎、刘国祥：《兴隆洼聚落遗址发掘再获硕果》，《中国文物报》1993年12月26日第1版。

［5］　内蒙古自治区文物考古研究所：《克什克腾旗南台子遗址发掘简报》，《内蒙古文物考古文集》第一辑，中国大百科全书出版社，1994年。

［6］　辽宁省文物考古研究所：《辽宁阜新县查海遗址1987～1990年三次发掘》，《文物》1994年第11期。辛岩、方殿春：《查海遗址1992～1994年发掘报告》，《辽宁考古文集》，辽宁民族出版社，2003年。

［7］　卜工：《北首岭遗址广场墓葬的特殊含义》，《辽海文物学刊》1990年第2期。

［8］　内蒙古自治区文物考古研究所：《白音长汗——新石器时代遗址发掘报告》，科学出版社，2004年。

［9］　中国社会科学院考古研究所内蒙古第一工作队：《内蒙古赤峰市兴隆沟聚落遗址2002～2003年的发掘》，《考古》2004年第7期。

［10］　赤峰中美联合考古研究项目：《内蒙古东部（赤峰）区域考古调查阶段性报告》，科学出版社，2003年。下文关于赤峰区域性考古调查的信息凡出此书，不再另注。

[11] 郭治中：《白音长汗发现的女神像及其崇拜性质》，《青果集》，知识出版社，1993年。
[12] 朝格巴图：《内蒙古巴林右旗锡本包楞出土玉器》，《考古》1996年第2期。
[13] 杨虎、刘国祥：《兴隆洼文化居室葬俗及相关问题探讨》，《考古》1997年第1期。
[14] 王刚：《兴隆洼文化石雕人体像》，《中国文物报》1993年12月5日第7版。
[15] 中国社会科学院考古研究所：《敖汉赵宝沟——新石器时代聚落》，中国大百科全书出版社，1997年。
[16] 中国社会科学院考古研究所：《敖汉赵宝沟——新石器时代聚落》，中国大百科全书出版社，1997年。
[17] 中国社会科学院考古研究所内蒙古工作队：《内蒙古敖汉旗小山遗址》，《考古》1987年第6期。
[18] 〔日〕冈村秀典：《辽河流域新石器文化的居住形态》，《东北亚考古学研究——中日合作研究报告书》，文物出版社，1997年。
[19] 敖汉旗博物馆：《敖汉旗南台地赵宝沟文化遗址调查》，《内蒙古文物考古》1991年第1期。
[20] 承德地区文物保管所、滦平县博物馆：《河北滦平县后台子遗址发掘简报》，《文物》1994年第3期。
[21] 周南、柯睿思：《早期酋长制群体的聚落形态比较研究——以内蒙古东部、安第斯山北部和美洲中部三个地区为例》，《吉林大学社会科学学报》2004年第5期。
[22] 邵国田：《概述敖汉旗的红山文化遗址分布》，《中国北方古代文化国际学术研讨会论文集》，中国文史出版社，1995年。
[23] 杨虎：《敖汉旗西台新石器时代及青铜时代遗址》，《中国考古学年鉴》（1988），文物出版社，1989年。
[24] 内蒙古文物考古研究所：《巴林左旗友好村二道梁红山文化遗址发掘简报》，《内蒙古文物考古文集》第一辑，中国大百科全书出版社，1994年。
[25] 方殿春、刘葆华：《辽宁阜新县胡头沟红山文化玉器墓的发现》，《文物》1984年第6期。
[26] 苏布德：《洪格力图红山文化墓葬》，《内蒙古文物考古》2000年第2期。
[27] 邵国田：《概述敖汉旗的红山文化遗址分布》，《中国北方古代文化国际学术研讨会论文集》，中国文史出版社，1995年。
[28] 郭大顺：《中华五千年文明的象征——牛河梁红山文化坛庙冢》，《牛河梁红山文化遗址与玉器精粹》，文物出版社，1997年。
[29] 苏秉琦：《迎接中国考古学的新世纪》，《东南文化》1993年第1期。
[30] 苏秉琦：《国家起源与民族文化传统》（提纲），《华人·龙的传人·中国人——考古寻根记》，辽宁大学出版社，1994年。
[31] 王立新：《试论红山文化的社会性质》，《红山文化研究——2004年红山文化国际学术研讨

[32] 谢维扬：《中国早期国家》，浙江人民出版社，1995年。

[33] Li Liu. Development of chiefdom societies in the middle and Lower Yellow River valley in Neolithic China—A study of the Longshan Culture from the perspective of settlement patterns. the Department of Anthropology, Harvard University, 1994.

[34] Colin Renfrew. Beyond a subsistence economy: The Evolution of Social Organization in Prehistoric Europe, in Reconstructing Complex Societies (74-83), Charlotte B. Moore, Supplement to the Bulletin of the American Schools of Oriental Research, 20.1974.

[35] Timothy K. Earle. Economic and social organization of a complex chiefdom: the Halelea District, Kauai, Hawaii. Anthropological Papers, Museum of Anthropology, University of Michigan, No.63, Ann Arbor, Michigan, 1978.

[36] 辽宁省博物馆、昭乌达盟文物工作站、敖汉旗文化馆：《辽宁敖汉旗小河沿三种原始文化的发现》，《文物》1977年第12期。

[37] 辽宁省文物考古研究所、赤峰市博物馆：《大南沟——后红山文化墓地发掘报告》，科学出版社，1998年。

[38] 原报告将这片墓地分为A、B、C三区。其中的C区实际上包含了由空白地带相隔的两部分，这两部分墓葬各自可代表一个区。整个墓地实际上可分为四区。

[39] 宋豫秦：《西辽河流域全新世沙质荒漠化过程的人地关系》，北京大学博士后论文，1995年。宋豫秦：《西辽河流域全新世环境变迁》，《中国文明起源的人地关系简论》，科学出版社，2002年。

[40] 武吉华、郑新生：《中国北方农牧交错带（赤峰市沙区）8000年来土壤和植被演变初探》，《中国北方农牧交错带全新世环境演变及预测》，地质出版社，1992年。夏玉梅、汪佩芳、李取生、蒋桂文：《东北全新世温暖期气候变化的初步研究》，《中国生存环境演变规律研究》，海洋出版社，1993年。

[41] 中国社会科学院考古研究所内蒙古第一工作队：《内蒙古赤峰市兴隆沟聚落遗址2002～2003年的发掘》，《考古》2004年第7期。

[42] 内蒙古自治区文物考古研究所：《白音长汗——新石器时代遗址发掘报告》，科学出版社，2004年。

[43] 中国社会科学院考古研究所：《敖汉赵宝沟——新石器时代聚落》，中国大百科全书出版社，1997年。

[44] 汤卓炜：《西拉木伦河流域史前环境研究的回顾与展望》，待刊。

[45] 朱延平：《辽西区新石器时代考古学文化纵横》，《内蒙古东部区考古学文化研究文集》，海洋出版社，1991年。

［46］郭大顺：《红山文化的"唯玉为葬"与辽河文明起源特征再认识》，《文物》1997年第8期。

［47］邵国田：《概述敖汉旗的红山文化遗址分布》，《中国北方古代文化国际学术研讨会论文集》，中国文史出版社，1995年。

［48］李取生、李崇岭：《东北泥炭发育与中全新世降温事件的初步研究》，《中国生存环境演变规律研究》，海洋出版社，1993年。

［49］裘善文、李取生、夏玉梅、王璟璐：《东北西部沙地古土壤与全新世环境》，《中国全新世大暖期气候与环境》，海洋出版社，1992年。

（原刊于《吉林大学社会科学学报》2005年第2期）

中国东北地区发现万年前后陶器

——吉林白城双塔遗址一期遗存的发现与初步认识

迄今为止，尽管学界围绕人类文化进入新石器时代的标志问题还存在很大争议，然而由旧石器时代向新石器时代转变的过程中，陶器的出现仍被大多数学者视为具有划时代意义的大事。就世界范围来看，目前东亚、西亚、北非都有若干地点发现万年前后甚至更早的陶器。在东亚，目前所知年代最早的陶器见于长江中下游地区的湖南和江西，其中湖南道县玉蟾岩遗址的早期陶器，据同出于人类用火遗迹中的木炭、骨骼样品的加速器质谱^{14}C测定，年代可早至距今18500～17500年（1δ）[1]。我国的岭南、华北、黄河下游地区以及日本列岛、俄罗斯远东和东西伯利亚也都相继发现有万年前后的陶器实物。而地处东北亚核心区域的我国东北地区，由于以往工作开展得有限，在相当长时间内缺乏早期陶器的发现和验证，致使对早期陶器的出现机制、发展阶段、地域分布、形制特征及区域交流等相关问题的研究难以深入。而2007年吉林白城双塔遗址的发掘及一期遗存的年代测定，终于填补了早期陶器在地域分布上的一项重要空白。

一

双塔遗址位于白城市洮北区德顺蒙古族乡双塔村三社北侧一条东西向延伸的漫岗上。这里地处嫩江下游支流洮儿河中游的北岸。同松嫩平原西部的大部分地区一样，由于地势低平导致水流不畅，地表呈现沙坨与湖沼相间的地貌。遗址所处的岗地坡度较缓，高于周围地表5～6米。遗址范围约东西长1200、南北宽200米。发掘区所在的遗址西部地理坐标为北纬45°23′676″，东经122°57′112″，海拔149米。

该遗址于1960年文物普查时发现，此后又经多次复查[2]。2007年8～10月，吉林大学边疆考古研究中心与吉林省文物考古研究所联合对该遗址西部暴露有古墓葬的范围进行了抢救性发掘。布方区域以一条南北向沙沟为界，分为两个地点，实际发掘面积1419平方米。

出土遗存可分三个时期[3]。第一期以第Ⅰ、Ⅱ地点各探方的第2层、部分探方的第3层及这两层下开口的单位为代表。遗迹包括6座灰坑（ⅡH1、ⅡH2、ⅡH3、ⅢH4、ⅡH5、ⅡH9）、1座墓葬（ⅡM10）、2条灰沟（ⅡG2、ⅡG3）和14个柱洞

（ⅡD1～ⅡD14），以及位于第2层中的2个陶片堆积层（ⅡC1、ⅡC2）。第二期包括4座墓葬（ⅡM7、ⅡM8、ⅡM9、ⅡM25）。这4座墓葬均开口于第Ⅱ地点第1层下，打破第2层。第三期包括25座墓葬（ⅠM1、ⅡM1～ⅡM6、ⅡM11～ⅡM24、ⅡM26～ⅡM29）及1座灰坑（ⅠH1）。这些单位也均开口于第Ⅰ、Ⅱ地点的第1层下，打破第2层。

从遗存面貌与特征来看，以上三期分属三种不同的考古学文化。其中第二期的4座墓葬，皆为偏短的长方形土坑竖穴墓，单人仰身叠肢葬，头向西北。随葬品有拍印麻点纹陶杯、兽面纹玉佩、玉环等。发掘过程中还征集或采集到双联玉璧、玉坠饰、麻点纹陶钵、弧线之字纹陶片等遗物。从出土玉器的形制和风格看，年代大体相当于红山文化时期。但从墓葬和随葬陶器特点来看，应属于与红山文化性质有别的一种新的考古学文化。第三期遗存的25座墓葬，皆为长方形土坑竖穴墓，既有单人葬，又有双人或三人的合葬，多仰身直肢，头向西北。随葬品有罐、壶、钵等陶器，铜刀、铜锥、纺轮、骨镞等工具或武器，耳环、铜泡、铃形饰等装饰品，形制、风格均与汉书二期文化同类器相同，年代约为春秋晚期至战国。

二

第一期的6座灰坑皆开口于第Ⅱ地点的第2层下，打破生土层，有圆形或椭圆形的锅底状坑和直壁坑，有的坑底有灰白色钙质层并遗有大量鱼骨，似为鱼窖。

两条灰沟中，ⅡG3位于第Ⅱ地点发掘区的东部，分南、北两段。均开口于第2层下，打破生土层，二者走向一致，为东北—西南向，截面皆近倒梯形。沟口宽2.4～3.1、沟底宽1.6～2.8、存深1.2～1.6米。南、北两段之间有宽约3.2米的平展生土梁相隔，似为沟内、沟外的通道。两段沟内堆积皆为黄褐色细沙土，土质松软，出有大量动物骨骼、鱼骨、蚌壳及少量陶片。根据发掘情况并结合地面勘察和局部钻探可知，该遗址第一期遗存的主要分布范围应在此沟以东。这说明此沟很有可能就是第一期遗存所属聚落的一条防御性的围沟。

所发现的14个柱洞，既有集中分布的，又有单独一处的。柱洞及其中心柱窝皆圆形圜底，中心柱窝与洞壁之间有1或2层夯实的硬土。

两处陶片堆积层是此次发掘所遇到的一类特殊遗迹现象，皆存在于第Ⅱ地点发掘区第2层黑沙土层中。其中ⅡC1位于ⅡT104西部的第2层中，距第2层层面深约0.4米。为小范围集中堆积的陶片和黑灰色烧土，平面形状不规则。长2.1、宽1.3、厚0.02～0.1米。陶片大小不一，部分位置相邻的陶片可拼对。器形有瓮、筒形罐等，至少包括了3个个体（图一）。由发掘区内第2层的土质、土色及包含物的磨蚀程度看，此层堆积很可能是在强风沙作用下逐渐形成的。陶片堆积层的存在表明，至少在该处第2层的形

图一 陶片堆积层（ⅡC1）

成过程中曾经存在过与人类活动相关的遗迹或层面，但是由于风沙层的自身特点，使得单纯依据土质、土色很难再将这一层面从第2层中区分出来，由此形成了陶片堆积层"包含"在第2层中的特殊现象。

ⅡM10位于ⅡT111东部，开口于第2层下，打破生土层。墓口形近椭圆形，弧壁，墓底头端略低。墓内填土为夹杂灰斑的黄沙土。墓向318°。单人俯身屈肢葬，面向下。人骨保存较差，部分骨骼缺失。墓主人男性，50岁以上。左股骨下压1件骨锥，头顶旁有少量已破碎的蚌片。墓圹长径约1.25、短径约0.7、存深0.08～0.2米。

一期陶器均系沙质陶，所含沙粒皆为当地陶土中自有的细沙，非人为掺入。除极少量陶器外，皆掺有多少不等的蚌粉。陶色以黄褐色为主，次为灰褐色，少量为灰色。火候普遍不高，陶质比较疏松。所发现的绝大多数为陶器的口沿、腹壁和底部残片，且很难拼对，仅2件陶器可复原。可辨器型种类比较丰富，有筒形罐（图二）、鼓腹罐、敛口罐、瓮（图三）、盆、盂、豆、碗、钵、杯等。其中以筒形罐为大宗。形体较大的陶器，器表多见明显的一道平行的凸棱，从断碴看恰是上下两个泥圈套叠处，器壁厚于上下未套接处，显系泥圈套接法制作留下的痕迹。部分小型陶器为捏制而成。陶器无论大小，器壁普遍厚薄不均。在同一件器物上，器壁较薄处厚0.5～0.6厘米，而最厚处（往往接近器底）可达2厘米左右。陶器器表有的可看出经手抹修整，但仍然凹凸不平，形态均不甚规整，显示出较为原始的制作水平。器表以素面为主，部分罐、瓮类器于近口部饰1～5周不等的附加堆纹条带，少量还以横向、竖向或斜向附加堆纹条带构成几何状图案。平行的堆纹条带间距疏密不等，堆纹截面多较圆钝，有

图二　A型筒形罐（ⅡT406②∶4）　　　　图三　B型瓮（ⅡC1∶2）

少量截面近三角形，外缘较锐。部分附加堆纹条带及器物的唇面上有戳印纹或按压的指窝纹（图四）。少数器物的器底有制作过程中遗留下来的席纹痕迹。此外还发现有刻划人面纹（图五）和堆塑人面纹陶片。

图四　陶器标本

图五　刻画人面纹陶片（ⅡT416②：3）

出土石器以细石器为多，有刮削器、尖状器、石镞、细石叶、石片及石核等，但缺乏定型化程度较高的细石器制品。磨制石器有较多砺石和少量石磨盘、石磨棒及个别斧、锛。地层和遗迹单位中还出土有大量野生哺乳动物与鸟类的骨骼、蚌壳、鱼骨等。

三

此次对双塔遗址的发掘，是近年在吉林西部地区进行的一次规模较大的田野发掘工作，获得了较为丰富的新石器时代遗存。尤其是第一期遗存，是嫩江中下游地区新石器时代考古所取得的一项重要收获。

从目前来看，双塔一期遗存陶器群的面貌特征不同于以往嫩江中下游地区所辨识出来的任何一种新石器时代遗存。这类遗存的陶器无论在质地、火候、器形，还是在制作技术等各方面都显示出明显的原始性，甚至可以说是迄今东北地区所见制陶技术最为原始的一类遗存。齐齐哈尔昂昂溪区滕家岗子遗址1980年和2010年发掘的部分遗存与此类同[4]。该遗址1980年的发掘资料至今未系统报道，其中已发表的1件器表堆塑鱼鹰的陶器腹部残片，系夹蚌黄褐陶，器壁厚薄不均，器表凹凸不平[5]，风格与双塔一期遗存陶器十分相似。在以往的调查中，此类遗存并不多见。吉林镇赉聚宝山[6]、通榆老富大坨子、敖包山[7]等地点的调查或清理曾发现过此类遗存。已有迹象表明，以双塔一期为代表的遗存，其主要分布区可能是嫩江中下游地区。

在2011年3月21日由黑龙江省文物考古研究所召集的"嫩江流域史前文化学术研讨会"上，与会学者参观考察了滕家岗子遗址2010年和双塔遗址2007年的发掘资料，并围绕双塔一期遗存和滕家岗子遗址出土遗存的年代展开了热烈讨论。笔者在会议上的发言明确提出,滕家岗子遗址2010年发掘的以G1等部分单位为代表的遗存,以素面为主,无论陶质、陶色、器形还是制法上也都与双塔一期遗存的陶器风格极其一致,二者应系同一类遗存,并据红山文化时期的墓葬打破双塔一期遗存的文化层,以及一期遗存陶器制作的原始性,初步推测该期遗存应属于新石器时代偏早阶段的遗存。为获取年代判断依据,与会专家建议两遗址分别选取若干含碳物质和陶片样品做年代检测。双塔一期遗存的1例人骨和典型单位出土的5例陶片样品,分别送北京大学考古文博学院加速器质谱实验室和热释光实验室做年代检测。最近的检测结果如表一、表二所示。人骨样品的^{14}C测年数据与陶片样品的热释光测年数据比较接近,均在距今10000年前后。测定结果表明,此类遗存很可能属于嫩江中下游乃至我国东北地区迄今发现的年代最古老的新石器时代文化。

表一　双塔遗址第一期人骨样品^{14}C测年数据表

样品及出土单位	实验室编号	^{14}C年代（BP）	树轮校正后年代（BC）	
			1σ（68.3%）	2σ（95.4%）
07TSⅡM10人骨	BA110514	9550±45	9130BC（38.3%）9000BC 8920BC（8.1%）8890BC 8880BC（21.9%）8800BC	9150BC（95.4%）8760BC

注：所用^{14}C半衰期为5568年,BP为距1950年的年代。树轮校正所用曲线为IntCal04,所用程序为OxCal v3.10。

表二　双塔遗址第一期遗存陶片样品热释光测年数据表

样品及出土单位	样品编号	古剂量（Gray）	剂量率（Gy/ka）	距今年代（年）
07TSⅡG3南段陶片	20120207	27.92±0.82	2.75±0.15	10162±630
07TSⅡG3北段陶片	20120208	24.6±1.2	2.61±0.14	9445±710
07TSⅡC1陶片	20120210	30.19±0.5	2.90±0.16	10400±600
07TSⅡC2陶片	20120211	21.1±1.7	2.07±0.11	10202±1000
07TSⅡT107②陶片	20120212	19.9±1.1	2.06±0.11	9679±750

四

以素面、平底为突出特征,年代接近或突破万年的陶器在东亚地区目前见于北京怀柔转年[8]、河北阳原于家沟[9]、徐水南庄头[10]、河南新密李家沟[11]、俄罗斯远东阿穆尔河下游的加夏[12]等遗址。地域上包括中国的华北、东北及俄罗斯远东的部分地区。该区域所见早期陶器的共性特征,似乎可以使其成为有别于包括中国山东、长江中下游、岭南,日本列岛及俄罗斯东西伯利亚等地区在内的以早期尖圜底陶器为特征的另一大系统。尽管如此,这一由华北向俄罗斯远东延伸的区域,各地点的早期陶器在陶质、陶色、器形、制法以及器表其他装饰或修饰手法上也仍然存在重要区别。

与双塔一期遗存类似的，以素面、平底为突出特征，口部有简单附加堆纹装饰的陶器，以往也见于西辽河流域，最初被命名为小河西文化[13]。所不同的是，小河西文化的陶器是以夹粗砂陶为主，器表基本不见泥圈套接法制作所遗留的凸棱，而且其条形附加堆纹较之双塔一期陶器要更为简单。再者，从器型上看，小河西文化目前所见陶器种类，远不如双塔一期遗存丰富。说明二者虽都具有早期陶器的一些特征，但已分属于不同性质的考古学文化。根据白音长汗遗址的层位关系，可知小河西文化出现的相对年代应早于兴隆洼文化[14]，但是在被划归该文化的敖汉旗榆树山和西梁遗址中所采的1例木炭和2例兽骨的^{14}C年代数据均为5000多年[15]。即使经树轮校正后，也会比预想的要晚得多。所以又有学者认为小河西文化其实就是兴隆洼文化的一个发展阶段或类型[16]。联系到查海遗址中的素面陶筒形罐在兴隆洼文化房址中仍可见到的情况[17]，似不能认为凡是以素面为特征的筒形罐的年代就一定会早于兴隆洼文化。

至于含条形堆纹陶器的遗存，以往在嫩江中下游地区还见于以黄家围子早期为代表的遗存[18]、后套木嘎二期遗存[19]和小拉哈一期乙组遗存[20]中。同处于大兴安岭东南侧的西拉木伦河流域的西梁类型[21]、松辽分水岭左近的南宝力皋吐文化[22]，以及黑龙江中游的新彼得罗夫卡文化、格罗马吐哈文化和奥西诺湖文化，也同样流行条形堆纹装饰[23]。朱永刚先生曾将嫩江流域含条形堆纹的遗存划分为四个阶段，认为它们延续了很长时间[24]。双塔一期遗存的发现表明，由西拉木伦河流域至嫩江中下游，再到黑龙江中游，很可能从距今万年前后肇始，逐渐形成了一个以条形堆纹为装饰风格的平底筒形罐文化带。

双塔一期遗存中有大量的野生动物骨骼、鱼骨及蚌壳，而未见粮食作物遗存。石器中多见刮削器、尖状器、石镞和石叶工具，有少量加工食物的磨盘、磨棒，未见与农业生产有关的石锄、石铲及石刀等。骨器中有大量用野生哺乳动物和鸟类骨骼制作的骨锥、鱼镖、梭形器等手工和渔猎工具。凡此皆说明该文化的经济是以渔猎为主，而聚落壕沟、灰坑、柱洞、陶片堆积层的发现，则表明该文化的聚落已有定居性质。早期陶器能在这样的渔猎型定居聚落中出现，是颇耐人寻味的。也许正如Yaroslav V Kuzmin所说，在东亚和西伯利亚，新石器时代的开始是与陶器的出现相联系的。狩猎采集集团为储存和加工食物而使用陶器，要远早于该地区农业和家畜饲养业的出现时间[25]。

总之，双塔一期遗存的发现和确认，不仅填补了松嫩平原西部地区新石器时代早期文化的重要缺环及东亚早期陶器在地域分布上的空白，也为东北亚地区渔猎型新石器时代文化的形成及发展机制研究提供了关键性的资料。

附记：此项研究得到教育部人文社会科学重点研究基地重大项目（项目批准号2007JJD780122）、吉林大学"985"工程项目及吉林大学杰出青年基金项目（2009JQ003）资助。

注　释

[1] 吴小红：《中国南方早期陶器的年代以及新石器时代标志的问题》，《考古学研究》（九）上册，文物出版社，2012年，第49～68页。

[2] 陈相伟、李殿福：《洮安县文物志》，吉林省文物志编修委员会，1982年，第12～15页。吉林省文物工作队：《吉林洮安县双塔屯原始文化遗址调查》，《考古》1983年第12期，第1092～1096、1121页。

[3] 王立新：《双塔遗址》，《田野考古集萃——吉林省文物考古研究所成立二十五周年纪念》，文物出版社，2008年，第23、24页。王立新、金旭东、段天璟、汤卓炜：《白城市双塔新石器时代和东周时期遗址》，《中国考古学年鉴》（2008），文物出版社，2009年，第194、195页。

[4] 黑龙江省文物考古研究所发掘资料。

[5] 崔福来：《昂昂溪遗址发现陶塑鱼鹰》，《中国文物报》1990年4月19日第1版。

[6] 吉林省博物馆：《吉林镇赉县聚宝山新石器时代遗址》，《考古》1998年第6期，第39～41、46页，图二，1，陶片。

[7] 朱永刚、郑钧夫：《通榆县三处史前遗址调查与遗存分类》，《边疆考古研究》第7辑，科学出版社，2008年，第343～345页，其中的A类遗存。

[8] 郁金城、李超荣、杨学林、李建华：《北京转年新石器时代早期遗址的发现》，《北京文博》1998年第3期，彩版二～四。郁金城：《北京市新石器时代考古发现与研究》，《跋涉集》，北京图书馆出版社，1998年，第39～44页。

[9] 梅惠杰、谢飞：《华北新旧石器时代的过渡——泥河湾盆地阳原于家沟遗址》，《中国十年百大考古新发现》（1990～1999）上册，文物出版社，2002年，第103～111页。

[10] 保定地区文物管理所、徐水县文物管理所、北京大学考古系、河北大学历史系：《河北徐水县南庄头遗址试掘简报》，《考古》1992年第11期，第961～970、986页。李珺：《徐水南庄头遗址又有重要发现》，《中国文物报》1998年2月11日第1版。

[11] 北京大学考古文博学院、郑州市文物考古研究院：《中原地区旧、新石器时代过渡的重要发现——新密李家沟遗址发掘收获》，《中国文物报》2010年1月22日第6版。郑州市文物考古研究院、北京大学考古文博学院：《新密李家沟遗址发掘的主要收获》，《中原文物》2011年第1期，第4～6、39页。

[12] 〔俄〕А.П.杰列维扬科、В.Е.麦德维杰夫著，宋玉彬译：《加夏遗址研究——1980年初步结果》，《东北亚考古资料译文集·俄罗斯专号》，北方文物杂志社，1996年，第1~15页。

[13] 杨虎：《敖汉旗榆树山、西梁遗址》，《中国考古学年鉴》（1989），文物出版社，1990年，第131、132页。

[14] 内蒙古自治区文物考古研究所：《白音长汗——新石器时代遗址发掘报告》（上），科学出版社，2004年，第18~25页。

[15] 中国社会科学院考古研究所：《中国考古学中碳十四年代数据集》（1965~1991），文物出版社，1999年，第58页。

[16] 陈国庆：《兴隆洼文化分期及相关问题探讨》，《边疆考古研究》第3辑，科学出版社，2004年，第9~22页。杨虎、林秀贞：《内蒙古敖汉旗小河西遗址简述》《内蒙古敖汉旗榆树山、西梁遗址房址和墓葬综述》《内蒙古敖汉旗榆树山、西梁遗址出土遗物综述》，以上3文均发表于《北方文物》2009年第2期，第3~21页。

[17] 辛岩、方殿春：《查海遗址1992~1994年发掘报告》，《辽宁考古文集》，辽宁民族出版社，2003年，第12~43页。

[18] 吉林省文物考古研究所：《吉林镇赉县黄家围子遗址发掘简报》，《考古》1988年第2期，第141~149页。

[19] 吉林大学边疆考古研究中心与吉林省文物考古研究所2011年发掘资料。

[20] 黑龙江省文物考古研究所、吉林大学考古学系：《黑龙江肇源县小拉哈遗址发掘报告》，《考古学报》1998年第1期，第61~100页。

[21] 朱永刚：《论西梁遗存及其相关问题》，《考古》2006年第2期，第15~25页。朱永刚、王立新、塔拉：《西拉木伦河流域先秦时期遗址调查与试掘》，科学出版社，2010年，第96~139页。

[22] 内蒙古文物考古研究所：《2006年扎鲁特旗南宝力皋吐墓地的发掘》，《内蒙古文物考古》2007年第1期，第15~20页。内蒙古文物考古研究所、科尔沁博物馆、扎鲁特旗文物管理所：《内蒙古扎鲁特旗南宝力皋吐新石器时代墓地》，《考古》2008年第7期，第20~31页。

[23] 冯恩学：《俄国东西伯利亚与远东考古》，吉林大学出版社，2002年，第223~235页。

[24] 朱永刚：《论西梁遗存及其相关问题》，《考古》2006年第2期，第15~25页。

[25] Yaroslav V.Kuzmin, Viktor M. Vetrov. The earliest Neolithic complex in Siberia: the Ust-Karenga 12 site and its significance for the Neolithisation process in Eurasia. Documenta Praehistorica, 2007(XXXIV): 9-20.

（该文系与段天璟、汤卓炜共同署名。原刊于《吉林大学社会科学学报》2013年第2期）

试论红山文化的社会性质

1985年苏秉琦先生提出的"古文化、古城、古国"概念[1]，掀起了考古界探索中国文明起源问题的热潮，也由此开创了利用考古资料研究中国社会发展史上重大问题的新时代。而这一概念体系的提出，正是基于20世纪80年代初辽西区史前考古的一系列重要发现。在随后的论著中，苏先生更明确指出，出现了坛、庙、冢的红山文化后期，已率先跨入了国家形态演进的第一阶段，即"古国"阶段[2]，更由此将中华文明起源模式中的"原生型"文明的出现上溯至距今5000年前[3]。这些看法，在中国考古学界产生了很大的影响。但也有一些学者对红山文化时期是否步入国家阶段持更为谨慎的态度。还有一类意见，在承认红山文化中不乏文明社会的若干要素的同时，又从总体上否认它已进入文明阶段，而只将其看作是前国家阶段的一种复杂社会的形态。那么，红山文化在辽西区史前社会的复杂化进程中究竟处于一个什么样的发展阶段，其社会的政治组织形式如何？还有待研究的进一步深入。本文拟结合以往有关红山文化遗址、墓葬的发掘和近年开展的区域性考古调查的资料，对这一问题做尝试性探索。

若据^{14}C测年数据，红山文化的绝对年代处于公元前4710~前2920年[4]。而如果考虑到对赵宝沟文化年代下限的估计[5]，则可将其推定在公元前4200~前3000年。据研究，红山文化与中原地区考古学文化之间的联系，较之赵宝沟文化阶段要更为紧密。而且，这一时期遗址的分布密度陡增。在近年中美赤峰联合考古队对赤峰西部的区域性考古调查中，在765.4平方千米的范围内共发现含红山文化陶片的遗址点160处，比赵宝沟文化阶段的遗址点数量多了数倍[6]。指导这项调查的匹兹堡大学的周南（Robert D. Drenan）教授在随后的分析中发现，如将这些遗址点中彼此毗邻、相互间只有数十米空白地带或自然沟壑相隔的地点加以归并，实际上可得到125个"村落"级的遗址。而其中大约半数的"村落"遗址在空间上又可聚合为13个较大的群体[7]。也就是说，在这里，聚落（或"村落"）所代表的这种小型的、成员之间可日常面对面交流的低层社团之上，应当存在着更高一级的社团组织。这一点，与赵宝沟文化时期初现的遗址集群的现象是大体相似的。但周南教授又进一步提示，分布于上述调查区域东南部的6个群体，由于彼此相距较近，相互之间似乎存在着较其他群体更为频繁的交流关系。

其实，以往敖汉旗的文物普查也已揭示出了类似的现象。据邵国田先生报道，在1981~1988年的文物普查中，该旗范围内共发现含红山文化遗物的遗址点502处。调查发现，由若干遗址点聚结成遗址群的现象十分普遍。一般每群包含3～5个遗址点，多者可达20余个遗址点。这些遗址群的分布多以河流为纽带，而河与河之间的分水岭则很少见到该文化的遗址，于是就形成了大小不等的条状空白隔离带。由此，河谷之内的若干个遗址群就聚集成了更高层次的群体。旗内大约可分出6个这样的群体。这种规模的群体所占据的地域面积均在数百平方千米以上，所包括的遗址群的数量多少不等。牤牛河上源的这种群体包括了11个遗址群，分布于大约700平方千米的流域范围内[8]。其分布密度与在赤峰西部调查中所看到的情形大体相同。这种地跨数百平方千米的遗址群体的出现，较之赵宝沟文化阶段无疑是巨大的进步。如果说聚落群这一小范围的地域性社团确应对应于部落一级的社会组织的话，那么，这一时期占地更广的遗址群体的出现，或许表明若干地域邻近的部落已经以某种形式结合成了一种部落联合体。为进一步认识这种社会组织的性质，让我们再来看一下其他方面所透露的有关红山文化社会复杂化程度的信息。

敖汉旗的调查资料显示，这一时期的遗址已明确出现大、中、小三级结构，面积较小的遗址多为4000～5000平方米，中型遗址多在3万～10万平方米，而大型遗址面积可达2～3平方千米。一个遗址群往往以一个大型或中型遗址为中心，周围则是若干较小的遗址，表明遗址群中已出现中心聚落与从属性聚落的对立现象。不仅如此，遗址群之间也存在规模大小与等级高低之分。例如，位于孟克河下游的份子地遗址群，位居中心位置的大遗址面积为6平方千米，这不仅在所调查区域内首屈一指，就是在整个红山文化分布区中也极为罕见。从地表勘查可以看出，该中心遗址自身又有几个遗迹分布区，各区之间有一条宽10米左右的空白地带相隔，其周围则分布着面积在3万平方米左右的中型遗址5个，从而构成一个占据孟克河下游南岸东西长10余千米，南北宽4千米的平缓台地上的较大群体。遗址群范围内曾出土过大型石钺等重要遗物。另在该遗址群附近的董家营子遗址上曾发现一些有切割痕的废弃玉料，可能是专门制作玉器的场所[9]。这说明当时社会已有专业化的手工生产，且玉器的生产显然是服务于居住于这一带的社团中的特殊阶层的。

位于牤牛河上源丘陵山地中的西台遗址群，共包含12个遗址点。其中的西台遗址已经大规模发掘，材料未详细报道。据介绍，该遗址设有两个相连的围沟。位居东南的围沟周长600多米，现宽约2米，最深处2.25米，略呈长方形。围沟的东南边留有三个缺口，可能是寨门，中间的寨门最宽。其西北部的围沟所围部分也近似长方形，围沟只有三边，东南部即为上述围沟的一段。这部分的长、宽分别在120米和90米左右，面积小于东南部分。两道围沟所围恰好形成一个"凸"字形的轮廓。其内发现不少红山文化房址，相互之间存在若干叠压打破关系，表明聚落连续使用的时间较长[10]。西台遗址的围沟从宽度和深度来看，当有一定的防御功能。这种设防的中心性聚落，或许已具备了后来方国都邑的某些功能。

巴林左旗友好村二道梁遗址是一个经较大规模发掘的普通性聚落[11]。在3215平方米的发掘范围内共发现红山文化房址15座，灰坑171座。房屋皆长方形半地穴式建筑，面积9～35平方米。分布上已无成行排列的现象。房屋有的三两座聚为一组，有的则单独一处，与其他房屋相隔较远。这一布局表现出家族一级的社会组织可能是稳定的经济单位，而有的家庭在经济上或许也具有了一定的独立性。依照传统的看法，可将这种现象看作是氏族公有制经济成分不断削弱，而私有制因素不断得到强化的一种突出表现。

已发现的红山文化墓葬大多以积石冢的形式出现。常见的墓地一般规模较小，多位于某一处遗址附近的山冈上。墓葬少则几座，多则数十座，集中于一个相对狭小的区域内。既有土坑竖穴无葬具者，又有石块或石板砌棺者。墓上或有积石，或有石圆圈。结构形式与兴隆洼文化山冈墓地（如白音长汗）所见一脉相承。已知克什克腾旗南台子[12]、林西白音长汗[13]、阜新胡头沟[14]、巴林右旗洪格力图[15]等地点都有发现。据称，敖汉旗最南端的四家子镇也发现了3处积石冢墓地[16]。其中水泉村附近的一处成组分布，规模较大，而芦家地、牛夕河两处较小。这3处墓地分布在约10平方千米的范围内，相距不远，相互之间或有一定的联系。上述墓地，大体都是就近选址，且与某一聚落存在对应关系的普通墓地。

红山文化晚期，在大凌河流域出现了一处规模庞大、性质特殊的墓地群。这就是著名的牛河梁遗址群。目前该区域已发现遗址点20余处，集中分布于50平方千米的范围内。在已有编号的16个地点中，有13个地点都有积石冢。这些积石冢分布于牛河梁一带绵延的丘岗之上。一般一岗一冢，也有一岗双冢和一岗多冢的情况，而每冢墓葬数量多少不等，多者一冢可达数十座墓。除积石冢外，另外的几个地点都是重要的祭祀场所。多年的工作和研究表明，牛河梁遗址群绝不仅仅是一处超大型的墓地群。该遗址群当初的建设，显然是经过了严密的统筹规划和设计，从而将墓地群与几处重要的祭祀场所完美地结合在一起，并与周围的自然景观融为一体[17]。观此遗址群的布局便会发现，位于牛河梁主梁顶部的女神庙与其北侧的经人工修整的大型山台构成了遗址群的重心所在。女神庙与长方形山台的方向完全保持一致，都是顺山势呈南偏西走向，有近20°的偏角。沿此方向至西南梁下，有一独立的山丘，当地人称"转山子"。此丘顶部为一残高7米余，直径达40米的一个人工夯筑的圆台（考古工作者称之为金字塔式建筑），圆台外侧近底部有石砌护坡。经解剖，于圆台夯土之中发现有人骨，似为奠基遗存。另在石坡中间发现有人骨和大型镂孔陶器的残片[18]。推测此圆台当是一处红山文化时期的大型祭坛。按照郭大顺先生的看法，将神庙、庙北方台与此圆台连为一线，便构成了牛河梁遗址群的大致轴线[19]。以此轴线再看积石冢地点的分布，就会注意到这种现象：女神庙与庙北方台的东西两侧各有两处积石冢，它们依轴线而左右对称。梁下圆台的东西两侧也各有一处积石冢，两者不仅对称，甚至距圆台等距。其余7处积石冢则顺坡势走向依次设置于女神庙与圆台之间。调查发现，在这片墓地群与相关祭祀址所在的上百平方千米范围内，已不见任何居住遗址的迹象。

牛河梁所在的努鲁儿虎山山间谷地，本属地形起伏多变的区域，但遗址群所处的地段却相对开阔，便于对众多的墓地及祭祀址进行统筹安排。更令人惊奇的是，"站在山台和女神庙所在的梁顶，顺着台和庙的山势走向，向南远眺，在群山之中首映眼帘的是一座山形酷似猪首（或熊首）的山峰，山峰正面与女神庙和山台南北遥相对应"[20]。这恐怕并不是偶然的巧合，而是特意选择和精心设计的结果。在中国源远流长的丧葬文化中，历来讲究墓地的选址，尤其重视墓地所处地势的走向与朝向，直到近代都是如此。5000年前人们在牛河梁建庙筑台、设计墓域走向时，很可能已考虑到与此"神山"的相互呼应，甚至整个遗址群的轴线都有可能是朝向此山而设。这并非神话。种种迹象显示，牛河梁遗址群选址之刻意、规划之严密、规模之宏大、内涵之复杂已远非前述普通墓地可比拟。它显然已非某一部落、更非某一氏族所能拥有，至少应当是周围方圆数百平方千米范围之内的人群所共同经营的一处"圣地"。它的存在，与前文对遗址分布的分析一样，同样表明红山文化中业已产生了超部落的社会组织。

迄今为止，类似牛河梁这样的墓地群兼祭祀中心尚不见于红山文化中的其他地区。为什么牛河梁一带会出现这样的特殊遗址群？确实耐人寻味。在诸多的可能性中，笔者认为首先应该考虑不同地区社会复杂化进程的不平衡性问题。

尽管赤峰西部和敖汉旗的调查都已透露出红山文化中超部落社会组织出现的可能性，但客观地讲，其根据都不如牛河梁遗址群所提供的扎实而明确。除牛河梁遗址群的坛、庙、冢之外，邻近的东山嘴祭祀中心与大凌河上游朝阳地区出土的玉器，也在整个红山文化分布区中显得格外突出。

东山嘴遗址位于喀左县境内大凌河的北岸，坐落于一山冈的顶部，已揭露的部分遗迹均为石砌建筑址。依布局可分为中心、两翼和前后两端等部分。中心位置为一东西长11.8、南北宽9.5米的一座大型方形基址，其内竖置大量长条形石块。南部为一直径约2米的圆坛式建筑。两翼安排着与中部保持等距的石墙基或石堆。从而形成以南北轴线分布、南圆北方、左右对称的一组规整的建筑群。遗址中出土有陶塑人像群和龙首玉璜、石鸮形饰及陶质祭器[21]。所有的迹象都已表明，这里是一处当时人们从事包括祭祀在内的礼仪活动的中心场所，绝非普通的居住址。从其位置和规模看，很可能是周围较大区域中的礼仪中心[22]。类似规格的祭祀遗址，同样未见于红山文化分布区中其他地区的报道。

自20世纪80年代初红山玉器正式辨识[23]以来，朝阳一带的红山玉器就颇为引人注目，其数量之多、种类之丰富、制作之精美都堪称红山文化之最。唯有西拉木伦河以北的巴林右旗那斯台遗址一带的玉器群[24]可与之相比。尤其是最近牛河梁第十六地点出土的玉人、"玉凤"[25]，更可谓红山文化玉器中之绝品。《尔雅·释地》有载："东方之美者，有医无闾之珣玗琪焉。""医无闾"即今朝阳地区东侧之医巫闾山。"珣玗琪"是何种美玉，已无可考。无论如何，朝阳地区红山文化玉器群的发现，表明这一大片地区出产玉器之美，有着颇为久远的历史传统。

从牛河梁到东山嘴，再到代表红山文化手工业最高成就的玉器群，似可勾画出红山文化社会发展进程中进步最快、发展程度最高的一个区域。这就是以牛河梁为中心的大凌河流域。

毫无疑问，红山文化社会组织的整体发展较之赵宝沟文化阶段是一个巨大的飞跃。其显著的标志，即是出现了超部落的社会组织——部落之间的联合体。但是，这种部落联合体究竟属于一种什么样的政治组织形式，却是需要解决的关键性问题。

下面，让我们先来探视一下红山文化这种超部落社会组织的一些突出特征。

（1）流行以女神崇拜为中心的多神崇拜。以往研究表明，兴隆洼文化与赵宝沟文化阶段均以小型石雕女神像为崇拜偶像。至红山文化时期，人们不仅没有忘记这一传统，更将发达的制陶工艺用于女神的雕塑，从而将辽西区数千年来的女神崇拜发展到了极致。这一时期所塑造的女神像，既见于赤峰西水泉[26]、敖汉西台等居住性遗址，又见于东山嘴、牛河梁等特殊性遗址。在牛河梁，众多的女神像被供设于特意建造的神庙之中。在已发掘的有限范围内即已辨认出7个个体。神像大小不一，大者约当真人3倍，小者略与真人相仿。从出土位置观察，最大的一尊正位于神庙的主室中央，似为主神。其他神像则分列周边，恰如众星捧月，反映神的世界中也有地位的高低不同[27]。在人类社会的早期阶段，女神被视为生命力和繁殖力的象征，在世界众多地区受到过广泛崇拜。红山文化女性塑像与女神庙的发现，表明女神崇拜在红山社会的意识形态中占有极其重要的地位。

除大小不同、主次有别的女神像之外，女神庙中还同出了两种神化了的动物形象：一种是长吻、有獠牙的"龙头"塑像，另一种为鸟形塑像残件。后者从残存的鸟爪看，似为大型猛禽形象，反映出多神崇拜的特点。

（2）出现了权力阶层。正如以往许多学者已注意到的那样，规模庞大的牛河梁遗址群和东山嘴建筑址从设计规划到建造，必有一个强有力的权力阶层来运作。尤其像"转山子"顶部的大型圆台，如以周围所砌石头护坡的范围计，直径当在100米上下，总面积达10000平方米，"在同时期诸考古文化中，还没有见过这样的大型建筑。它所动用的土方和石方量，都可以上万立方米计算"[28]。建造如此规模的一个单体建筑，即需调动和组织大量的人力、物力。它所反映的不仅仅是人们对某种宗教信仰的虔诚与狂热，在更大程度上则是体现了领导权力的有效性。再如牛河梁第二地点中心部位的三号冢，实际上是一个"冢间祭坛"。该建筑呈三级圆台状，台阶边缘皆以红色花岗岩石柱立砌，且石柱的截面多呈五边形。据1997年的调查，发现这种石柱的原产地远在距牛河梁约100千米的建平县北部的老哈河畔[29]。从上百千米之外开采、挑选并运送大量石材，足见工程之艰巨。假如没有一个权力阶层来组织和协调，这恐怕是不可能完成的事。

（3）权力阶层内部也有等级之分。郭大顺先生依墓葬位置、形制与随葬玉器情况将牛河梁积石冢中的正式墓葬分作四个等级：中心大墓、台阶式墓、甲类石棺墓和乙类石棺墓。其中中心大墓是各冢内最高等级的墓葬。这类墓墓室大而深，随葬玉器相对较多，且多见个体大、玉质纯正的马蹄状玉箍、勾云形玉佩和龟、鸟等动物形玉器。台阶式墓是仅次于中心大墓的一类，也具有中心墓那种大而深的土圹，且于土圹一侧筑多级台阶。这类墓随葬玉器数量一般少于中心墓。甲类石棺墓，指随葬有玉器的中、小型石棺墓，这类墓随葬玉器的数量不等，在冢内墓葬排列中的位置亦复不同，可再细分。乙类石棺墓，虽不随葬玉器，却有讲究的石棺，且有资格与甲类石棺墓一同排列在冢内墓葬行列中间，有的随葬单件彩陶器。以上四等冢内正式墓葬，当在一定程度上反映权力阶层内部的等级差异。除上述四等墓葬之外，还有一类"附属墓"。从位置上看，这类墓既有葬于冢顶、坛顶之上者，又有葬于冢界之外者。有些墓有简单的墓坑，大多没有随葬品。这些墓死者"身份有待考定，但显然与有石棺并排列在冢内行间的甲、乙两类石棺墓有本质差别"[30]。

关于上述最高等级墓葬即中心大墓，尚需补充以下三点说明。

其一，最高等级墓葬可能分属于不同的社团。牛河梁遗址群所对应的部落联合体跨地可达数百平方千米，人口当具一定规模。但这一带发现的墓葬数量却十分有限，而且绝大多数墓葬皆位于隆起的冢内。所以，学者们多将其视为特殊阶层的专门茔域。不过，遗址群内的各墓地（地点）仍分处于不同的山头之上，显示了各自的独立性。即使是同一墓地的各冢，也都自成一体，有自身明确的冢界。绝大多数冢皆一冢多墓，不同等级的墓葬皆可共存于同一冢界之内。说明这些权力阶层在埋葬上仍未完全脱离各自所属亲属关系的限制。显然，冢、墓地、墓地群仍然代表了不同层次的社会组织。那么，依照聚族而居、聚族而葬的原则，作为最高等级的各冢之内的中心大墓理应分属于不同的血缘集团。

其二，中心大墓的主人可能只是当时最高权力阶层中的一部分。以第二地点一号冢为例加以说明。此冢呈规则的长方形，已于其内东西轴线上发现两座并列的大型台阶式墓，当为中心大墓。此东西轴线以南为中小石棺墓群，已发现墓葬20余座，呈东西向排列，由北而南分为四排。已发掘墓葬中位于各排中部者，随葬玉器既多又精。其中位于第二排中央的M4随葬玉雕龙2件、马蹄状玉箍1件；南侧居中的M21随葬玉器更达20件，是迄今所知牛河梁红山文化墓葬中随葬玉器数量最多的一座[31]。此二墓虽形制规格和位置的显要不如中心大墓，但随葬玉器的品类和精致程度却毫不逊色。此冢之内的墓葬体现了很强的亲属纽带关系。假如说位于中轴线上的两个台阶式大墓是最早埋葬的族长（或其配偶），那么位于南侧墓群中央位置的甲类石棺墓中当也不乏后继的族长之类的人物。所以，中心大墓虽可定为最高等级墓葬，但其墓主人恐怕只能是当时最高权力阶层中的一部分，而非全部。前述台阶式大墓与甲类石棺墓中的一部分或许也可忝列最高阶层之内。

其三，同属中心大墓，墓主人的身份地位亦未必全然相同。在同一冢内，中心大墓的主人尽管地位显赫，"一人独尊"，但与其他冢内的中心大墓相比，至少在埋葬待遇方面就未必完全一致。例如，牛河梁第三地点中心大墓M7，仅随葬3件玉器，这在已发掘的中心大墓中出土玉器是比较少的。郭大顺先生认为这可能与该冢规模较小是相应的[32]。可见，中心大墓虽整体上可列为最高等级，但其间或许还存在更细的层级。与此相关的是，牛河梁一带的墓地与墓地之间可能也存在高低主次之分。第二地点与第五地点均位于遗址群的中轴线上，位置显著，一地多冢，且均有冢间祭坛，在诸墓地中显得颇为与众不同。所以，有人推测这可能与它们所对应的群体的势力比较强大有关[33]。

总体上看，墓葬材料显示当时社会的权力阶层中仍有复杂的等级之分。然而，最高等级墓葬分属不同血缘集团的现象，似乎又透露出各墓地所对应的社团在整个部落联合体中具有相对的自主性，从而呈现了一种权力的相对分散状态。

（4）高阶层的管理权主要是通过对"通神"权的控制而获得的。前已述及，牛河梁遗址群布局的重心所在是位于主梁顶端的女神庙和大型方台，这一设计凸显了神的至高无上。相对于神庙来说，诸积石冢实质上成了它的依附性建筑，而埋葬于积石冢中的死者又并非当时部落联合体中的全部人员。这种特殊待遇的存在，表明只有这些人才能享有与神沟通的权利。埋在积石冢内的诸墓，要么没有随葬品，要么只以各种类型的玉器及个别彩陶器来随葬，而绝不见以世俗的实用性的陶器或石器来随葬的例子[34]。所随葬的玉器中，有不少难以视作普通的装饰品或工具，应当就是专门事神的用具。那么，积石冢中拥有礼神之玉的少数高阶层人物，可能已经实现了对通神权的控制，并由此获得了对世俗社会的管理权。前文已提到牛河梁遗址群内外上百平方千米范围内不见普通居住址的现象，可以想象，世俗的住居之所以不能擅入或靠近这一片"圣地"，也恰恰意味着少数人对通神权的控制和由此获得的管理权的有效性。

（5）丧葬礼与祭礼已初步形成。近年来，考古界在探索中国文明起源问题上已逐渐形成一种共识，即开始将礼制的出现及不断走向成熟作为中国文明起源的一个突出特点，甚至有人称其为文明起源的中国模式[35]，以此彰显中国文明起源与世界其他地区文明起源所走过的不同道路。由夏商周三代社会来看，礼制这一概念无疑是像邵望平先生所说的那样，"是王权以各种规则、名分（或爵位）、礼仪、礼器等手段对社会各集团，特别是贵族内部各阶层的行为，包括权力、义务的制度化的规定"[36]。以牛河梁遗址群为中心，已可观察到类似的礼制观念在丧葬与祭祀方面的反映。先看丧葬方面。如前所述，牛河梁一带所埋葬的是当时社会上的一些特殊人物，而同时又禁绝世俗的住居和一般性的族墓地进入这一地区，这与周代社会"礼不下庶人"的做法显然是颇为接近的。另外，正如郭大顺先生所说，这里的积石冢"把完全脱离实用性的玉器作为唯一随葬品而排斥其他与生产、生活有关的器类，更说明红山人在表达人与人的关系时，是视思维观念的精神因素在物质因素之上的"。在这里，能否随葬玉器，随葬玉器的数量、品类以及精致程度是区分权力阶层内部等级的一种显著标志。

借用郭先生的话，称其为"玉葬之礼"[37]，毫不为过。这与大汶口文化大墓以随葬超量奢侈品为贵的夸富观念具有本质的区别。当然也应看到，在玉礼器的规范化和不同等级人物用玉的严格性方面，红山文化尚不及良渚文化所达到的程度。就祭祀而言，吕学明近期提出牛河梁一带的祭祀遗存也已形成了不同的层次[38]，很有道理。综合来看，以女神庙及庙北方台、"转山子"山顶圆台为代表的祭祀遗存可为第一层次，这里面恐怕少不了祭天礼地敬神以祈五谷丰登、族群繁衍的成分；以第二、第五地点冢间祭坛为代表的可为第二层次，很可能属于墓地所对应的较大群体举行公共祭祀的场所；单个积石冢本身当为第三层次的祭祀场所。正如以往学者所注意到的那样，非圆即方的积石冢，既构成了墓葬本身的一部分，同时又是积石冢所对应的较小群体举行祭祀的场所。积石冢冢体形状同于祭坛，其上又与祭坛一样摆放神秘的筒形器圈的现象，便是这一推想的有力根据。不同层次祭祀遗存的存在及其在整个牛河梁遗址群中的合理安排，标志着祭祀的"制度化规定"已初步形成。

以上我们首先从聚落形态的分析了解到，红山文化时期已出现跨地数百平方千米的部落联合体，继而又从相关的考古资料中归纳和总结了这种社会组织的几项突出特点，这就为进一步确定这种社会组织的性质提供了重要的基础。

通过比较可以发现，红山文化的部落联合体确实在一些方面已经接近于以三代社会为代表的中国早期国家的形态特征，如社会中权力阶层的存在、权力阶层内部的等级之分、丧葬礼与祭礼的初步形成等，都已体现出与三代社会相类的特点。但是，两种社会之间的区别也十分明显。这主要表现在以下三个方面：①红山文化的女神庙不同于三代社会以男性祖先为本位的宗庙。正如张忠培先生所言："文明时代的崇拜是以男性为中心的，虽然也有女神，但没有以女神为中心的。"[39] ②在牛河梁，以中心大墓墓主人为代表的最高阶层系来自联合体中的不同社团，如果像有的学者那样将中心大墓的墓主人视为王者，那便同三代社会各代之王出于同宗，显具本质的不同。况且，迄今仍无迹象证明整个部落联合体中已出现权力高度集中的王者。③牛河梁遗址群所反映的丧葬礼与祭礼虽已初具三代社会同类制度的一般性特征，但该遗址群以神庙为中心的整体布局、墓葬间以通神之玉以别等级的做法，均体现了这两种制度以神权为核心的特点。与三代社会以王权为核心、王权高于神权且规范性较强的成熟礼制相比，尚有很大不同。所以，笔者倾向于认为，红山文化社会的政治组织形式距以三代社会为代表的中国早期国家之间尚有一定的距离。它应当属于一种前国家阶段的复杂社会。

以往曾有学者将红山文化的社会性质构想为酋邦社会[40]。若将红山文化的部落联合体与西方人类学界所描述的酋邦社会相比，确实可见它们之间有着相当程度的一致性。其中最关键的一点，就是红山文化这种部落联合体已具备了酋邦社会的最根本特点即社会分层。它不仅出现了凌驾于普通民众之上的权力阶层，而且权力阶层的内部也有明显的等级之分。

20世纪70年代中期以来，西方人类学界和考古学界对于酋邦社会的研究较之塞维斯（E.R.Service）等的开创性阶段已有许多重要的进展[41]。例如，在社会组织结构方面，发现酋邦社会存在以团体为本位和以个人为本位两种社会类型，酋邦制本身的发展过程又可分为简单酋邦社会和复杂酋邦社会阶段。这些研究成果对于我们认识红山文化社会的发展无疑会有很大帮助。从牛河梁遗址群的分析来看，该遗址群所对应的部落联合体，似乎很接近以团体为本位的酋邦社会。集中表现在联合体有共同的信仰和崇拜对象、共同修筑大规模的公共设施、最高阶层由来自联合体内的各个群体的成员共同组成等方面。另外，中心大墓墓主人在冢内一人独尊的现象，表明他对所在的群体曾经有过最高的管理权，然而放眼整个部落联合体，他又可能只是更高一层决策机构中的一员而已，况且地位也未必与其他群体中的最高人物完全相匹配。而这种管理层中的两级决策机构，正是衡量上述复杂酋邦社会的最实质性的标准。所以，笔者认为，至少牛河梁遗址群所对应的部落联合体已是酋邦社会发展的较高阶段，很可能是一种以团体为本位的复杂酋邦社会。它虽然处于前国家阶段，但距国家出现已并不遥远。

注　释

[1]　苏秉琦：《辽西古文化古城古国——试论当前考古工作重点和大课题》，《辽海文物学刊》1986年创刊号。

[2]　苏秉琦：《迎接中国考古学的新世纪》，《东南文化》1993年第1期。

[3]　苏秉琦：《国家起源与民族文化传统》（提纲），《华人·龙的传人·中国人——考古寻根记》，辽宁大学出版社，1994年。

[4]　杨虎：《辽西地区新石器——铜石并用时代考古文化序列与分期》，《文物》1994年第5期。

[5]　中国社会科学院考古研究所：《敖汉赵宝沟》，中国大百科出版社，1997年。

[6]　赤峰中美联合考古研究项目：《内蒙古东部（赤峰）区域考古调查阶段性报告》，科学出版社，2003年。

[7]　周南、柯睿思：《对内蒙古东部、安第斯山北部和美洲中部早期酋长制社团的村落布局之比较研究》，2003年居延考古学术研讨会论文。

[8]　邵国田：《概述敖汉旗的红山文化遗址分布》，《中国北方古代文化国际学术研讨会论文集》，中国文史出版社，1995年。

[9]　邵国田：《概述敖汉旗的红山文化遗址分布》，《中国北方古代文化国际学术研讨会论文集》，中国文史出版社，1995年。

[10]　杨虎：《敖汉旗西台新石器时代及青铜时代遗址》，《中国考古学年鉴》（1988），文物出版社，1989年。

[11]　内蒙古文物考古研究所：《巴林左旗友好村二道梁红山文化遗址发掘简报》，《内蒙古文物

考古文集》第一辑，中国大百科全书出版社，1994年。

[12] 内蒙古文物考古研究所：《克什克腾旗南台子遗址发掘简报》，《内蒙古文物考古文集》第一辑，中国大百科全书出版社，1994年。

[13] 内蒙古文物考古研究所发掘资料。承郭治中先生相告。

[14] 方殿春、刘葆华：《辽宁阜新县胡头沟红山文化玉器墓的发现》，《文物》1984年第6期。

[15] 苏布德：《洪格力图红山文化墓葬》，《内蒙古文物考古》2000年第2期。

[16] 邵国田：《概述敖汉旗的红山文化遗址分布》，《中国北方古代文化国际学术研讨会论文集》，中国文史出版社，1995年。

[17] 郭大顺：《中华五千年文明的象征——牛河梁红山文化坛庙冢》，《牛河梁红山文化遗址与玉器精粹》，文物出版社，1997年。

[18] 吕学明：《红山文化墓葬研究》，吉林大学硕士学位论文，2001年。

[19] 郭大顺：《中华五千年文明的象征——牛河梁红山文化坛庙冢》，《牛河梁红山文化遗址与玉器精粹》，文物出版社，1997年。

[20] 郭大顺：《中华五千年文明的象征——牛河梁红山文化坛庙冢》，《牛河梁红山文化遗址与玉器精粹》，文物出版社，1997年。

[21] 郭大顺、张克举：《辽宁省喀左县东山嘴红山文化建筑群址发掘简报》，《文物》1984年第11期。

[22] 俞伟超、严文明等：《座谈东山嘴遗址》，《文物》1984年第11期。

[23] 孙守道、郭大顺：《论辽河流域的原始文明与龙的起源》，《文物》1984年第6期。

[24] 巴林右旗博物馆：《内蒙古巴林右旗那日斯台遗址调查》，《考古》1987年第6期。

[25] 辽宁省文物考古研究所：《辽宁省文物考古研究所两年来的田野考古工作情况汇报》，2003年12月，广州。

[26] 中国社会科学院考古研究所内蒙古工作队：《赤峰西水泉红山文化遗址》，《考古学报》1982年第2期。

[27] 辽宁省文物考古研究所：《辽宁牛河梁红山文化"女神庙"与积石冢群发掘简报》，《文物》1986年第8期。

[28] 郭大顺：《中华五千年文明的象征——牛河梁红山文化坛庙冢》，《牛河梁红山文化遗址与玉器精粹》，文物出版社，1997年。

[29] 吕学明：《红山文化墓葬研究》，吉林大学硕士学位论文，2001年。

[30] 郭大顺：《中华五千年文明的象征——牛河梁红山文化坛庙冢》，《牛河梁红山文化遗址与玉器精粹》，文物出版社，1997年。

[31] 郭大顺：《中华五千年文明的象征——牛河梁红山文化坛庙冢》，《牛河梁红山文化遗址与玉器精粹》，文物出版社，1997年。辽宁省文物考古研究所：《辽宁牛河梁第二地点一号冢

21号墓发掘简报》，《文物》1997年第8期。

[32] 郭大顺：《中华五千年文明的象征——牛河梁红山文化坛庙冢》，《牛河梁红山文化遗址与玉器精粹》，文物出版社，1997年。

[33] 吕学明：《红山文化墓葬研究》，吉林大学硕士学位论文，2001年。

[34] 郭大顺：《红山文化的"唯玉为葬"与辽河文明起源特征再认识》，《文物》1997年第8期。

[35] 卜工：《文明起源的中国模式》，《中国文物报》2003年2月21日。相关论述又见《中国文物报》2003年5月9日、8月29日、10月24日。

[36] 邵望平：《礼制——中国古代文明的一大特征》，《东方考古研究通讯》2003年第1期。

[37] 郭大顺：《中华五千年文明的象征——牛河梁红山文化坛庙冢》，《牛河梁红山文化遗址与玉器精粹》，文物出版社，1997年。

[38] 吕学明：《红山文化墓葬研究》，吉林大学硕士学位论文，2001年。

[39] 张忠培：《关于内蒙古东部地区考古的几个问题》，《内蒙古东部区考古学文化研究文集》，海洋出版社，1991年。

[40] 谢维扬：《中国早期国家》，浙江人民出版社，1995年。

[41] Li Liu. Development of chiefdom societies in the middle and Lower Yellow River valley in Neolithic China—A study of the Longshan Culture from the perspective of settlement patterns, the Department of Anthropology. Harvard University, 1994.

（原刊于《红山文化研究——2004年红山文化国际学术研讨会论文集》，文物出版社，2006年）

瑶山祭坛及良渚文化神徽含义的初步解释

良渚文化反山墓地与瑶山祭坛是近年中国考古学上的重大发现之一[1]，颇令国内外学者为之侧目，尤其是其中出土的大量精美绝伦的玉器及其神秘纹饰一直是众多学者探讨的热点。与此同时，有关祭坛的功能和目的、神徽的含义等问题则成为目前研究的薄弱环节。本文拟从考古资料的分析出发，结合文献记载，对瑶山祭坛、良渚文化神徽等遗存现象提出一些初步的解释。

一、瑶山祭坛的功能和目的

瑶山是余杭县安溪乡下溪湾村的一座小山，海拔35米，北依天目山北脉，南俯广阔的冲积平原，山顶较为平缓。祭坛位于山顶西北部，平面呈方形。据发掘简报文字报道及彩色图片观察，该祭坛系由内外三重不同颜色的土构成。中心是一座红土台，台面略呈方形，边壁的方向与磁针方向基本一致。东壁长7.6、北壁长5.9、西壁长约7.7、南壁（残）长约6.2米，现存台面上未见夯筑及其他遗迹现象。红土台的外面环绕一条深65~85厘米的围沟，边壁与底边平直方正，沟内填疏松的灰色斑土，未见任何遗物。围沟宽1.7~2.1米。围沟之外的西、北、南三面，分别为宽约5.7、3.1、4米的黄褐色斑土筑成的土台。台面上散见较多的砾石，推测台面原铺一层砾石。灰土围沟以东即为自然山土。从彩色图片看，山土也为红色，但色泽较中心土台较淡。灰土围沟以东之所以不再垫以黄褐色斑土，概因坛面须取平之故。祭坛的西、北两壁尚残存以砾石叠砌成的石磡。石磡叠筑齐整，呈斜坡状，西北转角处垂直高度0.9米。石磡外尚有褐色斑土，较坚硬，为漫坡状护坡土，未见夯筑迹象。整个祭坛外边长约20米，面积约400平方米。

祭坛的南部范围内分布着12座墓，呈东西向南、北两列排列。北列5座，南列7座。除北列M1打破西壁护坡外，其余诸墓基本都在坛面范围内。两列墓排列有序，墓与墓之间间距紧凑，墓坑均呈南北向。各墓人骨已朽蚀殆尽，仅在M7南端发现了头骨及牙齿的痕迹，推测此墓主人头向应为南向。其他墓葬的头向已不能确定。各墓主要随葬品均为玉器，数量从十几件（组）到上百件（组）不等。其中南列居中打破红土台的M12被盗，后由余杭县文管所收集回来的传出于此墓的玉器就达344件之多。除此而外，这些墓葬还随葬有少量陶器、石器和嵌玉漆器。

墓葬尽管从建筑顺序上晚于祭坛本身，但简报作者据石钺及护坡土中出土的鼎、缸等遗物观察，认为祭坛与墓葬应属同一时期，年代相隔不久，"可能出于同代人之手"。从墓葬的陶器组合看相当于良渚文化所分四期中第二期前段。简报作者还指出："红土台是三重组合土坛的核心，而打破红土台的墓恰恰也是同列墓中最大的或较大的。"南北两列墓葬，从随葬的玉器组合看有所差异，"南列诸墓共见的琮、玉（石）钺、三叉形饰和与之配套的成组锥形饰等重器为北列诸墓所无；而北列诸墓的璜和纺轮又为南列墓所未见；北列常见的圆牌在南列仅见一例"。作者进而推测这种差异可能是性别原因造成的，北列墓主是女性，南列墓主是男性。

最后，简报作者认为："这类土坛是以祭天礼地为主要用途的祭坛。"祭坛上的墓"埋葬的就是巫觋"。

其实，这种祭坛从其各种迹象看，很像我国先秦文献中记载的大社，目的在于祭地。原因主要有两条。

（1）祭坛是由三种不同颜色的土构成的。其中，围沟中的灰色土据报道是从山外特意搬运来的；围沟外的黄褐色土台是"筑成"的，上面原来可能铺一层砾石，这种黄褐色土从色泽上也不同于周围的山土；中心的红土台土色较周围的红色山土更深。由此便达到了三种不同色泽的土相互辉映的特殊效果。给人的印象是，这个土坛强调的主题就是不同颜色的土。

《逸周书·作雒解》："乃建大社于国中，其壝中：东青土、南赤土、西白土、北骊土，中央覂以黄土。"郑玄注《周礼·大司徒》"设其社稷之壝"云："壝，坛与堳埒也"，又注《封人》"封人掌诏王之社壝"云："壝谓坛及堳埒"。可见，郑玄认为坛本体和四周的墙外部分都叫"壝"。贾公彦疏却说"壝即堳埒"，"坛外四面有壁，壁外才有壝耳"。这并不符合郑玄本意。事实上，《逸周书》本文的意思很明白，壝包括了东、西、南、北、中五种不同颜色的土，并不是单指坛四周的墙外部分。清人焦循说："《祭法》注云封土曰坛，《说文》云：'埒，卑垣也'，盖壝为拥土之名，故坛、埒均谓之壝。"（孙诒让《周礼正义》引）其说甚确。

应当注意到，《逸周书》所说的五种土及其方位有可能是受到了邹衍所创五行说的影响，其能否代表周初的制度是颇为可疑的。但排除五行说的敷衍，周初所立的大社由不同颜色的土构成，倒是完全有可能的。而且，这些不同颜色的土也可能是来自外地。《禹贡》徐州下："厥贡惟土五色。"《史记·夏本纪》集解引郑玄曰："土五色者，所以为大社之封。"《史记·夏本纪》正义引《太康地记》云："城阳姑幕有五色土……此土即《禹贡》徐州土也。"城阳姑幕在今山东莒县一带。这些记载至少说明，周王朝建大社所用的不同颜色的土有可能是外地贡奉的。

《礼记·郊特牲》云："社祭土而主阴气也。"又"社所以神地之道也。"可见，社的主要目的是祭土地。将土地作为一种神格来加以崇拜敬仰，是世界各地农业民族早期文明中的突出基调。为什么要用不同颜色的土建坛呢？《白虎通·社稷篇》

说:"土地广博,不可偏敬也,五谷众多,不可一一祭也,故封土立社,示有土,尊稷五谷之长,故封稷而祭之也。"是说很在理。立坛之所以需不同颜色的土,正是为了代表不可遍敬的广博土地。《社稷篇》又说:"人非土不立,非谷不食。"而祭土地神正是为了祈求谷物的繁衍以至于人们的生息。抛开五行说的影响,不难发现先秦文献所记中原周王朝所立之社,与瑶山祭坛有着异曲同工之妙。盖地理位置所限,中原所立社坛往往中间"疊以黄土",而瑶山祭坛则因地处江南红壤分布范围之内而中间置以红土。其最终目的,都是为了强调不同颜色的土及其代表的神格。

另外,瑶山祭坛北、西两面遗留的矮石墙(石磡)应即文献中所说的"堳埒"。从简报介绍的情况看,南面或许也筑过这样的石墙,而祭坛东面直接连接自然山土,那就不一定要有堳埒了。

(2)坛上墓葬,不管男性、女性,均不随葬玉璧,"在已知良渚显贵者墓中实属例外"。琮和钺只出于南列男性墓中。显然,这些遗存现象也应具有特殊的含义。

瑶山祭坛上的墓葬,据简报作者分析,与祭坛本身应当"存在某种联系",这是对的。从各种遗迹现象的确可以看出,建造者在营造土坛时应当具有一个整体的布局构想。祭坛"并不仅仅是一处专用墓地"。这些墓中普遍随葬玉器,但就是有琮而无璧,似乎不是偶然的巧合。《周礼·春官·大宗伯》载:"以苍璧礼天,以黄琮礼地。"历来为研究玉器的学者所重视,可以说这是对坛上坎(墓)内有琮无璧现象的最好解释。

坛上凿坎埋祭品即所谓,"瘗埋"。《礼记·祭法》云:"燔柴于泰坛,祭天也;瘗埋于泰折,祭地也。"郑玄注:"坛、折,封土为祭处也。坛之言坦也。坦,明貌也。折,炤晢也,必为炤明之名,尊神也。"(炤晢,又写作昭晢,光显意——作者注)据郑注,坛应是指坛上平坦之处,折也是封土为祭处。但是,折与坛的区别并没有讲清楚。折有弯曲意,当于封土之上有曲折。清人毛奇龄认为,泰坛、泰折应即《周礼·春官·大司乐》中提到的圜丘与方丘(见《郊社禘祫问》),很有道理。方丘应该就是指祭地的方坛,与祭天的圜丘是相对而言的。而且,瑶山12座墓基本位于方形祭坛的范围之内,这不能不说是又一种吻合。《尔雅·释天》:"祭地曰瘗埋。"郭璞注:"既祭埋藏之。"邢昺疏引李巡曰:"祭地,以玉埋地曰瘗埋。"瑶山祭坛上的墓葬尽管从位置上和出土遗物上类似古人所说的瘗埋祭地的现象,但又埋人,而且这些遗物同时作为墓主人的随葬品。这些现象难以得到古文献的佐证。从这些墓葬的埋葬现象看,墓内随葬品摆放有一定的规律,且打破中央红土台、位置居中的墓出土的随葬品更多。这些情况表明,墓主人生前身份特殊,而且彼此之间似乎也具有一定的等级差别。另外,南列墓的主人随葬钺,暗示了这些人可能还具有一定的军事权力。这些人的职责可能与祭坛本身有着密切的关系。简报作者据玛雅祭坛上埋有巫师的现象推测,瑶山祭坛上所埋也应是巫觋。目前来看,这不失为一种合理的推测,但也应注意其他的可能性。

可惜的是，墓内人骨俱已朽蚀殆尽，这些墓的主人究竟是正常死亡还是非正常死亡，现已难以知晓。应当说两种都有可能。如果是正常死亡、正常埋葬，则墓主人的身份就很可能是类似于勾龙或后稷这样的配食者。倘若是非正常死亡，再以一定的礼仪埋葬，则墓主实际上就成了人牲。《周礼·春官·大宗伯》："以血祭祭社稷、五祀、五岳。"郑注："阴祀自血起，贵气臭也。"可见祭祀地祇是需要有血气的，但周代祭祀往往用牲。《尚书·召诰》："乃社于新邑，牛一、羊一、豕一。"但东夷地区在春秋时期则仍然流行着用人祭社的习俗。《左传·僖公十九年》："夏，宋公使邾文公用鄫子于次睢之社。"较早的如江苏铜山丘湾的商代社祭遗址[2]，也是以人，还有狗来祀石社。当然，这些人都是在失去人身自由的情况下被当作牲畜一样杀掉的。但在古代，祭社是一件十分崇高的事，有身份的人出于自愿或迫不得已而充当人牲也是有可能的。天遇大旱，成汤就曾亲自翦发枥手"自以为牲，用祈福于上帝"（《吕氏春秋·顺民》）。虽然是象征性的，也足以为上述论点提出一种可能。而且，在有些原始民族中，被当作人牲的人往往是很有身份的。例如，孟加拉国的孔德人用来祭祀大地女神的人牲即被视为圣物，受到整个部族隆重的礼遇。这些人牲有些是买来的，有些是从小当人牲养大的。人牲有男有女，可以结婚，也有牲畜和土地。在定期的节日里或非常的场合下，人们都要处死一个人牲，然后将一部分牲肉奉献给大地女神，另一部分则被各家埋在自己的地里，身体的残余部分被焚化。骨灰一部分被洒在地里，一部分则被和成浆子抹在房屋和谷仓上。有时也将人牲的头和骨骼埋掉而不予焚烧。人们相信人牲的血肉和骨灰具有肥沃土壤的魔力或物质力量，为部族带来丰收和好运[3]。

黄展岳先生指出，考古学上判定人牲遗存，既要有"可供确证的崇拜物或祭祀场地"，又要具备可判别的非正常埋葬的现象[4]。这种观点非常正确。瑶山祭坛上的墓所缺乏的恰是第二个条件。但是，也不能因为墓葬本身的高规格而否认墓主人作为人牲的可能性。

用玉随葬，以往学者多认为象征着墓主生前拥有的财富和权力。但瑶山祭坛诸墓所随葬的玉器，恐怕并不能如此简单地解释。在中国古代，玉器有一种非常实际的功能，那就是庇荫嘉谷。《国语·楚语》王孙圉说："玉足以庇荫嘉谷，使无水旱之灾，则宝之。"韦昭注："玉，礼神之玉也。"瑶山祭坛诸墓随葬大量玉器可能即具有这一层含义。而且，这里唯独不出玉璧，自然可理解为与祭天无关。随葬玉器中以玉琮最具特色，而玉琮在先秦人的观念中即具有祭地的功能。所以，瑶山祭坛上的墓实应是一种特殊形式的瘗埋，墓葬和祭坛是一个整体，目的是祭祀地祇。

周社的规格，《尚书·禹贡》孔疏引《韩诗外传》说："天子社广五丈。"《白虎通·社稷篇》引《春秋文义》也说："天子之社稷，广五丈，诸侯半之。"瑶山祭坛外边长约20米，甚至稍大于天子所立的大社。

总之，从瑶山祭坛土备异色、周有埒墠、坛上有特殊形式的瘗埋及坛之广度等方面看，无疑已具备了周代大社的一些基本因素，但此时是否已出现了社稷神的分化和社稷同坛共祭的制度尚不得而知。

二、良渚文化神徽的特殊含义

良渚文化玉器上最为典型的图像即是一种所谓的"神人"与兽面复合的神徽（图一，1）。反山、瑶山遗址的简报作者认为，这是"一种特定的兽加以人化"而成的兽面神，"是良渚人的主要崇拜神"，是一种"神徽"。而且，李学勤、郑振香等学者已经指出，良渚神徽上的兽面纹与商周青铜器上常见的兽面纹（或称饕餮纹）有着一定的渊源关系[5]。事实上，这种徽帜并不是什么"神人"与兽面的复合体，而是人格化的鸟与兽面的复合体。"神人"头部的羽冠及三爪的鸟足实质强调了一种鸟的含义。瑶山M2∶1玉冠状饰上的神徽（图一，2），甚至用两翅代替了"神人"的上肢。由于"神人"的四肢躯干常以阴线刻划，恰恰突出了浮雕部分的羽冠"人首"及兽面。这种复合的纹样还可分离，如反山M16∶4玉冠状饰即是一兽面居中、两个头戴羽冠的"人首"分居两侧的纹饰布局（图一，3）。有些分离型纹饰中，"人首"干脆被两个居侧的鸟形所代替（图一，4、5）。其实，良渚文化常见的玉冠状饰本身也极似一种立鸟的形状。

据《山海经·南次二经》记载，包括会稽山在内的17座山"其神状皆龙身而鸟首"，与良渚文化的"神徽"形象正合。显然《山海经》的记载确实具有一定的神话传说渊源。所谓的"龙身"应当就是神徽上"神人"身体部位的兽面。这种兽面纹及后来商周青铜器中的兽面纹可能就是古人心目中一种"龙"的形象，但是否就是《吕氏春秋·先识》所说的"有首无身，食人未咽"的饕餮则无法肯定。

会稽山在今浙江绍兴东南，与反山、瑶山相距不过50千米，也在良渚文化的分布范围之内。所以，良渚文化的神徽应当就是《山海经·南次二经》所记神祇的真实写照。这种神确如简报作者指出的那样，应当是良渚先民的主要崇拜神。神徽的"龙身"部分，究竟取象于何种动物，现已很难确知，然其人格化的"鸟首"部分却非难以理解。《禹贡》扬州有"彭蠡既豬，阳鸟所居"的记载。彭蠡即今鄱阳湖。阳鸟，《史记集解》引郑玄曰："鸿雁之属，随阳气南北。"同属扬州的会稽，也有"众鸟所居"的说法（王充《论衡·书虚》）。可见，江浙历史上被认为是鸿雁类候鸟南徙之处。而且，良渚玉器中的玉鸟多似燕形。既然这里是古人认为的候鸟的南方家乡，则当地先民将这些与自身生活息息相关的候鸟加以人格化而变成神来崇拜也是完全可能的。

良渚玉器上常常将这种"鸟首龙身"的形象加以简化。在许多玉器上都是用一对小眼圈加横条（表示鼻子）代表人格化的鸟，而用一对大眼圈加上一个横条来代表下

图一　良渚文化神徽图案
1、3~5.反山（M12:98、M16:4、M14:135、M23:67）　2.瑶山（M2:1）

方兽面的部分。二者有时共见于同一件器物之上，有时单独使用。这种"鸟首龙身"的图案及其简化形式影响范围颇广，在山东、湖北龙山时代遗存中均有发现[6]。延续的时间也很长，在中原商文化及江西吴城文化中均有遗留[7]。尤其是中原夏商文化，无论从玉器器形还是玉器和青铜器的纹饰上看，都与良渚文化存在一定的渊源关系。这一点已渐为多数学者所共识。然而，这种跨地域的文化因素的传播究竟暗示了一种什么含义，目前仍然缺乏应用的解释。正如李学勤先生指出的那样，"商代继承了史前时期的饕餮纹，这不仅是沿用了一种艺术传统，而且是传承了信仰和神化，这在中国古代文化史的研究上无疑是很重要的问题"[8]。

笔者认为，这和中原夏后氏与江浙塗山氏存在的姻亲关系以及殷因于夏礼是分不开的。

禹娶塗山事广见于史籍。《尚书·皋陶谟》："（禹曰）娶于塗山，辛壬癸甲，启呱呱而泣，予弗子。"《楚辞·天问》："焉得彼塗山女，而通之于台桑？"王逸注："言禹治水，道娶塗山之女。"《吴越春秋》："禹因娶塗山，谓之女娇。"《史记·夏本纪》："夏后帝启，禹之子，其母塗山氏之女也。"塗山所在，东汉有二说。《说文》："嵞，会稽山也，一曰九江当嵞也。"会稽说，盖因《左传·哀公七年》云:"禹会诸侯于涂山。"而《国语·鲁语》作"禹致群神于会稽之山"。《越绝书·记地传》:"塗山者,禹所娶之山也,去县(指山阴,在今浙江绍兴一带——作者注)五十里。"当涂说,《吕氏春秋·音初》:"禹行功,见塗山之女。"高诱注云:"塗山在九迴,近当塗也。"《汉书·地理志》:"九江当塗,侯国"颜师古注引应劭曰:"禹所娶塗山,侯国也,有禹墟。"《左传·哀公七年》杜预注:"塗山在寿春东北。"指的也应是九江当塗的当塗山。此山在今安徽怀远县东南、寿县东北的淮河南岸一带。晋代又出现了一种新的说法,常璩《华阳国志》:"禹娶于塗山,……今江州涂山是也。"此涂山在今重庆市。三说似以会稽说产生最早,并有先秦文献可本。更为重要的是,绍兴坡塘发现过一批徐国铜器,铭文提及"涂俗"。曹锦炎先生指出:这批铜器的年代应在春秋初,当是越国建国之前,徐人势力进入浙江之后的遗留。铭文中提到的"涂俗"应该是指塗山氏的遗俗。涂山应在绍兴。涂山氏的分布范围在今长江下游一带,本是当地土著,历史上曾与夏民族有过婚姻血缘上的联系[9]。他的分析颇有道理。

实际上,年代相当于龙山时代的良渚文化有可能就是塗山氏的文化。在大禹治水的时代,夏后氏曾与塗山氏发生过姻亲关系。二里头文化所继承的一部分良渚文化的因素恐与此有关。良渚文化习见的神徽应当就是塗山氏的主要崇拜神。类似于神徽上兽面纹的神秘纹饰已见于二里头文化的青铜牌饰与玉柄形饰之上[10]。这种神秘的纹饰之所以能在殷商文化中大放异彩,显然与二里头文化及其前身所起的媒介作用是分不开的。目前存在的问题是,二里头文化及其前身尚未发现大型高级别的完整墓葬,现有材料还不足以填补殷商和良渚文化因素传承的缺环。所以,上述解释诚然带有较大的推测成分,亟待考古新发现的检验。

附记:本文曾蒙林沄、张鹤泉、杨建华诸先生审阅,并提出宝贵意见。插图由林雪川同志绘制。

注　释

[1]　浙江省文物考古研究所反山考古队:《浙江余杭反山良渚墓地发掘简报》,《文物》1988年第1期。浙江省文物考古研究所:《余杭瑶山良渚文化祭坛遗址发掘简报》,《文物》1988年第1期,文中引录文字和插图凡出于此,皆不另注。另外,余杭汇观山祭坛,上海青浦福泉山祭坛(原文称为祭祀坑)在形式上与瑶山祭坛近似,限于资料,本文仅以典型的瑶山祭坛作为探讨对象(刘斌:《余杭汇观山遗址发现祭坛和大墓》,《中国文物报》1991年8月11日。上海文管会:《上海青浦福泉山良渚文化墓地》,《文物》1986年第10期)。

[2]　南京博物院:《江苏铜山丘湾古遗址的发掘》,《考古》1973年第2期。俞伟超:《铜山丘湾商代社祀遗迹的推定》,《考古》1973年第5期。

［3］〔英〕詹·乔·弗雷泽著，徐育新等译：《金枝》，中国民间文艺出版社，1987年，第628～632页。

［4］黄展岳：《中国史前期人牲人殉遗存的考察》，《文物》1987年第11期。

［5］郑振香：《殷墟玉器探源》，《庆祝苏秉琦考古五十五年论文集》，文物出版社，1989年。李学勤：《良渚文化玉器与饕餮纹的演变》，《东南文化》1991年第5期。芮国耀、沈岳明：《良渚文化与商文化关系三例》，《考古》1992年第11期。

［6］中国社会科学院考古研究所山东工作队：《山东临朐朱封龙山文化墓葬》，《考古》1990年第7期，图版贰，1、2。荆州地区博物馆等：《钟祥六合遗址》，《江汉考古》1987年第2期，图一九，7。

［7］彭适凡、刘林：《谈新干商墓出土的神人兽面形玉饰》，《江西文物》1991年第3期。杜金鹏：《略论新干商墓玉、铜神像的几个问题》，《南方文物》1992年第2期。

［8］李学勤：《良渚文化玉器与饕餮纹的演变》，《东南文化》1991年第5期。

［9］曹锦炎：《绍兴坡塘出土徐器铭文及其相关问题》，《文物》1984年第1期。

［10］如二里头87M57：4，中国社会科学院考古研究所二里头工作队：《1987年偃师二里头遗址墓葬发掘简报》，《考古》1992年第4期。

（原刊于《江汉考古》1994年第2期）

单把鬲谱系研究

单把陶鬲（以下简称单把鬲）较为正式的发现始自1921年安特生在仰韶村与不召寨的发掘[1]。他当时将这类器物认作仰韶时代遗物，其错误早已被我国学者指出并纠正[2]。20世纪40年代初，苏秉琦先生对宝鸡斗鸡台沟东区出土陶鬲的研究成为陶鬲类型学考察的开端。他对含单把鬲在内的陶鬲的制法、形态及源流分别进行了探讨[3]。裴文中先生1947年发表的《中国古代陶鬲与陶鼎之研究》一文也曾从分类入手，勾勒出含单把鬲在内的陶鬲起源与演变问题的大致脉络[4]。对单把鬲较为系统的考察当首推80年代初张忠培先生的《客省庄文化及相关诸问题》一文[5]。该文通过分析单把鬲的形制演变，揭示了客省庄文化的发展、源流及与周邻诸考古学文化的关系。

以往的考古发现，尤其是近十年的发现与研究成果表明，单把鬲在南至汉水流域，北抵鄂尔多斯高原，西起河湟，东达豫北、冀南的一个广阔空间内为不同时代、不同系统之考古学文化所拥有，构成以华渭为中心的历史文化区的鲜明特色。而这一历史文化区恰因斝、鬲类空三足器的发祥而著称于世。

近年来，陶鬲的研究正如苏秉琦先生四十多年前所预测的那样，已成为中国考古学的一项专门课题。从宏观上考察单把鬲的分布、源流及相关诸考古学文化的谱系问题，已成为新时期考古学研究发展的必然趋势。

一、单把鬲和单把斝式鬲的制作原理与分类

目前，斝、鬲实物资料的发现与著录俱已相当丰富。对于鬲，学界长期以来已形成了约定俗成的概念，即由口、腹、三空足构成，或有耳与鋬。其与斝的关键区别在于制法上系三空足侧向对接，与腹身连为一体，无明显分界；斝的三空足系分别装接于上部容器之底部，与上部容器的腹腔形成明显分界。鬲从外形上已基本看不出上部器身原为何物，而斝则有明显的器身部分。

针对斝与鬲中间过渡形态的存在，近来有学者提出了斝式鬲的概念[6]。该类器物最为鲜明的特征是三足的装接方法已由斝足的正装于器底改为侧装于器腹，从而接近于鬲。但是它的裆顶仍然保留了上部容器的底部形态，三足在裆侧也形成分离，靠腹身连接，仍能看出腹形。

上述基本原则当然适用于单把鬲、单把斝式鬲。二者的基本特征系一提携所用的单耳，竖向安置于一足上部与口沿之间，与另两足相对[7]。鉴于二者形制上的联系及功能上的相似，以及出于探索源流及其相互关系的考虑，本文将以往混称单把鬲或单把斝的斝式鬲与单把鬲一同进行分类研究（图一）。

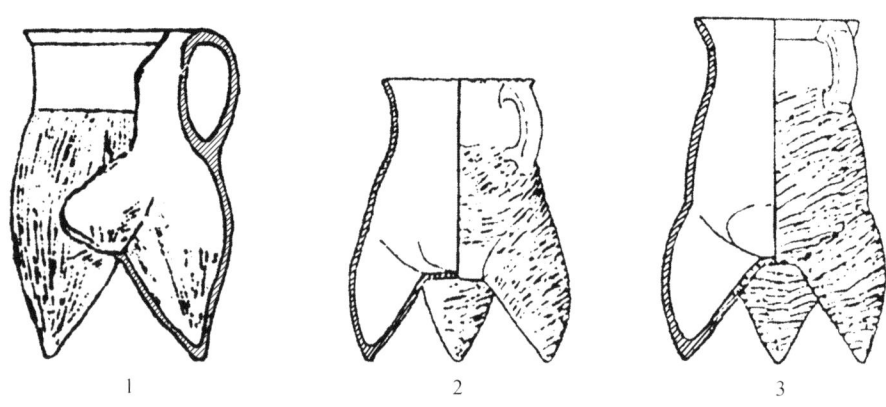

图一　单把鬲、单把斝式鬲和单把斝特征示意图
1.鬲（客省庄H206）　2.斝式鬲　3.斝
（2、3分别是赵家来H2∶2、H2∶3）

据不完全统计，目前已发表的单把斝式鬲有21件，单把鬲达117件，残器而未复原者不包括在内（凡分类所涉及单把鬲、单把斝式鬲资料来源均见附表一，文中不再单独注出）。

从制作的基本程序看，单把斝式鬲与单把鬲均存在分段套接的过程。领口、三空足、腹腔部分多分制然后套接组装。因此，每一基本部位的形态可以分割开来进行局部的单独考察，然后再观察组装后的整体特征。

单把鬲、单把斝式鬲领口形态基本可分有领和无领两类。其中有领类又可区分为高领和矮领两小类。高领类包括直口高领和侈口高领两种；矮领类包括斜直矮领和卷沿矮领两种。无领类仅有侈沿一种。上述五种领口均保持了较为固定的形式，无明显变化（图二）。

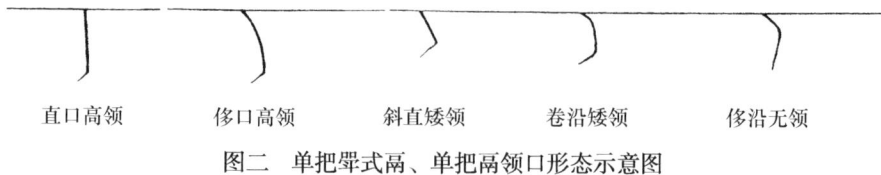

　直口高领　　侈口高领　　斜直矮领　　卷沿矮领　　侈沿无领
图二　单把斝式鬲、单把鬲领口形态示意图

单把斝式鬲上部腹腔（器身）形态有圜底和平底两类。圜底类按腹部形态又可分球腹、垂腹、折腹三小类；折腹圜底类包括锐折腹圜底和圆折腹圜底。平底类仅有鼓腹一种。总之，单把斝式鬲上部器身形态基本可归纳为五种形式，即球腹圜底、垂腹

圜底、锐折腹圜底、圆折腹圜底和鼓腹平底（图三）。此五种器身形态基本稳定，无明显变化。

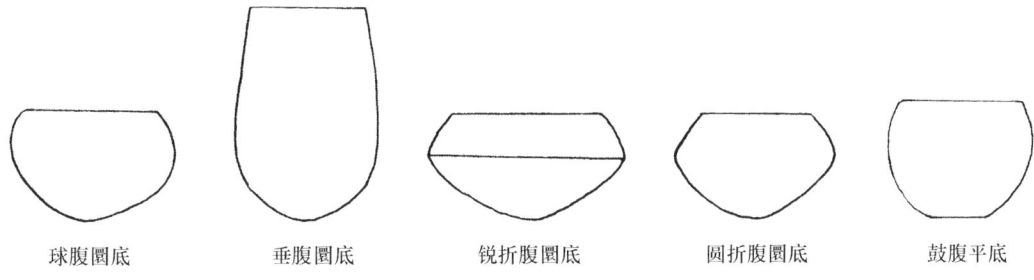

图三　单把斝式鬲器身形态示意图

单把鬲三足对接后是直接加领口，或是再套接一段腹腔，往往难以明确判断。因此，暂且忽略陶鬲上部腹腔状况的观察。

单把鬲、单把斝式鬲均三空心袋足，无附加的发达实足根，基本的足形（依单把一侧空足形状为准）有四种形式。但是，同属一种足形，基本形状不变的情况下在局部又富于变化，有的袋足下部较肥，有的较瘦出现足尖夹角，直至生成不发达的实足根（指制作空心袋足时在足尖部以手捏制出的足根，非附加者）。因此，有必要对足形进行较为细致的型式划分，并据此四型足形的分式以表示空足演变的大致刻度（图四）。

a型　空足肥长外撇，内侧较直，外侧至下部急收，形成转角，呈鹤嘴形（转角指空足部分而言，下同）。分四式。

1式：标本陕西西安客省庄H174∶1∶1，鬲足粗肥而深（足深依裆高与器高之比而言，不包括实足尖部分）（图五，7）。

2式：标本西安米家崖采集鬲，鬲足下部变瘦（图五，13）。

3式：标本陕西岐山双庵ⅣH4∶29斝式鬲，空足下部出现足尖夹角（图六，5）。

4式：标本陕西临潼姜寨T64H162∶10，出现较明显的实足根，空足变浅（图五，30）。

整体看，a1~4式空足演变大致由肥变瘦，由深变浅，足尖部有逐渐生成实足根的趋势。

b型　足体呈鹰嘴形，内侧微凹，外侧上部较鼓，往下急收，形成转角，足较短。分四式。

1式：标本姜寨ZHT15F134∶6（图五，8）。

2式：标本客省庄H68Ⅱ式鬲（图五，14）。

3式：标本双庵ⅣH4∶39（图五，22）。

4式：标本宁夏西吉兴隆镇出土陶鬲（图五，31）。

c型　足体呈圆锥状，内外侧均弧鼓，无转角。分四式。

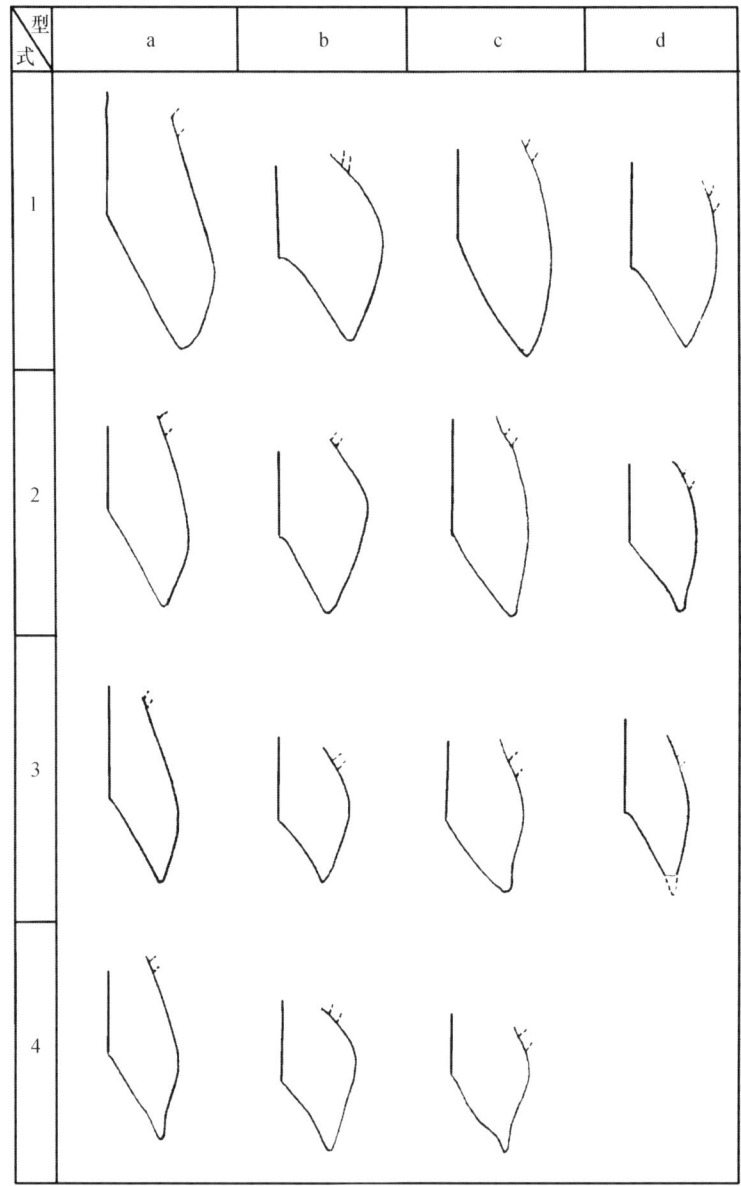

图四　单把斝式鬲、单把鬲足形分类示意图
（依单把一侧足）

1式：标本客省庄H87∶4（图五，1）。
2式：标本临潼康家H6∶1（图五，16）。
3式：标本客省庄H206鬲足（图五，23）。
4式：标本山西太原光社59B279（图五，33）。
d型　足内侧较直，外侧弧收，无转角。分三式。
1式：标本山西垣曲丰村G101∶1∶17（图五，20）。

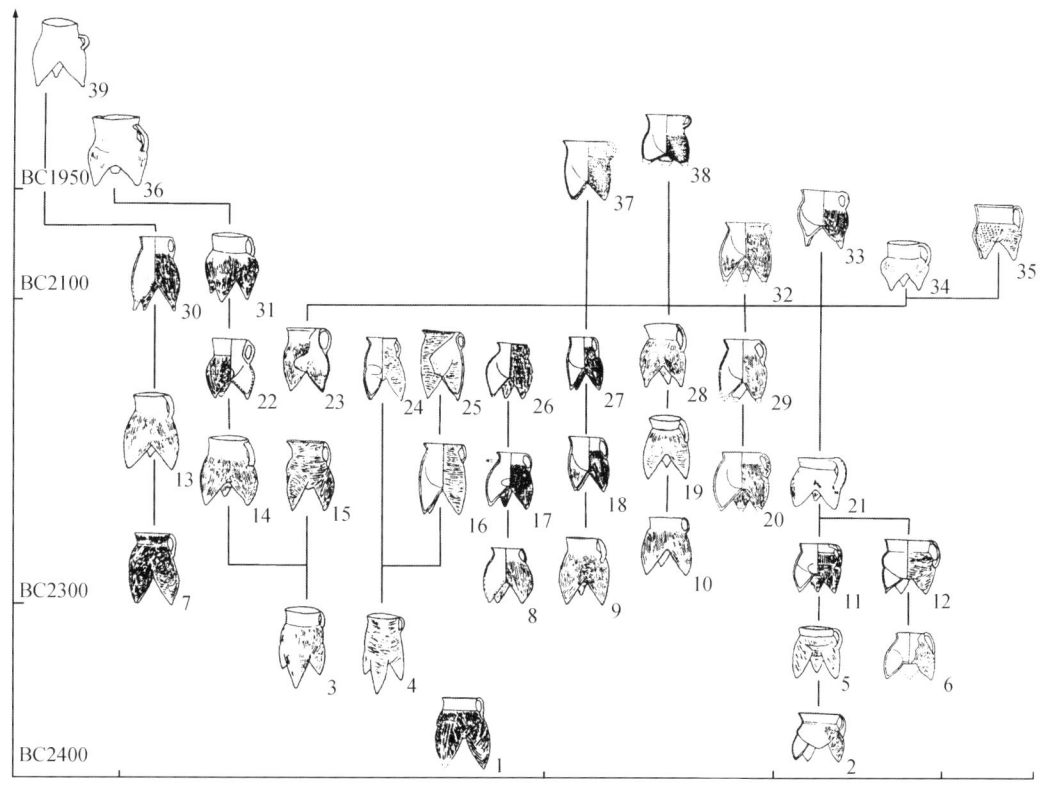

图五 单把鬲、单把斝式鬲谱系图

1. 甲类A型斝式鬲 2、5、11. 分别为乙类A型Ⅰ～Ⅲ式斝式鬲 3、15. 分别为甲类C型Ⅰ、Ⅱ式斝式鬲 4、24. 分别为甲类D型Ⅰ、Ⅱ式斝式鬲 6、12. 分别为乙类B型Ⅰ、Ⅱ式斝式鬲 7、13、30. 分别为甲类A型Ⅰ～Ⅲ式鬲 8、17、26. 分别为甲类C型Ⅰ～Ⅲ式鬲 9、18、27. 分别为甲类D型Ⅰ～Ⅲ式 10、19、28. 分别为乙类A型Ⅰ～Ⅲ式鬲 14、22、31. 分别为甲类B型Ⅰ～Ⅲ式鬲 16、25. 分别为甲类E型Ⅰ、Ⅱ式鬲 20、29、32. 分别为乙类B型Ⅰ～Ⅲ式鬲 21、33. 分别为乙类D型Ⅰ、Ⅱ式鬲 23. 乙类C型Ⅰ式鬲 34、35. 为乙类C型Ⅱ式鬲（上述器物单位见文字部分） 36. 庄浪徐家碾（M77：50） 37. 东下冯（H413：8） 38. 东下冯（H501：13） 39. 永靖韩家嘴（KG6：015）

2式：标本河南渑池不召寨K5971（图五，28）。

3式：标本山西夏县东下冯H207：1（图五，32）。

考察b、c、d三种足形均与a型足形具有同步的演变趋势，即空足均由肥变瘦，由深变浅，袋足容积渐小，足尖部有出现实足根的趋势。

在一定的制作原理与固定习惯的支配下，上述基本构件领口、腹身、三空足及单耳发生有机的组合，从而形成形态各异而又有规律可循的单把鬲与单把斝式鬲。在组装过程中，尤以三空足的装接位置与方式最为重要，因为整个器体的造型效果将由此而定。所以，我们将三空足的组装情况作为单把斝式鬲、单把鬲分类的首要考察标准，并由此将二者分为两类。

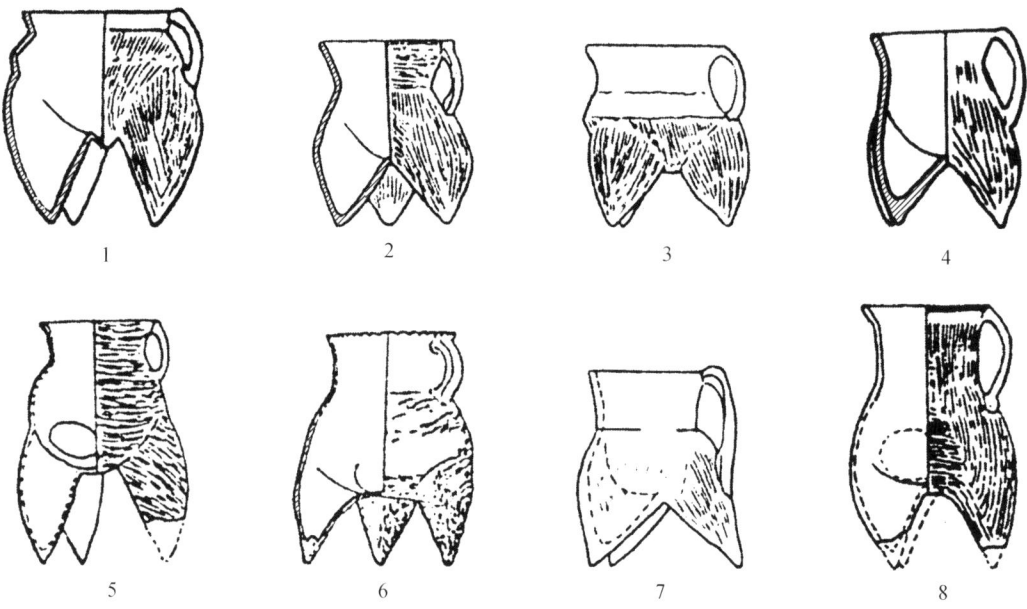

图六 未分式别的单把斝式鬲和单把鬲

1. 乙类C型斝式鬲（师赵T317③：1） 2. 乙类E型鬲（康家T1⑤：9） 3. 乙类D型斝式鬲（客省庄H167：21）
4. 甲类G型鬲（南礼教H110 11） 5. 甲类B型斝式鬲（双庵ⅣH4：29） 6. 甲类F型斝式鬲（赵家来F8：2）
7. 甲类H型鬲（朱开沟M2001：1） 8. 甲类F型鬲（双庵ⅣH2：4）

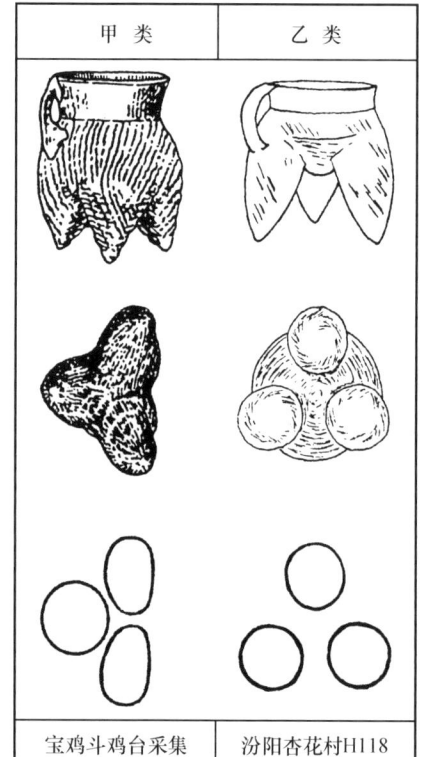

甲类：

三足并非对称组装，由三足尖构成的连线系等腰三角形，即单把所对应两足多并立而向两侧斜撇，两足尖连线构成等腰三角形之底边；单把一侧空足向后斜伸，足尖构成等腰三角形之顶点，可形象地称之为前后腿的组装方式。从三足横截面看，两前足基本呈椭圆形，后足则近似圆形。

乙类：

三足对称组装，即由三足尖构成的连线系等边三角形。从三足横截面看，均近似圆形[8]（图七）。

结合领口、腹形和足形将单把斝式鬲、单把鬲总体分类如下（类、型、式划分详见附表一）：

甲类：

单把斝式鬲。

图七 甲、乙两类单把斝式鬲或单把鬲特征示意图

A型　直口高领、球腹圜底、c1式足。标本客省庄H87∶4（图五，1）。

B型　直口高领、球腹圜底、a3式足。标本双庵ⅣH4∶29（图六，5）。

C型　直口高领、球腹圜底、b型足。可分二式。Ⅰ式：标本甘肃灵台桥村H4∶91（图五，3）。Ⅱ式：标本客省庄H68∶16（图五，15）分别为b型1、2式足。

D型　侈沿、垂腹圜底、c型足。可分二式。Ⅰ式：标本桥村H4∶23（图五，4）。Ⅱ式：标本双庵ⅣH31∶2（图五，24）。分别为c型1、3式足。

E型　直口高领、鼓腹平底、a1式足。标本陕西武功赵家来H2∶2（图一，2）。

F型　直口高领、鼓腹平底、b3式足。标本赵家来F8∶2（图六，6）。

单把鬲。

A型　直口高领、a型足。可分三式。Ⅰ式：标本客省庄H174∶1∶1（图五，7）。Ⅱ式：标本米家崖采集者（图五，13）。Ⅲ式：标本姜寨T64H162∶10（图五，30）。分别为a型1、2、4式足。

B型　直口高领、b型足。可分三式。Ⅰ式：标本客省H68鬲（图五，14）。Ⅱ式：双庵ⅣH4∶39（图五，22）。Ⅲ式：标本兴隆镇出土鬲（图五，31）。分别为b型2、3、4式足。

C型　卷沿矮领、b型足。可分三式。Ⅰ式：标本姜寨ZHT15F134∶6（图五，8）。Ⅱ式：标本陕西商县紫荆H117∶01（图五，17）。Ⅲ式：标本康家F15∶2（图五，26）。分别为b型1、2、3式足。

D型　侈口高领、d型足。两前足直立且正面均拍成近平，与领口呈流线形，后足斜伸较甚。可分三式。Ⅰ式：标本不召寨K6158（图五，9）。Ⅱ式：标本东下冯采集Ⅱ式鬲（图五，18）。Ⅲ式：标本山西芮城南礼教H102⑰（图五，27）。Ⅰ、Ⅱ式均为d1式足，但Ⅰ式鬲裆顶较宽缓，Ⅱ式窄裆，Ⅲ式为d2式足，亦为窄裆。

E型　侈沿、c型足。分二式。Ⅰ式：标本康家H6∶1（图五，16）。Ⅱ式：标本客省庄H213（图五，25）。分别为c型2、3式足。

属此类可分型而无法分式的尚有如下几件。F型：双庵ⅣH2∶4（图六，8），直口高领，d2式足。G型：南礼教H110⑪（图六，4），侈沿，d2式足。两前足正面扁平，后足斜伸较甚，形体近于D型单把鬲。H型：朱开沟M2001∶1（图六，7），直口高领，c4式足。

可归入此类而暂且无法分型的单把鬲也见附表一。

已划分型、式的甲类单把斝式鬲与单把鬲主要是以空足的演变指示年代序列。与足形演变相同步，三足对接后的单把鬲的裆底也由宽缓向窄锐发展（图八）。而且，伴随袋足渐浅而裆部由高渐矮，单把鬲的主要容积由三足部分移向上部腹腔。已划分式别的甲类单把斝式鬲则缺乏裆底部的显著变化，且主要容积一直位于器身部分。

图八　甲类单把鬲裆底线变化示意图

乙类：

单把斝式鬲。

A型　斜直矮领、锐折腹圜底、c型足，呈方体。可分三式。Ⅰ式：标本内蒙古凉城县园子沟F2023：5（图五，2）。Ⅱ式：标本山西汾阳杏花村H118：10（图五，5）。Ⅲ式：标本杏花村H317：1（图五，11）。均c1式足。Ⅰ、Ⅱ式三足斜接于领口之下。宽裆，足外撇。其中Ⅰ式斝式鬲裆部较Ⅱ式更宽，足外撇更甚。Ⅲ式斝式鬲三足与器身结合部位下移，接近腹中部折棱以下，裆间距离缩小，三足收束直立。

B型　斜直矮领、圆折腹圜底、c型足，方体。分二式。Ⅰ式：标本汾阳峪道河采集（图五，6）。Ⅱ式：标本园子沟H2002：5（图五，12）。均c1式足。同A型一样，足形本身无明显变化。Ⅰ式宽裆，三足外撇；Ⅱ式裆顶变窄，三足收束直立。

C型　斜直矮领、锐折腹圜底。标本甘肃天水师赵T317③：1（图六，1），b2式足。

D型　直口高领、锐折腹圜底、c型足。标本客省庄H167：21（图六，3），c1式足。

单把鬲。

A型　侈口高领、d型足，可分三式。Ⅰ式：标本渑池仰韶村MQ（图五，10）。Ⅱ式：标本陕县三里桥T126：07（图五，19）。Ⅲ式：标本不召寨K5971（图五，28）。Ⅰ、Ⅱ式为d1式足，Ⅰ式裆顶宽缓，Ⅱ式裆顶变窄。Ⅲ式为d2式足。

B型　斜直矮领、d型足，可分三式。Ⅰ式：标本丰村G101：1：17（图五，20）。Ⅱ式：标本三里桥H113：01（图五，29）。Ⅲ式：标本东下冯H207：1（图五，32）。分别为d型1、2、3式足。

C型　直口高领、c型足。可分二式。Ⅰ式：标本客省庄H206鬲（图五，23）。Ⅱ式：河南孟津小潘沟F7：35（图五，34），伊金霍洛旗朱开沟M1060：3（图五，35）。分别为c3、4式足。

D型　斜直矮领、c型足。可分二式。Ⅰ式：标本山西万全荆村采集者（图五，21）。Ⅱ式：标本光社59B279（图五，33）。分别为c2、4式足。均方体或近似方体。

属此类可分型而无法分式者还有：

E型　临潼康家T1⑤：9（图六，2），侈口高领，b2式足。

属此类尚无法分型的标本见附表一。

客省庄H179：2[9]、赵家来T101④：4、赵家来H2：3[10]、东下冯T5532：4：52[11]四件，原报告均称为鬲，从三足装接方式看应属斝类，可称单把斝。限于资料，本文暂不探讨。

另外，赵家来T104H11：2[12]、蓝田卞家堡采集斝[13]均为斝式鬲，虽经复原，但因均残大半而无法分类。

二、单把鬲和单把斝式鬲的时空分布

(一) 排序、分期与年代

1. 排序

类型学的分类结果有待层位关系与以往研究成果的证明。上述诸类型单把斝式鬲、单把鬲的形态变化点主要在足部与裆部,其中鬲足形态的变化又是矛盾的主要方面。故论证须由此入手。

宝鸡石嘴头东区[14]有一组打破关系:M2→F6("→"表示叠压打破关系,下同)。M2出甲类B型Ⅱ式鬲,系b3式足。M2:2Ⅰ式双耳罐形制接近客省庄村西H206[15]小口高领折肩双耳罐;H206:1折肩瓮形制与岐山双庵ⅣH4[16]削去领口的折肩瓮H4:23,H4:45形制相同,双庵ⅣH4也出甲类B型Ⅱ式鬲,所以双庵ⅣH4,石嘴头东区M2,客省庄村西H206三者年代大体相当。客省庄H206出乙类C型Ⅰ式鬲,系c3式足,故b3式足与c3式足的年代应大致相当。石嘴头东区被M2打破的F6出土一件鬲足(也有可能是斝或斝式鬲足),与客省庄H87:4斝式鬲同为c1式足,故知c1式足早于c3式足。

武功赵家来遗址F8→F9[17](见《武功发掘报告》附表一〇)。F8:2斝式鬲与双庵ⅣH4:39鬲同为b3式足,赵家来F8与双庵ⅣH4年代相当;赵家来F9:2侈口圆腹罐[18]形制同于客省庄H174:1:2、H108:2罐[19],客省庄H174、H108均与这种罐伴出甲类A型Ⅰ式鬲,故赵家来F9与客省庄H174、H108年代相当,而早于赵家来F8与岐山双庵ⅣH4。客省庄H174、H108甲类A型Ⅰ式鬲系a1式足,岐山双庵ⅣH4:29斝式鬲系a3式足,则a1式足早于a3式足。

从赵家来第Ⅰ发掘区T109、T102、T104北壁剖面图(《武功发掘报告》图六五)及文字叙述[20]可知,赵家来T102、T109地层系统一划分。则知:T109⑤→H31→T109、T102⑥A→T102⑥B,简化为H31→T102⑥B。T102⑥B出甲类C型Ⅰ式鬲,系b1式足;H31:6系甲类B型Ⅱ式鬲,b3式足,则b1式足年代上早于b3式足。

以上证明a1式足早于a3式足、b1式足早于b3式足和c1式足早于c3式足,而a2、b2、c2式足处于a、b、c三种足形演变的中间环节,a4、b4、c4式足均出现较明显的实足根部,属于这三种足形演变的最后环节。由此,层位与共生关系为上述类型学排定的a、b、c三种足形的演变序列提供了佐证。

d型足与双錾斝式鬲、双錾鬲的足形完全相同。d型足的拥有者乙类A、B型单把鬲形体绝大多数与双錾鬲一致。晋中地区考古研究成果表明,成熟形态的双錾鬲是由双錾斝式鬲发展来的,足形演变大体也都遵循由肥渐瘦、直至生成实足根的规律[21]。

故乙类A、B型单把鬲足形的演变顺序可由双鋬斝式鬲—双鋬鬲足形的演变提供证明（图九）。

足形的演变可为大多数单把斝式鬲、单把鬲的演变指示方向。而且，客省庄H68、武功赵家来H2、岐山双庵ⅣH4的共生关系证明，甲类单把斝式鬲与单把鬲是并行发展的，二者的演变规律既有区别又有联系。区别主要在于甲类单把斝式鬲裆顶无明显变化，而甲类单把鬲裆顶则由宽缓向窄锐发展。

与甲类单把斝式鬲的发展轨迹不同，乙类单把斝式鬲A、B型的主要变化点体现在裆部，即三足上部由分离步向内聚相连。照这一趋势，这两型方体的单把斝式鬲最终必然会发展为同属方体的乙类D型

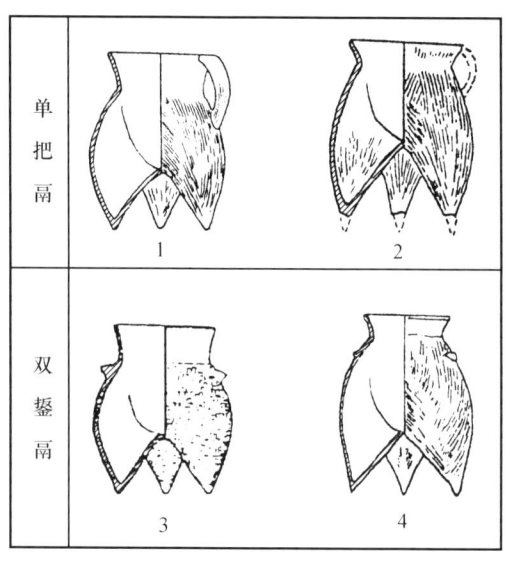

图九 双鋬鬲与乙类单把鬲A、B型对比
1. 垣曲龙王崖（T202：4D：2）（乙类A型鬲）
2. 夏县东下冯（H207：1）（乙类B型鬲）
3. 陶寺（T404：4：11） 4. 龙王崖（H201：1）

单把鬲。这一点，已为晋中地区近年的考古研究成果所证明[22]。尽管乙类A、B型单把斝式鬲的足形本身没有明显变化，但其继承者乙类D型单把鬲的c型空足却是遵循着足形演变的一般规律。

无论甲类抑或乙类单把斝式鬲、单把鬲，均有一个共同的演变逻辑，即裆由高渐矮，袋足由深变浅，由粗肥而渐瘦，直至生成不发达的实足根。三足总体上均呈现了逐渐退化的趋势。容积由主要位于足部而上升至上部腹腔或发达的领口部分。单把斝式鬲、单把鬲上部变化多显得迟钝，不如下部敏感。因此，单把斝式鬲、单把鬲的排序应由足部或裆部的演变来指示方向。

2. 分期

与遗址、文化分期不同，一种或几种器物的分期主要依赖于较为稳定的共生关系即组合关系，以及器物自身的形态演变。

甲类单把斝式鬲、单把鬲的组合关系基本可分以下三组。

（1）以客省庄H87、桥村H4为代表，仅见早期形态的单把斝式鬲而不与单把鬲共生。三足足形主要有c1、b1式足，均肥长外撇，足尖内侧保留有小泥球。

（2）以赵家来H2、客省庄H68、岐山双庵ⅣH4为代表的遗存，单把斝式鬲与单把鬲共存，构成一种稳定的组合关系。且单把鬲、单把斝式鬲以外的其他器物的形制与种类都与第（1）种组合存在鲜明差异。这种组合单把鬲、单把斝式鬲的基本足形除继续沿用第（1）组合的b1式足外，新增a1～3，b2、3，c2、3，d1、2式足，

袋足形制有所变化。

（3）以临潼姜寨T64H162、朱开沟M2001为代表。这类组合中已不见单把斝式鬲，而仅有成熟形态的单把鬲，其特点是窄裆瘦足，有较明显的实足根部，陶鬲腹腔与领口占取主要容积。足形有a4、b4和c4式。

从单把斝式鬲、单把鬲的排序上看，上述三种组合恰恰代表了甲类单把斝式鬲、单把鬲自身发展的三个大的阶段，可分别称之为早、中、晚三期。早期是单把斝式鬲的产生发展阶段，中期的主要标志是出现了三足侧装对接的单把鬲，与单把斝式鬲并行发展。至晚期，单把斝式鬲完全被单把鬲取代，停止了延续。

乙类单把斝式鬲与甲类单把斝式鬲遵循着不同的发展轨道，所以不能完全用上述三种组合考察乙类单把斝式鬲与单把鬲的分期。但是可以根据相同的那部分演变规律将甲、乙两类斝式鬲和鬲的发展阶段进行对比。

乙类A型Ⅰ式、A型Ⅱ式、B型Ⅰ式单把斝式鬲足形肥长外撇的特征与甲类早期的单把斝式鬲一致，发展阶段应大致相当。

乙类A型Ⅰ~Ⅲ式、B型Ⅰ~Ⅱ式、C型Ⅰ式、D型Ⅰ式及E型鬲从足形和裆部特征看均相当于甲类中期单把鬲。乙类A型Ⅲ式、B型Ⅱ式、C型、D型斝式鬲据其足浅裆变矮等特征看也应相当甲类中期阶段。

乙类B型Ⅲ式、C型Ⅱ式、D型Ⅱ式单把鬲矮裆浅足、生成实足根的特点同于甲类晚期单把鬲，应相当于甲类晚期阶段。

已分型式的单把鬲和单把斝式鬲均可归属上述早、中、晚三期，详见附表二。

3. 年代

迄今为止，陕晋豫地区龙山时代早期诸考古学文化均未发现三足侧装的斝式鬲或鬲。三足侧装的斝式鬲的出现应标志着空三足器的发展进入了一个新的阶段。

关中地区龙山时代早期的"案板三期文化"[23]从浒西庄遗址14C测定的6个数据分析，其年代下限当在距今4400年左右[24]。晋中考古编年第九段开始出现斝式鬲[25]，此段晚于相当于庙底沟二期文化偏晚阶段的"陶寺类型"早期。陶寺早期的年代，14C测定的年代数据基本在公元前2340年±130年之前[26]，这和案板三期文化测定年代的下限较为接近。据此，甲、乙两类单把斝式鬲产生的年代上限即早期年代上限当在公元前2400年左右。

晚期单把鬲出现较为明显实足根的特点接近晋中地区夏代遗存及二里头文化东下冯类型陶鬲发达实足根的风格。作为考古学文化的代表性器物，晚期形态的单把鬲及其器物组合所代表的遗存的年代，应相当于该地区龙山时代晚期遗存的最晚发展阶段。"陶寺类型"目前已知的33个14C测定数据，其中29个数据都在公元前1900年之前[27]；客省庄文化目前最晚的一个14C数据是公元前1980年[28]。据此，暂将晚期的年代下限定在公元前1950年前后。中期有几个出单把鬲或单把斝式鬲的单位有14C测定数据。其中赵家来H2为公元前2265年±140年[29],陶寺H1101为公元前2180年±95年[30]、赵家来T110H31为公元前2320年[31],基本在公元前2300~前2100年。而陶寺ⅢH302为公元前2440年±135年[32],与"陶寺类型"早期几个单位的^{14}C数据年代相当,显然偏早;陶寺ⅢH321 ^{14}C数据为公元前1575年±190年[33],显然偏晚。

已分型式的单把鬲,其中的乙类C型Ⅱ、D型Ⅱ式鬲从其形制看,可能已超出晚期公元前2100~前1950年这一年代区间。未划分型式的单把鬲,从目前发表的材料看,多见于晋南东下冯类型和甘肃东部地区的辛店文化、寺洼文化之中。它们的年代,绝大多数已超出了晚期的年代范围,本文暂不探讨。

(二)空间分布与源流

1. 空间分布

以单把斝式鬲的产生与发展为标志的早期阶段,地域上仅有两个分布中心。最早形态的甲类单把斝式鬲(A型、C型Ⅰ式、D型Ⅰ式)主要分布于泾水流域及关中西部的渭水流域地区,而早期的乙类单把斝式鬲则分布于晋中的汾河流域和内蒙古中南部的岱海周围。

至中期,单把鬲、单把斝式鬲的分布主要有以下三个地区。

(1)泾水流域、渭水中下游地区和宁夏南部山地是较为单纯的甲类单把鬲与单把斝式鬲的分布区。其中甲类单把斝式鬲和甲类A、B型单把鬲的分布重心偏于泾水流域及渭水中游地区。而甲类C、E型单把鬲的分布重心则偏于西安以东的渭水下游和丹江上游地区。另外,西安以东的渭水流域尚见有一定数量的乙类A、B型单把鬲,而极少见甲类单把斝式鬲。

(2)晋中地区乙类A、B型单把斝式鬲到乙类D型单把鬲有一自身较完整的发展序列。内蒙古中南部的岱海周围地区虽也发现有相当于中期的乙类单把斝式鬲,但其往下的发展线索不清楚,而且晋北地区目前还缺乏材料,所以只有暂时粗略地将上述地区统划为一个区。

(3)晋西南临汾、运城盆地及风陵渡至孟津段黄河南岸区是乙类A、B型和甲类D型单把鬲的主要分布区。此区缺乏单把斝式鬲,而且从分类和排序上看,最为常见的又多是窄裆、瘦足的成熟形态的单把鬲。

晚期,单把斝式鬲消失。单把鬲在上述第(1)、(3)区无论从数量、分布范围上,还是类型上都呈现了急剧衰落的现象。晋中地区限于材料,目前尚不清楚这一阶段单把鬲的发展情况。而河套及甘肃东部地区却成为晚期及晚期之后单把鬲的两个新的分布重心。

考虑到中期的分布区是在早期的基础上进行扩张,晚期的分布重心又有所移动,所以从总体上可将单把鬲、单把斝式鬲的分布范围划分为以下五个主要分布区。

A区：范围同中期第（1）区。可分两个亚区。

Aa区：泾水流域、渭水中游及宁夏南部山地。主要遗址有甘肃灵台桥村、宁夏西吉兴隆镇、隆德页河子、宝鸡石嘴头东区、岐山双庵、武功赵家来。常见甲类单把斝式鬲及A、B型单把鬲。流行直口高领，a、b型足和鼓腹圜底、垂腹圜底、鼓腹平底三种斝式鬲腹形。

Ab区：渭水下游及丹江上游地区。主要遗址有临潼姜寨、康家、华县梓里[34]、商县紫荆。常见甲类C、E型单把鬲，乙类A、B型单把鬲也有一定数量。流行卷沿矮领、侈沿、斜直矮领和侈口高领，以及b、c、d型足。

Aa区单把鬲、单把斝式鬲在炊器结构中居于主导地位。Ab区除单把鬲外各种形式的大斝也在炊器中扮演重要角色。

B区：范围同中期第（2）区。主要遗址有汾阳杏花村、峪道河及岱海周围的凉城老虎山、园子沟、西白玉、板城。常见乙类单把斝式鬲，晋中地区较常见乙类D型单把鬲，但二者并未在本地区炊器结构中占据主导地位。主要有斜直矮领、c型足和锐折腹圜底、圆折腹圜底两种斝式鬲腹形。

C区：范围同中期第（3）区。主要遗址有陕县三里桥、渑池仰韶村、不召寨、孟津小潘沟、芮城南礼教、夏县东下冯、曲沃方城、垣曲丰村、龙王崖、襄汾陶寺。常见乙类A、B型和甲类D型单把鬲，极少见斝式鬲。乙类单把鬲从数量上远远超过甲类，约占单把鬲总数的80%。炊器构成中单把鬲虽占取大宗，但双鋬鬲也有一定数量。

D区：河套地区。主要遗址目前仅有朱开沟。该遗址发现的单把鬲绝大多数属于乙类，甲类仅占少量。流行直口高领、c型足。

E区：甘肃东部大夏河到葫芦河一带。主要遗址有永靖韩家嘴、秦魏家、庄浪徐家碾、柳家村。此区绝大多数为晚期之后的单把鬲，未分型式。甲类和乙类单把鬲约各占50%。

2. 渊源

追溯早期单把斝式鬲的渊源也需从该类器物的各个基本构件和组装机制入手。

Aa区与B区是目前所知最早产生单把斝式鬲的两个地区。Aa区的关中西部一带，在龙山时代早期分布着案板三期文化。该文化大量使用作为复合式炊具的釜灶。像案板86H20∶43那种釜灶[35]，灶圈虽已残，但从其单把、直口微侈、高领、球腹圜底等特征看（图一〇，4），几乎与客省庄H87∶4（图一〇，1）单把斝式鬲的器身形状完全相同，而浒西庄采集08[36]（图一〇，5）那种釜灶的上部，侈口、深腹略垂、圜底、形制又与灵台桥村H4∶23（图一〇，2）的上部非常接近。因此，甲类单把斝式鬲的球腹圜底、垂腹圜底两种腹形及直口高领、侈沿两种领口组装而成的上部形态，其前身极有可能就是案板三期文化的这两种釜灶的上部。甲类单把斝式鬲的第三种器身形态，鼓腹平底，常与直口高领组装，特征与案板三期文化及其后的客省庄文化中一直存

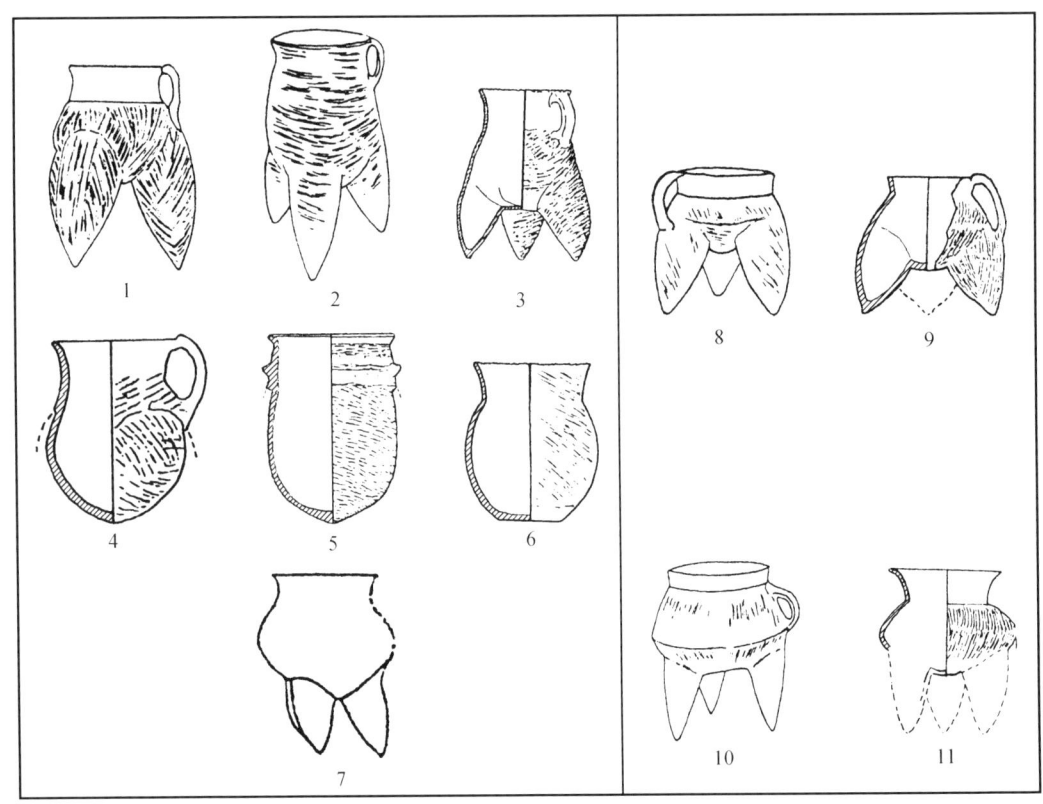

图一〇 探源陶器比较

1. 客省庄（H87：4） 2. 灵台桥村（H4：23） 3. 赵家来（H2：2） 4、7. 案板（H20：43、H20：37）
5. 浒西庄（采集08） 6. 赵家来（T113⑤：7） 8. 杏花村（H118：10） 9. 峪道河采集 10. 陶寺（M111：4）
11. 庙底沟（H35：92）

在的一种侈口高领的圆腹平底罐相似。二者当具有一定的渊源关系（图一〇，3、6）。

乙类单把斝式鬲主要有两种基本的腹身形态：锐折腹圜底和圆折腹圜底。陶寺早期M111：4[37]（图一〇，10）、陶寺中期M2035：4釜形斝[38]，单把、锐折腹圜底，垣曲东关ⅠH251：62[39]、陕县庙底沟H35：92[40]（图一〇，11）釜形斝系圆折腹圜底。显然，腹身形态又是联系釜形斝与乙类单把斝式鬲之间的一座重要桥梁。

从足形看，无论Aa区还是B区，早期单把斝式鬲足形多为c型圆锥状足。这是龙山时代釜形斝以至陶鬶的最为常见的足形。由此可以推定，上述两区之所以能产生单把斝式鬲，和釜形斝的输入必定有不解之缘，而釜形斝的空足自然又是取法更早产生的空足鬶。a、b两种足形目前尚未见诸龙山早期诸考古学文化，特点是足内侧较直，而外侧肥鼓，从足体观察一般外侧线要长于内侧线，由此推测这两种足形当是出于侧向装接的需要而由c型足派生出来。d型足形状则与成熟形态的双鋬鬲基本一致，很可能也是由c型足派生出来的。

从三足的配置方式上看，甲、乙两类单把斝式鬲各有其独自的起源。扶风案板

H20∶37斝[41]（图一〇，7），据图及简报文字叙述可知：三足配置为二足在前并立，一足在后稍外斜。可见，甲类单把斝式鬲和单把鬲三足等腰分立的装接方式在案板三期文化中就已经存在了。三足等腰分立的配置方式是大汶口—龙山文化系统中陶鬶最为常见的形式。而乙类单把斝式鬲不仅腹身形态源自单把釜形斝，且在三足配置方式上也延续了当地釜形斝三足等边分立的配置方式。准此，甲、乙两类单把斝式鬲、单把鬲三足配置的方式早在Aa区和B区龙山时代早期的斝类器的制作上就已经产生了分野。

综上，甲、乙两类单把斝式鬲分别起源于Aa区和B区。二者无论从腹身形态还是三足配置的方式上均存在鲜明差异，而且后来由c型足所派生的其他足形也有一定区别。

从制法演变的逻辑顺序看，单把斝式鬲上部保留原有器物形态的做法尚接近于龙山时代早期的斝类空三足器。而三足侧装对接的单把鬲的产生是在三足侧装分接的斝式鬲产生基础上的又一飞跃。甲类单把鬲产生之后，甲类单把斝式鬲继续存在。通过领口与足形的相似仍能看到甲类不同型别的单把斝式鬲与不同型别的单把鬲之间形态上的亲缘关系，如甲类B型单把斝式鬲与甲类A型单把鬲；甲类C型单把斝式鬲与甲类B型单把鬲；甲类D型单把斝式鬲与甲类E型单把鬲往往成对出现，而乙类单把斝式鬲的发展演变却与此不同。它所走的道路，和双錾斝式鬲—双錾鬲一样，是从斝式鬲直接发展成单把鬲。由此可见，Aa区和B区单把斝式鬲来源不同，演变规律具有显著差别，自应属两大系统。

另外，单把鬲与单把斝式鬲三足侧装制法的产生有可能和大汶口文化晚期产生的鬲式鬶有关。据《史前陶鬶初论》[42]，这类三足侧装对接的陶鬶的产生年代大致在公元前2800年，早于斝式鬲的产生年代。

3. 流向

乙类单把斝式鬲及其后继者乙类D型单把鬲在其起源的B区并未在炊器结构中构成主体，始终处于从属地位，所以向外传播和影响的势头极弱，其最终去向也不甚清楚。

从目前资料看，甲类单把斝式鬲和单把鬲最早都是产生在Aa区的泾水流域和渭水中游地区。甲类单把斝式鬲虽然在这一地区之外还很少发现，但是由其派生的甲类单把鬲则呈现了很强的对外影响和传播的势头，主要的传播路线有两条：一是溯泾水而上直达宁南山地，并远至贺兰山北麓；二是沿渭水东进。Ab区和C区的甲类单把鬲或是纯粹接受Aa区甲类单把鬲常见的形式（如姜寨T64H162∶10甲类A型Ⅲ式鬲），或是接受Aa区的影响而加以变化（如甲类D型单把鬲），可能是在接受西部影响的同时，又参照了仰韶村MQ那样的平流鬶[43]的造型而加以改制，从而使此型单把鬲从形体上更接近陶鬶。

至于乙类单把鬲的主体A、B两型，从形制看虽与甲类单把鬲风格迥异，但和乙类单把斝式鬲似乎也没多少联系。这两型单把鬲从足形和配置方式上看与双鋬斝式鬲—双鋬鬲相同，其中乙类A型单把鬲的领口形制也同于双鋬斝式鬲—双鋬鬲。所以它们当是接受晋中地区双鋬斝式鬲—双鋬鬲南下影响的同时，又接受沿渭水东渐的甲类单把鬲的造型特点，将双鋬斝式鬲—双鋬鬲加以改造而形成的新种，是两种不同系统的陶鬲在晋西南及其黄河南岸区碰撞和融合的结果。乙类A、B型单把鬲产生之后，又向渭水下游一带反馈，从而形成了错综复杂、交叉影响的网络。

另外，甘肃东部的洮河和大夏河一带也曾发现过零星的中晚期的甲类单把鬲，永靖秦魏家H1还出过一件类似甲类单把斝式鬲的斝式鬲[44]，这些都应是受Aa区的影响所致，而地域偏东的豫北、冀南地区零星所见的单把鬲应属C区乙类单把鬲系统影响的结果。

自晚期之后，伴随客省庄文化、三里桥文化及陶寺类型的结束，作为代表性器物的单把鬲在A区和C区骤然衰落。从合水九站[45]、免儿沟[46]等地的材料看，单把鬲除在泾水上游地区有所发现外，作为客省庄文化主要分布区的关中地区这类器物已趋于绝迹。与此相应的是，甘肃东部大夏河到葫芦河一带则出现了使用单把鬲的传统。主要的材料都出现于辛店文化乙组、寺洼文化和以唐汪式陶器为代表的遗存中。有些形体尚可以看出与甲类A、B型单把鬲有着一定的血缘承继关系[47]，但多数单把鬲的领口、足形都大大退化了，有很多从三足配置方式上也已看不出前后腿的区别了。整体上呈现了小型化、素面化的趋势，单把也一律退化为小环耳。此区（E区）单把鬲的炊具地位也被罐类系统所取代，在炊器构成中处于从属地位。

C区晚期之后，单把鬲仅在东下冯类型中得以延续，但除个别标本尚能观察到同该区龙山晚期甲、乙两类单把鬲的联系之外，多数标本均系采用该类型常见的各式单耳罐或其他器物而加以改制，并未形成一种自身的演变逻辑。炊器的主要构成被夹砂罐以及双鋬或无耳系统的陶鬲所取代。参考其他具有代表性的器物，可以看出，东下冯类型并未从主体上继承本地区的三里桥文化及陶寺类型。

正值C区单把鬲传统丧失之际，河套一带却有一支含单把鬲的考古学文化呈异军突起之势。这就是D区以朱开沟遗址Ⅰ~Ⅳ段墓葬为代表的遗存[48]。朱开沟M1060：3与C区孟津小潘沟F7：35同属乙类C型Ⅱ式鬲，都饰方格纹。乙类C型鬲的产生和发展途径目前尚不清楚，但在C区有分布则是可以肯定的，而且鬲身饰方格纹的现象在C区屡见不鲜，在A区却极为少见。与此相应，该类遗存中的方格纹单耳罐、单耳碗、篮纹折肩中口罐、长颈壶等器类也常见于C区的三里桥文化及陶寺类型。因此，朱开沟Ⅰ~Ⅳ段墓葬以单把鬲为代表的遗存在河套一带的出现，是否和三里桥文化及陶寺类型在晋西南及其黄河南岸区的消失有关，有待今后的深入研究。朱开沟M2001：1鬲，领口与足形同于乙类C型单把鬲，但三足的配置方式却受到了甲类单把鬲的影响（图五）。

三、结　语

　　本文从分析制作原理与分类入手，对单把鬲及与之相关的单把斝式鬲的时空分布进行了系统的研究，从而将单把鬲的谱系关系进行了一番梳理。主要有如下几点收获。

　　（1）本文采用的分类方法，与以往传统的类型学分类法有所不同。基于单把鬲、单把斝式鬲均存在分段套接的制作过程，本文首先将它们分解为领口、足和腹身等几个基本的构件，对每一构件进行单独的分类以至排序，继而再观察组装成器的每一类型单把鬲和单把斝式鬲的总体特征，从而避免了以往分类中单凭某一种自认显著的特征而分类所带来的模糊性。

　　（2）陶鬲发端于面向亚洲腹地的黄土地带。在龙山时代，主要有带单把和带双錾两类陶鬲，其中单把鬲的分布重心偏于泾水流域、渭水中下游地区和晋西南及其黄河南岸区，而双錾鬲的分布重心则在太行山东、西两侧。越往东、往北单把鬲的数量越来越少，越往南、往西，双錾鬲则越趋少见。对陶鬲谱系的研究，是探索这一广大区域内考古学文化谱系关系的关键所在。

　　以往虽然积累了相当丰富的单把鬲资料，但对单把鬲的谱系却一直没有形成清晰的看法。单把鬲虽然都带单把，但它们至少可分属三个不同的系统。其中甲类单把鬲派生自甲类单把斝式鬲，二者并行发展。甲类单把斝式鬲来源于前后腿的釜形斝和釜灶、夹砂罐等炊器形式的结合。甲类单把斝式鬲和单把鬲最早都产生于泾水流域和渭水中游地区，构成了客省庄文化炊器的主体。乙类单把斝式鬲脱胎于三足等边分立的釜形斝，直接发展成乙类D型单把鬲。乙类单把斝式鬲—乙类D型单把鬲在晋中—岱海地区龙山时代中晚期遗存中并未构成炊器的主体，其地位远低于双錾斝式鬲—双錾鬲。乙类单把鬲的主体A、B型主要分布于晋西南及其黄河南岸区。它们可能是由南下的双錾斝式鬲—双錾鬲系统与东渐的甲类单把鬲系统相结合而生成的新种。

　　公元前2100～前1950年之后，单把鬲的分布中心由泾水流域、渭水中下游地区和晋西南及其黄河南岸区分别移动到了甘肃东部和河套地区。后两个地区的单把鬲绝大多数都已进入了青铜时代。限于资料，有待将来进一步探讨。

　　（3）单把鬲是客省庄文化和三里桥文化、陶寺类型最具代表性的炊器种类。对单把鬲谱系的探讨在一定程度上能为上述考古学文化或类型的谱系关系的认识提供有益的启示。从客省庄文化主要炊器形式的起源和其他一些主要器类的演变和承继关系看，案板三期文化应是客省庄文化的主要源头；从单把斝式鬲和单把鬲的分区情况看，目前学者们将客省庄文化分为东部的康家类型和西部的双庵类型以及对客省庄文化分布范围的界定[49]都是有道理的。客省庄文化结束于公元前2000年前后，它和目前已知的刘家文化和郑家坡文化之间尚有一段年代的间隔。这段间隔中目前只在华县以东地区发现过零星的二里头文化遗存[50]，关中的其他地区几乎还是空白。而且，从最具代表性的炊器形式看，客省庄文化与后来进入关中地区的诸类遗存也缺乏明显的联系。单把鬲分布中心的退缩和移动情况暗示了客省庄文化的最终去向当于西部去寻找。

晋西南及其黄河南岸区的三里桥文化和陶寺类型都是既有双鋬斝式鬲—双鋬鬲，又有单把鬲，且后者在数量上多于前者。这一地区的主要炊器形式并不是直接来自本地区庙底沟二期文化，但从其他器类上又往往可以看出与庙底沟二期文化同类器的继承关系[51]。本地区在龙山时代晚期是周邻诸考古学文化激烈碰撞和融汇的地区，文化性质上呈现了更强的兼容性和创造性。从陶鬲谱系分析的角度看，陶寺类型与三里桥文化（或称三里桥类型）可能属同一考古学文化系统。这一考古学文化的流向，其主体不在本地，可能和河套地区以朱开沟Ⅰ～Ⅳ段墓葬为代表的遗存有关。

附记：本文系张忠培先生指导的硕士毕业论文，完稿于1991年5月，发表时略有修改。在本文写作过程中，曾得到林沄先生及许伟、陈雍、卜工诸位老师的悉心指教。

附表一　单把鬲与单把斝式鬲资料来源

地点、单位	类型式	资料来源
西安客省庄H87∶4	甲类A型斝式鬲	中国科学院考古研究所：《沣西发掘报告》，文物出版社，1962年，图三七，7，图版贰陆，1
西安客省庄H68∶16	甲类C型Ⅱ式斝式鬲	中国科学院考古研究所：《沣西发掘报告》，文物出版社，1962年，图三七，5，图版贰陆，2
西安客省庄H174∶1∶1	甲类A型Ⅰ式鬲	中国科学院考古研究所：《沣西发掘报告》，文物出版社，1962年，图三七，3，图版贰伍，2
西安客省庄H108∶4	甲类A型Ⅰ式鬲	中国科学院考古研究所：《沣西发掘报告》，文物出版社，1962年，图版贰伍，1
西安客省庄H68	甲类B型Ⅰ式鬲	中国科学院考古研究所：《沣西发掘报告》，文物出版社，1962年，图版贰陆，3
西安客省庄H68∶8	甲类B型Ⅰ式鬲	中国科学院考古研究所：《沣西发掘报告》，文物出版社，1962年，图版贰陆，4
西安客省庄村西H206	乙类C型Ⅰ式鬲	中国科学院考古研究所：《沣西发掘报告》，文物出版社，1962年，图三六，1
西安客省庄H213	甲类E型Ⅱ式鬲	中国科学院考古研究所：《沣西发掘报告》，文物出版社，1962年，图三六，2
西安客省庄H167∶21	乙类D型斝式鬲	中国科学院考古研究所：《沣西发掘报告》，文物出版社，1962年，图三七，4，图版贰陆，5
西安客省庄	甲类B型Ⅰ式鬲	尹达：《新石器时代研究的回顾与展望》，《新石器时代》，中共中央高级党校历史教研室，1979年，图版二〇

续表

地点、单位	类型式	资料来源
西安客省庄		中国社会科学院考古研究所陕西调查发掘队：《丰镐一带考古调查简报》，《考古通讯》1955年第1期
长安阿底村	甲类B型Ⅰ式鬲	中国社会科学院考古研究所陕西调查发掘队：《丰镐一带考古调查简报》，《考古通讯》1955年第1期，图版拾，4
西安一带采购	甲类A型Ⅱ式鬲	苏秉琦：《瓦鬲的研究》，《苏秉琦考古学论述选集》，文物出版社，1984年，第142页，图三，B型鬲
西安米家崖	甲类A型Ⅱ式鬲	张彦煌：《浐灞两河沿岸的古文化遗址》，《考古》1961年第11期，图四，7
长安鄠县采集	甲类B型Ⅱ式鬲	中国社会科学院沣西发掘队：《陕西长安鄠县调查与试掘简报》，《考古》1962年第6期
岐山双庵ⅣH4：29	甲类B型斝式鬲	西安半坡博物馆：《陕西岐山双庵新石器时代遗址》，《考古学集刊》第3辑，中国社会科学出版社，1983年
岐山双庵ⅣH31：2	甲类D型Ⅱ式斝式鬲	西安半坡博物馆：《陕西岐山双庵新石器时代遗址》，《考古学集刊》第3辑，中国社会科学出版社，1983年
岐山双庵ⅣH4：39	甲类B型Ⅱ式鬲	西安半坡博物馆：《陕西岐山双庵新石器时代遗址》，《考古学集刊》第3辑，中国社会科学出版社，1983年
岐山双庵ⅣH2：4	甲类F型鬲	西安半坡博物馆：《陕西岐山双庵新石器时代遗址》，《考古学集刊》第3辑，中国社会科学出版社，1983年
灵台桥村H4：91	甲类C型Ⅰ式斝式鬲	甘肃省博物馆考古队：《甘肃灵台桥村齐家文化遗址试掘简报》，《考古与文物》1980年第3期，图版叁，2
灵台桥村H4：23	甲类D型Ⅰ式斝式鬲	甘肃省博物馆考古队：《甘肃灵台桥村齐家文化遗址试掘简报》，《考古与文物》1980年第3期，图版叁，1
武功赵家来H2：2	甲类E型斝式鬲	中国社会科学院考古研究所：《武功发掘报告》，文物出版社，1988年，图九八，2
武功赵家来F8：2	甲类F型斝式鬲	中国社会科学院考古研究所：《武功发掘报告》，文物出版社，1988年，图九八，6
武功赵家来H2：15	甲类A型Ⅰ式鬲	中国社会科学院考古研究所：《武功发掘报告》，文物出版社，1988年，图九八，5
武功赵家来H31：6	甲类B型Ⅱ式鬲	中国社会科学院考古研究所：《武功发掘报告》，文物出版社，1988年，图九八，8
武功赵家来H1026B：7	甲类C型Ⅰ式鬲	中国社会科学院考古研究所：《武功发掘报告》，文物出版社，1988年，图九八，3
宝鸡斗鸡台采购	甲类B型Ⅱ式鬲	苏秉琦：《陕西省宝鸡县斗鸡台发掘所得瓦鬲的研究》，《苏秉琦考古学论述选集》，文物出版社，1984年，第111页，图二

续表

地点、单位	类型式	资料来源
宝鸡石嘴头东区M2∶1	甲类B型Ⅱ式鬲	西北大学历史系考古专业82级实习队：《宝鸡石嘴头东区发掘报告》，《考古学报》1987年第2期
兴平安家村采集	甲类E型Ⅱ式鬲	中国社会科学院考古研究所渭水调查发掘队：《陕西渭水流域调查简报》，《考古》1959年第11期
甘肃临洮瓦家坪	甲类A型Ⅲ式鬲	裴文中：《甘肃史前考古报告》，《裴文中史前考古学论文集》，文物出版社，1987年，图十五
白音浩特鹿图山采集	甲类B型Ⅱ式鬲	齐永贺：《内蒙古白音浩特发现的齐家文化遗址》，《考古》1962年第1期
隆德页河子T103⑥∶27	甲类B型Ⅰ式鬲	北京大学考古实习队、固原博物馆：《宁夏隆德页河子新石器时代遗址发掘简报》，《考古》1990年第4期，图五，2
西吉兴隆镇	甲类B型Ⅲ式鬲	宁夏回族自治区博物馆考古组：《宁夏三十年文物考古工作概况》，《文物考古工作三十年》，文物出版社，1981年，第155页，图一
兰州中堡	甲类B型Ⅱ式鬲	张学正：《甘肃古文化遗存》，《考古学报》1960年第2期
永靖秦魏家M36∶1	甲类鬲	中国科学院考古研究所甘肃工作队：《甘肃永靖秦魏家齐家文化墓地》，《考古学报》1975年第2期
永靖秦魏家M129∶2	甲类鬲	中国科学院考古研究所甘肃工作队：《甘肃永靖秦魏家齐家文化墓地》，《考古学报》1975年第2期
齐家文化鬲（地点不详）	甲类B型Ⅱ式鬲	石陶：《黄河上游的父系氏族社会》，《考古》1961年第1期，图三
永靖韩家嘴KG6∶015	甲类鬲	安志敏：《略论甘肃东乡自治县唐汪川的陶器》，《考古学报》1957年第2期，图版肆，6
永靖韩家嘴KG6∶013		安志敏：《略论甘肃东乡自治县唐汪川的陶器》，《考古学报》1957年第2期，图版肆，5
永靖韩家嘴KG6∶014	甲类鬲	安志敏：《略论甘肃东乡自治县唐汪川的陶器》，《考古学报》1957年第2期，图版肆，7
甘肃临洮采集	甲类鬲	北京大学历史系考古教研室商周组：《商周考古》，文物出版社，2004年，第228页，图一八九，1：彩陶
甘肃临洮采集	乙类鬲	张学正：《甘肃古文化遗存》，《考古学报》1960年第2期，彩陶
洮沙灰嘴	乙类鬲	〔瑞典〕安特生：《中国史前时代》，1943年，引自《苏秉琦考古学论述选集》，第141页，图二，彩绘
洮沙灰嘴	乙类鬲	〔瑞典〕安特生：《中国史前时代》，1943年，英文，引自《苏秉琦考古学论述选集》，第141页，图二，彩绘

续表

地点、单位	类型式	资料来源
庄浪徐家碾M77:50	甲类鬲	中国社会科学院泾渭工作队:《甘肃庄浪县徐家碾寺洼文化墓葬发掘纪要》,《考古》1982年第6期
庄浪徐家碾M12:9	甲类鬲	中国社会科学院泾渭工作队:《甘肃庄浪县徐家碾寺洼文化墓葬发掘纪要》,《考古》1982年第6期
庄浪徐家碾P022	乙类鬲	丁广学:《甘肃庄浪县出土的寺洼陶器》,《考古与文物》1981年第3期
庄浪柳家村P392	乙类鬲	丁广学:《甘肃庄浪县出土的寺洼陶器》,《考古与文物》1981年第3期
庄浪朱家大湾P406	乙类鬲	丁广学:《甘肃庄浪县出土的寺洼陶器》,《考古与文物》1981年第3期
庄浪盘安王宫P266	乙类鬲	丁广学:《甘肃庄浪县出土的寺洼陶器》,《考古与文物》1981年第3期
庄浪柳家村M1	乙类鬲	甘肃省博物馆:《甘肃庄浪县柳家村寺洼墓葬》,《考古》1963年第1期,图一,2
合水兔儿沟M5	甲类鬲	许俊臣、刘得祯:《甘肃合水,庆阳县出土早周陶器》,《考古》1987年第7期
临潼姜寨T64H162:10	甲类A型Ⅲ式鬲	西安半坡博物馆、陕西省考古研究所、临潼县博物馆:《姜寨》,文物出版社,1988年,图二四六,1,图版二〇二,1
临潼姜寨ZHT15F134:6	甲类C型Ⅰ式鬲	西安半坡博物馆、陕西省考古研究所、临潼县博物馆:《姜寨》,文物出版社,1988年,图二四六,2,图版二〇二,2
临潼姜寨ZHT6H369:2	甲类C型Ⅱ式鬲	西安半坡博物馆、陕西省考古研究所、临潼县博物馆:《姜寨》,文物出版社,1988年,图版二〇二,3
临潼姜寨T212②:16	甲类C型Ⅱ式鬲	西安半坡博物馆:《陕西临潼姜寨遗址第四至十一次发掘纪要》,《考古与文物》1980年第3期
临潼姜寨T64H162:1	乙类B型Ⅲ式鬲	西安半坡博物馆:《陕西临潼姜寨遗址第四至十一次发掘纪要》,《考古与文物》1980年第3期
临潼康家F15:2	甲类C型Ⅲ式鬲	陕西省考古研究所康家考古队:《陕西临潼康家遗址发掘简报》,《考古与文物》1988年第5、6期
临潼康家H6:1	甲类E型Ⅰ式鬲	陕西省考古研究所康家考古队:《陕西临潼康家遗址发掘简报》,《考古与文物》1988年第5、6期
临潼康家H4:5	乙类A型Ⅱ式鬲	陕西省考古研究所康家考古队:《陕西临潼康家遗址发掘简报》,《考古与文物》1988年第5、6期
临潼康家T1⑤:9	乙类E型鬲	陕西省考古研究所康家考古队:《陕西临潼康家遗址发掘简报》,《考古与文物》1988年第5、6期

续表

地点、单位	类型式	资料来源
临潼康家采：30	乙类C型Ⅰ式鬲	西安半坡博物馆：《陕西临潼康家遗址第一、二次试掘简报》，《史前研究》1985年第1期
临潼康家T10③：15	甲类E型Ⅱ式鬲	西安半坡博物馆：《陕西临潼康家遗址第一、二次试掘简报》，《史前研究》1985年第1期
临潼康家T11③：4	乙类B型Ⅱ式鬲	西安半坡博物馆：《陕西临潼康家遗址第一、二次试掘简报》，《史前研究》1985年第1期
临潼康家87H41：2	乙类A型Ⅱ式鬲	陕西省考古研究所康家考古队：《陕西省临潼县康家遗址1987年发掘简报》，《考古与文物》1992年第4期
临潼康家采01	乙类B型Ⅱ式鬲	陕西省考古研究所康家考古队：《陕西省临潼县康家遗址1987年发掘简报》，《考古与文物》1992年第4期
临潼康家87H16：1	甲类B型Ⅱ式鬲	陕西省考古研究所康家考古队：《陕西省临潼县康家遗址1987年发掘简报》，《考古与文物》1992年第4期
临潼康家87H37：1	甲类B型Ⅰ式鬲	陕西省考古研究所康家考古队：《陕西省临潼县康家遗址1987年发掘简报》，《考古与文物》1992年第4期
商县紫荆H117：01	甲类C型Ⅱ式鬲	商县图书馆、西安半坡博物馆、商洛地区图书馆：《陕西商县紫荆遗址发掘报告》，《考古与文物》1981年第3期
商县紫荆H118：05	乙类C型Ⅰ式鬲	商县图书馆、西安半坡博物馆、商洛地区图书馆：《陕西商县紫荆遗址发掘报告》，《考古与文物》1981年第3期
陕县三里桥H113：01	乙类B型Ⅱ式鬲	中国科学院考古研究所：《庙底沟与三里桥》，科学出版社，1959年
陕县三里桥H126：07	乙类A型Ⅱ式鬲	中国科学院考古研究所：《庙底沟与三里桥》，科学出版社，1959年
灵宝城东寨58HA36Ⅰ式鬲	斝式鬲	黄河水库考古工作队河南分队：《河南灵宝两处新石器时代遗址复查和试掘》，《考古》1960年第7期
灵宝城东寨58HA36Ⅱ式鬲	乙类B型Ⅰ式鬲	黄河水库考古工作队河南分队：《河南灵宝两处新石器时代遗址复查和试掘》，《考古》1960年第7期
渑池仰韶村MQ200：4	乙类A型Ⅰ式鬲	〔瑞典〕安特生：《中国史前史研究》（英文），转引自严文明：《仰韶文化研究》，文物出版社，2009年，图九，4
渑池仰韶村K6310	乙类B型Ⅰ式鬲	〔瑞典〕安特生：《河南史前遗址》（英文），远东博物馆馆刊，图1，3
渑池仰韶村K6399	乙类鬲	〔瑞典〕安特生：《河南史前遗址》（英文），远东博物馆馆刊，图1，4
渑池不召寨K6158	甲类D型Ⅰ式鬲	〔瑞典〕安特生：《中华远古之文化》，《地质汇报》第五号，图86，2
渑池不召寨K6157	甲类E型Ⅰ式鬲	〔瑞典〕安特生：《中华远古之文化》，《地质汇报》第五号，图86，3

续表

地点、单位	类型式	资料来源
渑池不召寨K5521	甲类E型Ⅱ式鬲	〔瑞典〕安特生：《中华远古之文化》，《地质汇报》第五号，图86，1
渑池不召寨K5901：28	乙类B型Ⅰ式鬲	〔瑞典〕安特生：《中华远古之文化》，《地质汇报》第五号，图87，1
渑池不召寨K5953	乙类B型Ⅱ式鬲	〔瑞典〕安特生：《中华远古之文化》，《地质汇报》第五号，图87，2
渑池不召寨K5971	乙类A型Ⅲ式鬲	〔瑞典〕安特生：《中华远古之文化》，《地质汇报》第五号，图87，3
渑池不召寨	乙类B型Ⅲ式鬲	〔瑞典〕安特生：《中华远古之文化》，《地质汇报》第五号，图Ⅶ，1
渑池仰韶村T8①：81	乙类B型Ⅲ式鬲	河南省文物研究所、渑池县文化馆：《渑池仰韶村遗址1980~1981年发掘报告》，《史前研究》1985年第3期
渑池仰韶村T4H30：1	乙类鬲	河南省文物研究所、渑池县文化馆：《渑池仰韶村遗址1980~1981年发掘报告》，《史前研究》1985年第3期
孟津小潘沟F7：35	乙类C型Ⅱ式鬲	洛阳博物馆：《孟津小潘沟遗址试掘简报》，《考古》1978年第4期
安阳后冈中层	乙类B型Ⅰ式鬲	梁思永：《小屯龙山与仰韶》，《梁思永考古论文集》，科学出版社，1959年
安阳后冈中层	乙类B型Ⅰ式鬲	尹达：《中国新石器时代》，《新石器时代》，生活·读书·新知三联书店，1979年，图版二，8
芮城南礼教H102：17	甲类D型Ⅲ式鬲	中国社会科学院考古研究所山西工作队：《山西芮城南礼教村遗址发掘简报》，《考古》1964年第6期
芮城南礼教H107：13	乙类A型Ⅲ式鬲	中国社会科学院考古研究所山西工作队：《山西芮城南礼教村遗址发掘简报》，《考古》1964年第6期
芮城南礼教H110：11	甲类G型鬲	中国社会科学院考古研究所山西工作队：《山西芮城南礼教村遗址发掘简报》，《考古》1964年第6期
芮城南礼教H116：11	甲类鬲	中国社会科学院考古研究所山西工作队：《山西芮城南礼教村遗址发掘简报》，《考古》1964年第6期
芮城南礼教H112：13	乙类B型Ⅰ式鬲	中国社会科学院考古研究所山西工作队：《山西芮城南礼教村遗址发掘简报》，《考古》1964年第6期
夏县东下冯T227③：2	乙类B型Ⅲ式鬲	中国科学院考古研究所、中国历史博物馆、山西省文物工作委员会：《山西夏县东下冯龙山文化遗址》，《考古学报》1983年第1期
夏县东下冯H240：13	乙类A型Ⅱ式鬲	中国科学院考古研究所、中国历史博物馆、山西省文物工作委员会：《山西夏县东下冯龙山文化遗址》，《考古学报》1983年第1期

续表

地点、单位	类型式	资料来源
夏县东下冯H207：1	乙类B型Ⅲ式鬲	中国科学院考古研究所、中国历史博物馆、山西省文物工作委员会：《山西夏县东下冯龙山文化遗址》，《考古学报》1983年第1期
夏县东下冯采Ⅲ式鬲	甲类D型Ⅱ式鬲	中国科学院考古研究所、中国历史博物馆、山西省文物工作委员会：《山西夏县东下冯龙山文化遗址》，《考古学报》1983年第1期
夏县东下冯H41：40	乙类鬲	中国社会科学院考古研究所、中国历史博物馆、山西省考古研究所：《夏县东下冯》，文物出版社，1988年，图四〇，5
夏县东下冯H52：11	乙类鬲	中国社会科学院考古研究所、中国历史博物馆、山西省考古研究所：《夏县东下冯》，文物出版社，1988年，图一二四，7
夏县东下冯H64：14	乙类鬲	中国社会科学院考古研究所、中国历史博物馆、山西省考古研究所：《夏县东下冯》，文物出版社，1988年，图一二四，6
夏县东下冯H531：2	乙类鬲	中国社会科学院考古研究所、中国历史博物馆、山西省考古研究所：《夏县东下冯》，文物出版社，1988年，图八一，6
夏县东下冯H501：13	乙类鬲	中国社会科学院考古研究所、中国历史博物馆、山西省考古研究所：《夏县东下冯》，文物出版社，1988年，图八一，5
夏县东下冯H406：6	乙类鬲	中国社会科学院考古研究所、中国历史博物馆、山西省考古研究所：《夏县东下冯》，文物出版社，1988年，图四〇，7
夏县东下冯H413：8	甲类鬲	中国社会科学院考古研究所、中国历史博物馆、山西省考古研究所：《夏县东下冯》，文物出版社，1988年，图八一，4
襄汾陶寺H1101：35	乙类B型Ⅱ式鬲	高天麟、张岱海、高炜：《龙山文化陶寺类型的年代与分期》，《史前研究》1984年第3期
襄汾陶寺ⅢH302：25	乙类B型Ⅰ式鬲	中国社会科学院山西工作队、临汾地区文化局：《山西襄汾县陶寺遗址发掘简报》，《考古》1980年第1期
襄汾陶寺H321：1	乙类B型Ⅱ式鬲	中国社会科学院山西工作队、山西临汾地区文化局：《陶寺遗址1983～1984年Ⅱ区居住址发掘的主要收获》，《考古》1986年第9期

续表

地点、单位	类型式	资料来源
襄汾陶寺T403：4C：16	乙类B型Ⅱ式鬲	高炜、张岱海、高天麟：《陶寺遗址的发掘与夏文化的探索》，《中国考古学会第四次年会论文集》，1983年，图一
襄汾大柴H3：3	乙类鬲	中国社会科学院考古研究所山西工作队：《山西襄汾大柴遗址发掘简报》，《考古》1987年第7期
垣曲龙王崖T202：4D：2	乙类A型Ⅱ式鬲	中国社会科学院考古研究所山西工作队：《山西垣曲龙王崖遗址的两次发掘》，《考古》1986年第2期
垣曲龙王崖H01：3	乙类B型Ⅱ式鬲	中国社会科学院考古研究所山西工作队：《山西垣曲龙王崖遗址的两次发掘》，《考古》1986年第2期
垣曲丰村G101：1：17	乙类B型Ⅰ式鬲	中国社会科学院考古研究所山西工作队：《山西垣曲丰村新石器时代遗址的发掘》，《考古学集刊》第5辑
曲沃东许JQ10：1	乙类A型Ⅲ式鬲	张文君、高青山：《晋西南三县市古文化遗址的调查》，《考古与文物》1987年第4期，图四，6
万全荆村采集	乙类D型Ⅰ式鬲	毕沙博：《华北的新石器时代》，《古物》，1933年第12期，引自袁文中：《中国古代陶鬲及陶鼎之研究》，《现代学报》第一卷，1947年
汾阳杏花村H118：10	乙类A型Ⅱ式鬲	晋中考古队：《山西汾阳孝义两县考古调查和杏花遗址的发掘》，《文物》1989年第4期
汾阳杏花村H317：1	乙类A型Ⅲ式鬲	晋中考古队：《山西汾阳孝义两县考古调查和杏花遗址的发掘》，《文物》1989年第4期
汾阳峪道河采集	乙类B型Ⅰ式鬲	山西省文物考古研究所：《山西汾阳峪道河遗址调查》，《考古》1983年第10期
太原许坦59B2241	甲类鬲	高礼双：《太原市南郊许坦村发现石棺墓葬群》，《考古》1962年第9期
太原光社59B279	乙类D型Ⅱ式鬲	邹衡：《关于夏商时期北方地区诸邻境文化的初步探讨》，《夏商周考古学论文集》，科学出版社，2011年，第273页，图三
太原狄村Ⅰ式鬲	乙类鬲	山西省文物考古研究所：《太原狄村、东太堡出土的陶器》，《考古与文物》1989年第3期
定襄西社采集	乙类B型Ⅱ式鬲	山西省博物馆：《山西定襄县西社村龙山文化遗址调查》，《考古》1987年第11期
凉城园子沟F2023：5	乙类A型Ⅰ式罕式鬲	田广金：《内蒙古中南部龙山时代文化遗存研究》，《内蒙古中南部原始文化研究文集》，海洋出版社，1991年

续表

地点、单位	类型式	资料来源
凉城板城F7∶11	乙类A型Ⅱ式斝式鬲	田广金：《内蒙古中南部龙山时代文化遗存研究》，《内蒙古中南部原始文化研究文集》，海洋出版社，1991年，图一
凉城老虎山T507③∶11	乙类A型Ⅲ式斝式鬲	田广金：《内蒙古中南部龙山时代文化遗存研究》，《内蒙古中南部原始文化研究文集》，海洋出版社，1991年，图一
凉城西白玉T4④∶1	乙类A型Ⅲ式斝式鬲	田广金：《内蒙古中南部龙山时代文化遗存研究》，《内蒙古中南部原始文化研究文集》，海洋出版社，1991年，图一
凉城园子沟T2002∶5	乙类B型Ⅱ式斝式鬲	田广金：《内蒙古中南部龙山时代文化遗存研究》，《内蒙古中南部原始文化研究文集》，海洋出版社，1991年，图一
凉城老虎山T103③∶5	乙类B型Ⅱ式斝式鬲	田广金：《凉城县老虎山遗址1982—1983年发掘简报》，《内蒙古文物考古》1988年第4期
神木石峁采集	乙类A型Ⅱ式斝式鬲	戴应新：《陕西神木石峁龙山文化遗址调查》，《考古》1977年第3期，图版一，3
天水师赵T317③∶1	乙类C型斝式鬲	中国社会科学院考古研究所甘青工作队：《甘肃天水师赵史前文化遗址发掘》，《考古》1990年第7期
朱开沟M2001∶1	甲类H型鬲	内蒙古文物考古研究所：《内蒙古朱开沟遗址》，《考古学报》1988年第3期
朱开沟M1060∶3	乙类C型Ⅱ式鬲	内蒙古文物考古研究所：《内蒙古朱开沟遗址》，《考古学报》1988年第3期
朱开沟M6018∶2	乙类鬲	内蒙古文物考古研究所：《内蒙古朱开沟遗址》，《考古学报》1988年第3期
朱开沟M3024	乙类鬲	内蒙古文物考古研究所：《内蒙古朱开沟遗址》，《考古学报》1988年第3期
蔚县庄窠采集	乙类D型Ⅱ式鬲	河北省文化局文物工作队：《河北张家口地区新石器时代遗址调查》，《考古》1959年第7期
邯郸涧沟	乙类鬲	河北省文化局文物工作队：《河北邯郸涧沟村古遗址发掘简报》，《考古》1961年第4期，图七，1
内丘南三岐T9③∶1	乙类鬲	唐云明：《河北境内几处商代文化遗存记略》，《考古学集刊》二
曲沃方城H1009∶52	乙类B型Ⅰ式鬲	中国社会科学院考古研究所山西工作队、山西临汾行署文化局：《山西曲沃县方城遗址发掘简报》，《考古》1988年第4期

附表二　单把斝式鬲和单把鬲分期图

类型	式	期	早期	中期	晚期
甲类	单把斝式鬲	A	√		
		B		√	
		C	Ⅰ	Ⅱ	
		D	Ⅰ	Ⅱ	
		E		√	
		F		√	
	单把鬲	A		ⅠⅡ	Ⅲ
		B		ⅠⅡ	Ⅲ
		C		ⅠⅡⅢ	
		D		ⅠⅡⅢ	
		E		ⅠⅡ	
		F		√	
		G		√	
		H			√
乙类	单把斝式鬲	A	ⅠⅡ	Ⅲ	
		B	Ⅰ	Ⅱ	
		C		√	
		D		√	
	单把鬲	A		ⅠⅡⅢ	Ⅲ
		B		ⅠⅡ	Ⅱ
		C		Ⅰ	Ⅱ
		D		Ⅰ	
		E		√	

注　释

[1] J. G. Andersson. An Early Chinese Culture. Bulletin of the Geological Survey of China, Peking, 1923(5); Prehistory sites in Henan. Bulletin of the Museum of Far Eastern Antiquities, 1947.

[2] 苏秉琦:《瓦鬲的研究》,《苏秉琦考古学论述选集》,文物出版社,1984年,第147~149页。尹达:《新石器时代》,生活·读书·新知三联书店,1979年。

[3] 苏秉琦:《陕西省宝鸡县斗鸡台发掘所得瓦鬲的研究》,《苏秉琦考古学论述选集》,文物出版社,1984年。

[4] 裴文中:《中国古代陶鬲及陶鼎之研究》,《现代学报》第一卷,1947年。

[5] 张忠培：《客省庄文化及其相关诸问题》，《考古与文物》1980年第4期。

[6] 许伟：《晋中地区西周以前古遗存的编年与谱系》，《文物》1989年第4期。

[7] 南关外、二里岗、东下冯等地所见先商或早商时期的陶斝，其中相当一部分已可称为单把鬲。特点是单耳置于一足上部的口沿颈部，腹足饰绳纹，具发达实足根，有敞口与敛口两类，其中敛口的出现较敞口者为晚。以往命名为陶斝，无疑是注意到了这种单把鬲的口沿形状、单耳的形状及安置部位与南关外、二里头遗址所出陶斝之间形制上的联系，但却忽视了二者存在的重要差异。陶斝多为素面，沿上有二柱，较早形态均为折腹，从谱系上看，应是伊洛地区釜形斝的直接继承者。而凡可称为单把鬲者，其腹足形态均同于先商—早商文化常见的侈沿深腹鬲，且保持了与后者相似的演变趋势，故初步推测，这类单把鬲应是单耳陶斝与侈沿深腹鬲结合的产物，与本文探讨诸类型单把鬲无涉，不予详细考察。

[8] 从图或图版判断单把鬲、单把斝式鬲属甲类或是乙类，主要有如下标准：当单把朝向一侧，另一足居后侧中央时，图或图版所显示的正面两足及腹形如果不对称则属甲类；对称，则属乙类。至于少数单把鬲从图上难以看出这种特点，作者则参考领口、腹形、足形等各局部特征而加以归类，错误和不妥之处在所难免。

[9] 中国科学院考古研究所：《沣西发掘报告》，文物出版社，1962年，图三七，图版贰柒，1。

[10] 中国社会科学院考古研究所：《武功发掘报告》，文物出版社，图九八，9，图九八，1，图九八，7。

[11] 中国社会科学院考古研究所、中国历史博物馆，山西考古研究所：《夏县东下冯》，文物出版社，图八一，3。

[12] 中国社会科学院考古研究所：《武功发掘报告》，文物出版社，图九八，9，图九八，1，图九八，7。

[13] 张彦煌：《浐灞两河沿岸的古文化遗址》，《考古》1961年第11期，图五，3。

[14] 西北大学历史系考古专业82级实习队：《宝鸡石嘴头东区发掘报告》，《考古学报》1987年第2期。

[15] 中国科学院考古研究所：《沣西发掘报告》，文物出版社，1962年，图版叁陆，2、5。

[16] 西安半坡博物馆：《陕西岐山双庵新石器时代遗址》，《考古学集刊》第3辑，科学出版社，1983年。

[17] 中国社会科学院考古研究所：《武功发掘报告》，文物出版社，附表一〇。

[18] 中国社会科学院考古研究所：《武功发掘报告》，文物出版社，图一〇一，8。

[19] 中国科学院考古研究所：《沣西发掘报告》，文物出版社，1962年，图版叁拾，2、7。

[20] 中国社会科学院考古研究所：《武功发掘报告》，文物出版社，第85~87页，图六五。

[21] 许伟：《晋中地区西周以前古遗存的编年与谱系》，《文物》1989年第4期。

[22] 许伟：《晋中地区西周以前古遗存的编年与谱系》，《文物》1989年第4期。
[23] 王世和、张宏彦、莫枯：《论案板三期文化遗存》，《考古》1987年第10期。我们暂依西北大学历史系考古专业同仁的意见，将以案板三期为代表的文化遗存称为案板三期文化，同时认为浒西庄遗址龙山时代早期文化遗存可以归入案板三期文化。
[24] 中国社会科学院考古研究所：《武功发掘报告》，文物出版社，第153页。
[25] 许伟：《晋中地区西周以前古遗存的编年与谱系》，《文物》1989年第4期。
[26] 高天麟、张岱海、高炜：《龙山文化陶寺类型的年代与分期》，《史前研究》1984年第3期。《考古》1983～1987年第7期有关陶寺遗址的 ^{14}C 数据。至于陶寺类型早期的文化性质，我们基本同意卜工先生意见，认为应当归属于庙底沟二期文化。参见卜工：《庙底沟二期文化的几个问题》，《文物》1990年第2期。
[27] 高天麟、张岱海、高炜：《龙山文化陶寺类型的年代与分期》，《史前研究》1984年第3期。《考古》1983～1987年第7期有关陶寺遗址的 ^{14}C 数据。至于陶寺类型早期的文化性质，我们基本同意卜工先生意见，认为应当归属于庙底沟二期文化。参见卜工：《庙底沟二期文化的几个问题》，《文物》1990年第2期。
[28] 《放射性碳素测定年代报告》一二，《考古》1985年第7期。
[29] 《放射性碳素测定年代报告》一一，《考古》1984年第7期。
[30] 《放射性碳素测定年代报告》一〇，《考古》1983年第7期。
[31] 《放射性碳素测定年代报告》一二，《考古》1985年第7期。
[32] 《放射性碳素测定年代报告》七，《考古》1980年第1期。
[33] 《放射性碳素测定年代报告》一二，《考古》1985年第7期。
[34] 西北大学历史系：《陕西华县梓里村发掘收获》，《西北大学学报》（哲社版）1982年第3期。
[35] 西北大学历史系考古专业：《陕西扶风县案板遗址第二次发掘》，《考古》1987年第10期。
[36] 中国社会科学院考古研究所：《武功发掘报告》，文物出版社，图四九，10。
[37] 中国社会科学院考古研究所山西工作队、临汾地区文化局：《1978～1980年山西襄汾陶寺墓地发掘简报》，《考古》1983年第1期。
[38] 高天麟、张岱海、高炜：《龙山文化陶寺类型的年代与分期》，《史前研究》1984年第3期，图一，中期：3。
[39] 中国历史博物馆等：《1982～1984年山西垣曲古城东关遗址发掘简报》，《文物》1986年第6期。
[40] 中国科学院考古研究所：《庙底沟与三里桥》，科学出版社，1959年。
[41] 西北大学历史系考古专业：《陕西扶风县案板遗址第二次发掘》，《考古》1987年第10期，图四，18。王世和等：《论案板三期文化》，《考古》1987年第10期，图三，2。

[42] 高广仁、邵望平：《史前陶鬶初论》，《考古学报》1981年第4期。高先生、邵女士认为山东地区袋足鬶出现的年代上限可到公元前3000年，但观察三足侧装对接的陶鬶（即张忠培先生所指的联裆鬲式鬶），如ⅢB型，最早出现于大汶口文化晚期，年代大致在公元前2800年。

[43] Andersson J G. Researches into the Prehistory of the Chinese. The Museum of Far Eastern Antiquities Bulletin, 1943(5).（转引自严文明：《从王湾看仰韶村》，《仰韶文化研究》，文物出版社，2009年，第15页，图九，1）

[44] 中国科学院考古研究所甘肃工作队：《甘肃永靖秦魏家齐家文化墓地》，《考古学报》1975年第2期。

[45] 本文作者调研期间曾观察过这批资料。

[46] 许俊臣、刘得祯：《甘肃合永、庆阳县出土早周陶器》，《考古》1987年第7期。

[47] 如韩家嘴KG6：015，徐家碾M77：50单把鬲。这些遗存中的乙类单把鬲与已划分型式的乙类单把鬲并无血缘上的承继关系。从甲类单把鬲整体形制演变趋势来看，器体趋于小型化，三袋足趋于退化，有可能逐渐丧失甲类单把鬲三足等腰分立的特征，从而发展为三足等边分立的乙类单把鬲。其中个别标本，如庄浪柳家村M1单把鬲，分裆无腹腔，乳状袋足，与寺洼文化所见分裆无腹腔双耳鬲形制非常相近，可能系单把鬲与分裆无腹腔双耳鬲结合的产物。

[48] 内蒙古文物考古研究所：《内蒙古朱开沟遗址》，《考古学报》1988年第3期。朱开沟遗址Ⅰ～Ⅳ段墓葬为代表的遗存无论从陶器制法、陶系、纹饰，还是器形、器物组合上来讲均与遗址居住区、瓮棺葬及第Ⅳ段墓葬出土陶器存在重大差异。鉴于学界尚对朱开沟遗存文化性质、内涵存有异议，本文不赞成笼统地称之为"朱开沟文化"。

[49] 巩启明：《关于客省庄文化的若干问题》，《中国原始文化论集》，文物出版社，1989年。

[50] 如元君庙T413③、M451、华阴横阵M9。另外，华县南沙村下层遗存中相当一部分器物均可在东下冯类型中找到同类器，如口沿带花边或附加鋬纽的尊、罐、腰隔甗及直腹的缸形器。值得注意的是，客省庄文化中至今没有发现过二里头文化的代表性器物，说明二者年代上可能未曾并行。因此，我们有理由认为，二里头文化在伊洛一带崛起之际，也是客省庄文化在泾渭流域消失之时。

[51] 如小口折肩瓮、篮纹中口折肩罐，以及临汾盆地富有地域特色的扁壶、盆、釜形斝等器类。

（原刊于《青果集》，知识出版社，1993年）

关于"龙山时代"的概念

众所周知,龙山文化是以1930~1931年发掘的山东章丘龙山镇的城子崖遗址而命名的一个考古学文化,但随后在河南安阳后冈和浙江余杭良渚等遗址发现的相关遗存,由于皆存在相似的磨光黑陶而被陆续归入龙山文化的范畴。20世纪50年代后,越来越多的发现表明,以往所谓的龙山文化在内涵上并不单纯,并不能仅仅看作是一个考古学文化,于是相继出现了陕西龙山文化、河南龙山文化、河北龙山文化、湖北龙山文化等命名,而最先发现的以城子崖遗址为代表的龙山文化则被改称为山东龙山文化或典型龙山文化。之所以会出现这一类名称中既含"龙山文化",同时又以省份加以区分的考古学文化命名方式,显然是意识到这些遗存相较于其他考古学文化还是具有一定程度的相似性的。也就是说,大家逐渐意识到这反映出一个共同的时代特征。1981年严文明先生提出"龙山时代"这一概念,并将其年代范围初步推定在公元前26~前21世纪[1],显然是适应了中国考古学发展的需要。这一概念的提出,在明确一个共同时代特征的同时,又有利于从客观上改变以省份命名考古学文化的不科学性,可谓中国考古学在考古学文化理论与概念探索上的一大进步。

但是,1956~1957年发掘的陕县庙底沟遗址,共揭露出三个大的文化层。其中下层遗存被命名为仰韶文化庙底沟类型。而中文化层即庙底沟二期遗存,由于灰陶所占比例较大等原因,被认为是仰韶向龙山的过渡期遗存,且报告作者倾向于将其归入龙山期[2]。1984年出版的《新中国的考古发现和研究》一书中"黄河中游的龙山文化"部分[3](杨锡璋先生执笔),则明确将黄河中游的"龙山文化"分为前、后两个阶段,主张"其前期名为庙底沟二期文化,后期则以河南龙山文化、陕西龙山文化及陶寺类型分别命名",并依据当时的放射性碳素测定结果,将该"文化"的年代推定在公元前2800~前2000年。由于该书是由我国考古研究领域的最高学术机构组织编写,并曾长期作为高校考古专业的教材和重要的学习参考书,所以,尽管许多学者接受了"龙山时代"这一名称,但在内涵所指上与严文明先生的主张并不相同,而庙底沟二期文化代表龙山时代前期,山东龙山文化、王湾三期文化、后冈二期文化等代表龙山时代晚期文化的观点在学术界也产生了重要的影响。继《新中国的考古发现和研究》一书之后,佟柱臣先生在撰写《中国大百科全书·考古学》"龙山文化"词条时,也将庙底沟二期文化列为龙山文化早期的代表[4]。此后,张光直[5]、卜工[6]、任式楠[7]、刘莉[8]等也相继同意将公元前3000(或公元前2900年,或公元前2800年)~前2000年的新石器时代末期阶段称为龙山时代。正因为如此,现今的中国考古学界在使用"龙山""龙山时期"或"龙山时代"的概念时，既有支持严文明先生主张，将龙山时代的时间范围限定在公元前2500（或公元前2600年）～前2000年，又有相当一部分学者相信《新中国的考古发现和研究》一书的观点。这种对"龙山""龙山时期"或"龙山时代"概念使用上的含混，无疑会导致田野普查和记录中对遗址年代定性的模糊，从而直接影响聚落形态等相关学术问题的讨论。目前已经开展的几例黄河流域史前聚落形态的研究，如王妙发[9]、刘莉[10]、文德安[11]、赵春青[12]、钱耀鹏[13]、张新斌[14]、史宝琳[15]等人的研究，都不可避免地受到各省文物地图集、文物志及大量调查材料中所称"龙山时期"或"龙山"遗址的确切年代范围所指不明的困扰，以至于对龙山时代的年代范围不得不做出各自不同的界说。

其实，相信公元前3000～前2000年属于龙山时代的学者，多半是同时相信所谓"龙山时代"已经在相当大的地域范围内出现了早期铜器，因而还可将此阶段称为"铜石并用时代"。这些学者之所以认为龙山时代的界限应划定在公元前第三千纪，主要是这一时期与此前的仰韶阶段相比，出现了一些重要的变化，这些变化又体现在长江与黄河流域的大部分地区。归纳起来，这些变化主要包括以下几个方面。

（1）磨光黑陶与灰陶逐渐流行。

（2）陶器纹饰中篮纹、方格纹的比例逐渐增加。

（3）空三足器鬶首现于大汶口文化中期，并快速传播，继而在黄河流域催生了斝、鬲、甗等空三足器种类。

（4）手工业快速发展。尤其是制陶业中快轮技术开始普遍使用。小件铜器开始陆续在各地出现。

（5）建筑技术有了进一步提高。夯筑、土坯砌筑与白灰面加工技术开始在各类建筑中使用。

（6）聚落等级分化渐趋明显，城址在各地纷纷出现，并成为地区级的中心或次中心。城内往往有大型夯土建筑、祭祀遗存、供水与排水设施等。此类城址已布及河南、山东、山西、湖北、湖南、陕西、四川、内蒙古等省区。数量已不下60余处。

（7）以动物肩胛骨占卜的习俗开始流行。

（8）已出现较多刻画或书写在陶器上的符号。有些已可称之为陶文。

（9）相当多地区已出现陶质、玉石质、漆木质的礼器。

（10）暴力冲突现象渐趋普遍。

然而，尽管有以上一些共同特征的存在，公元前3000年前后仍难以明确作为一个时代的界限。

首先，以上这些因素的出现并不限于公元前3000年以后。此前一些因素已相继开始流行，如玉器、刻画符号等。磨光黑陶与灰陶、篮纹、方格纹的出现也都很早。城址的出现也已上溯至仰韶时代晚期甚至更早。以往庙底沟二期文化之所以被诸多学者视为由仰韶时代到龙山时代的过渡阶段的遗存，实际上正是注意到了前、后两大阶段的特征性因素在该类遗存中此消彼长的演进态势。可以说，一个新的、特征相对稳定的时代，在庙底沟二期文化阶段尚未形成。

其次，公元前3000年前后，在陕晋豫邻境地区虽值仰韶时代结束、庙底沟二期文化兴起之际，但与此同时海岱地区的大汶口文化尚在延续，且处于繁荣阶段，环太湖地区的良渚文化也正处于蓬勃发展时期，显然在大范围内并未出现同步变化的大趋势，因而难以将其视为十分明显的变化节点。

2002年，张忠培先生在《中原文物》百期纪念暨中原文明学术研讨会上的讲话中，将中国古代文明的发展划分为五个阶段，认为其中第二阶段便是"公元前3千纪的后半期"的龙山时代，并以王权的势力超过神权作为这一阶段社会的主要特征之一[16]。这应当代表了目前相当一部分学者的认识。

然而，卜工先生最近又继续强调空三足器的出现是一个划时代的标志，主张将产生空足鬹的大汶口文化中晚期归入"大龙山时期"，并认为这一时期的年代上限可上推至良渚文化进入繁荣阶段的公元前3200年前后[17]。可毋庸置疑的是，空三足鬹的出现虽然是一个显著的变化，但这毕竟只是陶鬹这一类器物在演进过程中所出现的制法与器形的革新，却并未由此造成大汶口文化整个器物组合和文化面貌的巨变。多年的发现与研究表明，空足鬹出现之后，大汶口文化作为一个结构稳定的考古学文化仍然是无法割裂的。

笔者认为，相较公元前3000年这一时间节点，以公元前2500年作为龙山时代的开始，仍然是目前较为合理地选择。

其一，从黄河、长江乃至辽河流域的大部分区域的文化演进节奏来说，公元前2500年前后的确是一个颇为明显的变化节点。庙底沟二期文化、案板三期文化、常山下层文化、庙子沟文化、小河沿文化、大汶口文化、良渚文化等典型的考古学文化均结束于这一节点前后，显示出大范围的变化同步性。

其二，前文归纳出的所谓龙山时代的诸多共同点，只是在公元前2500～前2000年有着高度的一致性，如磨光黑陶与灰陶、细篮纹与方格纹、空三足器、夯筑技术与白灰面加工技术在大范围的流行，城堡与暴力冲突现象的普遍出现等，较之庙底沟二期文化阶段显示出更大范围、更高程度的一致性。

其三，从社会演进的特点看，公元前3000年前后或稍早，虽然在辽河流域的红山文化、环太湖地区的良渚文化中出现了社会复杂化加剧的现象，但按照李伯谦先生的看法，二者主要是以神权为主导的一种阶层社会。这种社会不仅具有非稳定性的特点，而且易造成社会财富的极大浪费，其脆弱的文明最终走向消亡[18]。在公元前2500年前后，黄河中下游地区以祖先崇拜为核心、以血缘关系为纽带的"古国"或"邦国"纷纷登场，呈现出邦国林立的局面。而这恰恰是更大范围的王权国家夏王朝得以出现的前兆。

综上所述，笔者认为还当以严文明先生最初所提出的"龙山时代"概念的时间范围为准。这一标准的认定，不仅可以避免考古界在"龙山时代"概念使用上的混乱，而且还可以为文物普查、区域性调查准确记录遗址的时代提供明确的参照。当然，鉴于目前学界所称"龙山""龙山时期"或"龙山时代"概念内涵有别，尚难取得一致意见的情况下，建议在继续出版文物地图集、文物志或发表调查资料时，如若采用此类内涵所指尚存争议的概念，最好做出所指年代范围的说明，或直接采用已明确命名的考古学文化或类型的名称。

注　释

[1]　严文明：《龙山文化和龙山时代》，《文物》1981年第6期。

[2]　中国科学院考古研究所：《庙底沟与三里桥》，科学出版社，1959年。

[3]　中国社会科学院考古研究所：《新中国的考古发现和研究》，文物出版社，1984年，第68～85页。

[4]　中国大百科全书出版社编辑部：《中国大百科全书·考古学》，中国大百科全书出版社，1986年，第290页。

[5]　张光直：《中国相互作用圈与文明的形成》，《庆祝苏秉琦考古五十五年论文集》，文物出版社，1989年。

[6]　卜工：《关于庙底沟二期文化的几个问题》，《文物》1990年第2期。

[7]　任式楠：《我国新石器时代聚落的形成与发展》，《考古》2000年第7期。

[8]　Li Liu. The Chinese Neolithic: Trajectories to Early States-New Studies in Archaeology. Cambridge University Press, 2004: 10-12.

[9]　王妙发：《黄河流域聚落论稿——从史前聚落到早期都市》，知识出版社，1999年。

[10]　Li Liu. "Settlement Patterns, Chiefdom Variability, and the Development of Early States in North China". Journal of Anthropological Archaeology, 1996: 237-288.

[11]　Underhill, Anne P., et al. "Systematic, Regional Survey in SE Shandong Province, China". Journal of Field Archaeology, 1998: 453-474.

[12]　赵春青：《郑洛地区新石器时代聚落的演变》，北京大学出版社，2001年。

[13]　钱耀鹏：《中国史前城址与文明起源研究》，西北大学出版社，2001年。

[14]　张新斌：《黄河流域史前聚落与城址研究》，科学出版社，2010年。

[15]　〔法〕Pauline Sebillaud：《新石器时代晚期至早期青铜时代中国中原地区聚落的空间组织（公元前2500～前1050年）》，吉林大学博士学位论文，2014年。

[16]　张忠培：《关于中国文明起源与形成研究的几个问题》，《中原文物》2002年第5期。

[17]　卜工：《再论"庙二"》，《庆祝张忠培先生八十岁论文集》，科学出版社，2014年。

[18] 李伯谦：《中国古代文明演进的两种模式——红山、良渚、仰韶大墓随葬玉器观察随想》，《古代文明研究通讯》总第38期，2008年；《文物》2009年第3期；又见《感悟考古》，上海古籍出版社，2014年。

（原刊于《庆祝魏存成先生七十岁论文集》，科学出版社，2015年）

夏代考古

从嵩山南北的文化整合看夏王朝的出现

偃师商城的发现及其始建年代的判定,使得关于夏文化问题的讨论出现重大转折。邹衡先生提出的二里岗文化是早商文化、二里头文化就是夏代的夏文化的学术体系[1]得到了越来越多学者的认可。然而,以往据^{14}C测年数据仅将二里头文化的上限年代估计在公元前1900年[2],与据现存文献所推定的夏代的起始年代相差至少在百年以上。这自然会促使学者们思考:二里头文化是否就是整个夏代的夏文化?在二里头文化之前是否还应当有一个"早期夏文化"?应如何看待文化形成与王朝出现二者之间的关系?本文拟通过对嵩山南北龙山时代晚期遗存面貌与性质的重新审视,探索二里头文化的形成机制,并通过对龙山时代晚期至二里头文化阶段聚落形态演进趋势的考察,探寻嵩山南北文化整合的历史动因。在此基础上,对上述问题略陈管见。

一、嵩山南北龙山时代晚期遗存的面貌区分

《国语·周语上》云:"昔夏之兴也,融降于崇山。"韦昭注云:"崇,崇高山也。夏居阳城,崇高所近。"又《太平御览》卷三十九"崇山"条下引韦昭注说:"崇嵩字古通用,夏都阳城,嵩山在焉。"可见,嵩山之于夏,恰如岐山之于周,是夏族的所在地和发祥地确然无疑。《逸周书·度邑解》又有"自洛汭延于伊汭,居易无固,其有夏之居"。学者们之所以将二里头文化认定为夏文化,一方面是因为该文化的年代在早商之前,另一方面就是因为文献中对"有夏之居"的明确记载。甚至于在探索二里头文化的渊源时,都不得不考虑禹都阳城在嵩山脚下的说法,将注意力重点放在以嵩山为中心的河南中西部的龙山时代晚期遗存上。

对于嵩山南北龙山时代晚期遗存,以往有不少学者以王湾类型称之,将其视为"河南龙山文化"之下的一个地方类型。后来有学者意识到,所谓的"河南龙山文化"实际上涵盖了文化面貌有一定相似性,但性质却俨然有别的若干独立的考古学文化,遂采用王湾三期文化这一命名。随着登封王城岗[3]、临汝煤山[4]、禹县瓦店[5]和郾城郝家台[6]等遗址的相继发掘,不少学者注意到嵩山南北龙山时代晚期遗存实际上也存在明显的差别,于是有将王湾三期文化划分为南、北两区[7]或两个地方类型[8]者。曹桂岑先生则建议将嵩山以南颍河和汝河上游地区的此期遗存命名为郝家台类型,从原来的王湾类型中分离出来,作为"河南龙山文化"之下的一个地方类

型[9]。这实际上进一步强调了这一地区龙山遗存的相对独立性。近年，陈冰白先生则力主将嵩山以南的龙山时代晚期遗存划为一个单独的考古学文化，称之为煤山文化[10]。

嵩山南、北的这两个区域由于地域邻近，长期的文化互动使二者的陶器群在种类构成上已颇为接近。绝大多数器类在两区都是互见的，很难说某一器类只见于此区而不见于彼区。但若仔细比较，不同器类在数量以及在各自陶器群中所占比例方面往往有很大差别。首先，就陶器群中数量最多、地位也最为重要的炊器来说，南、北两区即有很大不同。从众多典型遗址的已发表资料看，嵩山以北的郑洛区的炊器以夹砂深腹罐为主，鼎很少。如郑州站马屯遗址第二期T1②、T2②层出土陶器中，夹砂罐（绝大多数为深腹罐）比例达22.2%，而夹砂鼎不足3%；第三期的T1①、T2①层出土陶器中，夹砂罐比例更是高达31.68%，而不见夹砂鼎[11]。嵩山以南的汝颍区，鼎在炊器中则占有举足轻重的地位。从王城岗遗址发掘报告公布的陶器标本数量看，鼎为108件、夹砂罐为47件（其中多为夹砂深腹罐），鼎的数量超出夹砂罐一倍有余。董琦先生所公布的王城岗H234的器类统计表中，鼎占22.5%，深腹罐其次，占13.7%，也仅及鼎的五分之三[12]。此外，两区陶器群中都有部分侈口鼓腹罐、深腹罐形甗和釜形斝，作为辅助性炊器。但釜形斝似乎在郑洛区的出现更为普遍，而侈口鼓腹罐在汝颍地区则相对较多。由此可见，两区的炊器构成各具特色，差异鲜明。其次，从盛贮器看，两区都十分流行一类小口广肩的罐（或瓮）。但郑洛区所见者腹部多有对称双耳，而汝颍区所见者多无双耳，可见在制作和使用习惯上是有差别的。而且，郑洛区习见的双腹盆和敞口大平底盆，在汝颍区也相对较少。汝颍区则深弧腹盆稍多。以上区别实际上已经反映了两区陶器群在各自主体构成方面的不同，表明二者在文化来源、文化传统方面存在根深蒂固的差异。

除此之外，两区陶器群在外来成分的构成上也有比较明显的差别。郑洛区西北与三里桥文化相邻，东北则与后冈二期文化分布区相接，因而在陶器群中可见少量源自三里桥文化的陶鬲、敛口斝以及源自后冈二期文化的无腰隔甗和深腹罐式斝等。汝颍区南与石家河文化地域邻近，有部分源自后者的因素，如筒形刻槽盆、宽扁式足鼎、敞口束腰瘦袋足鬶、红陶杯、粗柄镂孔豆、鸟形陶塑等。这群因素在汝颍区中越是偏南的遗址越多见，往北渐少，越过嵩山后就极为少见了。

南北两区的陶器群中都有一群与山东龙山文化同类器风格颇为相似的器物，如鬼脸式足鼎、素面罐、觚、高柄杯、有领肥袋足鬶、单耳筒形杯、矮足三足盘等。其中炊器少见而磨光黑灰陶的饮食器稍多。据目前所见，此群器物在汝颍区的出现频率要更高一些，形式也更为丰富多样。实际上，汝颍区自谷水河三期阶段就受到东方大汶口文化的强烈影响，已在多个地点发现葬俗、随葬品与大汶口文化颇为相似的墓葬，郑洛区虽也有发现，但数量有限。杜金鹏先生由此提出了大汶口文化颍水类型的命名[13]。由此观之，嵩山南北龙山时代晚期遗存在继续吸纳自东方而来的因素的同时，也不排除其中的某些因素是上承谷水河三期阶段发展而来的可能。

总体来看，郑洛区和汝颍区龙山时代晚期遗存在所含各类陶器的数量、比例方面的差异，绝不亚于它们各自与其他所谓"河南龙山文化"类型之间的差异。按照张忠培先生所说基本陶器组合是否相同的标准[14]来划分，只宜将二者视为不同性质的考古学文化。何况，由于两区在水系、地貌、气候等方面都存在一定的差异，影响或导致陶器群以外的其他文化特点亦有一定区别。譬如，韩建业、杨新改先生就曾指出："郑洛区较干燥，黄土肌理发育，因而有部分半地穴式房屋，灰坑也多呈袋状；汝颍区略潮湿，黄土不发育，故房屋均为地面式，灰坑多呈口大底小状。"[15]综合考虑，笔者同意将嵩山南、北龙山时代晚期遗存区分为两种不同的考古学文化。嵩山以北的郑洛区可称王湾三期文化，嵩山以南的汝颍区可称煤山文化。值得注意的是，嵩山以东的新密一带，已经发掘的新砦[16]、古城寨[17]等遗址出土的龙山时代晚期遗存，面貌有一定的特殊性。以往有的学者将其归入郑洛区的王湾类型之中[18]，而有的学者则主张将其划归嵩山以南的类型之中[19]。从已发表的有限资料看，年代偏早的新密古城寨遗址多见夹砂深腹罐、釜形斝、双腹盆、带耳的小口广肩罐（或瓮）等王湾三期文化的典型器，性质当归属王湾三期文化，而年代偏晚的新砦遗址尤其是所谓新砦期遗存中，属于煤山文化风格的鼎类器与不带耳的小口广肩罐（或瓮）有增多的趋势。同时，这类遗存中还出现了一组有浓厚东方风格的子母口罐、子母口瓮等器类。从而已具有更多的年代和地域上的双重过渡性特征，已难以归入王湾三期文化。鉴此，可直呼其为新砦期遗存。

二、二里头文化的形成

文化因素分析法是分析二里头文化形成过程的有效手段。根据二里头文化已有的分期序列[20]，夹砂深腹罐、圆腹罐（包括有颈圆腹罐和侈口圆腹罐）、鼎（包括侈口鼓腹罐形鼎、敛口罐形鼎和盆形鼎）、甗、爵、鬶式盉、豆（包括高柄浅腹豆、高柄深腹豆、矮柄碗形豆）、敞口大平底盆、三足盘、敞口弧腹刻槽盆、不带双耳的小口广肩罐（瓮）、大口尊、捏口罐、敞口弧腹盆（甑）、蘑菇状纽器盖等器类不仅出现频率高、分布广，而且有较为清晰的演变轨迹可寻，因此可视为二里头文化的基本陶器组合，代表着二里头文化陶器群的主体面貌。分析二里头文化的形成与发展过程，不能不首先考虑上述器类的产生与流变。

构成二里头文化基本陶器组合的器类，从来源或产生机制的角度，可划分为如下五群。

A群：包括夹砂深腹罐、鬶式盉、高柄浅腹豆、三足盘、敞口弧腹刻槽盆、敞口深弧腹盆（甑）、蘑菇状纽器盖等。这群器物在王湾三期文化和煤山文化中都可见到，形制风格相类，彼此也看不出数量上的悬殊差别，只宜视为二者的共同因素。二里头文化所含此群因素应即嵩山南北龙山时代晚期遗存同类器的继承和发展。从两个大的阶段相比而言，鬶式盉在龙山晚期阶段虽已产生，然并不多见，尚未成为代表性器类。但至二里头文化，这类器物却大放异彩，成为该文化礼器系统中最具代表性的器类。在二里头文化的墓葬中，能否随葬盉，已成为区分墓主人身份地位高低的显著标志。在龙山晚期阶段，敞口深弧腹盆虽已流行，但带鋬手的却很少。至二里头文化阶段，敞口深弧腹盆已普遍带鋬。如此变化，多半是出于使用方便的考虑。不仅如此，连龙山晚期阶段流行的深腹罐形甑，亦被形体与敞口深弧腹盆相同或相近的甑所取代。蘑菇状纽器盖也是在二里头文化阶段才突然增多的。未列入陶器基本组合的圈足盘和鬶，从来源上亦当归入此群。

B群：包括侈口圆腹罐、侈口鼓腹罐形鼎、盆形鼎、鬹、矮柄碗形豆、不带双耳的小口广肩罐（瓮）等。与此群器物类似者多见于嵩山以南，属煤山文化的代表性器类。构成二里头文化基本陶器组合的此组成分，当主要来源于煤山文化。前已述及，在龙山晚期阶段，嵩山以南是鼎类器最为流行的区域。器身形态有侈口鼓腹、侈口垂腹、敞口弧腹诸型，鼎足亦形式多样，以扁三角形高足和乳状矮足最为多见，此外还有柱状足、宽扁形足、凿形足等形式。至二里头文化阶段，侈口鼓腹罐形鼎和敞口弧腹盆形鼎得以继续流行，而足却仅盛行扁三角形或刀形高足而罕见矮足，体现了一种对原有器形选择、淘汰和改变的过程。这里面恐怕既有出于改善功能的考虑，又有制陶技术在广大范围内进一步规范的因素。煤山文化中不仅有形制与二里头文化所见基本一致的陶鬹，也见有不少形态相近的折腹鬹形器和瓶，这三类器物的功能无疑是接近的。它们的并存，体现了煤山文化区别于周边诸考古学文化的一个非常突出的特点，而在新形成的二里头文化中仅仅保留陶鬹，也不能不视为一种对旧有器类淘汰和选择的结果。

C群：以敞口大平底盆为代表。此类陶器多见于王湾三期文化。故二里头文化所见者当溯源于此。

D群：以有颈圆腹罐为代表。此类陶器的显著特点是有领外卷，形成一段颈部。口沿外常有一周附加堆纹装饰或饰对称小鋬纽。此类风格的器物习见于晋西南的东下冯文化[21]，同时也是渭河流域夏代的所谓"老牛坡类型远古文化"[22]和蔡家河H29为代表的遗存[23]中的代表性器类。以往有人曾提出这类器物实际上是源起于地域更为偏北的鄂尔多斯高原[24]。但从具体比较结果来看，二里头文化所见者倒更有可能直接源自晋西南或渭河流域的同时期文化。此外，未能入选二里头文化基本陶器组合的单耳有颈圆腹罐及个别的单耳鬲、有腰隔甗等从渊源上也当归入此群。

E群：包括敛口罐形鼎、爵、高柄深腹豆、大口尊、捏口罐，以及未入选基本陶器组合的四足方鼎、单耳有颈圆腹罐形鼎、角等器类。目前在龙山晚期阶段中原诸考古学文化中并未见到与前述器类形制相同者。因此，它们很可能都是二里头文化新创生的器类。从器形构成上看，这些器类多半与旧有的一些器类有联系。如敛口罐形鼎，敛口，或有竖直的短领，缓折肩，形体近似王湾三期文化和煤山文化中均可见到的敛口瓮，故此型鼎可能就是敛口瓮与高扁足鼎相结合的产物。爵、角皆有流与单把，从器形看与鬶有一定的相似性，可能是鬶的衍生品种。高柄深腹豆整体形态近似高柄浅腹豆，唯豆盘较深，推测应是从高柄浅腹豆派生出来的。其他如大口尊与折肩瓮、捏口罐与有颈圆腹罐、单耳有颈圆腹罐形鼎与单耳有颈圆腹罐，从形体上都有某种程度的相似性。上述器类，有些是通过对某种旧有器类的改造而创制出来的，而有些则是由两种旧有器类的因素相结合而创制出来的。四足方鼎的创制无疑当代表一种新观念的产生。但从夏后氏铸鼎"四足而方"的文献记载[25]和部分陶方鼎上有仿铜作风看，这种方鼎在初创时倒很有可能是铜的。

上述五群器物大多都在二里头文化一期即其形成期开始出现，并贯穿这一文化始终。

虽然从已发表的资料中尚难统计出以上五群陶器在整个陶器群中各自所占的比重，但从总体看，二里头文化的主体陶器群就是在继承嵩山南北的煤山文化与王湾三期文化的基础上发展起来的。而且，E群陶器中的多数器类也是在煤山文化和王湾三期文化的旧有器类的基础上创制出来的。所以，嵩山南北的煤山文化与王湾三期文化的相互整合以及由此而来的器类的选择、淘汰和变异在二里头文化的形成过程中无疑起到了主导性的作用。当然我们也看到，二里头文化同时又吸收了部分来自晋西南或关中地区的文化因素，并从一些旧有的器类中创制出了一些新的器物品种，从而显示出一种崭新考古学文化的勃勃生机。

值得注意的是，不仅在郑洛区王湾三期文化边缘地带的新砦遗址的新砦期遗存中可见煤山文化因素显著增多的现象，而且继续向北在郑州地区也可见到此类现象。比如1954年发掘的郑州牛砦遗址，"鼎为陶器中最常见的一种"[26]。报告执笔者安金槐先生当初就已认识到，这类遗存与郑州二里岗和旮旯王所见龙山遗存在面貌上有一定差异。但他认为这是年代较早的特征。现在看来，该遗址出土的鼎、斝（报告称杯）和高领折肩罐（报告称尊）等与新砦遗址新砦期同类器特征颇为一致。新近发掘的巩义花地嘴遗址的"新砦期"遗存，也明显具备类似特点[27]。这类现象的存在，表明在龙山末期嵩山以南的煤山文化因素已开始陆续向北渗透甚至穿插在王湾三期文化的分布区中。其传布的路线似乎是沿嵩山东侧北上，经由郑州地区而进入王湾三期文化的腹地。可以说，所谓的新砦期，正是煤山文化与王湾三期文化相互碰撞、整合的开始。从目前资料显示的情况看，在嵩山南北的文化整合过程中，煤山文化可能居于更为主动的地位。况且，从前述陶器分群情况也已看出，二里头文化除继承二者的共有因素之外，承袭煤山文化的特征性因素相对也要多于王湾三期文化因素。所以，在嵩山南北的文化由各自独立而走向整合的过程中，煤山文化显然扮演着更为重要的角色。

绝大多数学者在谈及二里头文化的渊源时，都将河南中西部地区的龙山时代晚期遗存视为二里头文化的主源。这显然具有毋庸置疑的合理性。然而，由于这些研究多是将嵩山南北的龙山晚期遗存不加区分地看作同一个文化共同体，因此，由龙山期向二里头文化的转变只能被看成是一种单线渐进式的发展。于是有的学者提出了"新砦期"作为二者之间的过渡性质的遗存[28]。实际上，这种视角不仅掩盖了嵩山南北龙山时代晚期遗存原本存在的质的不同，而且导致了无法认清二里头文化形成过程中的重要机制乃是文化的整合。"新砦期"概念的提出者和支持者正是因为看到了此期遗存与此前的龙山期遗存相比已发生了一定程度的变化，从而与二里头文化的陶器组合、形制和风格具有了更多的相似性。遗憾的是却未能解释为什么会在龙山末期在嵩山周围发生这样的文化面貌上的变化。而从嵩山南北龙山晚期遗存文化性质有别的角度出发，自然会认识到，所谓的新砦期遗存正是煤山文化与王湾三期文化二者大规模整合阶段的遗存。这一时期的遗存，在内涵上具有相当大的不稳定性。不同遗址点之间，遗存面貌会有一定差异，甚至在同一遗址中，有的单位王湾三期文化的固有因素就多一些，而有的单位则煤山文化的因素更浓厚一些。这正是一个新的考古学文化在动荡中的孕育时期。

以上我们从主体陶器群的构成及其产生机制的角度，分析了二里头文化的形成过程。当然，在二里头文化的发展过程中，除前述D群因素之外，也还吸纳有一些周边其他诸考古学文化的因素，但是这些因素往往数量很少，且只在部分期段尤其是二里头文化的中晚期出现。因此，它们并没有在二里头文化的形成阶段充当重要角色[29]。

三、区域内聚落形态的演进与统一的政治秩序的建立

一般来说，聚落形态的分析当包括以下三个层级：家庭、村落与地区。其中的地区级聚落形态的研究包括聚落的等级分化、聚落分布、人口发展、地区间的互动等方面的内容。通过对一个地区跨较长时段的聚落形态的演进分析，可以有效地揭示地区内社会复杂化的进程与社会组织结构的发展轨迹。

以往刘莉[30]、赵春青[31]、钱耀鹏[32]、朱光华[33]等学者的有关研究，都曾从不同角度涉及嵩山南北龙山时代晚期聚落的分布、分群、等级划分以及聚落形态所反映的社会组织结构等方面的问题，方燕明先生则着重对嵩山以南颍河上游地区龙山晚期聚落的分布与等级进行了考察[34]。当然，这些研究所依据的主要是传统的调查与发掘手段所获的遗址资料。毋庸讳言，我国的考古工作者长期以来一直在采用传统的调查手段去发现和登记遗址，所得资料大多不够系统和全面。比如，所记的遗址面积常常是将同一遗址中不同时期遗存的分布范围合在一起计算出来的，往往要大于某一时期聚落的实际面积。在调查过程中也难免会留有工作空白区或遗漏一些遗址。因此，依之分析某一时期聚落的分布与等级难免存在不利因素。可喜的是，近几年来区域性

考古调查作为一种获取聚落形态资料的有效手段，正在得到我国考古工作者的日益重视。中、澳合作所开展的河南巩义地区的调查[35]和中国社会科学院考古研究所二里头工作队所开展的洛阳盆地的调查[36]，不仅获得了调查区域内系统而全面的聚落及其环境背景的资料，而且研究目的十分明确，就是在中国文明的腹心地区探索社会复杂化的进程与国家的出现。然而，区域性调查由于耗时长、费用高、工作量大等客观因素限制，每个项目实际所能调查的区域范围是十分有限的，所以至少目前难以仅靠这些有限的资料去探索较大地理范围内聚落形态的整体演变。

就龙山时代晚期嵩山南北地区的聚落分布状况来说，目前仍以赵春青博士所公布的郑洛地区"龙山时代聚落分布示意图"所占有材料最为全面[37]。据赵文统计，"郑洛地区龙山时代的聚落遗址总数已达516处，较之于仰韶后期的357处增加了159处。考虑到郑洛地区龙山时代历时约500年左右，仅及仰韶后期历时约1000年左右的一半，而前者的聚落总数反倒超出后者159处，那么若取相同的时间段，则龙山时代的聚落总数应是仰韶后期聚落总数的2.5倍左右"。赵文所说的"龙山时代"仅相当于本文所说的龙山时代晚期，"仰韶后期"则包括了仰韶晚期的秦王寨文化和龙山时代早期的庙底沟二期文化两个阶段。可见龙山时代晚期该区域的聚落总数较前期确有大幅增加。这在很大程度上反映了人口增长的规模。赵文以聚落面积为标准，将龙山晚期516处聚落遗址分为四级。其中Ⅰ级聚落面积为40万~100万平方米，Ⅱ级聚落面积为15万~40万平方米，Ⅲ级聚落面积为5万~15万平方米，Ⅳ级聚落面积为5万平方米以下。当时赵文所开列的Ⅰ级聚落共有8个，仅及此期聚落总数的1.55%。具体包括武陟大司马（100多万平方米）、沁阳杨香（75万平方米）、济源庙街（80万平方米）、孟津菠萝窑（40万平方米）、洛宁西王村（45万平方米）、嵩县老樊店（50万平方米）、禹县瓦店（40万平方米）、郏县太仆（70万平方米）。此后的进一步工作表明，赵文当初列入Ⅰ级聚落的禹县瓦店遗址仅有20多万平方米，但登封境内的八方王城岗遗址的面积经重新估测却有50万平方米[38]。且遗址内王城岗上的两座小城堡的外围又发现了规模更大的城址，面积约30万平方米，很可能与原王城岗城堡属同期布局[39]。近年新密新砦遗址的重新勘探和发掘表明，该遗址面积逾100万平方米，遗址内发现大型龙山晚期和"新砦期"的城址，仅城墙所圈占的面积即达70万平方米[40]。这是河南境内目前所发现的规模最大的龙山时代晚期（包括"新砦期"）城址。以上两处有城址的大型聚落，加上赵文所列其余7处Ⅰ级聚落，可知嵩山南北地区面积在40万平方米以上的聚落至少已有9处。两处有城址的大型聚落皆发现有高级别的夯土建筑以及重要的祭祀遗存和一些高规格的遗物，尤其是均出土有青铜容器的残片。这两处遗址，显然是当时的政治和礼仪中心所在。其余Ⅰ级聚落中，经发掘的济源庙街遗址也出土有一些高规格的器物[41]。洛宁西王村遗址虽未经发掘，但遗址南部俗称"鬼修城"的地方，赵春青博士怀疑很有可能也是一处龙山城址。所以，从几处遗址的调查和发掘结果看，上述Ⅰ级聚落不仅面积大，而且遗迹、遗物规格高，有些还有重要的防御设施，很可能分属一定区域内聚落群中的中心聚落。此外，1997年以来的多次工作，确定了新密古城寨城址的面积为176500平方米，该城以北、以东皆残存有龙山时期的堆积，加上城西南部的仰韶文化遗址，城内外新石器时代遗址的总面积超过27万平方米[42]。该遗址现存面积虽小于Ⅰ级聚落，但布局规整的城池与大规模夯土建筑群的存在以及熔炉残块与玉环等重要遗物的发现，显示其重要性可能并不亚于上述Ⅰ级聚落。

赵文所记Ⅱ级聚落共有11处，加上面积估测减少后的禹县瓦店遗址，至少应为12处。其中的瓦店遗址，不仅发现有高规格的地面式建筑，还发现有一些重要的祭祀遗存及玉器和陶质酒器等珍贵遗物。表明其地位也高于普通聚落。从颍河上游的调查看，该遗址也构成了禹州境内一聚落群的中心，而已发掘的其他5处Ⅱ级聚落中，所见遗迹、遗物中尚看不出与面积较小的Ⅲ、Ⅳ级聚落有何不同。所以赵文推测它们可能是当时住人较多的大村落，聚落等级并不一定很高。Ⅲ、Ⅳ级聚落显然大都属普通的村落遗址。

从赵文公布的郑洛地区聚落分布图看其总体格局，黄河以南的伊洛河下游平原和黄河以北的济源—焦作平原一带的聚落分布最为密集，方圆200多平方千米的范围内，共发现龙山晚期聚落251处。其中包括Ⅰ级聚落4处、Ⅱ级聚落7处，余均Ⅲ、Ⅳ级聚落。这一区域内地势开阔，遗址分布呈散点状，较为均匀，无明显集结成群现象。故赵春青博士将其视为同一个大的聚落群，称之为A群。在其西、南、东三面分布的聚落则有明显的结群现象，可明确辨识的共15群。若以A群为中心，则其余这15群聚落则看似呈内、外两圈分布带环绕A群，赵文分别称之为B群和C群。该文提出，A群聚落不仅占地范围广，而且所含聚落数量多，构成郑洛地区龙山时代的主体聚落群，而外圈的B、C群聚落则属于一种从属性聚落群，整体呈现出一种主从式分布格局。基于此，赵文进一步提出，郑洛地区龙山时代（晚期）的聚落是一个有主有次、主次分明的聚落统一体，"极有可能龙山时期的郑洛地区已经存在一个空前统一、坚强有力的社会集团，这一社会集团足以控制整个郑洛地区的聚落分布格局"。

对此，笔者认为有两个方面应当引起注意。其一，赵文所分的B、C两群实际上是由15个相对独立的聚落群组成的。这些聚落群相互之间乃至于与A群聚落之间皆有明显的遗址"空白区"作为缓冲地带，且多半以Ⅰ、Ⅱ级聚落构成自己的中心性聚落。有的中心聚落还建有城址，城内发现有宫殿、宗庙类的高规格建筑。缓冲地带的存在，表明聚落群所居人群之间的区分，而众多中心聚落的存在及彼此规模的相若则凸显了各聚落群之间相互的抗衡。即使是在A群之内，也还并存有至少4个规模相差不大的Ⅰ级聚落，而未见一个可居主导地位的中心性聚落。若从更为详细的大比例地图上观察，A群聚落群中的这些Ⅰ级聚落和部分Ⅱ级聚落，或许仍就构成了各自所在的小聚落群的中心，仍有一定程度的独立性。其二，这一时期的聚落遗址中常见反映暴力冲突的现象。登封王城岗、新密古城寨、新密新砦以及郾城郝家台等城址的出现，恰恰表明了当时各部族之间军事冲突的存在，而且这些城址的存在时间都很短，始建和使用年代多属所在遗址分期中的某一期，仅使用一期就废弃。这与山东、长江中下游史前城址多长期沿用的状况有很大的不同。不少学者认为这种现象的存在恰恰表明这一时期社会的不稳定，反映了部族之间矛盾的激化和战争的频繁。登封王城岗西城这个不足1万平方米的小城内，已发现埋有人骨的奠基坑13座。坑内人数多少不一。发掘较完整的一个奠基坑（WT48H760）的夯土层内已暴露出7具完整的人骨架，显系非正常死亡。有的坑中则埋有被肢解下来的人头骨、肢骨或盆骨。这些死者中既有成年男女，又有儿童，很可能是在部族冲突中掳掠来的战俘。洛阳矬李[43]、王湾[44]、孟津小潘沟[45]、临汝煤山[46]等遗址中则发现有所谓的"乱葬坑"或"灰坑墓"。如煤山M15，坑内有2具成年男性骨架，作十字交叉叠放在一起。孟津小潘沟M3人骨架腹以上骨架全无，断荐处也很规整，可能系腰斩致死；M5死者两肩紧缩，两手交叉于腹部，两脚交叉，M6死者侧身屈肢，两手举于头部两侧，这两"墓"的死者很可能是被活埋致死的。类似的现象也频见于其他地区的龙山时代晚期遗址中。此外，各地龙山晚期遗址中出土的箭镞，在工具中所占比例要高于此前的任何一个发展阶段，这也从侧面反映了暴力冲突的加剧。

以上所分析的各聚落群之间的相对独立性和相互抗衡性，以及各种迹象所体现出的暴力冲突现象的存在，似乎表明当时的嵩山南北尚没有形成统一的政治秩序，以规范和协调各部族之间的行为。刘莉博士曾将黄河中下游地区的龙山时期聚落形态归纳为三种，分别代表三种政治体系：①单中心的地区聚落形态，以陶寺遗址群和日照遗址群为代表。反映一种内部统一的、中央集权的政治实体，可称为统一型酋邦社会，是龙山时期最发达的社会组织。②多中心的地区聚落形态，以山东淄河、潍河流域的城址群等为代表，反映了若干政治实体以武力抗争的局面，称为抗争型酋邦社会。③分散的地区聚落形态，以陕西渭河流域的遗址群为代表，反映了社会组织结构处于不发展状态，称为不发达酋邦社会。她认为登封王城岗城址可能代表了一个多中心对抗型的酋邦体系的遗存，中国早期国家的起源即与此抗争型的酋邦社会有关[47]。这是极有见地的认识。

考虑到赵春青博士所划分A群聚落内各聚落亚群缺乏明显的缓冲地带的事实，我们并不怀疑这一开阔区域内的人群业已以某种方式凝聚在一起，或形成某种联盟关系的可能，也不怀疑这一人群密集之地对周边各社团可能存在的吸引作用，但从诸多考古现象的观察看，嵩山南北的龙山晚期聚落群大多仍处于相对独立、相互抗衡的状态，其至彼此之间的冲突、战争也频繁发生，远没有达到政治上的完全统一。这种情形，恰与文献所记尧舜禹时"万邦"林立的社会局面相吻合。

至二里头文化阶段，伴随嵩山南北的文化面貌由相对独立而走向整合，至少在原王湾三期文化和煤山文化的分布范围之内，聚落形态较此前发生了重大变化。

从目前的发现来看，二里头文化一期遗存的分布以嵩山为中心，集中见于其北的伊洛平原和其南的北汝河、颍河上游一带，正好覆盖原王湾三期文化和煤山文化的主要分布区。迄今发现的含此期遗存的遗址仅20处左右，除此时的二里头遗址（面积约100万平方米）外，规模均不大，无相对集中的遗址群的发现[48]。近年洛阳盆地开展的区域性考古调查，共发现含二里头文化时期遗存的遗址125处，年代多在二里头二期之后。与该区域龙山时期遗址（95处）相比，不仅数量继续增多，单个面积在20万平方米以上的遗址（22处）数量也多于龙山时期（20处），而且，面积在40万～80万平方米的就有8处。此时的二里头遗址已步入全面兴盛阶段，总面积即使达不到其最大时的范围（300万平方米），恐怕也相差无几。这一超大型聚落的出现，在洛阳盆地的同期聚落中恰如鹤立鸡群。从宫殿区、贵族聚居区、专业化的铸铜作坊区、祭祀活动区到一般居住活动区和井然有序的道路网的发现及其在空间上的安排，无不显示出这是一处经过严整规划的大型都邑[49]。面积在20万～80万平方米的大型聚落多沿伊河、洛河及两河合流后的伊洛河两岸的二级阶地布列，而面积在20万以下的一些中小型聚落多分布于这些大型聚落的附近或两岸的支流区域内。聚落无明显的结群现象，也未发现大型聚落及其与中心都邑之间的对立或对抗迹象。整个调查区域内的聚落已俨然形成了一种金字塔式的分布格局。

中、澳合作调查的巩义境内伊洛河的两条支流地区，地域位于洛阳盆地调查区域以东。调查区内共发现二里头文化遗址52处，龙山时代（含龙山早和龙山晚两个大的时期）44处。考虑到龙山时代延续近1000年，而二里头文化充其量仅有400年之实，可认为这一带二里头文化时期的人口密度也当大大超过龙山时代。但是从更细的时间段来观察，这里从龙山晚期到二里头一期，无论是聚落的数量还是聚落的面积，都呈下降的趋势，随后在二里头二期开始回升。这或许与二里头遗址自二期之后成为稳定的中心性的都邑有关。调查区域东部的坞罗河流域，遗址明显可分大、中、小三级，大型遗址（20万平方米以上）仅有坞罗河与伊洛河交汇处的稍柴一处，面积约60万平方米。该遗址与洛阳盆地所发现的同级遗址，共同构成了二里头都邑之外的次一级中心。据负责调查的刘莉和陈星灿博士的分析，稍柴遗址可能是二里头时期它所在区域的一个手工业生产中心和行政管理中心。同时该遗址控扼伊洛河水道的独特地理位置，显示其可能也肩负着将巩义及其以东地区的重要物资输入首都地区的重要职能。

颍河上游地区的调查共发现二里头文化的遗址25处，面积超过25万平方米的仅有登封境内的八方王城岗和石道遗址，余均面积在20万平方米以下的中小型遗址。

从以上三项调查的结果来看，二里头文化的聚落遗址从规模上可分四个等级。第一等级仅有二里头一处。第二等级的聚落（面积20万～80万平方米）已确认的有24处，且有22处分布于二里头遗址所在的洛阳盆地，其性质可能比较复杂，多半属地区性的物资集散、手工业生产或行政管理中心，也不排除其中个别聚落在某一时期曾作为都邑的可能性。第三、四级聚落则散布四处。在局部地区有以第二、三级聚落为中心而结群的现象。这些第三、四等级的聚落虽然在规模上有大小之别，但从内涵上看基本没有本质的区别，绝大多数都应是当时一般的村落遗址。目前可知，二里头文化的分布区北至黄河以北的垣曲盆地[50]，东北以沁水为界与下七垣文化为邻，东至豫东杞县—新蔡一线[51]，向南可能不逾大别山与桐柏山，向西可达华县—商州一线。在此范围内，以二里头遗址为中心业已形成一种内部凝聚的、金字塔式的聚落分布格局。龙山时代晚期那种众多聚落群分庭抗礼的局面消失了，代之而起的是这样的一种状况：二里头聚落成为至高无上的中心，它所在的洛阳盆地也成为整个文化区之内的政治、经济和文化中心。越靠近中心区，越多规模大、级别高的聚落。正如朱光华所说："这不仅将其行为主体联系在一起，而且折射出社会凝聚力的指向。"[52]刘莉博士也说："所有的地区中心，无论地处核心或者边缘，与都城相比面积均小，这意味着首都对地区中心单向的政治和经济支配。"她还明确提出，中国早期国家的中心——边缘关系是以贡赋制度为特征的[53]。从实际材料出发，笔者认为这种分析是相当有说服力的。

上述分析表明，由龙山晚期至二里头文化阶段，伴随嵩山南北地区的两支考古学文化由南北对峙而走向整合，聚落形态亦由多中心、对抗式聚落布局演进到单中心、凝聚式的布局结构。这显然是统一的政治秩序得以建立以及由此所造成的区域内背景复杂的不同人群得以整合的结果。值得注意的是，也许正因为二里头文化的分布范围内建立了统一的政治秩序，所以中心区的二里头遗址和其他众多的地区级中心才会迄今不见大规模的防御性设施，而仅在边缘地区才会发现类似郑州大师姑那样的城堡[54]和驻马店杨庄那样的有深壕环绕的聚落[55]。在文化分布区之外，晋西南的东下冯文化由于内含大量的二里头文化因素，显示了该区域的人群与二里头文化的人群有着异常亲密的关系，加之文献记载中不乏夏人在晋南地区活动的记载，将这一地区看作是夏王朝的实际控制区或殖民地是完全可以的。来自嵩山周围的人群源源不断向晋南一带渗透，其动机或许就与掠夺那里丰富的盐业和铜矿资源有关[56]。

四、由二里头文化的形成机制看夏王朝的出现

区域内统一的政治秩序的建立，无疑应起因于一种政治强制力的作用。

以往李伯谦先生曾提出二里头文化是"太康失国""后羿代夏"之后形成的夏文化[57]。主要根据是羿为东夷人，二里头文化中又出现有一组来自东方山东龙山文化的因素。近年又撰文重申了这一观点[58]。他说："根据《史记·夏本纪》等史籍记载，夏王朝的建立是社会历史自然发展的必然，是部落联盟首领职位由禅让制过渡为传子制实现的，即使曾经发生过矛盾和斗争，但也是本族内部的事情，没有出现过大规模的异族入侵和战争。因此从这一角度分析，由河南龙山文化到二里头文化之间发生的文化突变，不会是夏王朝建立引发的结果。而更大可能则是我们曾经主张的是由'后羿代夏'这一夏初历史上最重大的政治事件所引起，二里头文化不是最早的夏文

化。"可见，在李先生看来，二里头文化的形成与夏王朝的出现并无直接的因果关系。

对此，邹衡先生曾专门撰文与李先生商讨[59]。邹先生首先指出，羿自帝喾之时便为射官，至夏少康之时方被灭掉，显"为神话中人物无疑"，并云："纵然羿可属于东夷集团，而据徐氏（指徐旭生先生——笔者按）所言：'这一集团所居的地域，北自山东北部，最盛时也或者能达到山东的北部全境。西至河南的东部，西南至河南的极南部。南至安徽的中部，东至海。'这样广阔的地域，何以见得羿之故居必在曲阜。"不同意将羿、浞代夏的有关地名考定在山东境内的做法。对于李先生的关于二里头文化中大量涌入山东龙山文化因素的说法，邹衡先生也给予了否定，指出二里头文化中所含东方因素早在龙山文化时期就已出现，而且从形制上也与河南的龙山遗存中所见者更为接近，甗等器类在河南的出现甚至要更早。所以，认为这些因素"可都直接来自河南龙山文化，并非直接来自山东龙山文化"。我们认为，邹衡先生的说法很有道理。

河南中西部的伊、洛、颍、汝地区，自仰韶晚期便已有大汶口文化的墓葬等遗存出现。自此，"人们通常所说的东夷族、华夏族，在颍、伊、洛地区进行了一次长达数百年的民族大交流、大融合，为中华文明的形成与发展，做出了重要贡献"（杜金鹏先生语）[60]。所以，河南虽古为华夏之地，却早已有东夷之人穿插其间。如此，则未必一定要去山东寻找后羿的居地。而且，确如邹先生所说，二里头文化中所含的东方因素，绝大多数都应是由嵩山南北的龙山遗存中继承下来的。

以往陈冰白先生也曾举出二里头文化早期以洛阳东马沟为代表的一类墓葬，认为其所包含的鬹、盉、三足盘、深盘豆、浅腹盆以及爵等一套陶器组合来源于东方的龙山文化[61]。但经我们仔细比较，此类陶器或不见于山东龙山文化，或见有但形制却有很大差异。故而此说实难凭信。

既然"后羿代夏"的历史事件难以与考古实际相契合，那么，诱发二里头文化形成的动因又是什么？笔者认为，这就是夏启的征伐活动和其强权推行的结果。

在此需要指出的是，夏王朝的开创者是启而不是禹。因《史记·夏本纪》的叙述始自禹的事迹，故以往有学者认为禹传子，夏代始于禹。实际上正如金景芳先生所言，"这完全是一种误解""……禹没有传子，夏代不是始于禹"[62]。范文澜先生也说："战国以前书，从不称夏禹，只称禹、大禹、帝禹；称启为夏启，夏后启。这种区别，还保存两人时代不同的意义。"[63]

从《孟子·万章上》和《史记·夏本纪》的记载来看，禹的时代仍处于一种类似部落联盟的阶段。联盟首长的职位更迭，采取的是一种"选贤与能"的禅让制。依常规，禹本将首长职位传给了益，但因"益之佐禹日浅，天下未洽。故诸侯皆去益而朝启。曰：吾君帝禹之子也。于是启遂即天子之位，是为夏后帝启"（《史记·夏本纪》）。对于此事，《竹书纪年》却记："益干启位，启杀之。"《韩非子·外储说》《战国策·燕策》也有类似说法。不论是否是"益干启位"，结果毕竟是启用暴力夺取了政权，变选举为世袭，从而导致了联盟的分裂。而《孟子》与《史记·夏本纪》则大有为启之夺权的非法性回护之嫌。

夏启即位之后，为取得其他部族的支持，曾召开大会，史称"夏启有钧台之享"（《左传·昭公四年》）。但是毕竟夏启是用非法手段夺取的政权，难免要引起联盟内部分部族的反对。

《左传·昭公元年》记："虞有三苗，夏有观、扈，商有姺、邳，周有徐、奄。"将观、扈与三苗、姺、邳等相提并论，显然此二族应是夏的异姓部族。而且正如徐、奄之于有周一样，观、扈这两支异己势力的存在，对初生的夏政权构成了巨大的威胁。关于观，"夏有观、扈"条杜预注云："观国，今顿丘卫县。"《水经·淇水注》："（淇水）又屈迳顿邱县故城西，《古文尚书》以为观地矣。"此观即春秋卫邑，汉属东郡，晋属顿丘。按一般说法，其地在今河南浚县一带。而《国语·楚语》记士亹语："故尧有丹朱，舜有商均，启有五观，汤有太甲，文王有管蔡，是五王者，皆有元德也，而有奸子。"韦昭注"五观"云："启子，太康昆弟也。观，洛汭之地。《书序》曰：'太康失国，昆弟五人，须于洛汭'。"《潜夫论·五德志》："启子太康、仲康更立，兄弟五人，皆有昏德，不堪帝事，降在洛汭，是为五观。"《水经·巨洋水注》："《国语》曰'启有五观'，谓之奸子。五观盖其名也，所处之邑其名为观。"可见，观地亦有在洛汭一带的说法。

如果说"夏有观、扈"的观在史籍中的记载尚显匮乏的话，那么，与观并称的扈却频见于先秦文献。究其原因，盖因夏后氏与有扈的战争对于新兴的夏政权意义重大，甚至关乎存亡。有关灭有扈的史实最早见于《尚书·甘誓》。但由于《甘誓》本文并未明言讨伐有扈的究竟是禹还是启，以致引起后人纷争。其中《书序》《逸周书·史记》《史记·夏本纪》《汉书·地理志》《淮南子·齐俗》高诱注及《后汉书·冯衍传》等文献皆称启伐有扈氏。而《庄子·人间世》《墨子·明鬼》《说苑·政理》《吕览·召类》等文献却言禹攻有扈。综观上述文献，不能排除夏人从禹的时代即曾攻伐有扈的可能，但最终灭掉有扈，还当是夺权而立之后的启。《史记·夏本纪》所记"于是启遂即天子之位，是为夏后帝启。……有扈氏不服，启伐之，大战于甘。……遂灭有扈氏，天下咸朝"的说法，应当是符合实际的。可以说，正是夏启在原先各部族分立的基础上，联合了一些关系密切的部族，又征服或兼并了若干强大的对手，才真正形成了"天下咸朝"的夏王朝。

关于扈的地望，自东汉以来，多认为在今陕西鄠县（今作户县）一带。现代学者对此产生了异议。吕思勉先生说："禹都当在河、洛之间，鄠县非其兵力所及。"又说与有扈大战的甘地"当即左氏王子带邑（见僖公二十四年），在今洛阳东南"[64]。金景芳先生则认为："有扈氏之扈即《春秋》庄公二十三年'盟于扈'之扈。其地即杜预注所说的荥阳卷县西北，亦即今河南黄河北岸原阳一带。"[65]以今日所知考古学文化的分布观之，如果说扈在陕西关中中部，既然有扈被夏灭掉，那么其地应有早期夏文化的分布。但从目前的发现来看，今户县所在的关中中部在龙山晚期分布的是客省庄文化，而相当于二里头文化早期则又分布着一种与二里头文化性质有别的考古学文化，即所谓的"老牛坡类型远古文化"。不见二里头文化的踪影。所以，扈、甘之所在，当以吕、金之说为是。总之，观、扈都有位于今嵩山以北，王湾三期文化分布范围之内的说法。

禹、启的居地绝大多数学者认为在今嵩山以南，尤其是"禹都阳城"的阳城即今登封王城岗龙山城的说法得到了不少学者的认可。"夏启有钧台之享"的钧台，一般认为在今禹县一带。夏人的老家本在嵩山以南，但为何得以在伊洛地区建都（斟鄩）？文献中为什么又会有"自洛汭延于伊汭，居易无固，其有夏之居""伊洛竭而夏亡"等说法？恐怕当和夏启继任联盟首领之初夏人对分布于嵩山以北的观和有扈氏等敌对势力的大规模征伐以及对二族故地的占领有关。很有可能，正是因为这种大规模的征伐和强权的推行才真正导致了嵩山南北不同背景人群的整合，并由此带来两种不同性质的考古学文化之间的整合以及聚落形态由多中心向单一中心聚落布局的转变。从这一意义上说，正是夏王朝的出现方才导致二里头文化最终形成于嵩山南北。这一过程，恰与"商汤十一征而有天下"之后形成早商文化的过程十分相似，从而再一次证明政体的变革或王朝的更迭与考古学文化的变迁之间存在紧密的联系。鉴此，笔者认为二里头文化应当就是夏启征伐敌对势力并在广大区域内推行强权之后所形成的以夏人为代表的一种国族的文化。它的形成前提，乃是夏王朝在嵩山南北的出现及其地位的确立。当然，二里头文化的最终形成，从时间上应相对滞后于夏王朝的出现。因此，王湾三期文化与煤山文化的末期或"新砦期"的绝对年代，都有可能已入夏代，但是作为可确定的夏代的夏文化则只有二里头文化。在此之前显然不能有，也不可能有所谓的"早期夏文化"。因为那时，作为一种国族文化的夏文化还未形成。

附记：该成果得到"新世纪优秀人才支持计划"和"吉林大学'985工程'项目"资助。

注　释

[1]　邹衡：《试论夏文化》，《夏商周考古学论文集》，文物出版社，1980年。

[2]　仇士华、蔡运珍、冼自强、薄官成：《有关所谓"夏文化"的碳十四年代测定的初步报告》，《考古》1983年第10期。

[3]　河南省文物研究所、中国历史博物馆考古部：《登封王城岗与阳城》，文物出版社，1992年。

[4]　洛阳博物馆：《河南临汝煤山遗址调查与试掘》，《考古》1975年第5期。中国社会科学院考古研究所河南二队：《河南临汝煤山遗址发掘报告》，《考古学报》1982年第4期。河南省文物研究所：《临汝煤山遗址1987～1988年发掘报告》，《华夏考古》1991年第3期。

[5] 河南省文物考古研究所：《禹州瓦店》，世界图书出版公司，2004年。

[6] 河南省文物研究所、郾城县许慎纪念馆：《郾城郝家台遗址的发掘》，《华夏考古》1992年第3期。

[7] 韩建业、杨新改：《王湾三期文化研究》，《考古学报》1997年第1期。

[8] 董琦：《虞夏时期的中原》，科学出版社，2000年。

[9] 河南省文物研究所：《河南考古四十年》，河南人民出版社，1994年。该书的"河南龙山文化的类型与分期"条。在该条中曹先生将郝家台类型的东界延至周口地区的淮阳—沈丘一带。这一观点的正确与否还有待验证。

[10] 陈冰白：《从龙山晚期的中原态势看二里头文化的形成——兼谈对早期夏文化的若干认识》，《中国考古学的跨世纪反思》（下册），商务印书馆（香港），1999年。

[11] 河南省文物研究所、文化部文物局郑州培训中心：《郑州市站马屯遗址发掘报告》，《华夏考古》1987年第2期。

[12] 董琦：《虞夏时期的中原》，科学出版社，2000年，表三。

[13] 杜金鹏：《试论大汶口文化颍水类型》，《考古》1992年第2期。

[14] 张忠培：《研究考古学文化需要探索的几个问题》，《中国北方考古文集》，文物出版社，1990年。

[15] 韩建业、杨新改：《王湾三期文化研究》，《考古学报》1997年第1期。

[16] 中国社会科学院考古研究所河南二队：《河南密县新砦遗址的试掘》，《考古》1981年第5期。北京大学古代文明研究中心、郑州市文物考古研究所：《河南新密市新砦遗址1999年试掘简报》，《华夏考古》2000年第4期。北京大学古代文明研究中心、郑州市文物考古研究所：《河南新密市新砦遗址2000年发掘简报》，《文物》2004年第3期。

[17] 河南省文物考古研究所、新密市炎黄历史文化研究会：《河南新密市古城寨龙山文化城址发掘简报》，《华夏考古》2002年第2期。

[18] 韩建业、杨新改：《王湾三期文化研究》，《考古学报》1997年第1期。

[19] 董琦：《虞夏时期的中原》，科学出版社，2000年。

[20] 中国社会科学院考古研究所：《二里头陶器集粹》，中国社会科学院出版社，1995年。中国社会科学院考古研究所：《偃师二里头》，中国大百科全书出版社，1999年。

[21] 首次将晋西南地区二里头文化时期遗存视为一独立考古学文化而称为东下冯文化的是郑杰祥先生。见郑杰祥：《夏史初探》，中州古籍出版社，1988年。

[22] 刘士莪：《老牛坡》，陕西人民出版社，2001年。

[23] 张天恩：《关中西部夏代文化遗存的探索》，《考古与文物》2000年第3期。

[24] 田广金、郭素新：《鄂尔多斯式青铜器的渊源》，《考古学报》1988年第3期。

[25]《墨子·耕柱篇》说:"昔者,夏后开使蜚廉折金于山川,而陶铸之于昆吾。是使翁难雉乙,卜于白若之龟。曰:'鼎成三足而方,不炊而自烹,不举而自臧,不迁而自行,以祭于昆吾之虚,上乡!'……九鼎既成,迁于三国。"文中"三足"应为"四足"之误。

[26]河南省文化局文物工作队:《郑州牛砦龙山文化遗址发掘报告》,《考古学报》1958年第4期。

[27]郑州市文物考古研究所、北京大学考古文博学院:《河南巩义市花地嘴遗址"新砦期"遗存》,《考古》2005年第6期。

[28]赵芝荃:《略论新砦期二里头文化》,《中国考古学会第四次年会论文集》,文物出版社,1985年。

[29]需要指出的是,二里头遗址陶器群中含有一组源于豫北冀南下七垣文化的因素,器类见有卷沿弧腹分裆鬲、卷沿瘦深腹平底罐、卷沿鼓腹平底盆、平底大口尊等。此类因素始见于二里头第二期,数量一直很少,但在第四期偏晚阶段急增,且在同一单位成组出现。以往笔者曾从器物类型学比较的角度,提出此段遗存的年代相当于二里岗下层偏早阶段,且至少有部分单位从器物组合上已不宜划归二里头四期,从性质上也不宜划归二里头文化(王立新:《早商文化研究》,高等教育出版社,1998年)。在迄今已发表的资料中,我们仍然难以得悉二里头遗址所谓"四期偏晚遗存"的全貌,对其内含各类因素的数量比重更难以有深入的了解,使得从总体上判断此期遗存的性质十分困难。因此,本文所称的二里头文化仍不包括二里头遗址的四期偏晚遗存。但有一点似可肯定,偃师商城的始建年代恰与下七垣文化因素在夏王朝腹心地区成组出现的时间相吻合。所以,这批遗存的年代当已入商代。

[30] Li Liu. Development of chiefdom societies in the Middle and Lower Yellow river valley in Neolithic China—A study of the Longshan culture from the perspective of settlement patterns. Harvard University, Cambridge, Massachusetts, 1994. Li Liu. Settlement patterns, Chiefdom Variability, and the development of early states in North China. Journal of Anthropological Archaeology, 1996(15).

[31]赵春青:《郑洛地区新石器时代聚落的演变》,北京大学出版社,2001年。

[32]钱耀鹏:《中原龙山城址的聚落考古学研究》,《中原文物》2001年第1期。

[33]朱光华:《早夏国家形成时期的聚落形态考察》,《考古与文物》2002年第4期。

[34]方燕明:《颍河上游早夏文化遗存的聚落形态考察》,《庆祝张忠培先生七十岁论文集》,科学出版社,2004年。

[35]陈星灿、刘莉、李润权、华翰维、艾琳:《中国文明腹地的社会复杂化进程——伊洛河地区的聚落形态研究》,《考古学报》2003年第2期。

[36]中国社会科学院考古研究所二里头工作队:《河南洛阳盆地2001~2003年考古调查简报》,《考古》2005年第5期。

[37]赵春青:《郑洛地区新石器时代聚落的演变》,北京大学出版社,2001年,图5,1。以下所引赵文材料和观点,如出此文,不再另注。

[38] 河南省文物考古研究所:《禹州瓦店》,世界图书出版公司,2004年。方燕明:《颍河上游早夏文化遗存的聚落形态考察》,《庆祝张忠培先生七十岁论文集》,科学出版社,2004年。

[39] 方燕明:《登封王城岗遗址的新发现与夏文化研究》,《中国文物报》2005年1月28日第7版。

[40] 赵春青、张松林、张家强、谢肃:《河南新密新砦遗址发现城墙和大型建筑》,《中国文物报》2004年3月3日第1版。

[41] 国家文物局:《中国文物地图集·河南分册》,中国地图出版社,1991年。

[42] 蔡全法、马俊才、郭木森:《河南省新密市发现龙山时代重要城址》,《中原文物》2000年第5期。

[43] 洛阳博物馆:《洛阳矬李遗址试掘简报》,《考古》1978年第1期。

[44] 北京大学考古文博学院:《洛阳王湾——田野考古发掘报告》,北京大学出版社,2002年。

[45] 洛阳博物馆:《孟津小潘沟遗址试掘简报》,《考古》1978年第4期。

[46] 中国社会科学院考古研究所河南二队:《河南临汝煤山遗址发掘报告》,《考古学报》1982年第4期。

[47] 〔澳〕刘莉:《中国新石器时代黄河中下游酋邦社会的发展——龙山文化聚落形态研究》,《考古学的历史·理论·实践》,中州古籍出版社,1996年。

[48] 许宏、陈国梁、赵海涛:《二里头遗址聚落形态的初步考察》,《考古》2004年第11期。该文注[20]。

[49] 许宏、陈国梁、赵海涛:《二里头遗址聚落形态的初步考察》,《考古》2004年第11期。该文注[20]。

[50] 张立东:《论辉卫文化》,《考古学集刊》(10),地质出版社,1996年。

[51] 宋豫秦:《夷夏商三种考古学文化交汇地域浅谈》,《中原文物》1992年第1期。郑州大学文博学院、开封市文物工作队:《豫东杞县发掘报告》,科学出版社,2000年。

[52] 朱光华:《早夏国家形成时期的聚落形态考察》,《考古与文物》2002年第4期。

[53] 刘莉、陈星灿:《中国早期国家的形成——从二里头和二里岗时期的中心和边缘之间的关系谈起》,《古代文明》第1卷,文物出版社,2002年。

[54] 郑州市文物考古研究所:《郑州大师姑》,科学出版社,2004年。

[55] 北京大学考古学系、驻马店市文物保护管理所:《驻马店杨庄——中全新世淮河上游的文化遗存与环境信息》,科学出版社,1998年。

[56] 参见张光直:《夏商周三代都制与三代文化异同》,《中国青铜时代》,三联书店,1999年。刘莉、陈星灿:《中国早期国家的形成——从二里头和二里岗时期的中心和边缘之间的关系谈起》,《古代文明》第1卷,文物出版社,2002年。

[57] 李伯谦:《二里头类型的文化性质与族属问题》,《文物》1986年第6期。

[58] 李伯谦：《关于早期夏文化——从夏商周王朝更迭与考古学文化变迁的关系谈起》，《中原文物》2000年第1期。

[59] 邹衡：《关于夏文化的上限问题——与李伯谦先生商讨》，《考古与文物》1999年第5期。

[60] 杜金鹏：《试论大汶口文化颍水类型》，《考古》1992年第2期。

[61] 陈冰白：《从龙山晚期的中原态势看二里头文化的形成——兼谈对早期夏文化的若干认识》，《中国考古学的跨世纪反思》（下册），商务印书馆（香港），1999年。

[62] 金景芳：《中国奴隶社会史》，上海人民出版社，1983年。

[63] 范文澜：《中国通史简编》第一编（修订本），人民出版社，1953年。

[64] 吕思勉：《先秦史》，上海古籍出版社，1982年。

[65] 金景芳：《中国奴隶社会史》，上海人民出版社，1983年。

（原刊于《二里头遗址与二里头文化研究》，科学出版社，2006年）

下七垣文化探源

众所周知，在关于早商文化确定的问题上，一直存在着西亳说与郑亳说的重大分歧。邹衡先生力主郑州商城是成汤始居之亳，二里岗期文化属早商文化，并在此基础之上提出了先商文化的三个类型（漳河、辉卫、南关外），进而指认二里头文化是夏代的考古学文化[1]。赵芝荃先生也指出，豫北、冀南地区的"二里头文化""可以视为先商文化的代表"[2]。近年，李伯谦先生《先商文化探索》一文，从夏代传说商族活动地域内诸考古学文化的分析入手，排除了二里头文化、岳石文化、夏家店下层文化和南关外型文化是二里岗早商文化直接来源的可能，进而同意将漳河型、辉卫型文化视为先商文化，并将此类遗存命名为下七垣文化。同时又指出二里岗下层以H9为代表的偏早阶段属于"汤始居亳"至灭夏之前的先商文化[3]。

由于目前学术界在夏商断限问题上仍然存在较大分歧，而且对于先商文化所追溯的时代范围也不甚一致，所以我们非常赞同用"下七垣文化"一名来命名漳河型、辉卫型遗存，避免直呼其为先商文化。

关于下七垣文化漳河型的分布范围，邹衡先生认为"大体包括了河北省的唐河以南、河南省的淇河以北、卫河以西、山西省的沿太行山的西麓一线，南北长约五六百里、东西宽约二三百里的范围，其中心分布地区是在河北省的滹沱河与漳河之间的沿太行山东麓一线"[4]。经正式发掘或试掘的遗址有河北邯郸涧沟、龟台寺[5]、磁县界段营[6]、下潘汪[7]、下七垣[8]、石家庄市市庄、内邱南三岐[9]、河南安阳梅园庄[10]等。辉卫型的分布，邹衡先生认为"北自淇河，南至黄河，包括沁河下游、卫河上游一带，大约都是辉卫型的分布范围"。经正式发掘或试掘的遗址仅有新乡潞王坟[11]、修武李固[12]和辉县琉璃阁[13]等几处。从近年的发现看，下七垣文化的遗址或遗物发现已北抵易水流域，正式发掘的仅有易县下岳各庄遗址[14]，另外徐水县也采集到了下七垣文化的遗物[15]。有人曾提出"先商文化保北型"的命名[16]。对于其能否成为下七垣文化的一个类型，还有待进一步探讨。

有关下七垣文化的分期，邹衡、李伯谦二位先生各自提出了一套方案。我们基本同意李伯谦先生的分期意见。《先商文化探索》一文将资料较充分的漳河型分了三期。其中第一期，以下七垣下层（第4层）为代表，第二期以界段营H8、H11为代表，第三期以下七垣上层（第3层）与界段营东北部第3层为代表。辉卫型由于资料尚显贫乏，未分期。李文认为目前所见辉卫型遗存大体与漳河型二、三期相当。漳河型第一期的年代相当于二里头文化二期，漳河型二、三期"也许与二里头文化三期相当，三期的下限可能延至二里头文化四期偏早"。易县下岳各庄新发现的一批材料,年代大约相当于李文分期的第二、三期。下七垣文化时空框架的确立,为我们进一步探索下七垣文化形成的动态过程提供了先决条件。

一、有关下七垣文化渊源的谱系分析

邹衡先生在《试论夏文化》一文中已经指出,"先商文化漳河型的来源并不是单一的,它应该有三个主要来源:一是河北省的河北龙山文化涧沟型;二是山西省的河北龙山文化许坦型;三是山西省的夏文化东下冯型"。而且特别强调,"若就地区而言,这三个主要来源中,有两个在山西省,因此在另一意义上又可以说,先商文化漳河型中的不少因素是从山西省来的"。实际上,限于当时的资料贫乏,邹文仅对漳河型与河北龙山文化涧沟型的遗存进行了较为详细的比较,而对山西省的两个来源则更多的基于一种推测。李伯谦先生的文章中虽然没有涉及这方面的细致比较,但据下七垣文化中大量存在的陶鬲推测,这种情况"也许暗示出下七垣文化的主流是继承晋中龙山期文化逐渐发展而形成起来的"。

下七垣文化的陶器和其他遗存从谱系分析的角度看,大致可分为六群,每群各有自己的来源。

A群:包括夹砂有腰隔甗、橄榄状罐、卷沿深腹盆、绳纹浅腹平底盆等类器物,这些器类从早至晚一直伴生,数量多,组合较稳定,演变关系比较清晰。普遍饰绳纹,还有少量楔形点纹、压印花边纹和锁链状附加堆纹,夹砂灰陶和泥质灰陶占绝对优势。

B群:包括鼓腹鬲、弧腹鬲、蛋形瓮等器类,主要在二、三期大量涌现,数量多,演变线索也较清楚。此群器物也以绳纹为主,但罕见楔形点纹和压印花边纹,夹砂灰陶占大宗,有少量褐陶。陶鬲早段多有明显的高领,足根部都有因捆扎而压印成的竖向沟槽;晚段则高领少见,足根压印沟槽的作风也趋于消失。早段多厚胎中绳纹,晚段则形成薄胎细绳纹的风格。

C群:包括夹砂中口罐、圆腹罐、捏沿罐、大口尊、刻槽盆等器类,数量较小,没有固定的组合,缺乏演变的完整线索。纹饰以绳纹为主,还有一定数量的附加堆纹,多圜底或凹圜底器。

D群:包括敛口瓮、敛口罍、碗形豆等器类,数量也不多,有素面、绳纹和附加堆纹,含较多的泥质红胎黑皮陶。

E群:仅有素面或弦纹的盆、盘等器类,数量较少。多为泥质磨光灰陶。

F群:主要是夹砂灰陶,饰绳纹或素面的无足根鼓腹鬲,也比较少见。

从分群情况看,A、B两群在下七垣文化中占据着主导地位,应是下七垣文化的主体因素。

正如邹衡先生已经指出的那样，A群陶器无疑是来源于"河北省的河北龙山文化涧沟型"。有关涧沟型的分布，邹先生当时已将河南北部的安阳、辉县等地包括在内[17]，后来由于汤阴白营和安阳后冈遗址的大规模发掘，学者们则较多地采用了20世纪60年代初安志敏先生提出的后冈二期文化一名[18]，来命名豫北和冀南地区的龙山时代遗存。80年代以来，在张忠培等先生的倡导下，学术界已逐渐不再采用"河南龙山文化""河北龙山文化"等概念。事实上，龙山时期的豫北、冀南地区即使从文化面貌本身看也有着很大的差别。最为鲜明的差异在于炊器的形制上。二者虽然都以夹砂罐和绳纹夹砂陶甗作为主要炊具，但冀南地区使用的夹砂有腰隔鬲式甗与后冈遗址为代表的后冈二期文化所使用的无腰隔斝、鬲、鬶式甗有着较大差异；冀南地区较常见的橄榄状卷沿小罐与后冈二期文化常见的炊器深腹夹砂罐更有着本质的不同。它们都应分属于不同的系统。母涛在《豫北冀南地区龙山遗存研究》一文中已明确界定了后冈二期文化的特征和分布范围，指出冀南地区的同时期遗存不应归入后冈二期文化系统[19]。所以，我们赞成仍然采用邹衡先生提出的"涧沟型"一名来命名冀南地区的龙山遗存，并不同意将豫北后冈等地的龙山遗存归入该类型。

在下七垣文化中，陶甗是仅次于陶鬲的炊器，而且该类甗均带腰隔。橄榄状罐也较常见。二者数量多，制作规整，有着完整的演变序列。所以A群中的这两类器物也理应作为下七垣文化的代表器物。更具意义的是，A群器物是冀南地区土生土长的本体因素（图一）。

此外，从遗迹上看，下七垣文化颇具特色的深窖穴和一些不规则的大型浅穴显然应是承自涧沟型遗存。从纹饰上看，漳河型陶器中典型的楔形点纹、锁链状附加堆纹以及压印花边纹应是本地区固有的风格，而且与涧沟型遗存一样，下七垣文化中仍然保留了较多的素面磨光陶器，其中有些应当就是直接继承本地区的传统。这一点，明显区别于同时期的晋中夏代遗存和二里头文化。

饶有趣味的是，龙山时期的杀人祭祀现象在涧沟型遗存中显得也特别突出。例如，邯郸涧沟著名的"丛葬坑"，埋有10具人架，7具成年（5男2女）、3具儿童骨架。骨架呈三层叠压，有砍伤痕和火烧痕[20]。在涧沟遗址一个半地穴式房子的灶周围，放着4个人头骨，这种现象被认为是猎头祭祀的习俗[21]。而且，下七垣文化和涧沟型遗存中都出土有不加整治、只灼不钻凿的卜骨。《礼记·表记》有云："殷人尊神，率民以事神，先鬼而后礼。"涧沟型龙山遗址中大量祭祀遗迹的发现，恰恰说明商人崇尚祭祀，以人事神是由来已久的传统。

但从整体看，下七垣文化与涧沟型遗存尽管在一些重要因素上有着承袭关系，但在很多方面又表现出了显著差异。从遗迹上看，二者陶窑形制已不相同，涧沟型多长圆形陶窑，而下七垣文化多作圆形。涧沟型较常见的细石器，在下七垣文化阶段已不见。陶器方面，涧沟型中有较多的泥质磨光黑陶（20%），下七垣文化层中则较少见

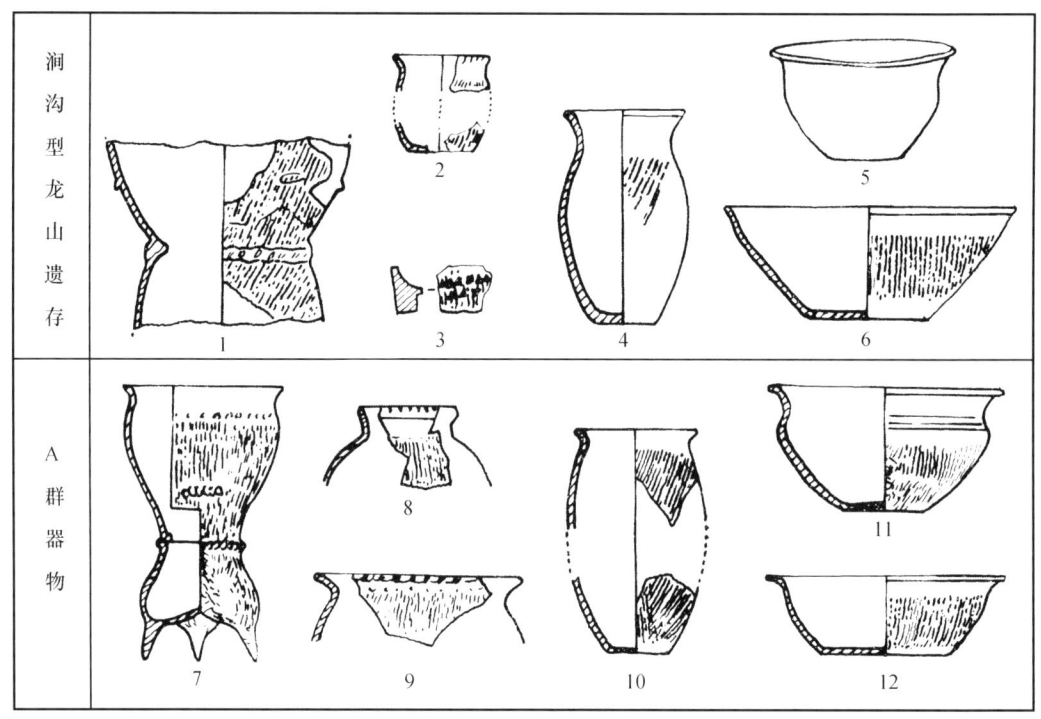

图一　下七垣文化A群器物来源示意图

1~4、6、8~10、12. 邯郸涧沟（《夏商周考古学论文集》，第158页，图十，15、13、10、9、12、5、2、1、3）
5. 涧沟（《考古》1959年第10期，图一，6）　7. 邯郸涧沟（《夏商周考古学论文集》，第122页，图三，1）
11. 修武李固（T15c：39）

（1.46%）；涧沟型中有大量的篮纹（28%），下七垣文化层中却几乎不见（据邹衡先生统计）。涧沟型常见的双腹盆、双耳瓮、小平底碗、直壁杯、盘、细颈瓶等器类不见于下七垣文化阶段，而下七垣文化阶段的大量陶鬲（无耳长实足根鬲）、蛋形瓮、平口瓮等器类也不见于涧沟型中。就是相同的器类也已发生了较大的变化，如甗已长出了长实足根。可见，这些差异恰恰说明二者已分属于不同性质的考古学文化，但相似点的存在又表明了二者文化因素上存在明显继承关系。

以往的研究中，学者多将陶鬲的大量使用作为商文化区别于夏文化的最为重要的标志。邹衡先生曾说，陶鬲作为最主要的炊器"乃是商文化的最突出的特点"[22]。邹衡先生之所以将漳河型、辉卫型遗存称为先商文化正是考虑了这一重要因素。又由于下七垣文化分布中心的豫北、冀南地区，龙山遗存中的陶鬲显然又不是典型器物，它数量少，形态不固定，既有带双鋬的，也有带单耳的，这些都应是受太行山以西地区影响的结果。所以，李伯谦先生又将下七垣文化的主流归源于大量使用陶鬲的晋中龙山期遗存。但是检讨下七垣文化漳河型的分期，它的早期并没有大量使用陶鬲的任何证明。第一期的代表单位下七垣第4层，发掘者已指出"作炊器的是鼎、侈口鼓腹罐、甗等，而没有鬲"[23]。这似乎不是偶然的现象，而且李先生将徐水巩固庄采集的那件陶鬲归于下七垣文化一期也不知何据。这件鬲在下七垣文化目前发表的同类器中的确形态稍早，但从形制上看，它也只接近于白燕四期1段的H158：10鬲[24]。特点是高领、鼓腹、足根有竖向压印沟槽，鋬手已消失。显然，与其说它来自晋中龙山期的鋬手鬲，倒不如说它直接承自白燕四期1段的同类器。高领鬲在晋中地区相当于二里头文化阶段的遗存中有其自身产生和演变的完整过程。它来源于龙山期的鋬手鬲，后来又演变为晋中地区颇具地方特色的侈沿深腹鬲。白燕四期1段H98：176那样的高领弧腹鬲[25]则又可以作为下七垣文化二、三期大量见到的弧腹鬲的祖型。可以说白燕四期1段所分化出的高领弧腹和鼓腹两种陶鬲都被下七垣文化所继承。尽管如此，下七垣文化所吸收的这两类陶鬲在其演进的过程中却走上了与晋中地区不同的轨迹，如陶胎愈趋轻薄，高领渐趋消失，绳纹逐步细化，器形也向着精致小巧方向发展，逐渐形成了自身独有的风格，最终成为下七垣文化晚期乃至于商文化区别于其他考古学文化的重要标志。所以，几年前就有学者指出，"先商文化"的陶鬲是从晋中地区分化出去的[26]。这样的说法显然十分切合实际。

B群器物中另一类重要器物便是蛋形瓮。这类瓮从形制上看又有平底、圈足和三足之别。其中的三足瓮，已有学者指出它起源于晋中地区龙山阶段的圜底篮纹瓮[27]。而豫北、冀南地区的龙山遗存中却并没有使用这类器物的传统。所以下七垣文化中的三足瓮也当是来源于晋中或其周围地区。平底型和圈足型蛋形瓮从形制上看或许也和这条渊源线索有关，或者就是由圜底瓮—空足三足瓮—实足三足瓮演变过程中分化出来的两种新型蛋形瓮。应当指出，下七垣文化第一期目前也未见到蛋形瓮的踪影，而到二、三期却突然呈现勃发的趋势，同陶鬲一样，成为下七垣文化一种重要器类，据李固遗址的统计，其数量已上居整个器物群的第4位[28]（图二）。

可见，高领陶鬲同三足瓮这两类晋中夏代遗存的标志性器物是相伴随传入下七垣文化的。这些器类的涌入足以使下七垣文化二、三期的面貌大为改观。

下七垣文化在其一期，主要的因素承自本地区的涧沟型龙山遗存。其中最为明显的即是炊器中的有腰隔卷沿盆式甗和橄榄状罐。这一期，陶鬲并没有在炊器结构中占取一席之地。从二期之后，来自晋中二里头文化时期的一群器物的加入，才在一定程度上改变了下七垣文化炊器的构成乃至整个器物群的风格。显然，我们不可能越过一期而指认下七垣文化的主流来自山西中部的龙山遗存。何况，这类遗存被下七垣文化吸收之后，又加以改造和创新，与晋中夏商期遗存很快即产生了分野。在后来的早商阶段，标准的商式翻缘小鬲甚至反过来对晋中地区施加了强烈影响。所以，我们不能仅仅着眼于下七垣文化陶鬲数量多，有特色，而就相信它一定就代表下七垣文化的主流。以往，将陶鬲的使用作为商文化区别于夏文化的最主要的标志，虽有一定道理，但如若对其产生和发展的动态过程不加考察，势必会造成一种倾向，即认为使用陶鬲就是商人的标志。

下七垣文化的文化因素除以上两个主要来源外，至少还吸收了其他四个方面的影

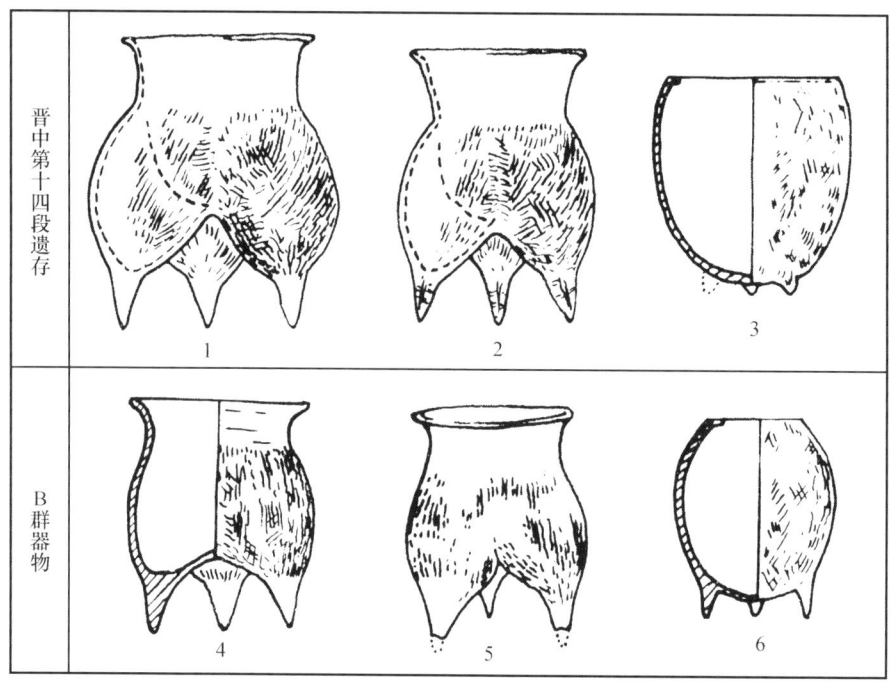

图二　下七垣文化B群器物来源示意图

1、3. 太谷白燕（H98∶176、H98∶181）　2. 白燕（H158∶10）　4. 琉璃阁（H1∶87）　5. 徐水巩固庄采集　6. 安阳

响。其中，下七垣文化辉卫型在地域上与二里头文化二里头类型相邻近，因此，来自二里头类型的一组因素就显得比较突出。这就是我们划分的C群器物。这群器物虽然在下七垣文化中数量很少，但在二里头文化中却数量很多，且有着明显的演变轨迹。辉卫型中出现的这组因素在离二里头类型分布区较远的漳河型中就极为少见。但漳河型中见到的平底罐形鼎、小铜刀等少量遗物也应是来源于二里头文化（图三）。

下七垣文化中的D群器物，从陶系和形制上看接近于二里头文化东下冯类型的同类器而与二里头类型的同类器有别，如下七垣文化的敛口瓮肩部带小耳。而敛口罍和碗形豆又少见于二里头类型。所以，这些因素可能是来自东下冯类型。漳河型和辉卫型中都有一定数量的夹砂或泥质褐陶，该陶系在东下冯类型早期很有特点，而在本地龙山遗存中却是很稀见的陶系。估计也应是受晋南文化因素的影响。从目前资料看，东下冯类型并不能作为下七垣文化的主要来源。邹衡先生之所以将东下冯类型列为先商文化漳河型的三个主要来源之一，恐怕是由于当时晋中和三北地区大规模的工作尚未展开，人们对那里的遗存特征认识有限的缘故（图四）。

从冀南地区龙山遗存中已经可以觑到东邻的山东龙山文化的较强影响。下七垣文化尤其是漳河型中一些素面或简单饰弦纹的陶器如平底盆、盘等器类（E群）就有可能是直接或间接地受到了龙山文化及其后继者岳石文化的影响（图五）。

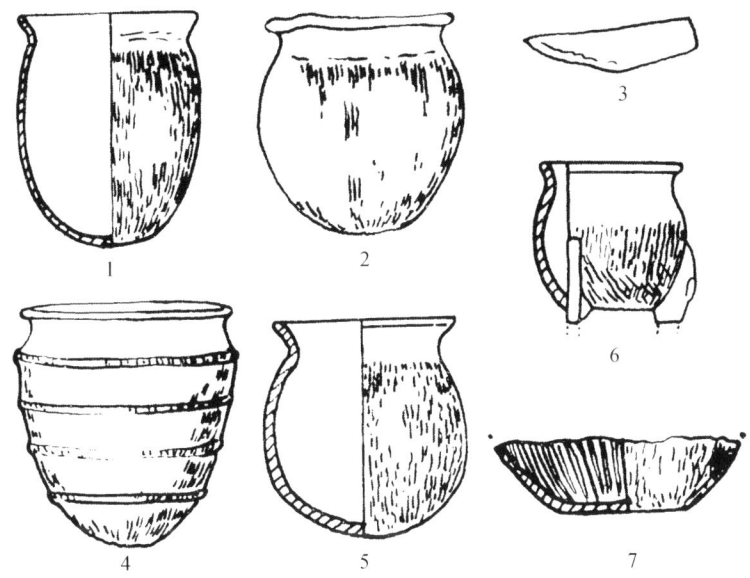

图三 下七垣文化C群器物

1、5. 琉璃阁（H1：134、H1：108） 2、4. 潞王坟（T4：7、T4：8） 3. 邯郸涧沟 6. 内邱南三岐
7. 修武李固（D1③b：46）

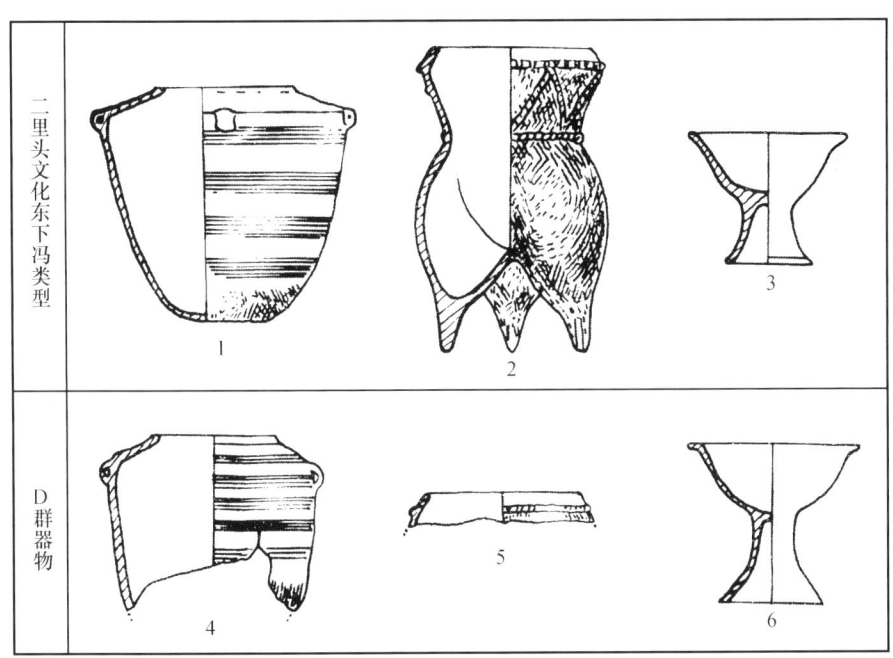

图四 下七垣文化D群器物来源示意图

1~3. 东下冯（H42：3、H505：3、M515：1） 4、5. 李固（T1⑤c：53、H15：91） 6. 邯郸涧沟

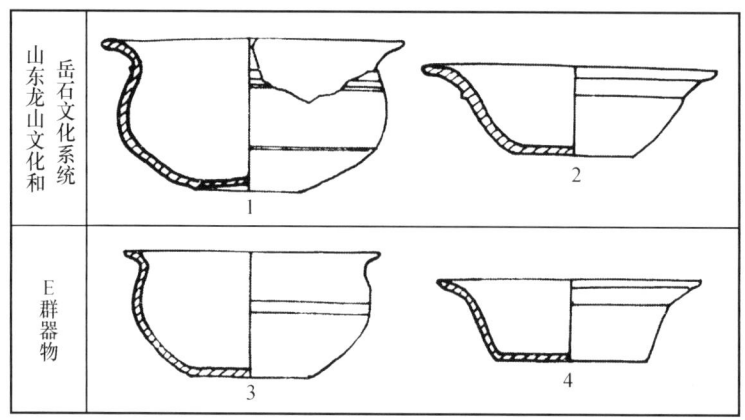

图五 下七垣文化E群器物来源示意图
1. 城子崖纵中1坑深1.5米出土 2. 泗水尹家城H8出土 3、4. 邯郸涧沟遗址出土

在下七垣文化分布的北部边缘，从易县下岳各庄一期的资料看，有一部分因素，如第二类陶鬲（F群）显然是来自邻近的大坨头文化。这类鼓肩或鼓腹的无足根陶鬲主要分布在燕山以南和拒马河以北的海河北系区（图六）。

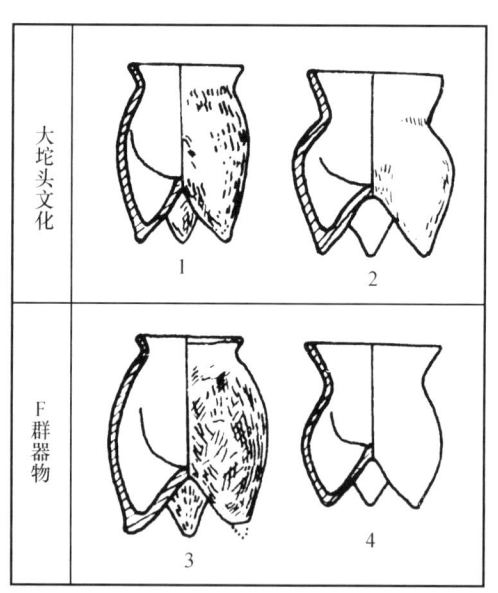

图六 下七垣文化F群器物来源示意图
1. 蔚县前堡（F1：7） 2. 蔚县三关（M2015：1） 3、4. 易县下岳各庄一期（H19：1、H4：1）

值得注意的是，下七垣文化分布范围之内的豫北地区，其龙山阶段的后冈二期文化在主要成分上并未被下七垣文化所继承。以往之所以不少学者指出后冈二期文化就是商人的原始文化，概因将豫北、冀南龙山期遗存捏合为一体的缘故。关于后冈二期文化的流向，我们已有所论及[29]。与此同时，我们并不排除下七垣文化少量继承后冈

二期文化因素的可能。如梅园庄M4：1那件卷沿深腹罐[30]，显然就是后冈二期文化同类器物的继承者。但这类器物在下七垣文化中已实在显得无足轻重了。

如上所述，A、B两群是下七垣文化中最主要的文化因素。其中A群应是冀南地区生长起来的本体因素，B群则是在二期才大量涌入的来自晋中的异域文化因素，其他几群文化因素则一直处于从属的地位。可以说，下七垣文化主要是由A、B两群因素的碰撞、融合而逐渐形成的一种新型考古学文化，同时又与周邻的诸考古学文化存在着相互借鉴、相互影响的关系。所以，我们不能简单地认为它的主流是来自于山西境内。我们还应当承认它与本地区涧沟型龙山遗存有着较为明显的继承关系。

二、下七垣文化与先商文化的关系

李伯谦先生曾从族文化命名的角度出发，指出先商文化是指汤灭夏以前商族或以商族为主体创造和使用的文化。这是学术界目前代表性的看法。至于判断哪个考古学文化或哪些类型属于先商文化，邹衡和李伯谦二位先生都是基于早商文化确立的前提下，再进一步往前推溯的。显然他们都考虑到了族文化与考古学文化相类比所必须具备的三个条件，即年代、地域和文化特征。这是一条正确的认识途径。

大家知道，考古学文化与族文化是既有联系又有区别的两种概念，二者绝非可以简单对应。比如说商族，文献中提到成汤之国在灭夏前都是方七十里或方百里的范围，比一个考古学文化的分布范围往往要小的多，甚至能否和一个考古学文化的某一类型相对应也是不可妄断的。因为商族是可以迁徙的，它的文化面貌也是可以不同程度改变的。所以，认为下七垣文化属于先商文化，也只能理解为商族先公时期的文化在一定时期相同或相类于下七垣文化，而不能认为下七垣文化全部都是商族的文化。与此同时，它的创造和使用者或许还包括了一些其他族团。可以说，李伯谦先生在定义中使用的"以商族为主体"则是比较准确的用语。在这个前提下，说下七垣文化属于先商文化，是可以接受的。

在夏商文化断限的争论中，我们虽然同意郑州商城是成汤的亳都，但却不相信郑州商城即是"成汤始居"之亳。因为《书序》和《殷本纪》都有"汤始居亳，从先王居"的说法，而郑州地区目前又没有更早的先商文化，无法落实"从先王居"的事实，而且成汤灭夏之前是否就是都于郑亳，理由并不十分充分。所以将二里岗H9为代表的二里岗下层早段断为"汤始居亳"至灭夏前的先商文化还显得过早。尤其是目前不少学者都认为尸乡沟商城与郑州商城始建年代相同，即都在二里岗下层早段。而尸乡沟商城不管是西亳还是商汤别都，则都应是灭夏之后而建，所以二里岗下层早段的年代也就不应在夏王朝纪年范围之内。但是，下七垣文化属于先商文化，则是越来越多的学者可以接受的看法。不过，从先商文化所包括的时代范围看，还应注意以下几个问题。

（1）下七垣文化是不是灭夏前整个商先公时期的文化？

（2）如果（1）的回答是否定的，那么更早的先商文化是什么？

（3）如果存在更早的先商文化，那么更早的先商文化又是如何形成的？

虽然目前我们尚不具备解决这一系列问题的条件，但对这些问题提出一些分析还是有益的。

其实，下七垣文化与先商文化的关系正如二里头文化与夏文化的关系一样。关于后者，李伯谦先生曾提出二里头文化只是"后羿代夏"之后的夏文化[31]，而此前的王湾三期文化和煤山类型至少有一部分也在夏年之内，可以称为夏文化。为什么就肯定地说："下七垣文化在夏代传说商族活动地域内诸考古学文化中，是唯一在年代、地域和文化传承关系上符合条件的'汤始居亳'前的先商文化"呢？涧沟型龙山期遗存，从年代、地域分布和文化传承上看应当是下七垣文化的主要前身，为什么就不能称为先商文化呢？即使按照最保守的看法，二里头文化就是整个夏代的夏文化，下七垣文化第一期目前看也只相当于二里头文化二期。而史书又明明有商祖契兴于唐虞、大禹之际的说法。况且传统的看法认为，商族的诞生就始于契。显然，下七垣文化不足以填充整个先商阶段的空档。田昌五先生在其《先商文化探索》一文中，将先商文化分为两个阶段[32]。其中第一阶段相当于龙山时期的后冈二期文化，第二阶段即指下七垣文化阶段。应该说，这种划分是有一定道理的。以往也有不少学者指出，后冈二期文化是商人的原始文化，或直接称其为先商文化，其实也都是考虑到该文化年代和地域分布与商先公时期及其活动范围大致相当，文化因素上又具有一定传承性的缘故。只不过在较长的时间里一直忽略了豫北地区和冀南地区龙山期遗存存在的重大差异。

以往关于商先公契和昭明的居地都有在河北中、南部的说法，甚至有的学者提出"汤始居亳"的亳就应是《世本·居篇》中"契居番"（《通鉴地理通释》引）的番，而且，据考证商先公王亥和上甲微的活动范围都已北抵易水流域[33]。结合目前考古学的研究状况，我们认为这些说法都是合理的。既然冀南地区涧沟型龙山遗存是下七垣文化的主要前身，并且从分布地域上与商先公的居地和活动范围有所重合，那么涧沟型龙山遗存也就很可能是先商文化的更早阶段了。

既然涧沟型龙山遗存应该是更早的先商文化，那么它又是如何形成的呢？显然，要回答这个问题，必须建立起该文化类型的时空框架，而这在目前考古资料积累的程度上又不是一时就能解决的。不过已有迹象表明，冀中、南地区的龙山遗存在其形成过程中，同样受到了来自山西地区和山东地区的较强烈影响。所以，河北中南部地区以邯郸涧沟遗址为代表的龙山遗存的时空框架的建立及探源工作将会是非常有意义的。

注 释

[1] 邹衡：《郑州商城即汤都亳说》，《文物》1978年第2期；《关于探讨夏文化的几个问题》，《文物》1979年第3期。

[2] 赵芝荃：《二里头文化与二里岗期文化》，《庆祝苏秉琦考古五十五周年论文集》，文物出版社，1989年。

[3] 李伯谦：《先商文化探索》，《庆祝苏秉琦考古五十五周年论文集》，文物出版社，1989年。下文所引李伯谦先生观点，凡出自此文，不再单独注出。

[4] 邹衡：《试论夏文化》，《夏商周考古学论文集》，文物出版社，1980年，第188、119页。下文所引邹衡先生观点，凡出自此文，不再另注。

[5] 北京大学、河北省文化局邯郸考古发掘队：《1957年邯郸发掘简报》，《考古》1959年第10期。河北省文化局文物工作队：《河北邯郸涧沟村古遗址发掘简报》，《考古》1961年第4期。孙德海、刘来成：《河北邯郸涧沟村古遗址发掘简报更正》，《考古》1962年第12期。

[6] 河北省文物管理处：《磁县界段营发掘简报》，《考古》1974年第6期。

[7] 河北省文物管理处：《磁县下潘汪遗址发掘报告》，《考古学报》1975年第1期。

[8] 河北省文物管理处：《磁县下七垣遗址发掘报告》，《考古学报》1979年第2期。

[9] 唐云明：《河北境内几处商代文化遗存记略》，《考古学集刊》第2辑，中国社会科学出版社，1982年。

[10] 中国科学院考古研究所安阳工作队：《1958～1959年殷墟发掘简报》，《考古》1961年第2期。

[11] 河南省文化局文物工作队：《河南新乡潞王坟商代遗址发掘报告》，《考古学报》1960年第1期。

[12] 中国科学院考古研究所：《辉县发掘报告》，科学出版社，1956年。

[13] 刘绪：《论卫怀地区的夏商文化》，《纪念北京大学考古专业三十周年论文集》，文物出版社，1990年。

[14] 拒马河考古队：《河北易县涞水古遗址试掘报告》，《考古学报》1988年第4期。

[15] 李伯谦：《先商文化探索》，《庆祝苏秉琦考古五十五周年论文集》，文物出版社，1989年，第289、290页。

[16] 李维明：《关于先商文化诸类型的相应年代》，《中州学刊》1990年第6期。

[17] 邹衡：《关于夏商时期北方地区诸邻境文化的初步探讨》，《夏商周考古学论文集》，文物出版社，1980年。

[18] 中国科学院考古研究所安阳工作队：《1958～1959年殷墟发掘简报》，《考古》1961年第2期。

[19] 母涛：《豫北冀南地区龙山遗存研究》，吉林大学硕士学位论文，1990年。
[20] 邹衡：《关于夏商时期北方地区诸邻境文化的初步探讨》，《夏商周考古学论文集》，文物出版社，1980年，第258、259页。
[21] 中国社会科学院考古研究所：《新中国的考古发现和研究》，文物出版社，1984年，第85页。
[22] 邹衡：《试论夏文化》，《夏商周考古学论文集》，文物出版社，1980年，第119、188页，第121页。
[23] 河北省文物管理处：《磁县下七垣遗址发掘报告》，《考古学报》1979年第2期。
[24] 晋中考古队：《山西太谷白燕遗址第一地点发掘简报》，《文物》1989年第3期。
[25] 晋中考古队：《山西太谷白燕遗址第一地点发掘简报》，《文物》1989年第3期。
[26] 许伟：《晋中地区西周以前古遗存的编年与谱系》，《文物》1989年第4期。
[27] 许伟：《晋中地区西周以前古遗存的编年与谱系》，《文物》1989年第4期。
[28] 刘绪：《论卫怀地区的夏商文化》，《纪念北京大学考古专业三十周年论文集》，文物出版社，1990年。
[29] 王立新、齐晓光、夏保国：《夏家店下层文化渊源刍论》，《北方文物》1993年第2期。
[30] 中国社会科学院考古研究所：《殷墟发掘报告》（1958~1961），文物出版社，1987年。
[31] 李伯谦：《二里头类型的文化性质与族属问题》，《文物》1986年第6期。
[32] 田昌五：《先商文化探索》，《华夏文明》第三集，北京大学出版社，1992年。
[33] 这类意见以丁山先生为代表。丁山：《商周史料考证》，中华书局，1988年。

（该文系与朱永刚共同署名。原刊于《华夏考古》1995年第4期）

试论下七垣文化的南下

一

1980年,邹衡先生首次提出豫北冀南地区二里头文化时期的遗存应是一种独立的考古学文化,鉴于这种文化的分布范围与商族先世的活动范围有相当程度的重合,年代在早商文化之前,且内涵上也可视为早商文化的前身,故可称为先商文化。对于其绝对年代,邹衡先生认为"约相当于成汤灭夏以前"[1]。1989年,李伯谦先生将先商文化定义为"汤灭夏以前商族(或以商族为主体)创造和使用的文化"[2]。可见,邹、李二位先生均认可与商族有关的人群所创造的物质文化可以"汤革夏命"这一政治事件划分早晚,即先商文化和早商文化,这种观点得到了多数学者的认同。

2009年,笔者在《也谈文化形成的滞后性》[3]一文中通过对二里岗下层早段为开端的早商文化形成前夕郑洛地区出现的几类遗存(洛达庙三期遗存、南关外期遗存、郑州化工三厂遗存、偃师商城一期第1段遗存以及二里头四期偏晚遗存)的结构分析,认为它们都属于汤革夏命前后文化的动荡与重组时期的过渡性遗存。而早商文化这一统一的、结构稳定的物质文化的形成,在时间上已滞后于商汤灭夏这一政治事件。如是,则所谓早于"早商文化"的"先商文化",也应有一部分已延续于"商汤灭夏"以后[4](图一)。我们赞同李伯谦先生对先商文化内涵的界定,但认为其时间范围应需调整,所谓"先商"并非先于"商汤灭夏",而是先于早商文化。这里所说的"早商文化",已非单一部落、部族之谓,而是商代商国之人的文化,是一种以商族为代表的国族文化[5]。

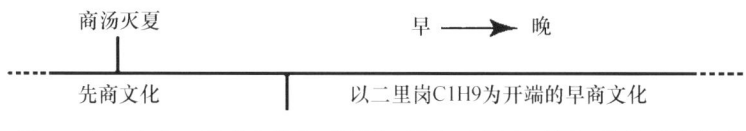

图一 先商文化、早商文化与"商汤灭夏"事件在时间上的关系示意图

对于先商文化的类型,邹衡先生分为漳河型与辉卫型,另将1955年发掘的郑州南关外遗址的中层与下层遗存合并,称之为南关外型[6]。李伯谦先生认为南关外型有可能是"夏之某一与国"的文化遗存,而只有漳河型和辉卫型才是先商文化遗存,并"依据考古学文化定名的原则"命名为下七垣文化[7]。由于学术界对先商文化的概念及其追溯的时代范围意见不甚一致[8],下七垣文化遂成为更具学术合理性的称呼。

但毋庸置疑的是,"先商文化"这一概念从提出的时候起,就是指代的一种考古学文化。也正因为如此,众多的考古学家一直愿意接受和使用它。我们认为,既然这两种名称均指同一种考古学文化,目前的并用就是可以理解的,但我们更愿意采用下七垣文化的称呼。

除漳河型与辉卫型之外,1991年,沈勇先生提出先商文化保北型的命名[9]。1999年,魏兴涛先生认为豫东地区的先商文化应该命名为鹿台岗类型[10]。2007年,在《下七垣文化分期研究》[11]一文中对下七垣文化分布的地域类型进行探讨,认为就现有材料看基本可归为三个类型:漳河型、辉卫型、保北型。最近,胡保华在《试论下七垣文化的类型与分期》[12]一文中综合新出考古材料,对稍早的分期观点略作修订,将下七垣文化四期年代比定在二里头文化四期偏晚阶段,基本与上述几类过渡性遗存年代同时。

本文下面将要讨论的下七垣文化的南下,是指下七垣文化因素成组地南向传播。以往的研究实践表明,一个文化中成组的因素(主要是陶器)有针对性地传往某地,与其文化因素被邻近地区的零星吸收,其性质明显有别。在瓷器大量使用之前,陶器是绝大多数地区最常见的生活日用品,也最能代表特定地区的技术—文化传统。当一个文化的陶器群成组地由一地传播到另一地,很可能代表了拥有这一技术—文化传统的人群的迁徙。一个典型的例子是,伴随着周人灭商,周文化的陶器群成组地出现在渭河流域以外的广大占领区。其中主要的原因就是在"封建亲戚,以藩屏周"的思想指导下,以周人为代表的人群源源不断地迁往各地,并以自身的文化传统影响新占区的土著文化,最终导致文化格局的重组。

十多年前,笔者就曾注意到,下七垣文化不仅是新形成的早商文化的主源,而且当早商文化在郑洛地区形成并陆续向外推进的过程中,作为商人故土的豫北冀南地区在最初一段时间内甚至成为商文化分布的空白区。据此曾初步推测这是以商族为代表的人群南下对夏人统治区实施占领的需要[13]。本文试图从郑洛地区上述几类过渡性遗存以及湖北黄陂盘龙城一期1段遗存文化因素的构成与主体因素来源的分析入手,对下七垣文化的南下路线进行探讨,进而探究与其相关的社会背景。

二

1. 洛达庙三期遗存

已发现的洛达庙三期遗存主要包括1956~1958年郑州洛达庙遗址的晚期即三期遗存[14],1974年在郑州商城东北部商代宫殿区发掘的1个灰坑及一部分文化层[15],1985~1986年郑州黄委会青年公寓建筑工地(商代宫殿区内中部偏北处)"洛达庙中、晚期"遗存[16]、1998年郑州黄委会一号高层住宅楼建筑工地(商代宫殿区内)早期夯土墙中出土遗存以及被夯土墙基叠压的遗迹（包括1处陶窑和6个灰坑）[17]。

总体来讲，可将上述几处遗址的出土遗存分为以下五群（图二）。A群：包括夹砂中口罐、圆腹罐、捏口罐、扁三足罐形和盆形鼎、鸡冠耳深腹盆、鼓腹盆、刻槽盆、桂叶形孔甑、盘、豆、爵等；B群：包括高裆细绳纹鬲、有腰隔甗、橄榄形深腹罐、蛋形瓮、深弧腹盆、敞口卷沿有肩盆等；C群：包括敞口斜腹平底盆、小口瓮、大口尊等；D群：包括夹砂红陶或红褐陶的有刮抹痕的罐、鬲足等；E群：包括鬲式斝、束颈折肩附加堆纹鼎、泥质红陶绳纹折腹盆、折沿方唇盆形器等。

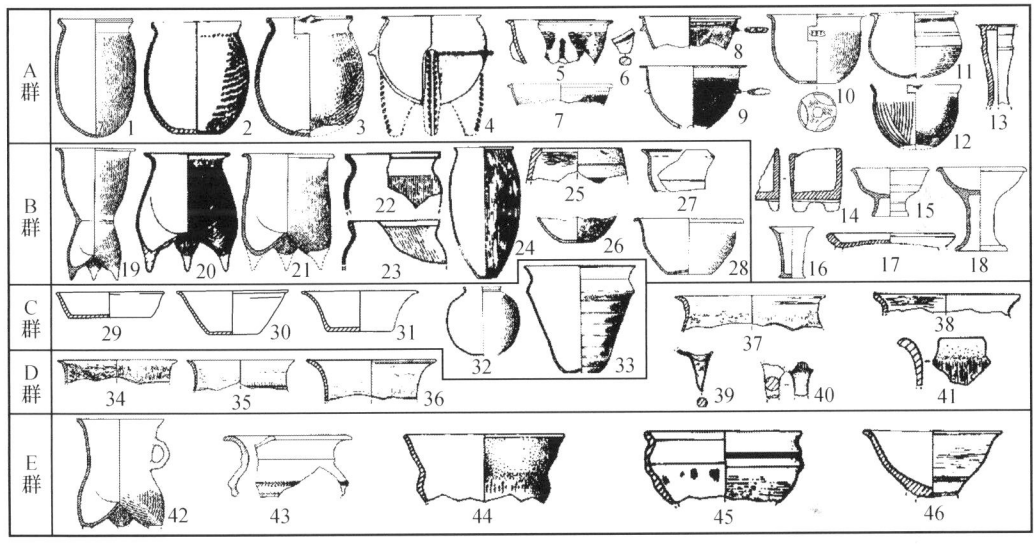

图二 洛达庙三期遗存陶器分群图

1. 中口罐（洛达庙T66①：7） 2. 圆腹罐（黄委会青年公寓T45⑥：8） 3. 捏口罐（洛达庙T63：4） 4. 扁三足罐形鼎（黄委会青年公寓H63：2） 5. 盆形鼎（黄委会青年公寓T46⑥：10） 6. 扁三角形鼎足（黄委会青年公寓T45⑥：38） 7、27、28、30、31. 盆（黄委会一号高层住宅楼早期夯土墙T207：10、黄委会一号高层住宅楼H46：20、洛达庙M144：2、洛达庙H301：7、黄委会青年公寓T45⑥：13） 8、9. 鸡冠耳深腹盆（黄委会一号高层住宅楼早期夯土墙T207：13、T207：15） 10. 桂叶形孔甑（洛达庙H97：12） 11. 鼓腹盆（洛达庙H340：4） 12. 刻槽盆（洛达庙H310：2） 13、15、18. 豆（黄委会青年公寓T45⑥：63、T46⑤：5、M141：1） 14. 小方鼎（黄委会青年公寓T36⑤：5） 16. 甑（洛达庙T27：11） 17. 盘（黄委会青年公寓T47⑤：10） 19. 有腰隔甗（洛达庙T27②：39） 20. 高裆细绳纹鬲（黄委会青年公寓T36⑤：9） 21～23. 鬲（洛达庙T23③：12、黄委会青年公寓H69：4、H69：3） 24. 橄榄形深腹罐（黄委会青年公寓T45⑥：18） 25. 蛋形瓮（黄委会一号高层住宅楼早期夯土墙T207：46） 26. 罐底（黄委会一号高层住宅楼H78：30） 29. 敞口盆（黄委会青年公寓T35⑤：12） 32. 小口瓮（洛达庙T27：46） 33. 大口尊（黄委会青年公寓T45⑥：9） 34～38、41. 罐（黄委会一号高层住宅楼早期夯土墙T207：39、T207：40、T207：41、黄委会一号高层住宅楼H78：39、H46：7、H86：9） 39、40. 鬲足（黄委会一号高层住宅楼H46：29、黄委会一号高层住宅楼早期夯土墙H207：35） 42. 鬲式斝（洛达庙M24：1） 43. 束颈折肩鼎（黄委会青年公寓T42⑥：18） 44. 折腹盆（黄委会一号高层住宅楼H46：21） 45. 盆形器（黄委会一号高层住宅楼H46：30） 46. 豆盘（黄委会青年公寓T38⑥：7）

A群为二里头文化的典型因素；B群源自下七垣文化；C群为二里头文化和下七垣文化的共同因素；D群为岳石文化因素；E群为新创生的器类。虽然上述几批发掘材料的各群陶器所占比例不甚一致，但总体来看，在洛达庙三期遗存中，A群因素居多，B群次之，D群亦占一定比例。

该类遗存的B群即源自下七垣文化的因素中，有腰隔甗、高裆细绳纹鬲、橄榄形深腹罐、深弧腹盆等，均为漳河型遗存的典型器物，且多与下七垣文化三、四期[18]同类器形制相近，如图三（1、2、3、5属下七垣文化三期，余皆属下七垣文化四期），而且与豫东地区的濮阳马庄[19]、长垣宜丘[20]、杞县鹿台岗[21]等遗址出土的同类器风格尤为接近，或当直接源于豫东地区的漳河型遗存。D群的岳石文化因素，也同样来自于东方，而在鹿台岗漳河型遗存中，岳石文化因素已经表现出与漳河型遗存的紧密结合。因此，我们认为洛达庙三期遗存中的B群和D群因素可能都直接来源于豫东地区。E群新创生诸器也多被打上漳河型或岳石文化的烙印。可以说，虽然承袭本地传统的A群因素在洛达庙三期遗存中仍然占据数量上的优势，但B群和D群因素的出现应是导致该类遗存性质突变的重要原因。

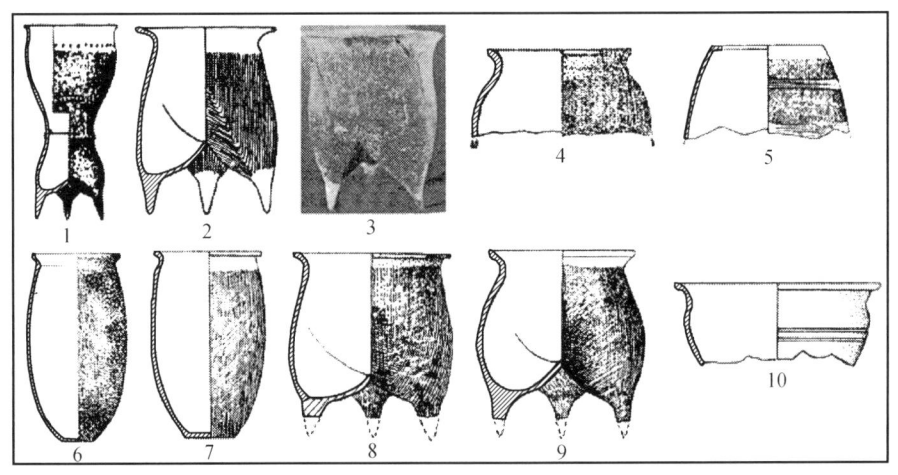

图三　下七垣文化三、四期漳河型典型陶器

1. 有腰隔甗（涧沟T10②：12）　2. 高裆细绳纹鬲（下潘汪T31r：21）　3、4、8、9. 鬲（下七垣T3③：854、马庄91M采：2、鹿台岗H9：15、鹿台岗H39：6）　5. 蛋形瓮（葛家庄99H95：1）　6、7. 橄榄形深腹罐（宜丘H1：1、鹿台岗H9：2）　10. 深弧腹盆（鹿台岗H39：23）

2. 南关外期遗存

本文赞同安金槐和李伯谦先生的观点[22]，认为南关外期遗存特指以1955年发掘的南关外遗址商代大壕沟的下层即第4层为代表的遗存。2001年出版的《郑州商城》说："商代南关外期遗存在南关外一带的分布面积断断续续约有1000多平方米。"目前见诸报道的这类遗存有：1955年南关外遗址发掘的大壕沟1条、小壕沟3条[23]，商城南城墙东段探沟CST3、CST4中南关外期的壕沟1条[24]。

《郑州商城》经过鉴别分析，将混入商代二里岗上层二期的棕色陶器划归南关外期遗存，使我们更能全面了解该类遗存的陶器面貌。据来源或形成机制的不同，可将南关外期遗存分为以下四群，A群：包括弧裆、平裆或矮分裆的细绳纹鬲、细绳纹砂质罐、素面磨光粗柄豆、折腹弦纹簋等；B群：包括有刮抹痕的矮平裆鬲、无腰隔无实足根肥袋足甗、器表涂有陶衣的素面甗盆、素面敞口圆鼓腹平底盆、圆饼状钻孔甗箅、圜底细绳纹小圆鼎等；C群：包括斝、爵、四足方形器等；D群：包括圆腹罐、尊等。如图四。

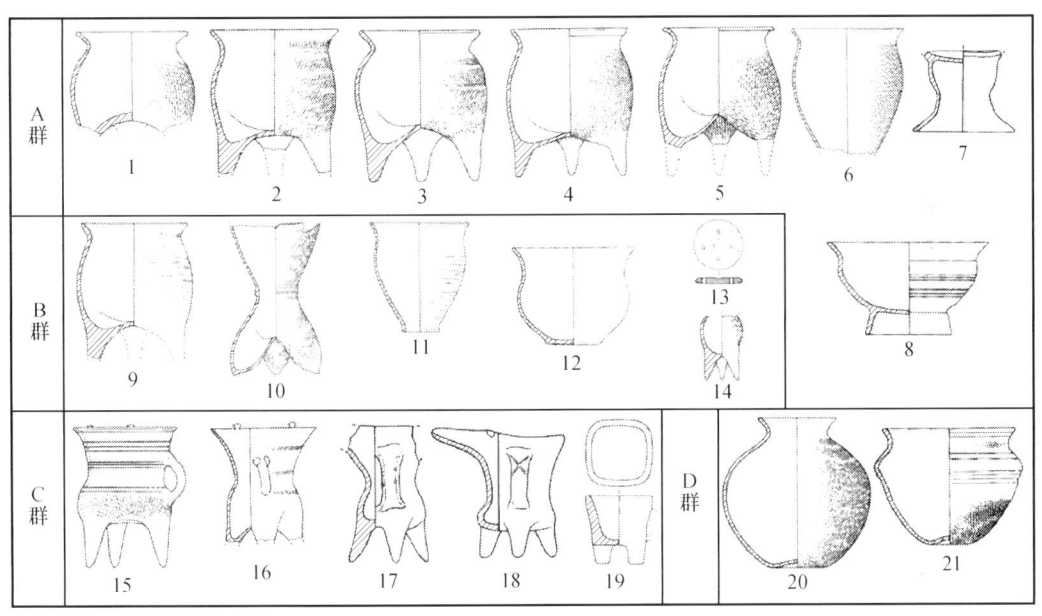

图四 南关外期遗存陶器分群图

1~5、9. 鬲（T87④：132、T86④：53、T87③：58、T102③：12、T87③：148、C9T124②：73）
6. 罐（T87④：148）　7. 粗柄豆（T95③：99）　8. 折腹弦纹簋（H62：20）　10. 无腰隔甗（T95④：108）
11. 甗盆（T87④：142）　12. 平底盆（H62：15）　13. 甗箅（T87④：122）　14. 小圆鼎（H60：8）
15、16. 斝（H60：15、T86④：52）　17、18. 爵（T87④：119、T95④：105）　19. 四足方形器（T97④：44）
20. 圆腹罐（T95④：116）　21. 尊（T87④：147）

A群源自下七垣文化，B群为岳石文化因素，C群属二里头文化因素，D群为下七垣文化和二里头文化的共同因素。

该类遗存A群的陶鬲数量多，类型丰富，多卷沿、深腹略鼓或扁圆、矮裆、腹最大径居中，此类风格的陶鬲在豫北地区下七垣文化辉卫型遗存中比较常见。其他器类如深腹罐、弦纹簋等亦能在辉卫型遗存中找到原型（图五）。B群因素所占比例较小。C群因素是本地二里头文化传统的延续。鉴于A群因素在整个陶器群中所占数量最多，可以认为南关外期中起主导作用的遗存应该来自豫北地区的下七垣文化辉卫型。

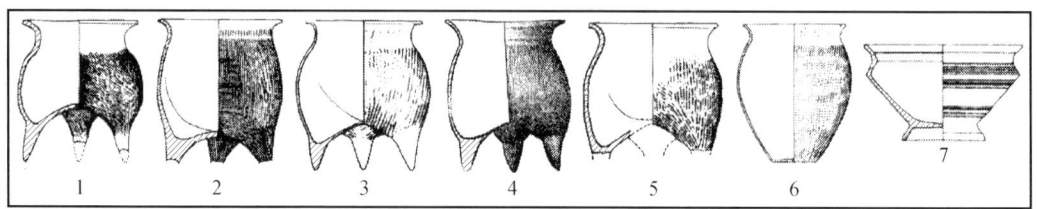

图五 下七垣文化辉卫型遗存典型陶器

1～5. 鬲（孟庄ⅧT173③：1、孟庄XXT26H101：4、宋窑T302⑩：141、琉璃阁H1：87、李大召ⅣT0512H205：32） 6. 深腹罐（宋窑T302⑨：140） 7. 弦纹簋（孟庄ⅢT149M6：2）

3. 郑州化工三厂遗存

该类遗存特指1990年郑州化工三厂家属楼建筑工地（位于郑州商城的东南部）90：ZSC8ⅣT2H1为代表的遗存[25]。

笔者曾就其文化因素构成进行过探讨[26]。陶器共分四群，A群：包括素面罐、器表有刮抹痕的泥质红陶袋足鬶，源自岳石文化；B群：包括夹砂灰陶绳纹鬲、泥质灰陶大敞口深腹盆等，源自下七垣文化；C群：包括弧裆鬲形鼎、兽形钮敛口鼓腹簋，为新创生的器类；D群：包括小口瓮、捏口罐（捏口尊）等，是二里头文化的典型因素。

因该类遗存发现较少，仅此一个灰坑，其诸种因素的成分比例似有较大的偶然性，因而不足以探讨哪一种因素占主导地位。但至少可知其有三种来源，即岳石文化、下七垣文化、二里头文化。其B群因素形制风格与下七垣文化辉卫型同类器最为接近（图六），亦应来自豫北地区。

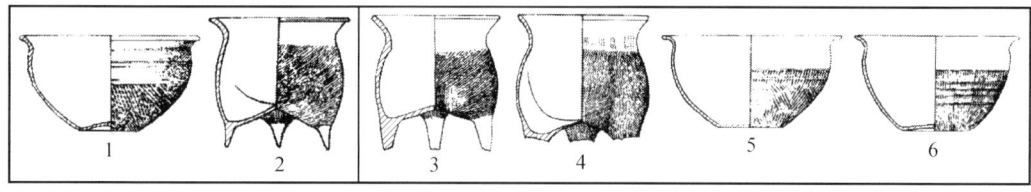

图六 郑州化工三厂遗存B群陶器与下七垣文化辉卫型遗存同类器对比图

1. 弧腹盆（化工三厂90：ZSC8ⅣT2H1：2） 2～4. 鬲（化工三厂90：ZSC8ⅣT2H1：6、孟庄Ⅷ T89M17：1、孟庄ⅧT171M20：1） 5、6. 弧腹盆（宋窑T11④：116、宋窑T302⑨：146）

4. 二里头四期偏晚遗存

该类遗存主要见于偃师二里头遗址。自1959年以来，二里头遗址屡经发掘，积累了丰富的材料，其中所谓的二里头四期偏晚遗存以二里头遗址VM6、VM51、VH53、VH54、VH57、VH83、VH87、VH101、81YLⅢH1、81YLⅢH10、81YLⅢH23、84YLVIM9等单位[27]为代表。

2002年，岳洪彬先生在《二里头文化第四期及相关遗存再认识》[28]一文中，对二里头四期偏早、偏晚遗存进行了详细辨析，并将偏晚遗存的文化因素分为五组，认为A组继承自二里头文化，B组应与冀南下七垣文化晚期遗存有渊源关系，C组有东方岳石文化风格，D组为东下冯文化因素，E组为先周文化因素。

我们认为其D组因素中的蛋形瓮在豫北冀南地区的下七垣文化遗存中亦广泛存在，可归入B组；其所谓的E组因素，仅有一件高领花边鬲，岳文对其出处注释有误。查该器在《偃师二里头》中列于"二里头文化三期陶器"中，器号为采：41，裆部以下残甚，这可能是受花边口沿罐影响而出现的一种形制较特殊的陶鬲，又鉴于该器为采集品，不宜单独分组。鉴此，本文对岳文的分组结果进行了调整，归纳为以下四群。A群：基本同于岳文A组（小口高领瓮和浅腹盆、大口尊等除外），包括圜底深腹罐、厚胎鼓腹鬲、捏口罐、折沿浅腹圜底盆、刻槽盆、桂叶形孔甑、爵等；B群：基本同于岳文B组，我们将其分为两个亚群，Ba群包括橄榄形深腹罐、裆较高的弧腹或斜弧腹鬲、鼓肩弦纹盆等，Bb群包括侈口宽卷沿鬲、深弧腹盆、束颈盆等，蛋形瓮可归为Ba、Bb群的共同因素；C群：包括大口尊、小口高领瓮、素面浅腹盆等；D群：包括素面鼓腹鬲、器壁有刮抹痕的深腹罐、凸弦纹素面盆等（图七）。

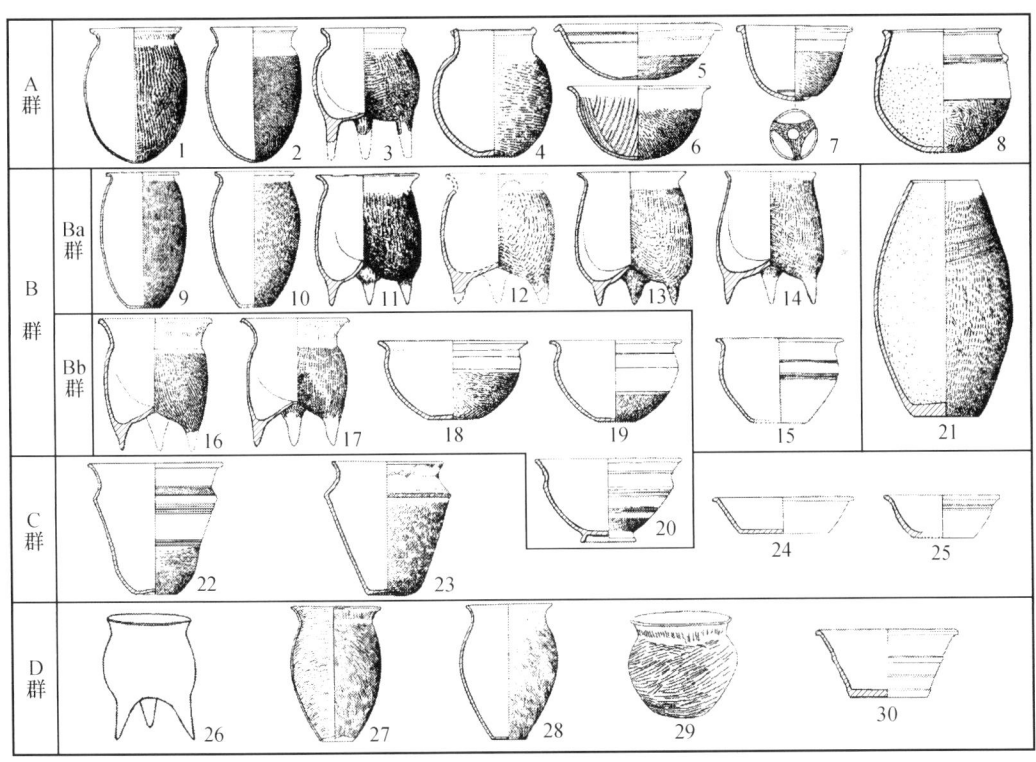

图七　二里头四期偏晚遗存陶器分群图

1、2. 圆底深腹罐（ⅤT12B③B：12、VH87：15） 3. 鼓腹鬲（VH83：30） 4. 捏口罐（VH101：20）
5. 浅腹圆底盆（ⅢH8：9） 6. 刻槽盆（VH83：38） 7. 桂叶形孔甑（VH57：18） 8. 敛口罐（VH101：13）
9、10. 橄榄形深腹罐（81YLⅢH23：8、81YLⅢH23：3） 11~14、16、17. 鬲（81YLⅢH23：8、VH83：13、VH101：11、VH83：43、VH53：22、VH53：13） 15. 盆（VH87：11） 18、19. 弧腹盆（VH101：19、81YLⅢH23：2） 20. 束颈盆（VH51：3） 21. 蛋形瓮（VM6：1） 22、23. 大口尊（84YLⅥM9：13、81YLⅢH23：9） 24、25. 浅腹盆（VH87：13、81YLⅢH10：7） 26. 素面鬲（83ⅢC：1） 27、28. 深腹罐（VH53：12、VH83：26） 29. 圆腹罐（岳洪彬文，244页，图3：11） 30. 素面盆（VH87：20）

A群为二里头文化四期偏早阶段典型器类的自然延续，B群源自下七垣文化，C群属二里头文化和下七垣文化的共同因素，D群来自岳石文化。通过陶器形制的类比分析，我们发现Ba群与冀南、豫东地区的下七垣文化漳河型遗存，尤其是鹿台岗遗址出土遗存风格极其接近，Bb群则和豫北地区下七垣文化辉卫型遗存风格类似。如图八所示（在我们关于下七垣文化的分期中，图中1～4均属下七垣文化四期，5～7均属下七垣文化三期，辉卫型陶器亦多属下七垣文化三、四期）。

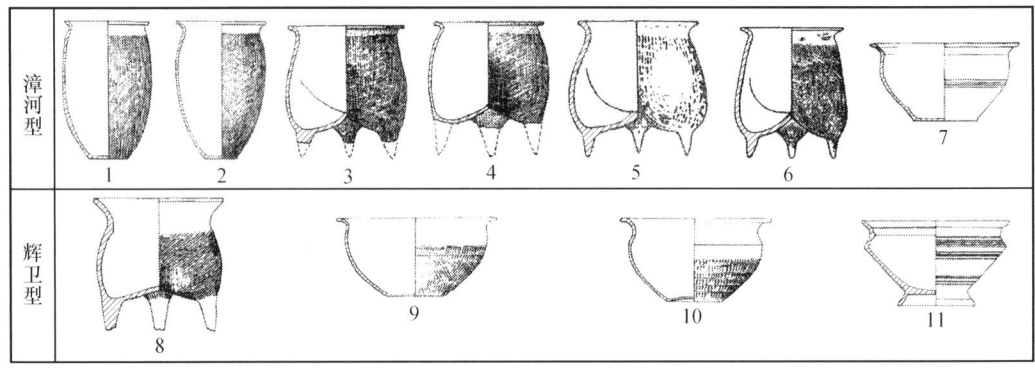

图八　下七垣文化中与二里头四期偏晚遗存B群因素形制相似的陶器
1、2.橄榄形深腹罐（鹿台岗H9∶2、H9∶15）　3～6、8.鬲（鹿台岗H9∶15、H9∶13、涧沟H8∶6、郭文葛家庄H03∶4、孟庄ⅧT89M17∶1）　7、9、10.盆（96葛家庄H30∶82、宋窑T11⑥∶114、宋窑T23④∶100）　11.弦纹簋（孟庄ⅢT149M6∶2）

下七垣文化漳河型和辉卫型，以及东方岳石文化因素的结群而至，应是导致二里头四期偏晚阶段遗存性质突变的根本原因。岳文在对于B群因素的描述中也说："这组器物数量和器类多而齐备，很可能是另一种外来文化势力的入侵或渗透。"

5. 偃师商城一期1段遗存

该类遗存以偃师商城宫城北部"大灰沟"（位于宫城中北部的祭祀C区和祭祀B区）96YSVⅡT28第10、9层和97YSVⅡT30的第9C、9B层为代表[29]。

2006年，王学荣先生将偃师商城一期的陶器分为五群[30]，分别称为具有二里头文化因素的器物、具有"下七垣文化"因素的器物、具有岳石文化因素的器物、具有晋南东下冯类型文化因素的器物和具有湖北盘龙城文化因素的器物。2009年，笔者曾对王文的陶器分群进行简要分析，认为其所分第一群中的大口尊、敛口瓮、高领瓮、素面浅腹盆等应属二里头文化和下七垣文化的共同因素；第四群的典型陶器斝，应属二里头文化的单耳斝与下七垣文化的弧腹鬲碰撞融合而产生的器物；第五群的罐形鼎与矮平裆鬲，实际应源于下七垣文化。

从来源与形成机制考虑，我们认为王文的分群结果可略作调整，应重新归纳为以下五群。A群：包括王文所分第一群的部分陶器，有圜底深腹罐、刻槽盆、捏口罐、罐形鼎、深盘豆等，为二里头文化的典型因素；B群：包括王文所分的第二群和第五群，有薄胎鬲、薄胎细绳纹甗、橄榄形深腹罐、束颈盆、敛口蛋形瓮、罐（或鬲）式鼎等，应源于下七垣文化；C群：同于王文的第三群，包括袋足瘦高无实足根的陶鬹、腹壁有刮抹痕的深腹罐等，为东方岳石文化因素；D群：包括王文所分第一群的大口尊、敛口瓮、高领瓮、素面浅腹盆等，属二里头文化和下七垣文化的共同因素；E群：属不同文化因素碰撞融合产生的器物，包括斝、有刮抹痕的卷沿束颈盆等。

偃师商城一期1段遗存的B群因素亦可明确区分出来自下七垣文化漳河型和辉卫型者，如图九所示。

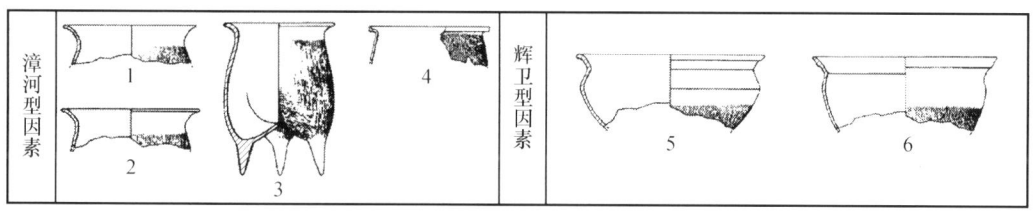

图九　偃师商城一期1段遗存中的下七垣文化因素
1~4.鬲（T32⑨C∶31、T32⑨C∶7、T32⑨B∶1、T28⑩∶36）　5、6.盆（T32⑨C∶9、T28⑩∶7）

6. 盘龙城一期1段遗存

该类遗存主要分布于湖北省武汉市黄陂区的盘龙城遗址群。2008年，蒋刚先生对《盘龙城——1963~1994年考古发掘报告》[31]第二类遗存即商代遗存的分期进行调整，将原先的七期归结为四期5段，其一期1段相当于原报告的一、二期[32]。此处所说的"盘龙城一期1段"，即从蒋刚先生观点。该类遗存以盘龙城南城垣中段76HP3TB′26~B′31⑥A、⑥B，南城垣东段79HP3TZ29~Z33⑧、H3，王家嘴⑧、⑨、Y1、Y2，李家嘴H5、H16等单位为代表。

我们将该类遗存中与郑洛地区相似的器类分为以下三群，A群：包括扁足盆形鼎、圜底深腹罐、素面斝、素面爵、折沿敛口鼓腹盆等；B群：包括数量众多的鼓腹平裆或矮分裆鬲、鬲式鼎、罐形鼎，以及卷沿有颈深腹罐、侈口弧腹绳纹盆等；C群：包括斜弧腹、裆较高的鬲、绳纹甗盆等（图一〇）。

A群的扁足盆形鼎、圜底深腹罐、折沿敛口鼓腹盆（图一〇，1、2、5）当属二里头文化的典型因素，恐无异议。对于上述B群陶器以及A群中的素面斝、素面爵，袁广阔先生在《关于"南关外期"文化的几个问题》[33]一文中认为，"盘龙城遗址具有（南关外期）B组特有的鬲式鼎、素面斝、素面爵等陶器，形成的年代早于郑州南关外期"，因此郑州地区南关外期遗存中的此类陶器，很有可能是源于盘龙城的。需要说明的是，袁文持"南关外中、下层是一个时期的遗存"的观点，将"南关外期"的年代后推至"与以二里岗H9为代表的二里岗下层一期（二里岗下层早段）同时"。而本

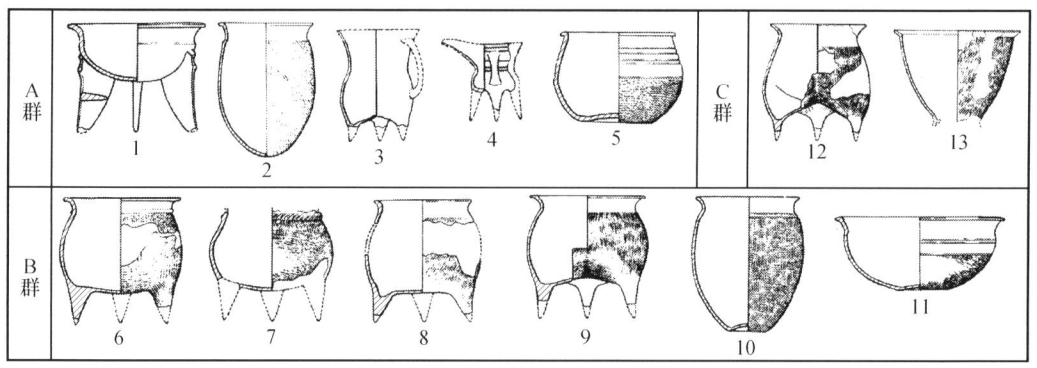

图一○　盘龙城商文化一期1段遗存中的"中原文化"因素
1. 扁足盆形鼎（PWZT31⑧：1）　2. 圜底深腹罐（PLZH16：5）　3. 素面斝（PWZT86⑧：23）
4. 素面爵（PWZT85⑧：2）　5. 鼓腹盆（PWZT17⑧：32）　6、8、9. 鬲（PWZT20⑨：2、PWZT32⑧：21、PWZT85⑧：4）　7. 鬲式鼎（PWZT36⑧：5）　10. 深腹罐（79HP3TZ30⑨A：2）　11. 弧腹绳纹盆（PWZT85⑧：12）

文赞成南关外期遗存以南关外遗址的下层为代表的观点，认为其年代当在二里头四期偏晚阶段，略早于二里岗下层早段。对于盘龙城一期1段，蒋刚先生定其年代为约二里岗下层早段偏早，大致无误。如是，则南关外期遗存的年代应大致相当或略早于盘龙城一期1段遗存。

A群的素面斝、素面爵等器，属二里头文化典型因素，但与南关外期遗存中的同类器极似；B群的罐形鼎、平裆或矮分裆鬲、鬲式鼎等器，在鄂东北地区的早期文化中，并无类似传统，追其渊源，亦应来自中原地区的南关外期、下七垣文化辉卫型（图一一）；C群的斜弧腹裆较高的鬲、绳纹瓿盆（图一○，12、13）等，可能源自下七垣文化漳河型，器类和数量均较少。鉴此，我们认为盘龙城一期1段即盘龙城遗址最早的商文化遗存当主要来自经中原地区南关外期遗存而南下的下七垣文化辉卫型。

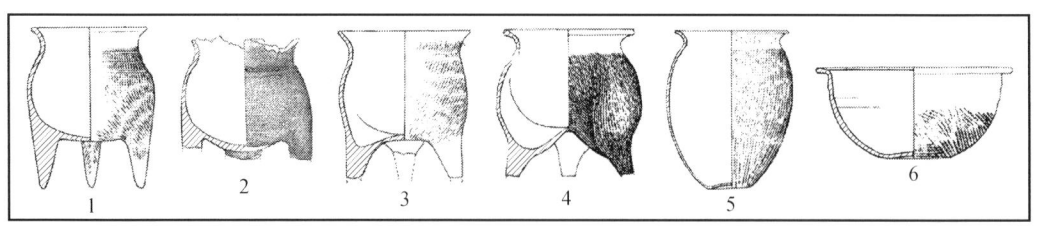

图一一　南关外期、下七垣文化辉卫型中与盘龙城一期1段遗存B群因素形制相似的陶器
1、2. 罐形鼎（南关外C5H9：8、琉璃阁H1：49）　3、4. 鬲（南关外C5T86④：53、孟庄ⅧT171M28：1）
5. 深腹罐（宋窑T302⑪：209）　6. 盆（宋窑H50：12）

三

通过前文分析,我们认为洛达庙三期遗存中虽然二里头文化因素仍在数量上占据优势,但下七垣文化漳河型和岳石文化因素的出现,才是导致其文化性质发生突变的关键因素。通过类比分析,我们认为这些漳河型和岳石文化的因素当直接来自豫东地区的鹿台岗同类遗存。南关外期遗存中以弧裆鬲、平裆或矮分裆鬲、鬲式鼎为主体的遗存当来自豫北地区的辉卫型,也承袭了一些本地的二里头文化因素,且移入少量的岳石文化因素。郑州化工三厂遗存中除本地二里头文化因素外,亦有下七垣文化辉卫型和岳石文化因素。二里头四期偏晚遗存和偃师商城一期1段遗存均有一定数量的可明确辨别为下七垣文化漳河型和辉卫型的文化因素,以及一定数量的岳石文化因素。盘龙城一期1段中的平裆或矮分裆鬲、鬲式鼎、素面斝、素面爵等器应是主要承袭于南关外期遗存。

依据以上诸种夏商之际文化遗存的成分分析,可以初步勾勒出下七垣文化遗存的南传路线:

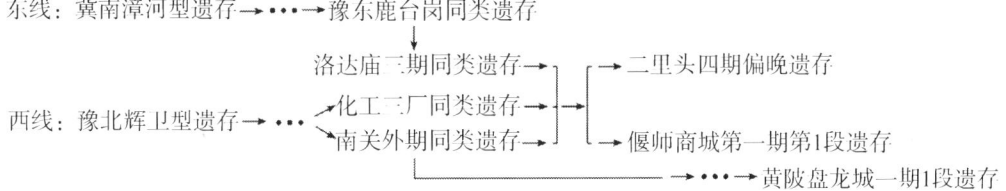

在《试论夏文化》一文中,邹衡先生认为先商文化"最早只限于漳河型""南关外型是从辉卫型、漳河型发展来的""南关外型主要来源于先商文化的漳河型",实际上已根据当时所见材料描绘出了一条先商文化南下的大致路线。1989年、1990年,郑州大学历史系考古专业等单位在豫东杞县境内进行了一系列试掘和发掘[34],在鹿台岗遗址发现了"较为丰富的岳石文化和漳河型一类先商文化遗存"。自鹿台岗遗址发现以来,学者遂将探寻"先商文化南下"的目光转移到了豫东地区。1992年,宋豫秦先生称在"濮阳—滑县东部—长垣—杞县—鹿邑一线均发现有漳河型一类文化遗址和遗物",这一狭长区域有可能是漳河型南进的"通道"所在,进而认为"漳河型这一类文化确应是郑州早商文化的直接来源"[35]。1998年豫东长垣宜丘遗址的发掘[36],进一步佐证了宋文的观点。但通过前文分析,我们认为下七垣文化除豫东地区的南下路线之外,还应存在豫北地区—郑州—盘龙城的南下路线(图一二)。也就是说,下七垣文化的南下可分东、西两线。那么,该文化的南下为何会分作两条路线?这恐怕和夏商之际复杂的社会背景有关。

"二里头文化为夏文化,二里头遗址为夏朝之都邑"[37],之所以会成为当下诸

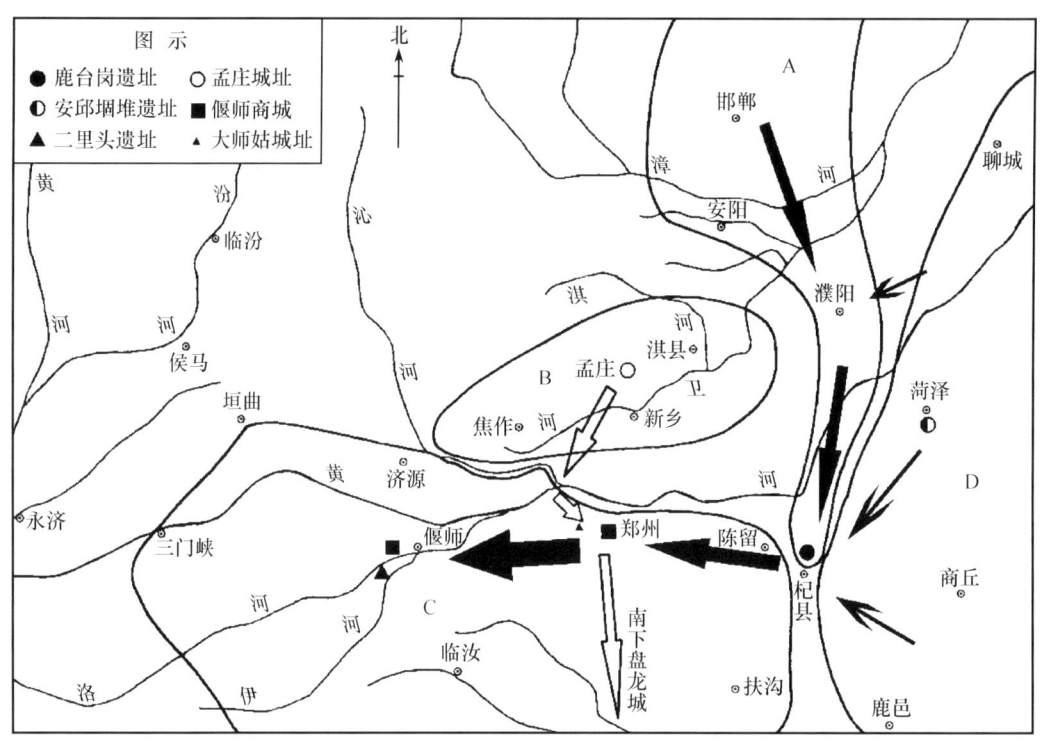

图一二　下七垣文化南下路线示意图
（A、B、C、D分别代表漳河型、辉卫型、二里头文化和岳石文化的主要分布区）

多学者的共识，是邹衡先生勇于求真并数十年坚持学术真理的结果。当然这是以二里头遗址多年的发掘收获为基础的。可是，之所以会有越来越多的学者相信这一观点，恐怕更多的是大家逐渐认识到二里头文化确实是对应于一个强大的政体即夏王朝，它属于夏国之人所创造和使用的考古学文化。相比之下，下七垣文化虽被认为是以商族为代表的人群所创造和使用的考古学文化，但却绝不能简单地认为这一庞大的人群从一开始就是在商族领导之下的一个军事联合体。史载汤以七十里或百里之地而尽兼桀之天下，可见其最初实力之弱小。而下七垣文化却布及太行山东麓的广大地区，其范围恐为商汤之国的十数倍不止。见诸史籍的在灭夏之前被商汤先后剪灭的政治势力即有葛、韦、顾、昆吾等，而葛国据文献记载甚至就是汤的邻国。可见，文化面貌上的一致并不一定就等于政治上的一体。但是，漳河型一类遗存由豫东北一带南下，继而再转向西行，矛头直指夏人统治的核心地区，它所代表的人群的政治意图自是非常明显，而且这支遗存在南下的过程中还与岳石文化的因素紧密融合，二者相携西进。因此，将这类遗存视为由商族领导的商夷联盟的遗留自是非常合理的认识。然而，假设辉卫型的人群从一开始就加入了伐夏的联盟，那么南下的商汤集团为何没有取道最近距离的豫北地区而直捣夏都，反而是舍近求远地绕道而行呢？

辉卫型主要分布于豫北地区，与夏文化隔沁水而南北对峙。二里头二期偏晚阶段，夏人在郑州大师姑建立军事城堡[38]，有学者认为这可能与防范北方的商人和东方的夷人有关。从夏文化遗存的分布态势上看，较之于向东、西、南三面的顺利扩展，夏文化的北向发展势头却并不明显，始终没有越过沁水而布及豫北地区。这或许有两种可能：一是因为辉卫型人群的强大，二是因为这里是夏人联盟势力所在的范围。大师姑城址建立的同时或稍晚，辉卫型人群在龙山城的基础上亦构筑了孟庄城[39]，两者均为高墙深壕，凸显防御性质。但孟庄城址就位置来看是位于辉卫型分布区的中心，筑设该城的目的很难说是为了对抗南面的夏人，还是为了防御北方的漳河型人群，或许两种目的兼有。不管怎样，漳河型人群南下之时绕道而行，显然已经暗示出这一人群的相对独立性。

辉卫型虽然从总体文化面貌上应归属于下七垣文化，但在二里头文化二、三期时，受到了二里头文化的强烈影响。这一点我们在《试论下七垣文化的类型与分期》一文中已经阐明[40]。或许，迫于夏王朝强势的政治影响力，辉卫型人群一度只能依附于夏人，以求得在夏王朝和业已形成联盟的漳河型人群这两强夹缝之间的生存。这一政治态势导致辉卫型人群客观上成为遏制冀南地区漳河型人群南向发展的力量。漳河型经豫北地区南下的路线受阻，遂绕开辉卫型，从辉卫型人群、夷人、夏人势力较为薄弱的豫东地区迂回南进，其间通过兼并与联合，大大增强了自身的实力。

大致在二里头文化四期偏晚阶段，漳河型人群与夷人联军挥师西进，开始伐夏之旅。可以设想，此时的辉卫型人群可能看到夏王朝大势已去，则趁势响应商汤，渡河南下，开辟西线战场。于是，灭夏联盟遂从豫东、豫北两翼对夏王朝形成钳形包围之势。两军会师郑州，一举攻灭夏王朝设立在东方的军事重镇——大师姑城（该城废止于二里头文化四期偏晚阶段），致使夏人国都门户洞开。随后，与部分倒戈的夏人汇成更为强大的伐夏联军，兵向偃师，灭掉了夏王朝。这或许就是下七垣文化最终会分为两条路线南下的主要原因。

从早商文化形成之后一段时间内原下七垣文化分布范围内几成空白之地的现象看，商汤领导的灭夏联盟的南下虽是军事行动，但却伴随着原下七垣文化分布区内人口的大量南迁。毕竟，以弱胜强所取得的胜利得来不易，若想实现对夏人故土及更大范围的新占区的实际控制，单靠军队是远远不够的。郑州商城、偃师商城及周边若干"直辖邑"[41]的陆续建置，就是为了牢固控制广大占领区的重要举措。而这一举措显然是需要从故乡迁来大批的人口以巩固统治基础的。

商人继承了夏人的礼乐征伐制度，以加强对各个族群的精神和武力控制，而铸造礼器和兵器则需要大量的青铜。通过前文分析，我们认为下七垣文化辉卫型遗存的一部分经郑州地区南关外期遗存发展成黄陂盘龙城一期1段遗存，也就是说在二里头四期偏晚阶段或稍后，辉卫型的部分人群即被派往湖北黄陂的盘龙城，推测其主要的目的便是为商王朝掠取南方丰富的铜矿资源，以供祭祀、攻伐之用。除此之外，辉卫型人群的继续南下也许还有更深层次的动因。漳河型人群因是伐夏大业的最初发起者和支持者，其高层最终成为商王朝统治阶层的主体。辉卫型人群虽然也是灭夏的一支不可忽视的力量，但因其在夏王朝鼎盛时期曾与夏人关系比较密切，故被统治阶层迁往国之南疆，以削减其在畿内人口的绝对数量，减少其与夏人联手颠覆新生政权的可能性。不排除这才是辉卫型人群南下盘龙城的潜在原因。二里岗下层早段时期，辉卫型的人群在郑州一带还有遗留，且仍延续着自己的文化传统。比如，在郑州老坟岗遗址的H125、H146、H55等单位[42]均发现有辉卫型风格的鼓腹矮裆鬲、鬲式鼎等，当是继承自南关外期同类遗存。

二里头四期偏晚阶段，岳石文化因素遍布于伊洛郑州地区，但均非主体性因素，说明夷人随伐夏联军结群而至，在灭夏战争中起到了重要的作用，但其绝对数量少于下七垣文化的人群，亦远远少于夏朝的遗民。至早商文化时期，虽仍有部分夷人特色的文化因素，但漳河型文化和夏文化中的优秀成分已成社会主流所公认的时代风尚，其地位是任何其他文化因素都无法撼动的。

注　释

[1]　邹衡：《试论夏文化》，《夏商周考古学论文集》，文物出版社，1980年。

[2]　李伯谦：《先商文化探索》，《庆祝苏秉琦考古五十五年论文集》，文物出版社，1989年。

[3]　王立新：《也谈文化形成的滞后性——以早商文化和二里头文化的形成为例》，《考古》2009年第12期。

[4]　下七垣文化的年代下限虽可晚至灭夏之后的商代初年，但目前该文化的分布范围内尚罕见与二里岗下层早段和晚段同时期的遗存。

[5]　王立新：《也谈文化形成的滞后性——以早商文化和二里头文化的形成为例》，《考古》2009年第12期。

[6]　邹衡：《试论夏文化》，《夏商周考古学论文集》，文物出版社，1980年。

[7]　李伯谦：《先商文化探索》，《庆祝苏秉琦考古五十五年论文集》，文物出版社，1989年。

[8]　王立新、朱永刚：《下七垣文化探源》，《华夏考古》1995年第4期。

[9]　沈勇：《保北地区夏时代两种青铜文化之探讨》，《华夏考古》1991年第3期。

[10]　魏兴涛：《试论下七垣文化鹿台岗类型》，《考古》1999年第5期。

[11]　胡保华：《下七垣文化分期研究》，吉林大学硕士学位论文，2007年。

[12]　胡保华、王立新：《试论下七垣文化的类型与分期》，《早期夏文化与先商文化研究论文集》，科学出版社，2012年。

[13]　王立新：《早商文化研究》，高等教育出版社，1998年。王立新：《试论早商文化的分布过程》，《中国考古学跨世纪的反思》，商务印书馆（香港），1999年。

[14]　河南省文化局文物工作队第一队：《郑州洛达庙商代遗址试掘简报》，《文物参考资料》1957年10期。河南省文物研究所：《郑州洛达庙遗址发掘报告》，《华夏考古》1989年第4

期；河南省文物考古研究所：《郑州商城——1953~1985年考古发掘报告》，文物出版社，2001年。

[15] 河南省文物考古研究所：《郑州商城——1953~1985年考古发掘报告》，文物出版社，2001年。

[16] 河南省文物研究所：《郑州黄委会青年公寓考古发掘报告》，《郑州商城考古新发现与研究》（1985~1992），中州古籍出版社，1993年。河南省文物考古研究所：《郑州商城——1953~1985年考古发掘报告》，文物出版社，2001年。

[17] 河南省文物考古研究所：《河南郑州商城宫殿区夯土墙1998年的发掘》，《考古》2000年第2期。

[18] 本文引用的下七垣文化分期观点，均出自[12]，下不另注。

[19] 北京大学考古学系、濮阳市文物保管所：《豫东北考古调查与试掘》，《考古》1995年第12期。

[20] 郑州大学历史与考古系等：《河南长垣宜丘遗址发掘简报》，《中原文物》2005年第2期。

[21] 郑州大学考古专业等：《河南杞县鹿台岗遗址发掘简报》，《考古》1994年第8期。郑州大学文博学院、开封市文物工作队：《豫东杞县发掘报告》，科学出版社，2000年。

[22] 河南省博物馆：《郑州南关外商代遗址的发掘》，《考古学报》1973年第1期。安金槐：《对于郑州商代南关外期遗存的再认识》，《华夏考古》1989年1期。李伯谦：《先商文化探索》，《庆祝苏秉琦考古五十五年论文集》，文物出版社，1989年。

[23] 河南省文物考古研究所：《郑州商城——1953~1985年考古发掘报告》，文物出版社，2001年。河南省博物馆：《郑州南关外商代遗址的发掘》，《考古学报》1973年第1期。

[24] 河南省博物馆、郑州市博物馆：《郑州商代城遗址发掘报告》，《文物资料丛刊》（1），文物出版社，1977年。河南省文物考古研究所：《郑州商城——1953~1985年考古发掘报告》，文物出版社，2001年。

[25] 河南省文物考古研究所郑州工作站：《郑州化工三厂考古发掘简报》，《中原文物》1994年第2期。

[26] 王立新：《早商文化研究》，高等教育出版社，1998年，第209页，图二三。王立新：《也谈文化形成的滞后性——以早商文化和二里头文化的形成为例》，《考古》2009年第12期。

[27] 中国社会科学院考古研究所：《偃师二里头——1959~1978年考古发掘报告》，中国大百科全书出版社，1999年。中国社会科学院考古研究所二里头工作队：《偃师二里头遗址1980-1981年Ⅲ区发掘简报》，《考古》1984年第7期。中国社会科学院考古研究所二里头工作队：《1984年秋河南偃师二里头遗址发现的几座墓葬》，《考古》1986年第4期。

[28] 岳洪彬：《二里头文化第四期及相关遗存再认识》，《21世纪中国考古学与世界考古学》，中国社会科学出版社，2002年。

［29］ 中国社会科学院考古研究所河南二队：《河南偃师商城宫城北部"大灰沟"发掘简报》，《考古》2000年第7期。

［30］ 王学荣：《偃师商城第一期文化研究》，《三代考古》（二），科学出版社，2006年。

［31］ 湖北省文物考古研究所：《盘龙城——1963~1994年考古发掘报告》，文物出版社，2001年。

［32］ 蒋刚：《盘龙城遗址群出土商代遗存的几个问题》，《考古与文物》2008年第1期。

［33］ 袁广阔：《关于"南关外期"文化的几个问题》，《中原文物》2004年第6期。

［34］ 郑州大学考古专业等：《河南杞县鹿台岗遗址发掘简报》，《考古》1994年第8期。郑州大学文博学院、开封市文物工作队：《豫东杞县发掘报告》，科学出版社，2000年。

［35］ 宋豫秦：《夷夏商三种考古学文化交汇地域浅谈》，《中原文物》1992年第1期。

［36］ 郑州大学历史与考古系等：《河南长垣宜丘遗址发掘简报》，《中原文物》2005年第2期。

［37］ 中国社会科学院考古研究所：《偃师二里头——1959~1978年考古发掘报告》，中国大百科全书出版社，1999年。

［38］ 郑州市文物考古研究所：《郑州大师姑（2002~2003）》，科学出版社，2004年。

［39］ 河南省文物考古研究所：《辉县孟庄》，中州古籍出版社，2003年。

［40］ 胡保华、王立新：《试论下七垣文化的类型与分期》，《早期夏文化与先商文化研究论文集》，科学出版社，2012年。

［41］ 王立新：《从早商城址看商王朝早期的都与直辖邑》，《新果集——庆祝林沄先生七十华诞论文集》，科学出版社，2009年。

［42］ 郑州市文物考古研究院：《郑州市老坟岗商代遗址发掘简报》，《中原文物》，2009年第4期。

（该文系与胡保华合作撰写。原刊于《考古学研究（八）——邹衡先生逝世五周年纪念文集》，科学出版社，2011年）

夏家店下层文化渊源刍论

自20世纪60年代夏家店下层文化命名以来，考古学界普遍将西起桑干河上游、东至医巫闾山、北达西拉木伦河、南抵拒马河流域的燕山南北广大范围内含有夏家店下层文化因素的遗存指称为夏家店下层文化，并进而展开了有关其源流、特征、分期、类型与族属等一系列课题的探讨[1]。

关于夏家店下层文化的渊源目前主要存在三种代表性观点：①认为夏家店下层文化具有中原地区晚期龙山文化的某些特征，当为中原龙山文化的地方变种[2]；②认为西辽河水系区的原始文化自成系统，夏家店下层文化的主体因素来自当地红山-小河沿文化系统[3]；③认为一般指称的夏家店下层文化可划分为西辽河水系区的药王庙、海河北系区东部的大坨头和西部的壶流河三个类型，指出它们未必存在同一渊源；药王庙和大坨头类型来源不同，族属有异[4]。

回顾夏家店下层文化的研究历程，可以认识到，20世纪60年代初，我们已经经历了从纵向上区分夏家店上、下层文化的认识飞跃[5]，80年代进行了较为科学的分期探索，但时至今日对夏家店下层文化内涵的模糊认识，导致这一文化在外延上不断扩大，掩盖了燕山南北夏商时期考古学文化自身发生、发展与消亡的过程，从而阻碍了对燕山南北夏商时期考古学文化研究的纵向深入，特别是使夏家店下层文化渊源的探讨陷入混沌与迷茫。因此，有必要从谱系分析的角度对燕山南北地区夏商时期不同性质的考古学文化进行横向上的澄清。有学者认为，所谓的夏家店下层文化范畴内的夏商时期遗存实际上包涵了几种不同的文化系统[6]，这已经暗示了"夏家店下层文化"这一概念有着重新界定的必要。如果以此为出发点，仅规定西辽河水系区以尊形鬲、无腰隔甗为代表的青铜时代考古学文化遗存为夏家店下层文化的话，对其遗存进行陶器组合上的分析剔理，其来源问题不是不可以得出一个合乎逻辑的结论。本文拟就这一问题作一尝试性探讨，不当之处，敬请学界各位先生、师长批评指教。

一

探索夏家店下层文化的渊源必先对其内涵与性质进行明确的界定。

以往认为的夏家下层文化分布于燕山南、北两大水系区，两区以东西走向的燕山山脉和南北流向的滦河为自然界划。

西辽河水系区已发表材料的遗址或遗址群有赤峰药王庙、夏家店[7]、四分地[8]、蜘蛛山[9]，宁城南山根[10]、小榆树林子[11]、敖汉大甸子[12]、小河沿[13]、范杖子[14]、北票丰下[15]、凌源三官甸子[16]、建平河东[17]、水泉[18]，朝阳胜利三角城子[19]、锦西水手营子[20]，阜新平顶山[21]等，以及库伦、奈曼两旗1975年调查试掘的诸遗址[22]，该区材料比较丰富[23]；海河北系区有唐山小官庄[24]、大城山[25]、天津蓟县张家园[26]、围坊[27]、宝坻牛道口[28]、北京房山琉璃河[29]、西营[30]、昌平雪山[31]、河北大厂大坨头[32]、卢龙东阚各庄[33]、滦南东庄店[34]、张家口市白庙[35]、怀来焦庄[36]、宣化李大人庄[37]、蔚县三关、庄窠、东水泉、大头沟门[38]、易县下岳各庄和涞水庞家河[39]等地点。

从地层关系上看，西辽河水系区该类遗存叠压红山文化和小河沿文化遗存，被夏家店上层文化和魏营子类型所叠压；海河北系区东部，该遗存晚于以雪山二期为代表的龙山期遗存，早于相当晚商阶段的围坊上层文化；偏西的壶流河流域遗存晚于筛子绫罗遗址为代表的龙山期遗存，被二里岗上层文化所叠压。目前两大水系区所谓的夏家店下层文化遗存共有^{14}C数据20个[40]，其中除去偏早和偏晚数据各3个，就有70%的概率落在距今3400~3900年，相当于中原二里头文化到早商阶段。

两大水系区所谓的夏家店下层文化遗存虽有一些相同特征，如都有鬲、甗、尊、瓮、罐等相同器类，然而，同类陶器的不同型别往往暗含了彼此谱系的不同。依据考古学界公认的方法，划分考古学文化是以一群具有明确特征、经常伴出的类型品作为标志[41]，这种类型品在新石器—青铜时代则主要凭借陶器，以具有自身演变关系的稳定陶器组合作为根本特征。据此，将上述两大水系区遗存的发表陶器进行统计分析和比较，不难发现两大水系区考古学文化遗存各自具有自身鲜明的特征，不论在陶器型别、数量、所占比例上，还是在整体器物组合上，并不一致。

两大水系区的陶鬲主要有尊形鬲、鼓腹鬲（含折肩鬲，下同）、直腹鬲、斜腹鬲和弧腹鬲五种形制。西辽河水系区的大甸子墓地发表了准确的陶鬲出土数量[42]，在537件陶鬲中有532件可划分为A（尊形）、B（鼓腹）、C（直腹）三型，可单独计算该墓地各型陶鬲的百分比。据不完全统计（附表一~三），除大甸子墓地发表的陶鬲之外，两大水系区共发表（参考文字叙述）尊形鬲47件、鼓腹鬲54件、直腹鬲14件、斜腹鬲和弧腹鬲合计15件。西辽河水系区尊形鬲38件，占总数的80.85%，占当地鬲类总数的60.32%。参照已有分期研究成果[43]，西辽河水系区尊形鬲具有完整的发展演变序列，为该地区最具标志性的器物之一。西辽河水系区发表鼓腹鬲13件，占总数的24.07%。虽然该地区鼓腹鬲较之尊形鬲的地位相形见绌，但是不可否认，鼓腹鬲毕竟在该地区陶器群中占有一定比例，况且目前从绝对数量上看也很大。尚有以下问题值得注意：①鼓腹鬲主要出于墓地，而且大甸子、范杖子墓地尊形鬲，鼓腹鬲、直腹鬲，从主体上各自分布于不同墓区，反映了各区葬俗上不甚一致；②三座店[44]、水泉[45]为代表的遗址中空三足器主要是尊形鬲和无腰隔甗，而缺少鼓腹鬲的成分；③大甸子墓地13座出鬶、爵、盉类酒器的大墓，恰恰位于随葬A型鬲（即尊形鬲）为主的墓地北区和中a区。

尽管上述问题还有待进一步探讨，但从目前材料看，鼓腹鬲系统在西辽河水系区主要反映在随葬习俗上占有一定地位，而在日常用具中则似乎被排除于主体成分之外。

与西辽河水系区情形相反，鼓腹鬲乃是海河北系尤其是偏东地区鬲类器物的主体。该区发表鼓腹鬲41件，占鼓腹鬲总数的75.93%，占该区鬲类陶器的61.19%，已有分期成果表明，该区鼓腹鬲具有比较完整的演变序列。因此，鼓腹鬲的分布重心应在燕山以南，而西辽河水系区的鼓腹鬲可能受其影响。海河北系区目前发表尊形鬲9件，且多为晚期形态，应是受自西辽河水系区的影响。

西辽河水系区不带鋬（耳）的直腹鬲具有鲜明的地方特色。有的学者已经指出，燕山以北的这种鬲实际是受高台山文化直腹腔系陶鬲的影响而衍生的新种[46]，我们非常赞同。这种陶鬲恰恰在远离高台山文化的燕南海河北系区极少发现，说明这种影响到京津唐地区已是强弩之末。

至于斜、弧腹鬲目前尚不见于西辽河水系，且主要分布在壶流河、拒马河上游一带的太行山麓。

总之，从陶鬲的构成上看，两大水系区可谓大异其趣。

两大水系区的甗目前共发表55件，存在有腰隔甗和无腰隔甗两种形制，其中西辽河水系区35件均为无腰隔甗，有腰隔甗目前不见于该区。海河北系区无腰隔甗与有腰隔甗共存，其中无腰隔甗12件，有腰隔甗8件，有腰隔甗占有重要地位。

据目前的考古发现来看，中国北方龙山—青铜时代诸考古学文化的甗可分为有腰隔甗和无腰隔甗两大系统，无腰隔甗主要发现于豫北后冈二期文化[47]、西辽河水系夏家店下层文化、山东龙山—岳石文化系统、辽北高台山文化、夏家店上层文化，前二者饰绳纹、后三者素面，风格迥然有别，因而又可分为两个亚系；有腰隔甗主要发现在冀南、晋中龙山时代晚期遗存和内蒙古中南部朱开沟文化以及先商—商文化系统之中。可见，两大系统一个属偏东面向海洋的文化区，一个属偏西面向亚洲腹地的考古学文化区，而海河北系区正处在两大文化区相交接、两大文化系统共同发生作用的中间地带，因而陶器器类、形制复杂多样，尤其鬲甗类空三足器显示了多元的谱系结构。

从其他陶器的形制观察，两大水系区同样存在鲜明差异。西辽河水系区的尊、深腹罐、侈口鼓腹瓮、浅腹平底盆等器类发表比例较高，且多具有自身发展演变序列；海河北系区虽亦有发现，但远不及西辽河水系区显著。西辽河水系区鼎、浅盘高柄豆、圈足（多足）盘、壶不见或极少见于海河北系区，海河北系区比较典型的侈口折肩瓮（或称瓮罐）、敛口卵腹瓮、簋式豆（簋）不见或极少见于西辽河水系区。

显然，两大水系区陶器的主体成分不同。同时，海河北系区也有进一步区划文化类型的必要，我们基本同意李伯谦先生以大坨头类型和壶流河类型区分海河北系区遗存的做法[48]。以潮白、蓟运河为中心的京津唐地区是较为单纯的鼓腹鬲分布地区；壶流河流域和拒马河上游一带在地域上偏隅于海河北系区西部，这一地区所包含的弧腹鬲为代表的先商—商文化系统和卵腹三足瓮为代表的晋中同时期遗存的因素在潮白、蓟运河流域则极为少见。关于洋河流域的李大人庄为代表的遗存，报告作者业已指出了它的过渡性质[49]。

此外，西辽河水系区夏家店下层文化与海河北系区遗存在聚落址、房屋、墓葬等方面也表现出一些差异。

西辽河水系区发现有大量规模可观的石城址，这种城址多分布于河流北岸、山岭南坡，是一种以石块垒砌围墙等防御设施的居住址，性质属城障、石砦一类，也有夯土墙的城址[50]。这表明西辽河水系区夏家店下层文化接近中原夏、早商文化的发达程度，而在海河北系区夏商时期遗存中却无类似发现。西辽河水系区房址密集、布局严整、长期使用；除半地穴式房屋外，还发现有大量的地面式房屋，形制、大小复杂多样；发现有土坯墙、夯土墙及居住面上抹白灰面现象，与后冈二期文化较为一致。海河北系区目前的发现均为半地穴式房址，抹白灰面的现象非常少见。这些差异不仅体现了二者建筑水平上的差距，重要的是，较之海河北系区，西辽河水系区遗存所反映的社会发达程度更加接近中原地区龙山时代晚期至早期青铜时代诸考古学文化。

在墓葬上，西辽河水系区只有土坑竖穴墓，随葬品置于脚端或脚端壁龛，普遍随葬猪、狗或猪头、狗头，有的有木质葬具，随葬陶器组合主要为鬲（尊形、鼓腹、直腹）、罐（平底、假圈足）、尊、鼎、壶、钵，流行红、白、黄三色彩绘；海河北系区则有石棺墓，随葬品多置头前，陶器组合主要为鼓腹鬲、罐、尊、豆（簋），彩绘少见。从发表材料看，随葬海贝、绿松石串珠的现象仅见于西辽河水系区，以往被认为是夏家店下层文化典型器物的铜（或金）耳环，多数发现于海河北系区，而西辽河水系区夏家店下层文化中却较少见到[51]。另外，下辽河流域的高台山文化中也有发现[52]。以往研究认为，该类耳环属北方系青铜器东群[53]，除海河北系区是其分布重心之外，可能并不归某一文化所独有。

总之，以尊形鬲和无腰隔甗为代表的西辽河水系区夏家店下层文化与鼓腹鬲和斜、弧腹鬲为代表的海河北系区东、西两个文化类型具有本质的不同。两大水系区不仅在典型器物的种类与出土比例上差异悬殊，更为重要的是两者构成了有自身演变关系的不同器物组合。海河北系区遗存从基本陶器组合的变异程度上，已然游离于西辽河水系区夏家店下层文化主体特征之外。所以，夏家店下层文化这一概念已不能涵盖时间上并行、地域上不同、性质上有别的海河北系区考古学文化遗存。虽然它们在长期的发展过程中相互影响、交流的程度不断加强，但始终可以区分开来。

不论海河北系区夏商时期遗存如何命名[54]，夏家店下层文化当仅指大体在二里头文化到早商阶段的西辽河水系区考古遗存。

二

一般说来，一个发达的考古学文化都会具有多元的谱系结构。所以，对于一个考古学文化的渊源不能仅作单一化考察，而应在文化分期的基础上，以陶器为主要依据，和早于它的或与之并行的诸种考古学文化遗存的陶器群进行类型学的比较，确定相似成分，从而搞清该考古学文化的各种因素与其他考古学文化之间的承继、交流和影响关系。

西辽河水系区夏家店下层文化基本陶器组合为尊形鬲、无腰隔鬲、尊、深腹罐、深腹盆、侈口鼓腹瓮、浅腹平底盆、浅盘高柄豆、圈足（多足）盘，这些器物大多形成了较完整的发展演变序列。它们共存于夏家店下层文化之中，又分别具有豫北后冈二期文化、辽西红山—小河沿文化系统和山东龙山—岳石文化系统的若干文化特征，同时又有一些鲜明的自身特征。据此，我们将这个基本组合划分为四个亚群以分析其渊源问题。

A群器物，主要包括无腰隔鬲（含深腹盆，下同）和深腹罐；B群器物，主要包括尊和侈口鼓腹瓮；C群器物，主要包括浅盘高柄豆、浅腹平底盆和圈足（多足）盘；D群器物，主要包括尊形鬲、直腹鬲、鼎等。A群器物中某些鬲的个体在腰及裆部饰有"T"字形附加堆纹条带，则系C群器物源文化的风格。

本地区新石器时代目前尚未见到空足三足器，进入青铜时代，夏家店下层文化鬲、鬶类三足器大量涌现，文化面貌大为改观。其中A群器物的无腰隔绳纹鬲只能在龙山时代晚期含无腰隔绳纹鬲的文化系统中去寻找来源。豫北后冈二期文化属无腰隔绳纹鬲系统，以夹砂褐陶的绳纹鬲和深腹罐为最具代表性的器物，具有完整的发展演变序列[55]，其晚期形态的鬲三足外撇，且具有出现实足根的趋势，如后冈H1：1鬲已有不发达实足根；晚期形态的深腹罐最大径多由腹上部移至腹中、下部，如后冈H1：5深腹罐腹最大径居于腹中部。夏家店下层文化较早的单位多见无腰隔鬲和深腹罐的组合，如水泉J25、F61[56]，这两个单位在水泉遗址中层位最早，鬲和深腹罐在形制、纹饰上与后冈二期文化同类器物的晚期形态十分接近，同时，在夏家店下层文化分期方案中J25：3鬲接近郭大顺先生所分的丰下一期Ⅰ式鬲。因此可将水泉J25：3鬲、F61：2深腹罐视为夏家店下层文化同类器物的早期形态的代表。夏家店下层文化A群器物显系后冈二期文化同类器物的直接继承（图一）。

夏家店下层文化B群器物中尊的早期形态，多敞口、圆唇，腹身较直，折角较钝，如丰下T17⑤：2；鼓腹瓮为侈口，腹身多饰篮纹或绳纹加多周附加堆纹泥带，小平底，如南山根H26：2。西辽河流域在红山文化阶段尚不见B群器物的祖型；小河沿文化一方面继承了红山文化筒形罐的传统，另一方面又大量出现了尊。从形制上看，

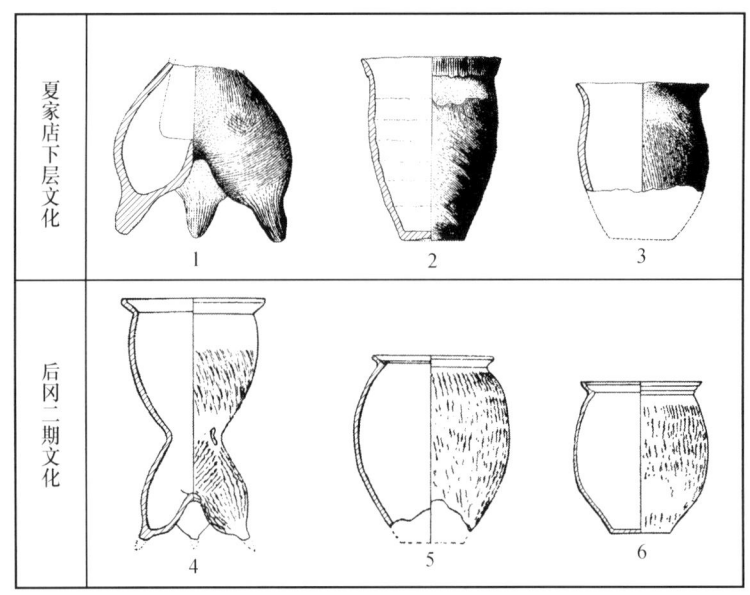

图一　夏家店下层文化A群器物来源示意图
1~3.水泉（J25：3、J25：1、F61：2）　4~6.后冈（H1：1、H1：5、M23：2）

小河沿文化多数形态的尊已与夏家店下层文化同类器的早期形态较为接近，如石棚山M41：2和M23：7[57]。目前多数学者认为两者有明显的继承关系。依目前认识，小河沿文化年代上大体相当于大汶口文化中晚期，与夏家店下层文化之间尚有年代缺环。但是，燕山以南到太行山东西两麓的广大范围内却不断发现有少量龙山中晚期的尊形器和绳纹筒形罐，如大城山T8②：250[58]、安阳大寒南岗T1②：60[59]、陶寺H2009：6折腹盆[60]、下潘汪采：110和采：111筒形罐[61]，从形制、风格上明显接近小河沿文化系统的尊与筒形罐，年代上却晚于小河沿文化。它们之间当存在某种形式的联系。从这些迹象看，西辽河水系区在小河沿文化之后、夏家店下层文化之前的阶段也应当存在筒形罐和尊为代表的遗存，文化上不应是空白。红山—小河沿文化系统中尚未发现侈口鼓腹瓮，在周边诸考古学文化中也不见与夏家店下层文化鼓腹瓮具有明显传承关系的同类器物。因此，或可暂将该类器物归属当地文化系统的遗传（图二）。

　　C群器物具有显著的山东龙山—岳石文化系统的特征。浅盘高柄豆、浅腹平底盆、圈足（多足）盘不仅在形制上相似，陶系上也很一致，均多泥质磨光黑陶或灰陶，如兖州西吴寺[62]H4048：1与白斯朗营子塔山F1：11浅腹平底盆，四分地F8：6与西吴寺H616：5三足盘，丰下T101③：1Ⅲ式豆与尹家城H50：4圈足盘[63]，四分地F1：1与尹家城H8：13浅盘高柄豆，相似性明确。可是山东龙山—岳石文化系统对西辽河水系区的影响恐非一蹴而就。限于目前材料该群器物的具体传播过程仍然相当模糊。

　　另外，夏家店下层文化某些鬲的个体如丰下T17③：1自腰及裆饰"T"字形附加堆纹，这种装饰风格同于司马台标本[64]和尹家城H8：10[65]（图三）。

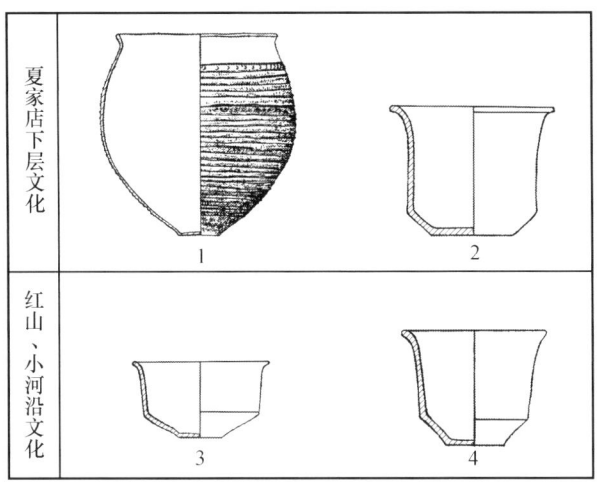

图二　夏家店下层文化B群器物来源示意图
1. 南山根（H26∶2）　2. 丰下（T17⑤∶2）　3、4. 石棚山（M41∶2、M23∶7）

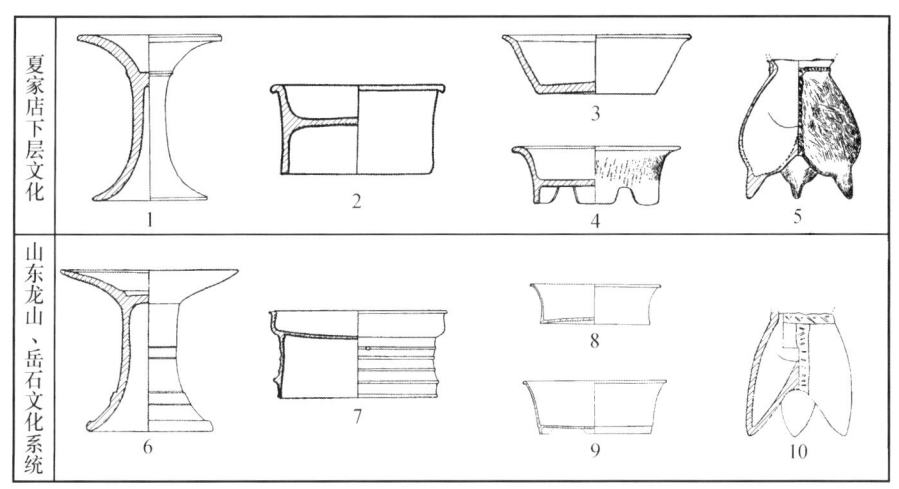

图三　夏家店下层文化C群器物来源示意图
1、4. 四分地（F1∶1、F8∶6）　2、5. 丰下（T101③∶1、T17③∶1）　3. 塔山（F1∶11）
6、7、10. 尹家城（H8∶13、H50∶4、H8∶10）　8、9. 西吴寺（H4048∶1、H616∶5）

以往已有学者指出，夏家店下层文化的代表性器物尊形鬲衍生于尊，是一种复合的产物[66]。从形制上分析，夏家店下层文化尊形鬲多具实足根，其下部明显区别于鼓腹鬲，且有相当一部分，尤其是早期形态，都在下部三空足上饰绳纹或弦断绳纹，形制上也接近甗的三足。因此，夏家店下层文化大量存在的无腰隔绳纹甗应是孕育尊形鬲的另一种重要基因。

至于D群器物中的直腹鬲，前已述及当属高台山文化直腹腔带鋬（耳）系统陶鬲的衍生品种，且在大甸子墓地中大都出在较晚阶段的墓中。D群器物中的鼎是西辽河水系区较为常见的一种代表性器物，从形制上看多为小平底绳纹罐附加三实足，有的近似阘底，这种类型的鼎，目前在早于夏家店下层文化或与之并行的其他考古学文化中，都很难找到有直接渊源关系者，在眉目未清之前暂归为夏家店下层文化所创生的新器种（图四）。

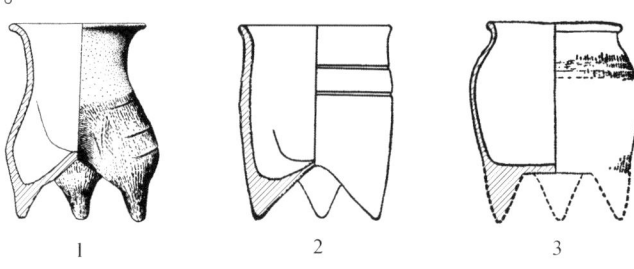

图四　夏家店下层文化D群器物举例
1.水泉（H125∶1）　2.大甸子（M702∶4）　3.南山根（T10④∶22）

夏家店下层文化在发展过程中，还不断接受了广大范围内并行的诸考古学文化，如高台山文化、双砣子中层——羊头洼类型文化系统，乃至中原二里头文化的影响，但这些文化因素从未直接占据夏家店下层文化的主体，使其保持了自身基本陶器群的稳定性。

高台山文化是下辽河流域与夏家店下层文化在主要年代序列上，基本一致的一种青铜时代文化遗存，其代表性器物是夹砂红陶直腹鋬耳鬲、鼓腹竖桥耳鬲和素面无腰隔甗、壶等。夏家店下层文化分布范围内发现有接近高台山文化风格的甗如丰下T9③∶4，长颈壶如四分地H4∶1，直腹竖桥耳或鋬耳鬲如大甸子M658∶4等[67]；有的学者甚至认为，大甸子墓地乙群陶器的存在说明夏家店下层文化中有来自高台山文化的人口[68]。

值得注意的是，奈曼、库伦1975年调查资料及阜新平顶山第一期遗存，从文化面貌上，反映了更多的高台山文化影响，说明这一地区正是夏家店下层文化与高台山文化分布的交接地带。

假圈足罐是分布于旅大半岛的双砣子中层类型和以上马石瓮棺葬为代表的遗存的代表性器物之一，有的饰红、白、黄三色彩绘[69]。夏家店下层文化彩绘假圈足罐在形制上、彩绘着色上与之基本一致，但彩绘图案不同。虽然彩绘图案纹样恐各有渊源[70]，但至少可以认为，夏家店下层文化彩绘假圈足罐，如大甸子M12∶2，形制上受双砣子中层类型的影响，如上马石M11∶1假圈足罐[71]。而且，晚于双砣子中层类型的羊头洼类型的鼓腹圈足罐如单坨子[72]出土者在夏家店下层文化晚期墓葬中也有类似的发现，如范仗子M25∶2，在形制和着色上基本一致。

夏家店下层文化大甸子M612∶2陶鬶和M612∶19陶爵（角）与二里头遗址出土的鬶、角极为相似。此外，大甸子墓地13座大墓中，还出有与中原二里头文化礼器相似的爵（如M677∶1）和盉。刘观民先生指出："这例现象清晰地表示距今4000年开始，这里居民高阶层的礼制追求，是把目光注视着河南。"[73]（图五）

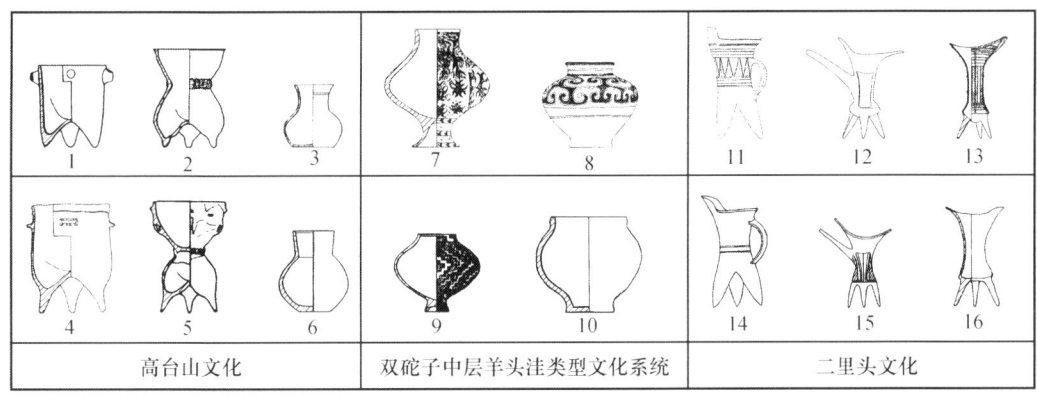

图五　夏家店下层文化与其他考古学文化相关陶器举例

1、8、11~13.大甸子（M658：4、M12：2、M612：20、M612：19、M677：1）　2.丰下（T9③：4）
3.四分地（H4：1）　4.平安堡（H1012：1）　5.东高台（T1H1：5）　6.高台山（M73013：1）
7.范仗子（M25：2）　9.单砣子出土　10.上马石（M11：1）　14~16.均二里头遗址标本

三

总结上文，可以归纳为以下几点认识。

（1）西辽河水系区夏家店下层文化与燕山以南的海河北系区同时期遗存属于不同性质的考古学文化。前者属于面向海洋的东部文化系统，后者则属东部文化系统与西部面向亚洲腹地的考古学文化系统共同作用的中间形态，同时也具有鲜明的地方特征，在陶器上表现为鼓腹鬲，尊形鬲，斜、弧腹鬲共存，有腰隔甗与无腰隔甗兼有。两大水系区分别具有一些自身代表性器物以及由此构成的不同器物组合。从基本组合的变异程度上看，海河北系区遗存已不能归属夏家店下层文化。

（2）西辽河水系区自兴隆洼文化到小河沿文化始终为以筒形罐为代表的考古学文化系统所主宰，在相当于二里头文化阶段，被以尊形鬲和无腰隔绳纹甗为代表的夏家店下层文化所取代，在文化性质上发生了巨大转变。这种以鬲、甗为代表的文化系统对以筒形罐为代表的文化系统的取代，实质上是两种不同根系的考古学文化系统的转变，是一种质的飞跃。因此，夏家店下层文化在西辽河水系区的出现具有里程碑的意义。当然，目前来看，小河沿文化到夏家店下层文化之间尚隔有龙山时代晚期这一较大的缺环，两种不同根系的考古学文化系统的转变过程，或许发生得更早。因而，在西辽河水系区考古学文化的研究中，存在着当地龙山时代晚期遗存的认定与区划问题，也存在着是否这类遗存中含有斝、鬲类三足器的问题。

（3）后冈二期文化是龙山时代晚期生长在豫北安阳—郑州一线狭长地带的一支发达的考古学文化。从其代表性器物甗上看属东部无腰隔甗文化系统。这支考古学文化正处于以华渭为中心的考古学文化系统（尤其是豫西地区的王湾三期文化和煤山类型）和以泰沂为中心的考古学文化系统（尤其是山东龙山文化）的扩张态势之中。长期开发后所造成的环境压力和来自周边强大考古学文化的挤压，都有可能使后冈二期文化被迫寻求新的生存空间。进入相当于二里头文化的阶段，该文化突然在豫北地区消失，而夏家店下层文化恰在西辽河水系区兴起。

从谱系分析的角度可以设想，后冈二期文化向北穿越华北平原和燕山山脉抵达西辽河地区，与当地红山—小河沿文化的继承者相碰撞，同时，不断向外扩张的山东龙山—岳石文化系统业已抵达西辽河地区。三大文化系统的因素重新组合、融汇而最终形成崭新的夏家店下层文化。在这种重新组合的过程中，后冈二期文化无腰隔绳纹甗被直接继承，同时甗与当地传统的器物尊相结合而生成夏家店下层文化最具代表性的器物尊形鬲。就目前材料看，虽然后冈二期文化与山东龙山—岳石文化系统的因素在传播过程和跨地域的传播方式上，尚难理出清晰的头绪，但是，夏家店下层文化的主体因素来源于后冈二期文化、红山—小河沿文化系统和山东龙山—岳石文化系统的事实，似乎可以肯定，其中，尤以后冈二期文化所起的作用意义重大。

人种学的研究成果业已表明，夏家店下层文化居民存在着不同体质类型的人群。潘其风先生通过对大甸子墓地人骨资料的研究，认为该墓地存在两个人种类型，"这可能说明组成该氏族的成员至少有两个来源。要追溯他们的渊源，则需要从早于夏家店下层文化的遗迹中去寻找"[74]。

所以，夏家店下层文化的性质、来源、发展过程、人种成分等一系列课题，都有待进一步的考古学研究，本文不过是从谱系分析的角度提出一些不成熟的看法而已。

附表一 燕山南北夏至早商时期遗存陶器统计表

遗址或遗址群		鬲				瓿		尊	深腹罐	瓮			浅腹平底盆	鼎	豆		圈足(多足)盘	壶
		尊形鬲	鼓腹鬲	直腹鬲	斜弧腹鬲	无腰隔瓿	有腰隔瓿			侈口鼓腹瓮	侈口折肩瓮	敛口卵腹瓮			浅盘高柄豆	簋式豆(簋)		
西辽河水系区	夏家店	1				1		1		2			1	3			1	1
	药王庙	2				3		4	2	1			1	3		1		
	丰下	3				7		6	4	5			2	4	2	1	1	3
	水泉	4		1		5		4	2	1								1
	南山根	3	1			3		1	1	2				2	2			1
	小榆树林子	1	1	1		1												1
	河东	1				2		2	1	1				3			1	
	蜘蛛山	2				2		2	2	2			2	1	3			1
	四分地	3				2		3		2			2	1	1		3	1
	小河沿	1	1					1	1	1			1		1			
	大甸子	△	△	△										1				1
	范杖子	1	2	1		1		2					1	1				1
	三角城子	2																
	三官甸子					1		5	1	15	1		1	3	1			
	水手营子		1					2										
	库伦、奈曼	14	7	9		4		4						5				6
	平顶山					1		2						1				1
小计		38	13	12		35		42	14	32	1		10	28	10	2	6	18

附表二 燕山南北夏至早商时期遗存陶器统计表

数量/件\类型 遗址或遗址群	鬲				甗		尊	深腹罐	瓮			浅腹平底盆	鼎	豆		圈足(多足)盘	壶
	尊形鬲	鼓腹鬲	直腹鬲	斜弧腹鬲	无腰隔甗	有腰隔甗			侈口鼓腹瓮	侈口折肩瓮	敛口卵腹瓮			浅盘高柄豆	簋式豆(簋)		
围坊		5			2	2	2	1	3						2		
张家口		5	1		3		2		1	1		1			1		
牛道口		1			1	1									1		
雪山	1	3					1										
琉璃河	1	1								2					2		
西菅		1															
大坨头		4	1		1		1			1		1			2		
小官庄		2					3	1	1	1						1	
大城山					2												
东润各庄					1	1											
东庄店	1	3			2		1		1			1			1		
庞家河	1	1				2					3						
焦庄		2					1										
白庙		1			1												
李大人庄		2					1		1	1	2				1		
蔚县	5	6		9		1	1		2	1	2				1		
下岳各庄		4			1						1						
小计	9	41	2	15	12	8	13	2	8	7	8	3			11	1	

海河北系区

附表三 燕山南北夏至早商时期遗存陶器统计表

类型 百分比/% 地区	鬲				瓶		尊	深腹罐	瓮			浅腹平底盆	鼎	豆		圈足(多足)盘	壶
	尊形鬲	鼓腹鬲	直腹鬲	斜弧腹鬲	无腰隔瓶	有腰隔瓶			侈口鼓腹瓮	侈口折肩瓮	敛口卵腹瓮			浅盘高柄豆	簋式豆(簋)		
西辽河水系区	80.85	24.07	85.72		74.47		76.36	87.5	80	12.5		76.92	100	100	15.38	85.73	100
海河北系区	19.15	75.93	14.28	100	25.53	100	23.64	12.5	20	87.5	100	23.08			84.62	14.27	
数量总计(件)	47	54	14	15	47	8	55	16	40	8	8	13	28	10	13	7	18

注：①△表示大甸子墓地该种鬲有精确的数量，但因绝对数值大，易在统计百分比时造成误差，故不入此表。

②三官甸子F2：5，小河沿白斯朗营子塔山F1：10，夏家店T9④：18鬲归入瓶类统计。

③盆类器物中的深腹盆与瓶主要在有无腰隔，且瓶的型别差异主要在上部不易区分，故深腹盆及瓶不做统计。

④库伦、奈曼系指1975年调查试掘诸遗址的总称；蔚县指张家口考古队发掘的蔚县诸遗址的总称。

⑤大甸子M653：2蛇纹瓶，不知有无腰隔，故不计入；翁牛特旗五分地、喀拉沁旗上瓦房等地出上的蛇纹鬲，以及李大人庄出土的领带花边或鋬纽的鬲，与海河北系区不同，形制与鼓腹鬲谱系有别，也不计入。

⑥涞水庞家河3件尊均为大敞口，形制与西辽河水系区及海河北系区较常见的尊明显有别，可另当别论。

注　释

[1] 本文有关地域名称基本沿用张忠培先生等《夏家店下层文化研究》一文（见《考古学文化论集》1，文物出版社，1987年）。

[2] 夏鼐：《我国近五年来的考古新收获》，《考古》1964年第10期。

[3] 郭大顺：《大南沟的一种后红山文化类型》，《考古学文化论集》2，文物出版社，1989年；李恭笃：《夏家店下层文化若干问题研究》，《辽宁大学社会科学学报》1984年第5期。

[4] 李伯谦：《论夏家店下层文化》，《纪念北京大学考古专业三十周年论文集》，文物出版社，1989年。

[5] 中国科学院考古研究所内蒙古发掘队：《内蒙古赤峰药王庙、夏家店遗址试掘简报》，《考古》1961年第2期。

[6] 卜工：《燕山地区夏家店时期的陶鬲谱系》，《北方文物》1989年第2期。

[7] 中国科学院考古研究所内蒙古发掘队：《内蒙古赤峰药王庙、夏家店遗址试掘简报》，《考古》1961年第2期，报告见《考古学报》1974年第1期。

[8] 辽宁省博物馆等：《内蒙古赤峰县四分地东山嘴遗址试掘简报》，《考古》1983年第5期。

[9] 中国社会科学院考古研究所内蒙队：《赤峰蜘蛛山遗址的发掘》，《考古学报》1979年第2期。

[10] 中国科学院考古研究所内蒙古工作队：《宁城南山根遗址发掘报告》，《考古学报》1975年第1期。

[11] 内蒙古自治区文物工作队：《内蒙古宁城小榆树林子遗址试掘简报》，《考古》1965年第12期。

[12] 中国科学院考古研究所辽宁工作队：《敖汉旗大甸子遗址1974年试掘简报》，《考古》1975年第2期。刘晋祥：《大甸子墓地乙群陶器分析》、刘观民：《试析夏家店下层文化的陶鬲》，《中国考古学研究》（一），文物出版社，1986年。《中国大百科全书·考古学》，中国大百科全书出版社，2004年，图版33。《中国文物精华》，文物出版社，1990年，图28。刘观民：《内蒙古赤峰市大甸子墓地述要》，《考古》1992年第4期。

[13] 辽宁省博物馆等：《敖汉旗小河沿三种原始文化的发现》，《文物》1977年第12期。

[14] 内蒙古文物工作队：《敖汉旗范仗子古墓群发掘简报》，《内蒙古文物考古》1984年第1期。

[15] 辽宁省文物干部培训班：《辽宁北票丰下遗址1972年春发掘简报》，《考古》1976年第3期。

[16] 李恭笃：《辽宁凌源县三官甸子城子山遗址试掘简报》，《考古》1984年第11期。

[17] 辽宁省博物馆文物工作队等：《辽宁建平喀喇沁河东遗址试掘简报》，《考古》1983年第11期。

[18] 辽宁省博物馆等：《建平水泉遗址发掘简报》，《辽海文物学刊》1986年第2期。李恭笃、高美璇：《夏家店下层文化分期探索》，《辽宁省考古、博物馆学会成立大会会刊》，1981年。另外，该文还著录四分地出土的一件未发表陶甗。

[19] 孙国平：《朝阳胜利三角城子遗址群调查记》，《辽宁文物》1982年第3期。

[20] 齐亚珍、刘素华：《锦县水手营子早期青铜时代墓葬及铜柄戈》，《辽海文物学刊》1991年第1期。

[21] 辽宁省文物考古研究所、吉林大学考古学系：《辽宁阜新平顶山石城址发掘报告》，《考古》1992年第5期。

[22] 李殿福：《库伦、奈曼两旗夏家店下层文化遗址分布与内涵》，《文物资料丛刊》第7辑，文物出版社，1983年。

[23] 20世纪20~30年代日本人在西辽河水系区采集、发掘到一批夏家店下层文化遗物，如红山后第一住地采集品《赤峰红山后》图21，15、16，图22，14）和小库伦出土遗物（《貔子窝》图22，3、4、5、7、10、11）。限于当时的发掘和认识水平，使得这些遗物往往和其他文化性质的遗存含混在一起，因而缺乏明确性和系统性。本文统计过程中不包含这些遗物。（〔日〕滨田耕作：《貔子窝》，《东方考古学丛刊》甲种第一册，1929年。〔日〕滨田耕作、水野清一：《赤峰红山后》，《东方考古学丛刊》第六册，1938年。）

[24] 安志敏：《唐山石棺墓及其相关遗物》，《考古学报》1954年第7期。

[25] 河北省文物管理委员会：《河北唐山大城山遗址发掘报告》，《考古学报》1959年第3期。大城山遗址包含有龙山期遗存，参看注［1］和［4］。

[26] 天津市文物管理处考古队：《天津蓟县张家园遗址试掘简报》，《文物资料丛刊》第1辑，文物出版社，1977年；《天津蓟县张家园遗址第二次发掘》，《考古》1984年第8期。

[27] 天津市文物管理处考古队：《天津蓟县围坊遗址发掘报告》，《考古》1983年第10期。

[28] 天津市历史博物馆考古队、宝坻县文化馆：《天津宝坻县牛道口遗址调查发掘简报》，《考古》1991年第7期。

[29] 北京市文物管理处等：《北京琉璃河夏家店下层文化墓葬》，《考古》1976年第1期。

[30] 北京市文物研究所：《北京市拒马河流域考古调查》，《考古》1989年第3期。

[31] 鲁琪、葛英会：《北京市出土文物展览巡礼》，《文物》1978年第4期。邹衡：《夏商周考古论文集》第陆篇第二章，文物出版社，1980年，注［4］，图一，30、39~41。

[32] 天津市文化局考古发掘队：《河北大厂回族自治县大坨头遗址发掘简报》，《考古》1966年第1期。

[33] 河北省文物研究所：《河北卢龙县东阚各庄遗址》，《考古》1985年第11期。

[34] 河北省文物研究所：《河北滦南东庄店遗址调查》，《考古》1983年第9期。

[35] 张家口市文物管理所：《张家口市白庙遗址清理简报》，《文物》1985年第10期。

[36] 张家口考古队：《河北怀来官厅水库沿岸考古调查简报》，《考古》1988年第8期。

[37] 张家口市文物事业管理所、宣化县文化馆：《河北宣化李大人庄遗址试掘报告》，《考古》1990年第5期。

[38] 张家口考古队：《蔚县考古纪略》，《考古与文物》1982年第4期。张家口考古队：《蔚县夏商时期考古的主要收获》，《考古与文物》1984年第1期。

[39] 拒马河考古队：《河北易县涞水古遗址试掘报告》，《考古学报》1988年第4期。

[40] 中国社会科学院考古研究所：《中国考古学中碳十四年代数据集》（1965～1981），文物出版社，1983年，第24、25、27页。张忠培等：《夏家店下层文化研究》；《放射性碳素测定年代报告》八、十一、十四、十五（分别见于《考古》1981年第4期，1984年、1987年、1988年第7期）。

[41] 夏鼐：《关于考古学上文化的定名问题》，《考古》1959年第4期。

[42] 刘观民：《内蒙古赤峰市大甸子墓地述要》，《考古》1992年第4期。大甸子墓地除异型和残破不能复原者外，共出尊形鬲（A型）388件，鼓腹鬲（B型）100件，直腹鬲（C型）44件，分占总数的72.94%、18.79%、8.27%。

[43] 目前有关夏家店下层文化分期研究的代表性意见有张忠培等：《夏家店下层文化研究》，《考古学文化论集》（1），文物出版社，1987年，第58～78页。李伯谦：《论夏家店下层文化》，《纪念北京大学考古专业三十周年论文集》，文物出版社，1990年，第150～170页。郭大顺：《丰下遗址分期再认识》，《文物与考古论集》，文物出版社，1986年。本文主要参照张先生分期意见，张文没有提及的资料的分期，或依郭文，或依李文。

[44] 内蒙古文物考古研究所发掘资料。

[45] 蒙朝阳市博物馆盛情，笔者参观过水泉遗址出土遗物。

[46] 朱永刚：《论高台山文化及其与辽西青铜文化的关系》，《中国考古学会第八次年会论文集》，文物出版社，1996年。

[47] 中国社会科学院考古研究所安阳工作队：《1979年安阳后冈遗址发掘报告》，《考古学报》1985年第1期。依母涛观点，重新界定后的后冈二期文化不包括冀南同期遗存，该文化仅指以1979年后冈遗址发掘资料为代表的遗存（母涛：《豫北冀南地区龙山遗存研究》，吉林大学硕士学位论文，1990年，未刊）。

[48] 李伯谦：《论夏家店下层文化》，《纪念北京大学考古专业三十周年论文集》，文物出版社，1989年。

[49] 张家口市文物事业管理所、宣化县文化馆：《河北宣化李大人庄遗址试掘报告》，《考古》1990年第5期。

[50] 徐光冀：《赤峰英金河、阴河流域的石城遗址》，《中国考古学研究》，文物出版社，1986年。

[51] 大甸子和阜新平顶山有少量发现，见注[4]、注[21]。

[52] 辽宁省文物考古研究所、吉林大学考古学系：《辽宁彰武平安堡遗址》，《考古学报》1992年第4期。

[53] 林沄：《商文化青铜器与北方地区青铜器关系之再研究》，《考古学文化论集》1，文物出版社，1988年。

[54] 如《1979～1989年天津文物考古新收获》一文将海河北系区相当夏家店下层文化时期的遗存，称为"张家园下层类型"，（见《文物考古工作十年1979～1989》，文物出版社，1990

年)。韩嘉谷先生在《花边鬲寻踪》一文中,称京津唐地区此期遗存为大坨头文化(内蒙古文物考古研究所编:《内蒙古东部区考古学文化研究文集》,海洋出版社,1991年。)

[55] 本文有关后冈二期文化陶器分期意见均依母涛:《豫北冀南地区龙山遗存研究》,见注[47]。

[56] 除水泉J25、F61外,还有南山根T4③、白斯朗营子塔山F1等单位。南山根T4③在张忠培先生分期意见中属较早单位;郭大顺先生则将塔山F1视为早期单位。

[57] 郭大顺:《大南沟的一种后红山文化类型》,《考古学文化论集》2,文物出版社,1989年。李恭笃:《夏家店下层文化若干问题研究》,《辽宁大学社会科学学报》1984年第5期。

[58] 河北省文物管理委员会:《河北唐山大城山遗址发掘报告》,《考古学报》1959年第3期。大城山遗址包含有龙山期遗存,参看注[1]和[4]。

[59] 中国科学院考古研究所安阳队:《安阳大寒村南岗遗址》,《考古学报》1990年第1期。

[60] 高天麟等:《龙山文化陶寺类型的年代与分期》,《史前研究》1984年第3期。

[61] 河北省文物管理处:《磁县下潘汪遗址发掘报告》,《考古学报》1975年第1期。

[62] 国家文物局考古领队培训班:《兖州西吴寺》,文物出版社,1990年。

[63] 山东大学历史系考古专业:《山东泗水尹家城第二、三次发掘简报》,《考古》1985年第7期。

[64] 北京大学考古实习队:《山东省海阳、莱阳、莱西、黄县原始文化遗址调查》,《考古》1983年第3期。

[65] 山东大学历史系考古专业:《山东泗水尹家城第二、三次发掘简报》,《考古》1985年第7期。

[66] 见注[1]。刘观民:《试析夏家店下层文化的陶鬲》,《中国考古学研究》(一),文物出版社,1986年。

[67] 夏家店下层文化与高台山文化直腹鬲、素面甗、长颈壶的比较,参见朱永刚:《论高台山文化及其与辽西青铜文化的关系》,《中国考古学会第八次年会论文集》,文物出版社,1996年。

[68] 刘晋祥:《大甸子墓地乙群陶器分析》,《中国考古学研究》(一),文物出版社,1986年。

[69] 陈光:《羊头洼类型研究》,《考古学文化论集》2,文物出版社,1989年。

[70] 许玉林等:《旅大地区新石器时代文化和青铜时代文化概述》,《东北考古与历史》第1辑,文物出版社,1982年。

[71] 旅顺博物馆、辽宁省博物馆:《辽宁长海县上马石青铜时代墓葬》,《考古》1982年第6期。

[72] 〔日〕滨田耕作:《貔子窝》,图版26、28。见注[23]。

[73] 刘观民:《不同文化之间特征品交叉现象释例》,《中国考古学会第八次年会论文集》,文物出版社,1996年。

[74] 潘其风:《内蒙古和东北地区商周时期至汉代居民的人种类型及相互关系》,《中国考古学会第八次年会论文集》,文物出版社,1996年。

(本文与齐晓光、夏保国合作撰写,原刊于《北方文物》1993年第2期)

关于夏家店下层文化的几个问题

20世纪20、30年代，日本人就曾在赤峰红山后、哲盟小库伦等地发掘和采集到一批夏家店下层文化遗物[1]，限于当时的认识水平，整理者将这些遗物与其他文化性质的遗存混在了一起。直到1960年赤峰药王庙、夏家店遗址的试掘，中国学者始正式将该类遗存与另一支青铜文化（即夏家店上层文化）相区别，命名为夏家店下层文化[2]。此后，这类遗存在燕山以北的老哈河流域和大、小凌河流域不断有所发现。可是，由于燕山以北夏家店下层文化常见的尊、尊形鬲等在燕山以南的海河北水系区的几个地点相继报道，而后一地区典型的鼓腹鬲等又在前一地区屡有所见。加之两区已刊布的材料长期缺乏系统性等原因，遂使学界普遍将两区遗存视为同一性质的考古学文化，而一律指称为夏家店下层文化，并对这种分布概念下的夏家店下层文化的分期、年代、类型及源流等一系列的课题展开了探讨[3]。

从20世纪80年代末开始，随着考古工作的持续推进和材料的不断增多，一些学者对夏家店下层文化的内涵与性质进行了重新思考。1989年，曾于拒马河流域开展过考古调查与试掘工作的卜工先生，从燕山地区夏商时期陶鬲的谱系研究出发，首次提出燕山南麓夏商时期的遗存不宜归入夏家店下层文化的认识[4]；1991年，在天津地区做过多年考古工作的韩嘉谷先生也力主将燕山以南夏家店下层文化的同期遗存命名为"大坨头文化"[5]，以示与夏家店下层文化的区别；1993年，我们也通过燕山南北夏家店下层文化时期遗存的系统比较而重新界定了夏家店下层文化的内涵，并将该文化的分布范围限指为燕山以北的西辽河水系区[6]。

本文拟在考古新发现与研究新认识的基础上，对夏家店下层文化的分布、文化面貌、分期、年代、分区等基本问题进行一番重新的分析和归纳。

一、分布与文化面貌

从目前的发掘和调查资料看，夏家店下层文化的主要分布区应是内蒙古东南部的老哈河流域和辽宁西部的大、小凌河流域。其范围北至西拉木伦河，南到渤海之滨，东、西大致以医巫闾山和七老图山为界，西南不逾燕山山脉（分界大致在承德—平泉一线）。经调查、试掘或发掘的遗址主要有赤峰药王庙、夏家店[7]、四分地东山嘴[8]、蜘蛛山[9]、西道[10]、宁城南山根[11]、小榆树林子[12]、三座店[13]、喀喇沁旗大山前[14]、敖汉大甸子[15]、白斯朗营子塔山、南台地[16]、范仗子[17]、北票丰下[18]、凌源三官甸子[19]、萧杖子[20]、喀左小转山子[21]、建平喀喇沁河东[22]、水泉[23]、朝阳三角城子南台子、破庙子[24]、热电厂[25]、锦西水手营子[26]、邰集屯[27]、锦州山河营子[28]、阜新平顶山[29]、库伦、奈曼两旗1975年调查试掘的诸遗址[30]、库伦南泡子崖[31]以及阴河、英金河流域调查、试掘的石城址[32]等。

以下从居住址、墓葬和出土遗物三个方面简单概括一下夏家店下层文化的文化面貌，以明确夏家店下层文化自身独特的文化内涵。

（一）居住址

从调查资料看，夏家店下层文化的居住址常常以群的方式分布。即以若干邻近的地点结为一个居址群，占据一定的区域，与其他的群之间有较明显的空白地带相隔。这样的一个居址群，少者有3～4个地点，多者包括十多个地点。且居址群内的诸地点和居址群之间往往有级别上的差异。从居住址的类型上看，既有地处河川内平阔地势之上、靠人工建筑而逐渐堆积加高的土丘型，又有位于河旁台地之上的台地型，甚至还有位于高山之巅的山岗型。居住址规模小者仅数百平方米左右，大者可达10万平方米以上。居址群中规模较大的地点，其外围往往有壕沟或围墙环绕，有的居址壕沟与围墙兼有，体现了很强的防御意图。从围墙的建筑材料看，主要有石墙与堆土墙两类。居址内的遗迹主要有房址、灰坑和灰沟等，尚未见到有关陶窑和水井等遗迹类型的报道资料。

1. 房址

房址既有半地穴式建筑，又有地面式建筑，在已刊布的资料中，前者的数量多于后者。所见的平面形状主要有圆形、圆角方形、方形或长方形等。一般为单间，偶尔也见双间式。部分房址有门道。半地穴式房址的门道多为斜坡或阶梯状，地面式房址的门道多外窄内宽。门向多偏南。地面式建筑的墙壁常见土坯墙和夯土墙，半地穴式房址也发现有靠穴壁砌土坯和石块的例子。其中土坯墙的砌法多采用"三七压缝"法。墙壁上多抹一层或多层草拌泥，有的还经烘烤。有些房址的墙外还有一圈围墙。室内居住面有的为黄色硬土，有的拌草泥或白灰面。室内居住面大多不止一层，一般有2～3层，多者有5～6层。柱洞见于部分房址，多分布在居住面中央或边缘靠墙处。有些柱洞内填碎陶片且经砸实。灶绝大多数都为平地灶，居于室内中心。个别有瓮式灶或石砌灶址。

另外，在堆积较深的居住址中，常见几层房址在同一位置上连续叠压的"房身不变"现象。

2. 灰坑

常散布在房址之间的空地上，形状主要有圆形袋状、圆形直壁和不规则形等。其中规整且大的圆形袋状和直壁坑可能是作窖穴使用过的，不规则形的坑则多与居民的取土或排水等行为有关。另外，在不同形制的灰坑中都能判别出部分祭祀坑。

3. 灰沟

常分布在居址内房址的外围，形状多不规则，且大小、深浅不一。其用途尚待进一步研究。不过，四分地东山嘴、大山前等遗址发现有这类灰沟与大型灰坑相连的现象，说明至少有部分灰沟可能与排水或储水有关。

（二）墓葬

墓葬多成片分布在居住址的附近。从已发掘的大甸子、范仗子两处墓地看，墓葬分布密集，但一般排列有序，绝少有打破现象。而且，墓地内的墓葬多有以空白地带隔为若干片的现象。这说明墓地是经过精心安排并可能是有专门管理的。墓葬形制以土坑竖穴式为主，有的有木质葬具，个别以土坯垒砌葬具。有些墓还设有生土二层台或壁龛。壁龛多位于脚端。随葬品多置于脚端或脚端壁龛之内，一般都是明器，很少使用实用器。即便以实用器随葬，也常将其口部或足部打破，或以泥浆涂挂器表。大概是要显示生者与死者之间的区别。

另外，在较高级别墓葬的填土内，常见殉葬猪、狗的现象；壁龛内则常随葬猪趾骨，有的还有鸡骨和狗头。

（三）出土遗物

1. 陶器

夏家店下层文化的陶器主要由夹砂灰陶、夹砂褐陶（包括红褐陶和灰褐陶）、泥质灰陶、泥质黑陶和泥质红陶等陶系所构成。但以上诸种陶系在不同地区、不同遗址又呈现了一定的差异。总体上看，夹砂陶在数量上略多于泥质陶；从陶色上观察，则灰陶和褐陶占主导地位。陶器的纹饰以绳纹或弦断绳纹为主，素面和磨光陶占有一定比例。绳纹陶器的口、颈部一般磨光，而磨光陶器在磨光前又往往先饰有绳纹。另有一定数量的附加堆纹、弦纹和少量的篮纹、方格纹等。墓葬中出土陶器除素面外，流行饰红、白二色彩绘图案。个别见有黄色。这种彩绘陶在遗址中并不多见。陶器制法以泥条盘筑、分段套接为主，部分器物口沿有轮修痕迹。实足根、鋬耳等附件一般用榫卯法装接。空三足器的袋足部分大多为模制。

器类主要有鬲、甗、盆、罐、瓮、鼎、尊、盘、壶、豆等几类，另有少量的杯、碗、钵、簋、器盖等。从器形上看，比较有代表性的器物是尊形鬲、无腰隔甗、敞口深腹盆、中口深腹罐、罐形鼎、敞口折腹的尊、圈足或三足盘、侈沿鼓腹瓮、长颈壶、细高柄浅盘豆等。墓葬随葬陶器的组合以鬲、罐为中心，另配有少量的鼎、尊、豆、壶、钵等，对甗、盆、瓮、盘等器类是排斥的。而且，墓葬中所见鼓腹鬲、直腹鬲、假圈足罐等器物的比例要明显高于遗址中所出者。另外，大甸子墓地高级别墓中还有随葬鬹、爵、盉等酒器的现象。这类酒器的残片在以往赤峰大山前等居住址的发掘中也曾见到过。

2. 玉、石器

生产工具类的质地大多为各种石器。从制法上可分磨制、打制、打磨兼制和压剥等四种，其中磨制者最为常见。以南山根遗址出土石制品为例，磨制石器41件、打制石器10件、细石器11件，分别占66.1%、16.1%和17.8%。磨制石器见有铲、刀、斧、锛、磨棒、砺石、纺轮等几种。其中铲的数量较多。从药王庙、南山根等几个地点的统计情况看，铲约占磨制石器总数的1/3以上。铲的形状主要有直身和亚腰（或有肩）两类。刀大多为一侧有棱脊、截面呈三角形的柳叶状，也见有少量矩形者。打制石器有锄、斧、盘状器等几种。其中锄占主体，形状多为亚腰形。压剥石器主要包括以燧石制成的镞和刮削器等。当然，石镞也不排除作为远距离杀伤性武器的可能性。除此之外，居住址和墓葬中都曾发现过质地精美的玉质斧或钺，应属于象征性的工具或武器。

装饰品的数量和种类甚多，且多见于较高级别的墓葬之中。玉质器类见有玦、环、坠、臂饰等。有些墓中还出有以大理石、绿松石、片状白石、红玛瑙制成的头饰、耳饰和项链等。

乐器类目前在建平、建昌、喀喇沁等旗县境内发现过石磬[33]。石磬一般为磨制或打磨兼制，体形较大，长度30～50厘米。顶端常有钻孔。多以质地细腻的石灰岩制成，叩之声音清脆悦耳。

3. 骨、角、蚌、贝器

骨器常见的有锥、镞、铲、刀、匕、发笄、骨针和牌饰等。取材范围较广泛。既有动物的肢骨、肋骨，又有肩胛骨、头盖骨等部位，甚至还有人骨制品。

角器较少见，器形有锥、发笄等，系以鹿科动物的角剖磨而成。

蚌器一般是用蚌壳穿孔或磨制而成，有刀、坠饰或衣物上的镶嵌物。

贝皆磨去隆起面，有穿孔。多见于墓葬中。以壁龛中所陈放者最多，有些还染有红色。有的从出土位置看应系头饰，还有的系缝缀在腰间或衣襟下摆的装饰物。蚌壳仿制的贝也有发现。

4. 金属器

目前所见金属器有金、青铜和铅三种质地。青铜制品大多为小件，种类上既有斧柄冒、镦、杖首等仪仗类用具的附件，又有一端做成扁平扇面形的耳环、单圈或双圈的指环等装饰品，还见有刀、锥之类的工具。较大型的青铜器只发现一件戈头与柲联铸的铜戈。尚未发现可明确归属该文化的铜容器。

铅器仅在大甸子墓地发现一仿制贝和一杖首。金器也仅见一枚耳环。

5. 漆木、编织器

这类器物容易朽蚀，故一般只能于墓中发现残片或印痕。漆器可辨器形的只有觚。编织器是以篾条编制而成，形状不明。大甸子804座墓中发现有漆木器、编织器痕迹、涂料及其镶嵌物的有38座。大多属于北区或中a区中较高级别的墓葬。

6. 卜骨

多见于居住址范围内，几乎每个经过较大型发掘的遗址都可见到，说明当时占卜已是一种十分流行的习俗。卜骨一般以猪、羊之肩胛骨或肢骨、肋骨修整而成，多于肩胛骨背面和肢骨、肋骨的粗糙面施钻、灼。钻窝常常排列得很密集，部分钻窝底部可见灼痕，但相反一面可见兆纹者不多。

对夏家店下层文化总体面貌的归纳总结，是我们进一步考察该文化分期、分区等基本问题的基础。

二、分期与年代

（一）典型陶器的分类与排序

在夏家店下层文化陶器群中，鬲、甗、盆、罐、鼎、瓮、尊、盘、豆、壶等陶器的出现频率较高，分布面较广，属典型器类，可作为分类、排序的主要分析对象。但从目前已发表的资料看，瓮、豆、壶三类器物尚缺乏可供分类排队的完整标本，只好暂缺。

盆：有深腹与浅腹之别。

深腹盆腹部多有对称的鸡冠状錾耳，均大敞口。器形可分弧腹与斜腹两型。其中敞口弧腹型数量较多，可分四式：Ⅰ水泉H53:1→Ⅱ丰下T17⑤:2→Ⅲ水泉H86:3→Ⅳ丰下T102②F8:9（图一，1、7、15、24）。变化趋势：口沿由宽沿外侈至窄沿近平，再到沿端下斜；口及上腹由外敞程度较大而逐渐内收。蜘蛛山遗址有一组层位关系：T1②B→T1②E（无关单位略去，下同），T1②B出Ⅲ式盆（T1②B:62），而T1②E出Ⅱ式盆（T1②E:61），可证上述四式盆的演变顺序。敞口斜腹型盆数量较少，从现有资料看，存在与敞口弧腹型相似的变化规律。

浅腹盆数量不多，亦有敞口斜腹与敞口弧腹两型，但均缺乏可供排队的标本。

甗：完整者较少见，故对其上、下部都单独分析。

甗之上部即甗盆多似深腹盆中的敞口弧腹型，唯腹部较深腹盆更深，且腹中部一般不带双扳。也有少数甗盆形制近似于敞口斜腹型深腹盆者。甗盆总体可分四式：Ⅰ水泉T14④:11→Ⅱ三角城子南台子H1甗（盆部）→Ⅲ夏家店T9④:19→Ⅳ丰下T20②H1甗盆（图一，8、16、25、33）。演变趋势：口沿由宽侈而窄平，直至消失，口由外敞而渐内收，腹壁渐直。可见，甗盆具有与深腹盆相似的变化逻辑。

甗之鬲部有分裆与弧裆两类，弧裆者极少见。分裆类中常见的形态可分两型。

A型　斜腹，腹最大径偏下。可分五式：Ⅰ水泉J25:3→Ⅱ水泉F25:3→Ⅲ三角城子南台子H1甗（鬲部）→Ⅳ大甸子H6:4→Ⅴ小榆树林子出土者（图一，2、9、16、26、34）。变化趋势：空足由外撇而逐渐收束，器形整体由矮胖向瘦高发展。其中较晚的式别（Ⅲ、Ⅳ、Ⅴ式）流行加高内裆隔的作法，使得甗之空足看起来像是很深。丰下南区下层的T8④:1为A型Ⅱ式甗鬲，南区中层的T17③:1为A型Ⅲ式甗鬲；大山前96KDIG2→96KDIG6，96KDIG2出A型Ⅳ式甗鬲，96KDIG6出A型Ⅲ式甗鬲，以上层位关系可证A型甗鬲的上述演变顺序。

B型　鼓腹，腹最大径大致居中。可分三式：Ⅰ水泉F61:7→Ⅱ南山根T10④:20→Ⅲ丰下T4②F1:1（图一，3、17、27）。变化趋势：袋足下部也由稍外张而逐渐收束，腹最大径由稍偏下而移至肩部。其演变顺序的合理性可由与A型甗鬲的同步演变而证明。

尊：或称折腹盆。最常见的一类是敞口而腹壁较直者，另有极少为大敞口、斜腹。其中前一类可分粗体与细体两型。粗体型尊可分四式：Ⅰ水泉"第五层"出土的一件[34]→Ⅱ丰下T17⑤:2→Ⅲ水泉H49:1→Ⅳ大甸子M377:28（图一，4、10、18、28）。变化趋势：口沿变化近似于深腹盆；腹上部由外敞而渐内收，腹下部折棱由钝而渐锐。丰下南区下层T17⑤:2为Ⅱ式尊，而南区上层T8②:3、T16②F12:A1均属Ⅳ式尊；凌源三官甸子城子山遗址T3②层出Ⅱ式尊（T3②:7），而叠压于其上的T3①出Ⅲ式尊（T3①:8）。此二组层位关系可证上述粗体尊之演变顺序。细体尊变化趋势大体与粗体尊相同步。

鬲：最多见的是一类上部似尊，而下部似A、B型甗鬲的陶鬲，即以往所说的尊形鬲。此类鬲多通体磨光，遗址中所见有的饰绳纹，而墓葬中所见者有的饰彩绘。从形制上看，此类鬲与甗鬲一样，亦有分裆与弧裆之别。分裆者常见，可分两型。

A型　下部似A型甗鬲者，可分四式：Ⅰ水泉H103:2→Ⅱ三角城子南台子H1鬲→Ⅲ南山根T1③:34→Ⅳ库伦格尔林75kgM1:1（图一，11、19、29、35）。变化趋势：袋足部分变化与A型甗鬲一致，而口沿部分变化则与尊相似。此型鬲中大多数有由矮胖向瘦高演变的趋势。大甸子居住址第一地点第4层出A型Ⅱ式鬲（T1④：27），而第3层出A型Ⅳ式鬲（T3③：16），此组层位关系可证上述A型鬲之演变顺序。

B型　下部似B型甗鬲者。可分四式：Ⅰ丰下T8④：2→Ⅱ大甸子M854：1→Ⅲ南山根T1③：35→Ⅳ小榆树林子T1：43（图一，12、20、30、36）。变化趋势：此型鬲三足由肥鼓而渐趋瘦直，体形向瘦高发展的特点接近A型鬲。

还需说明的是，A、B型尊形鬲的较晚式别也有将内裆隔特意加高的现象。

除尊形鬲外，夏家店下层文化还有三类陶鬲，可分别称之为鼓腹鬲、直腹鬲和折肩鬲。三者在数量上远不及尊形鬲，且目前还缺乏可供排队的标本，暂不分析其演变特征。

罐：种类多样。可分平底罐与假圈足罐两大类。前者数量上居大宗，后者数量相对较少，且主要见于墓葬之中。

平底类罐中依口径与腹径之比又可细分为三小类：大口（口径大于腹径）、中口（口径与腹径相若）和小口（口径小于腹径）。其中每小类都主要包含有矮鼓腹与深腹两型。目前中口罐中的深腹型可分四式：Ⅰ水泉F61：2→Ⅱ白斯朗营子塔山F1：9→Ⅲ大甸子H1：12→Ⅳ南山根T4③：15（图一，5、13、21、31）。此型罐口沿由宽而外侈至窄而近平的演变特征与前述敞口深弧腹盆等器物的演变是相似的。且罐的颈部有逐渐收束的趋势，从而显得腹中部渐鼓。

平底类罐中其他类型的罐与假圈足罐目前还缺乏排队的条件。

鼎：可分罐形鼎和钵形鼎两类。前者多见，后者较少且主要见于墓葬中。

罐形鼎形态多样。其中较常见的是小口、鼓腹型者，可分三式：Ⅰ丰下T10③：1→Ⅱ丰下T3②：1→Ⅲ丰下T20②H1：5（图一，22、32、37）。变化趋势：腹部由鼓而扁。以上三式标本，Ⅰ式出于丰下中层，Ⅱ式出于丰下上层，而出Ⅲ式标本的T20②H1又打破了上层的房址（F15）。所以，上述变化趋势可由此组层位关系证明。

罐形鼎中的其他种类和钵形鼎目前缺乏可供排队的标本。

盘：一般为大敞口、浅腹，下有三足或圈足，个别还有多足，可分三式：Ⅰ水泉T8⑤：23→Ⅱ四分地东山嘴F8：6→Ⅲ丰下T101③：1（图一，6、14、23）。盘的口部变化趋势同于深弧腹盆和尊等敞口类器物。另外，足部似有逐渐加高的趋向。盘的演变顺序可由与其他器物的同步演变特征来证明。

（二）分期和各期特征

根据以上典型陶器的形制分析和各型陶器式别之间的组合关系，并参考丰下、水泉、大山前等遗址的分层（或分期）情况，可将夏家店下层文化总体上归纳为以下五个发展阶段（图一）。

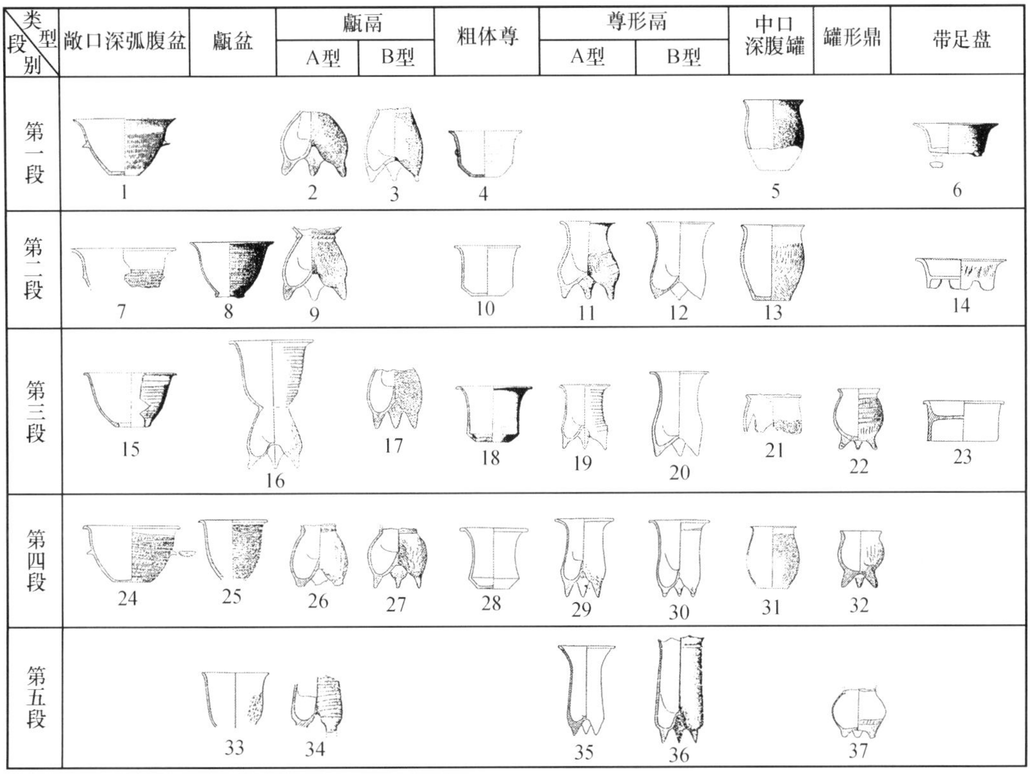

段别 \ 类型	敞口深弧腹盆	瓢盆	鬲鬲 A型	鬲鬲 B型	粗体尊	尊形鬲 A型	尊形鬲 B型	中口深腹罐	罐形鼎	带足盘
第一段	1		2	3	4			5		6
第二段	7	8	9		10	11	12	13		14
第三段	15	16	17	18	19	20		21	22	23
第四段	24	25	26	27	28	29	30	31	32	
第五段		33	34			35	36	37		

图一 夏家店下层文化分期图

1~6、8、9、11、15、18. 建平水泉（H53∶1、J25∶3、F61∶7、无单位号、F61∶2、T8⑤∶23、T14④∶11 F25∶3、H103∶2、H86∶3、H49∶1） 7、10、12、22~24、27、32、33、37. 北票丰下［T17⑤∶2（原报告重号）、T8④∶2、T10③∶1、T101③∶1、T102②F8∶9、T4②F1∶1、T3②∶1、T20②H1、T20②H1∶5］ 13. 敖汉白斯朗营子塔山（F1∶9） 14. 赤峰四分地东山嘴（F8∶6） 16、19. 朝阳三角城子南台子H1 17、29~31. 宁城南山根（T10④∶20、T1③∶34、T1③∶35、T4③∶15） 20、21、26、28. 敖汉大甸子（M854∶1、H1∶12、H6∶4、M377∶28） 25. 赤峰夏家店（T9④∶19） 34、36. 宁城小榆树林子（无编号、T1∶43） 35. 库伦格尔林75kgM1∶1

第一段：代表性单位有建平水泉第5层、第5层下开口的F61、J25及H53，蜘蛛山早期地层中的T1②F、T1②G及H42等单位可归属此段。典型陶器有Ⅰ式深弧腹盆、A型Ⅰ式与B型Ⅰ式鬲鬲、Ⅰ式粗体尊、Ⅰ式中口深腹罐、Ⅰ式盘。伴出的器物还有大敞口尊、深斜腹盆、浅斜腹盆、瓮、豆等。不见尊形鬲。陶器以夹砂灰陶和灰褐陶为主，泥质灰陶其次。另有一部分素面磨光黑陶。夹砂陶流行饰印痕较深的斜向绳纹或交叉绳纹。泥质陶除素面外常饰篮纹或弦纹，另有少量方格纹。典型器物中，A型Ⅰ式鬲鬲三足粗肥外撇，器形矮胖；B型Ⅰ式鬲鬲袋足粗肥，Ⅰ式深弧腹盆、Ⅰ式粗体尊、Ⅰ式中口深腹罐、Ⅰ式盘等均有宽沿外侈的特点。而且，Ⅰ式粗体尊腹壁外张，Ⅰ式深弧腹盆敞口程度较大。未分式别的大敞口尊、深斜腹盆、大口深腹罐等器种也有宽沿外侈的作风。

第二段：代表性单位有丰下南区下层的T8④、T17⑤、T23⑥、水泉遗址诸探方统一划分的第4层及H125、F25、H36、H103、三官甸子城子山T3②、白斯朗营子塔山F1、F2、蜘蛛山T1②E、H1、四分地东山嘴H1、F8、H6等。典型陶器有Ⅰ式瓿盆、A型Ⅱ式瓿鬲、A型Ⅰ式和B型Ⅰ式尊形鬲、Ⅱ式深弧腹盆、Ⅱ式粗体尊、Ⅱ式盘、Ⅱ式中口深腹罐。伴出器类新增了罐形鼎、杯、碗等。此段陶器在陶系上无多大变化。纹饰仍以绳纹为主，但比较流行规整的弦断绳纹。附加堆纹也较平整而规则，仍有一定数量的泥质磨光黑陶。典型器物中，A型Ⅱ式瓿鬲三足稍内敛。深弧腹盆、瓿盆、尊、中口深弧腹罐、盘等器物的口沿均较上段变窄。其中，深弧腹盆的口及上腹稍内收，粗体尊变为直腹，尊形鬲下部均较肥鼓，盘的三足较上段增高。

第三段：代表性单位有丰下南区中层（即第3层）、T101③、南山根T10④、T5④、H28、三角城子南台子H1、破庙子M1、水泉H86、H49、药王庙T1③、T4③、F2、蜘蛛山H40、T2④B、T1②B、四分地东山嘴H2、H5、H11、F2、F5、小河沿南台地F12、大甸子遗址T1④、H1、大山前96KDIG6、F8H1、平顶山F101、三官甸子城子山H2、F2、T3①等。大甸子墓地出AⅠ1、AⅠ2、AⅡ1、AⅣ1a、AⅣ1b、AⅤ1a、AⅤ1b、AⅣ1a式鬲，而又不与其他诸型鬲的二、三式共出的单位均可归属此段。典型陶器有A型Ⅲ式和B型Ⅱ式瓿鬲、Ⅱ式瓿盆、A型Ⅱ式和B型Ⅱ式尊形鬲、Ⅲ式深弧腹盆、Ⅲ式粗体尊、Ⅲ式中口深腹罐、Ⅰ式小口鼓腹罐形鼎、Ⅲ式盘。伴出器类中新增鼓腹鬲、折肩鬲、簋等。从此段开始，泥质磨光黑陶有减少趋势。在努鲁儿虎山以东地区，红褐陶比例增大。纹饰中流行规整的竖向绳纹、弦断绳纹或附加堆纹加绳纹。篮纹、方格纹已很少见。新增篦点几何纹。部分罐、罐形鼎或鬲的口沿上出现了加饰对称小錾纽的作风。典型器物中，A型Ⅱ式尊形鬲、A型Ⅲ式瓿鬲三足收束近直立，B型Ⅱ式鬲、B型Ⅱ式瓿鬲足外侧也变得较瘦直。此段鬲、瓿类空三足器开始流行加高内裆隔的作法，有意使空足看起来较深。深弧腹盆、瓿盆、尊、尊形鬲、盘等器物的口沿绝大多数都有窄而近平的作风。其中，深弧腹盆与瓿盆的口及上腹继续内收，尊仍为直腹。此段小口鼓腹罐形鼎形体稍显瘦高。

第四段：代表性单位有丰下南区上层（即第2层）、T102②F8、T101②、南山根T1③、T4③、T10③、药王庙T1①、夏家店T9④、大甸子H3、H6、大山前96KDIG2、平顶山M109、水手营子M1等。大甸子墓地出AⅡ2、AⅢ1a、AⅢ1b、AⅣ2a、AⅣ2b、AⅤ2a、AⅤ2b式、Aa型、Ab型、Ac型鬲的单位可归属此段。典型陶器有A型Ⅳ式和B型Ⅲ式瓿鬲、Ⅲ式瓿盆、A型Ⅲ式和B型Ⅲ式尊形鬲、Ⅳ式粗体尊、Ⅳ式深弧腹盆、Ⅳ式中口深腹罐、Ⅱ式小口鼓腹罐形鼎。带足的盘已很少见。伴出器类大致同上段。此段陶器绳纹大多纹痕浅而散乱，常见器表绳纹被抹去的现象。弦纹与附加堆纹也不甚规整，饰纹显得很随意。泥质磨光黑陶极少见。在努鲁儿虎山以东地区红褐陶的比例继续增大。典型器物中，A型Ⅳ式瓿鬲、A型Ⅲ式尊形鬲空足继续收束，夹裆更明显。B型Ⅲ式瓿鬲、B型Ⅲ式尊形鬲的空足也变得更瘦，主要容积已移至腹腔部分。深弧腹盆、甗盆、尊、尊形鬲、中口深腹罐的口沿多数较窄而近平，或沿端稍下垂，沿腹之间夹角较上段更缩小。其中，深弧腹盆与甗盆由于口及上腹内收而显得腹壁较直，尊已因口及腹壁内收而显得束腰明显，下腹折棱也较尖锐。小口鼓腹罐形鼎的腹部较上段圆鼓。

第五段：此段材料较少。代表性单位有丰下T20②H1、小榆树林子T1上层、大甸子遗址T3③、范仗子M25、库伦格尔林M1、M2等。大甸子墓地出AⅢ2、AⅣ3b式、AⅥ2、AⅥ3式鬲的单位可归属此段。典型陶器有A型Ⅴ式甗鬲、Ⅳ式甗盆、A型Ⅳ式和B型Ⅳ式尊形鬲、Ⅲ式小口鼓腹罐形鼎。此段陶器的纹饰特征大体同上段。典型陶器中，A型Ⅴ式甗鬲、A型Ⅳ式和B型Ⅳ式尊形鬲三足夹裆更明显，从外侧看显得更加瘦直，整个体形也多较上段同类器瘦高。尊形鬲的口部以下接近筒形，已难辨空足与腹之间的界限。有的鬲、甗类空三足器中仍有较高的内裆隔。甗盆、尊形鬲等器物的口部仍为窄沿；有的窄沿已消失，口与腹已连为一体，无明显界限。Ⅳ式甗盆的腹壁近直。Ⅲ式小口鼓腹罐形鼎的腹部则由圆而扁。

总体上看，以上所分五段，从陶器上既能看出明显的承继性，又能看出一些各段自身的风格。所以，这五段大体能够代表夏家店下层文化发展的阶段性。

（三）年代推断

经比较，夏家店下层文化的陶器从形制及演变特征看，与中原二里头文化有着一些共同的时代特点[35]。主要表现在以下几个方面。

（1）二者陶器群中泥质磨光黑陶所占的比例都有逐渐减少的趋势。

（2）二者陶器群中的篮纹和方格纹都有由多渐少、趋于消失的发展过程。

（3）夏家店下层文化一些敞口类陶器如深弧腹盆、甗盆、尊、尊形鬲、盘等的口沿都有由宽沿外侈到窄沿近平，再到沿端下垂的共同规律。而二里头文化的一些敞口类陶器如深腹盆（或甗）、盆形鼎、豆等的口沿也有类似的演变规律。而且，夏家店下层文化的Ⅱ、Ⅲ、Ⅳ式深弧腹盆在整体特征上也分别与二里头文化一、二、三期的深腹盆（或甗）相一致。

（4）大甸子墓地出有鬶、爵（或角）等陶礼器的13座较大型墓中，除M713未出尊形鬲而暂未归段之外，属第三段的有10座（M612、M666、M672、M677、M706、M726、M818、M853、M867、M1215）。属第四段的有2座（M905、M931）。据研究，这些鬶、爵等在形制上与二里头遗址二期晚段至三期早段的同类器有相同的风格[36]，时代也应相近。

以上分析表明，夏家店下层文化与二里头文化有着大体平行的发展过程。具体说来，夏家店下层文化的第二、三、四段应分别相当于二里头文化的一、二、三期；夏家店下层文化的第一段，往下与第二段衔接紧密，无大的缺环，年代应稍早于二里头文化一期；夏家店下层文化第五段目前所见材料虽少，但其所包含的器物既有与第四段同类器衔接紧密者（如Ⅲ式小口鼓腹罐形鼎标本），又有变化幅度稍大者（如A、B型Ⅳ式尊形鬲、A型Ⅴ式甗鬲标本），表明此段遗存尚有进一步细分的可能。考虑到此段小榆树林子出土的甗鬲形制已接近二里岗上层甗的鬲部特征[37]，将该段年代估计在二里头文化第四期至二里岗下层时期或稍晚，可能比较合乎实际。

应当说明的是，将夏家店下层文化的主要年代范围看作是中原地区的夏至早商时期，这已是众多学者的共识。但对该文化的年代上限究竟是否可早至龙山阶段，学界尚存不同意见。从我们的比较结果看，夏家店下层文化的第一段，其年代要稍早于二里头文化第一期。若依中原地区考古学文化的现有编年标尺，夏家店下层文化年代上限早至龙山期之末是完全可能的。

夏家店下层文化现已发表的碳测年代数据有16个（表一），均为木炭样品。除蜘蛛山H42、大山前ⅠH12炭样年代明显偏早，大山前ⅠH34炭样年代又略显偏晚之外，年代范围落在距今4000～3400年。考虑到二里头文化的绝对年代一般认为不超出公元前1900～前1500年的范围[38]，目前将夏家店下层文化的年代范围做如此估计，可能并无大谬。

表一　夏家店下层文化^{14}C年代数据表

单　位	编　号	^{14}C年代、距今（半衰期5730年）	树轮校正年代	段别
蜘蛛山H42	ZK-0176	3965±90	BC2466～BC2147	第一段
大甸子M454	ZK-0402	3390±90	BC1685～BC1463	第三段
大甸子M759	ZK-0480	3420±85	BC1735～BC1517	
范杖子M78	WB82-38	3180±90	BC1445～BC1263	
范杖子M79	ZK-1208	3545±95	BC1887～BC1671	
范杖子M84	ZK-1209	3510±75	BC1874～BC1632	
水泉T26④F41	ZK-0695	3540±75	BC1882～BC1679	
水泉T15⑤H南	ZK-0699	3780±90	BC2195～BC1935	第一段
朝阳热电厂T13②	ZK-2222	3535±55	BC1876～BC1686	
朝阳热电厂T6③	ZK-2223	3490±250	BC1940～BC1329	
朝阳热电厂T6④	ZK-2224	3580±75	BC1902～BC1700	
朝阳热电厂T6④F20	ZK-2225	3725±135	BC2193～BC1779	
丰下南区T9、10③	ZK-0153	3550±80	BC1886～BC1681	第三段
大山前ⅠH12	ZK-2934	3834±400	BC2852～BC1548	第二段
大山前ⅠH34	ZK-2935	3157±75	BC1412～BC1214	第二段
大山前ⅠT111②	ZK-2938	3418±70	BC1681～BC1515	第三段

注：表中蜘蛛山、大甸子、范杖子、水泉、朝阳热电厂、丰下等遗址或墓葬的^{14}C年代数据来自中国社会科学院考古研究所编著《中国考古学中碳十四年代数据集》（1965～1991）第55、56、66～68页（文物出版社，1992年）。大山前遗址^{14}C年代数据来自中国社会科学院考古研究所考古科技实验研究中心《放射性碳素测定年代报告》（二四）第35页（《考古》1997年第7期）。

三、分　　区

在重新界定的夏家店下层文化的分布范围之内，因所处地理环境不同和周邻同期文化的影响，文化面貌在基本一致的情况下呈现出一定的地域性差异。目前可以东北—西南走向的努鲁儿虎山山脉和教来河中下游为界，将夏家店下层文化分成东、西两区，以此作为夏家店下层文化类型划分的基础。

（一）西区

该区主要包括老哈河及其一些支流所流经的地区。地貌以山地丘陵为主，海拔多在600～1500米。地势西高东低。该区西有七老图山、东有努鲁儿虎山、南亘燕山，北邻西拉木伦河，是一个相对独立的地理单元。

从陶器上看，该区从早至晚始终以夹砂或泥质的灰陶为主，其次为夹砂的褐陶，另有少量的黑陶和红陶（表二）。

表二　西区陶器陶系统计表

陶系 百分比/% 地点、数量	夹　砂				泥　质			
	灰陶	黑陶	褐陶	红陶	灰陶	黑陶	褐陶	红陶
药王庙1273片	38.6	0.95	30.58	4.08	19.81	3.46	0.08	2.44
夏家店1436片	43.1	0.4	13.2	2.45	31.85	0.4	3.8	4.8
南山根5020片	61.46	6.76	8.76	0.67	11.59	6.79	3.73	0.24
蜘蛛山5441片	6.7		23.6	4.7	53	2.8		6.7

注：表中陶片数量和百分比数据分别取自上述四地点的发掘报告。

在陶器器形和装饰风格上，饰蛇状或细棱状附加堆纹的甗、鬲等，虽不属夏家店下层文化的典型器类，但在西区及邻近范围内却屡有所见。除大家熟知的喀喇沁旗上瓦房、翁牛特旗五分地[39]之外，在大山前等遗址也都出土或采集过此类陶器。目前东区仅在地域偏北的大甸子、平顶山等遗址有所发现。口沿上附加錾纽的罐、鬲、罐形甗等在西区也较多见，且主要出现在中晚期阶段（即Ⅲ、Ⅳ、Ⅴ段），而东区仅有个别遗址可以见到，如丰下T101②:1罐。西区南山根、蜘蛛山、药王庙、大山前等遗址都见有口沿或器身装饰篦点纹的尊、尊形甗等，大山前遗址还见有装饰此类纹饰的罐、鬹的残片。东区饰有此类纹饰的陶器也仅在地域偏北或靠近西区的几个遗址中才能见到。上述现象在一定程度上显示了西区陶器群所具有的地域特征。

在遗迹方面，目前西区诸地点所发现的半地穴式房址，多直接利用生土壁或于四壁砌石，然后再抹泥加工，屋外地面上很少有附加石围墙的现象。而且，在四分地东山嘴、大山前等遗址发掘的部分半地穴式房屋，有在穴壁上掏龛的现象。龛的数量不定，少则1个，多则4或5个。有些龛的壁和底见有烧火痕迹。这种房内设龛的现象目前不见于东区的报道。在地面式建筑中，西区多见以土坯砌墙的做法。有些房址还砌有两圈围墙，其中有的在两圈土墙之间以短隔墙分出一些空格来。当然，地面式建筑中也有少量的夯土墙或石墙。这些地面式的房址在建筑之前地表一般要经取平或垫出平整的土台。

（二）东区

此区主要包括辽宁西部的大、小凌河流域。其范围南抵渤海，北至科尔沁沙地南缘，向东不逾医巫闾山。海拔多在50～700米。域内多为平川和低矮的丘陵，地貌与西区存在一定差异。由于邻近渤海，东区偏南的小凌河流域与大凌河中下游地区的气候也较西区和东区的北部温暖而湿润。

在东区陶器群的陶系方面，夹砂灰陶和泥质灰陶所占的比例要大大低于褐陶，居于次要地位。不仅如此，从分期角度看，丰下等遗址的资料还显示出红褐陶和红陶渐多而灰褐陶渐少的趋势。至第四段时，红褐陶在比例上甚至已超过灰褐陶而居主导。这些变化显示了与西区陶系的明显差异（表三）。

表三　东区丰下遗址三个典型单位的陶系统计表

百分比/% 地点、数量	夹　砂				泥　质			段别
	褐陶	红褐陶	红陶	灰陶	灰陶	黑陶	红陶	
T2② 328片	18.6	43.29	9.15	8.22	14.33	1.53	4.88	第四段
T9③ 708片	63.28		6.92	13.28	7.34	9.18		第三段
T17⑤ 490片	51.63	7.97	2.85	7.55	13.27	16.73		第二段

注：表中数据采自郭大顺《丰下遗址陶器分期再认识》一文表一。其中，T9③"夹砂褐陶"项包括了夹砂红褐陶在内。

从器类及装饰风格看，东区的不少遗址都发现过夹砂红褐陶的素面直腹腔陶鬲和素面甗等。有些墓葬中也见有唇部抹斜的壶、罐、钵等夹砂红褐陶的素面陶器。最典型的即是大甸子墓地中所区分出的乙组陶器。这组器物在东区很有特色，而在西区却很少见。另外，东区的奈曼南部等地还发现有少量的红衣陶，也很富地域特征。

从东区已发表的房址资料看，丰下和河东二遗址所介绍的半地穴式建筑颇具特点。它们多是沿穴壁砌土坯（个别为夯土墙、泥墙或石头墙），然后，再于墙外地面上砌石头围墙。这种做法在西区已发现的半地穴式房址中基本不见。丰下遗址有的房子除灶址之外紧贴内壁还要砌出一个经过烘烤的土台。个别则将土台砌于居住面中央（如F5）。这种室内烘烤土台迄今未见于西区遗址的报道。上述建筑特点是否能够代表东区的地域特征,还有待新资料去进一步说明。

以上我们列举了东、西两区夏家店下层文化遗存的几方面差异,试图为重新界定后的夏家店下层文化的类型划分准备必要的基础。当然,限于几批主要的发掘资料未能全面系统的公布,若想在目前将这项工作推向深入是一件很难的事。

总体上看,本文与以往有关夏家店下层文化研究的不同之处,主要是在于我们首先将夏家店下层文化的分布范围限指为燕山以北的老哈河及大、小凌河流域,在此基础上才展开了有关夏家店下层文化的面貌、分期、年代、分区等问题的重新归纳和分析。当然,其中的不足之处在所难免,欢迎批评指正。

注　释

[1] 〔日〕滨田耕作:《貔子窝》,《东方考古学丛刊》甲种第一册,1929年,图22,3、4、5、7、10、11。滨田耕作、水野清一:《赤峰红山后》,《东方考古学丛刊》第六册,1938年,图21,15、16,图22,14。

[2] 中国科学院考古研究所内蒙古发掘队:《内蒙古赤峰药王庙、夏家店遗址试掘简报》,《考古》1961年第2期。

[3] 代表性论著有:李经汉:《试论夏家店下层文化的分期和类型》,《中国考古学会第一次年会论文集》,文物出版社,1979年。张忠培、孔哲生、张文军、陈雍:《夏家店下层文化研究》,《考古学文化论集》1,文物出版社,1987年。李伯谦:《论夏家店下层文化》,《纪念北京大学考古专业三十周年论文集》,文物出版社,1989年。郭大顺:《丰下遗址分期再认识》,《文物与考古论集》,文物出版社,1986年。

[4] 卜工:《燕山地区夏商时期的陶鬲谱系》,《北方文物》1989年第2期。

[5] 韩嘉谷:《花边鬲寻踪》,《内蒙古东部地区考古学文化研究文集》,海洋出版社,1991年。《大坨头文化陶器群浅析》,《中国考古学会第七次年会论文集》,文物出版社,1992年。

[6] 王立新、齐晓光、夏保国:《夏家店下层文化渊源刍论》,《北方文物》1993年第2期。

[7] 中国科学院考古研究所内蒙古发掘队:《内蒙古赤峰药王庙、夏家店遗址试掘简报》,《考古》1961年第2期。发掘报告见中国社会科学院考古研究所内蒙古发掘队:《赤峰药王庙、夏家店遗址试掘报告》,《考古学报》1974年第1期。

[8] 辽宁省博物馆、昭乌达盟文物工作站、赤峰县文化馆:《内蒙古赤峰县四分地东山嘴遗址试掘简报》,《考古》1983年第5期。

[9] 中国社会科学院考古研究所内蒙古工作队:《赤峰蜘蛛山遗址的发掘》,《考古学报》1979年第2期。

[10] 王立早:《西道村遗址发掘获重大成果》,《中国文物报》1991年第12期。刘晋祥:《赤峰市点将台青铜时代遗址》,《中国考古学年鉴》(1991),文物出版社,1992年。

[11] 中国科学院考古研究所内蒙古工作队：《宁城南山根遗址发掘报告》，《考古学报》1975年第1期。

[12] 内蒙古自治区文物工作队：《内蒙古宁城小榆树林子遗址试掘简报》，《考古》1965年第12期。

[13] 郭治中、塔拉：《宁城县三座店夏家店下层文化至汉代遗址》，《中国考古学年鉴》（1989年），文物出版社，1990年。

[14] 中国社会科学院考古研究所、内蒙古文物考古研究所、吉林大学考古系组成的赤峰考古队：《内蒙古喀喇沁旗大山前遗址1996年发掘简报》，《考古》1998年第9期。本文所提及个别未见于发掘简报的材料，系赤峰考古队发掘资料。

[15] 中国社会科学院考古研究所：《大甸子——夏家店下层文化遗址与墓地发掘报告》，科学出版社，1996年。

[16] 辽宁省博物馆、昭乌达盟文物工作站、赤峰县文化馆：《辽宁敖汉旗小河沿三种原始文化的发现》，《文物》1977年第12期。

[17] 内蒙古自治区文物工作队：《敖汉旗范杖子古墓群发掘简报》，《内蒙古文物与考古》1984年第3期。

[18] 辽宁省文物干部培训班：《辽宁北票县丰下遗址1972年春发掘简报》，《考古》1976年第3期。

[19] 李恭笃：《辽宁凌源县三官甸子城子山遗址试掘报告》，《考古》1986年第6期。

[20] 凌源县博物馆、朝阳市文物普查队：《凌源萧杖子村夏家店下层文化祭祀遗址》，《中国文物报》1992年2月23日。

[21] 王增新：《凌源青铜器群山土地点发现新石器时代遗址》，《文物参考资料》1957年第3期。

[22] 辽宁省博物馆文物工作队、朝阳地区博物馆文物组：《辽宁建平县喀喇沁河东遗址试掘简报》，《考古》1983年第11期。

[23] 辽宁省博物馆、朝阳市博物馆：《建平水泉遗址发掘简报》，《辽海文物学刊》1986年第2期。

[24] 孙国平：《朝阳胜利三角城子遗址群调查记》，《辽宁文物》1982年第3期。

[25] 何贤武：《朝阳市热电厂夏家店下层文化遗址》，《中国考古学年鉴》（1986），文物出版社，1987年。

[26] 齐亚珍、刘素华：《锦西水手营子早期青铜时代墓葬及铜柄戈》，《辽海文物学刊》1991年第1期。

[27] 吉林大学考古学系、辽宁省文物考古研究所：《辽宁锦西市邰集屯小荒地秦汉古城址试掘简报》，《考古学集刊》第11集，中国大百科全书出版社，1997年。该文报道的小荒地H9属于夏家店下层文化。

[28] 刘谦：《锦州山河营子遗址发掘报告》，《考古》1986年第10期。该文所称的"下层文化"

应属夏家店下层文化。

[29] 辽宁省文物考古研究所、吉林大学考古学系：《辽宁省阜新平顶山石城址发掘报告》，《考古》1992年第5期。

[30] 李殿福：《库伦、奈曼两旗夏家店下层文化遗址分布与内涵》，《文物资料丛刊》第7辑，1983年。

[31] 郝维杉：《内蒙古库伦旗南泡子崖夏家店下层文化遗址调查简报》，《北方文物》1996年第3期。

[32] 佟柱臣：《赤峰东八家石城址勘查记》，《考古通讯》1957年第6期。徐光冀：《赤峰英金河、阴河流域的石城遗址》，《中国考古学研究》，文物出版社，1986年。

[33] 如：建平喀喇沁河东遗址出土1件，见辽宁省博物馆文物工作队、朝阳地区博物馆文物组：《辽宁建平县喀喇沁河东遗址试掘简报》，《考古》1983年第11期。喀喇沁旗大山前遗址出土1件，见中国社会科学院考古研究所、内蒙古文物考古研究所、吉林大学考古系组成的赤峰考古队：《内蒙古喀喇沁旗大山前遗址1996年发掘简报》，《考古》1998年第9期。建昌县出土1件，见冯永谦、邓宝学：《辽宁建昌普查中发现的重要文物》，《文物》1983年第9期。建平水泉村和喀喇沁旗境内的几个地点也都出土或征集过此类石磬，材料尚未正式报道。

[34] 李恭笃、高美璇：《夏家店下层文化分期探索》，《辽宁省考古、博物馆学会成立大会会刊》，1981年，图一，5。

[35] 关于二里头文化陶器演变特征的归纳主要参照邹衡先生《试论夏文化》一文，见《夏商周考古学论文集》，文物出版社，1980年，第130～132页。

[36] 杜金鹏：《试论夏家店下层文化中的二里头文化因素》，《华夏考古》1995年第3期。

[37] 如二里岗遗址上层C1H1：39，鬲部瘦直。见河南省文化局文物工作队：《郑州二里岗》，科学出版社，1959年。

[38] 仇士华、蔡莲珍：《有关所谓"夏文化"的碳十四年代测定的初步报告》，《考古》1983年第10期。

[39] 刘观民：《试析夏家店下层文化的陶鬲》，《中国考古学研究》，文物出版社，1986年。

（该文系与林沄先生的韩国留学生卜箕大合作撰写。原刊于韩国檀国大学校中央博物馆《博物馆纪要》第13集，1998年）

大山前遗址发掘资料所反映的夏家店下层文化的经济形态与环境背景

　　以往的发现和研究业已表明，夏家店下层文化是一种比较发达的农业文化。但是，该文化的农具究竟是怎样的构成？各类工具的功能如何？已有的观察仍有不够全面之处。对于遗址中所出动物骨骼，以往的发掘多数也只鉴定出种属，而缺乏对各类动物所占比重的统计分析，其认识亦有待深入。在内蒙古喀喇沁旗大山前遗址的发掘中，我们不仅全面收集了夏家店下层文化地层及遗迹单位中出土的生产工具及其残片，细致观察和记录了坑穴和灰沟中遗留的工具痕迹，而且系统采集了动物骨骼、粮食颗粒和木炭碎块，还在两个地点割取了孢粉土样。对这些材料的分析，不仅有助于复原大山前遗址夏家店下层文化时期的经济形态与环境背景，对于综合考察整个夏家店下层文化的生业方式与人地关系，也会起到积极的促进作用。

一、夏家店下层文化时期的经济形态

　　1996~1998年度发掘的内蒙古喀喇沁旗大山前遗址第Ⅰ、Ⅱ、Ⅳ地点（以下分别称之为KDⅠ、KDⅡ、KDⅣ），出土有大量石制品。其中磨制石铲、打制石铲、斧、石刀、磨盘、磨棒等应是可用于农业生产的工具。此类农具在石制品中占大宗，尤以磨制石铲数量最多。据KDⅠ遗迹单位出土石器的统计，磨制石铲及其残片数量高达247件，占形制明确的石制品总数的三分之一多。从保存完整的此类石器的形制看，基本可分两种：一种是顶窄刃宽、两侧边斜直，平面近于梯形；另一种平面呈"凸"字形，有明显的肩部。这类石器虽磨制精细，却往往在铲体上部的两侧保留一些打击的疤痕，而恰在这一部分的铲体两面常见缚柄的痕迹，说明这些打击疤痕的存在正是为了增加缚柄的牢固程度。铲的刃部多为偏锋，少数为正锋。有不少因经久使用而刃部斜弧，刃缘有凸凹的崩茬，磨蚀痕均垂直于刃边。以往不少学者认为此类工具是夏家店下层文化的主要掘土工具，适于翻地、挖坑，也可用于铲地，松软土壤。实际上，此类工具的长度短者仅8.64厘米，最长者也不过19.2厘米，多数长度在9.7~18厘米，除去铲体上部三分之一左右的捆柄部位，能够插入土壤的长度至多只有12厘米，这显然无法达到翻耕的应有深度。再者，从石料的统计来看，这类工具选用的质料虽有半数为既易加工又坚韧耐磨的熔结凝灰岩、凝灰质板岩和板岩，但也有三分之一为质软、易碎的石灰岩和硬度差、不耐磨的大理岩，难以胜任张力很大的掘土任务。如若将其作为除草、松软表层土壤的工具，倒是十分合适。所以，从这类工具的轻薄、体短、偏锋以及部分质料质软易碎等特点，并结合磨蚀痕迹来观察，推测其主要的功能当是用于中耕。

应当注意的是，发掘区中所出此类器多为残片。在KDⅠ诸遗迹单位出土的247件标本中，即有221件为残片。这些残片的平面绝大多数为梯形或长方形，至少保留原石铲的一个边。一般来说，此类石铲经通体磨光之后，即不需再以打击来处理。所以，这些梯形或长方形的残片显然不是制作石铲过程中的遗留物。作为中耕工具，石铲的使用多在野外农田里，即使是残损，残片亦不应大量发现在居住址中。虽然有的灰坑的坑壁有用石铲修整的痕迹，但并非普遍现象，况且这类活动也无法造成磨制石铲在居址中的大量残损。退一步讲，即使是在居住址使用发生的残损，残片的形状也不会呈现如此的规律性。因此，这类磨制石铲的残片可能绝大多数都是在某种观念的作用下有意击打而成的。事实上，在ⅠH119、ⅠH413等灰坑中曾发现过同一件磨制石铲被打成残片的例子。少数石铲被打成梯形或长方形残片后还将残边交互打击修薄或稍加修磨（如ⅠH158②：3、ⅠH221⑥：2、ⅠH496⑤：1、ⅠH495②：2），但明显不具实用性，难以视为二次加工的实用性产品。由于这些磨制石铲残片多数仍像石铲的形状，所以在笃信巫术的古代社会中，这类经过打击而"再创造"的石铲残片，自然可以作为完整磨制石铲的代用品在巫术或祭祀活动中使用。按人类学家弗雷泽的观点，"相似律"是巫术的两大思想基础之一[1]。在许多原始民族中，人们习惯于将彼此相似的东西看作是同一种东西，认为它们具有同样的效能。这样的思想意识在古代社会中应是广泛存在的。考虑到这种有意将磨制石铲打成残片的现象，可以估计此类工具在整个石制品中所占的比例实际应比统计的结果相对要低一些。

KDⅠ遗迹单位中出土的打制石铲共45件，其中成品或半成品27件，残块18件。这类器物的形状多类似于磨制石铲，所以有的学者将其视为磨制石铲的半成品或毛坯[2]，而更多的学者则习惯称其为石锄，将其看作是不同于磨制石铲的另一类工具。从完整器看，此类器物的长度短者不足10厘米，而长者可至20厘米，一般的长度则在11～19厘米，形体普遍较磨制石铲稍大。单从形态看，这类石器中有些不能排除作为磨制石铲半成品或毛坯的可能，然以石料观之，此类器物所选石材却以岩浆岩类中的安山岩比例最高，其次为凝灰质板岩和英安岩、玄武岩，其他质料很少见。与磨制石铲相比，石质各有侧重。而且，磨制石铲中还不见使用英安岩的例子。所以，显然不能将此类器物一律看成是磨制石铲的半成品。其中以安山岩、玄武岩和英安岩这些石质较硬且有明显各项同性物理特征的石料打制而成者，多半应视作功能有别于磨制石铲的另一类物品。由于这类器物多打制出肩部或亚腰，也当是捆柄使用的，且因形状似后来的锄或镢，所以不少学者推测这也是一种掘土工具。但从本遗址所出来看，此类石器多数体形厚重，刃部很钝或干脆没有刃部，难以入土翻地。这类工具中可观察到使用痕迹者并不多。仅ⅠH235⑤：1、ⅠF25⑥：2等少数几件标本可看出刃部棱角因使用而变得比较圆钝。根据这种器物体形厚重、钝刃或无刃的特点，并结合刃部磨蚀痕迹的观察，推测其或许可用于翻耕之后的破碎土块。不过，这类器物多数虽已打制成形却不见使用痕，也是颇值得思考的一件事。一种可能是石质硬，用来碎土很难留下明显的磨蚀痕迹。但在ⅠH235、ⅠH282等灰坑中都曾发现取同一石材打制两件此类器物置入坑中的例子。出自祭坑ⅠH379的一件长度达42厘米，比一般的打制石铲长一倍有余，未见使用痕迹。也许，有些仅仅打制成铲形的器物，原本就不是为了直接用于农业生产。

KDⅠ遗迹单位中出土石斧30件，其中经打、琢、磨工序而为成品者16件，半成品3件，磨制石斧残片11件。此类工具的功能并不单一，可用于开垦农田过程中的斩草除木，恐怕是不成问题的。这类石器的石料来源较杂，但以玄武岩最为常见。其他石料数量虽少，也多属与玄武岩物理性质类似的岩浆岩类。表明此类石器的选材主要着眼于岩浆岩坚硬耐磨的特点。

KDⅠ遗迹单位中尚有86件打制石器，单从器形难以辨明是打制石铲还是石斧的半成品。其中完整者67件，残块19件。这些石器的质料多为安山岩，其次为英安岩和玄武岩，其他质料都很少见。玄武岩硬度虽高，但有一定韧性，且颗粒均匀细腻，以之打制而成者，是石斧半成品的可能性较大。而安山岩和英安岩硬度高，质脆，无层理，不适宜制作磨制石器。故以这两类石料打制者，绝大多数都应是砍砸或碎土类工具。

KDⅠ遗迹单位中出土石刀46件，也是数量较多的一种石制品。多为截面呈三角形的长条状，有些近背部一侧的中央有穿孔，是手持使用的收割工具。其中完整或可拼合完整的仅5件，残片41件。绝大多数是从中间残断为两截。此类工具经鉴定的43件中，有23件为火山碎屑岩中的晶屑凝灰岩。这类岩石硬度高，有韧性，虽加工不易，却十分耐磨，是制作收割工具的理想石料。其他石料数量不多，然取材种类庞杂，说明人们除对几种常见石料的岩性较为熟悉之外，对其他一些岩石的性能还并不十分了解，取材上仍有一定的盲目性与试探性。

磨盘、磨棒是加工谷物的工具，皆以砂岩制作。这两类工具发现的数量很少，可能与其耐用性强和残损率低有一定关系。

上述与农业生产有关的各类工具在形制上已有高度的定型化，而且根据不同工具的性能需求在选材上亦各有侧重。说明人们已基本掌握一些常见石料的自身特性，能够物尽其用，在农业生产的各个环节中充分发挥各类工具的效能。

从前文分析可以看出，在夏家店下层文化的石质生产工具中还难以确认出类似赵宝沟文化和红山文化尖头石耜那样的掘土工具。这是夏家店下层文化石质农具组合与辽西区新石器时代文化相比所发生的一个非常重要的变化。实际上，当时的主要翻土工具可能已并非石质的。在部分夏家店下层文化灰坑和灰沟的壁上，还存留有明显的单齿或二齿工具痕。单齿工具痕宽1.5~2厘米,双齿工具痕齿距4~15厘米。这与中原地区自龙山时期便已流行的掘土工具——耒、耜所遗留的痕迹十分相似。或许,这些坑穴原本就是使用木质的耒、耜掏挖而成的。根据这些遗留的工具痕迹来看,当时主要的掘土工具可能已普遍采用了木制的耒、耜。这样的工具既然可用于挖坑、挖沟,那么用于翻耕土地自然也是完全胜任的。如果考虑到大量木质工具的存在,则夏家店下层文化农业生产工具的种类就已相当齐全了。从砍伐用的斧类工具,到翻耕用的木质耒、耜和破碎土块的打制石铲(或锄),再到中耕用的磨制石铲和收割用的石刀及谷物加工工具,应有尽有。种类的多样化和形制的定型化说明农具的使用已有了明确的分工,尤其是中耕工具的发达,表明该文化已属于一种精耕细作的农业类型。

发现的灰坑中虽有不少最初应是用作贮藏粮食的窖穴,但坑底发现有粮食颗粒的坑穴却极少。以KDⅠ发掘区为例,在可判定为窖穴的几十座夏家店下层文化的灰坑中,仅有ⅠH449一座底部遗留有很少的谷粒。ⅠH153、ⅠH407虽也见有谷物籽粒,却是出自坑内堆积之中。而祭祀坑ⅠH203、房址ⅠF39等单位的堆积之中也都发现有碳化的谷粒,经鉴定均为粟(Setaria italica)。窖穴的底部之所以会极少存留粮食颗粒,或许与粮食的存放方式有关。发掘时注意到,带有脚窝的窖穴ⅠH445的坑底北部有两个直径17~20、深7~10厘米的圆形浅窝,二者相距90厘米。从尺寸和位置看,这里很像是曾并列放置过两件陶瓮。此迹象或许提示了这样一种可能:当时人们是将粮食贮于形体较大的瓮、罐类器物中,再置放于坑底的。这样做既可防止粮食霉变,又可避免兔、鼠的盗扰。在赤峰四分地东山嘴遗址的发掘中,在紧邻F4的窖坑H5中就曾发现一件陶甗的鬲部盛放有已脱壳的谷粒,甗鬲的口部出土时盖有一件圆形器底制成的盖。其内盛放的谷物已碳化[3]。这虽然不能说一定是为存贮的目的而保留下来的一种状态,但至少说明脱壳的谷物是可以盛于有盖的器皿中而置于坑中保存的。敖汉旗大甸子墓地个别随葬的陶罐中盛有谷子,也从侧面反映了粮食的一种保存方式[4]。据称建平水泉遗址曾发现有3座夏家店下层文化时期的圆形窖穴,底部均"陈积"有较厚的碳化谷粒[5]。这一说法为后来的许多著述所引用。其实,这与磁山所发现的所谓"窖藏粮食"一样,未必就是这些谷物应有的存放状态[6]。不过,从众多遗址中粮食颗粒的发现,结合大山前和北票丰下等遗址粮食颗粒的鉴定结果看,谷子应当就是当时主要的作物,是人们赖以生存的主要食物来源。

几乎所有经发掘的夏家店下层文化遗址都出土有大量的动物骨骼,数量最多的是猪、牛、羊、狗四类,此外还有极少量野生的鹿科动物和兔等。但以往的报道大都缺乏对各类动物所占比例的统计分析。建平水泉遗址出土的兽骨虽曾做过专门的研究[7],遗憾的是却未能严格按照文化性质的不同而分别作细致地统计。KDⅠ出土的夏家店下层文化动物骨骼经过了细致地分析鉴定[8]。在该地点2103块可鉴定标本中,猪所占的比例最大,达47.65%。其次是牛、羊、狗,分别占24.44%、15.5%和10.94%。其中除个别个体的牛骨(或角)尚具有野生性状之外,绝大多数都已具有明显的家养动物的特征。从家畜的构成种类及各自所占的比重看,这是一种典型的依附于农业的家畜饲养业类型。从某种意义上说,猪是与人争食的动物,所以,猪的饲养规模应是以农业的发展为基础的。KDⅠ夏家店下层文化聚落居民饲养动物中猪所占的较高比例,也从一个侧面反映了当时农业的发展程度。猪、牛、羊所占比例合计高达87.59%。说明家畜饲养业已成为当时居民肉食品的主要来源,在居民的经济生活中占有重要地位。

以往建平水泉遗址夏家店下层文化灰坑H104中曾出土一枚被火烧过的马的第三上臼齿,鉴定者认为其"原始结构颇为明显,似为野马可能性大"[9]。KDⅠ夏家店下层文化单位中出土有18块马骨,其中多为马牙,也有马的掌骨、趾骨等。从现有材料的形态观察,尚难以确定是野马还是家马。吉林大学边疆考古研究中心考古DNA实验室曾取其中3件马牙和1件趾骨做线粒体DNA分析,发现其均落入现代家马的聚簇上,但是4例样品却分属于两个不同的谱系,表明它们有着不同的母系来源。其中一支与普氏野马应有较近的共同母系祖先[10]。应当说,目前这4例样品的分析仅能说明夏家店下层文化中已存在出现家马的可能性。但这一问题的最终解决,还有待今后材料的进一步积累。

在KDⅠ出土动物骨骼的可鉴定标本中,明确属于野生动物的骨骼仅有马鹿4、狍6、麂3例,加上个别的野牛骨,合计所占比例不超出1%。而且,在KDⅠ夏家店下层文化遗迹单位出土的上千件生产工具标本中,可用于狩猎的工具仅有石镞(或镞形石片)10、骨镞34、陶弹丸5、石弹丸1件。结合其他遗址所见的类似现象,可以说狩猎在夏家店下层文化居民的经济生活中已不占重要地位。

由以上分析可以看出,大山前夏家店下层文化聚落的经济形态是以粟作农业经济为主,并以家畜饲养业作为重要的辅助性取食手段。在生活资料的获取方面,狩猎所起的作用已十分有限。这种经济形态与黄河中下游同时期诸考古学文化的经济形态十分相似。

二、大山前夏家店下层文化聚落的环境背景

农业的发展离不开环境的支持与制约。大山前遗址所在的赤峰地区的地貌以山地丘陵为主,海拔多在500~1500米。年均气温5~8℃,≥10℃的年积温为2700~3200℃,年降水量为350~450毫米[11],且主要的降水量集中在每年的7、8月份。蒸发量高达2000毫米。属典型的中温带半干旱大陆性气候区[12]。这里冬季寒冷干燥,夏季高温炎热,春秋两季多风,昼夜温差大。限于这样的地理环境与气候条件,赤峰南部的农业区在坡岗上种植的主要作物迄今仍为耐旱的谷子与黍子,还有荞麦与豆类。而只在水热条件较好的河谷地带才种植玉米、小麦等作物。

为了解大山前聚落址夏家店下层文化时期的植被与生态气候，我们在KDⅠ、KDⅣ的夏家店下层文化单位中共采集14块土样进行了检测分析[13]。其中KDⅣ的8个样品系在T444方内依次叠压的③、④A、④B三个文化层中采集的序列样品。从8个样品所含孢粉分析，乔木植物花粉平均占33.06%，以针叶植物花粉数量较多，约占26.83%，主要为松属，仅有少量的冷杉和云杉花粉。阔叶植物花粉约占6.35%，以桦属花粉占优势，还有少量的椴属、栎属、胡桃属、榆属和柳属花粉。灌木及草本植物花粉占63.94%，以禾本科、蒿属、藜科孢粉所占比例较高，分别为32.53%、20.45%和6.5%。其中有几份样品的禾本科植物花粉相对集中。大部分禾本科花粉呈团块，颗粒较大，应属栽培禾本科。还有少量麻黄属、榛属、紫菀属、菊科、蓼属、莎草科、十字花科、伞形科、杜鹃科、唐松草属等。蕨类及藻类植物孢粉很少，占2.89%，种类有石松属、卷柏属、水龙骨属和真蕨纲等。KDⅠ的6个样品中，乔木植物花粉平均占38.67%，略高于KDⅣ，其中针叶与阔叶植物花粉各占28.02%和10.65%。灌木及草本植物花粉占57.18%，稍低于KDⅣ。其中禾本科与蒿属、藜科孢粉所占比例分别为16.93%、24.03%和9.45%。蕨类及藻类植物孢粉约占4.15%。从以上两个地点的孢粉种类与比例构成上看，大山前一带当时的植被属于以针叶树为主的针阔叶混交林草原植被，有成片的农田和一定的水域，反映的气候环境要较现今温和湿润。但KDⅣ所采的序列孢粉样品显示当时的气候也存在小幅度的波动。

值得注意的是，通过KDⅠ、KDⅣ两地点孢粉比例构成的比较可以发现，KDⅠ孢粉样品中所含的乔木植物花粉较KDⅣ为高，而所含的禾本科植物花粉却较KDⅣ为低。大山前这两个地点相距约700米，KDⅣ居于坡岗之上，而KDⅠ则是地势很低，靠河很近的一个缓丘。二者所含孢粉结构的不同很可能是由微环境的不同所造成的。或许说明当时河谷地带生长着更多的乔木，而农田则主要分布在坡岗之上。

此外，在祭祀坑ⅠF8h1中集中出土了较多的木炭碎块。经鉴定，这些碎块包含有油松、蒙古栎、柳属、硕桦、白桦和杨属共6个树种。以不同树种碎块的重量来计，以油松的百分比占绝对优势，在出土木炭碎块总重量中的比例高达68.78%，蒙古栎所占的比例次之，达14.43%，而其余几个树种合计所占比例不足17%。

孢粉分析是目前研究古代植被与气候的主要手段之一，但通过孢粉一般只能鉴定到植物的属乃至于科，有一定的局限性。而通过木炭碎块的显微结构研究，则可以将多数植物鉴定到种。二者结合，会更有利于了解古代的植被与气候状况。通过孢粉分析，我们得知大山前一带的乔本植物中以松属的孢粉含量最高，结合木炭碎块的研究，又可了解到松属植物中的主要品种应为油松。由于所发现的油松木炭碎块中多属不适于做建筑材料的应压木，加之油松本身又含松脂，易燃烧，所以分析者推断所发现的油松木炭可能绝大多数属于薪炭遗存[14]。

从KDⅠ、KDⅣ两地点的孢粉分析结果看，在阔叶植物中，桦属孢粉的百分比都要高于栎属，而ⅠF8h1中白桦、硕桦的百分比合计仍不及蒙古栎。考虑到所测木炭碎块皆出自ⅠF8h1这一个单位，所以此坑中蒙古栎百分比高于桦属植物，不能排除是出于偶然或对薪炭材料的有意选择的结果。

由孢粉与木炭碎块的综合分析看，遗址所在的区域分布着油松林和以桦属、蒙古栎为建群树种的落叶阔叶林及沟谷杂木林，且林木的覆盖率较高。柳属树种及部分湿生、水生植物的存在，显示聚落址附近的河流（现为时令河）当时应有充沛的水量。而栗属植物属于喜暖类型的植物，它的存在表明当时的气候应较今温暖。从动物骨骼中所鉴定出来的麂，也从一个侧面反映了当时赤峰南部地区的气候要较今温暖湿润。这种自然环境，为当时粟作农业和家庭饲养业的发展提供了良好的条件。

总之，通过大山前遗址出土相关资料的分析可知，以往被视为夏家店下层文化主要掘土工具的磨制石铲和打制石铲（或称石锄），其实并不适合于翻耕土壤。当时主要的掘土工具可能已普遍采用了木质的耒、耜。翻耕工具的革新，加之中耕工具的发达，表明夏家店下层文化已属于一种精耕细作的农业类型，与辽西区新石器时代诸考古学文化相比已发生了显著变化。结合粮食颗粒和动物骨骼的鉴定与分析，可以认定大山前夏家店下层文化聚落的经济形态是以粟作农业经济为主，以家畜饲养业作为重要的辅助性取食手段，狩猎所起的作用已十分有限。这种经济形态与同时期黄河中下游地区诸考古学文化亦十分相似。而较今优越的自然环境，成为支持粟作农业与家畜饲养业快速发展的有利条件。

附记：该成果得到教育部"新世纪优秀人才支持计划"项目（编号NCET-05-0314）和吉林大学"985工程"项目资助。

大山前遗址出土石器的石料由吉林大学边疆考古研究中心汤卓炜教授鉴定。

注　释

[1]　〔英〕J.G.弗雷泽著，徐育新等译：《金枝》，大众文艺出版社，1998年。

[2]　朱延平：《辽西区古文化中的祭祀遗存》，《中国考古学跨世纪的回顾与前瞻》，科学出版社，2000年。

[3]　辽宁省博物馆、昭乌达盟文物工作站、赤峰县文化馆：《内蒙古赤峰县四分地东山嘴遗址试掘简报》，《考古》1983年第5期。

[4]　孔昭宸、杜乃秋、刘观民、杨虎：《内蒙古自治区赤峰市距今8000～2400年间环境考古学的初步研究》，《环境考古研究》第一辑，科学出版社，1991年。

[5]　李恭笃、高美璇：《夏家店下层文化若干问题研究》，《辽宁大学学报》1984年第5期。

[6]　卜工：《磁山祭祀遗址及相关问题》，《文物》1987年第11期。

[7]　张镇洪：《建平县水泉夏家店文化遗址兽骨研究》，《考古与文物》1989年第1期。

[8]　汤卓炜：《大山前第Ⅰ地点出土动物遗存研究》，待刊。

［9］ 张镇洪：《建平县水泉夏家店文化遗址兽骨研究》，《考古与文物》1989年第1期。

［10］ 蔡大伟：《内蒙古赤峰地区青铜时代古马线粒体DNA分析》，《自然科学进展》2007年第1期。

［11］ 中国科学院内蒙古宁夏综合考察队：《内蒙古植被》，科学出版社，1985年。

［12］ 张家诚、林之光：《中国气候》，上海科学技术出版社，1985年。

［13］ 齐乌云：《内蒙古大山前遗址孢粉分析所反映的夏家店下层文化时期的自然环境》，《新世纪的中国考古学——王仲殊先生八十华诞纪念论文集》，科学出版社，2005年。

［14］ 王树芝、王增林、朱延平：《内蒙古赤峰市大山前第一地点夏家店下层文化的植被和生态气候》，《华夏考古》2004年第3期。

（原刊于《边疆考古研究》第6辑，科学出版社，2007年）

试析夏家店下层文化遗址的类型与布局特点

夏家店下层文化是分布于西辽河水系（含大、小凌河流域）区的一支发达的青铜时代文化。自20世纪60年代初正式辨识以来，对该文化的遗址已进行过相当多的调查和发掘工作，取得了一系列重要的学术认识。1996年，由张忠培先生任领队的赤峰联合考古队，开始在赤峰南部地区展开大规模的区域性调查，并选择典型遗址进行发掘。工作的重点即是针对夏家店下层文化遗址，从而使夏家店下层文化的研究转入了以聚落形态为主要研究对象的阶段。本文拟结合几年来实际工作的体验，对夏家店下层文化遗址的类型与布局特点等谈一些粗浅的看法，以期为更为细致、全面的聚落形态分析准备必要的基础。

一、遗址的类型

对于夏家店下层文化遗址的类型，以往进行过一定的探索。李恭笃、高美璇先生就曾将夏家店下层文化的遗址分成小型山包遗址、台地遗址和大型城堡式遗址三种类型[1]。在1996年半支箭河中游的区域性调查中，我们又将所发现的38个夏家店下层文化或以夏家店下层文化为主的地点划分为山丘型和坡岗型两类[2]。结合在其他地区调查所获的认识，我们认为夏家店下层文化的遗址在总体上可据遗址所在的地形分为三种类型。

1. 山丘型

这类遗址的地点一般位于距主要河流较远的群山之中，且都坐落于某些相对独立的山丘之上，彼此有一定的空白地带相隔。因此，其中的大多数地点都可视为单独的遗址。大概由于地形的限制，这些遗址的面积一般较小，多在500~1500平方米，个别大的遗址面积可达10000~15000平方米。在这些遗址上基本见不到文化层，但地表往往可以发现用石块垒砌的建筑痕迹。可辨形状者多是砌成单层或双层的圆圈，也有少数方形的建筑。有些较大的遗址还有石砌的围墙或人工的壕沟。围墙一般依山势而建，少有特别规整的。而且，这些较大的遗址往往在山势较缓的一侧或围绕山顶修有多层宽阔的台级，可能是为了便于在其上设置建筑而特意取平的缘故。在1996年调查的半支箭河中游，以架子山为中心的22个地点和洞山的两个地点皆属此类遗址（图一)。在洞山以东，1999年的调查也发现过几处这样的遗址。大体上看，在多山而且地势较高的半支箭河与锡伯河中游地区，此类遗址的数量较多，而往东，随着地势的降低和山丘的减少，此类遗址也就很少见了。

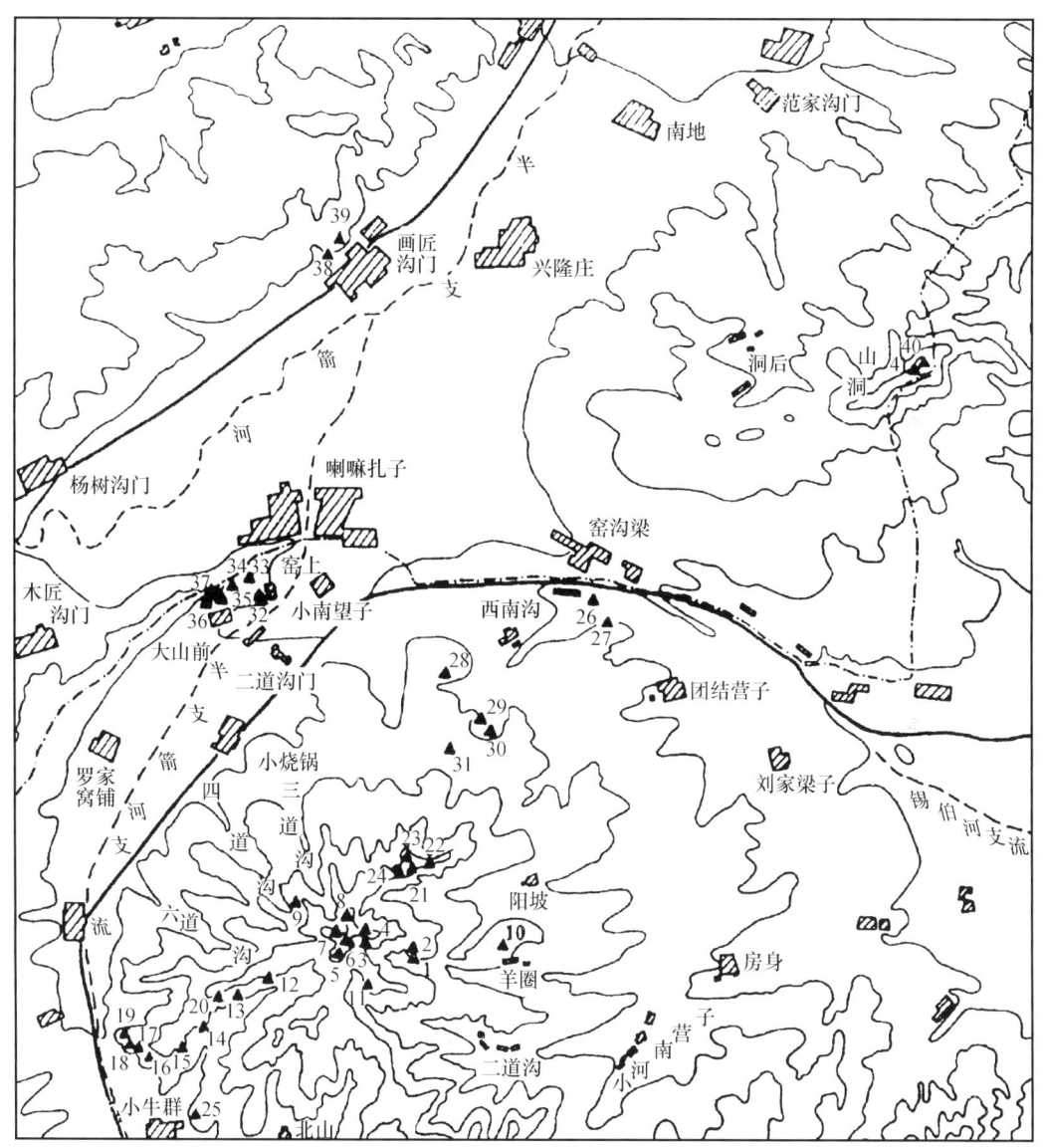

图一　半支箭河中游1996年调查遗址点位置图
（图中1~9、11~24、40、41为山丘型遗址点，余为坡岗型遗址点）

2. 坡岗型

这类遗址多分布于距河流较近的缓坡或台地上，倚山面水，且多数位于阳坡。遗址既有单独一个地点者，也有因自然的沟壑和人工的壕沟分割为2或3个或更多相邻地点的。面积一般较大，小则数千平方米，大则10万平方米以上。在同一遗址的不同地点中，较平的台地上堆积普遍较厚，常在3米以上，最厚的文化层可达10米。而坡地上的部分一般堆积较浅，多在1~2米，有的地方甚至只有遗迹而不见文化层。此类遗址以往报道的较多，经大规模发掘的有北票丰下[3]、松山区西道[4]、喀喇沁旗大山前[5]等。需要说明的是，凡属这类遗址而又可分为若干地点者，其中至少有1个地点挖有沟或筑有墙。这样的地点多占据遗址内位置比较突出的台地。也有少数的遗址，其内的各个地点都有围墙或壕沟这样的防御性设施，比如阴河流域，有些遗址就是由若干紧邻的"石城址"所组成的[6]。

3. 平地土丘型

所在地势平坦开阔，起伏较小。遗址远望多似平顶的台子，一般高出现今周围地面3~5米，且多数面积较大，在2万平方米以上。遗存的分布也比较连续，少见同一遗址而分割为若干地点的现象。由于地势的平缓，此类遗址外缘所筑的围墙或壕沟的形状大多也比较规整，呈方形或长方形，颇似中原地区龙山时代的城堡。此类遗址目前经发掘的有敖汉旗大甸子城子地[7]、建平县水泉[8]、宁城县三座店[9]等。经钻探和发掘可知，该类遗址的堆积都比较厚，几乎整个土丘都是由人类活动而逐渐堆积起来的。

上述三类遗址中，坡岗型和平地土丘型多位于现代村落的附近。就遗址的择位来讲，既靠近水源，周围又有大片可耕的土地。遗址内文化堆积比较普遍，不少地点的堆积还很厚。从发现的遗迹看，都有不少的房址、窖穴、灰沟、祭祀坑等。从出土遗物看，既有大量的农业生产工具，如石锄、石铲、石刀、骨铲等及其半成品，又有骨针、骨锥、纺轮、陶垫等手工工具，还有大量的陶质生活器皿和礼器等。凡此种种，皆说明这些遗址大都经过了较长时期的定居活动。所以，这两类遗址中的绝大多数无疑都可以视为村落，其中个别规模大者，可能性质上已与一般的村落有了一定的区别。比如敖汉旗大甸子的城子地遗址，整个遗址的形状呈比较规整的圆角长方形，南北长约350、东西宽近200米。既有围墙又有壕沟。从该遗址的规模看，当是"百里之内背依山地，伸入丘陵原上的唯一一个大居民点"[10]。由于遗址的发掘和钻探规模有限，尚不能确定其内是否有大型"宗庙"性质的建筑，但从相对应的大甸子墓地所反映的诸多迹象看，该遗址很有可能是作为一定区域内的政治、经济和文化中心的性质出现的。

至于山岗型遗址的性质，由于迄今只限于有调查的资料，故一时还无法说清。不过，确有几个现象值得注意。

（1）从该类遗址面积多数较小，缺乏文化层堆积等情况看，大多无法构成一个村落应有的规模。

（2）此类遗址所处地点不仅地势险峻，且周围多有大面积裸露的基岩，罕见平旷的土地，难以从事农业生产活动。

（3）从地面调查看，遗物的出现率无法与坡岗型和平地土丘型遗址相比，有的遗址上几乎见不到任何遗物。陶器中可辨器形的有瓮、夹砂罐、甗、鬲等，偏重于贮藏器和炊器。石器中见有一定数量的打制石锄、石斧、石圆饼和石杵、石臼，而少见磨制精细的石铲、石刀等。

（4）此类遗址距现代水源普遍较远，即使附近沟谷中有泉水，使用起来也相当不便。个别规模较大的遗址，如前述喀喇沁旗的架子山，其附近有一处大型凹坑，推测可能系人工的蓄水设施。

上述现象似乎从一定程度上暗示了山丘型遗址并不是人们长期居住活动的场所。从他们在设置上更注重防御性等特点看，有很大的可能是因战争的需要而修筑起来的临时性营房或防御性堡垒。

从半支箭河中游的调查看，以架子山为中心的一群山丘型遗址，似乎是通过几条放射状的山脊而与周邻的几处坡岗型遗址相联系的。从这一点上说，它们很可能是为居住于相邻的几处坡岗型遗址中的人群所共有的。因而，这群特殊性遗址的存在，也就成为居住于周围的人群业已结为较大集团的标志。

二、遗址的布局特点

在夏家店下层文化的三类遗址中，山丘型和平地土丘型遗址尚缺乏可供分析布局特点的资料。坡岗型遗址虽然发掘较多，但迄今为止并未有一个经全面揭露的。我们暂以赤峰县（现为松山区）四分地东山嘴遗址[11]和喀喇沁旗大山前遗址为例，对坡岗型遗址的布局特点做一简单归纳。

东山嘴遗址位于西路嘎河东岸的一处南高北低的坡地上。遗址东西长280、南北宽100米，总面积约28000平方米，属坡岗型遗址中面积较小者。发掘工作主要是依据地表暴露出的灰土圈来清理的。在约占遗址三分之一的范围内共清理出房址9座、灰坑18座，而实际的揭露面积仅450平方米。

已清理的房址和灰坑在空间分布上形成了南、北、中、西四片（图二）。北片由F4～F6三座房址和H1～H6六座灰坑组成。中片由F1～F3三座房址和H7～H13、H19、H20九座灰坑组成。西片由F7、F8两座房址和H16～H18三座灰坑组成。南片仅由F9和H14、H15两座灰坑组成。片与片之间皆相隔一定的距离。在地势上，南片最高，其南侧不远即遗址的南缘，残留一条长27、宽1米左右的石墙。中片居于坡中，而西片和北片稍靠坡下。尽管各片之间的房址和灰坑可能并不都是同时形成的，但四片的分布格局本身则体现了一种很强的共时性。片与片之间空白区域的存在，正表明了各片居住的人群在居住领地上已经明确了各自的界限。

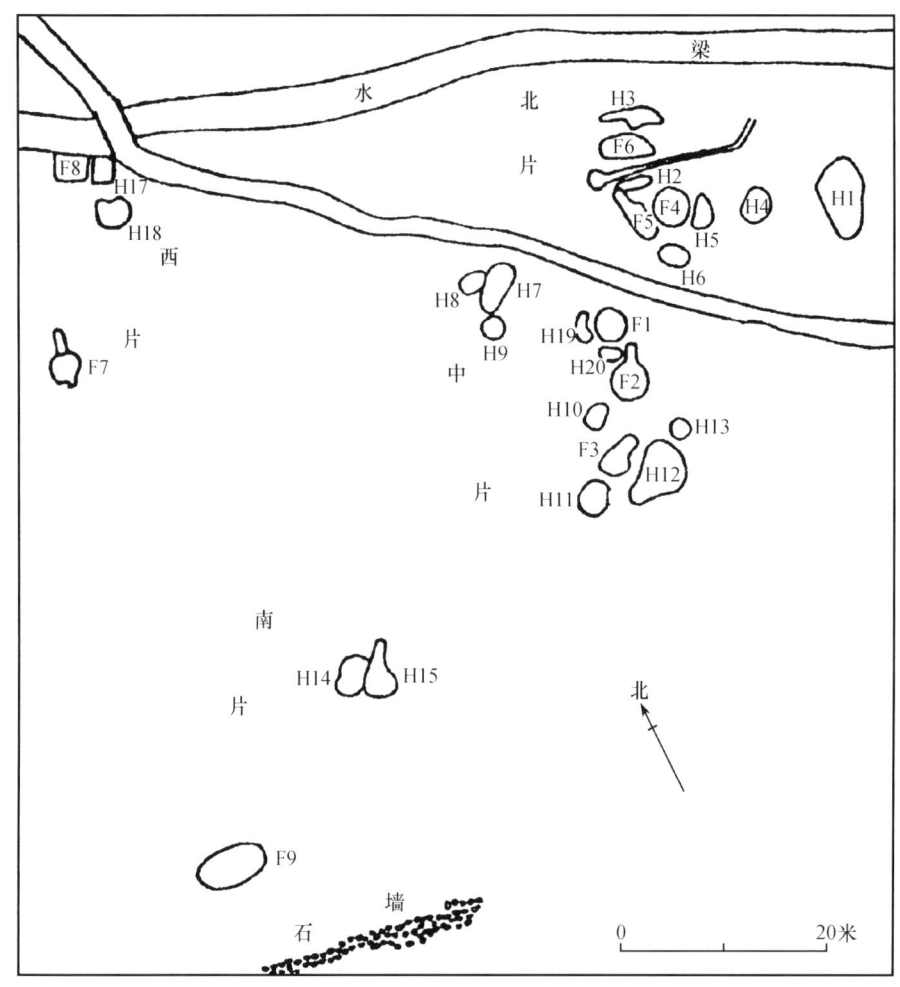

图二　四分地东山嘴遗址遗迹分布图

在四片遗迹中，北、中、西三片均是由2或3座房址和几个灰坑构成，这样的建筑规模，简报作者曾推测它们可能是与早期的个体家庭相对应的。而南片仅有一座房屋，由于该房址位于遗址最南端，与其他房址相距较远，且室内缺乏柱洞和遗物，简报作者认为它可能具有村落中防御哨所的性质。总体上看，简报对四片遗迹的区分和各自性质的推论是很有道理的。值得注意的是，在属于居住地点的北、中、西三片中，北片与中片相距较近，大致在15～20米，而二者与西片相距则都在50～60米。这似乎说明北片与中片所代表的两个家庭之间的联系要更为紧密，二者很可能构成了较高一级的社会组织，即通常所说的家族。而西片则有可能属于另一个家族的区域。就整个遗址来讲，所对应的又是更高一级的社会组织。而这一社会组织，至少应包括了两个以上的家族。这样，东山嘴遗址的遗迹布局似乎已体现出了三级社会组织结构。从已报道的资料看，居住在此的各家族及各家庭之间，在社会地位上并没有明显的差异。

大山前遗址位于半支箭河中游干道与其南侧一条支流交汇处的向阳坡岗上。东西绵延约1000、南北宽约150米，面积近15万平方米。依据自然的沟壑或人为的壕沟，可将遗址分成7个地点[12]。除第V地点外，其他6个地点都有夏家店下层文化的分布，其范围在13万平方米左右，属夏家店下层文化坡岗型遗址中面积较大者。

在夏家店下层文化分布的6个地点中，第Ⅰ、Ⅳ两个地点位置比较突出，且与山体相连的部分都有夏家店下层文化时期的人工壕沟围绕。在第Ⅰ地点靠近壕沟的边缘尚揭露出一段大型围墙。我们的发掘区即主要集中于这两个地点。其中第Ⅰ地点发掘面积近2000平方米，第Ⅳ地点发掘面积近700平方米，各发掘出数十座夏家店下层文化时期的房屋建筑，还有大量的灰坑、灰沟、墙、路土等遗迹。由于资料正在整理之中，现仅能将其主要的布局特点归纳如下。

（1）尽管这两个地点堆积很厚，夏家店下层文化的遗迹之间也常有叠压和打破关系，但常见在同一地点上下几层房址相叠压的现象，说明房身地在聚落中已具有了相对固定的位置。这实际上反映了一种对居住地的私有观念。

（2）有了房身相对稳定的前提，则根据房屋的位置分析第Ⅰ、Ⅳ地点的社会组织结构就成为可能。在Ⅰ、Ⅳ地点中，目前都可分析出若干类似东山嘴遗址那样的遗迹片。每片包括1~3座房屋，以两座房屋并排或相接的现象较多。房屋的周围则散布着一些窖穴、祭祀坑、取土坑、排水沟、路土等遗迹。有些片中的房子外面还有一圈围墙，从而形成院落。与东山嘴遗址一样，这些个较小的遗迹片所对应的很可能就是个体家庭一级的组织。

（3）在遗迹保存较好的第Ⅳ地点，发现有三座院落的围墙相接的现象。由此紧密联系的三座院落构成了较高一级的居住单位，其所对应的社会组织应当就是家族。而这一组建筑的面积仅占据了第Ⅳ地点的一小部分，所以，有理由推测整个第Ⅳ地点的居民可能构成了较家族更高一级的社会组织。这样的社会组织，大体上相当于以血缘纽带相维系的氏族。第Ⅰ地点虽然遗存破坏得比较严重，但反映的社会组织结构则是与此相似的。

假如以上推测合理，那么整个大山前夏家店下层文化聚落，所对应的就当是较氏族又高一级的社会组织了。这样，大山前夏家店下层文化聚落的人群可能就具备了四级社会组织，而较东山嘴聚落所代表的人群多出了一级组织。这与二者的规模也是颇相符合的。

另外，大山前第Ⅰ、Ⅳ地点的遗存也显示了一定的特殊性。其一，祭祀性质的遗迹比较常见，有的祭坑甚至两两成对，出土的陶器也可相互拼接。有些房址则有明显的奠基遗存，如96KDIF8，这是一圆形地面式建筑，有灶址与门道，房址中央开口一圆形袋状坑，坑口局部保留有较硬的踩踏面，说明它与房子可能是一体的遗迹。坑内有大量焚烧后留下的炭灰，还有烧过的人的左、右脚骨，出土了鼎、罐、壶、尊、瓮等一套完整的陶器及鹿角、石斧等遗物。结构类似的奠基坑在第Ⅳ地点的半地穴式房址中也有发现。这些房址已非普通的住房可比，显然具有一定的宗教色彩。可见，第Ⅰ、Ⅳ地点应当是当时祭祀活动相对比较集中的场所。其二，从出土遗物看，这两个地点除了常见的陶、石、骨蚌器之外，还发现有不少比较珍贵的遗物，如红、白二色的彩绘陶，烧前施褐色花纹的彩陶，环首铜刀，一端作扁喇叭状的铜耳环，原始瓷片，作为礼器的石钺、石铲和陶鬶残片，作为乐器的石磬和陶埙等。

与第Ⅰ、Ⅳ地点不同，第Ⅱ、Ⅲ、Ⅴ、Ⅶ地点的规模虽然都很大，但堆积却相对较薄。从试掘的情况看，这里的建筑大都属于常见的形式，也极少发现特殊性的遗物。

很明显，在整个大山前夏家店下层文化聚落中，第Ⅰ、Ⅳ地点不仅位置突出，居住在这里的人群的地位也比较显赫。较之聚落内的其他人群，他们显然拥有更多的权力（主要是神权）与财富。

实际上，以往松山区西道、北票丰下等坡岗型遗址的发掘所在地点，均与大山前第Ⅰ、Ⅳ地点的性质类似。它们所处的位置皆十分突出，而且一般在外缘都挖有壕沟或筑有围墙。与之相对的则是分布于附近漫坡之上的普通居住址。看来，在较大型的坡岗型遗址中，大山前聚落的这种布局方式是颇有代表性的，而其所反映的不同群体之间的阶层分化，也应是夏家店下层文化社会中存在的一种比较普遍的现象。

有意思的是，大甸子墓地的发掘，也揭示出了北、中、南三个墓区及权力与财富相对集中于北区与中a区的现象[13]。这不仅验证了我们由坡岗型遗址的布局分析所得出的认识，而且证明了较大型的平地土丘型遗址在布局上也存在类似的情况。以上我们仅对夏家店下层文化遗址的类型和布局特点做了一些初步的分析。当然，若以聚落形态为研究目标，还要涉及到夏家店下层文化遗址的分布、分群、规模与等级等诸多方面的探讨。凡此，都有待于今后工作的进一步深入，有赖于大家对相关问题的重视。

附记：本文系吉林大学世川良优秀青年教育基金项目成果。

注　释

[1]　李恭笃、高美璇：《夏家店下层文化若干问题研究》，《辽宁大学学报》1984年第5期。

[2]　赤峰考古队：《内蒙古赤峰市半支箭河中游1996年调查简报》，《考古》1998年第9期。

[3]　辽宁省文物干部培训班：《辽宁北票县丰下遗址1972年春发掘简报》，《考古》1976年第3期。

[4]　王立早：《西道村遗址发掘获得重大成果》，《中国文物报》1991年3月31日。刘晋祥：《赤峰市点将台青铜时代遗址》，《中国考古学年鉴》（1991），文物出版社，1992年。

[5]　赤峰考古队：《内蒙古喀喇沁旗大山前遗址1996年发掘简报》，《考古》1998年第9期。

[6]　徐光冀：《赤峰英金河、阴河流域的石城遗址》；《中国考古学研究》第1集，文物出版社，1986年。在该文所介绍的三组石城址中，有的石城址是单独一处，与其他地点相距较

远；有的则两三个紧邻在一起，构成一个更小的群体；在三座店和新店附近，甚至有4或5个紧邻在一起，而只被自然的沟壑相隔开的现象。这种紧邻在一起的石城址显然有内在的联系。由它们组成的较小的群体应当是一个有机的整体。我们赞成将这种联系紧密的小群体统称为一个遗址。

[7] 中国社会科学院考古研究所：《大甸子》，科学出版社，1996年。

[8] 辽宁省博物馆、朝阳市博物馆：《建平水泉遗址发掘简报》，《辽海文物学刊》1986年第2期。

[9] 郭治中、塔拉：《宁城县三座店夏家店下层文化至汉代遗址》，《中国考古学年鉴》（1989），文物出版社，1990年。

[10] 中国社会科学院考古研究所：《大甸子》，科学出版社，1996年，第223页。

[11] 辽宁省博物馆、昭乌达盟文物工作站、赤峰县文化馆：《内蒙古赤峰县四分地东山嘴遗址试掘简报》，《考古》1983年第5期。

[12] 在我队1996年度大山前遗址的发掘简报中，我们曾将大山前遗址划分为6个地点。1997年夏，我们发现第Ⅱ地点东侧的土坡上，仍然分布有夏家店下层文化和战国时期的遗存，遂将其定为第Ⅶ点。该地点与第Ⅱ地点之间亦有一条较浅的沟相隔。

[13] 中国社会科学院考古研究所：《大甸子》，科学出版社，1996年。

（原刊于《文物春秋》2000年第3期）

夏家店下层文化的非龙山化过程及骨卜习俗的先进性

谈到夏家店下层文化与中原早期青铜文化的关系，以往大家都已注意到大甸子墓地中出土的陶鬶、爵和漆觚与二里头文化同类器之间的相似性，也注意到彩绘陶纹样中的兽面纹母体与中原地区早期兽面纹之间的联系。至于锦西水手营子出土的那件连柄铜戈，也有学者指出它是受二里头文化戈类兵器的影响，而由当地的匠人做成了柄身连铸的样子。但有两个方面的问题以往并未引起研究者的足够重视。一是夏家店下层文化的演进同样存在非龙山化的过程，二是夏家店下层文化在卜骨整治方面的领先水平及其对商文化卜骨的影响。

此处所说的夏家店下层文化是指主要分布于西辽河水系区的一种早期青铜时代文化，大体相当于以前学者们所称的夏家店下层文化燕北型或药王庙类型。从分期角度看，处于该文化早期阶段的建平水泉遗址第5层及其下开口的单位、喀喇沁旗大山前遗址第一段单位以及宁城三座店遗址的早期单位中，泥质的大口瓮、深弧腹盆和罐类器上比较流行篮纹或弦断篮纹，还有少量施方格纹的陶器，有比较浓厚的龙山期遗存的风格，甚至无腰隔绳纹甗、中口深腹罐、深弧腹盆等器类的形制特征都与豫北冀南地区的后冈二期文化晚期的同类器十分接近。而且在演进过程中，与黄河中游地区的二里头文化时期遗存相似，同样走过了龙山期风格逐渐弱化的发展过程，可以称之为非龙山化过程。主要表现在陶器群中的篮纹、弦断篮纹和方格纹都有逐渐减少、趋于消失的发展过程，而绳纹在陶器器表装饰中所占的比例越来越大。不仅如此，夏家店下层文化与二里头文化一些敞口类陶器的形制演变特征也有相通之处。夏家店下层文化的深弧腹盆、甗盆、尊、尊形鬲、盘等的口沿大都有由宽沿外侈到窄沿近平，再到沿端下勾的演进规律。而二里头文化中的深腹盆（或甑）、盆形鼎、豆等的口沿也大致呈现了类似的演变特征。笔者在1993年发表的《夏家店下层文化渊源刍论》一文中曾提出，源自后冈二期文化的无腰隔绳纹甗、中口深腹罐、深弧腹盆等一群篮纹或绳纹类陶器的出现，是促使西辽河水系区筒形罐文化传统的断裂和夏家店下层文化形成的关键。正因为有相当一部分文化因素（还包括土坯墙建筑和白灰面加工技术）源自中原，该文化在发展的过程中才会存在与中原地区夏代遗存相似的非龙山化演进过程，乃至于与二里头文化的部分陶器存在相似的演变特征。

夏家店下层文化的卜骨多以猪、牛、羊的肩胛骨制成，少量以动物的肢骨和肋骨制作，残断的骨器也常被用来做卜骨使用。用肩胛骨者一般将肩胛冈截去，一面或两面打磨平整。以肢骨和肋骨制作者多加工成长条形的骨片。几乎所有的卜骨都有圆形圜底的钻窝。在一片卜骨上钻窝常常大小不一，分布密集但缺乏规律，有的互有钻破。钻窝几乎排满骨板或骨片上的较平整处。在骨面上密集施钻，是为了最大限度地利用这些片状骨骼。我们知道，在骨片上施钻之后再灼，是为了将骨壁减薄，较之直接在骨面上烧灼更易出现兆纹，是较直接烧灼更为先进的一种占卜方式。通过陶器形制与风格的比较和^{14}C测年数据的统计，夏家店下层文化的年代范围为距今4000~3400年。其上限年代早于二里头文化一期，可至龙山期之末，下限可至二里岗上层时期。从大山前遗址的发掘资料来看，处于夏家店下层文化偏早阶段的第一段单位中就已出现了这样的卜骨，但仍有直接于肩胛骨上烧灼的卜骨。自第二段开始，流行有钻的卜骨，只灼无钻的卜骨已不见。而且，这种密集施钻的卜骨几乎在每个经较大规模发掘的夏家店下层文化遗址中都有出土。在该文化之前，东北地区虽很早就出现了有灼痕的卜骨（富河文化阶段），但并没有发现过施钻的卜骨。与并行的中原与北方诸考古学文化相比，该文化的卜骨在密集施钻与骨料整治的做法上也都要领先一步。

  从中原地区来看，二里头文化未见有钻窝的卜骨，只是在牛、羊、猪的肩胛骨上无冈脊的一面直接烧灼，骨壁较厚处就不易灼透，且并不对肩胛骨进行刻意修整。这显然仍是延续中原地区龙山时期卜骨的风格，与夏家店下层文化的卜骨相比无疑是落后的。下七垣文化的卜骨大多也是直接烧灼的（下七垣遗址第三层出土的有凿痕或钻、凿、灼痕俱全的卜骨或卜甲不属于下七垣文化阶段的遗物，很可能是在划分大地层的过程中混入的），只是在晚期阶段的鹿台岗H39、H35中出有施圆钻的卜骨，而且是无钻窝的烧灼点与钻窝共存于同一骨面之上，显示了过渡性的特点。就是到了二里岗下层二期，作为早商国都的郑州商城所发现的卜骨还仍然流行直接在骨面上烧灼的卜法，只是将绝大多数的肩胛骨的骨脊去掉，略加修整，并出现了少量稍加修整而直接灼点的卜甲，甚至到二里岗上层一期，先钻后灼的卜法刚刚流行，也多是施于骨壁较厚、不易烧灼的牛肩胛骨和龟甲上，而对于猪、羊、鹿等的肩胛骨，除极少数的钻后再灼外，仍多采用传统的做法直接烧灼。而普遍流行施钻、施凿或钻、凿兼施的做法可能要到殷墟一期之后。由此可见，以往以占卜发达而著称的中原地区，在卜骨的整治与卜法方面甚至曾长期落后于北方地区的夏家店下层文化。

  再看北方地区，张家口考古队在河北蔚县的壶流河流域夏商时期遗址的发掘或试掘中发现了较多的卜骨。《蔚县夏商时期考古的主要收获》一文将蔚县夏商时期遗存划分为四个阶段。其中，第一、二阶段的年代估计在夏纪年范围内，而第三、四阶段的年代大致分别相当于二里岗下层和二里岗上层时期。从文化内涵上以往有人将第一至第三阶段遗存归入夏家店下层文化，作为该文化的一个地方类型。也有人主张将这类遗存归入大坨头文化。从现在日益增多的考古资料来看，这类遗存的面貌较为复杂，虽然它含有一些夏家店下层文化的因素，但基本的陶器组合与夏家店下层文化相比有很大的不同。与永定河以东的大坨头文化相比，面貌也有较大差异。这一地区第一阶段的卜骨是只灼不钻的，第二阶段的卜骨也多用稍加整治的动物肩胛骨直接烧灼，只在个别卜骨上发现有掏挖而成的不很规则的穴窝。可见在夏时期这里的文化虽已吸收了部分夏家店下层文化的陶器因素，但在卜骨上仍然采用传统的做法。从第三阶段开始卜骨上都有钻灼。除用动物肩胛骨外，还出现了用动物肢骨制成的卜骨。值得注意的是，就目前的发现看，只有夏家店下层文化有用动物肢骨制做卜骨的习惯。联系到这一地区从夏代前期就与夏家店下层文化存在互动关系的现象，可以推知这里从二里岗下层阶段开始出现的卜骨普遍施钻的做法，很有可能就是受到了夏家店下层文化的影响。蔚县的夏商第四段遗存在文化性质上可以归入早商文化，是早商文化在二里岗上层阶段所到达的最北范围。如果考虑到商文化正是在二里岗上层时期才将卜骨施钻的做法推广开来的事实，那么是否可以进一步设想，商文化此时沿太行山东麓向北方的长足挺进，直接接触到了此前就已接受夏家店下层文化卜骨做法影响的壶流河地区的文化，从而将这种卜骨密集施钻的做法引入了中原。不过，商文化在接受了这种来自北方地区的影响之后，并没有在卜骨的整治与卜法上止步不前。不仅越来越重视卜骨在使用前的整治，形成了锯、削、刮、磨等繁琐的加工程序，而且使钻窝在骨面上得到有序的排列，为了有效控制兆纹的走向，还发明了竖向的凿槽，乃至最终出现了使钻、凿在骨面或龟甲上对称排列的形态。

内蒙古中南部地区也是出土夏商时期卜骨较多的区域，尤以朱开沟遗址为最。对朱开沟遗址出土遗存的性质以往颇多争议，但始终未有一个被大家共同接受的划分方法。近年王乐文通过对器物组合与地层关系的系统分析，并参考一些新近发掘的内涵较为单纯的遗址的材料，将朱开沟遗址出土遗存分为两类。其中的甲类遗存年代在龙山时代晚期至夏代早期，乙类遗存（可称为朱开沟文化）的年代在夏代晚期至早商时期。从这两类遗存的卜骨来看，甲类遗存的卜骨均只灼不钻，乙类遗存的卜骨则多有钻灼。这类有钻的卜骨，钻窝平面呈圆形，圜底，穴壁有同心圆状的旋纹，排列密集又缺乏严格的规律，风格与夏家店下层文化卜骨相同。鉴于朱开沟文化及其出土卜骨的主体年代是在早商时期，要晚于夏家店下层文化的有钻卜骨的流行年代，似可推测该文化中有钻卜骨的出现也是受到了夏家店下层文化的影响。

就目前所见资料来看，密集施钻的卜骨最先是流行于夏家店下层文化之中，于夏代晚期或夏商之际分别向西、向南传播，进而又于二里岗上层阶段触发了商文化对卜骨的革新。

以往有些学者在探讨中原与北方地区早期文化的相互关系时，出于华夏中心的思维定式，总是自觉不自觉地去注意中原地区有哪些先进的文化因素被北方地区的文化所吸收。如今通过对卜骨整治与施钻技术的跨地区分析比较，发现北方地区的夏家店下层文化，甚至还有朱开沟文化的卜骨，在技术上都要领先中原地区相当长的一段时间。这从侧面再次说明，在华夏文明的形成与早期发展过程中，来自北方地区的文化因素也不断地为其输入了可贵的养分，正缘于此，华夏文明之花才会开得愈加艳丽。

［该文系2008年5月参加中国社会科学院考古研究所组织的"中原与北方早期青铜文化的互动"考察活动后提交的笔谈文章。原刊于《三代考古》（三），科学出版社，2009年］

夏家店下层文化综论

本文所说的西辽河水系区包括辽河的主源西辽河及其支流，以及大、小凌河流域。夏家店下层文化属于这一地区的早期青铜时代文化。20世纪90年代中期以前，大多数中国考古学者所普遍关心的是这一文化的分期、年代、分布、类型、源流及其与周边文化的关系等基础性的研究课题。90年代中期之后，由于区域性考古调查的开展以及若干遗址的大规模发掘乃至全面揭露，为夏家店下层文化诸多方面的研究提供了前所未有的丰富信息，使得聚落形态、社会分层及社会组织等问题逐渐成为考古界关注的焦点。

一、有关基础性问题的研究

以往多数学者认为夏家店下层文化的分布范围非常广大，既包括燕山以北的西辽河水系区，又包括燕山以南的海河北系区及滦河流域，并建议将该文化划分为两个[1]或三个类型[2]。但是早在20世纪80年代中期，韩嘉谷先生就率先提出，燕山以南的大坨头类型属于一种与夏家店下层文化性质有别的考古学文化，应从该文化中分离出来[3]。1989年，卜工先生从燕山地区夏商时期陶鬲谱系研究的角度出发，也提出燕山南麓夏商时期的遗存不宜归入夏家店下层文化的观点[4]。90年代初，韩嘉谷先生进一步建议将燕山南麓夏家店下层文化的同期遗存单独命名为大坨头文化，以示与夏家店下层文化的区别[5]。其后，我们也曾通过对燕山南北夏家店下层文化同期遗存的系统比较，重新界定了夏家店下层文化的内涵，将该文化的分布范围限指在燕山以北的西辽河水系区[6]。随着材料的不断增多，越来越多的学者注意到了燕山南北的夏家店下层文化同期遗存在文化面貌上存在着本质差异，应当分属于不同的考古学文化[7]。从目前的调查情况看，夏家店下层文化的分布范围大致西起七老图山、东至医巫闾山，北抵西拉木伦河北侧支流，南达承德—平泉一带。其分布的中心区大致包括西辽河上游支流老哈河、教来河流域及大、小凌河流域。

以往关于夏家店下层文化的渊源主要存在两种代表性的观点：①认为夏家店下层文化具有中原地区晚期龙山文化的某些特征，当系中原龙山文化的地方变种[8]；②认为西辽河水系区的原始文化自成系统，夏家店下层文化的主体因素应来自当地红山——小河沿文化系统[9]。我们在系统分析夏家店下层文化各类构成因素的基础上，提出了该文化的多源说[10]。认为从形成机制上看，可将该文化基本陶器组合分为四群：A群，以深腹盆、无腰隔甗和深腹罐为代表的绳纹系陶器（包括少量篮纹与方格纹），当源自以豫北为中心的后冈二期文化。B群，以尊（或称折腹盆）、钵形鼎等为代表，还包括陶器上的彩绘装饰，当来源于当地的红山—小河沿文化系统。C群，包括浅盘高柄豆、浅腹平底盆、带圈足或三足的盘等，多为泥质磨光灰陶或黑陶，也包括甗腰和裆部的"T"字形附加堆纹装饰。其祖源当为山东地区，但有些可能是在红山或小河沿文化时期就已到达西辽河水系区的因素。D群，主要包括尊形鬲、罐形鼎等器类，可能是由多种因素结合而新创生的器类。在以上4群陶器中，来自中原后冈二期文化的一组因素在夏家店下层文化的形成过程中起到了至关重要的作用。可以说，正是因为此组因素的出现，才使得西辽河水系区延续数千年之久的平底筒形罐文化系统得以终止，与中原地区相类似的空三足器系统开始流行，导致新形成的夏家店下层文化的面貌焕然一新。而且，伴随A群器物传入的中原文化因素还有以夯土、土坯筑墙并以草拌泥和白灰面装修墙壁和居住面的技术。文章同时还讨论了夏家店下层文化与周边并行诸考古学文化之间的互动关系。此后，又有学者进一步论及夏家店下层文化在骨卜习俗方面的先进性及其对商文化卜骨整治技术的影响[11]，也有学者讨论了二里头文化的铜戈及五角刃沿玉钺、玉圭等对夏家店下层文化同类器物的影响[12]。

至于夏家店下层的分期与年代，以往有不少学者陆续提出过各自的分期方案[13]，但由于迄今缺乏经大规模发掘并有良好层位关系的遗址材料的系统报道，致使已有的分期认识仍有待进一步深化。不过，对于夏家店下层文化的年代范围，通过对数十例^{14}C数据的分析及与中原夏、商文化分期框架的比较，多数学者已相信其主要的年代在距今4000～3400年，约相当于中原地区的夏至早商时期。

二、遗址的类型及典型遗址的布局

李恭笃、高美璇先生曾将夏家店下层文化的遗址分成小型山包遗址、台地遗址和大型城堡式遗址三种类型[14]。在1996年半支箭河中游的区域性调查中，我们也将当时发现的38个含夏家店下层文化遗存的遗址点划分为山丘型和坡岗型两类[15]。结合在其他地区调查和发掘所获的认识，我们认为夏家店下层文化遗址总体上可据所在地形及遗存特点划分为三种类型[16]。

（1）坡岗型。这是迄今发现数量最多的一类遗址。一般位于距河流较近的缓坡或台地之上，倚山面水，且多选择在阳坡。此类遗址的堆积厚薄不一。位于地势较平的河旁台地上者，堆积往往较深，常在3米以上，最深的可达10米。而位于斜坡上的遗址往往堆积较浅，且缺乏连续性。堆积较厚的坡岗型遗址一般从早期开始就有土筑的围墙及壕沟之类的防御设施。到夏家店下层文化晚期，就连地势起伏较大、堆积不深的坡岗型遗址也都普遍筑起了石砌的围墙。以往调查发现的阴河流域的所谓"石城址",基本都属晚期阶段的坡岗型遗址。此类遗址的面积相差较大,小者仅2000~3000平方米,大者如赤峰松山区的迟家营子遗址,在早年的调查中记录其面积为10万平方米[17]。但多数遗址的面积在5000~30000平方米。以往发掘的喀喇沁旗大山前[18]、北票丰下[19]、松山区三座店[20]等均属此类遗址。

（2）土丘型。数量不多。一般位于开阔河川中的低台地上,所在地势较为平坦。远望多似平顶的台子,高出现今周围地面3~5米。此类遗址多数面积较大,完整者都在20000平方米以上。堆积普遍较厚,遗迹分布十分密集,且周边皆有围墙、壕沟等大型防御设施。由于地势平缓,此类遗址的围墙或壕沟的形状也大多比较规整,呈方形或长方形,颇似中原地区龙山时代的城堡。此类遗址目前经过发掘的有敖汉旗大甸子[21]、建平水泉[22]、北票康家屯[23]等。其中大甸子遗址是已知此类遗址中面积最大的。城内面积约60000平方米。

坡岗型中的台地遗址与土丘型遗址由于都有很厚的灰土堆积,所以当地老乡往往将它们称为"大灰包"。从已发掘的多数遗址的情况看,这两类遗址内部的建筑普遍存在一个共同的变化规律:遗址的最下层以圆形半地穴或地穴式房址为主,仅见极少量的地面式房址。中、上层则圆形或圆角方形的地面式房屋逐渐增多,墙体以夯土、土坯或石块砌筑。晚期就连窖穴也多变为地面式的建筑。值得注意的是,这两类遗址中常见数座房址在同一位置上下叠压的现象。赤峰二道井子遗址有7层房址上下叠压的例子[24]。这不仅表明遗址的沿用时间较长,更凸显出人们对居住地的私有观念已十分强固。

（3）山丘型。此类遗址一般位于距主要河流较远的群山之中,且都坐落于一些相对独立的山丘顶部。由于地形所限,遗址的面积一般较小,多在500~1500平方米。个别大的面积可达10000~15000平方米。遗址上基本看不到文化堆积,但地表往往可以发现以石块垒砌的石圆圈及少数方形建筑。有些遗址的边缘经人工修整,形成类似环壕的凹带,使遗址本身成为一个凸起的台子。个别大遗址的边缘则依山势砌出形状不规则的石围墙,其内则修整成多层宽阔的台级,以便于其上构置建筑。半支箭河中游以架子山（KJ7）为中心的22个地点和洞山的2个地点皆属此类[25]。

以上三类遗址中,土丘型和坡岗型遗址多位于现代村落附近,既靠近水源,周围又有大片可耕的土地。虽然遗址内部的堆积厚薄不一,但都发现有房址、窖穴、灰沟等与居住有关的建筑,经发掘的地点均出土有丰富的农业生产工具及手工工具,还有大量的陶质生活器皿。凡此皆表明这两类遗址都应属于定居的村落。至于山丘型遗址,迄今只限于地表调查资料,对其具体的功能和性质还不十分清楚。但应注意的是,此类遗址多数远离水源,所在地点不仅地势险峻,且周围多有大面积裸露的基岩,或为瘠薄的砂石层,难以从事农耕活动。地表的遗物可见率远远低于土丘型和坡岗型遗址,可辨陶器器形偏重于贮藏器和炊器。石器中见有一定数量的打制石锄、石斧、石圆饼和石杵、石臼，罕见磨制精细的石铲和石刀等[26]。以上列举现象似乎在一定程度上显示出山丘型遗址并非当时居民长期居住活动的场所。从他们在设置上更注重防御性的特点看，有很大的可能是因战争的需要而修筑起来的临时性营房或防御性堡垒。

下面以经过大面积发掘乃至全面揭露的几处坡岗型或土丘型遗址为例来讨论一下普通定居型居住址的布局特点。

赤峰四分地东山嘴遗址面积约28000平方米，属于一处夏家店下层文化偏早阶段的中型坡岗型遗址。发掘工作主要是依据地表暴露出来的灰土圈来清理的。在约占遗址三分之一的范围内共清理出房址9座、灰坑18座，而实际的揭露面积近450平方米。已清理的房址和灰坑在空间分布上形成了南、北、中、西4片。除南区外，其余三区属于居住地，各区包括2~3座房址，房址的周围有数量不等的灰坑，其中紧邻房址的灰坑多为窖穴。据介绍，这些房址均为圆形或椭圆形的半地穴或地穴式建筑，面积为5~15平方米[27]。据杨建华先生分析，单个的房址最大的可能是用于一个核心家庭居住，仅包括一对夫妇及其未成年的子女，而每个区很可能代表了由血缘上最近的2或3个核心家庭构成的扩大家庭。由于各区之间都有一定的距离间隔，所以扩大家庭之间的关系不甚紧密。扩大家庭内部的核心家庭的房址之间既紧密相邻，又各自有自己的灰坑环绕，说明同一扩大家庭内部的核心家庭之间既相互依赖，又在生产和消费上相互独立。由此，整个遗址就应当包含了以单个房址为代表的核心家庭、以区为代表的扩大家庭和整个村落三级社会组织。这种聚落布局与玛雅古典文明时期的蒂卡尔地区的村落布局非常相似[28]。

前举北票康家屯、赤峰松山区三座店、红山区二道井子遗址是几乎被全面揭露的3处居住址。其中康家屯遗址属夏家店下层文化偏晚阶段的土丘型遗址，另2处属坡岗型遗址，三者边缘皆有围墙。围墙之内多为圆形或圆角方形的地面式房址。三座店遗址系由东、西并列的大、小两座"石城"组成。大城略呈圆角长方形，面积约10000多平方米。城内的石砌建筑遗迹基本上分布在同一层面上。城内依据纵横交错的道路和石头隔墙可区分出20余处院落，每处院落基本都由1座有灶的双重墙体的大房子、1座无灶的单圈墙体的附属建筑和1座窖穴组成（图一，1），只有个别院落内发现有2座并列的双圈墙体的建筑[29]。这样的一座院落就其规模和结构来说也只能满足一个核心家庭的居住需要。院墙的出现以及将窖穴设置在院落之内的现象，表明夏家店下层文化晚期个体家庭的独立性进一步增强，已成为基本的生产和生活单位。由于发掘资料尚未全面报道，在各个院落为代表的核心家庭和整个聚落之间是否还存在中间层次的社会组织，目前还并不清楚，但年代与三座店聚落大体相当的康家屯遗址第4层下的建筑布局，却为中间层次社会组织的存在提供了证明。康家屯城址原呈方形或长方形，北部被大凌河冲毁。现存城址的南半部面积约15000平方米。该城址残存的第4层下的建筑属于城址中晚期阶段，依据纵横的隔墙和道路可将这一阶段的建筑划分为8个院区（图

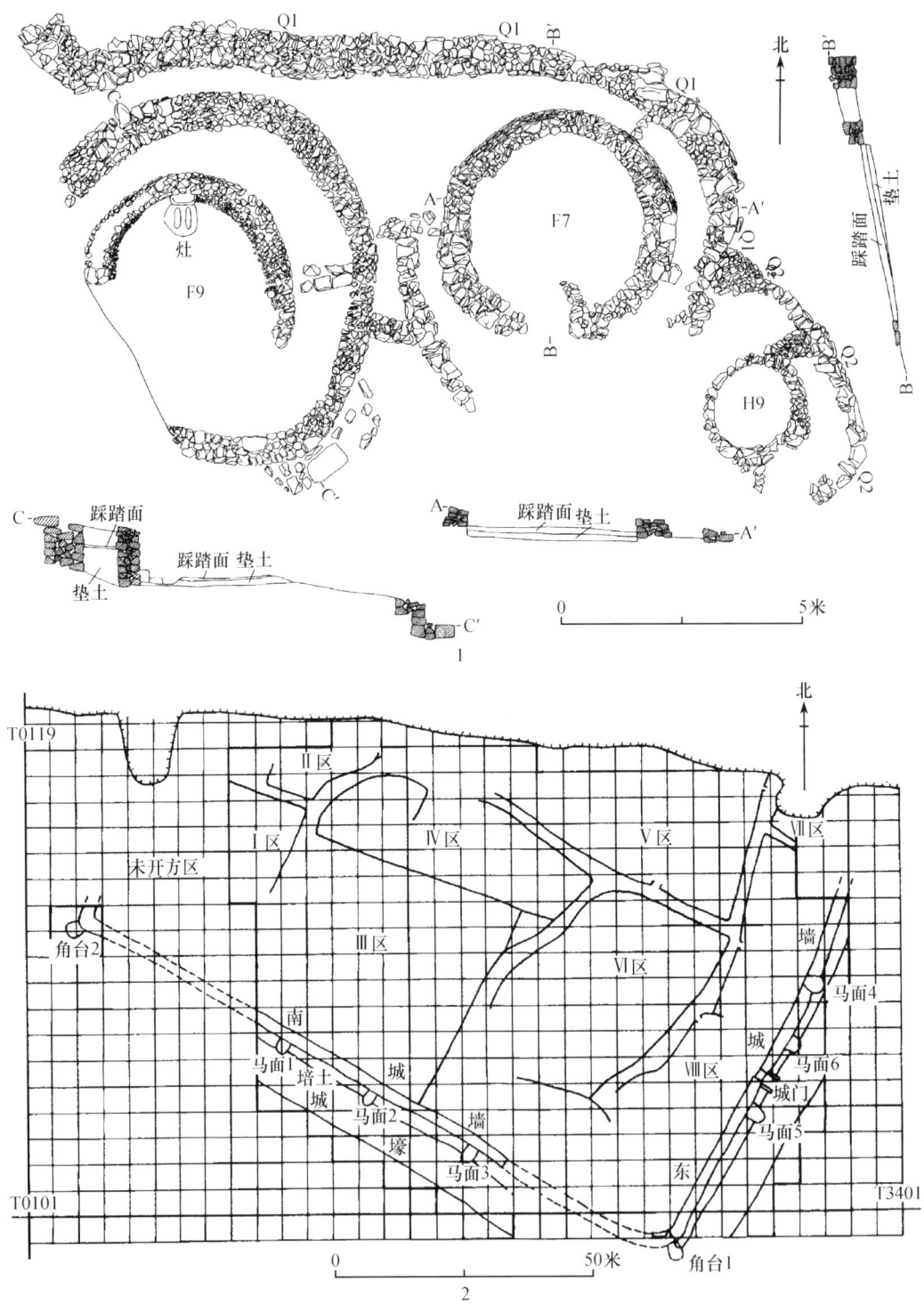

图一 夏家店下层文化遗址内的院落与院区

1.赤峰三座店遗址由F9、F7和H9构成的院落(采自内蒙古文物考古研究所:《内蒙古赤峰市三座店夏家店下层文化石城遗址》,《考古》2007年第7期,图八) 2.北票康家屯城址内的院区(采自辽宁省文物考古研究所:《辽宁北票市康家屯城址发掘简报》,《考古》2001年第8期,图三)

一，2），每个院区之内又用隔墙分割为若干院落，院落内也都包含有1或2座地面式房屋建筑，以及窖穴与石仓等附属建筑，从而明确反映出院落、院区与整个聚落这种三层社会组织结构，成为年代偏早的东山嘴遗址内部布局结构的发展形势。而且，康家屯城址院区的墙与墙之间有相互连通的道路，道路的一侧以大石板铺设出人行道，而另一侧则形成较低的土沟，与各院区、院落的排水设施相连接，构成整个聚落内的排水系统，体现出了一种严谨的规划与设计意图[30]。

以上分析表明，无论是夏家店下层文化偏早阶段的四分地东山嘴遗址，还是偏晚阶段的三座店和康家屯遗址，也不论是坡岗型遗址还是土丘型遗址，作为普通居住功能的遗址，其内部的建筑布局皆可揭示出核心家庭、扩大家庭和整个聚落这样三层社会组织结构。那么，包含有若干扩大家庭或曰家族在内的整个聚落所代表的社会组织究竟是什么？我们认为应当与先秦文献中屡屡提及的"族"这一社会组织单位有关。东汉学者郑玄在《周礼·地官·大司徒》注中解释"族坟墓"时说："族，犹类也。生相近，死相迫"。也就是说，同族之人，无论生居还是死葬，必要以相互靠近为原则。体现于居址和墓地布局中，则相互所处距离的远近应当会成为亲疏程度的一种直观反映。显然，这种组织单位应是以血缘纽带相维系的一种基本的社会组织。问题是据《左传·定公四年》分鲁公以"殷民六族"时所述，可知"族"这一社会单位中还有"宗氏"与"分族"这样的层次大小之分[31]。按朱凤瀚先生的分析，在殷墟的族墓地中应当存在"宗氏"（即宗族）、"分族"与家族这样三个层次的社会组织[32]。那么，以上我们从东山嘴、康家屯与三座店（大城）遗址的布局中所分析出来的高于家族一级的社会组织究竟应是"宗氏"还是"分族"，还很难轻易断定。然而，将其视为一个高于家族的有共同男性祖先（即同宗）的亲属集团，则恐无太大异议。

还应注意的是，三座店遗址是大、小二城同时并存的一个格局，前面仅分析了大城的布局。小城面积虽小（仅1585平方米），城内残存的建筑基址仅有5处[33]，但其毕竟与大城之间有墙相隔，按照空间关系所体现的亲疏远近分析，其与大城之间的关系显然要较大城之内各家族之间的关系疏远得多。据以往调查可知，大、小两城相配或同一城中以大型隔墙区分为两半的现象并不少见。阴河流域的尹家店遗址即是以一较宽的东西向隔墙将城内区分成南、北两个区域[34]。这种聚落内大区之间的差别显然较康家屯遗址各院区之间的差别更大。大甸子遗址虽然从地表看不出城内有类似尹家店城址这样的大型隔墙，但其对应的墓地则明显可以区分出北、中、南三区，各区之间有空白地带相隔。各区之内又或依陶鬲形态上的差别或依相互间隔的疏密可区分出不同的若干小区[35]。从小区的规模看，所含墓葬少则几座，多则一百余座。这样的墓地布局与殷墟族墓地的特点非常相似，所以有学者认为葬于各小区的墓可能是各家族的成员[36]。既然小区代表家族一级的社会单位，那么上述三区中的每区都应是高于家族一级的社会组织单位。假如三个墓区皆属同族，即拥有共同的男性祖先，自然可将墓地与墓区分别与前述的"宗氏（或宗族）"与"分族"相对应。不过事实可能并非如此。郭大顺先生对大甸子墓地出土的A、B、C三型陶鬲各自所代表的文化群体进行了重新审视。认为A型鬲作为夏家店下层文化的固有陶鬲形态当无疑问；B型鬲多见于燕山以南地区；C型鬲及所谓的"乙群陶器"属于夏家店下层文化东邻群体即高台山文化的特征[37]。而A型鬲主要见于大甸子墓地的北区与中a区，B、C型鬲则主要见于中b区与南区[38]，从而显示出不同墓区在人群来源及构成上可能有重要差别。而且，潘其风先生对大甸子墓地人骨的研究成果业已表明，该墓地夏家店下层文化居民在人种上存在两个类型三个分组，可能代表了不同的来源[39]。所以，大甸子墓地所代表的社会组织应当已具有一定的地缘性质。

可见，夏家店下层文化的单个聚落，有些虽可说代表了一种以血缘纽带相维系的社会组织，但至少也有一些可能已相当于一种地缘性的社会组织了。

三、遗址的分群与社会发展阶段

在聚落考古中，同一时期遗址点在空间上的分布及其集结状况往往被认为是判断更高层次社会组织的存在与否及当时社会所处发展阶段的重要资料[40]。早在1964年，在赤峰英金河及其上游阴河流域的考古调查中，中国学者就曾注意并记录了夏家店下层文化石城址的成群分布情况。但直到1986年，徐光冀先生才系统介绍了当时的调查成果，首次根据遗址的空间集结情况将调查发现的43座石城址分为三组。每组都大约占据了沿河流两岸约20千米的范围。组与组之间有一定的距离。其中西面的第一组包括石城址20座，居中的第二组12座，东面的第三组包括了5座。而且当时他已意识到此群石城址在规模上更有大、中、小之分[41]。除英金河调查之外，在早年北票丰下[42]、朝阳胜利三角城子[43]等遗址的发掘中，发掘者也都注意并介绍了有关夏家店下层文化的遗址群情况。伴随着这些材料的相继报道，自20世纪80年代中期之后，越来越多的学者开始对夏家店下层文化的遗址分群状况予以关注。

1994~1995年，以色列学者Gideon Shelach与赤峰学院历史系教师合作，围绕徐光冀先生所分阴河流域第一组石城址所在的区域进行了拉网式的调查，在约200平方千米的范围内共发现夏家店下层文化遗址70处。明确将遗址区分为大、中、小三级，面积最大的迟家营子居于整个遗址群中心位置，在其南侧、西侧和东侧的阴河两岸有6处面积为30000~60000平方米的中型城址，且两两成组。而这6处中型城址又被若干面积在25000平方米以下的小型遗址所环绕，形成一个层层相属的聚落群体[44]。

1996年，我们在赤峰市半支箭河中游的调查中，除了将遗址区分为山丘型和坡岗型并详细记录每一遗址的面积、内涵等多项信息之外，也注意到两种类型的遗址均有群聚现象。一类是由地处河旁台地或坡岗上相互紧邻的几处遗址而构成的遗址群，小者两两成组，大一些的像大山前KDⅠ~KDⅤ，还有后来确定的KDⅦ，包括了6个地点。而以架子山（KJ7）为中心的22处山丘型遗址则构成了另一类遗址群。而且当时我们曾经推测，以架子山山丘型遗址群为中心，包括大山前、窑沟梁及西南沟等几群环绕在其周围的坡岗型遗址群，可能共同构成了一个范围更大的群体[45]。

近来，滕铭予先生以1996~2000年半支箭河中游地区的系统考古调查资料为基础，首先尝试运用GIS对不同时期遗址的分布与土壤、地貌等环境因素的关系进行了细致地讨论[46]，继而又运用这种手段对调查区内先秦时期遗址的空间分布进行了考察。她借用了遗址分布地形图来表现遗址的面积和疏密程度，并通过GIS中的反距离加权法对地形图进行平坦化处理，使遗址的集聚状况得以更明显的表现（图二）。研究表明，当加权值为3时，调查区内的150多处夏家店下层文化遗址显现出聚合成了16个集群。当加权值为8时，在调查区域的中部形成了一个以几个大型遗址为中心，周围分散有较多中、小型遗址的新的集群。这一新的集群具有凌驾于其他集群之上的中心地

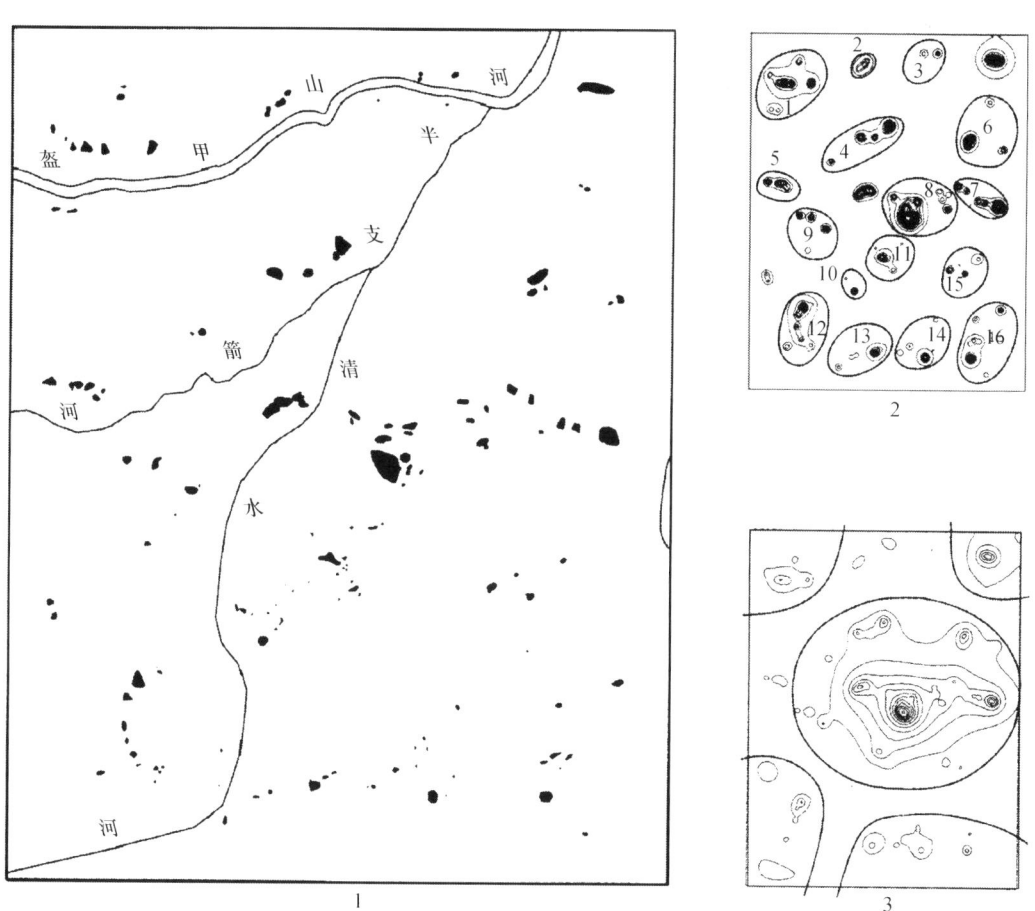

图二　半支箭河中游夏家店下层文化遗址的分布与分群
1.遗址分布图　2、3.遗址分群示意图（加权值分别为3和8）

［采自滕铭予：《GIS支持下的赤峰地区环境考古研究》，科学出版社，2009年，图4-52，图4-67。另外，图中显示面积最大的遗址（KX8）在原报告中可能系被过大估计，据笔者调查，它实际上应包括了两个并不相连的遗址点］

位。与此同时,此群外围的一些小群与中心区之间也表现出较为离散的状态。她还认为,在加权值为3时所划分出的遗址群,处于群体两端的遗址间的距离为3～5千米,相当于常人1～1.5小时的行走距离,其覆盖面积大体与中国北方农村中的行政村相当,每个行政村由几个相邻的自然村构成。而加权值为8时所形成的新的集群,方圆近100平方千米,大体与中国北方农村中的普通乡镇规模相当[47]。这一研究显然要较我们以往在调查中所得的直观性认识更加深入和系统化。

将半支箭河中游的调查与阴河中游1994年的复查相比,可以发现两地夏家店下层文化遗址存在一种类似的群聚现象,即两地在单个聚落之上均形成了大、小两个层次的聚落群。其中较低层次的聚落群多由相互紧邻的2～6个遗址点构成。如果说单个聚落多数仍是代表着以血缘为纽带所维系起来的一种社会组织的话,那么以2～6个遗址点所聚合成的遗址群则无疑应代表着一种小范围的地域性社会组织,而其上更大的聚落群似乎反映了另一种更高层次政体的存在。在阴河流域较低层次的遗址群中,几乎每个单独的地点都砌筑有石围墙,且每个遗址点内的堆积都不是很厚。这样的情况下,每群中规模较大的遗址一般会被视为该群的中心。而在半支箭河中游较低层次的遗址群中,一般每群只有1～2处遗址有围墙或壕沟,堆积较厚。而且,这种有防御设施的遗址点的面积并不比那些无设防的遗址规模大。在大山前遗址群的6个地点中,东、西两端各有一个设防聚落(KDⅠ和KDⅣ),面积都明显小于遗址群中不设防的KDⅡ和KDⅢ[48]。从1996～1998年对大山前遗址群的发掘来看,在包含夏家店下层文化遗存的6个地点中,曾做过发掘的KDⅠ、Ⅱ、Ⅲ、Ⅶ诸地点的出土遗物年代都比较接近,表明它们至少在某一阶段是曾经共存的一种关系。从建筑的集中程度、祭祀遗存的有无和出土遗物的品类与质量来看,有设防的KDⅠ和KDⅣ无疑应是该聚落群的重心所在[49]。所以,在这一地区,如果单以地表调查的面积来确定遗址的级别及判别其是否中心,很可能会产生片面的认识。

还应注意的是,阴河中游聚落群的中心迟家营子与半支箭河中游遗址群的中心架子山,虽然在位置上都居中且较其他遗址离河流更远,但是二者毕竟可能分属功能有别的遗址。迟家营子遗址所在的坡岗虽地势较高但有黄土发育,从调查中地表所见迹象看,它仍然应属于普通居住性质的遗址。而以架子山为中心的山丘型遗址,如前所述,很可能只是战时的临时营地或堡垒。不过,迟家营子遗址面积的庞大与架子山遗址群所处地势的险要似乎都可以发挥同样的功能——在战时为同一集体的人们提供保护。

自1999年开始的赤峰中美联合区域性调查项目,是从前述半支箭河中游调查区的中部开始向北、向东逐渐扩展开来的。在1999～2001年度调查的765.4平方千米的范围内共发现含夏家店下层文化遗存的遗址379处,遗址的数量和分布密度大大超过以往任何一个阶段[50]。多数遗址分布在主要河流沿岸的台地或坡岗之上,常见几个或十几个遗址结为较小规模的遗址群的现象。也发现有一些类似架子山那样的成群的山丘型遗址。但仅就单个遗址的面积来说，级差仍然不是很大，仍以10000平方米左右的最为常见，稍大者可至20000或30000平方米，个别达到50000平方米以上。山丘型遗址中除极少数面积可达10000多平方米以外，多数面积更小。诸小型遗址群之间，在占地面积上也看不出明显的级差。而且，除调查区的西部和西南部外，其他区域内的遗址与小型遗址群的分布大多呈现出一种较为均匀的状态。如果只以空间距离的远近和遗址面积的大小看，在小型遗址群之上是很难再划分出高层次的遗址群的。这种聚落形态若与伊洛河流域的二里头文化及山东日照地区的龙山文化聚落群的结构相比，有着相当大的差别。

中澳联合考古队在伊洛河支流坞罗河流域调查发现的21处二里头文化遗址明显可分三级：最大的稍柴遗址面积约600000平方米，中型的罗口东北遗址面积约180000平方米。而围绕大中型遗址分布的小型遗址面积从1000到60000平方米不等。如果考虑到稍柴遗址又构成了以二里头遗址为中心的区域内的次级中心的话，聚落的层次明显可以分为四级，从而与人类学上讨论的国家所应具备的行政体制十分契合[51]。在中美联合调查的鲁东南沿海地区，于950多平方千米的范围内发现龙山文化时期的遗址400余处，仅根据遗址面积的大小就可将遗址明确划分为四个等级。所发现的两处Ⅰ等级的遗址，一处是两城镇，总面积2725000平方米，另一处是尧王城，面积甚至达到3675000平方米。两处Ⅰ级聚落分居于南、北两个区域的中心。每个区域内都有层级鲜明的四级聚落结构。调查区内Ⅱ级聚落的面积约429000~1307000平方米，Ⅲ级聚落的面积为100000~326000平方米，Ⅳ级聚落的面积为1000~88000平方米[52]。这项调查表明，在年代早于二里头文化的鲁东南沿海地区就已经出现了与国家体制相适应的聚落层级。而且，无论是在伊洛河流域还是鲁东南沿海地区，不必通过遗址地形图的平坦化处理即可清楚地从遗址分布图上观察到聚落之间的级差及分群情况。

再来看赤峰地区夏家店下层文化的聚落分布就会发现，虽然遗址有不同层次的群聚现象，每群遗址中的聚落也可区分出2或3级，但其间级差却很不明显。尽管夏家店下层文化的遗址可分为三种不同的类型，遗址的面积可能会因所处地形的不同而呈现差异，但是，仅就与伊洛河流域和鲁东南地区相似的平地土丘型遗址的规模来说，也基本都只相当于后两个地区所划分的最低一级的聚落。由此可见，夏家店下层文化聚落的分化程度远不及伊洛河流域的二里头文化，甚至与年代早于它的山东龙山文化相比，也有相当大的差距。

夏家店下层文化的社会性质是诸多学者所关心的一个话题。以往有学者认为赤峰阴河、英金河沿岸的石城址是呈条带状分布的，这种条带的走向大体与附近的战国秦汉长城相互平行，可能相当于一种"原始长城"[53]，目的是防御来自北方的敌对势力。而拥有这种"大规模防御设施"的社会应当已是独霸一方的方国或统一的地区性国家[54]。实际上，类似的石城址并不仅限于阴河、英金河流域，几乎在整个夏家店下层文化的分布范围内都有发现。而且有石城址的地点附近往往有裸露的岩石资源可资利用。阴河两岸就是玄武岩大面积裸露的地区,且遗址邻河的一面常常形成玄武岩的断崖。这种因地制宜选择筑城材料的现象徐光冀先生很早即已指出[55]。既然不同类型的设防聚落遍及整个夏家店下层文化的分布范围之内,那么显然就不宜以防御某一方的外来之敌为由对此加以解释,更难以将其视为一种国家体制统一协调下的结果。同时,鉴于迄今发掘的所有遗址中均不见类似二里头遗址所见的那类大型的、非居住性的宫殿、宗庙类建筑,以及聚落之间的级差十分有限的事实,我们宁肯相信这一文化的社会可能仍属于一种前国家阶段的复杂社会。当然,在级差并不明显的前提下,仍有一些区域的遗址可以聚合成方圆一百平方千米规模的遗址群,或许可以解释为这些聚落的人群出于通婚、共同开发区域资源或抵御外敌的需要而结成某种联合体的结果。许宏先生曾经指出,夏家店下层文化城址群中的中心城址除规模较大并突出防御性之外,实际并无特殊内涵,很可能只是部落或部落联盟的中心聚落,尚未发展成为邦国权力中心的城市[56]。

冈村秀典先生曾经指出,夏家店下层文化中的镞从形制上较红山文化时期的镞更为先进,具有重量大、刺突深的特点,已由一种狩猎工具演化为可杀人的武器[57]。大甸子墓地约1/3的男性随葬有石斧或石钺,而石斧、石钺恰是史前时期在相当大的范围内流行的近身格斗兵器[58]。大甸子墓地随葬的磨制精细但质地脆而易断的石质斧钺很可能已属于一种非实用的象征性的武器,成为墓主人武士身份的标志。武器的流行自然与社会冲突和战争的频繁有关。康家屯石城址内发现有16处"石筑穴"。从形制和结构看,很像是穴壁砌石的窖穴,但其中有几座坑内堆积中发现有非正常死亡的人骨与成组陶器、工具散乱放在一起的现象,有的人骨还经火烧[59]。或许是利用废弃的窖穴来祭祀。而大山前遗址群KDⅠ、KDⅣ地点的发掘中也曾见到多例以人头或人的上、下肢骨与成组陶器或石器置于祭祀坑中的现象[60]。这些显然是战争与冲突存在的明证。看来,夏家店下层文化的聚落之所以普遍设防,很可能与当时的社会充满冲突和争斗有关。这一切都说明当时的社会应处于一种动荡的、缺乏统一政治秩序的状态。

四、社会分层与礼制

判断一个社会是否属于分层的社会无疑需要进行多方面的论证。大甸子报告着重讨论了墓区及小区之间所反映的社会分层。发现代表权力与财富的随葬品及大型墓相对集中于北区与中a区,且在同等规模的墓葬中男性的地位要高于女性,从而认为这是一个以随葬A型鬲为特征的家族居于主导地位的村寨[61]。本文则仅从居住遗存和墓葬等级入手对夏家店下层文化居民的等级分化状况略作探讨。

冈村秀典先生曾对辽河流域新石器时代文化至早期青铜时代文化的居住形态做过

通盘的考察，发现夏家店下层文化的房址总体上呈现出一种小型化的状态，认为这是由早期的大家庭向核心家庭演化的反映[62]。这是很有见地的认识。但仍需指出的是，夏家店下层文化的房址虽然与辽西地区新石器时代诸文化的房址规模相比有总体变小的趋势，但几乎每个经过大规模发掘的遗址中都可看到房址规模大小有别的现象。以往Gideon Shelach曾对阴河流域几处遗址地表暴露的石砌"房子"的规模进行了测量，由"房子"的规模大小推测当时应当存在三个社会阶层[63]。而实际情况是，从地表上看到的石砌建筑未必都是房址，还有仓房、地面式窖穴等建筑。因此，对房址的分级应首选发掘资料。

北票康家屯遗址1997～2000年的发掘共清理49座房址，发掘者将其分为大、中、小三型。其中大、中型房址的外围多有用石板垒砌边缘的圆形或圆角方形的防护台面。大型房址外围台面直径一般为8～10米，房址直径5～6.5米；中型房址外围台面直径一般为6.4米左右，房址直径约3.5米；小型房址一般无防护台面，房址直径约2.5米[64]。赤峰地区的大山前、三座店、二道井子等遗址所见房屋的规格大小也大多与康家屯遗址所见大致相当，唯大、中型房屋的外围多由另一圈围墙构成类似回廊的建筑，而少见康家屯房址所习见的那种防护台面。这或许是建筑风格上所呈现出的地区性差异。尽管房址有规模大小的差异，但多数房址内部的结构以及居住面、墙壁的加工处理方式都是非常类似的，功能上都属于普通的住房，从中也不易看到居住者之间的等级之别。

不过，几乎每个经大规模发掘的遗址中都见有个别功能特殊的房址。丰下遗址F12是该遗址已发掘的18座完整房址中规模最大的一座。其主体原本是一边长4米的圆角方形房间，后来又在入口处增设出一长方形的小房间（东西长2.2、南北宽1.6米），成为双间结构。大房间墙面为坚硬的红胶泥，居住面和墙壁下部先敷草拌泥，再抹一层白灰面，加工精细。房间内出有一件可复原的彩绘陶尊（报告称折腹盆）及磨制石刀、石锛等较精致的器物。门口处散乱堆放着猪、羊的碎骨[65]。按以往的经验，完整的彩绘陶器要么是作为随葬品出于墓葬，要么是作为祭祀用品出于祭祀坑中。该房址的迹象显示它不同于一般的住房。大山前96KDIF8是一直径约2.8米的圆形地面式建筑，面积并不大，有灶与门道，看起来像是一座很普通的住房。但是，这座房屋的居住面中央却开口有一座圆形袋状坑，坑内有大量焚烧过的炭灰，还有一对被火烧过的人的左、右小腿骨和脚骨，是从一成年女性的身体上砍截下来的。坑中还出土了一组可复原的陶器及鹿角、石斧等遗物。由于坑内堆积的松软，坑口有些下沉，但坑口局部仍保留有较硬的踩踏面，表明此坑与房址应是一体的遗迹，很像是这座房屋的奠基坑。西道遗址的发掘中还曾发现个别房址居住面上涂有红色的颜料，十分特殊[66]。以上所举三例房址似乎都有一定的宗教色彩。

还有的房址，因为在聚落内所处位置的特殊等原因也很引人注目。三座店石城址"大城"内的F30，位置靠近遗址地势的最高处，墙外有一圈石砌边缘的台面，这是赤峰地区很少见的与康家屯大中型建筑类似的一种房址结构。以该房址为中心的院落，其南部大门两侧各有一门轴石，可能当时安装有能够双扇开启的木门。门外与城内的一条南北向主干道相连，直通坡下[67]。从多方面看，这很可能是整个城内的一座中心性建筑。赤峰二道井子F8位于该遗址发掘区北部，属于一座双圈围墙的房址，内侧墙体现存高度可达2米，总面积近110平方米。其南部发现有面积达300平方米的活动面，似小型广场。发掘者推测该房址应是聚落内部的中心房址。另据介绍，该遗址已发现的149座房址中，有少量可能具有祭祀的功能[68]。由以上列举的居住遗存来看，各聚落的居民中应当都有了少量的特殊人物，或为巫师，或为首领，构成了一个高于普通民众之上的阶层。

就研究社会等级与分化来说，墓葬是较居住遗存更有优势的材料。大甸子发掘报告曾按墓圹的长度将墓葬划分为大、中、小型三个等级[69]。由于墓圹长度可能会受死者身高和葬具长度等因素的影响，加之这一分类未能全面考虑墓葬规模与随葬品丰简之间的关系，所以此种划分难以有效解释墓地死者的等级之分。Rowan Flad将大甸子墓葬视为一整套复杂仪式过程中的产物，认为墓室内的随葬品与墓葬壁龛、填土中的随葬品代表着不同的意义。前者与墓主的社会身份相联系，而后者则反映了当时活着的人们在下葬时的社会活动。他还利用Jorgensen的墓葬值公式分别计算了墓葬的"墓主墓葬值"与"仪式墓葬值"[70]。这一研究为墓葬等级的量化研究开辟了一个新的视野，由此发现的问题也很有意义。但是他对壁龛、填土与葬具内随葬品各自代表意义的解释是有问题的。原因就是葬仪的隆重与否虽是活人所操纵的一种行为，但与死者的社会地位及其影响力是绝对脱不了干系的，甚至在一定程度上要取决于死者生前的社会地位。吴瑞满就曾注意到这一问题。所以她的解释是，壁龛用于体现墓主的社会身份，葬具则是放置体现墓主个人身份的器物之处。从这种想法出发，她将随葬彩绘陶器0~10件的墓葬分别进行了平均体量、深度与长度的统计。结果发现墓葬的体量与深度基本是随着随葬彩绘陶器数量的增多而变大的，表明壁龛内随葬的彩绘陶器与墓葬的体量和深度都是显示墓主社会地位的重要标志[71]。这一研究简洁明了地反映出大甸子墓地所对应的是一个具有等级秩序的社会。而且在这一社会中，女性的地位相对要低于男性。

既然大甸子墓地所对应的是一个具有等级秩序的社会，那么当时是否已有用来约束丧葬行为，维护等级秩序的一种制度即丧葬礼仪？如果产生了这样的一种制度，这种制度又达到了什么样的发展程度？

《礼记·乐记》云："礼仪立则贵贱等矣。"《左传·昭公二年》也有"礼，上下之纪"的说法。这些记载明确了"礼"在本质上是一种别尊卑、明贵贱的社会规范。大甸子墓地以鬲、罐、尊等炊器或食器来随葬，尤其以绘有精美花纹的陶器的有无和多少来区分死者的等级地位的做法，与《礼记·礼运》所说的"夫礼之初，始诸饮食"的记载基本吻合，表明这种重食器的随葬品组合至少代表了"礼"的初始形态。墓葬体量的大小有序则从另一方面证实了这种丧葬礼仪的存在。《荀子·礼记》说："故圹垄，其貌像室屋也"。也就是说，按照"事死如生，事亡如存"（《荀子·礼论》）的观念，墓室就像墓主人的生前居所，其规格往往直接体现着墓主人的身份地位。所以，大甸子墓地在随葬彩绘陶器的数量与墓室体量上所表现出的级差直接反映了当时丧葬礼仪的存在。

然而，已有证据表明，当时的丧葬礼仪还并非是一种成熟的制度。①大甸子发掘报告的作者虽然认为墓地随葬陶器的组合是以鬲、罐为中心，但实际情况是大多数墓葬在随葬陶器的种类、数量的搭配上缺乏一定之规，具体的器类组合相当的庞杂[72]，并不存在严格的用器制度。②按照《仪礼》等先秦文献的记载，在礼制社会中，贵族死后无论是对其自身的处理还是其后丧葬仪式的安排，无一不是按照他或她生前所拥有的地位或名分来实施的。尽管Rowan Flad所区分的壁龛、填土与墓室两类环境所代表的意义可作不同的解释，但是他由此所发现的"墓主墓葬值"与"仪式墓葬值"相互之间缺乏关联的事实却颇应引起重视[73]。这可能恰恰反映出大甸子墓地的丧葬礼仪距成熟的礼制还有一段距离。③在以礼制为核心的商周社会，青铜礼器被严格限定在贵族阶层内使用，并有相应的规制。而大甸子墓地的主要礼器——彩绘陶器在804座墓中见于222座墓，这种较为普及的程度表明其相应的礼制还并没有达到"礼不下庶人"（《礼记·曲礼上》）的发展程度。显然，从丧葬礼仪看，夏家店下层文化尚处于礼制的早期发展阶段。

五、经济形态与手工业生产

由于有长期的定居性居住址、大批与农业生产相关的生产工具和频频发现的碳化谷物，夏家店下层文化已被公认是一种较为发达的农业经济。但有一点需要说明的是，从近年发掘中屡见灰坑、灰沟生土壁上遗留的工具痕来看，夏家店下层文化的主要掘土与翻耕工具应与同时期的中原地区一样，多是使用双齿的木耒。如果考虑到大量木质工具的存在，夏家店下层文化的农业生产工具的种类就是相当齐全的了。从砍伐用的斧类工具，到翻耕的耒、破碎土块的石锄，再到中耕的石铲和收割用的石刀及谷物加工工具，应有尽有。种类的多样化和形制的定型化说明农具的使用已有了明确的分工，同时也表明该文化属于一种精耕细作的农业类型[74]。

以往经发掘的夏家店下层文化遗址几乎都出有不少的动物骨骼，但多数的报道仅有动物种类的鉴定而缺乏数量和比例的统计。1996～1997年大山前遗址发掘出土的2145块可鉴定标本中，家猪所占的比例最大，达到48.2%，其次是牛、羊、狗，分别占24.3%、15.3%和10.9%。此外还有20例马和几例鹿科的狍、鹿等。所发现的马尚不能确定是家马还是野马。总体上看，该文化的畜牧业是一种依附于农业的辅助性经济手段，是当时居民肉食品的主要来源，在居民经济生活中占有较重要的地位。从各个遗址所出野生动物骨骼极少的现象看，狩猎在当时的经济生活中可谓无足轻重[75]。

夏家店下层文化已有冶金业。小件的金属制品几乎在所有经过大规模发掘的遗址或墓地中均有出土。种类有青铜的刀、锥、耳环、指环、杖首及斧钺的柄首和镦等，属于小件的工具或复合工具的构件及装饰品。大甸子还发现过金质的耳环和锡质的杖首[76]。目前发现最大的一件青铜制品是锦西水手营子一座墓葬中出土的连柄铜戈[77]。所发现的铸范很少。赤峰四分地东山嘴遗址出土有一件长3.4厘米的扁平椭圆形陶范，是合范的一扇[78]。北票康家屯遗址则发现过一件石范，双扇俱全[79]。所铸器形还都不曾见于已知的青铜器种类中。虽然尚未发现过任何的青铜容器，但有的学者认为四分地遗址的陶合范与大甸子墓地出土的带空腔的铜杖首的存在，表明当时也已具备了制造铜容器的技术[80]。

有关夏家店下层文化的铜矿遗址与冶铸遗迹，长期缺乏线索。2006年，李延祥通过对内蒙古克什克腾旗喜鹊沟古铜矿遗址的调查，在采矿遗迹中发现了有夏家店下层文化风格的绳纹陶片和鬲足，同时未见任何夏家店上层文化的遗物。初步推断该铜矿遗址的年代可能要早于原先所判断的夏家店上层文化时期[81]。2010年夏，我与李延祥又对辽宁建平的庙台地和小北山两处夏家店下层文化遗址进行复查，均发现了青铜冶铸的坩埚残片和铜炼渣，其中有的坩埚残片还带有鼓风孔。鉴于小北山遗址地表发现的是单纯的夏家店下层文化遗物，坩埚残片的陶质及其厚度等与夏家店上层文化同类器有别，我们初步将这两处遗址的冶铸遗迹判断属夏家店下层文化[82]。对上述遗址实施有计划的发掘并探讨夏家店下层文化铜矿的开采、运输与青铜的冶炼及流通方式，将是未来的工作重点。不过，就庙台地和小北山遗址的调查来看，坩埚残片和炼渣都只集中发现于遗址内很小的范围之内，说明青铜冶铸生产的规模都不会很大，很可能属于某一家庭的行为。

制陶是当时很重要的一种手工业生产门类，但迄今发现的陶窑十分有限。从赤峰上机房营子发现的一座陶窑来看，是较为先进的竖穴式，火膛位于窑室的正下方，但火眼在窑箅上的分布均偏于一侧。窑顶从残存的部分看应当是穹窿状圆顶[83]。我们曾选取大山前第Ⅰ地点出土的鬲、盆、罐、甗、瓮、壶等各种代表性器类中的残片及遗址附近的黏土，进行了化学痕量元素的检测，结果表明这些日常使用的陶器都是就近取材于当地的土壤制作而成的。制陶所用黏土属于一种Fe_2O_3含量高的普通易熔黏土。这种黏土在氧化环境下烧成的陶器为橙黄色或红色，在还原气氛下烧成的陶器为浅灰、灰或深灰色。结合遗址诸典型单位陶质、陶色的统计来看，灰色或深灰色的陶器占据大宗，说明当时烧陶所采用的主要是还原法，只有少量以氧化焰烧成的橙黄色或红色陶器[84]。1976年在赤峰元宝山遗址的发掘中，曾在一座房址的居住面上发现三堆红色的黏土，其中一堆还保持着原来的土壤结构，而另一堆已经过加工处理，土质颇为细腻，第三堆则是和好后待用的干固泥块[85]。显然，这是以家庭为单位的小型作坊。大甸子墓地M453曾出有内盛红色颜料团的白石皿及研磨杵[86]。墓主人经鉴定为年轻女性。有学者认为墓主人很可能就是为陶器绘制彩绘花纹的女画工[87]。大甸子M1031中也出土了相似的白石皿，但未见颜料，经鉴定墓主人亦为女性，很可能也是画工身份。从以上二墓所处的位置来看，她们应当分属于不同的家族。这也从一个侧面反映了制陶当是某些个体家庭的行为。

大山前第Ⅰ地点的F28房外东侧的地面上存留一堆石块，许多经过砥磨，似是堆放石材的遗迹[88]。同地点另一座年代较早的房址（F12）旁边的一个较大灰坑（ⅠH34）内曾集中发现较多的有锯截痕迹的骨料。据说1973年赤峰香炉山遗址的一座房址内也发现有近20枚骨料，共出的还有一些骨器半成品[89]。这些现象表明当时的石器与骨器制作也都是由某些家庭来完成的。综合来看，像冶铜、制陶、制石及制骨这些手工业门类有了初步的家庭间的分工，但并没有形成专门化的大型手工业作坊的任何证据。

大甸子墓地中有不少成年女性都随葬纺轮[90]。遗址中纺轮、骨针、骨锥的出现频率也很高。说明针线活儿可能是许多家庭的主妇都能从事的工作。丰下遗址居住区中发现的一座儿童墓（M1），骨架上附着有黄色平纹麻布的残迹，每平方厘米经、纬线各10根[91]。可见当时已出现了织机。杨建华先生通过对赤峰四分地东山嘴遗址出土遗物的平面位置分析发现，纺轮、骨锥、骨匕（原报告称骨矛）、陶拍等手工工具多出于远离房子的灰坑中。这些坑多大而浅，具有采光好、挡风的优点，很可能是女性在冬季以外的室外其他季节工作地点[92]。

既然夏家店下层文化的青铜冶铸、制陶及石器与骨器的制作等手工业门类都已呈现出家庭层面上的分工，那么这些产品除满足自身家庭需要之外，自然可能会存在局部地域范围内的交换。但是不同的产品究竟能在多大范围内进行交换和流通，则非目前积累的信息所能回答，可能还需要更多的产品产地分析来解决。

大甸子墓地随葬品中出土有大量海贝[93]，丰下遗址的墓葬中也有出土[94]。海贝多被认为是夏家店下层文化中存在远程贸易的直接证据[95]。大山前第Ⅰ地点发掘中曾发现过鳄鱼骨板，无疑亦来自遥远的地方。但总体看目前考古发掘所能提供的其他方面的证据尚十分有限。

本文在总结以往有关夏家店下层文化若干基础性问题研究的基础上，重点讨论了该文化的遗址类型与聚落内部的布局、遗址分群与社会发展阶段、社会分层与礼制，以及经济形态与手工业发展等方面的问题。可以发现，夏家店下层文化的单个聚落内部从住居形态看可区分出核心家庭、扩大家庭（或家族）两层基本的组织单位。整个聚落有的是以血缘纽带相维系的一种社会组织，有的则因包含了不同的社会集团而拥有了一定的地缘性。而单个聚落之上也因通婚、共同开发资源和抵御敌人等需要聚合成了大、小两种层次的聚落群。聚落之间的大小虽有一定差别，相较于中原的二里头文化和山东龙山文化的聚落形态，聚落间的级差要小得多，而且尚未在任何经过大规模发掘和调查过的遗址中见到类似二里头遗址那种规模宏大的宫殿、宗庙类建筑。加之聚落普遍设防，石镞、骨镞的形制改进，石斧、石钺等兵器的流行及祭祀坑中常见非正常死亡人骨等现象，可以认为当时的社会充满矛盾与冲突，是一个动荡的、缺乏统一政治秩序的前国家阶段的复杂社会。当时的社会内部虽有社会分层，并初步出现了维护等级秩序的礼仪制度，但距成熟的礼制还有一定的距离。夏家店下层文化是一种比较发达的农业经济，从村落的密集程度上看，其对可耕地资源的利用已达到了前所未有的水平。该文化的铸铜、制陶及石、骨器制作等手工业门类可能已出现了家庭层面上的分工，然迄今并未发现规模较大的专业化手工作坊。

通过更大地域范围的比较可以发现，夏家店下层文化社会政治组织的发展程度与技术、文化发展水平虽不及同时期乃至更早一些的黄河中下游地区，但在中国东北及邻境地区的早期青铜时代文化中却已呈一枝独秀之势，处于领先地位。

附记：本文是为美国耶鲁大学人类学系文德安（Anne P.Underhill）教授主编的《中国考古学指南》（A Companion to Chinese Archaeology, Wiley Blackwell Press, 2013）一书所撰写的第5章。原标题为"西辽河水系区的夏家店下层文化"。本文集发表的中文版在字句上略有改动。

本文系教育部重点研究基地重大项目科研成果，项目编号为2009JJD780004。

注　释

[1] 邹衡：《关于夏商时期北方地区诸邻境文化的初步探讨》，《夏商周考古学论文集》，文物出版社，1980年，第253~293页。李经汉：《试论夏家店下层文化的分期和类型》，《中国考古学会第一次年会论文集》，文物出版社，1980年，第163~170页。

[2] 李伯谦：《论夏家店下层文化》，《纪念北京大学考古专业三十周年论文集》，文物出版社，1990年，第150~170页。

[3] 韩嘉谷：《京津地区商周时期古文化发展的一点线索》，《中国考古学会第三次年会论文集》，文物出版社，1984年，第220~229页。

[4] 卜工：《燕山地区夏商时期的陶鬲谱系》，《北方文物》1989年第2期。

[5] 韩嘉谷：《花边鬲寻踪》，《内蒙古东部地区考古学文化研究文集》，海洋出版社，1991年，第41~52页。韩嘉谷：《大坨头文化陶器群浅析》，《中国考古学会第七次年会论文集》，文物出版社，1992年，第294~306页。

[6] 王立新、齐晓光、夏保国：《夏家店下层文化渊源刍论》，《北方文物》1993年第2期。王立新、卜箕大：《对夏家店下层文化源流及与其他文化关系的再认识》，《青果集》，知识出版社，1998年，第179~187页。

[7] 蒋刚：《冀西北、京津唐地区夏商西周北方青铜文化的演进》，《考古学报》2010年第4期。

[8] 夏鼐：《我国近五年来的考古新收获》，《考古》1964年第10期。

[9] 李恭笃、高美璇：《试论小河沿文化》，《中国考古学会第二次年会论文集》，文物出版社，1982年，第144~152页。李恭笃、高美璇：《夏家店下层文化若干问题研究》，《辽宁大学学报》1984年第5期。郭大顺：《丰下遗址陶器分期再认识》，《文物与考古论集》，文物出版社，1986年，第78~92页。郭大顺：《大南沟的一种后红山文化类型》，《考古学文化论集》（2），文物出版社，1989年，第59~77页。

[10] 王立新、齐晓光、夏保国：《夏家店下层文化渊源刍论》，《北方文物》1993年第2期。王立新、卜箕大：《对夏家店下层文化源流及与其他文化关系的再认识》，《青果集》，知识出版社，1998年，第179~187页。

[11] Shelach, Gideon. Social Complexity in North China during the Early Bronze Age: A Comparative Study of the Erliton and Lower Xiajiadian Cultures. Asian Perspectives, 1994, 33(2): 261~292；王立新：《夏家店下层文化的非龙山化过程及骨卜习俗的先进性》，《三代考古》（三），科学出版社，2009年，第436~439页。

[12] 林沄：《夏代的中国北方青铜器》，《边疆考古研究》第1辑，科学出版社，2002年，第1~12页。邓聪：《夏家店下层文化中的二里头文化玉器因素举例》，《三代考古》（三），科学出版社，2009年，第171~175页。

[13] 李经汉：《试论夏家店下层文化的分期和类型》，《中国考古学会第一次年会论文集》，文物出版社，1980年，第163~170页。郭大顺：《丰下遗址陶器分期再认识》，《文物与考古论集》，文物出版社，1986年，第78~92页。张忠培、孔哲生、张文军、陈雍：《夏家店下层文化研究》，《考古学文化论集》（1），文物出版社，1987年，第58~78页。李伯谦：《论夏家店下层文化》，《纪念北京大学考古专业三十周年论文集》，文物出版社，1990年，第150~170页。王立新：《关于夏家店下层文化的几个问题》，《博物馆纪要》13，1998年，第24~48页。赵宾福：《中国东北地区夏至战国时期的考古学文化研究》，科学出版社，2009年，第68~72页。

[14] 李恭笃、高美璇：《夏家店下层文化若干问题研究》，《辽宁大学学报》1984年第5期。

[15] 中国社会科学院考古研究所、内蒙古文物考古研究所、吉林大学考古系：《内蒙古赤峰市半支箭河中游1996年调查报告》，《考古》1998年第9期。

[16] 王立新：《试析夏家店下层文化遗址的类型与布局特点》，《文物春秋》2000年第3期。

[17] 徐光冀：《赤峰英金河、阴河流域的石城遗址》，《中国考古学研究——夏鼐先生考古五十年纪念文集》，文物出版社，1986年，第82~93页。

[18] 中国社会科学院考古研究所、内蒙古文物考古研究所、吉林大学考古系：《内蒙古喀喇沁旗大山前遗址1996年发掘简报》，《考古》1998年第9期。中国社会科学院考古研究所、内蒙古文物考古研究所、吉林大学考古系：《内蒙古喀喇沁旗大山前遗址1998年的发掘》，《考古》2004年第3期。

[19] 辽宁省文物干部培训班：《辽宁北票县丰下遗址1972年春发掘简报》，《考古》1976年第3期。

[20] 郭治中、胡春柏：《赤峰三座店夏家店下层文化石城址发掘全面结束》，《中国文物报》2006年12月13日第2版。内蒙古文物考古研究所：《内蒙古赤峰市三座店夏家店下层文化石城遗址》，《考古》2007年第7期。

[21] 中国社会科学院考古研究所：《大甸子——夏家店下层文化遗址与墓地发掘报告》，科学出版社，1996年。

[22] 辽宁省博物馆、朝阳市博物馆：《建平水泉遗址发掘简报》，《辽海文物学刊》1986年第2期。

[23] 辛岩、李维宇：《康家屯城址考古获重大突破》，《中国文物报》1999年1月10日第1版；辽宁省文物考古研究所：《辽宁北票市康家屯城址发掘简报》，《考古》2001年第8期。

[24] 内蒙古文物考古研究所：《内蒙古赤峰二道井子夏家店下层文化聚落遗址》，《中国考古新发现年度记录2009》，中国文物报社，2009年，又载于《中国文化遗产》，2010年，第33~35页。

[25] 中国社会科学院考古研究所、内蒙古文物考古研究所、吉林大学考古系：《内蒙古赤峰市半支箭河中游1996年调查报告》，《考古》1998年第9期。

[26] 王立新：《试析夏家店下层文化遗址的类型与布局特点》，《文物春秋》2000年第3期。

[27] 辽宁省博物馆、昭乌达盟文物工作站、赤峰县文化馆：《内蒙古赤峰县四分地东山嘴遗址试掘简报》，《考古》1983年第5期，第420~429页。

[28] 杨建华：《赤峰东山嘴遗址布局分析及其相关问题》，《北方文物》2001年第1期。

[29] 郭治中、胡春柏：《赤峰三座店夏家店下层文化石城址发掘全面结束》，《中国文物报》2006年12月13日第2版。内蒙古文物考古研究所：《内蒙古赤峰市三座店夏家店下层文化石城遗址》，《考古》2007年第7期。

[30] 辛岩、李维宇：《康家屯城址考古获重大突破》，《中国文物报》1999年1月10日第1版。辽宁省文物考古研究所：《辽宁北票市康家屯城址发掘简报》，《考古》2001年第8期。

[31] 《左传》定公四年记周初分封："分鲁公以……殷民六族：条氏、徐氏、萧氏、索氏、长勺氏、尾勺氏，使帅其宗氏，辑其分族，将其类丑，以法则周公，用即命于周。"其中的"宗氏"与"分族"属于"族"这种亲属组织中层次有别的两种社会组织单位。

[32] 朱凤瀚：《商周家族形态研究》（增订本），天津古籍出版社，2004年，第99~117页。

[33] 郭治中、胡春柏：《赤峰三座店夏家店下层文化石城址发掘全面结束》，《中国文物报》2006年12月13日第2版。

[34] 任学军、邵国田：《尹家店山城调查简报》，《内蒙古文物考古》2000年第2期。

[35] 中国社会科学院考古研究所：《大甸子——夏家店下层文化遗址与墓地发掘报告》，科学出版社，1996年。

[36] 中国社会科学院考古研究所：《中国考古学·夏商卷》，中国社会科学出版社，2003年，第603、604页。

[37] 郭大顺：《大甸子墓地初析》，《古代文明研究通讯》总第11期，2001年。

[38] 中国社会科学院考古研究所：《大甸子——夏家店下层文化遗址与墓地发掘报告》，科学出版社，1996年。

[39] 潘其风：《大甸子墓葬出土人骨的研究》，《大甸子——夏家店下层文化遗址与墓地发掘报告》，科学出版社，1996年，第224~262页。

[40] Renfrew, C. Space, Time and Polity, in J. Friedman and M. J. Rowlands eds, The Evolution of Social Systems: 89-112, Pittsburgh: University of Pittsburgh Press, 1978. Steponaitis, V. P. Location Theory and Complex Chiefdoms: A Mississippian Example, in B. D. Smith ed, Mississippian Settlement Patterns: 417-453, New York: Academic Press, 1978.

[41] 徐光冀：《赤峰英金河、阴河流域的石城遗址》，《中国考古学研究——夏鼐先生考古五十年纪念文集》，文物出版社，1986年，第82~93页。

[42] 辽宁省文物干部培训班：《辽宁北票县丰下遗址1972年春发掘简报》，《考古》1976年第3期。

[43] 孙国平：《朝阳胜利三角城子遗址群调查记》，《辽宁文物》1982年第3期。

[44] Shelach, Gideon. The Emergence of Complex Society In Northeast China from the Fourth to the First Millennia B.C.: A perspective from the Chifeng Area In Inner Mongolia. Submitted to the graduate faculty of Arts and Sciences in partial fulfillment of the requirement for the degree of Doctor of Philosophy, University of Pittsburgh, 1996. 吉迪（Shelach, Gideon）：《对中国东北赤峰遗址的格局进行考察的初步报告》，《考古与文物》2002年第2期。王惠德：《夏家店下层文化石城研究》，哈尔滨出版社，2001年。

[45] 中国社会科学院考古研究所、内蒙古文物考古研究所、吉林大学考古系：《内蒙古赤峰市半支箭河中游1996年调查报告》，《考古》1998年第9期。国家文物局合组：中国社会科学院考古研究所、内蒙古自治区文物考古研究所、吉林大学边疆考古研究中心、赤峰考古队：《半支箭河中游先秦时期遗址》，科学出版社，2002年。

[46] 滕铭予：《GIS在半支箭河中游环境考古中的应用》，《考古与文物》2009年第1期。

[47] 滕铭予：《半支箭河中游先秦时期遗址分布的空间考察》，《吉林大学社会科学学报》2009年第4期，第73~80页。滕铭予：《GIS支持下的赤峰地区环境考古研究》，科学出版社，2009年，第179~213页。

[48] 中国社会科学院考古研究所、内蒙古文物考古研究所、吉林大学考古系：《内蒙古赤峰市半支箭河中游1996年调查报告》，《考古》1998年第9期。

[49] 王立新：《试析夏家店下层文化遗址的类型与布局特点》，《文物春秋》2000年第3期。

［50］ 赤峰中美联合考古研究项目：《内蒙古东部（赤峰）区域考古调查阶段性报告》，科学出版社，2003年。

［51］ 陈星灿、〔澳〕刘莉、〔美〕李润权（Lee Yun-kuen）、Henry T. Wright、Arlene Miller Rosen：《中国文明腹地的社会复杂化进程——伊洛河地区的聚落形态研究》，《考古学报》2003年第2期。

［52］ 方辉、Underhill. A、Feinman. G、Nicholas. L、栾丰实、于海广：《鲁东南沿海地区聚落形态变迁与社会复杂化进程研究》，《东方考古》（第4集），科学出版社，2008年，第253~287页。

［53］ 苏秉琦：《辽西古文化古城古国——试论当前考古工作重点和大课题》，《辽海文物学刊》创刊号，1986年。

［54］ 苏秉琦：《迎接中国考古学的新世纪》，《华人·龙的传人·中国人——考古寻根记》，辽宁大学出版社，1994年，第236~251页。朱延平：《夏家店下层文化的社会发展阶段》，《中国北方古代文化国际学术研讨会论文集》，中国文史出版社，1995年，第103~109页。

［55］ 徐光冀：《赤峰英金河、阴河流域的石城遗址》，《中国考古学研究——夏鼐先生考古五十年纪念文集》，文物出版社，1986年，第82~93页。

［56］ 许宏：《先秦城市考古学研究》，北京燕山出版社，2000年，第71~74页。

［57］ 〔日〕冈村秀典：《辽河流域新石器文化的居住形态》，《东北亚考古学研究——中日合作研究报告书》，文物出版社，1997年，第171~210页。

［58］ 钱耀鹏：《中国古代斧钺制度的初步研究》，《考古学报》2009年第1期。

［59］ 辛岩、李维宇：《康家屯城址考古获重大突破》，《中国文物报》1999年1月10日第1版。辽宁省文物考古研究所：《辽宁北票市康家屯城址发掘简报》，《考古》2001年第8期。

［60］ 笔者曾参与主持赤峰大山前遗址群的发掘工作。文中凡引用有关大山前遗址群的发掘材料而未注出者，皆为待刊资料。

［61］ 中国社会科学院考古研究所：《大甸子——夏家店下层文化遗址与墓地发掘报告》，科学出版社，1996年，第214~223页。

［62］ 〔日〕冈村秀典：《辽河流域新石器文化的居住形态》，《东北亚考古学研究——中日合作研究报告书》，文物出版社，1997年，第171~210页。

［63］ Shelach, Gideon. The Emergence of Complex Society In Northeast China from the Fourth to the First Millennia B.C.: A perspective from the Chifeng Area In Inner Mongolia. Submitted to the graduate faculty of Arts and Sciences in partial fulfillment of the requirement for the degree of Doctor of Philosophy, University of Pittsburgh, 1996. 吉迪（Shelach, Gideon）：《对中国东北赤峰遗址的格局进行考察的初步报告》，《考古与文物》2002年第2期，第43~50页。

［64］ 辽宁省文物考古研究所：《辽宁北票市康家屯城址发掘简报》，《考古》2001年第8期。

[65] 辽宁省文物干部培训班:《辽宁北票县丰下遗址1972年春发掘简报》,《考古》1976年第3期。

[66] 刘晋祥:《赤峰市点将台青铜时代遗址》,《中国考古学年鉴》1991,文物出版社,1992年,第150、151页。

[67] 郭治中、胡春柏:《赤峰三座店夏家店下层文化石城址发掘全面结束》,《中国文物报》2006年12月13日第2版。

[68] 内蒙古文物考古研究所:《内蒙古赤峰二道井子夏家店下层文化聚落遗址》,《中国考古新发现年度记录2009》,中国文物报社,2009年,又载于《中国文化遗产》,2010年,第33~35页。

[69] 中国社会科学院考古研究所:《大甸子——夏家店下层文化遗址与墓地发掘报告》,科学出版社,1996年,第39~43页。

[70] Flad, Rowan, Ritual or Structure? Analysis of Burial Elaboration at Dadianzi, Inner Mongolia. Journal of East Asian Archaeology 3(3-4): 23-51, 2002.

[71] Wu Rui-man, The late Neolithic Cemetery at Dadiazi, Inner Mongolia Autonomous Region, in Gender and Chinese Archaeology, Edited by Katheryn M.Linduff and Yan Sun, Altamira press, 2004: 47~91.

[72] 中国社会科学院考古研究所:《大甸子——夏家店下层文化遗址与墓地发掘报告》,科学出版社,1996年,第195~198页。

[73] Flad, Rowan, Ritual or Structure? Analysis of Burial Elaboration at Dadianzi, Inner Mongolia. Journal of East Asian Archaeology 3(3-4), 2002: 23-51.

[74] 王立新:《辽西区夏至战国时期文化格局与经济形态的演进》,《考古学报》2004年第3期。王立新:《大山前遗址发掘资料所反映的夏家店下层文化的经济形态与环境背景》,《边疆考古研究》第6辑,科学出版社,2007年,第350~357页。

[75] 王立新:《辽西区夏至战国时期文化格局与经济形态的演进》,《考古学报》2004年第3期。王立新:《大山前遗址发掘资料所反映的夏家店下层文化的经济形态与环境背景》,《边疆考古研究》(第6辑),科学出版社,2007年,第350~357页。

[76] 中国社会科学院考古研究所:《大甸子——夏家店下层文化遗址与墓地发掘报告》,科学出版社,1996年,第188~191页。

[77] 齐亚珍、刘素华:《锦县水手营子早期青铜时代墓葬》,《辽海文物学刊》1991年第1期。

[78] 辽宁省博物馆、昭乌达盟文物工作站、赤峰县文化馆:《内蒙古赤峰县四分地东山嘴遗址试掘简报》,《考古》1983年第5期,第420~429页。

[79] 辽宁省文物考古研究所:《辽宁北票市康家屯城址发掘简报》,《考古》2001年第8期。

[80] 郭大顺:《丰下遗址陶器分期再认识》,《文物与考古论集》,文物出版社,1986年,第

78~92页。刘观民、徐光冀：《夏家店下层文化彩绘纹式》，《庆祝苏秉琦考古五十五年论文集》，文物出版社，1989年，第227~234页。

[81] 蒙李延祥教授见告。2010年夏，笔者与李延祥教授再次对喜鹊沟遗址进行了复查。

[82] 相关材料正在整理和检测之中。

[83] 吉林大学边疆考古研究中心、内蒙古自治区文物考古研究所：《内蒙古赤峰市上机房营子遗址发掘简报》，《考古》2008年第1期。

[84] 吉林大学边疆考古研究中心、吉林大学测试科学实验中心：《内蒙古大山前遗址陶片化学成分测定和分析》，《边疆考古研究》第4辑，科学出版社，2005年，第330~338页。

[85] 李恭笃、高美璇：《夏家店下层文化若干问题研究》，《辽宁大学学报》1984年第5期。

[86] 中国社会科学院考古研究所：《大甸子——夏家店下层文化遗址与墓地发掘报告》，科学出版社，1996年，第345、375页。

[87] 李恭笃、高美璇：《夏家店下层文化若干问题研究》，《辽宁大学学报》1984年第5期。

[88] 中国社会科学院考古研究所、内蒙古文物考古研究所、吉林大学考古系：《内蒙古喀喇沁旗大山前遗址1996年发掘简报》，《考古》1998年第9期。

[89] 辽宁省文物干部培训班：《辽宁北票县丰下遗址1972年春发掘简报》，《考古》1976年第3期。李恭笃、高美璇：《夏家店下层文化若干问题研究》，《辽宁大学学报》1984年第5期。

[90] 中国社会科学院考古研究所：《大甸子——夏家店下层文化遗址与墓地发掘报告》，科学出版社，1996年，第141、142、218页。

[91] 辽宁省文物干部培训班：《辽宁北票县丰下遗址1972年春发掘简报》，《考古》1976年第3期。

[92] 杨建华：《赤峰东山嘴遗址布局分析及其相关问题》，《北方文物》2001第1期。

[93] 中国社会科学院考古研究所：《大甸子——夏家店下层文化遗址与墓地发掘报告》，科学出版社，1996年，第183~187页。

[94] 辽宁省文物干部培训班：《辽宁北票县丰下遗址1972年春发掘简报》，《考古》1976年第3期。

[95] Shelach, Gideon, Social Complexity in North China during the Early Bronze Age: A Comparative Study of the Erliton and Lower Xiajiadian Cultures, Asian Perspectives, 1994(33-2): 261~292.

（原刊于《内蒙古文物考古文集》第四辑，科学出版社，2013年）

商代考古

试论早商文化的分布过程

经几代学者的努力，中原地区二里头期至殷墟期遗存的编年序列业已大体完备，夏商文化的谱系关系也日渐明朗[1]。尤其是偃师商城的发现，更为夏商文化的年代断定提供了重要契机[2]。由此一来，在商文化系统中界分出早商期文化，并将其研究推向纵深的条件已经成熟。

本文所说的早商文化，乃据邹衡先生的看法，将遗存序列的下限断分在殷墟文化一、二期之间，而绝对年代的范围大致限指在成汤灭夏至武丁以前[3]。至于其上限，本文同意将其定在偃师商城始建的二里岗下层偏早阶段[4]。

本文旨在对早商文化的分布过程及其蕴含的历史原因进行初步的探讨。

一、早商文化的分期序列及分布的判定标准

分期是揭示文化演进过程中阶段性变化的重要手段。对于考察早商文化的分布过程，遗存分期的归纳又是不可或缺的基础。

在《早商文化研究》一文中，我们已据层位关系和类型学的分析将早商文化归纳为前后相继、顺序相承的三期六段[5]。

1. 第一期大致相当于以往所说的"二里岗下层时期"。可细分为两段：

第一段：以郑州二里岗遗址H9等下层偏早阶段的单位为代表[6]。可归入此段的还有郑州南关外H62[7]、白家庄C8M28[8]、郑州商城第一期第Ⅰ段遗存[9]、偃师商城第一期第Ⅰ段遗存[10]、西安老牛坡商文化第一期部分遗存[11]、夏县东下冯第Ⅴ期M514[12]、垣曲商城二里岗期第一期第1段遗存[13]等。

第二段：以二里岗遗址H17等下层偏晚阶段的单位为代表。可归入此段的还有郑州南关外T86、87、T95等探方的中层[14]，岔河三期H6[15]，郑州商城第一期第Ⅱ段，偃师商城第一期第Ⅱ段遗存，荥阳西史村第三期M2[16]，武陟赵庄G1⑭[17]，登封王城岗WT27H59[18]，陕县七里铺M306[19]，鹿邑栾台H57[20]，耀县北村第一期第1组遗存[21]，西安老牛坡商文化第一期部分遗存[22]，夏县东下冯第Ⅴ期T5521∶3c[23]，垣曲商城二里岗期第一期第2段遗存，盘龙城杨家嘴M6[24]等。

2. 第二期大致相当于以往所说的"二里岗上层时期"。亦可细分为两段：

第三段：以二里岗遗址的上层诸单位为代表。可归入此段的还有郑州南关外T84～87、94、95等探方的上层[25]，大河村T61②[26]，岔河H4、T1④，郑州商城第二期第Ⅲ段遗存，偃师商城第二期第Ⅲ段遗存，二里头遗址的二里岗期遗存[27]，荥阳西史村第四期遗存，巩县稍柴第1层[28]，登封王城岗WT9M8[29]，陕县七里铺M302，新乡潞王坟上层[30]，辉县琉璃阁M233[31]，武陟赵庄G2[32]，柘城孟庄T2③[33]，杞县鹿台岗T4③[34]，鹿邑栾台H44，华县南沙村上层[35]，耀县北村第一期第2组的ⅠH8[36]，西安老牛坡商文化第二期遗存，夏县东下冯第Ⅵ期H35[37]，垣曲商城二里岗期第二期第3段遗存，藁城台西早期居住址[38]，邯郸龟台寺上层[39]，济南大辛庄第一期遗存[40]，盘龙城楼子湾M4、李家嘴M2[41]，含山大城墩T5∶7层等[42]。

第四段：以郑州白家庄遗址上层为代表[43]。可归入此段的还有郑州小双桥1900、1995年发掘遗存[44]，郑州商城第二期第Ⅳ段遗存，密县曲梁T6001②、H4009[45]，偃师商城第二期第Ⅳ段遗存，巩县稍柴H25、H26，登封王城岗WT16M14[46]，武陟赵庄H3，修武李固D2H2[47]，辉县琉璃阁M226、M158、M110，柘城孟庄T1～3②层[48]，耀县北村第二期第3组ⅢH5[49]，夏县东下冯第Ⅵ期T3002∶3B[50]，垣曲商城二里岗期第二期第4段，菏泽安邱堌堆早商第一段遗存[51]，济南大辛庄商文化第二期遗存，泗水尹家城H35[52]，盘龙城楼子湾M3、李家嘴M1[53]，含山大城墩T3∶5B层[54]等。

3. 第三期也分两段：

第五段：以藁城台西第一期墓葬（不包括M112）为代表[55]。可归入此段的还有修武李固T1③[56]，柘城孟庄T1、T2①层[57]，心闷寺JSH1[58]，辉县琉璃阁M148，耀县北村第二期第4组ⅠH2，岐山京当铜器墓[59]，扶风白家窑水库陶器墓[60]，泗水天齐庙第四阶段H1393[61]，尹家城T322H737，菏泽安邱堌堆早商第二段，济南大辛庄商文化第三期，济宁潘庙商文化第一期第1段遗存[62]，含山大城墩T17⑥[63]，嘉山泊岗铜器群[64]等。

第六段：以殷墟第一期遗存为代表[65]。可归入此段的还有安阳三家庄M4[66]，耀县北村第二期第4组ⅠH5、ⅠM1，长治小神H2、H52[67]，藁城台西第二期墓葬与晚期居住址，邢台曹演庄下层[68]，茌平南陈庄T2④、T3④[69]，泗水天齐庙第四阶段F57，尹家城H552，菏泽安邱堌堆早商第三段，济南大辛庄商文化第四期遗存，济宁潘庙商文化一期第2段，济宁凤凰台商代遗存第1段[70]，含山大城墩T3∶5A层等。

总体上看，上述第一至第四段可视为对二里岗期遗存分期的归纳，而第五段遗存则可视为二里岗期遗存与殷墟期遗存之间的过渡。有关各期段的主要文化特征，此不赘述。

考察早商文化的空间分布，还必须把握好一定的判定标准。在以往的研究中，有些学者对文化分布范围的判定往往缺乏正确的认识，常常将文化的分布与文化因素的分布混为一谈。在这种情况下，使得很多考古学文化犹如滚雪球一般，范围越滚越大，内涵越滚越杂。结果必然会抹杀不同考古学文化之间质的区别，造成文化概念的含混和性质的模糊。

张忠培先生在谈到某一遗存是应划归一个考古学文化的类型还是归入别的考古学文化时说：“既不能以其源为标准，又不能以其流为标准，只能视其当时的状况，即看它们自身陶器的基本组合的变异程度。变异程度未超出一考古学文化陶器基本组合的范畴，则是这一文化的一种类型；超出了，当另划分一考古学文化。”[71]实际上，在判断某一地区是否为早商文化分布范围所及的时候，上述原则仍然是必须遵循的。

从关于早商文化的分期和文化特征的分析情况看，陶器中的鬲、甗、鬲式罍[72]、爵、豆、簋、盆、大口尊等典型器类中的主要种别（即型）都有清晰的演变脉络，共同构成了稳定的基本陶器组合。另外，鼎、夹砂中口罐、捏沿罐、桂叶孔甑、敛口折肩瓮、小口瓮、刻槽盆、器盖等器类延续时间较长，分布地域较广，在早商文化的陶器群中也具有一定的代表性。所以，它们也当归属于早商文化基本陶器组合中的有机成分。从更大的空间范围看，这一基本陶器组合代表着早商文化最为鲜明的特征，可以作为区别于周邻其他同时期文化遗存的最为重要的标准，当然也可以作为区别于时间上在它之前的其他文化遗存的准绳。一个地域内的遗址，其陶器的主体因素未超出这一基本陶器组合的范畴，即陶器组合的变异未发生质的改变，当划入早商文化分布区之内；反之，当已不属早商文化的分布区。

早商文化虽已进入青铜时代，但由于青铜器的流布往往会有多种可能性，故判别一种遗存是否可归属早商文化，青铜器只能作为一种辅助资料。

二、早商文化的分布过程

1. 早商文化第一期第一段

目前经正式发掘或试掘，含有早商文化第一期第一段遗存的遗址点并不多见，仅有郑州商城及其邻近的南关外、白家庄、二里岗等地点，偃师商城、夏县东下冯、垣曲商城、西安老牛坡等遗址。分布范围主要在河南省中西部的伊洛—郑州一线和晋南（指霍山以南，沁河以西，下同）、关中东部地区（图一）。这一分布范围大致与二里头文化的主要分布区相重合[73]。但二里头文化向西的分布大体不出华县[74]，而早商文化的分布此时已推进到了西安一带。值得注意的是，在中原地区与二里头文化相并行的另一支夏代主要考古学文化——下七垣文化的分布范围之内，目前尚不见此段遗存。以往河北邯郸涧沟[75]、磁县下七垣[76]、界段营[77]、武安赵窑等遗址被定为

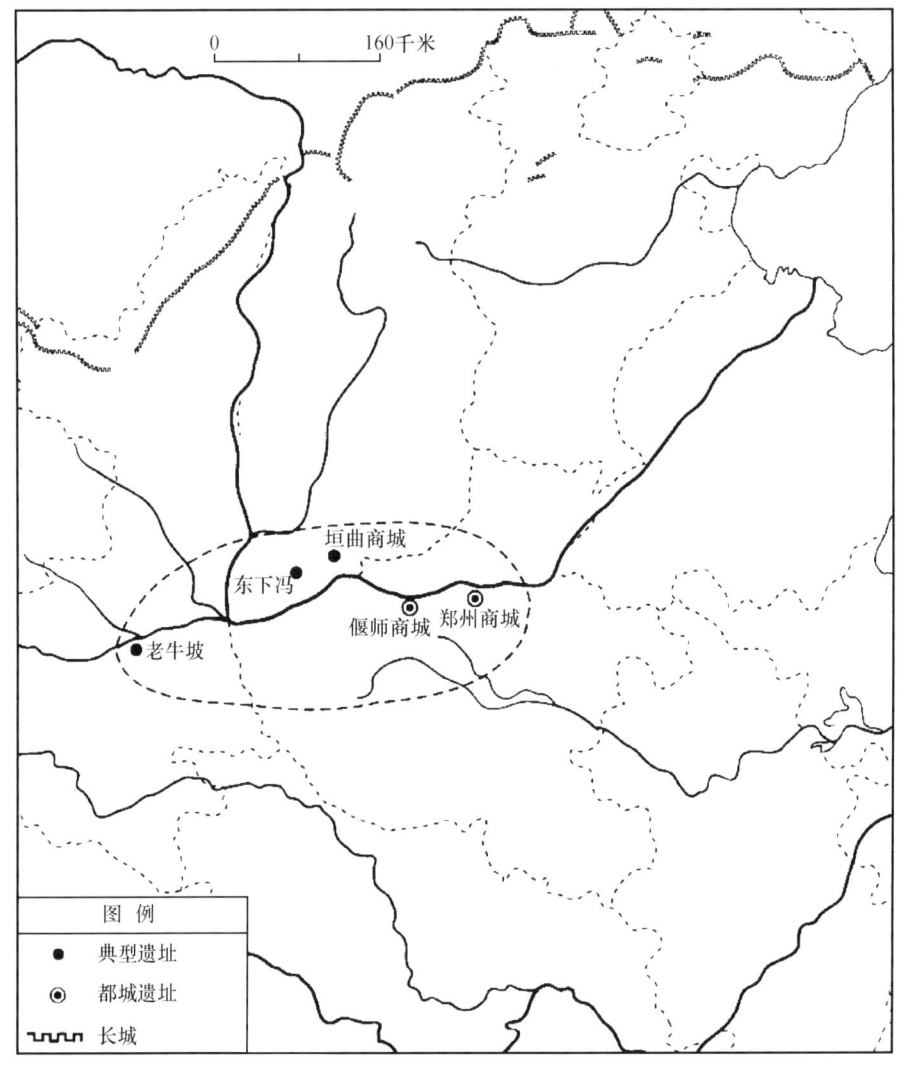

图一　早商文化第一期第一段分布范围示意图

"早商"的遗存[78]，其实都属于下七垣文化[79]。此段中原地区已不见并存的其他考古学文化。

应当指出，此段遗址点发现的虽然不多，但其中的郑州商城与偃师商城的规模和遗存性质已显示了它们非同一般。目前学界虽还热衷于对它们具体性质（譬如谁是亳都、谁是别都）的争论，但大多数学者已相信它们都是王都性质的遗址。

2. 早商文化第一期第二段

据不完全统计，目前经正式发掘或试掘、含有此段遗存的遗址点，除上段所列诸遗址之外，尚有郑州人民公园[80]、岔河、董砦[81]、荥阳西史村、登封王城岗、武陟赵庄、陕县七里铺、关中东部的耀县北村、豫东的鹿邑栾台、江淮地区的六安众德寺[82]、寿县斗鸡台[83]、鄂东的黄陂盘龙城等遗址。分布范围除上段所达到的地域之外，更着力于向东南方和南方发展，至少布及了豫东周口地区、安徽江淮地区的西部和鄂东北的一部分地区（图二）。在郑州以北，至少原下七垣文化分布区的南部此时当划入早商文化的分布范围之内。从磁县下潘汪遗址"扰土层"中出土的Ⅰ式陶鬲来看[84]，该遗址应当存在这一时期的堆积。说明早商文化的遗址此时也可能分布到了河北省最南端的邯郸地区。但邯郸以北、拒马河以南的原下七垣文化漳河型的分布范围内仍未见同期遗存。所以，若比起早商文化向东南方和南方的传布势头来，此时向北方的拓展显然不是重点。

还有一个值得注意的现象，如果说前段早商文化形成之初只是改变了中原地区的夏代文化分布格局的话，那么此段早商文化向东南方和南方的拓展则都是在一定程度

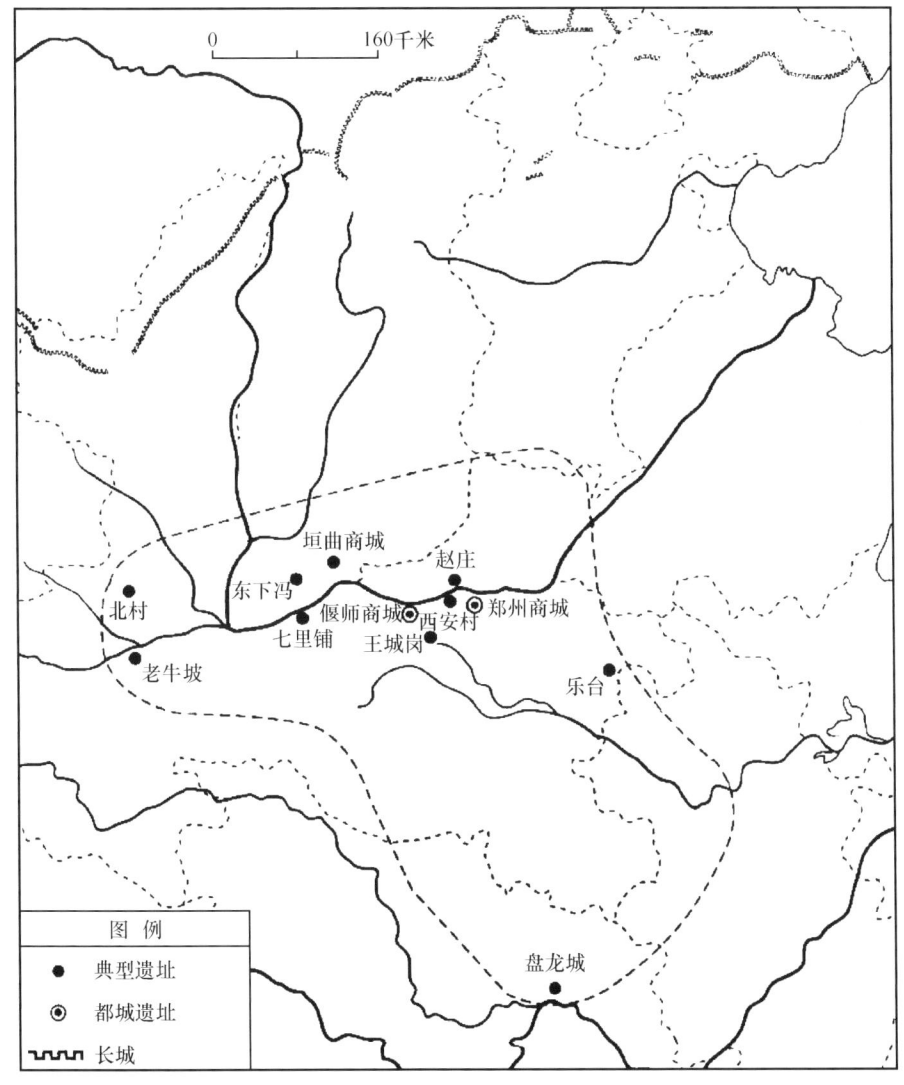

图二　早商文化第一期第二段分布范围示意图

上改变了周邻地区的文化分布状况。豫东的周口地区东部，在此之前是岳石文化的布及地区，鹿邑栾台遗址早商文化堆积叠压在岳石文化层之上的现象表明，岳石文化此时至少已退出了周口地区的东部。早商文化经周口地区到达的安徽江淮地区的西部，原是斗鸡台文化的分布范围，所途经的皖西北地区的夏代遗存也是一种特征与斗鸡台文化相近的文化[85]。早商文化的扩及，至少导致了土著文化在上述两个地区的消失。在南方，长江北岸的黄陂一带夏代文化遗存的性质还不十分清楚。因此，早商文化向该地的进入，是取代了二里头文化还是取代了一种以地方因素为主的遗存，还需要进一步的研究。

3. 早商文化第二期第三段

遗址点无论从数量上还是分布范围上，又都超过了第一期第二段。在郑州以西、以北地区早商文化前段分布所及的范围内，经正式发掘或试掘的遗址点，除前二段所列出的一些之外，尚有关中东部的华县南沙村、蓝田怀真坊[86]、河南中西部的偃师二里头、巩县稍柴、郑州大河村、河南北部的辉县琉璃阁、新乡潞王坟等。在上段商文化遗址点所分布到的豫东、江淮地区和鄂东北地区，此一时期的遗址点不仅在数量上有所增多，而且范围上更向外有所扩大（图三）。在豫东地区，前段的早商文化遗址点分布并不普遍，且不能排除商丘地区仍并存有岳石文化遗址的可能[87]。但从此段开始，这一地区内的遗址点明显增多。目前经正式发掘或试掘的遗址有柘城孟庄、杞县鹿台岗、鹿邑栾台、夏邑清凉山等遗址[88]。此外，经调查的周口地区的淮阳平粮台、双冢、西华商高宗冢[89]、商丘地区的民权吴岗等遗址也都含有这一时期的遗存[90]。说明至少整个豫东地区此时已纳入到早商文化的分布范围之内了。与豫东邻近的鲁西地区（今津浦铁路沿线以西），仅在济南大辛庄遗址发掘到了此段早商文化堆积，其他遗址都较此为晚。说明此段早商文化遗址的分布虽已远抵济南一带，但也不能排除岳石文化遗址点至少在鲁西部分地区仍有留存的可能。

在江淮地区，前段早商文化的发现仅局限于巢湖以西地区，而此段的遗址点已推进到了巢湖以东，其中含山大城墩遗址是经过四次正式发掘的一处典型遗址。鄂东北地区，前段遗存只在黄陂盘龙城附近的王家嘴、杨家嘴等地点有少量发现，而此段遗存在盘龙城及其周围一带有广泛的分布。典型遗址除杨家嘴、王家嘴之外，尚有杨家湾、楼子湾、李家嘴、铜家嘴等遗址[91]，已然形成了一个以盘龙城商城为中心的庞大遗址群。不仅如此，从安陆花园等地发现的此期遗存看[92]，商文化在鄂东北地区的分布可能并不限于黄陂一带。总体看，此段商文化在豫东、江淮西部和鄂东北地区的分布有所加强，且向鲁西、江淮地区东部有逐步推进的趋势。

除此之外，此段早商文化向外的扩张重点显然开始了面向北方。此段商文化遗址已蜿蜒分布于太行山东麓一带，甚至远至太行山以北的壶流河流域。但目前已发表发掘资料的遗址还不多，仅有邯郸龟台寺、藁城台西、蔚县庄窠和四十里坡等地点[93]。

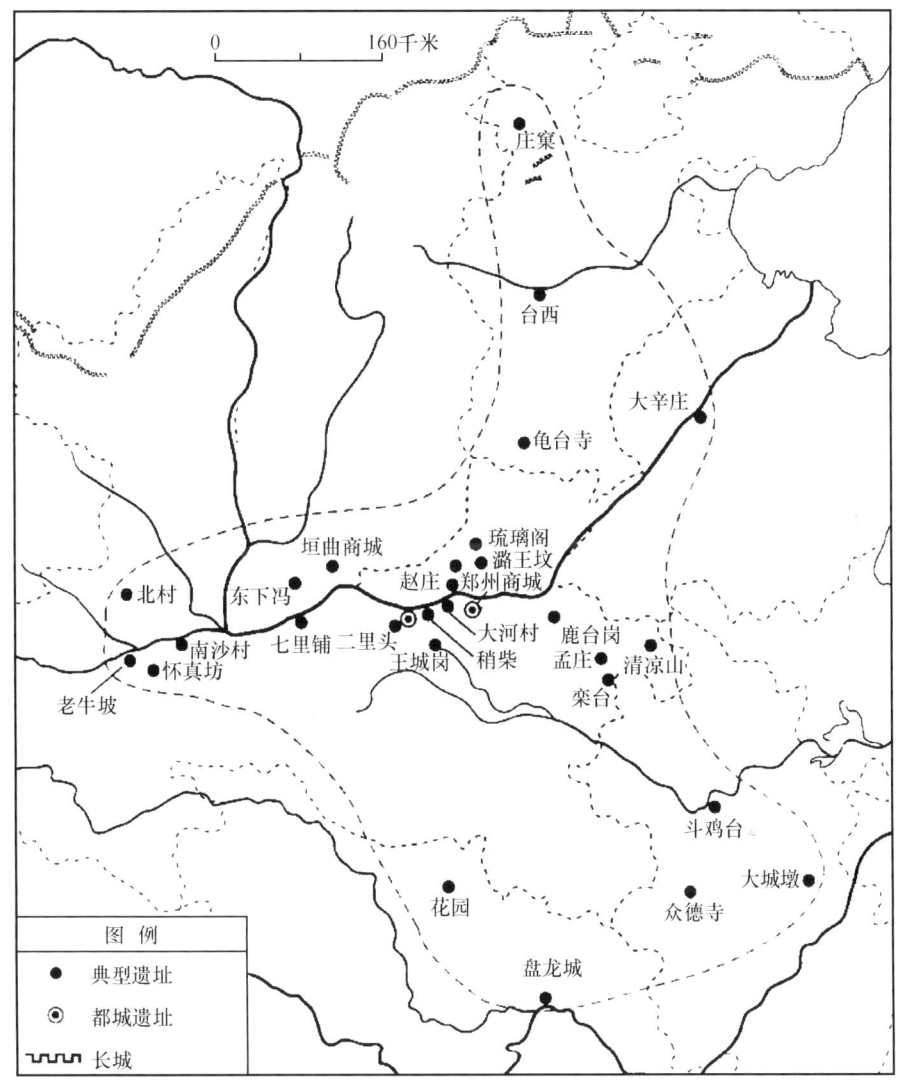

图三 早商文化第二期第三段分布范围示意图

另外，藁城北龙宫[94]、临城屯院[95]、沧县倪杨屯等遗址经调查也含有此一时期的遗存[96]。此段早商文化不仅占据了原下七垣文化漳河型的主要分布区，而且向太行山以北地区的突入，至少取代了大坨头文化在张家口市以南地区所扮演的角色[97]。不过，从近年拒马河流域涞水县富位遗址的试掘情况看[98]，其第三期遗存尽管包含有一定数量的早商文化因素，但总体面貌上仍是以地方性因素为主。所以，早商文化在太行山、拒马河以北的分布，不排除只是少数遗址点插入的可能性，而在北易水流域以南，结合调查的情况看，已不见其他性质的同期遗存，基本上可以说是早商文化的分布区了。

4. 早商文化第二期第四段

遗址点的分布范围基本同上一阶段。经正式发掘或试掘的遗址点除前三段所举的一些遗址之外，还有密县曲梁、郑州小双桥、修武李固、霍丘洪墩寺、绣鞋墩[99]、肥西大墩子[100]、含山孙家岗等遗址[101]。另外，焦作[102]、临汝[103]、许昌[104]、黄州等地报道过此期的商人墓葬[105]。经调查的含有此期遗存的遗址也不少。除此之外，早商文化向外围地区的扩张主要是针对津浦铁路以西的鲁西地区。目前经正式发掘或试掘的遗址有菏泽安邱堌堆、济南大辛庄、泗水尹家城、曹县莘冢集[106]、东明窦堌堆[107]等遗址。而且，这一地区内经调查，含有此一时期遗存的尚有兖州梓椤树村[108]、滕县北辛、后荆沟、西薛河[109]、邹县西朝阳村等遗址[110]。从北京大学考古专业1965年对益都肖家等遗址的试掘及后来的一些调查工作看，此期商文化向东甚至已推进到了潍河以西的淄漵流域[111]（图四）。说明早商文化这一时期在鲁西、鲁北的大部分地区已取代了岳石文化的分布。但岳石文化在更东的地区是否依然存在，与早商文化关系如何，至今仍不大清楚。

值得注意的是，从此段开始，作为中心性遗址的郑州商城与偃师商城相继废弃。与此相伴，郑州小双桥一带又出现了一处大型的中心性聚落。

5. 早商文化第三期第五段

目前经正式发掘或试掘的遗址点不多。主要有河北中南部的藁城台西、武安赵窑（中层）[112]，河南北部的修武李固、辉县琉璃阁，豫东的柘城孟庄，山东西部的梁山青堌堆[113]、菏泽安邱堌堆、泗水尹家城、天齐庙、济南大辛庄、济宁潘庙，关中中部和东部的扶风白家窑水库、耀县北村，江淮地区的含山大城墩、肥东吴大墩[114]、霍丘绣鞋墩等遗址。分布情况也发生了较大变化。结合调查、清理的情况看，此期遗址点在太行山东麓的河北中南部、豫东、豫北、鲁西南地区的分布比较密集。而在此前商文化遗址点分布最为密集的伊洛—郑州一线，却极少能见到该段遗存（图五）。目前仅在灵宝等地出土过此期的青铜器[115]。与此同时，晋南地区也出现了类似的情况。从1959年至1982年中国社会科学院考古研究所山西工作队对临汾、运城两盆地的大规模调查和复查情况看，发现的23处商代遗址中，年代定为"二里岗期"的有20处。有两处既有"二里岗期"遗存，又有"大司空村早期"遗存。另一处年代定为"大司空村早期"[116]。报道的资料中，不见相当于早商文化第三期的遗存。不仅如此，晚商时期的遗址数量也相对少得多。这说明，该地区的商文化聚落在此段发生了大规模的迁离行动。而且，伴随该地区商文化遗址点的急骤减少，晋南的广大地区目前也不见同时期的其他文化性质的遗址。

鄂东北地区此段也发生了较大变化，此前十分兴盛的盘龙城遗址群业已遭到放弃。以往仅在枣阳至黄陂一带收集到过此段的青铜器[117]，孝感涨水庙等遗址的试掘

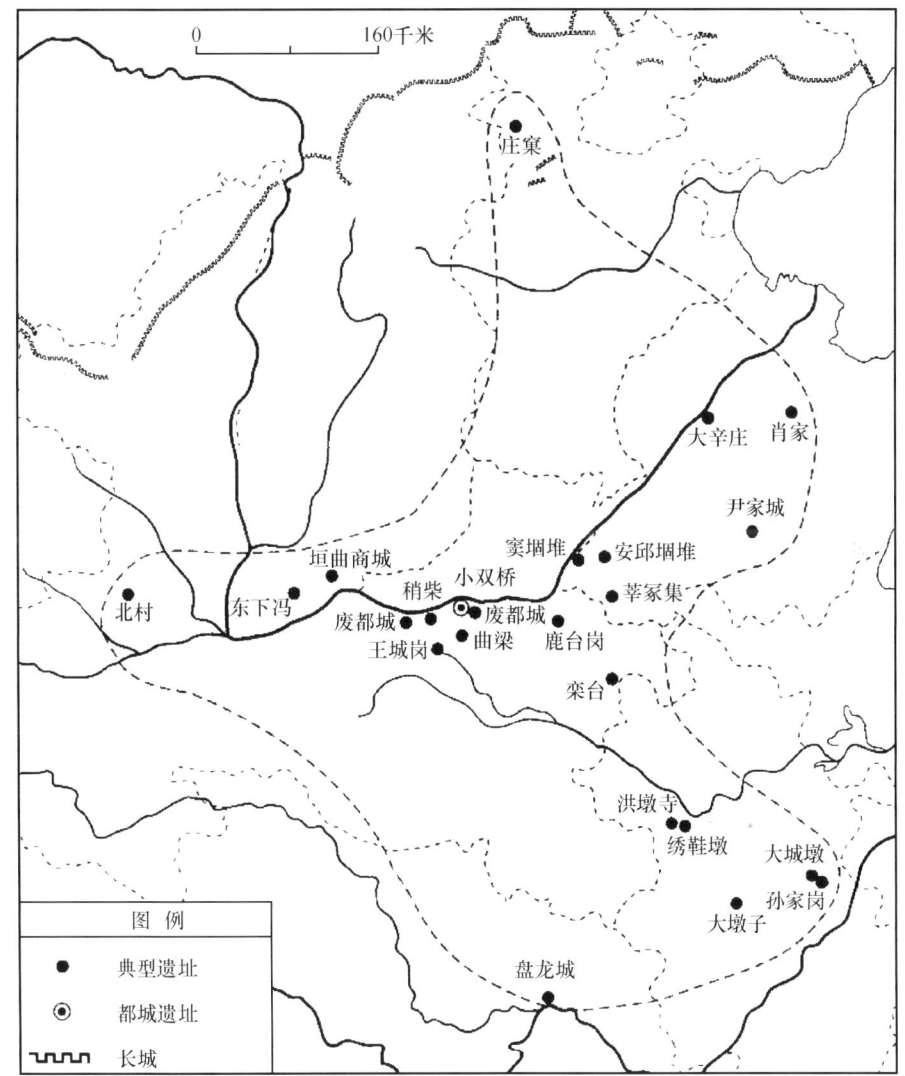

图四　早商文化第二期第四段分布范围示意图

中曾出土过此段遗物[118]。

相对来说，商文化在关中地区和江淮地区的分布状况并未受到上述变化的影响，显得比较稳定。尤其在关中地区，此前早商文化遗址点的分布基本局限于西安、铜川一线以东地区。而此期开始，商文化的遗址点向西推进到了岐山、扶风一带。

总体上看，此段商文化分布的主要特点即是聚落的大规模空间移动。其分布重心大体由前四段的伊洛、郑州一带移动到了豫北、冀南、豫东、鲁西地区。但是，这种空间移动基本没有超出早商文化前段分布所及的范围。在此前商文化分布中心之外的晋南和鄂东北地区，也伴随着这种空间移动而发生了一定变化。结合往年的调查资料看，自此段开始，商文化甚至已基本退出了晋南地区。这些情况说明，早商文化已由此前逐步向外推进的昌盛局面转入了发展的低谷时期。

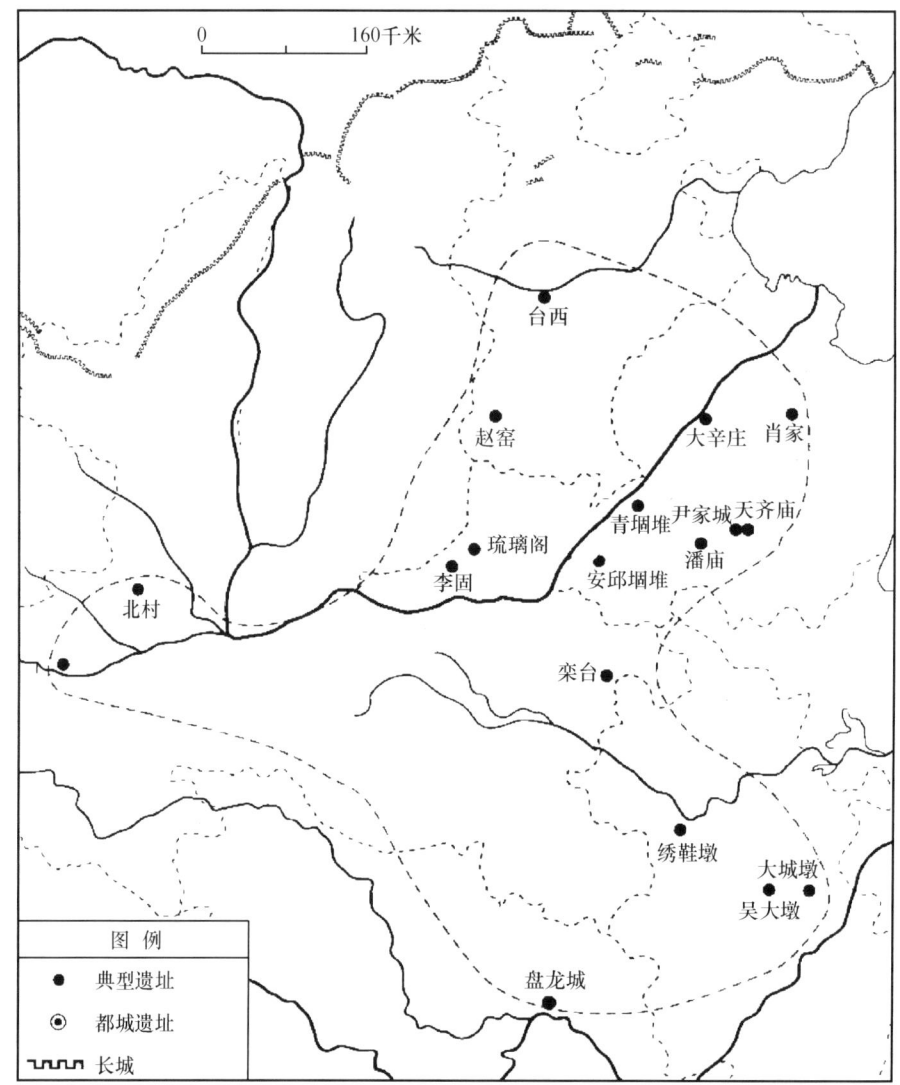

图五 早商文化第三期第五段分布范围示意图

6. 早商文化第三期第六段

目前经正式发掘或试掘的遗址并不多。主要有河北中南部的藁城台西、邢台曹演庄、南大郭村[119]、尹郭村北区[120]、邯郸涧沟[121]、峰峰矿区杜庄遗址[122]，河南北部的安阳小屯、郭村[123]、三家庄，山东西部的菏泽安邱堌堆、泗水天齐庙、济宁凤凰台、潘庙、茌平南陈庄，关中地区的耀县北村，晋东南的长治小神，江淮地区的含山大城墩、霍丘绣鞋墩，鄂东北地区的随州庙台子等遗址[124]。此外，郑州人民公园遗址也发掘过此段的单位[125]。结合调查资料所显示的情况，此段商文化的分布状况基本同上段（图六）。不过，此段商文化遗址点分布比较密集的地区是在豫北、冀

试论早商文化的分布过程

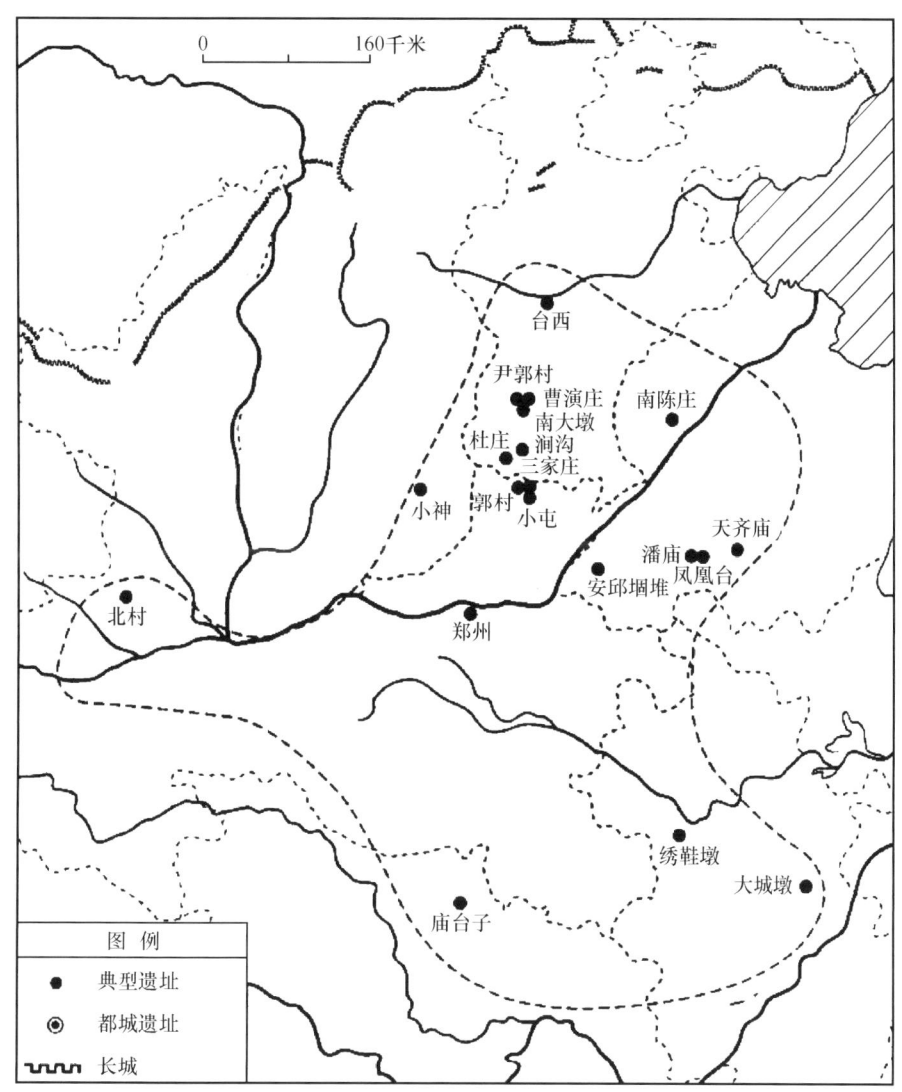

图六 早商文化第三期第六段分布范围示意图

南。其中邢台和安阳两地尤为突出。与上段相同，晋南、伊洛、郑州地区仍没有较大型的遗址分布。而且，晋南的这种状况可能一直延续到晚商之末，在鄂东北地区，除随州庙台子遗址之外，孝感聂家寨[126]、安陆晒书台遗址也发现有此期商文化的遗物[127]。表明这一地区此段仍可归属早商文化分布范围之内。同上段一样，此段商文化的分布也不具备明显的对外扩张性，而且也未见到以大型夯土建筑等为标志的中心性遗址。

以上我们从分期的角度初步探讨了一下早商文化分布的动态过程。总的说来，早商文化在前二期四段，大致是以伊洛或郑州地区为中心而逐步向外推进的，致使其分布范围不断有所扩大。而至第三期五、六段，则商文化向外扩展的迅猛势头突然消失，分布范围除关中地区外基本不再扩大。相反，商文化的分布中心也开始由伊洛、郑州一线移动到了豫北、冀南或鲁西等地。与之相应的是，商文化在晋南、鄂东北地区亦出现了退缩或势力减弱的趋势。

从总体分布态势看，早商文化在其昌盛时期，遗址点在西起岐山、东至潍河、北抵张家口、南达长江沿岸的广阔范围内都有分布。其主要分布范围包括了今河南省的全部，陕西的关中东部，山西省的霍山以南，河北省的北易水以南，山东省的潍河以西，安徽省的霍山以北的江淮地区和皖西北、鄂东北的滠、澴、涢诸水流域。在这一范围以外，河北省的张家口地区不排除只是少数遗址突入的可能。这一广阔空间不仅包括了由中原地区兴盛起来的二里头文化和下七垣文化这两支夏代考古学文化的分布范围，而且在张家口、豫东、山东潍河以西和安徽江淮地区分别取代了大坨头文化、岳石文化和斗鸡台文化的分布，甚至可以说是周代以前中原及其邻境地区在考古学文化上所达到的最大的统一局面。这是夏代及其以前的任何一个考古学文化所无法比拟的。即使在第三期呈现颓势的阶段，其分布范围也未出现太大的收缩。只是有可能退出了晋南地区，而伊洛、郑州地区由原先繁华的地段变为人烟稀少的地区罢了。至晚商时期，从目前资料显示的情况看，大体格局与早商文化第三期基本相同，只是商文化遗址在北方已完全回缩到北易水流域以南，在西方也被压缩至西安、铜川一线以东地区[128]。

三、早商文化分布变化的内在原因

由上述分析可知，早商时期商文化的分布并非是稳定不变的，其分布的范围随时间的推移而有所变动。这期间体现了何种商人行为？蕴含着何种历史原因？我们拟结合文献记载与商都、商城等变化情况对这些问题提出一些初步的解释。

以往研究表明，以嵩山为中心的伊洛地区和豫北冀南地区分别是夏文化和先商文化的分布区，二者大体以沁水为界而东西对峙[129]。早商文化形成之初的分布范围大致与二里头夏文化的分布区相重合，而豫北冀南它的"老家"却反而出现了分布的"空白"。这种现象的形成，我们认为很可能与商人南下对夏人故地的占领事件有关。

1. 早商文化第一期第一段

遗址发现虽然不多，但是其中郑州商城与偃师商城两个王都性质的遗址已经出现。尤其是后者，不仅建于夏人统治中心——密迩夏都（二里头遗址），且从此期开始即已步入它的繁荣期[130]。看来，此时商人的经略重点显然是放在文献记载的"有夏之居"的范围内。

另外，早商文化第一期第一段向西的分布已超越了二里头文化分布的西限而达到了西安一带，这一现象似乎也深具意义。《后汉书·西羌传》有载："后桀之乱，畎夷入居邠岐之间，成汤既兴，伐而攘之。"看来，老牛坡遗址所见本段遗存正是商王朝势力在其建国之初即已深入渭河平原的证明。而且已有学者指出，老牛坡遗址本身即是有商一代商人强大的西方屏障，崇国的所在地[131]。

2. 早商文化第一期第二段

从早商文化第一期第二段的总体分布态势看，商文化主要是向东南方和南方拓展。这可能标志着商人在巩固了对夏人故地的统治之后，其向外扩张的战略重点发生了转移。以往不少学者都曾指出，商文化向南方的分布和渗透很可能和商人对南方矿产资源（主要是铜矿）的掠夺有关。已有的研究资料表明，商文化此期分布区南缘所毗邻的皖南、赣东北及鄂东南、赣西北地区，不仅是我国当今两大主要的铜矿基地，而且也是古代的两大产铜中心[132]，业已发现了不少的商周时期的矿冶遗址。自早商文化第二期第三段始，商文化甚至直接对这些地区施加了强烈的影响[133]。实际上，在《禹贡》所描绘的蓝图里，上述铜矿产地所属的荆、扬二州即已开始向中原王朝"贡奉"制作青铜器具的原料。灭夏之后商人当然不会放弃对此事的关心，从武丁的"奋伐荆楚"[134]到纣"克东夷"[135]，大概都体现了商王朝统治者对这些珍贵资源的控制和攫取意图。对以铜矿为主的矿产资源的开发、控制与掠夺，应当就是早商文化此段的分布范围即已迫近铜矿产地的历史背景，而且也是商文化青铜器从下一阶段能够呈现勃兴趋势的前提条件。

还应说明的是，此时作为商人的两大都城之一的郑州商城已开始步入它自身的繁荣期[136]，而偃师商城却出现了短暂的衰败现象[137]，如五号下层宫殿废弃、西二城门被封堵、城门内沦为墓地。这种情况暗示了此时偃师商城的重要性已明显不如郑州商城。郑州商城此时的繁盛，似乎正是适合于商人向东南和南方等地扩张的需要。

3. 早商文化第二期第三段

商文化在南方的江淮和鄂东北等地的分布有所加强的同时，向外的扩张重点开始面向北方。若联系到早商文化此时在渭河流域与晋南地区的分布情况，则早商文化遗址点的向北方长足挺进，似乎就更具深远的意义。以往就有学者敏锐地指出，商文化遗址沿黄土高原东、南两翼的伸展，恰好形成了针对此时商文化西北方的"钳形包围"[138]，或"犄角"拱卫之势[139]。不仅如此，商文化对被包围的晋中、河套地区的同时期遗存也施加了强烈的影响[140]。20世纪甲骨文等资料的研究表明，晚商时期商人最强大的敌人多来自于西北方向。尤其是武丁时期、大量的战争记录都与商王朝的西北异族有关。而早商时期商文化呈现的这种分布态势，是否正是体现了商人抵抗或遏制西北方业已崛起的强大敌人的战略意图，还有待进一步的探讨。

此段商文化的对外扩张，不仅体现了商人咄咄逼人的进取气势，而且此时商人的两大都城同处于繁荣期的情况已表明[141]，商人对两都为中心的广大地区施行了有效的控制，其势力已达巅峰状态。与此同时，晋南的东下冯商城、垣曲商城，鄂东北的盘龙城商城和河北中部的藁城台西等遗址从其规格看，都已成为商王朝区域性的控制中心。这些重镇或据点又必然会成为商人控制更远地区的重要跳板。

4. 早商文化第二期第四段

如果说早商文化前三个阶段商文化是以偃师商城、郑州商城这两大都城为中心向外围地区逐步推进的话，那么早商文化第二期第四段的情况就稍有不同。此时商人的两大都城都相继遭到废弃[142]，与此同时，郑州西北的古荥阳一带，却继踵而兴了一个规格颇高的遗址群。近年小双桥一带的重要发现，使得相当一批学者已认识到它可能就是考古界寻找了数十年的商代隞都[143]。说明商人的亳都及其别都虽然发生了变故，但商人的统治中心却依然是根植于郑州附近的。经调查，仅小双桥周围一带就分布有石河、师家河、郑庄、关庄、堂李、祥营、岳岗、西岗、洼刘、瓦屋寺、兰寨、东赵村、南城、高村寺等十余处面积较大的遗址[144]，而且大多都含有与小双桥同期的遗存。反映出郑州西北远郊的隞都规模也非常大，作为一代王都是完全够格的。另一方面，此段早商文化唯独在东方地区有明显扩张态势的情况，可能正与文献记载商王仲丁前后对东方"蓝夷"等族的大规模征伐事件有关[145]。

5. 早商文化第三期第五、六段

小双桥一带的商都，在经历了短暂的辉煌之后，也很快就废弃了[146]。与此相伴，自第三期第五段之后，早商文化的分布也发生了一定的变化。史载自商王仲丁始，商朝有所谓的"九世之乱"（《史记·殷本纪》），国内政局不稳，都城数次迁徙。见诸文献的有仲丁迁隞（或写作嚣）、河亶甲迁相、祖乙迁邢（有记作"祖乙居庇""祖乙圮于耿"的）、南庚迁奄、盘庚迁殷五说。统括之，大体与《书·盘庚上》所言"不常厥邑，于今五邦"的情况略相符合。其中仲丁所迁之隞，陈旭等人考证在郑州小双桥一带，有考古依据，基本可从。盘庚所迁之殷，多数学者已同意即今安阳小屯村一带，小屯虽未见可确证为早商文化第三期第六段的大型夯土基础，但鉴于西北岗王陵中有两座属于此期的陵墓，小屯有此期的铜器墓等现象[147]，仍有可能证实这里在武丁之前也是一处中心性聚落。其他三都，文献均有不同说法，且未有王都性质的遗址以证之，故仍未定案。其中相、邢二都，邹衡先生分别考定在今河南北部的内黄县和河北邢台市一带[148]，结合第三期早商文化（主要是仲丁、外壬之后）在豫北、冀南的分布情况，此二说大体可以信从，尤其是邢都，伴随着近年考古工作的开展[149]，将来很有被证实的可能。至于南庚迁奄，唯见《竹书纪年》之记，其他文献上的说法概本之于是书。若信其有，自然当于"商奄"所在的鲁西一带去寻找[150]。从早商文化第三期在鲁西一带持续分布的情况看，说商人的某一都曾徙往此地也是有可能的。总体上看，自隞都之后的商人四都所在，大体都应在豫北、冀南和鲁西一带。这与早商文化的分布重心由前四段的伊洛、郑州一带移动到后两段的豫北、冀南及鲁西地区的实际情况也是相合的。

应当指出，自早商文化第三期第五段始，商都、晋南地区的重镇及环绕它们的大量一般性聚落几乎是一同发生迁移的。而且，作为商人在南方重镇的盘龙城遗址群也同时放弃。这种现象从《尚书·盘庚》的记载也能得到一定的启示。盘庚告谕的对象为"邦伯、师长、百执事之人"，其中的"邦伯"当即《礼记·王制》所云的"方伯"，属于王畿以外的四方首脑，而"百执事之人"则指在朝之官。可见，盘庚"震动万民以迁"的行动，绝非仅仅是都城居民和其官僚机构的迁徙，而是属于商人若干部族、方国的统一迁徙行动。唯有类似这种的迁徙，方能造成某些地区商文化遗址的急骤减少、消失和其他地区商文化遗址的大量增多的考古学现象。所以，第三期第五段商文化遗址在伊洛—郑州地区、晋南和鄂东北地区的减少或消失，理当与仲丁之后的商都主要游动于豫北、冀南或鲁西等地有关。

至于早商文化第三期第五段至第六段，由于商都的游动而致使商文化遗址在豫北、冀南、鲁西等地的分布存在什么样的具体变化，还有待不断的考古发现和研究的逐步深入。而且，商人为何自仲丁之后会有大规模的迁徙？是因为传统所说的"内乱"或"水患"，还是出现了类似周人东迁时的外族胁迫？这些深层的根由也是需要继续探讨的重要课题。

以上我们从早商文化分期的角度出发，考察了早商文化分布的动态过程，并借助文献记载及商都、重镇等变化情况的分析，对这种动态过程的变化原因提出了一些初步的解释。其目的无非是想通过早商文化的这些分布现象去探索商人早期历史的一个方面，然而由于材料和本人的学力所限，这只能算是一种浅浅的尝试。

注　释

[1] 本文所用"中原地区"一词，主要是指河南省及其以北的邻境地区。至于夏、商文化的谱系，以往学者多认为二者是一脉相承的。邹衡先生则从二里头遗存中区分出先商文化，并提出它与二里头夏文化是相互并行的关系。后一观点已被越来越多的学者所接受。见邹衡：《试论夏文化》，《夏商周考古学论文集》，文物出版社，1980年。

[2] 偃师商城的发现，使得以往二里头遗址西亳说与郑亳说的对立局面发生了重大转变。在现今的诸种亳都说中，偃师商城亳都说与郑亳说已成为两派主要观点。而且二者的分歧又主要集中在了偃师商城究竟是亳都还是别都的看法上。由于文献中有偃师尸乡"殷汤所都"（《汉书·地理志》河南郡偃师县"尸"条下班固自注）的记载，加之偃师商城又确是建于"有夏之居"的范围内，所以不管它是亳都还是别都，都应是成汤灭夏之后所设。这样一来，该城

的始建年代自然可以作为早商文化的年代上限。

[3] 邹衡：《试论夏文化》，《夏商周考古学论文集》，文物出版社，1980年。

[4] 张文军、张玉石、方燕明：《关于偃师尸乡沟商城的考古学年代及相关问题》，《青果集》，知识出版社，1993年。

[5] 王立新：《早商文化研究》，吉林大学博士学位论文，1995年。王立新：《早商文化研究》，高等教育出版社，1998年。

[6] 安金槐：《关于郑州商代二里岗期陶器分期问题的再研究》，《华夏考古》1988年第4期。该文从二里岗期遗存再分期的角度，将二里岗遗址原上、下两层细分为三个阶段。其中，原二里岗下层细分为偏早和偏晚两个阶段，分别作为郑州地区二里岗下层一期和下层二期的代表。原二里岗遗址的上层单位单独作为一个阶段，不再细分。我们认为，三阶段的划法有利于表明二里岗遗址商遗存发展的阶段性，故而同意采用这种分期方案，并将上述早晚相承的三个阶段分别作为早商文化第一期第一、二段和第二期第三段的代表。

[7] 河南省博物馆：《郑州南关外商代遗址的发掘》，《考古学报》1973年第1期。

[8] 安金槐：《关于郑州商代二里岗期陶器分期问题的再研究》，《华夏考古》1988年第4期，第108页。图中所用的CBM28∶1爵，应即白家庄一带所出。

[9] 张文军、张玉石、方燕明：《关于郑州商城的考古学年代及其若干问题》，《郑州商城考古新发现与研究》，中州古籍出版社，1993年。该文将郑州商城以往发表的典型遗存分为二期四段，基本上反映了郑州商城商文化遗存发展的阶段性。唯该文归入郑州商城第二期第Ⅲ段的白家庄M2、M3、铭功路M4、北二七路M1、M2等铜器墓实应归入第二期第Ⅳ段。稍作调整后的此二期四段可分别归入早商文化的前二期四段。

[10] 1993年，张文军等先生曾将偃师商城发表有陶器的41个单位分成二期四段（张文军、张玉石、方燕明：《关于偃师尸乡沟商城的考古学年代及相关问题》，《青果集》，知识出版社，1993年）。该分期方案中，除归入第一期Ⅰ段的J1D5H25井下实应归入第一期Ⅱ段之外，所分二期四段基本能够代表偃师商城的发展阶段。对个别单位稍作调整后的此二期四段可分别归入早商文化前二期四段。1995年，刘忠伏、徐殿魁二先生合写的《偃师商城的发掘与文化分期》（1995中国商文化国际学术讨论会论文）一文，又介绍了偃师商城近年发掘的一些新资料，并将商城出土陶器总体上分成了两期五段。该文所分的一期Ⅰ段与张文所分的第一期Ⅰ段年代相当，一期Ⅱ、Ⅲ段约与张文所分第二期第Ⅱ段相当，其二期Ⅳ、Ⅴ段则分别与张文所分的第二期Ⅲ、Ⅳ段年代相当。

[11] 宋新潮：《殷商文化区域研究》，陕西人民出版社，1991年，第69~72页，图十二。由于该遗址早商期遗存尚未正式报道，且宋文分期图均未公布器物的单位号，故其所分第一期遗存暂不宜做进一步的分期研究。宋文图十二，7、8大口尊形制特征均同属二里岗遗址下层偏早阶段的同类器。

[12] 中国社会科学院考古研究所等：《夏县东下冯》，文物出版社，1988年。可归属此段的还有东下冯第Ⅴ期东区第一地点T1088等探方的第3层、H104、H105、H38、H415等单位。

[13] 中国历史博物馆考古部等：《垣曲商城》，科学出版社，1996年。报告将该遗址二里岗期遗存分为二期四段。该分期方案可以信从。

[14] 河南省博物馆：《郑州南关外商代遗址的发掘》，《考古学报》1973年第1期。可归属此段的还有H72、H60。

[15] 李维明：《试论曲梁、岔河夏商文化遗址的分期》，《华夏考古》1991年第2期。

[16] 郑州市博物馆：《河南荥阳西史村遗址试掘简报》，《文物资料丛刊》1981年第5期。

[17] 刘绪：《论卫怀地区的夏商文化》，《纪念北京大学考古专业三十周年论文集》，文物出版社，1990年。赵庄D1也属此段。

[18] 河南省文物研究所、中国历史博物馆考古部：《登封王城岗与阳城》，文物出版社，1992年。王城岗WT262③、WT245M49、WT8③等单位也属此段。

[19] 黄河水库考古工作队河南分队：《河南陕县七里铺商代遗址的发掘》，《考古学报》1960年第1期。

[20] 河南省文物研究所：《河南鹿邑栾台遗址发掘简报》，《华夏考古》1989年第1期。

[21] 北京大学考古系商周组、陕西省考古研究所：《陕西耀县北村遗址1984年发掘报告》，《考古学研究》1994年第2期。徐天进：《试论关中地区的商文化》，《纪念北京大学考古专业三十周年论文集》，文物出版社，1990年。

[22] 宋新潮：《殷商文化区域研究》，陕西人民出版社，1991年，该文图十二，1鬲、2豆分别与二里岗遗址下层偏晚阶段的同类器特征相近，所代表的年代也应一致。

[23] 中国社会科学院考古研究所等：《夏县东下冯》，文物出版社，1988年。东下冯第Ⅴ期T5533：3C层、T4451等东区第4地点诸探方的3B层及H29、H67、H539、J2、H401等单位也可归属此段。

[24] 有关此段遗存的资料未正式发表。参见陈贤一：《盘龙城商代二里岗墓葬陶器初探》，《中国考古学会第四次年会论文集》，文物出版社，1985年。

[25] 河南省博物馆：《郑州南关外商代遗址的发掘》，《考古学报》1973年第1期，H59亦可归入此段。

[26] 郑州市文物工作队，郑州市大河村遗址博物馆：《郑州大河村遗址1983、1987年发掘报告》，《考古学报》1996年第1期。

[27] 中国社会科学院考古研究所二里头队：《河南偃师二里头二号宫殿遗址》，《考古》1983年第3期，该文中"晚于四期"遗存；郑光：《二里头陶器文化论略》，《二里头陶器集萃》，中国社会科学出版社，1995年，该文所分第五期遗存；应当说明的是，该文归入第五期的85YLH10、84YLH4等单位的年代似应偏早，或可至二里头第四期。

[28] 河南省文物研究所：《河南巩县稍柴遗址发掘报告》，《华夏考古》1993年第2期。

[29] 河南省文物研究所、中国历史博物馆考古部：《登封王城岗与阳城》，文物出版社，1992年，WT17H36等单位也属此段。

[30] 河南文物工作队：《河南新乡潞王坟商代遗址发掘报告》，《考古学报》1960年第1期，第55页，图四。

[31] 中国科学院考古研究所编：《辉县发掘报告》，科学出版社，1956年。

[32] 刘绪：《论卫怀地区的夏商文化》，《纪念北京大学考古专业三十周年论文集》，文物出版社，1990年，G1③、D4上、D3等出土遗物也属此段。

[33] 中国社会科学院考古研究所河南第一工作队、商丘地区文管会：《河南柘城孟庄商代遗址》，《考古学报》1982年第1期。该报告对遗存年代判断有误，具体分析见注［5］。除T2③之外、M5、H23、H24等单位也属此段。

[34] 郑州大学考古专业、开封市文物工作队、杞县文物管理所：《河南杞县鹿台岗遗址发掘简报》，《考古》1994年第8期。

[35] 北京大学考古教研室华县报告编写组：《华县、渭南古代遗址调查与发掘》，《考古学报》1980年第3期。

[36] 北京大学考古系商周组、陕西省考古研究所：《陕西耀县北村遗址1984发掘报告》，《考古学研究》1994年第2期。徐天进：《试论关中地区的商文化》，《纪念北京大学考古专业三十周年论文集》，文物出版社，1990年。发掘报告及徐文所分的北村商代遗存第二期第3组的ⅠH18、ⅠH16也属此段。

[37] 中国社会科学院考古研究所等：《夏县东下冯》，文物出版社，1988年。东下冯第Ⅵ期M519、H548及T5512、T5515、T5523的第3B层等单位也属此段。

[38] 河北省文物研究所编：《藁城台西商代遗址》，文物出版社，1985年。

[39] 北京大学、河北省文化局邯郸考古发掘队：《1957年邯郸发掘简报》，《考古》1959年第10期。龟台寺"早殷第二期"遗存。

[40] 山东大学历史系考古专业、山东省文物考古研究所、济南市博物馆：《1984年秋济南大辛庄遗址试掘纪要》，《文物》1995年第6期。

[41] 湖北省博物馆：《一九六三年湖北黄陂盘龙城商代遗址的发掘》，《文物》1976年第1期。湖北省博物院：《盘龙城商代二里岗期的青铜器》，《文物》1976年第2期。盘龙城发掘队：《盘龙城一九七四年度田野考古纪要》，《文物》1976年第2期。陈贤一：《江汉地区的商文化》，《中国考古学会第二次年会论文集》，文物出版社，1982年，第165~170页。陈贤一：《盘龙城商代二里岗墓葬陶器初探》，《中国考古学会第四次年会论文集》，文物出版社，1985年。可归入此段的还有楼子湾M1、M5、G2、G1、王家嘴F3上层、F4、杨家嘴M1、李家嘴M4等单位。

[42] 安徽省文物考古研究所：《安徽含山大城墩遗址发掘报告》，《考古学集刊》1989年第6期。张敬国：《含山大城墩遗址第四次发掘的主要收获》，《文物研究》1988年第4期。安徽省文物考古研究所、含山县文物管理所：《安徽含山大城墩遗址第四次发掘报告》，《考古》1989年第2期，T1∶5层也属此段。

[43] 河南省文化局文物工作队第一队：《郑州白家庄遗址发掘简报》，《文物参考资料》1956年第4期。

[44] 河南省文物研究所：《郑州小双桥遗址的调查与试掘》，《郑州商城考古新发现与研究》，中州古籍出版社，1993年。河南省文物考古研究所等：《1995年郑州小双桥遗址的发掘》，《华夏考古》1996年第3期。

[45] 李维明：《试论曲梁、岔河夏商文化遗址的分期》，《华夏考古》1991年第2期。

[46] 河南省文物研究所、中国历史博物馆考古部：《登封王城岗与阳城》，文物出版社，1992年，WT263H730、WT134H331等也属此段。

[47] 刘绪：《论卫怀地区的夏商文化》，《纪念北京大学考古专业三十周年论文集》，文物出版社，1990年。

[48] 刘绪：《论卫怀地区的夏商文化》，《纪念北京大学考古专业三十周年论文集》，文物出版社，1990年，H9、H31、H6、H7、T6②、T10③等也属此段。

[49] 北京大学考古系商周组、陕西省考古研究所：《陕西耀县北村遗址1984发掘报告》，《考古学研究》1994年第2期。徐天进：《试论关中地区的商文化》，《纪念北京大学考古专业三十周年论文集》，文物出版社，1990年，北村第二期第3组ⅠH10、ⅠH14等单位也属此段。

[50] 中国社会科学院考古研究所等：《夏县东下冯》，文物出版社，1988年，第Ⅵ期M4、M8等单位也属此段。

[51] 北京大学考古系商周组等：《菏泽安邱堌堆遗址发掘简报》，《文物》1987年第11期。

[52] 山东大学历史系考古专业教研室编：《泗水尹家城》，文物出版社，1990年。

[53] 湖北省博物馆：《一九六三年湖北黄陂盘龙城商代遗址的发掘》，《文物》1976年第1期。湖北省博物院：《盘龙城商代二里岗期的青铜器》，《文物》1976年第2期。盘龙城发掘队：《盘龙城一九七四年度田野考古纪要》，《文物》1976年第2期。陈贤一：《江汉地区的商文化》，《中国考古学会第二次年会论文集》，文物出版社，1982年，第165~170页。陈贤一：《盘龙城商代二里岗墓葬陶器初探》，《中国考古学会第四次年会论文集》，文物出版社，1985年。李家嘴M3、南垣外M1、杨家嘴M4、M7、74HP4TM17等单位也属此段。

[54] 安徽省文物考古研究所、含山县文物管理所：《安徽含山大城墩遗址第四次发掘报告》，《考古》1989年第2期，T18⑮层也属此段。

[55] 河北省文物研究所编：《藁城台西商代遗址》，文物出版社，1985年。第一期墓葬中的

M112，我们同意杨锡璋先生看法而将其归入藁城台西第二期墓葬和晚期居住址所代表的时期。杨锡璋：《关于藁城台西商代遗址的分期问题》，《中国考古学论丛》，科学出版社，1993年。

［56］ 刘绪：《论卫怀地区的夏商文化》，《纪念北京大学考古专业三十周年论文集》，文物出版社，1990年，李固T1④、H7等也属此段。

［57］ 刘绪：《论卫怀地区的夏商文化》，《纪念北京大学考古专业三十周年论文集》，文物出版社，1990年，H22、F1等单位也归属此段。

［58］ 柘城县文化馆：《河南柘城心闷寺遗址发现商代铜器》，《考古》1983年第6期。

［59］ 王永光：《陕西省岐山县发现商代铜器》，《文物》1977年第12期。

［60］ 罗西章：《扶风白家窑水库出土的商周文物》，《文物》1977年第12期。

［61］ 国家文物局田野考古领队培训班：《泗水天齐庙遗址发掘的主要收获》，《文物》1994年第12期。

［62］ 国家文物局考古领队培训班：《山东济宁潘庙遗址发掘简报》，《文物》1991年第2期。

［63］ 安徽省文物考古研究所、含山县文物管理所：《安徽含山大城墩遗址第四次发掘报告》，《考古》1989年第2期，T4：5层也属此段。

［64］ 葛治功：《安徽嘉山县泊岗引河出土的四件商代铜器》，《文物》1965年第7期。

［65］ 邹衡：《试论殷墟文化分期》，《北京大学学报·人文科学》1964年第4、5期。

［66］ 中国社会科学院考古研究所安阳工作队：《安阳殷墟三家庄东的发掘》，《考古》1983年第2期。

［67］ 山西省考古研究所晋东南工作站：《长治小常乡小神遗址》，《考古学报》1996年第1期。

［68］ 河北省文物管理委员会：《邢台曹演庄遗址发掘报告》，《考古学报》1958年第4期。

［69］ 山东大学历史系考古专业等：《山东省茌平县南陈庄遗址发掘简报》，《考古》1985年第4期。

［70］ 国家文物局考古领队培训班：《山东济宁凤凰台遗址发掘简报》，《文物》1991年第2期。

［71］ 张忠培：《研究考古学文化需要探索的几个问题》，《文物与考古论集》，文物出版社，1987年。

［72］ 是指早商文化中较常见的一类下部似鬲，上部及耳似斝的器物。此类器物以往与南关外等地所见的素面带柱陶斝都混称为陶斝。实际上，它们虽然在领口、器耳等方面具有一定的内在联系，但整体形制存在很大的不同。应当在名称上予以区别。

［73］ 邹衡先生在《试论夏文化》一文中，将二里头文化分为两个类型即二里头类型和东下冯类型，认为二者主要的分布区分别在河南省黄河以南地区和晋西南地区。从目前资料显示情况看，这一主要分布范围的判断仍然是正确的。参见［1］。

［74］ 迄今为止，二里头文化遗存在关中地区发现很少，只有华阴横阵、华县元君庙、南沙村等几

个地点，且均在华县以东。参见：中国社会科学院考古研究所陕西工作队：《陕西华阴横阵遗址发掘报告》，《考古学集刊》1984年第4期，报告中所报道的"龙山晚"M9。北京大学历史系考古研究室：《元君庙仰韶墓地》，文物出版社，1983年，第44~46页。北京大学考古教研室华县报告编写组：《华县、渭南古代遗址调查与发掘》，《考古学报》1980年第3期。

[75] 北京大学、河北省文化局邯郸考古发掘队：《1957年邯郸发掘简报》，《考古》1959年第10期。龟台寺"早殷第二期"遗存。

[76] 河北省文物管理处：《磁县下七垣遗址发掘报告》，《考古学报》1979年第2期。

[77] 河北省文物管理处：《磁县界段营发掘简报》，《考古》1974年第6期。

[78] 河北省文物研究所等：《武安赵窑遗址发掘报告》，《考古学报》1992年第3期，"商代下层"H5。

[79] 邹衡先生曾将邯郸涧沟、磁县下七垣、界段营等遗址的所谓"早商"材料改定为先商文化（参看注[1]邹文106、107页）。后来，李伯谦先生又将此类遗存命名为"下七垣文化"。参见李伯谦：《先商文化探索》，《庆祝苏秉琦考古五十五年论文集》，文物出版社，1989年。

[80] 河南省文化局文物工作队第一队：《郑州商代遗址的发掘》，《考古学报》1957年第1期。该文文字报道人民公园遗址堆积分上、中、下三层，其下层与二里岗遗址下层相同。

[81] 该遗址发掘材料尚未正式发表。参见河南省文化局文物工作队：《1957年郑州西郊发掘纪要》，《考古通讯》1958年第9期。

[82] 资料未正式发表。参见王迅：《东夷文化与淮夷文化研究》，北京大学出版社，1994年，第57~60页，图十四上栏。

[83] 资料未正式发表。参见王迅：《东夷文化与淮夷文化研究》，北京大学出版社，1994年，第57~60页，图十四上栏。

[84] 河北省文物管理处：《磁县下潘汪遗址发掘报告》，《考古学报》1975年第1期，第98页，图一八，4。

[85] 资料未正式发表。见王迅：《东夷文化与淮夷文化研究》，北京大学出版社，1994年，第68、69页。

[86] 西安半坡博物馆、蓝田县文化馆：《陕西蓝田怀真坊商代遗址试掘简报》，《考古与文物》1982年第3期。

[87] 如夏邑清凉山遗址的岳石文化陶器，宋豫秦曾将其划分为三群。其中B群性质暂定为"先商和早商文化的显性或潜性因素"，器类有"卷沿圆唇和翻沿斜方唇鬲、细泥鼓腹盆、敞口斜腹绳纹盆、饰细纹的矮圈足簋、篮纹加箍状堆纹的瓮（罐）等"。此群因素所占总体陶器群的比例约近10%。这种情况说明，清凉山的岳石文化可能有一阶段是和早商文化第一期第

一、二段相并行的。这与郑州地区早商文化第一期第一、二段也含有岳石文化因素的情况是恰相对应的。这是两种文化相互毗邻而相互影响所造成的结果。见宋豫秦：《论豫东夏邑清凉山遗址的岳石文化地层》，《中原文物》1995年第1期。

[88] 北京大学发掘资料（1988年），尚未正式发表，参见段宏振、张翠莲：《豫东地区考古学文化初论》，《中原文物》1991年第2期。宋豫秦：《现今南亳说与北亳说的考古学观察》，《中原文物》1991年第1期。

[89] 中国社会科学院考古研究所河南二队等：《河南周口地区考古调查简报》，《考古学集刊》1984年第4期。

[90] 中国社会科学院考古研究所河南二队：《1977年豫东考古纪要》，《考古》1981年第5期，第396页，图九。

[91] 湖北省博物馆：《一九六三年湖北黄陂盘龙城商代遗址的发掘》，《文物》1976年第1期。湖北省博物院：《盘龙城商代二里岗期的青铜器》，《文物》1976年第2期。盘龙城发掘队：《盘龙城一九七四年度田野考古纪要》，《文物》1976年第2期。陈贤一：《江汉地区的商文化》，《中国考古学会第二次年会论文集》，文物出版社，1982年，第165~170页。陈贤一：《盘龙城商代二里岗墓葬陶器初探》，《中国考古学会第四次年会论文集》，文物出版社，1985年。

[92] 孝感地区博物馆：《湖北安陆市商周遗址调查》，《考古》1993年第6期，第501页，图三，1。

[93] 张家口考古队：《蔚县考古纪略》，《考古与文物》1982年第4期。张家口考古队：《蔚县夏商周时期考古的主要收获》，《考古与文物》1984年第1期。

[94] 河北省文物研究所：《藁城北龙宫商代遗址的调查》，《文物》1985年第10期。

[95] 河北省文物研究所：《泜河流域考古调查简报》，《文物春秋》1992年第1期，第9页，图六。

[96] 沧州市文物保护管理所：《河北沧县倪杨屯商代遗址调查报告》，《考古》1993年第2期，第119页，图二，2、3、6、19。

[97] 对于分布于燕山南麓海河北系区的夏家店下层文化的同期遗存，我们赞同韩嘉谷先生的意见，称之为大坨头文化（参见韩嘉谷：《大坨头文化陶器群浅析》，《中国考古学会第七次年会论文集》，文物出版社，1992年）。该类遗存在张家口地区至少延续到早商文化第一期第二段（即相当于二里岗下层偏晚阶段），它的退隐当和早商文化的入主有关（参见张忠培、孔哲生、张文军、陈雍：《夏家店下层文化研究》，《考古学文化论集》1987年第1期）。

[98] 拒马河考古队：《河北易县涞水古遗址试掘报告》，《考古学报》1988年第4期。

[99] 资料未正式公布。参见王迅：《东夷文化与淮夷文化研究》，北京大学出版社，1994年，第57~61页，图十四、十七。

[100] 安徽省博物馆：《遵循毛主席的指示，做好文物博物馆工作》，《文物》1978年第8期，第2、3页，图三。

[101] 安徽省展览博物馆：《安徽含山县孙家岗商代遗址调查与试掘》，《考古》1977年第3期。

[102] 马全：《焦作南朱村发现商代墓》，《华夏考古》1983年第1期，第28页，图一。

[103] 临汝县文化馆：《河南临汝李楼出土商代青铜器》，《考古》1983年第9期，第839、840页，图一、二。

[104] 河南省文物研究所：《许昌县大路陈村发现商代墓》，《华夏考古》1988年第1期，第24～26页。

[105] 黄冈地区博物馆、黄州市博物馆：《湖北省黄州市下窑嘴商墓发掘简报》，《文物》1993年第6期。

[106] 菏泽地区文物工作队：《山东曹县莘冢集遗址试掘简报》，《考古》1980年第5期，第390页，图七，2、3。

[107] 1976年菏泽地区文物工作队对全区十二处遗址进行了试掘，其中东明窦堌堆、梁山青堌堆等遗址都含有与菏泽安邱堌堆早商文化面貌一致或相近的遗存，但资料均未正式公布。参见宋豫秦：《论鲁西南地区的商文化》，《华夏考古》1988年第1期。

[108] 中国科学院考古研究所山东工作队：《山东泗水、兖州考古调查简报》，《考古》1965年第1期。

[109] 中国社会科学院考古研究所山东工作队、滕县博物馆：《山东滕县古遗址调查简报》，《考古》1980年第1期，第39页，图八。

[110] 中国社会科学院考古研究所山东工作队、邹县文物保管所：《山东邹县古代遗址调查》，《考古学集刊》1983年第3期，第102页，图四，2。

[111] 肖家遗址D1③层年代相当此段。吴九龙：《山东省潆河淄河商代遗址调查报告》，未刊稿。参见注［82］王迅文18页及该文第二章注［45］。

[112] 河北省文物研究所等：《武安赵窑遗址发掘报告》，《考古学报》1992年第3期。

[113] 中国科学院考古研究所山东发掘队：《山东梁山青堌堆发掘简报》，《考古》1962年第1期，第30页。吴秉楠，高平：《对姚官庄与青堌堆两类遗存的分析》，《考古》1978年第6期，第402页。

[114] 张敬国，贾庆元：《肥东县古城吴大墩遗址试掘简报》，《文物研究》1985年第1期。

[115] 河南省博物馆，灵宝县文化馆：《河南灵宝出土一批商代青铜器》，《考古》1979年第1期。

[116] 中国社会科学院考古研究所山西工作队：《晋南考古调查报告》，《考古学集刊》1989年第6期，第30～32页。

[117] 湖北省博物馆：《盘龙城商代二里岗期的青铜器》，《文物》1976年第2期，第36页，图四〇，1，盘龙城采集铜爵。郭冰廉：《湖北黄陂矿山水库工地发现了青铜器》，《考古通讯》1958年第9期，第72页，图二。随州市博物馆：《湖北随县发现商代青铜器》，《文

物》1981年第8期，第46~48页，图三。徐正国：《湖北枣阳发现一件商代铜尊》，《文物》1990年第6期。

[118] 熊卜发：《湖北孝感地区商周古文化调查》，《考古》1988年第4期，第303页，图四，12。

[119] 唐云明：《邢台南大郭村商代遗址探掘简报》，《文物》1957年第3期。

[120] 河北省文化局文物工作队：《邢台尹郭村商代遗址及战国墓葬试掘简报》，《文物》1960年第4期。

[121] 北京大学、河北省文化局邯郸考古发掘队：《1957年邯郸发掘简报》，《考古》1959年第10期，第531、532页，涧沟遗址的"商代晚期层"。

[122] 北京大学、河北省文化局：《邯郸发掘报告》，未刊及参见注[65]。

[123] 中国科学院考古研究所安阳发掘队：《安阳洹河流域几个遗址的试掘》，《考古》1965年第7期，第334页，图八。

[124] 方殷：《随州西花园、庙台子遗址发掘简述》，《江汉考古》1984年第3期。武汉大学历史系考古教研室等：《西花园与庙台子》，武汉大学出版社，1993年，第148~160页。

[125] 河南省文化局文物工作队第一队：《郑州商代遗址的发掘》，《考古学报》1957年第1期，第61页，图五，6，C7H130。

[126] 熊卜发：《湖北孝感地区商周古文化调查》，《考古》1988年第4期，第303页，图四，5。

[127] 余从新：《安陆晒书台商周遗址试掘》，《江汉考古》1980年第1期。

[128] 林沄：《商文化青铜器与北方地区青铜器关系之再研究》，《考古学文化论集》1987年第1期。李伯谦：《张家园上层类型若干问题研究》，《考古学研究》二，北京大学出版社，1994年。徐天进：《试论关中地区的商文化》，《纪念北京大学考古专业三十周年论文集》，文物出版社，1990年。孙华：《陕西扶风县壹家堡遗址分析》，《考古学研究》二，北京大学出版社，1994年，第126、127页。

[129] 刘绪：《论卫怀地区的夏商文化》，《纪念北京大学考古专业三十周年论文集》，文物出版社，1990年。

[130] 张文军、张玉石、方燕明：《关于偃师尸乡沟商城的考古学年代及相关问题》，《青果集》，知识出版社，1993年。

[131] 宋新潮：《殷商文化区域研究》，陕西人民出版社，1991年，第72页。

[132] 彭适凡，程应林，詹开逊：《"吴头楚尾"地带古铜矿年代及其族属考》，《百越民族研究》，江西教育出版社，1990年。

[133] 王立新：《早商文化研究》，吉林大学博士学位论文，1995年。王立新：《早商文化研究》，高等教育出版社，1998年。

[134] 《诗经·商颂·殷武》文。

[135] 《左传》昭公十一年文。

[136] 张文军、张玉石、方燕明：《关于郑州商城的考古学年代及其若干问题》，《郑州商城考古新发现与研究》，中州古籍出版社，1993年。

[137] 张文军、张玉石、方燕明：《关于偃师尸乡沟商城的考古学年代及相关问题》，《青果集》，知识出版社，1993年。

[138] 林沄：《商文化青铜器与北方地区青铜器关系之再研究》，《考古学文化论集》1987年第1期。

[139] 张忠培、朱延平、乔梁：《晋陕高原及关中地区商代考古学文化结构分析》，《内蒙古文物考古文集》，中国大百科全书出版社，1994年。

[140] 许伟：《晋中地区西周以前古遗存的编年与谱系》，《文物》1989年第4期。王立新：《早商文化研究》，吉林大学博士学位论文，1995年。王立新：《早商文化研究》，高等教育出版社，1998年。

[141] 张文军、张玉石、方燕明：《关于偃师尸乡沟商城的考古学年代及相关问题》，《青果集》，知识出版社，1993年。张文军、张玉石、方燕明：《关于郑州商城的考古学年代及其若干问题》，《郑州商城考古新发现与研究》，中州古籍出版社，1993年。

[142] 张文军、张玉石、方燕明：《关于偃师尸乡沟商城的考古学年代及相关问题》，《青果集》，知识出版社，1993年。张文军、张玉石、方燕明：《关于郑州商城的考古学年代及其若干问题》，《郑州商城考古新发现与研究》，中州古籍出版社，1993年。

[143] 陈旭：《商代隞都探寻》，《郑州大学学报》1991年第5期。裴明相：《说"隞"》，《中原文物》1994年第1期。

[144] 陈立信，马德峰：《荥阳县高村寺商代遗址调查简报》，《华夏考古》1991年第3期。张松林：《郑州市西北郊区考古调查简报》，《中原文物》1986年第4期。

[145] 《后汉书·东夷传》注引《竹书纪年》："（仲丁）征于蓝夷"；《太平预览》卷八十三引《竹书纪年》："（河亶甲）征蓝夷，再征班方"。蓝夷，班方地望，据丁山考证，即汉代东海郡境，大约在今山东枣庄、郯城一带（丁山：《商周史料考证》，中华书局，1988年）。

[146] 小双桥遗址虽然规模很大，级别颇高，但1990、1995年的发掘资料表明该遗址商代遗存延续的时间并不长。这与文献记载隞都只有仲丁、外壬二王所居的情况是恰相吻合的。参见注[44]。

[147] 邹衡：《试论殷墟文化分期》，《北京大学学报·人文科学》，1964年第4、5期。

[148] 邹衡：《论汤都郑亳及其前后的迁徙》，《夏商周考古学论文集》，文物出版社，1980年。

[149] 1979年李学勤、唐云明先生据邢台市北的元氏县西张村发现的青铜器论证了西周邢国的封地即在邢台，参见《考古》1979年第1期。近年，围绕邢国的考古工作不断有新的进展，参见《中国文物报》1994年44期，至少说明了邢台市自古即有"邢"地之名。何况邢台附近

类似曹演庄的商代遗址尚有七、八处，范围相当大，故祖乙所迁邢都之在邢台将来也很可能被证实。

［150］ 邹衡：《论汤都郑亳及其前后的迁徙》，《夏商周考古学论文集》，文物出版社，1980年，第207、208页。

［原刊于《中国考古学的跨世纪反思》，商务印书馆（香港），1999年］

从早商城址看商王朝早期的都与直辖邑

甲骨卜辞中多处提到"邑",陈梦家先生将其分为两类,一是王之都邑,一是国内族邦之邑[1]。后者的数量庞大,显然是"聚族而居之处"(陈梦家先生语)。实际上,陈先生所列的第一类即"王之都邑"中,既包括了真正作为王都的邑,如"天邑商""大邑商""大邑"等,又包括了因某种需要而在王都之外另建的"大邑"或"邑"。尤其是武丁卜辞,屡记"我"或"王"作邑之事。那么,在武丁之前的商代早期,王所作的邑与王都之间有无本质的区别?本文即拟通过对早商城址的分析对此问题作一尝试性的探讨。

一

考古上现已确定的早商文化分布范围之内的城址共有7座,即郑州商城、偃师商城、洹北商城、垣曲商城、夏县东下冯商城、焦作府城商城、黄陂盘龙城商城。依据城址的规模、布局与遗存内涵的差异,可将这些城址划分为两类,其中前三处为第一类,后四处为第二类。

第一类城址被绝大多数学者认为是商都。偃师商城即是其中发掘工作最为系统、布局及其演变的认识最为清楚的一处。发掘者将该城的商文化分为三期七段[2],并对主要建筑的年代、布局与功能等提出了初步判断。

第一期(包括第1、2段)的偃师商城已形成宫城与小城内外相套的建筑布局。小城平面呈长方形,南北约1100、东西约740米,面积达81万多平方米,方向约7°(以西城墙为准)。城内主要建筑的方向与城墙平行,朝向为南偏西。宫城居于城内中部偏南,平面呈方形,边长约200米,已知有一门位于南墙中部,其南北轴线较小城的南北轴线略偏东。宫城内由南向北分为宫殿区、祭祀区和池苑区三部分。

宫殿区占据了宫城的南半部,主体建筑基址东西分列。东侧是以第四号宫殿为主的建筑群,其南面有宽阔的广场。西侧自南而北分别是第七、九、十号宫殿建筑,三者相互平行,形成前后三进的"院落式"建筑群,而第九号宫殿东侧又附设有第一号宫殿[3]。

祭祀区居于宫城中部偏北,由东、西并列的两个长方形斗状巨坑(即祭祀B区和祭祀C区)组成。二坑各有夯土围墙,门道皆位于南墙中部,门道外有宽阔的广场。坑中有大量以动物作为牺牲的祭祀遗存[4]。

池苑区位于宫城北部。主体部分亦是一长方形斗状巨坑,东西长约130、南北宽约20米,坑口以石块围护。坑底有淤泥,有陶质和汉白玉网坠,应为池苑无疑。水池的东西两侧各有一条石砌的水道通向城外,其中西侧的水道为引水暗渠,东侧的水道为排水明渠,二者之间有0.5米的高差。池苑区与南部宫殿区之间的唯一通道即是祭祀B区与祭祀C区之间宽逾3米的南北向夹道[5](图一)。

宫城的西南和南侧也属于小城内地势略高之处,已发现有数处大型建筑或建筑群,被认为是府库、官署或贵族宅邸集中的区域[6]。其中位于小城西南隅的Ⅱ号建筑群遗址经过细致地钻探和大规模发掘。该建筑址也是一个由夯土墙围护的方形"小城堡",总面积4万多平方米,略大于宫城。围墙之内布满东西成行、南北成列、形制划一的长方形建筑,总数不下90座。有的位置则预留有形状、大小与长方形建筑相似的水池。已发掘的15座大型建筑基址的下层建筑即属于第一期。各建筑的室内地面皆高

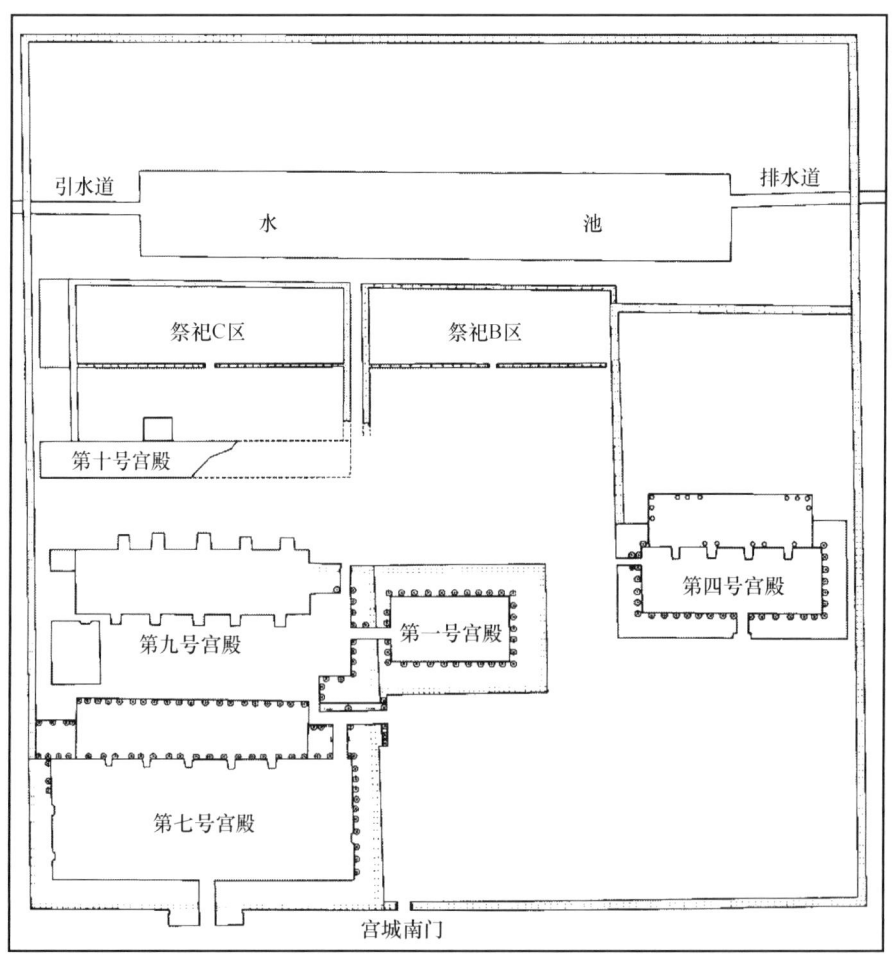

图一 偃师商城宫城第一期主要遗迹平面布局示意图
(采自王学荣:《偃师商城第一期文化研究》,《三代考古》二)

于室外地面，木骨墙体，内部皆有规格一致用于陈放物品的木架的遗存。室外则以简易的浅沟组成网状的排水系统[7]。规模如此庞大的库舍群无疑当为国家所有，称之为府库恰如其分。《礼记·王制》云："国无九年之蓄，曰不足；无六年之蓄，曰急；无三年之蓄，曰国非其国也。"虽有夸张成分，但足以表明物资储存对于维持国家安定发展的重要性。

显而易见，小城的南半部当是城址布局的核心所在。宫城、府库及其他高级别的建筑皆位于这一区域。

宫城西墙外属第一期晚段（2段）的H99，出土物中含有制造骨器的下脚料，说明附近应有制骨作坊。据王学荣说，当时的普通居住区主要分布在小城的北部[8]。若然，则偃师商城的宫城与小城就构成了目前所见较早的城郭式布局。值得注意的是，在小城即偃师商城早期郭城之外的东北部，还发现有被修筑大城城墙时所破坏的一处青铜冶铸作坊的残迹，时代属第一期[9]。这一线索表明，当时居民日常生活和劳作的场所可能并不限于郭城城墙之内。如果考虑到郭城之外的遗存分布，则偃师商城第一期时的聚落面积至少当在100万平方米以上。

偃师商城商文化第二期时，宫殿区进行了首次改扩建。宫城内西区建筑中的寝宫即第十号宫殿建筑废弃，而在其北侧紧靠祭祀C区南垣处新建了第八号宫殿建筑[10]。该建筑为排房式建筑，分隔为8间，应是十号宫殿建筑的替换建筑。位居西区建筑中间的第九号宫殿废弃，在其旧址上经向西扩展建成二号宫殿。为适应扩建二号宫殿的需要，宫城西墙相应西移；原第四号宫殿南面，新建成第六号宫殿。第四、第七号宫殿和宫城南门继续使用。改扩建后宫殿区东、西两区并列的建筑格局并未发生改变。宫殿区北侧的祭祀B区与祭祀C区仍然使用，但用于祭祀的巨坑的范围作了扩展。同时在祭祀B区的东侧又扩建出一个祭祀A区，表明此期祭祀范围和祭祀规模有所扩大。北侧的池苑也进行了大规模改造，蓄水池四壁皆以石块垒砌作了加固，在排水道和引水道的水腔内垒砌了更窄的水腔，同时又将引水道改为明渠，而排水道加上顶盖变成了暗渠。

伴随宫城的改扩建，在原郭城即小城西墙、南墙和东墙南段的基础上拓宽延展修建了规模更大的郭城城墙（即原来所说的大城）。此期的郭城平面似"厨刀形"，东墙的南段向内折收，原因是此段墙体以东临近一大片水域。新郭城城墙修成之后，原郭城的北墙和东墙的大部分都很快废弃了。此时Ⅱ号建筑群遗址即府库仍然位于郭城的西南隅，其内的库舍普遍在原址上作了翻新，出现了中层建筑。在宫城的东北侧，依原郭城的东墙北段新建了另一座府库，即第Ⅲ号建筑群遗址，面积稍小于Ⅱ号建筑群遗址，其内也有若干排列整齐的长条状夯土基址，功能当与Ⅱ号建筑群遗址类似。

此期宫城、府库及若干大型建筑皆位于新建郭城的南部，表明这里仍是全城布局的重心所在，也是王室、贵族的主要活动区域。在郭城中、北部的多次发掘中，发现不少普通的地面式或半地穴式建筑、水井、陶窑、窖穴等，其中陶窑还有相对集中的现象。表明这里应当是郭城内主要的平民居住区与作坊区[11]。但郭城内的西北部仍有以Ⅳ号建筑群遗址为代表的大型建筑的存在，其功能尚不明确[12]。

在郭城的东、西、北墙内侧和小城北墙附近等地段都曾发现过小片的家族墓地。除极少的中型墓外，皆为小型墓，近半数以上甚至不见随葬品。迄今城内外未见大规模的族墓地和高级贵族墓。

新建成的郭城城墙周长约5500米，面积近200万平方米，是小城面积的两倍多。已发现城门5座，东、西墙各2座，且东、西对称设置，北墙中部1座。推测南墙中部与宫城南门对应处亦应有1处城门。郭城的城墙之外是宽约20、深约6米的城壕。城墙内外皆有顺城大道。城内已发现有与北城门和西二城门相连的大道。

各种迹象表明，自第二期早段（3段）起，偃师商城进入了鼎盛时期。这种鼎盛状态可延续到第三期中段（6段）。第三期5段时，在宫城南部原七号和六号宫殿的旧址上分别修建了第三和第五号宫殿。这两座宫殿建筑规模巨大，东西对称，向南、向西都突破了宫城城墙的范围。宫城西墙北段、中段进一步西扩，而南段则以第三号宫殿的西墙为墙，南面直接以第三、第五号宫殿建筑的南墙为墙。这两座宫殿之间，则成为进入宫城的南门[13]。尽管出现了新的建筑，但宫城内宫殿区布局格式乃至宫城内各功能区的划分仍未发生改变（图二）。

至第三期6段时，祭祀B区与C区的巨坑已经填满，祭祀活动的中心转移到了祭祀A区。在祭祀A区的范围内发现有数个长方形斗状大坑，除动物牺牲外还发现了以人为牲的现象。

据王学荣的研究，偃师商城的废弃具有突然性，宫城、府库的使用期均终止于第三期6段，推测可能是因长期干旱所导致的生存环境不断恶化的结果。从其对各期水井深度的比较所得出的当时地下水位不断下降的认识看，持续的干旱的确可能是导致此城废弃的一个主要原因[14]。但从宫城池苑区的蓄水池中倾倒有大量烧红的草拌泥墙体残块、打破第四号宫殿旁侧路土的H24内夹有大量红烧土块的现象看，导致宫城乃至整个商城废弃的直接诱因，或许就是一次严重的火灾。至第三期7段，即相当于二里岗上层偏晚阶段，这里就沦为一个普通聚落了。

郑州商城位于现今郑州市区内的偏东部，已确知有内城与外郭城两重城墙，面积约25平方千米，是迄今所见规模最大的商代城址[15]。其内城位于外郭城中部，略呈南北纵长方形，周长约6960米，墙外有壕。外郭城墙已探明的墙基长度已达6000余米，绕内城的东南、南、西三面依地势而建。墙外亦有城壕。在内城西侧外郭墙基迹象不明之处，城壕却继续北延，继而折向东行。内城以东不见外郭城墙与城壕。经钻探和发掘可知，由内城往东不远地势即明显变低，古代当为大片水域[16]。故外郭城虽未闭合，却凭依了东面的湖沼之利而构成了完整的防御体系。

多年的勘探和发掘表明，郑州商城内城东北部是大型夯土建筑集中的区域，其范围东西长约800、南北宽约500米，面积约40万平方米。但是，这片重要的核心建筑区

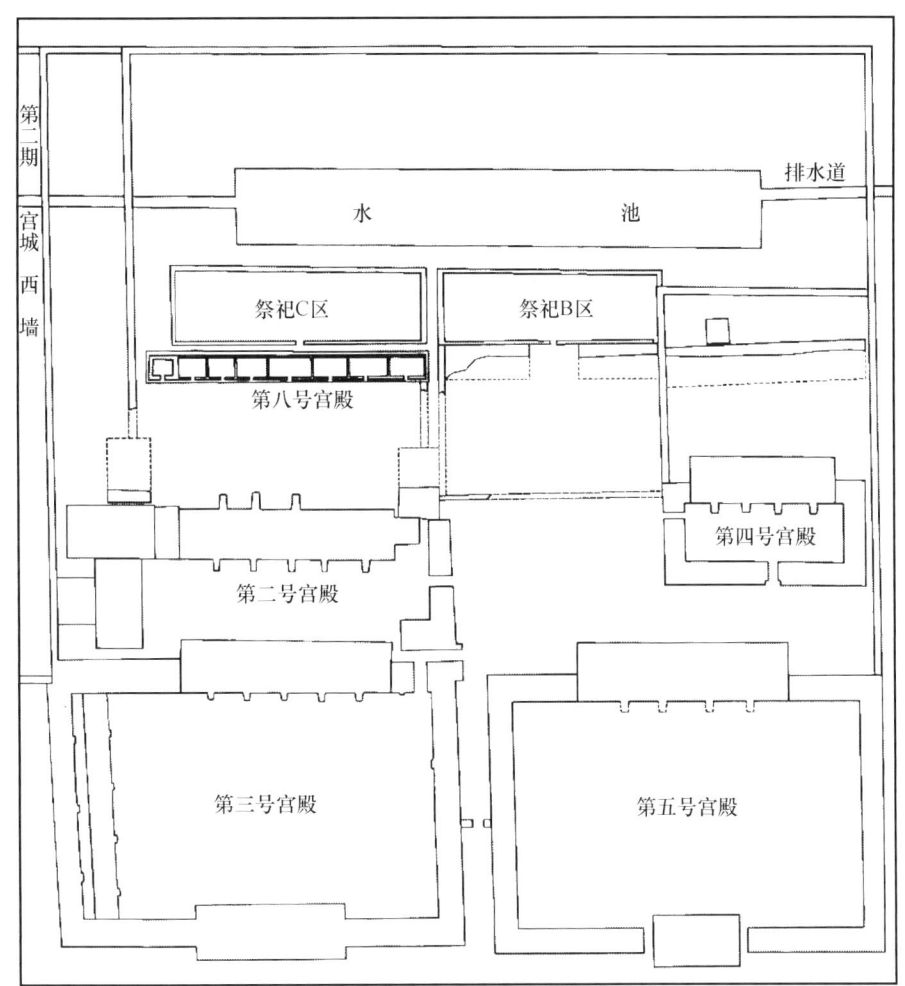

图二　偃师商城宫城第三期主要建筑遗迹平面布局示意图
（采自《河南偃师商城宫城第八号宫殿建筑基址的发掘》，《考古》2006年第6期）

却压于现今繁华的街区之下，难以开展有计划的大规模的发掘工作，导致至今难以摸清这片区域的建筑布局及其演替过程。

郑州地区的二里岗期早商文化最初被分为两期，即二里岗下层和二里岗上层时期[17]。1988年安金槐先生将这两期又细分为四期，即二里岗下层一期、二期和二里岗上层一期、二期[18]，这四期的分法已被考古界广泛接受，且习惯上大家又将二里岗下层的一期、二期称作二里岗下层偏早和偏晚阶段，将二里岗上层的一、二期称作二里岗上层的偏早和偏晚阶段。

关于郑州商城的始建年代，以往依据内城城墙与宫殿区的发掘资料曾经产生过两种主要观点，一种认为始建于二里岗下层偏晚阶段[19]，一种认为始建于二里岗下层偏早阶段[20]。笔者是赞成后一种意见的[21]。1998年在郑州东里路东段北侧发掘到一组有叠压关系的宫殿建筑，F1为二里岗下层偏晚阶段的建筑，其基槽打破夯土Ⅵ，夯土Ⅵ又打破夯土Ⅶ，夯土Ⅶ下面叠压洛达庙类型晚期的灰坑[22]。由此可见，此处的宫殿建筑在二里岗下层偏晚阶段之前就已经历了两次兴废。按照偃师商城宫城内每座宫殿至少沿用分期中的一段来看，此处的早期宫殿的始建年代不仅可早到二里岗下层偏早，甚至还有可能更早至洛达庙三期及南关外下层遗存、郑州化工三厂遗存等为代表的时期。实际上，1998年发掘郑州商城宫殿区内一段早期夯土墙时，发掘者也注意到打破夯土墙的两个灰坑H56、H114的出土陶器的年代"最晚可至二里岗下层偏早阶段H9的时期"[23]。由于这两个坑打破的是夯土墙的基槽部分，尤其是H114，打破的还是基槽中部。所以，至少在二里岗下层偏早阶段，这段残长约100米、基槽宽约8米的夯土墙已弃而不用。总之，已有迹象显示，在郑州商城内城建起之前，宫殿区的范围内或许已经存在过一座小城。从发表的这段夯土墙下压的单位及夯土墙本身的包含物来看，其始建年代应当就是洛达庙三期，年代约当偃师商城第一期1段和二里头四期偏晚阶段[24]。

二里岗下层偏早阶段，随着小城城墙的废弃，代之而起的是规模更大的内城城墙的营建。大约同时或稍晚，内城之外又相继营建了外郭城墙。虽因材料限制，还很难确指此期宫殿区营建的宫殿建筑，但从已有的地层叠压关系所提供的信息，我们丝毫不怀疑宫殿区存在这一阶段的大型建筑。而且，内城南墙外侧、郭城之内的南关外铸铜作坊此时已投入了使用[25]。

二里岗下层偏晚阶段，郑州商城无疑已步入兴盛时期。内城东北部的宫殿区，已知C8F9、C8F14、C8F15、C8F16及91ZSC8ⅡT26F12、92ZSC8ⅡF1～F3等夯土基址均建于此时。这些建筑的方向多数略呈西北—东南走向，即面朝南偏西。也有略呈东北—西南走向分布的。依偃师商城宫殿区的建筑布局，可推测前者当为主体建筑，而后者应属附属建筑。郭城内的南关外铸铜作坊址的规模进一步扩大；铭功路的制陶作坊和紫荆山北的制骨作坊已投入使用。无论内城还是郭城范围内，都发现有不少属于这一时期的房基、水井、窖穴、墓葬等遗迹，且形成的堆积普遍较厚，表明这一时期城中人口的急剧增长。

二里岗上层早段，是郑州商城持续繁荣的时期。宫殿区除有些始建于前段的建筑继续使用外，又新建或改建了一批宫殿建筑。94ZSC8ⅡF1、89ZDF1、88C8F101等都是此段新建的宫殿建筑。在宫殿区的北部还新建了一处大型石板铺砌的蓄水池[26]，所在位置与偃师商城宫城池苑大体相同，功能亦应接近[27]。但其池底、池壁均以羼料姜石的灰白土加固防渗，建筑工艺上更为考究。宫殿区东北部边缘附近发现一处以排列有序的立石为中心的祭祀区，立石周围分布着8座埋狗坑、14座埋人坑，还有烧土坑1个、烧土面1片。郝本性先生据《淮南子·齐俗训》所记"殷人之礼，其社用石"，推断这里是商人一处重要的社祭遗址[28]。在内城西墙中段内侧也发现有以狗或人祭祀的遗存。此阶段郭城内原有的手工业作坊继续使用，又新建了内城北墙外的紫荆山北铸铜作坊。郭城内已形成多片居住区与墓葬群，彼此之间已很少有大的空白地带相隔。

到二里岗上层偏晚即白家庄期，内城中大批的宫殿建筑被此期的地层或遗迹破坏或叠压。两处铸铜作坊址亦中止使用。显示此时郑州商城的政治功能已陡然衰落。但在白家庄、北二七路等地还发现有此期的铜器墓，说明商城一带仍有贵族居住。内城墙外的张寨南街、南顺城街、城东路的回民食品厂各发现一处这一阶段或稍晚埋有青铜重器的祭祀坑[29]。似乎在王都迁走之后，仍有王室成员或贵族来此祭祀。

就目前的考古发现来看，郑州商城内城以外、外郭城墙以内的部分，由于有成片的普通居民点、墓葬区和手工业作坊，自然可以看作是当时王族以外的族众日常居住和活动的场所。内城东北部的宫殿区则无疑是王室成员的居住和活动区。问题是规模较偃师商城晚期郭城（大城）还大的郑州商城内城的功能究竟如何，仍然留有较大的疑问。原因即是内城的中部、南部和西北部的较大区域内发现有与宫殿区建筑同时的文化层、灰坑、水井和规模较小的夯土建筑基址，城墙内侧有些地段也发现有小片的墓葬群，规格多属小型墓葬。说明在宫殿区之外，内城城墙之内的广大区域仍有中下层居民的活动。所以，郑州商城内城的性质究竟如何；自洛达庙三期"小城"废弃之后，城内宫殿区是否又有专门的防御设施与内城相隔；内城之内有无官署、贵族聚居区与府库建筑等，仍是需要今后解决的重要问题。但无论如何，郑州商城的内城城墙同时兼有保卫宫殿区的职能则是毋庸置疑的。从这一角度说，此城的功能区划同偃师商城相似，均符合《吴越春秋》佚文所说的"筑城以卫君，造郭以守民"的筑城理念，具有了较为典型的内城外郭的布局。

洹北商城位于安阳市北郊，南邻洹河。1999年发现[30]。最新勘探表明该城也属内城外郭的城郭式布局[31]。郭城平面近方形，南北长2200、东西宽2150米。城址的面积约4.7平方千米，方向北偏东13°。该城西南部与殷墟遗址的保护区范围略有重叠。

宫城位于郭城南北中轴线的中部偏南，所处位置与偃师商城的宫城十分相似，同样体现了"择中立宫"的建筑理念。宫殿区内现已探出大型夯土基址数十处，其中的东区已探明由多座东西向长方形建筑组成，相互平行无打破或叠压关系，显示出严整有序的布局。已对东区建筑中偏南的1号基址进行了大规模发掘[32]。现已揭露该基址偏西的三分之二部分，结合钻探资料可知，该建筑是平面呈回字形的庭院式建筑，东西长约173、南北宽85～90米，总面积近1.6万平方米，是迄今发现的规模最大的商代宫殿建筑。已发掘部分有位居南墙中部偏东的门塾（有两个门道）、门塾两侧的长廊、坐北朝南的主殿、主殿两旁的廊庑及西配殿。主殿位于基址北部正中，殿基高于庭院地表。殿面上柱网结构清晰，有用木骨泥墙隔开的9间单独开门的室，各室都有通往庭院的台阶。室的外围有宽约3米的走廊。主殿西接双面廊庑，门塾两侧则为单面廊庑。所谓西配殿未发现柱洞痕迹，但周围倒塌有大量土坯残块，看来原是有土坯墙的建筑，朝向庭院有3个台阶。基址夯土中及庭院内外发现40余处祭祀遗迹，还有一些空坑。据发掘者介绍，主殿的9间正室中，自西向东数第1、3间正中各发现夯打在台基中的狗坑1个。其余各间正室因发掘至现存台基面后没有进一步下挖，推测也存在同样的祭祀狗坑。另在主殿前自西向东数第2～5、7号台阶东侧各发现有内埋1人的祭坑，皆被路土叠压，当为奠基遗存。

据说郭城的西南部也发现一座小城[33]，其位置与偃师商城的Ⅱ号建筑基址群在郭城中的位置完全一致，性质是否也与府库有关，尚待发掘来确定。

通过历年的发掘并结合勘探，可以确认郭城的北部分布有密集的居民点。各居民点内的房基往往相对集中，居民点之间通常由"空地"隔开，"空地"大小不等。多数居民点之间都发现有路土痕迹，表明它们彼此有较固定的道路相通。有的居民点之间的"空地"上还可见到单独存在的大型夯土基址，推测"有可能是多个居民点共享的公共建筑"。墓葬多呈小片分布在居民点周围。显示出郭城内的居民仍然是"聚族而居，聚族而葬"。

洹北商城内的发掘资料目前被分为两期，即洹北花园庄早期和晚期[34]，分别相当于唐际根所分的中商二、三期[35]。发掘简报公布的西墙基槽的外槽夯土中出土的陶器，虽为残片，但胥皆为窄方唇，唇下缘不再下垂。斜腹盆口沿上仰角度较大。这些特点十分接近笔者所分的早商文化第三期第6段的特征[36]。已发掘的1号基址，庭院内外以当时地面为依托而形成的地层（第6层）中出土的陶器，发掘者认为其大部分属"中商二期"，也有少量似可晚至"中商三期早段"。位于1号基址北侧约160米的大型灰坑H2，坑内堆积出"中商二期偏晚阶段的陶器"，且"很可能正是宫殿区正在被使用时期留下的遗迹"。加之宫殿区的建筑排列整齐，可能为一体化的布局，所以有理由推测宫殿区的建筑和使用时期并不长。据勘探和解剖可知，郭城的大部分城墙实际上仅夯筑了墙基，还未及夯筑地上部分，此城就废弃了。据唐际根说，绝大部分基址周围都倒塌有大量红烧土堆积。其中保存有完好室内活动面的13号基址，可观察到大量烧土直接堆压在地面上。不少基址的柱洞中也可看到木柱烧毁后，红烧土塌入柱洞中的现象[37]。这些或可说明洹北商城宫城的毁弃应与一场灾难性的大火有直接的关系，或许还是放弃正在建设中的城墙而择地另建宫殿区的一个主要诱因。

以上分析了三处被学术界认可为都邑性质的商代城址，年代都在武丁之前的商代早期。尽管对三者开展工作的程度不同，却仍可归纳出一些这类城址已经或应当具备的共同特点。

（1）三者都由内城（或宫城）与外郭城一起构成了内城外郭的城郭式布局。其中内城或宫城主要是宫殿区的防护设施，而郭城中则是中下层居民日常生活和从事各种活动的场所，体现了"筑城以卫君，造郭以守民"的礼制观念。从建筑程序上讲，整个城的建设应是始自宫殿及其配套设施，而郭城的建筑可能稍晚，从而凸显了都作为王权政治与宗教礼仪中心的至高地位。应当指出的是，如果联系到晚商国都安阳殷墟没有郭城城墙，以及洹北商城在废弃之时郭城城墙尚未建成的现象，似乎可以说明，在商代都邑中，宫殿区应当是都有防御设施以与外界隔离的，而郭城城墙则可缓建或者不建。但城内居君、城外居民的格局则是完全一致的。

（2）三者都有相当可观的聚落规模。最大的郑州商城在其繁荣期面积可达25平方千米，直逼晚商的国都安阳殷墟（30平方千米）。洹北商城郭城城墙以内的面积即达到4.7平方千米，如若考虑到洹河以南小屯一带还有同时期墓葬的话[38]，则面积还要大得多。最小的偃师商城在其第一期时的面积初步估计也应在100万平方米以上。这显然都是当时普通聚落面积的几倍到几十倍，体现了都邑内人口的高度集中。

（3）都有位置突出、规模巨大、布局严谨的宫殿区或宫城。偃师商城、洹北商城的宫城在都城营建之初位于郭城的中部偏南。郑州商城的内城位于郭城之中，只是其内的宫殿区可能因地势所限而选定在城内东北部。《吕氏春秋·慎势》云："古之王者，择天下之中而立国，择国之中而立宫。"这第一类城址的确在一定程度上反映了"择中立宫"的建筑思想。宫城或宫殿区的面积巨大。最小的偃师商城的宫城面积约4万平方米，洹北商城的宫城面积不小于10万平方米，而郑州商城仅以东北部的"宫殿区"计，面积亦在40万平方米以上。

（4）三者的宫城、内城乃至主要的宫殿建筑的朝向都为南偏西，与二里头夏都宫城及主要建筑面向东南有别[39]，暗示出商人在作邑、作宫室方面已形成一套自身特色的制度，或许就是所谓商礼中的一个重要组成部分。在布局最清楚的偃师商城宫城内，由南向北分别规划出宫殿区、祭祀区和池苑区；宫殿区内的宫殿建筑分东、西并列的两区。郑州商城的宫殿区与洹北商城的宫城布局目前虽不十分清楚，但已有资料显示，郑州商城宫殿区中亦有宫殿建筑群和位置偏北的池苑区与祭祀区，至于宫殿建筑的布局特点是否同于偃师商城，还有待工作的进一步开展。洹北商城的宫城内虽然尚未确定祭祀区与池苑区，但有迹象表明，其主要的宫殿建筑也可能分为东、西两区。所以，郑州商城宫殿区与洹北商城的宫城虽然还有很多的工作要做，却有理由推测，二者的布局与功能区划当与偃师商城相近，甚至还要更为复杂。

（5）郭城内外有多处大小不等、功能各异的手工业作坊。其中偃师商城与郑州商城都已发现铸铜、制陶和制骨作坊或其迹象。相信洹北商城随着工作的进一步开展，亦会有期待中的手工业作坊的发现。从材料比较丰富的郑州商城手工业作坊来看，甚至在同一种手工业内部，不同的作坊之间也有了更细的分工。这在一定程度上体现了都城作为经济中心的重要职能。

二

再看第二类城址。

垣曲商城位于山西垣曲县古城镇南，地处黄河及其支流亳清河交汇处的三级台地之上，北、东、南三面环水，唯西面有陆路相通，所凭地势颇有利于军事防御。该城平面略呈梯形,南宽北窄。东墙与南墙因临近河流和冲沟,部分地段已被冲毁,夯土断续分布。依据现存状况估测,城址周长约1470米,总面积约13万平方米。勘探与试掘表明,该城东墙与北墙为单墙,而西墙和南墙至少半段由内外两道夹墙构成。西墙外尚有宽8米余的城壕[40]。由西面陆路而来者,皆须先过城壕,再由西南城角经内、外两墙之间长长的通道,才能进入西门或南门,显示了极强的军事防御意图。与西南入口相对应的城址东北角也有一门,出门即为亳清河河边阶地,此门的设置,多半出于城内居民平时生产、生活的需要[41]。

该城所谓的"宫殿区"位于城内中部偏东。根据近年的大规模揭露可知,这"宫殿区"平面呈长方形,南北长约88、东西宽约50米,是由南北并列的两座大型夯土基址（2号和3号）为中心、四周环以围墙所构成的一组前后三进的院落式建筑群,其基本布局遵循东西对称的原则。两座夯土台基平面均为长方形,基本为正方向,间距11.5米[42]。

城内已发现的道路不多,其中以"宫殿区"与西城门之间的一条最为重要。在西城门内外,分布着一些祭祀遗迹,有的内有人牲[43]。

城内的东部、南部则为当时主要的居住区、作坊区和墓葬区。所发现的房址为半地穴式,单间或双间。墓葬就分布在居址附近,多为小型长方形土坑竖穴墓,只随葬少量陶器。个别墓有木棺、二层台和殉人,并随葬少量青铜器与玉器。在城内南部和西南部都发现有制陶作坊[44]。

王睿曾将垣曲商城南城墙各探沟和探方的商代堆积进行了细致的分期,认为被城墙叠压或打破的单位年代属二里头文化四期,而直接叠压城墙内侧根基处夯土基槽的是二里岗下层偏晚阶段的遗存。结合这两期遗存在城内的分布,提出该城始建于二里岗下层偏晚阶段的可能性。同时认为二里岗下层偏晚阶段至二里岗上层偏早阶段是该城的使用期,而二里岗上层偏晚阶段的遗存打破或叠压着城墙墙体,代表着城的废弃年代[45]。董琦先生的分析也支持了这种观点[46]。

需要说明的是,垣曲商城是直接营筑于二里头文化晚期的大型环壕聚落之上,不仅二里头文化时期部分地段的壕沟与商城的城墙大体重合,甚至由西城门通往"宫殿区"的路沟即是直接利用了二里头文化时期即已存在的一条大路[47]。

东下冯商城位于山西夏县城关东北15千米处。地处运城盆地东缘、涑水河支流青龙河上游右岸的开阔阶地上。以往的勘探和发掘仅查明了一条西北—东南向大冲沟以南的该城城墙,及西南隅圆形建筑基址群的结构与分布[48]。其中已探明的西墙南段长140、南墙长440、东墙南段长52米。南墙中部有转折,实际上东西墙之间的距离约为370米。若以西墙计,城的方向应为45°左右。据现存状况估计,此城规模大体与垣曲商城相当。

城西南隅已探明有一片横成列、纵成行的圆形建筑址群,层位与城墙一致,是城内建筑的一个重要组成部分。估计这个建筑群至少有7排圆形建筑址,每排6或7座,总数大概有40~50座。这些建筑的形状、结构几乎完全相同,直径在8.5~9.5米。有学者据其形状结构并结合民族学材料,推测这是干栏式的仓储设施[49],也有人认为是粮仓[50]。需要指出的是,这片建筑基址从位置上看与偃师商城的Ⅱ号建筑基址群即府库所处位置完全相同,排列方式亦颇为一致,功能上当有相通之处。

对于该城年代,我们曾将其商文化遗存分为四组,并指出圆形基址群的年代可能为第2组即二里岗下层偏晚阶段[51]。近年有人据护城坡内出土陶片的特征,推测此城建筑时间约在二里岗下层偏晚阶段。但据城壕上层堆积3B层(属二里岗上层偏早阶段)叠压或破坏护城坡的现象,推测该城废弃于二里岗上层偏早阶段则嫌证据不足[52]。无论如何,二里岗上层偏晚阶段仍有人在此城内居住活动,则是可以肯定的事。

府城商城位于焦作市西南郊府城村西北部的台地上,城址北距太行山约15千米,南距沁河约20千米。城址平面近正方形,保存较好的西墙长约280、北墙长约284米。据钻探,东城墙与南城墙在东南角均向内成直角折收[53]。1998~1999年河南省文物考古研究所对城内北部偏东的"宫殿区"进行了发掘,共发现夯土基址4处,四者之间有叠压打破关系[54]。保存较好的一号夯土基址平面形状为长方形,南北长70、东西宽约55米。该基址与城址的方向一致,均为4°左右。从已发掘的基址西半部看,整个基址系一南北两进的庭院式建筑。因遭晚期活动严重破坏,基址多数地段只余夯土基槽,已不见居住面,且只残存有零星柱洞或柱础石。中间为"正殿",南北宽14.8米,东西已发掘部分的长度为11.7米。南院南部有所谓的"前殿",与两侧的"配殿"连为一体,南北宽约7.5米,西"配殿"的宽度与此相若。北院的北侧有"北殿(后殿)",东西两侧有回廊。"北殿"基址残宽约4.4、西回廊基槽宽4.1米。参考偃师商城的庭院式建筑,可推测该基址中的所谓"前殿",实际上可能是与东西两侧廊庑相连的门塾类建筑。而左右的"配殿""北殿"及北院东西两侧的回廊从现存宽度来看,都远逊于"正殿"的宽度,可能都属廊庑一类的建筑。该基址规模与垣曲商城"宫殿区"相当,但结构布局似较后者更为简单。

一号基址北部被二号基址叠压,一号基址之下又叠压有三号和五号基址,但这三处基址的形状结构都不清楚。

紧邻一号基址"北殿"北侧边缘的IT0122H59为一长方形窖穴,坑内堆积大量被烧烤成砖红色的夯土块。发掘者认为这些夯土块的颜色、质地、夯窝的形状大小均同一号基址的夯土一致,当系一号基址废弃后填入的。坑中复原有13件陶器,从形制看皆属二里岗下层偏晚阶段。可知一号基址的始建和使用年代当不晚于二里岗下层偏晚阶段。那么叠压于一号基址之下的三、五号基址相对要更早一些。至于城墙,发掘者推测至迟是与一号基址同时修建的。城墙和夯土基址的废弃年代皆为"白家庄晚期",即二里岗上层晚段的偏晚。

城内的西南部和南部由于修路取土遭严重破坏。东部和东北部的堆积保存较好。

经钻探，城内东部有一片路土、夯土、烧土和灰坑间杂分布的区域，推测为居住区，还发现一小片石料和石器半成品集中堆放的场所，似为石器作坊。在东城墙附近的发掘中，在城墙的内侧确实可以见到较厚的二里岗文化时期的灰层，还有分布较为密集的灰坑。加之出土有不少陶质生活器皿、制陶工具以及骨镞、骨匕等生产、生活用具，推测当时城内也应有制陶和制骨作坊的存在。而在城墙以外，调查时未发现任何商代遗物，表明当时的居住和活动主要局限在城内。

盘龙城商城位于湖北省武汉市黄陂区滠口镇叶店村境内，南濒府河（即涢水），东、北临盘龙湖。每逢夏季府河水涨，河水便与湖水连成一片，使得商城所在三面环水，由此可见商城当初所选地势之险要。以往所说的盘龙城商城，实际是由一个小型城址及其附近的王家嘴、李家嘴、杨家嘴、楼子湾、杨家湾等遗址点所共同构成的一个遗址群。据地面散布遗物看，该遗址群分布的中心区面积东西长约1100、南北宽约1000米。

城址坐落于遗址群东南部一处深入水域中的半岛式的岗地上。该遗址群自20世纪50年代调查发现以来，经过多次复查和发掘。已出版的《盘龙城》一书详细报道了该遗址群自1963～1994年的发掘成果[55]。书中将盘龙城遗址群的夏商遗存分为七期。认为一至三期的年代相当于二里头文化二期或三期偏早至二里头文化四期偏晚或二里岗下层一期偏早，四至七期相当于二里岗期。应当指出，这一分期在有些单位的期别归属和各期年代的判断上尚有不妥之处。最近蒋刚对盘龙城遗址群的出土遗存进行了重新分期和断代[56]。与原报告观点有重要不同的是，他认为城址南垣东段的⑨、⑨A、⑨B、⑨C、⑨D层出土器物即原报告所分一期中的部分遗存可单为一类，年代约当二里头文化三期偏晚或是四期偏早，其余皆属商代遗存。他将盘龙城遗址群居址出土的商代遗存划分为四期5段，分别与中原夏商文化的分期标杆作了分析比较，推定了各期段的年代。认为一期1、2段总体相当于我所分的早商文化第一期一段，即二里岗下层早段，第二、三、四期则分别相当于以往所说的二里岗下层晚段、二里岗上层早段和二里岗上层晚段。这一研究结果大体是可信的。需要说明的是，蒋刚所分的第一期1段，陶器特征十分接近郑州南关外期遗存，年代亦应相当，这一点袁广阔先生已经注意到[57]。而南关外期遗存与二里头四期偏晚、偃师商城第一期1段的年代相当，是迄今所知最早的商代遗存。这类遗存的出现，或许表明商代初年即有来自中原的人群进入鄂东北。这比以往所认识的盘龙城商代遗存的年代上限显然大大提前了。

按蒋刚的分期序列来观察盘龙城报告已刊布的主要遗迹就会发现，第一期1段城址南垣东段墙基下即压有一南北宽约11米的夯土台基遗迹，李家嘴和南垣外的王家嘴还发现有陶窑以及出土完整坩埚的灰坑（PLZH7）等。说明此时不仅可能已出现了较大的建筑，甚至还有了烧陶和冶铜等活动。北面的杨家嘴一带则有这一时期的墓葬。至第一期2段（约当二里岗下层早段的偏晚），城墙虽未出现，但城内东北部却已有规模较大的夯土建筑（叠压于F1之下）。城西北的杨家湾发现一座此期随葬青铜容器的贵族墓，王家嘴有此期的房址和陶窑。而至第二期3段，即二里岗下层晚段，已建起了城墙和城内东北部的一组大型建筑。与此同时，王家嘴、李家嘴、杨家湾、杨家嘴、楼子湾等地均出现了居住遗迹或墓葬。王家嘴还发现有以烧制大口缸为主的长窑，这表明聚落开始步入繁荣阶段。至第三期4段，即二里岗上层早段，杨家嘴、楼子湾、杨家湾等处还出现了规模较大的冶铜作坊，延续了上一阶段的繁荣景象。此期楼子湾、杨家湾均发现有既随葬冶铜工具又随葬青铜器的墓葬。第四期5段，城址和大型建筑遭到破坏，可能已废弃，但城址附近和杨家湾仍有出青铜器的墓葬（CYM1、YWM11），杨家湾一带还有出铜器的祭祀坑和建筑考究的房屋建筑，表明这里仍是一处重要的邑落。

始建于二里岗下层晚段的城址平面近方形，南北约290、东西约260米，城垣周长约1100米，面积约75400平方米。四面城垣的中部均有一座城门。城垣外有护城壕，与城垣走向基本一致，但各段口部宽窄不同。城内东北部高地是大型建筑群所在，已揭露出F1、F2两座大型夯土建筑基址和F3局部。F1、F2、F3自西南向东北平行布列，F2居南，长方形台基长29.95、宽12.7米。台基边缘有一周共28个大柱洞。F1居中，长方形基址东西长39.8、南北宽12.3米，台基边缘有一周43个大柱洞。台基中央以木骨泥墙隔出并列的四室，东西两室南向开门，中间两室前后开门。室壁与檐柱之间形成一周回廊。这两座大型建筑皆坐北朝南，方向皆为20°，与城址方向基本一致。F3在F1的北侧，仅清理局部，台基南北宽仅5.1米。杨鸿勋先生认为这是环绕F1、F2之外的廊庑建筑的一部分[58]。如此，则该组建筑就成了以F1、F2为中心，有廊庑围绕的三进院落式布局。与垣曲商城"宫殿区"建筑的布局结构基本相同。

城内除东北隅的这组大型建筑之外，仅在F2的东南约80米处的东垣内侧发现有5个大柱洞，推测为另一处建筑基址，其他部分未见同时期的重要遗迹。城内西南部是低洼地，耕土层下即为很深的淤土，推测应是一处池塘。

从盘龙城遗址群的总体布局看，城垣所环围的主要是贵族居住和活动的场所，而同时期的居民点、墓葬群和手工业作坊址则分散在城外多个地点。

综观第二类城址，存在如下几点共同特征。

（1）较之第一类城址，规模都要小得多。其中最小的府城商城面积近8万平方米，垣曲商城是13万平方米，东下冯商城的面积据边长推测与垣曲商城面积相若。最大的盘龙城商城（遗址群）面积虽近100万平方米，但其所包含的各个地点皆被自然地势所隔开，中间都有一定的空白地带，故其在繁荣期的面积亦不过数十万平方米。与第一类城址相比，面积相差几倍到几十倍。

（2）从布局较清楚的垣曲商城、府城商城和盘龙城商城看，都有高级别的大型建筑区。这些大型建筑区都有围墙与同时期的普通居民点、墓葬区和手工业作坊区相隔离，体现出分层社会的特征。东下冯商城的城内中北部地区虽未展开勘探，从其现存规模、遗迹及出土遗物看，亦当是此种布局。这种布局模式显然也具备了城郭式布局的基本特点，只不过规模大小有别，围墙宽厚不等，实际上可谓第一类城址内城外郭式布局的缩影。当然，四处城址的具体布局亦有不同。地处北方的三处城址，其城垣不仅将大型建筑区，亦将一般的居民点、墓葬群、手工业作坊围护在城内。而盘龙城商城的城垣却只将大型建筑区环卫其中，其他功能区则置于城外。之所以如此，很可能就是由盘龙城遗址群所处的复杂地势所决定的。该遗址群地处府河之旁、盘龙湖之滨，各遗址点不是坐落于伸入水中的山嘴，便是位于水湾之上的坡地，地形十分破碎，不存在大片平整的土地去筑起规整的城垣，并将所有的地点环绕其中。

（3）垣曲商城、府城商城与盘龙城商城都有一组庭院式的大型建筑，结构上呈前后两进或三进的院落，院内有1或2座相对独立的长方形夯土建筑基址。推测东下冯商城亦当如是。从已发掘的盘龙城商城F1和F2来看，居于南侧的F2规模略小，无木骨泥墙隔间，居于北侧的F1规模稍大，为木骨泥墙分隔成四间。这种布局与结构特点，与偃师商城宫殿区西区建筑中的南部和中部的夯土基址雷同，而缺少后者居于北侧的排房式建筑，更不见与偃师商城宫殿区中东区建筑和洹北商城宫殿区东区F1特征类似的建筑，表明第二类商城中所见的大型建筑区只具备第一类商城宫殿区建筑中的部分功能。

（4）四座城址都已发现一些手工业作坊或与作坊有关的迹象。其中垣曲商城已发现制陶作坊，盘龙城商城发现有制陶作坊和冶铜作坊，府城商城曾勘探到石器作坊。东下冯商城虽发掘面积有限，却发现有铸造小件青铜器的石范和一些铜炼渣，表明至少也当存在铸铜作坊。结合出土遗物看，这些商城在各自所处的地区都无疑扮演着区域性经济中心的角色。

（5）在建筑朝向上，除垣曲商城及其内"宫殿区"大体坐北朝南、接近正方向之外，其余三座城址方向皆为北偏东，偏差4°~45°。大型建筑的方向皆与城址方向相同，面朝南偏西。

（6）四处城址从选址到筑城，都体现出不同程度的军事色彩。其中尤以垣曲商城和盘龙城商城最为突出，二者皆三面环水，据守险要地势，且城外依然设壕。垣曲商城甚至在入口处筑出类似后世瓮门的夹墙[59]。东下冯商城不仅有城有壕，城内西南隅还有大片仓储设施。凡此都体现出四处商城作为区域性军事中心的职能。

三

对于第一类城址的性质，以往绝大多数学者都一致认可它们是商代的都邑。关于偃师商城的性质，曾先后产生过西亳说、桐宫说和别都或重镇说等，我是赞成别都说的[60]。其原因就是，偃师商城无论从其规模还是主要建筑的规格和布局看，都不是所谓的离宫别馆,更不是一般的军事据点,应当就是一处商代早期的都邑。董仲舒《春秋繁露·三代改制质文》有"汤受命而王……作宫邑于下洛之阳"之说,《汉书·地理志》河南郡偃师县"尸乡"条下班固自注更是明确地称这里为"殷汤所都"。文献记载和考古发现正相吻合。但值得注意的是,董仲舒和班固虽记成汤于此作宫设都之事,却并未称此都为亳,原因大概就是先秦文献中还有"汤放桀而复薄"(《逸周书·殷祝解》)、"汤既黜夏命,复归于亳"(《书序》)的记载。直到西晋的皇甫谧,才据《尚书·立政》有"三亳阪尹"之说,而推导出"偃师为西亳"的说法。加之考古发现与研究表明,偃师商城与郑州商城有相当长的并行时间,规模上小于后者。按照先秦都制,大邑不得超越国都。则偃师商城虽是成汤所建,却绝非他的亳都。其地位颇与周初所营的大邑成周相仿。

至于郑州商城的性质,三十年来有所谓的"郑亳说"与"隞都说"之争。然无论是哪派观点都无法否认郑州商城曾作为商代都邑的可能。如今的"隞都说"者几乎毫无例外地认为偃师商城是成汤所都西亳。甚至在坚信偃师商城是西亳的前提下,认为商都在由偃师迁往郑州之前的郑州商城只不过是一个军事重镇[61]。而越来越多的考古资料证明,偃师商城与郑州商城的始建年代虽较以前的认识有所提前,但二者仍然基本同时,且两者的繁荣期又长期并行。那么,两座并行使用的都邑,郑州商城从规模上远大于偃师商城,显然不可能是受控于偃师商城的"军事重镇"。邹衡先生于1977年提出的郑亳说[62],虽然在有些年代问题的认识上得到修正,但郑州商城是成汤亳都,仍然是有关此城性质的诸说中最为合理的一种。

关于洹北商城的性质,有人认为是河亶甲所居之相[63],也有人认为是盘庚迁殷的最初地点[64]。从洹北商城所分的两期遗存的整体特征来看,基本都相当于以往邹衡先生所分的殷墟文化第一期或稍早,或是我所分的早商文化第三期第5段偏晚至第6段,下与大司空村一期衔接十分紧密,而上与早商文化第二期第4段相比似乎还有一定的间隔,以此为出发点,则此城就最有可能是盘庚最初所迁的地点。可能在武丁前后,因洹北商城大火,殷都的重心方由洹北移至洹南的小屯一带。

有关第二类城址的性质,以往颇多歧义。除个别看法因为缺乏依据而遭否定之外[65],对于四座城址何为方国之都,何为军事重镇,迄今未能形成统一的认识。看来若想判明此类城址的性质,唯有将其与已经明确为都邑的第一类城址加以比较。

在聚落规模上,第二类城址约为8万到数十万平方米,第一类城址在各自初建时规模即达100万平方米以上,二者相差数倍到数十倍。

在高规格建筑的选址上,两类城址有相似之处。如垣曲商城、府城商城均在城内中部附近设置大型建筑,与偃师商城小城和洹北商城的宫殿区的位置所在十分接近;盘龙城商城与郑州商城的高级别建筑则都规划在城内的东北部。但是,两类城址的大型建筑群在规模与布局上却有很大的不同。第一类城址的宫殿区规模十分宏大,最小的偃师商城宫城的面积即达4万平方米,是第二类城址大型建筑区面积的10倍左右。在布局上，虽然郑州商城与洹北商城宫殿区内宫殿建筑的格局还不十分清楚，但已有的迹象显示，它们都至少存在两组或两组以上的大型夯土建筑基址群。布局清楚者如偃师商城宫城内的宫殿建筑，是分作东、西两区，每区各有1~3座大型夯土基址。而第二类城址中的大型建筑，布局清楚者，皆是一组两进或三进的院落式建筑，院内仅有1或2座较大的夯土台基作为主体建筑。而且，在第二类城址中，也不见位列大型建筑址以北的专门祭祀区与池苑区。可见在布局结构的复杂性、严谨性上，两类城址的大型建筑区有极大的不同。

在整个聚落的布局上，如前所述，第二类城址的布局可以说是第一类城址城郭式布局的缩影，实质上是一致的。

在建筑的朝向上，只有垣曲商城的"宫殿区"经介绍是基本呈正南北[66]，其余城址无论大小，大型建筑与城址本身的方向皆不同程度地偏向东北，即面朝南偏西，体现了高度的一致性。

两类城址都有不同种类的手工业作坊，一类是生产陶器、石器与骨器等日用品的作坊，一类是生产珍贵的青铜器的作坊，只是在生产规模与分工的细致程度方面可能存在一定的差异。

两类城址都体现出注重防御的军事色彩，无论大小皆然。所不同的是，第一类城址都有内外两重城墙，而第二类城址只有一周城垣。

总体上看，以上所比的六个方面中，有些特点是基本一致的，有些即使是存在差别，也多半是程度上的差异，而最明显、最富本质性的差异就是体现在两类城址大型建筑的布局上。为何会形成这种本质的差异呢？笔者认为，这其中至关重要的即是宗庙的有无。

自乾嘉以降，不少学者对先秦宫庙建筑曾做过复原研究[67]，但由于所依据的只是晚周至汉代成书的文献，其中相关的史料既不系统，又颇多语焉不详之处，遂导致歧见纷呈。尽管如此，各家却颇为一致地认为朝堂与庙寝，即生王之宫与先君之庙的形制规格是一般无二的。当代学者也颇多持此观点者[68]。

在考古资料不足的情况下，也有不少学者的研究涉及夏商时期朝、庙的规制，但对某一大型建筑的性质究竟是宗庙还是朝堂，仍旧是众说纷纭，甚至同一位学者考证同一座建筑的性质，前后也会说法不一。宫、庙究竟有无区分？真正有助于揭开这一谜底的，则是近年对偃师商城宫殿区的全面揭露。

2004年，杜金鹏、王学荣二位先生在总结偃师商城近年考古工作的一篇文章中，曾简短地概括了偃师商城的宫城布局与其所体现的宫室制度[69]。他们提出，偃师商城宫城内的宫殿建筑大体分作东、西两区，对称分布。其中"东区建筑大概主要属于宗庙建筑"，"西区建筑主要是举行国事活动、处理政务的场所，即所谓'朝'，主要包括二号宫殿、三号宫殿和七号宫殿等。朝堂后面的八号宫殿等则是'寝'，为商王及其王后、嫔妃居住之所。一号宫殿是为当朝商王服务的'东厨'。先王神灵寄居的宗庙建筑，与生王居住活动的朝寝建筑，左右并列，不相混淆，显然已经确立了宫、庙分离的原则"。同时还指出，这西区宫殿建筑中已经体现出"前朝后寝"的制度。此后王学荣也在几篇文章中阐述到这一基本观点[70]。可惜的是这些文章并未系统地归纳论据。尽管偃师商城宫殿区还有多座建筑的材料尚未公布，但目前所见的资料也已体现出东、西两区建筑在结构的复杂程度、开放程度、是否体现出生活气息等方面存在重要差异。

（1）结构复杂程度上不同。西区建筑自第一期已形成前后三进院落式的布局，一直到第三期中段废弃，一体化的建筑结构并未发生改变。其中南、中、北三座建筑的规模与结构各不相同。严格意义上说，西区建筑中只有南部的七号及其替代建筑三号宫殿有廊庑围绕，可称得上是四合院式的建筑。主殿前有宽敞的中庭。而中部的九号及其替代建筑二号宫殿则是南依七号或三号宫殿建筑才形成庭院，北侧的第十、第八号建筑也是凭依其南侧的建筑才形成门前之庭。所以，西区建筑是由相互依存的若干部分所共同构成的一组一体化的结构相对复杂的建筑。而东区的四号及后来出现的第五号宫殿建筑则都是各自独立的一座四合院式的建筑，互相并不连通，结构上类似于西区建筑中南部的第七及其替代建筑第三号宫殿，但四号宫殿廊庑分间的特点却不见于西区建筑。由此可见，西区建筑在结构的复杂程度上无疑要超过东区建筑。

（2）开放程度上不同。从偃师商城第一期的宫城布局看，位居西区建筑南部的七号宫殿建筑的南庑和西庑的外墙充当了宫城的围墙，南面居中有宽大的门塾。尽管宫城有南门，但经过七号建筑的南门同样可以进入宫城，从而显示该建筑在整个宫城建筑中具有相对的开放性。而与此同时的四号宫殿位居东区的偏北，位置上有一定的隐蔽性。

（3）建筑结构及附属遗存所体现的具体功能不同。西区南、中部建筑主体殿堂的南北跨度皆在十二三米之上，门前皆有宽敞的庭院和附属的廊庑，是适合举行多人参加的重要集会的场所。尤其是中部建筑的主体殿堂，南北两侧皆有登堂之阶，表明其纵有隔间，也当是南北有门的过堂式建筑，显然并不适合人居。一号宫殿是九号宫殿的东侧附属建筑，二者之间有门道相连。据说此殿院落中堆积有较厚的灰土，不同于其他宫殿建筑，其功用可能是侧重于炊事活动，而且位置上亦当文献中所称的"东厨"[71]。北部的第十及其替代建筑八号宫殿未见配套的廊庑。保存较好的第八号宫殿南北跨度约7.7米，远小于中、南部建筑的主殿，且有明确的隔墙将整个建筑分成皆单独开门的8间房屋，显然是适合人居之所[72]。该建筑南侧的空地上有6眼水井和10多座灰坑，只有1座灰坑打破了殿基，其余皆在宫殿台基南侧的不远处布列。这些水井与有的窖穴应当就是八号宫殿使用时期的遗存，体现出浓厚的生活气息。可见，西区建筑的功能比较完备，既有从事公共活动的场所，又有供主人起居之处，还有附属的"东厨"。将其中的南、中部建筑视为处理国事的朝堂，将其后的排房式建筑视为王、王后与嫔妃的燕居之所，应当是一种比较合理的解释。

东区的四号及后来出现的五号建筑的布局与西区建筑中的南部宫殿的结构相似，显然也非适合人居之所。这两座建筑的庭院中不见同期的水井和窖穴，缺乏生活气息。而且，在五号宫殿正殿的残余台阶的两侧皆埋有狗坑，狗头皆南向。这情形正如发掘者所说："似有'守卫'之意"[73]。这显然不是"生人之宫"所应具备的仪式。所以，我们也同意将这两座建筑视为供奉先君神主的宗庙的看法。需要说明的是，叠压在五号宫殿之下的六号宫殿（原称五号下层宫殿）建筑形制类似于一号宫殿，院中央有两眼水井，院落内的中、东部还有不少的灰坑。这些灰坑有的形制较规整，且坑口周围有的还有小柱洞，推测当为六号宫殿建筑使用时期的窖穴。加之此建筑东向开门，所以王学荣等人将其视为服务于四号宫殿的"神厨"[74]，也有一定道理。不过，这个厨房并非伴随四号宫殿一同出现，也未使用到最后。当后来因庙主增多而扩建出五号宫殿建筑时，它就遭到了平毁。

偃师商城宫城中宫庙东西并列、北设祭祀区的布局，可能体现出早商时期王权、神权与祖权并重的政权特点。

可以说，正是偃师商城宫殿区的全面揭露，才为从考古学上区分宫、庙提供了十分宝贵的契机。虽然限于资料的刊布有些迹象还不十分清楚，但是此处王都的宫和庙不仅在位置上有明显区分，形制结构及附属遗存的特点也呈现出显著不同。

郑州商城宫殿区的整体布局不明，即使是单个建筑也很难被完整揭露出来，所以目前还难以将这里的宫殿与宗庙建筑区分开来。洹北商城宫城内东列建筑中偏南的1号宫殿建筑从各方面迹象看应是宗庙性质的建筑，已有学者从该基址的形状结构、在宫殿区中的位置、祭祀遗存的特点等方面进行了论证[75]。需要强调的是，这座建筑主殿室内设狗坑，恰似贵族墓葬中必设的腰坑；阶旁埋人，显然应是服务于已逝主人的卫士或仆从。这些现象，不见于迄今所能确定的生君理政的朝堂和居住的寝殿，应是判断该建筑为供奉先君神主之宗庙的重要证据。而且从勘探结果看，位于其北侧且平行布列的2号基址也是相对独立的四合院式建筑。这似乎表明洹北商城宫殿区中的东列建筑的特点与偃师商城宫城内宫庙区的东区建筑的特点是一致的。看来，宗庙性质的建筑在宫殿区中居于东侧，每座宗庙皆相对独立，有可能在早商都邑中已形成定制。

与早商都邑中规模最小的偃师商城的宫城相比，第二类城址中所谓的"宫殿区"不仅在规模上有着十分显著的差距，且布局上有更大的不同。盘龙城商城和垣曲商城虽亦有与偃师商城宫殿区西区建筑相仿的三进院落，但其主体建筑仅相当于后者南、中部的朝堂，而缺乏寝宫类的建筑，未见可确定为宗庙性质的建筑和祭祀区、池苑区。焦作府城商城的一号建筑只有前后两进院落和居中的一座主体建筑。类似的两进或三进院落布局的建筑，在偃师商城宫城外围也至少已勘探到两处[76]。所以，与其称此类建筑为"宫殿"，还不如称其为官署更为合适。

通过以上比较可以看出，第一类城址与第二类城址之间的差异，当以宗庙有无体现得最为明确。至于大型建筑附近的祭祀区与池苑区的有无，也可以成为区分早商都邑与其他城邑的显著标志。

《左传·庄公二十八年》："凡邑有宗庙先君之主曰都，无曰邑"，所记虽是周礼的内容，比之上述早商时期的两类城址，却也颇为相合。也许，这正是"周礼因于殷礼"在城邑制度方面的一种突出体现。

诸多迹象表明，此类城址应当就是由商王室直接控制的邑。主要理由如下。

其一，这类城址无论是大型夯土建筑还是城墙与城壕，不仅在建筑技术、建筑风格、布局规划等方面深受第一类城址即早商都邑的影响，在建筑的朝向上也与王都保持了高度的一致，基本都偏向西南，而与二里头夏都的建筑朝向截然不同，显然是授予夏人不同的一种建筑理念支配的结果。也就是说，很可能体现了商人自身的建筑理念。

其二，第二类城址与早商都邑在文化面貌与葬俗等方面表现出高度一致，而这正是它们得以划归早商文化分布范围之中的依据。其中晋南的垣曲商城与东下冯商城在早商文化到达之前是属于二里头文化时期东下冯类型的分布范围，商文化的到达无疑是由来自伊洛—郑州地区的殖民势力携带而来的。盘龙城在早商文化到达之前很可能也存在着一种与二里头文化关系密切的遗存，所以盘龙城聚落群的出现也当是中原商人殖民的结果。府城商城在早商文化出现之前是先商文化辉卫型的分布区。显然，这类城址的设置无论如何都是和商人有着密切的关系。

其三，第二类城址在初建时都是选在彼时早商文化分布的边缘地带或是交通要道上，有的还靠近重要的资源产地，在设置上具有明显的军事目的。东下冯商城位于水热条件优越、物产富饶的晋西南运城盆地，属于早商文化分布的西北边缘，该城西南距著名的盐池仅约30千米，加之城内西南隅建有高规格的仓储设施。所以它很可能是一处控制和集结晋西南重要物资的一处军事性质的邑落。垣曲商城地处当时偃师商城、郑州商城所在的王畿之地通往蕴藏有丰富铜矿和盐矿资源的晋西南地区的交通要冲。这种依凭天险、控扼要津的城堡更有可能是由商王朝直接控制的邑。而且，二城所选的具体位置就正好是二里头文化时期的环壕聚落之上，所以无论是从控制晋西南的土地和矿产资源的角度，还是管控夏遗民或土著居民的角度，二城的设置都体现出很强的军事意图。府城商城始建的二里岗下层晚段及稍早，正是原先商文化主要分布区居民大量外迁而导致豫北冀南地区出现"文化空白"的阶段[77]。所以初建时的府城商城亦可谓文化分布的边缘地带。盘龙城商城位于早商文化分布的南缘，又靠近当时主要的铜矿产地，自身又有相当规模的冶铜遗迹，所以多被学者认为是控扼长江水道、保障铜矿资源向国都供应的一个重要军事据点。

其四，这四处城址与郑州商城、偃师商城的废弃年代大体相同，绝非偶然。我曾指出垣曲商城、东下冯商城及晋西南的早商邑落与盘龙城一带皆是伴随商人国都的迁徙而放弃的[78]。这恰恰说明据守这些城邑的居民与商王室有着休戚与共的利益关系。这些城邑及其所在地区的居民之所以会伴随商都迁移而徙离，大概就是因为他们属于商王朝直系势力的一部分。到了武丁时期，包括晋西南在内的山西中南部已成为商王朝频频征伐的诸多敌对方国的所在地，而盘龙城所在的鄂东北很可能也成为"反荆"所控辖的区域了。

上述四处城址的始建大致都在二里岗下层偏晚阶段或稍早，此时正是偃师商城与郑州商城这两大都城同时繁荣的时期，是早商王朝实力强盛之时，它们很可能正是出于商王朝向周边扩张实力、掠夺和控制资源的需要，由商王朝直接设立和管辖的城邑，也就是甲骨卜辞所记由商王所作的那类邑。对于这样的邑，我们姑且称之为直辖邑，以区别于一般的村邑，同时又表明其性质所属。那么，在这样的邑中，自然也就不会有宗庙了。

由此我们知道，在早商时期，随着商王朝势力向周边地区的不断拓展，在王都之外，尤其是殖民所及的边疆地区或是交通要塞，商王朝是建有若干的直辖邑的。这样的邑，绝非一般的村邑，往往成为所在地区的政治、军事和经济等方面的综合性中心。这类直辖邑的辨识和将来的进一步确认，对于深入认识商王朝的国家形式，无疑具有十分重要的意义。

注　释

[1]　陈梦家：《殷墟卜辞综述》，中华书局，1988年。

[2]　杜金鹏：《偃师商城与"夏商周断代工程"》，《偃师商城初探》，中国社会科学出版社，2003年。

[3]　王学荣：《偃师商城第一期文化研究》，《三代考古》（二），科学出版社，2006年。

[4]　中国社会科学院考古研究所：《河南偃师商城商代早期王室祭祀遗址》，《考古》2002年第7期。

[5]　中国社会科学院考古研究所河南第二工作队：《河南偃师商城宫城池苑遗址》，《考古》2006年第6期。杜金鹏：《试论商代早期王宫池苑考古发现》，《考古》2006年第11期。

[6]　王学荣：《偃师商城废弃研究》，《三代考古》（二），科学出版社，2006年。

[7]　中国社会科学院考古研究所河南第二工作队：《偃师商城第Ⅱ号建筑群遗址发掘简报》，《考古》1995年第11期。王学荣：《河南偃师商城第Ⅱ号建筑群遗址研究》，《华夏考古》2000年第1期。

[8]　王学荣：《偃师商城第一期文化研究》，《三代考古》（二），科学出版社，2006年。

[9]　中国社会科学院考古研究所河南第二工作队：《河南偃师商城东北隅发掘简报》，《考古》1998年第6期。

[10]　中国社会科学院考古研究所河南第二工作队：《河南偃师商城宫城第八号宫殿建筑基址的发掘》，《考古》2006年第6期。杜金鹏：《偃师商城第八号宫殿建筑基址初步研究》，《考古》2006年第6期。

[11] 中国社会科学院考古研究所：《中国考古学·夏商卷》，中国社会科学出版社，2003年。

[12] 中国社会科学院考古研究所洛阳汉魏故城工作队：《偃师商城的初步勘探和发掘》，《考古》1984年第6期。

[13] 中国社会科学院考古研究所河南第二工作队：《河南偃师商城宫城第八号宫殿建筑基址的发掘》，《考古》2006年第6期。

[14] 王学荣：《偃师商城废弃研究》，《三代考古》（二），科学出版社，2006年。

[15] 河南省文物考古研究所编著：《郑州商城——1953~1985年考古发掘报告》，文物出版社，2001年。下文所引郑州商城发掘资料，如出此书，均不再另注。另，有关郑州商代遗址的面积还有13平方千米之说见袁广阔、曾晓敏：《论郑州商城内城和外郭城的关系》，《考古》2004年第3期。

[16] 河南省文物考古研究所：《郑州商城外郭城的调查与试掘》，《考古》2004年第3期。袁广阔、曾晓敏：《论郑州商城内城和外郭城的关系》，《考古》2004年第3期。

[17] 河南省文化局文物工作队：《郑州二里岗》，科学出版社，1959年。

[18] 安金槐：《关于郑州商代二里岗期陶器分期问题的再研究》，《华夏考古》1988年第4期。

[19] 邹衡先生较早持此观点。见邹衡：《试论夏文化》，《夏商周考古学论文集》，文物出版社，1980年。邹衡：《再论"郑亳说"》，《考古》1981年第3期。其后安金槐先生持此观点，见河南省文物考古研究所编著：《郑州商城——1953~1985年考古发掘报告》，文物出版社，2001年。

[20] 如陈旭：《郑州商文化的发现与研究》，《中原文物》1983年第3期。文中的"南关外期"包含了以C1H9为代表的二里岗下层早段单位；郑杰祥：《关于偃师商城的年代和性质问题》，《中原文物》1984年第4期。该文所说的"南关外文化类型"也包含二里岗下层早段在内；张文军、张玉石、方燕明：《关于郑州商城的考古学年代及其若干问题》，《郑州商城考古新发现与研究》，中州古籍出版社，1993年。后来邹衡先生也持此种观点。

[21] 王立新：《早商文化研究》，高等教育出版社，1998年。

[22] 河南省文物考古研究所：《郑州商城北大街商代宫殿遗址的发掘与研究》，《文物》2002年第3期。

[23] 河南省文物考古研究所：《河南郑州商城宫殿区夯土墙1998年的发掘》，《考古》2000年第2期。

[24] 王立新：《也谈文化形成的滞后性——以早商文化和二里头文化的形成为例》，《考古》2009年第12期。

[25] 陈旭：《郑州商代铸铜遗址的年代及相关问题》，《中原文物》1992年第3期。

[26] 河南省文物研究所：《1992年度郑州商城宫殿区发掘收获》，《郑州商城考古新发现与研究1985-1992》，中州古籍出版社，1993年。曾晓敏：《郑州商代石板蓄水池及相关问题》，

《郑州商城考古新发现与研究1985~1992》，中州古籍出版社，1993年。

[27] 杜金鹏：《试论商代早期王宫池苑考古发现》，《考古》2006年第11期。

[28] 郝本性：《试论郑州出土商代人头骨饮器》，《华夏考古》1992年第2期。

[29] 河南省文物考古研究所、郑州市文物考古研究所：《郑州商代铜器窖藏》，科学出版社，1999年。

[30] 中国社会科学院考古研究所安阳工作队：《河南安阳市洹北商城的勘察与试掘》，《考古》2003年第5期。

[31] 侯卫东：《洹河流域下七垣文化与商文化关系研究》，中国社会科学院硕士学位论文，2008年。由于勘探材料尚未发表，引此文只是为了注明发现宫城的消息，并不涉及具体的内容。

[32] 中国社会科学院考古研究所安阳工作队：《河南安阳市洹北商城宫殿区1号基址发掘简报》，《考古》2003年第5期。

[33] 岳洪彬、岳占伟、何毓灵：《小屯宫殿宗庙区布局初探》，《三代考古》（二），科学出版社，2006年。该文提到安阳市文物局通过钻探在洹北商城西南角又发现一座小城。

[34] 中国社会科学院考古研究所安阳工作队：《1998~1999年安阳洹北商城花园庄东地发掘报告》，《考古学集刊》15，文物出版社，2004年。

[35] 唐际根：《中商文化研究》，《考古学报》1999年第4期。

[36] 王立新：《早商文化研究》，高等教育出版社，1998年。

[37] 唐际根：《洹北商城的发现及其对商代考古研究的影响》，《中国考古学》第四号，日本中国考古学会，2004年。

[38] 邹衡：《试论殷墟文化分期》，《夏商周考古学论文集》，文物出版社，1980年。

[39] 杨锡璋：《殷人尊东北方位》，《庆祝苏秉琦考古五十五年论文集》，文物出版社，1989年。1995年杨鸿勋先生在"中国商文化国际学术讨论会"上明确提出夏商两代宫殿建筑的朝向不同见本刊特约记者：《"中国商文化国际学术讨论会"述要》，《考古》1995年第9期。

[40] 中国历史博物馆考古部、山西省考古研究所、垣曲县博物馆：《垣曲商城1985~1986年度勘查报告》，科学出版社，1996年。

[41] 佟伟华：《商代前期垣曲盆地的统治中心——垣曲商城》，《中国历史博物馆馆刊》1998年第1期。

[42] 王月前、佟伟华：《垣曲商城遗址的发掘与研究——纪念垣曲商城发现20周年》，《考古》2005年第11期。

[43] 董琦：《城门磔人——垣曲商城遗址研究之二》，《文物季刊》1997年第1期。

[44] 中国历史博物馆考古部、山西省考古研究所：《1988~1989年山西垣曲古城南关商代城址发掘简报》，《文物》1997年第10期。中国历史博物馆考古部、山西省考古研究所：《1991~1992年山西垣曲商城发掘简报》，《文物》1997年第12期。

[45] 王睿：《垣曲商城的年代及其相关问题》，《考古》1998年第8期。

[46] 董琦：《垣曲商城遗址始建年代研究》，《中原文物》1997年第2期。

[47] 王月前、佟伟华：《垣曲商城遗址的发掘与研究——纪念垣曲商城发现20周年》，《考古》2005年第11期。

[48] 中国社会科学院考古研究所、中国历史博物馆、山西省考古研究所：《夏县东下冯》，文物出版社，1988年。

[49] 杭侃：《夏县东下冯的圆形建筑浅析》，《中国文物报》1996年6月2日。

[50] 程平山、周军：《东下冯商城内圆形建筑基址性质略析》，《中原文物》1998年第1期。

[51] 王立新：《早商文化研究》，高等教育出版社，1998年。

[52] 李素婷：《商代前期城址概述》，《河南文物考古论集》（二），中州古籍出版社，2000年。

[53] 杨贵金、张立东：《焦作市府城古城遗址调查报告》，《华夏考古》1994年第1期。

[54] 袁广阔、秦小丽：《河南焦作府城遗址发掘报告》，《考古学报》2000年第4期。

[55] 湖北省文物考古研究所：《盘龙城——1963～1994年考古发掘报告》，文物出版社，2001年。

[56] 蒋刚：《盘龙城遗址群出土商代遗存的几个问题》，《考古与文物》2008年第1期。

[57] 袁广阔：《关于"南关外期"文化的几个问题》，《中原文物》2004年第6期。

[58] 杨鸿勋：《从盘龙城商代宫殿遗址谈中国宫廷建筑发展的几个问题》，《文物》1976年第2期。杨鸿勋：《盘龙城商方国宫殿建筑复原研究》，《盘龙城——1963～1994年考古发掘报告》，文物出版社，2001年，附录一一。

[59] 董琦：《瓮城溯源——垣曲商城遗址研究之一》，《文物季刊》1994年第4期。

[60] 王立新：《对现今诸种亳都说的检讨》，《吉林大学社会科学学报》1996年第3期。

[61] 河南省文物考古研究所：《郑州商城——1953～1985年考古发掘报告》结语，文物出版社，2001年。杨育彬：《偃师商城——夏商文化分界的唯一界标》，《偃师商城遗址研究》，科学出版社，2004年。杨育彬：《再论郑州商城的年代、性质及相关问题》，《华夏考古》2004年第3期。

[62] 邹衡：《郑州商城即汤都亳说》，《文物》1978年第2期。

[63] 文雨：《洹北花园庄遗址与河亶甲居相》，《中国文物报》1998年11月25日。

[64] 杨锡璋、徐广德、高炜：《盘庚迁殷地点蠡测》，《中原文物》2000年第1期。

[65] 陈昌远先生曾提出垣曲商城为成汤所居的最早亳都。邹衡先生认为垣曲的亳名不过是由地名或水名的讹传而起，而垣曲商城本身也并不具备国都应有的规模。邹先生此说已得到学术界一致的认可［陈昌远：《商族起源的地望发微——兼论山西垣曲商城发现的意义》，《历史研究》1987年第1期。邹衡：《汤都垣亳说考辨》，《夏商周考古学论文集》（续集），科学出版社，1998年］。

[66] 王月前、佟伟华：《垣曲商城遗址的发掘与研究——纪念垣曲商城发现20周年》，《考古》2005年第11期。

[67] 戴震：《考工记图》，商务印书馆，1955年。任启运：《朝庙宫室考》，《皇清经解续编》卷136。王国维：《明堂庙寝通考》，《观堂集林》第一册，中华书局，1959年。

[68] 杜正胜：《周秦城市的发展与特质》，《历史语言研究所集刊》第五十一本第四分，1980年。宋江宁：《三代大型建筑基址的几点讨论》，《三代考古》（二），科学出版社，2006年。

[69] 杜金鹏、王学荣：《偃师商城近年考古工作要览——纪念偃师商城发现20周年》，《考古》2004年第12期。

[70] 王学荣：《偃师商城第一期文化研究》，《三代考古》（二），科学出版社，2006年。王学荣：《偃师商城废弃研究》，《三代考古》（二），科学出版社，2006年。王学荣：《夏商王朝更替与考古学文化变革关系分析——以二里头和偃师商城遗址为例》，《古代文明研究》第一辑，文物出版社，2005年。

[71] 王学荣：《夏商王朝更替与考古学文化变革关系分析——以二里头和偃师商城遗址为例》，《古代文明研究》第一辑，文物出版社，2005年。

[72] 杜金鹏：《偃师商城第八号宫殿建筑基址初步研究》，《考古》2006年第6期。

[73] 中国社会科学院考古研究所河南第二工作队：《河南偃师尸乡沟商城第五号宫殿基址发掘简报》，《考古》1988年第2期。

[74] 杜金鹏、王学荣：《偃师商城近年考古工作要览——纪念偃师商城发现20周年》，《考古》2004年第12期。王学荣：《偃师商城第一期文化研究》，《三代考古》（二），科学出版社，2006年。

[75] 李立新：《甲骨文"囗"字考释辞与洹北商城1号宫殿基址性质探讨》，《中国历史文物》2004年第1期。杜金鹏：《洹北商城一号宫殿基址初步研究》，《文物》2004年第5期。高江涛、谢肃：《从卜辞看洹北商城一号宫殿的性质》，《中原文物》2004年第5期。

[76] 王学荣：《偃师商城第一期文化研究》，《三代考古》（二），科学出版社，2006年。

[77] 王立新：《早商文化研究》，高等教育出版社，1998年。

[78] 王立新：《试论早商文化的分布过程》，《中国考古学的跨世纪反思》，商务印书馆（香港），1999年。

（原刊于《新果集——庆祝林沄先生七十华诞论文集》，科学出版社，2009年）

"桐宫"再考

偃师尸乡沟古城的发现是商代考古的一件划时代的大事。目前不少学者认为该城即汤都之亳，邹衡先生则认为是太甲所放之"桐宫"[1]。在《西亳与桐宫考辨》一文中，邹衡先生就"桐宫在今何处"这个问题作了颇为详细的讨论，驳斥了郑西南说、扶风说、宝鼎说、梁国说而独取偃师说。邹衡先生对古书中纷纭众说所进行的全面归纳和剖析，对我们颇有启发。因而，想就这一问题再作进一步的探讨。

在现存文献中，"桐宫"一名始见于汉代司马迁所著的《史记·殷本纪》，"帝太甲既立三年……伊尹放之于桐宫"。但在早于《史记》的文献中，都只说太甲放于"桐"。

《孟子·万章》云："大甲颠覆汤之典刑，伊尹放之于桐。三年，大甲悔过，自怨自艾，于桐处仁迁义。三年，以听伊尹之训己也，复归于亳。"

《孟子·尽心》又云："伊尹曰：予不狎于不顺，放太甲于桐。"

《古本竹书纪年》曰："伊尹放太甲于桐。"

《书序》曰："太甲既立，不明，伊尹放诸桐。"

应该注意到，《孟子》中所引的"伊尹曰"是出于孟子以前的古书佚文。而《竹书纪年》是晋代出土的先秦古籍。因此，太甲所放之地本应是"桐"，并不缀以"宫"字。故汉代赵岐注《孟子·万章》说：伊尹以其颠覆典刑，放之于桐邑"，也并不言宫。

《史记》把"桐"改作"桐宫"，不知道是行文上的润饰，还是另有史料根据。但由于《书序》明文记载是"放诸桐"，故汉代学者都认为"桐宫"是桐地之宫，如《史记集解》引郑玄曰："（桐）地名也，有王离宫焉。"从这种观点来看，要考证"桐宫"的所在地，关键乃是弄清"桐"在何地。

把桐宫和汤冢联系在一起的说法始于何时，现在无法确知。现存文献中似以伪孔安国传古文《尚书》年代最早。伪古文《尚书·太甲》的经文中有"伊尹曰：……予弗狎于弗顺，营于桐宫，密迩先王其训，无俾世迷。王徂桐宫居忧，克终允德"，显据《孟子·尽心》并参照《史记》而敷衍成文。而伪孔传则于《太甲序》"伊尹放诸桐"一语下注曰："汤葬地也，不知朝政，故曰放。"又于"营于桐宫"一语下注曰："经营桐墓立宫令太甲居之。"据说曾读过这部书的皇甫谧在他的《帝王世纪》中则说"桐宫盖殷之墓地，有离宫可居"。用了一个"盖"字，说明此说在晋代并未被视为定论。然而，隋代伪古文《尚书》流行，成了正式经典，把桐宫和汤冢联系在一起的说法，后来便占据了统治地位。但应该注意的是，伪孔安国所传古文《尚书》仍以"桐"为地名，称汤冢为"桐墓"，所立宫室为"桐宫"。孔颖达《尚书正义》所说"故经营桐墓，立宫墓旁"把这层意思说得很明白。

先秦两汉文献中均未确指太甲所放之桐究竟在何处，只能根据《孟子》说桐和亳是不同的两地。但按汉唐时代人们的观念，帝陵不会离都城很远。所以对汤冢的推定往往和汤都的推定联系在一起考虑。邹衡先生指出："正因为有此桐宫立于汤冢旁之说，后世学者往往把桐宫同汤冢联系起来，同时，又因为汤冢传说随着成汤都亳诸说而繁衍多处，于是桐宫传说也随之分布于豫北、豫东、豫西、鲁西南、秦中、晋南以及皖西北诸地。"这是很精到的见解。

根据上述的历史背景，后世对太甲所放"桐宫"的具体地望的说法大体应有以下几种形成途径。

（1）既然"桐宫"之"桐"为地名，那么先秦时代确已以"桐"为名的地点，均有可能是"桐宫"所在，连带还可能衍生出汤冢的所在和亳都的所在。

（2）凡有传说中汤冢之地，亦可指定为桐宫所在，并在附近衍生出亳都的所在地。

（3）凡被认为是亳都之地，附近亦可产生汤冢的传说地，并衍生桐宫的所在地。

除此之外，只有晋代皇甫谧利用古文献的记载进行比证，提出："太甲既立，不明，伊尹放诸桐。《世本》又言'太甲徙上司马，在邺西南'。按《诗》《书》太甲无迁都之文，桐宫其在斯乎？"（《太平御览》卷一五五'州郡部'引）不失为一种独立的见解。

我们站在今天的立场来剖析关于历史上的各种桐宫所在地的说法，首先应尊重通过第一种途径形成的说法。因为邹衡先生已经指出，西汉学者刘向便已认识到当时所传的汤冢是不可靠的，而且孔子早已知道，"古者墓而不坟"（《礼记·檀弓》）。成汤之墓应无墓冢。即使我们今天有幸发掘出成汤之墓，由于桐宫在汤冢附近的说法是后起的，仍难以据汤墓所在去推断"桐宫"的所在。至于亳都所在地更难以据之考定桐宫所在。这是因为我们根本不知道亳都和桐宫究竟应该相距多远。因而唯一的途径只能把先秦名桐之地作为线索。

当然，我们现在有了田野考古这一新的手段，可以对纷纭众说进行一定的验证。例如，邹衡先生指出，在"邺西南"一带迄今并未发现早商时代的较大规模的遗址，故皇甫谧所言桐宫所在不可信。但由于早商遗址目前已发现甚多，我们又并无可靠根据来推断太甲所放之桐究竟应该是何种规模的遗址。因此，只有在先秦名桐之地而有早商遗存印证的情况下，才能使问题的解决有所进展。《晋太康地记》虽有"尸乡南有亳阪，东有城，太甲所放处也"之说，但实际上该地并无古称"桐"的丝毫痕迹，而在《汉书·地理志》中已明白指出："尸乡，殷汤所都。"如果不带任何先入之见，完全可以设想这里之所以被西晋人认为是"太甲所放处"，有可能就是由上述第三条途径产生的推衍之说。所以，邹衡先生说："可以肯定说，偃师尸乡沟商城必定就是西晋《晋太康地记》所言亳坂东之城",这我们很赞成,但是,该城应非太甲所放处桐或桐宫、桐邑。

先秦有"桐",其一见于西周金文。西周晚期的翏生盨铭文中提到,"王征南淮尸(夷),伐□□,伐桐"[2]。这一桐显然在淮河流域。《左传·定公二年》载:"桐叛楚,吴子使舒鸠氏诱楚人,曰:'以师临我,我伐桐'。"杜注:"桐,小国。庐江舒县西南有桐乡。"应即翏生盨提到的桐。《汉书·循吏传》云:"朱邑,字仲卿,庐江舒人也,少时为舒桐乡啬夫。"可见春秋桐国之地在汉晋时代仍称桐乡,而桐乡所属的舒县,汉初设置,为庐江郡治所在。隋改称庐江县,今仍称庐江县。由于杜预所说的桐乡地望并不明确,《寰宇通志》遂指桐城县为桐国所在。按桐城县在汉为枞阳县,隋称同安县,非桐乡所在。《嘉庆一统志》认为,桐乡在桐城县北。则古桐国应在今庐江县和桐城县之间为是。

围绕这一古桐地的江淮地区,目前已发现了相当多的商代遗址,如该地以东的含山、以北的六安、肥东,以南的安庆[3],都发现过早商时代的遗址,从文化性质看属于二里岗文化与当地土著文化的融合体。多数器物与中原地区典型商式器非常相似。所以,这一地区应是早商文化势力所及之处。因此,对江淮地区早商遗存的探索也不失为寻找太甲所放之地的一条重要途径。

先秦文献中还有一个更值得重视的桐地,那就是《竹书纪年》提到的"翼侯伐曲沃,大捷,武公请成于翼,至桐乃返"(《水经·涑水注》引。《水经注》各种版本中桐或作洞,又衍庭字。《今本竹书纪年》则作"至相而返",注:"相,一作桐"。杨守敬《水经注疏》认为:"郦氏所见本作桐,故以证桐乡"。甚是)。据《竹书纪年》上下文义,此桐应在当时的曲沃和翼之间。

北魏郦道元《水经注》涑水条提到涑水"又西迳桐乡城北",并认为北魏时这个在涑水以南的"桐乡城"即春秋之"桐"地。桐乡在汉代原属左邑县。《汉书·武帝纪》记载元鼎六年冬十月"行东将幸缑氏,至左邑桐乡,闻南越破,以为闻喜县。"师古注:"左邑,河东之县也。桐乡,其乡名也。"

西汉时闻喜县治在桐乡,后来屡经迁移。唐《元和郡县图志》卷十二河东道河中府闻喜县"桐乡故城"条下说:"汉闻喜县也,在县西南八里。"但《太平寰宇记》说,"元和三年,河中节度使杜黄裳奏移神策镇军于县宇,官吏权止桐乡佛寺。至十年,刺史李宪奏复置县于桐乡故城,即今理也"(卷四十六河东道七解州闻喜县下)。故《读史方舆纪要》认为闻喜县治"唐复移治桐乡故城,五代时移今治"(卷四十一平阳府解州闻喜县左邑城下)。所以,关于桐乡故城的具体所在地,目前尚难以确指。清董祐诚《水经注图说》认为,桐乡故城"当在今县(闻喜)东南"。杨守敬《水经注疏》进一步指出桐乡故城"在今闻喜县东南十余里"。总之应在涑水上游的南岸地带。

《水经注》在记载涑水"又西迳桐乡城北"后,又接着说"涑水又西与沙渠水合……又西南迳左邑县故城南，故曲沃也"。关于左邑县故城即春秋时代的曲沃，汉代人有同样看法。《汉书·地理志》河东郡闻喜县下师古注引应劭曰："今（按汉无'曲沃'之称，今字当误）曲沃也，秦改为左邑，武帝于此闻南越破，改曰闻喜。"这是因为"后汉废左邑县移闻喜县理之"（《太平寰宇记》闻喜县下），即把闻喜县治从桐乡城移到左邑故城。所以后汉人说，闻喜是古之曲沃，实际上等于说左邑县故城是古之曲沃。据郦道元记述，左邑县（古曲沃）故城在桐乡故城（古桐）以西的涑水北岸，则桐正处于曲沃和浍水上游的翼之间。

桐乡之名桐，溯源于先秦，且长期沿袭不泯。隋代其至还一度把闻喜县改名为桐乡县。《太平寰宇记》桐乡故城条引郎蔚之《隋州郡图经》谓："俗以此城为伊尹放太甲于桐宫之所"，《元和郡县志》也有相同说法。据民国八年本《闻喜县志》，宋初杨缄《保宁寺碑》、金张邦彦《闻喜宣圣庙碑》及张象蒲《亳都辨》均持此说。而且由于桐乡被认为是太甲所放之桐宫，故在闻喜县境内又出现了汤山、汤庙、汤冢等。顾祖禹《读史方舆纪要》卷四十一平阳府解州闻喜县"汤山"条云："县东南三十里，以上有成汤庙而名"（《闻喜县志》认为"汤山"在县东南六十里）。此山为中条山最高峰，一名汤寨山，又名汤王山。储大文《山西通志》认为汤山即《诗经·商颂·殷武》"陟彼景山"之景山。《闻喜县志》卷二十三'古迹'下又说："景山成汤庙，见《诗·商颂》。历来祷雨者多诣之。城南各村有社赛者，后因道险而远，宋元祐间于城南关外别建一庙"。足见至少在宋代山上已有汤庙。该书卷二十三又载："学宫有古柏二十一株，宋碑谓学宫为汤陵，柏为周秦以上，物固无可考，然北面崖上三里余为乔庄，有大土阜若陵者，为人造，非天然物……疑即汤陵也。"凡此种种，固均无足凭信。但溯本追源，都是因为桐乡故城被认为是太甲所放之桐，才有指认汤山、汤冢之举。

张象蒲《亳都辨》甚至以闻喜县有太甲所放之地为根据来论证亳都应在垣曲，其文曰："垣曲当宇文周时名亳城县……桐在其西北，即伊尹放太甲处，今闻喜是也。……《晋太康地记》云：桐在尸乡，为太甲所放处。信此，彼何不名桐？而所谓桐乡者，乃在逼近垣曲之闻喜耶！"当然，因为桐和亳的距离是远是近，史无明文，张氏所论殊无可取之处。但他对《晋太康地记》的批评，是有一定道理的。

应该注意的是，在涑水上游的南岸地区，现在已经发现了夏县东下冯早商城址[4]。该城址始建于二里岗下层，城东南的圆形建筑基址群和城墙散水又在二里岗上层时期遭到不同程度的破坏，并被二里岗上层时期的堆积所叠压，说明此城可能在二里岗上层时期已经衰败。则此城的使用时期大体和太甲继位的时代相合。该城址位于今闻喜县东南15千米左右。与董祐诚、杨守敬所考定的桐乡故城位置相距不远。当然我们无意辄指东下冯古城即太甲所放之地，而只是想强调：根据文献可推定的古"桐"所在的地区，是二里岗商文化所布及之地。所以考虑太甲所放之地在这一带，与今天的考古发现并无背牾之处。

还应提一下的是，1919年《闻喜县志》卷二"沿革"中还有这样一种看法，认为闻喜一带"是成王灭刘累后裔，因其旧名桐，可以实其桐叶之戏言，而封叔虞也"。按所谓"桐叶之戏"，《史记·晋世家》记载："武王崩，成王立，唐有乱，周公诛灭唐。成王与叔虞戏，削桐叶为珪，以与叔虞曰：'以此封若'。史佚因请择日立叔虞。成王曰：'吾与之戏尔'。史佚曰：'天子无戏言，言则史书之，礼成之，乐歌之'。于是遂封叔虞于唐。"《水经·洞涡水注》记载稍有不同，认为此事乃周公成之。关于叔虞始封之地，历来众说纷纭。其中张守节《史记正义》引《地记》云："唐氏在大夏之墟，属河东安县"（《史记·郑世家正义》）。汉晋时代河东郡并无"安县"，当是永安县（今霍县）或安邑县（今夏县及运城）之误。裴骃《史记集解》云："《世本》曰：'（叔虞）居鄂'，宋忠曰：'鄂地，今在大夏'。"（《史记·晋世家》）张守节《正义》认为，鄂地"与绛州夏县（今夏县）相近，禹都安邑，故城在县东北十五里（今夏县禹王城），故云在大夏也"。如按以上说法，则成王所灭之唐当以今夏县禹王城为中心。叔虞始封鄂地，亦应在今夏县附近。则与春秋时代的桐地很接近。如果真如《闻喜县志》所假定，叔虞始封之地是为了落实"削桐"，则桐地之名也可以推测是周初业已存在。

综上所述，安徽和山西两处先秦即称桐的地点，应该是我们考虑太甲所放之地时不能不加以重视的。当然，囿于桐宫在汤冢之侧的成见，或许会觉得这两个地点过于偏远，而难以置信。其实，先秦两汉文献中都只说太甲是放于桐或桐宫，并未提到什么汤冢。而且，先秦文献中屡见的"放"这一处分手段，正如《左传·宣公元年》杜预注所言是"受罪黜免宥之以远"。其实例都是投于蛮荒之地或逐出国境，不烦一一举证。伪古文尚书《太甲》篇把太甲之放于桐宫说成是"居忧"，实在不符合《书序》"放"之于桐的旧说。所以伪孔传才在注《太甲序》时创造了一个"不知朝政故曰放"的新奇解释。孔颖达注意到这种解释与众不同，在《尚书正义》中特地申述伪孔传的意思说："《经》称营于桐宫，密迩先王，知桐是汤葬地也。舜放四凶，徙之远裔，春秋放其大夫，流之他境，嫌此亦然，故辨之云：'不知朝政故曰放'"。并补充说："使之远离国都，往居墓侧，与彼放逐事同，故亦称放也"。孔颖达之所以要加上一句"远离国都"这种盖然性的推测之辞，也是觉得不远不足以称"放"。但汤冢离国都再远，也不可能建在"远裔"或"他境"。何况，《孟子》还说太甲处桐"三年，以听伊尹之训己也"。如果桐离亳都很远，伊尹要训太甲似乎就不方便了。所以各种不同的桐宫传说之地，往往都在不远之处有亳都的传说之地。其实这又都是受了伪孔传的影响，我们今天应重新加以认识。

邹衡先生也不相信桐宫建于汤冢之侧的说法，主张"桐或桐宫、桐邑必定是距离亳都较远，而不可能是在亳都附近"。既然如此，上述两处古桐地，是可以作为太甲所放之地加以考虑的。我们推测邹衡先生之所以专注于尸乡沟古城，或许是着眼于"桐宫"之"宫"字（例如，否定皇甫谧的桐宫在郏西南之说时，曾强调指出该地并无"商代早期的宫殿城池")。因为该城中就发现了大量的建筑基址。其实,上文已经指出,现存先秦文献中并未提到太甲所放之地一定要有宫。而且,即使《史记》"桐宫"之说是根据失传的先秦古籍,考古上也并不一定就能把先秦存在的宫殿都找出来。像著名的沣、镐两京,就是先根据地理考证确定其位置,发现大型宫殿是晚近之举。尸乡沟古城确有大量宫殿,可是其数量之多、规模之大、布局之严整使不少人都认为是都城,而不像是离宫。在找不到古地名根据的情况下,还难以相信就是太甲所放之"桐宫"。

最后还要附带申述一点。我们认为考古学文化的分布区和国界是两回事。先秦文献多处提到成汤之国本来只有"方百里",不过相当于今天一县之地。而新石器时代晚期的不少考古学文化的分布区已经比一个县要大得多。因此,我们并不认为用二里岗商文化的分布区来推定早商的国界是可取的,宁肯相信在该文化分布区中存在不止一个方国。在这种情况下,我们目前尚缺乏有效的方法来确定汤伐桀之后商方国的领土究竟扩展到多大。如果伊尹"放"太甲,是像春秋时代的惯例而逐出国境,则"桐"地的确定倒不失为探讨早商时代商方国疆界的一种参照点。现在,成汤到太甲所都的亳究竟是一处还是几处?究竟在今何处?还都在继续争论之中,"桐"地的确定也有待进一步研究。总之,我们引用两处先秦桐地附近的考古资料的目的,只是想通过该地文化和商文化的一致性或亲缘性来说明商方国的人有可能到达该地活动。希望我们的意见能得到专家学者的批评指正。

注　释

[1] 邹衡:《西亳与桐宫考辨》,《纪念北京大学考古专业三十周年论文集》,文物出版社,1990年。文中引邹衡先生观点均出此文。

[2] 罗福颐:《三代吉金文存释文》,问学社,1983年,第2110页。

[3] 安徽省文物考古研究所、含山县文物管理所:《安徽含山大城墩遗址第四次发掘报告》,《考古》1989年2期。杨立新:《安徽淮河流域夏商时期古代文化》,《文物研究》第五辑(1989年)。胡悦谦:《试谈夏文化的起源》,《华夏文明》第一集,北京大学出版社,1987年。

[4] 中国社会科学院考古研究所、中国历史博物馆、山西省考古研究所:《夏县东下冯》,文物出版社,1988年。

(本文系与林沄先生合写。原刊于《考古》1995年12期)

论克什克腾旗喜鹊沟铜矿遗址及相关问题

2011年发掘的内蒙古克什克腾旗喜鹊沟遗址是迄今为止在我国长江以北地区发现的年代最早的铜矿遗址，具有独特的聚落特点和生产方式。对此遗址的发掘，不仅丰富了对本地区晚商时期考古学文化的认识，更使我们了解到这一时期土著人群对当地铜、锡矿产资源的开发情况，为深入研究本地区早期青铜时代的文化、生业与技术等提供了一批珍贵的资料。

一、文化性质与年代

喜鹊沟遗址出土陶器中，夹砂灰褐陶占全部陶片的75%以上，夹砂红褐陶约占20%。陶器中饰绳纹者占80%以上，素面者不到10%。部分绳纹比较模糊，也见少量先施绳纹，再局部抹平者。遗址出土的大量陶片中，可辨器类以鬲为大宗，另有少量的罐和盆。陶鬲的口沿上端或颈部常见一周附加堆纹，且常在领部加装鸡冠形錾[1]。

与喜鹊沟遗址陶器特征相似的遗存见于赤峰市松山区砚台山遗址B2区。该遗址是一处小型居住址，从出土陶片来看，可辨器类有鬲、甗、尊形器、盅、陶拍、纺轮等[2]。以往在林西锅撑子山[3]、克什克腾旗天宝同[4]、巴林右旗古日古勒台[5]也曾采集到风格类似的遗物，20世纪初在哲里木盟小库伦还收集到类似的完整陶鬲[6]。近年在西拉木伦河流域的考古调查中，在巴林右旗的呼特勒、查日斯台、和布特哈达和塔布敖包等地点也曾发现过领饰附加堆纹，或有珍珠纹和鸡冠状錾的鬲类器物口沿残片[7]。在喜鹊沟遗址发掘期间，李延祥、陈建立与韩立新调查发现了黄岗梁上的伊和沃门特采矿遗址，采集到的陶片及石锤等采矿工具，特征与喜鹊沟遗址出土遗存完全一致，应当是与喜鹊沟遗址地域毗邻且年代同时的另一处重要的采矿遗址。

这类遗存的陶器以夹砂灰褐陶为主，次为夹砂红褐陶，仅见极少量泥质陶。器表流行饰竖向、斜向或交叉绳纹，且存在先饰绳纹，再局部抹平的做法。极少见弦断绳纹。以陶鬲为主要炊器，另有少量陶甗。陶鬲以领、腹分界比较明显的高领鼓腹鬲为多，体形较宽胖，袋足较肥硕，均有附加的尖锥状实足根。此类鬲的领部于绳纹之上常加饰一周附加堆纹，有的于领中部饰一排珍珠纹，或有对称錾。也有少量领、腹无明显分界的筒腹鬲。领饰附加堆纹条带的鬲以往多被称为"花边鬲"。据韩嘉谷先生研究，此类风格的器物主要是在晚商时期伴随北方系青铜器而广布于中国北方的长城地带[8]。以往被划归魏营子类型的辽宁西部义县向阳岭遗址第三、四期遗存[9]和喀左后坟陶器群[10]中均可见到领带附加堆纹的高领鼓腹鬲,然而形体上均较赤峰地区上述遗址所见同类器瘦小,同时袋足也显瘦而浅,足根形态多样,领部不见对称錾,未见珍珠纹装饰。向阳岭遗址颇有特色的高领深弧腹鬲不见于赤峰地区。此外,向阳岭遗址第三、四期遗存和喀左后坟陶器群中流行夹砂红褐陶,器表素面或绳纹被抹去的比例更高。两地所见其他罐、钵类陶器的形制特征也有明显区别。鉴于现有的资料积累尚不充分,且已有迹象显示两地含"花边鬲"遗存存在明显区别,所以可暂将赤峰地区目前所见的以高领鼓腹花边鬲为代表的遗存称为喜鹊沟类遗存[11](图一)。从目前来看,此类遗存的分布地域可能既包括赤峰地区北部的西拉木伦河流域,也包括南部的老哈河流域。

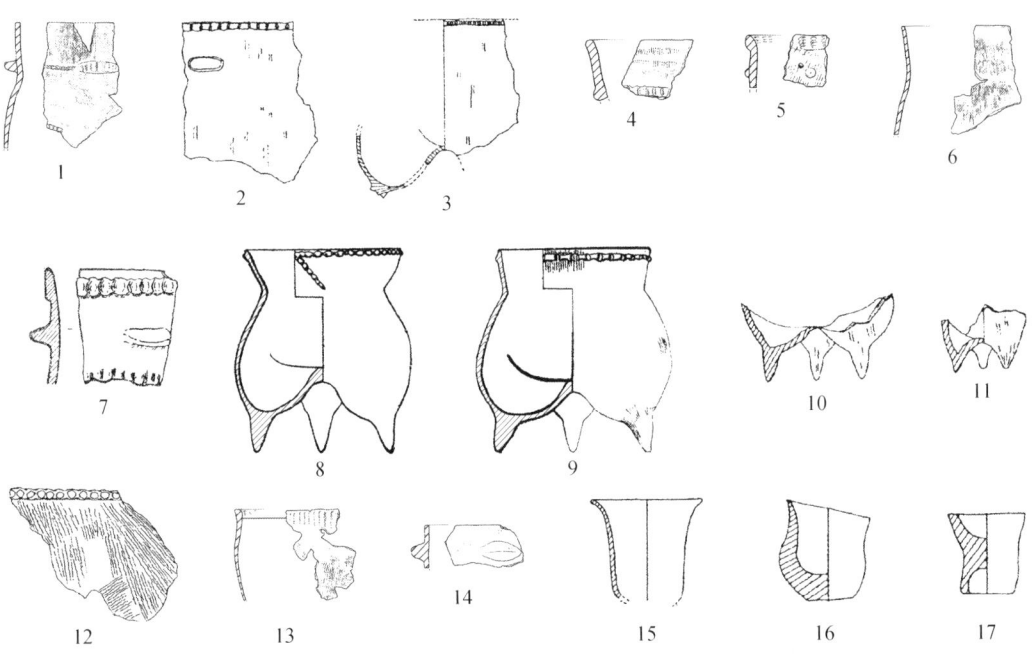

图一 喜鹊沟类遗存的陶器

1~11.鬲(喜鹊沟F1②:20、砚台山B2区H12:15、砚台山B2区H12:13、喜鹊沟F1①:32、喜鹊沟F1①:33、喜鹊沟F1②:21、天宝同、小库伦、小库伦、砚台山B2区H16:1、砚台山B2区H16:2) 12.甑(砚台山B2区T1①:15) 13.盆(喜鹊沟F1①:29) 14.罐(喜鹊沟F1①:31) 15.尊形器(砚台山B2区F2:1) 16、17.盅(砚台山B2区H15:1、砚台山B2区H15:6)

以往对科尔沁沙地东部至松辽分水岭两翼地带进行的考古调查中,也发现有一批陶器特征与之相近的遗存[12]。但由于缺乏发掘资料,上述地区的含"花边鬲"遗存在性质上是否与喜鹊沟类遗存相同,还有待今后的进一步工作来解决。但至少已有迹象表明,"花边鬲"正是沿这一地带继续向东传播的。

一般认为,"花边鬲"在辽西等地的出现始自晚商时期。喜鹊沟遗址的^{14}C测年数据也主要落在晚商纪年范围之内，其下限或可至西周初[13]。本次对喜鹊沟遗址的发掘，无疑证实了这类含"花边鬲"的遗存在晚商时期的西拉木伦河流域确有分布。喜鹊沟类遗存的发现与辨识，填补了本区内夏家店上层文化与夏家店下层文化间长达数百年的年代缺环，为我们探讨本地区夏家店上层文化的来源提供了一条重要线索，也为我们进一步研究"花边鬲"向松嫩平原的传播过程提供了地域上的中间环节。

二、聚落特点与生计方式

从诸多方面来看，喜鹊沟遗址都是一处非常特殊的聚落。

首先，这处遗址的面积虽然可达12000平方米，但其位于基岩裸露的山脊之上，从地探部门所挖的十多条探矿槽的剖面可以明显看出，除遗址南部很小范围内存在文化层堆积和明显居住遗存之外，绝大多数地段地表即可看到基岩或基岩风化形成的初育土。遗迹的类型以采矿形成的矿坑为主，地表所见的遗物也主要是采矿和加工矿石的石质工具。本次发掘发现的两处房址，均位于遗址南部山顶平台附近，地表可见的六处古矿坑中有五处即位于其周边很近的范围内，且F2打破F1，为F1废弃后在其旁修建的。显然，在同一时间段内很可能只有一座房址在使用。F1的居住面上及灶内出土有石锤等采矿工具，F2的石墙空隙内也垒砌有残断的石锤，说明这两处房址都与采矿活动密切相关。从这两处房址的结构看，都有部分系直接开凿在基岩之上，部分用石块垒砌，墙壁、地面均未见特殊加工，很像是临时使用的简陋窝棚式建筑，应当就是采矿工人的临时住所。遗址地表发现的两道石墙（Q1、Q2）和一座石砌建筑（J1），用途不明，但从位置靠近房址和矿坑，石砌建筑（J1）的墙内也见有垒砌进去的石锤且地表未见任何晚期遗物等迹象来看，很可能也与采矿活动相关，不似定居性聚落中的建筑物。遗迹内出土的工具中，采矿及加工矿石的工具占绝大多数，有少量狩猎工具，未见农具。出土的生活用器中，仅见陶鬲、陶盆和陶罐的残片。这样的工具和用器组合，说明聚落中的人群来到此地的目的就是为了采矿和加工矿石，而并不从事专门的农业生产。

值得注意的是，F1面积虽然并不大，但其居住面的不同位置共发现有三处坑式灶，灶内出土石锤、石块、烧灰、炭粒、经烧烤的兽骨、鱼骨和红烧土块。如果三处灶址同时使用，未免会使得室内空间变得十分拥挤，所以不排除它们是不同时间段使用所遗留的可能。此外，在F1房内堆积中还发现有四处明显的用火痕迹，其中也见有经烧烤的兽骨、鱼骨和陶片。这四处残存的用火痕迹位于房内堆积的不同位置、不同深度，其间均存有不同厚度的堆积层。虽然从整体上很难将F1的房内堆积分层，但多处用火痕迹的存在，表明在堆积形成的过程中也不断有人来此活动，且每次活动之间均有一定的沉积物相隔。加之房址内出土的生活用器种类也很少，这些现象都反映出该聚落并非长年定居的村落，而最有可能是季节性使用的聚落。

其次，从遗址所在地周边的环境、气候、土壤、资源等方面来看，在当时的生产力状况下也很难满足维持人们长期生活和居住的需要。喜鹊沟遗址位于大兴安岭西南端迎风坡面的一处山脊上，西北接平坦宽阔的贡格尔草原，西南濒临浑善达克沙地。这一带虽然年均降雨量可达350~400毫米，但是气候冷凉，年均气温仅有1~2℃。其中一月份均温在零下23~零下24℃，七月份均温也仅有16~17℃，无霜期在60~100天，不适合普通农作物生长。遗址周边在克什克腾旗现今的气候区划中也是被划入温凉寒半湿润牧业气温区。而且，从土壤分布情况看，遗址所在的达来诺日镇管辖范围内，山冈地带遍布基岩及由基岩风化形成的粗骨土和石质土，属初育土范畴，土体中砾石和岩石碎屑含量较多，肥力极低，难以利用。而草原、漫滩地带多属黄暗栗沙土或沙质暗栗钙土，还有沙壤质冲湖暗栗土、沙质冲湖暗栗土等土壤类型。这些土壤类型中的有机质含量也都很低，属于不适合开展农耕的土壤类型[14]。加之当地靠近浑善达克沙地边缘，风沙十分严重等原因，现今这一带仍只适合发展畜牧业而不宜农耕。遗址与最近的定居村落官地嘎查距离有8千米，距离最近的喜鹊沟牧站也有3千米，当地村民的收入至今仍主要依赖于畜牧业。

既然喜鹊沟遗址不属于定居的村落遗址，周围地区的环境因素又的确不适合农耕，那么，该聚落究竟是采用一种什么样的生计方式来维持铜矿开采活动呢？

动植物遗存的采集、鉴定和统计分析是研究聚落生计方式的重要手段。发掘期间通过分拣、筛选等手段对全部的哺乳动物骨骼和绝大多数鱼骨进行了系统收集，地层堆积和遗迹内的堆积单位都收集了浮选土样。喜鹊沟遗址出土的哺乳动物骨骼标本总计429块，其中可鉴定属种的标本总数为217块，分属于四目七科至少10属10种，包括黄牛、绵羊、山羊、家马、家猪、家犬、马鹿、熊、鼢鼠和其他啮齿类动物，其中前六类属于人工驯养的动物，后四类属于野生动物。驯养动物在数量上占绝对优势，从肉食贡献率上看，以黄牛所占比例最高（近80%），绵羊、山羊、家马、家猪、家犬合计仅占14.5%，野生动物合计约占7%[15]。发掘中在F1、F2房内堆积及居住面上可见大量鱼骨，破碎化程度很高，可辨部位有鱼鳞、鱼刺、鱼鳃盖骨等，但属种难以鉴定，大略可知鱼的体形较小，长度多不超过30厘米。由此可以推定，聚落内人群的肉食资源主要源于专人饲养的家畜和捕捞的鱼类，而很少一部分源于狩猎活动。需要说明的是，在土样浮选中，除木炭碎屑外，未发现任何古代植物的标本。这似乎表明植物类食物在人群食物构成中所占的比重可能十分有限。这样的食物来源构成，显然与遗址周边的自然环境特点十分契合。而且，从采矿活动的适宜期和大量捕鱼活动来看，人群在此活动的季节应当是在夏季前后。上述人工驯养的动物中，除家猪以外均是适应于草原环境的动物。可以想见，夏季牧草丰美之际，当驱赶足够数量的牛群、羊群进入草原，即使不依赖农耕，仍可在相当大的程度上维持采矿人群的生计。遗址西去贡格尔河仅约20千米，西南距岗更诺尔、达里湖也都在步行一日可往返的范围内，而这些水域至今仍盛产体型较小的鲫鱼与华子鱼。遗址往东即是绵延的大兴安岭山地，林木繁茂，至今仍有鹿、狍等野生动物出没。显然，这些野生的动物资源自然可以成为采矿人群肉食品的重要补充来源。

由于采矿活动需要一定的人员相互配合才能完成，除挖掘矿石、加工矿料、制作并修补工具外，还需有人进行放牧、渔猎并加工食物。所发现两处房址的面积均在20平方米以下，并不适合多人从事长时间的、大量的室内活动。可以推测这两处房子的主要用途应当就是加工食物、修补工具，并在天气恶劣时提供暂时躲避的场所。

综上可见，喜鹊沟遗址显然不是普通的定居性村落，而应是一处季节性的以开采铜矿为目的的特殊聚落。采矿活动的季节应当就是牧草丰美的夏季前后，人们不仅可以从家养动物获得较为稳定的肉食和奶制品，还可以从事捕鱼和狩猎活动作为生计的重要补充。值得指出的是，这样的一种生计方式与春秋中期以后中国北方长城地带出现的游牧经济有显而易见的相同之处，甚至很有可能就是季节性游牧生产方式起源的一种途径。不同之处主要在于后者的季节性游牧已成常态化，且畜群构成中移动性较好的绵羊、山羊与马的比例明显升高，而牛的比例较少而已。

三、生产方式

此次发掘面积虽小，但收获颇丰。尤其是出土和采集到大量的采矿和加工矿石的工具。所发现的采矿工具主要有石锤、石钎和鹿角镐，加工矿石工具主要有石球、石研磨器和石碾盘。本次试掘清理的矿坑K5底部即发现有石锤2件、鹿角镐1件，属采矿工具。K5坑口外的尾矿堆积中出土有获取矿砂的加工工具石研磨器2件、石碾盘2件。在遗址地表采集到的石研磨器和石碾盘也多集中分布于K1~K3坑口外不远处的尾砂扇面上，表明当时加工并选取矿料的工作，是在采矿坑的外围就地进行的。

通过调查，在遗址及周邻大约4平方千米的范围内并未发现明显的冶炼遗迹，仅在遗址北部坡上采集到零星的炼渣。据冶金考古专家李延祥、陈建立教授现场初步判断，很可能属于采矿过程中试炼矿石所留下的残渣。加之矿坑附近尾砂扇面上多见石研磨器、石碾盘的现象，可以推断当时所采矿石大多是被加工成矿砂，再通过畜力或人力输送到他地进行冶炼的。李延祥教授的研究业已表明，与喜鹊沟遗址同在赤峰地区北部，且年代稍晚的林西大井夏家店上层文化矿冶遗址的采矿规模也远大于其自身的冶炼规模[16]。通过近年的专项调查与检测，已证实是夏家店上层文化先民开采林西大井矿区的铜铅共生矿石，并运往邻近的巴林右旗塔布敖包等多个地点进行冶炼和铸造[17]。值得注意的是，大井遗址虽出土有数以千计的石锤，却至今未发现一件石碾盘，所以在该遗址就地冶炼和输出他地进行冶炼的，最大可能就是采下的块状铜铅共生矿石。与此相比，晚商时期喜鹊沟遗址开采并加工出的矿砂，会最大程度地减轻运输的压力，自然可被输送到更远的地方进行冶炼。由此可见，晚商时期的喜鹊沟铜矿遗址与年代稍晚的林西大井夏家店上层文化铜矿址在生产方式上是有明显差异的。

当然，这种就地加工选取矿料并向外输送的生产方式，很可能与晚商时期土著人群在当地的定居点数量稀少、无法对专门的冶炼活动提供保障有关。虽然近年在赤峰地区已发现和辨识出来的晚商时期的遗址数量有所增加，但仍然是屈指可数，远不能与本地年代较早的夏家店下层文化和年代较晚的夏家店上层文化的遗址分布密度相比。

可见，喜鹊沟遗址作为一处季节性的采矿遗址，其开采矿石和加工选取矿料的工作是同时进行的，出产的矿砂很可能主要是被输送到他地进行专门冶炼。而对于这些矿料去向的探索，将有助于我们深入认识辽西地区早期青铜文化的发展及其与周邻地区尤其是中原地区的关系。

四、与辽西地区早期青铜文化的关系

辽西地区内年代约当中原夏至早商时期的夏家店下层文化已有冶金业。常见的金属制品种类有青铜的刀、锥、耳环、指环、杖首及斧钺的柄首和镦等，属于小件的工具或复合工具、兵器类的构件及装饰品[18]。大甸子墓地还发现过金质的耳环和锡杖首[19]。目前发现形体最大的1件青铜制品是锦西水手营子一座墓葬中出土的连柄铜戈[20]，发现的铸范很少。赤峰四分地东山嘴遗址出土有一件长3.4厘米的扁平椭圆形陶范，是合范的一扇[21]。北票康家屯遗址发现过1件石范，双扇俱全[22]。所铸器形还都不曾见于已知的青铜器种类中。最近，对辽宁建平庙台地和小北山两处夏家店下层文化遗址进行复查时均发现了青铜冶铸的坩埚残片和铜炼渣，其中有的坩埚残片还带有鼓风孔。鉴于小北山遗址地表发现的是单纯的夏家店下层文化遗物，坩埚残片的陶质及厚度等与夏家店上层文化同类器有别，可初步将这两处遗址冶铸遗迹的时代推定为夏家店下层文化。不过，从庙台地和小北山遗址的调查来看，坩埚残片和炼渣都只集中发现于遗址中很小的范围之内，表明青铜冶铸生产的规模都不会很大，很可能属于某一家庭的行为[23]。但迄今为止，在辽西地区仍未发现明确属于夏家店下层文化时期的采矿遗址，这一时期是否已经出现铜矿开采，其生产方式如何，与喜鹊沟遗址的生产方式有何异同，这些都有待今后工作的进一步开展。

以往，在辽西地区发现的几批属于殷墟早期及稍早阶段的青铜鼎、甗十分引人注目。克什克腾旗天宝同[24]和赤峰市松山区西牛波罗[25]各出土弦纹甗1件，朝阳地区曾收集到弦纹鼎1件[26]。1981年5月，翁牛特旗头牌子大队敖包山前出土铜甗1件、铜鼎2件，鼎中盛满了棕色结晶体矿砂[27]。这6件大型青铜鼎、甗时代特征明显，年代均不晚于殷墟二期（图二）。其中，头牌子出土铜鼎中所盛的矿砂的锡含量高达

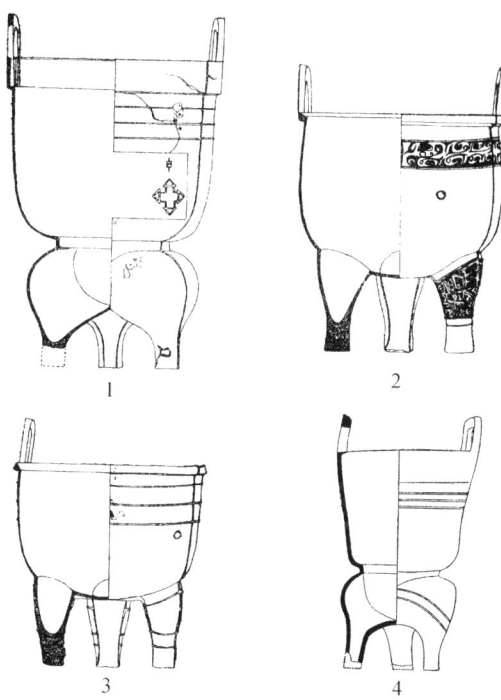

图二　辽西地区发现的殷墟早期青铜鼎、甗
1~3. 头牌子　4. 天宝同

50%，但李延祥先生分析，其与喜鹊沟及邻近的伊和沃门特遗址出产的矿石成分相同[28]。克什克腾旗天宝同铜甗出土地点附近还采集到喜鹊沟类遗存的陶片，也说明这些青铜容器很可能与喜鹊沟类遗存密切相关。这些中原风格青铜容器及矿砂的发现表明，喜鹊沟这类遗址出产的矿砂应当就与中原商王朝对辽西地区矿产资源的需求有关。而且，如果将这些发现的地点相连接，已可明显看出一条由克什克腾旗出发，经翁牛特旗、赤峰松山区，向更南的辽宁朝阳延伸的交通路线。

苏赫先生曾指出，头牌子遗址所出鼎、甗及西牛波罗遗址所出的甗，在制作特点上与中原有所不同，可能是本地产品[29]。杨建华先生认为，这些中原风格的青铜容器以鼎、甗等器类为主，说明了当地文化对外来文化的影响是有选择的吸收。杨先生同时还指出，"这样一种能够铸造青铜器的考古学文化还有待今后这一地区的发现。应当注意的是，与天宝同甗一起发现的零星陶片为这一问题的解决提供了线索"[30]。通过此次对喜鹊沟遗址的发掘，我们对喜鹊沟类遗存的文化内涵有了较为清楚的认识。已可说明，该类遗存所代表的晚商时期土著人群已经具备了开采矿石、加工选取矿料的能力，并很可能掌握了冶铸大型青铜容器的技术。

辽西地区拥有丰富的铜、锡等金属资源。西拉木伦河以北至乌兰浩特洮儿河以南的大兴安岭南段，面积约10万平方千米的地区，是我国北方重要的稀有金属和铜锡多金属成矿集中区。该成矿区的南部，即西拉木伦河断裂带北面，已划分出黄岗梁—浩布高锡铜银成矿带和敖尔盖—好来宝铜金多金属成矿带[31]。其中黄岗梁—浩布高锡多金属成矿带是长江以北已知最大的锡矿带，地质学上称之为锡的"燕辽成矿带"[32]。

可以想见，晚商时期喜鹊沟一类遗址出产的铜、锡、砷、铅共生矿矿料，特别是其中富含的锡料，无论对商王朝还是对其他具备铸造大型青铜器能力的地方势力来说，都是极其珍贵的资源。从现代地矿资料来看，黄河中下游地区出产铜、铅，但至今未发现锡矿资源。闻广先生曾力图从文献中寻找证据，以期证明夏、商、周王朝冶铸青铜器所用的锡料主要产自本地[33]。但基于相同史料，童恩正先生等则得出了截然不同的结论，即中国青铜时代主要的锡矿产地在我国南方[34]。金正耀先生认为，"如果中原地区确实无锡，则晚商大规模锡青铜铸造的锡料可以肯定是来自其他地区；反之，即使今后探明存在有锡矿床，则在古代是否已被开采利用，还需要考察。许多矿藏，因为埋藏较深，其探矿和开采的困难，都只有在现代技术的条件下才可能被克服"[35]。

鉴于喜鹊沟晚商时期采矿遗址向外输出矿料的生产模式和辽西地区商代大型青铜鼎、甗的频繁发现，我们有理由做出这样的推测：喜鹊沟遗址出产的矿料至少应有一部分是向商王朝或其他具备铸造大型青铜器能力的方国输出，至于是通过交换还是贡赋的手段来实现，还需寻找进一步的证据。太行山东麓的低山丘陵和山前平原地带是商代连接中原与北方的重要通道，房山塔照（二期）、易县七里庄（三期）、涞水炭山等遗存均反映出使用"花边鬲"的人群在晚商时期的活动范围和能力[36]，故而辽西地区与商王朝之间所存在的青铜容器和矿砂之间的辗转流通并非没有可能。更为重要的是，随着长期的交往和文化交流，土著人群也有可能掌握铸造大型青铜容器的技术，并且成功地仿制中原风格的青铜鼎、甗。由于这些大型青铜容器并不方便携带，一旦面临战乱需要逃亡时，便出现了用于藏匿青铜重器及其铸造原料的窖藏。另外，喜鹊沟一类采矿遗址的发现，也为本地区晚商时期常见的青铜武器、工具找到了矿料的来源。

西周时期，辽西地区的青铜文化进入到了一个新的发展阶段。努鲁儿虎山以东以喀左为中心的地带有数批大型青铜器出土，其铜器的来源和文化归属虽不同于前述几批晚商铜器遗存[37]，但重要的是其中已不乏形制上颇具地方特色的青铜容器。努鲁儿虎山以西的夏家店上层文化更创造出了如小黑石沟所发现的有地方特色的青铜容器群[38]。可见，喜鹊沟类遗存对辽西地区青铜文化的发展产生了颇为深远的影响，其承上启下的作用显而易见。

五、余 论

我们再将视野拓宽一些，则不难发现晚商时期商文化周边地区大型青铜器集中发现的区域，无一不是铜矿、锡矿等重要矿产资源富集并且开采较早的地区。商王室和贵族们为冶铸青铜器，无疑需要大量的铜、锡资源，其获取的方式无非是控制矿区、武力掠夺或贸易交换。早商时期，盘龙城商城出现的一个重要原因，就是商王朝要控制长江中游地区丰富的铜、锡资源。晚商时期，虽然盘龙城商城遭到废弃，商文化范围向北收缩，但晚商文化创造的青铜文明却步入巅峰，大量精美绝伦的殷墟式青铜器显示出商人的矿料来源之路并没有随着盘龙城商城的废弃而告断闭。这或许说明，此时的商王室和贵族们可能调整了获取铜、锡资源的方式与策略。大量的铜、锡矿料可以通过贸易或贡赋等途径从矿产富集地区的土著群体手中流入到商文化的中心区。通往大兴安岭南端喜鹊沟等铜锡矿产地的道路上之所以会频频发现中原风格的青铜重器，其原因亦当如是观之。

当然，只有依靠对商代矿冶遗址的科学发掘，以及对商文化中心区出土青铜器进行全面的科学检测，才能从根本上解决商文化青铜器铜、锡料来源的问题。仅就目前的资料来看，晚商时期中原地区所需的铜、锡矿料至少应有一部分是来自于大家过于关注的长江中游以外的地区。其中，辽西地区北部的喜鹊沟一类采矿遗址同样不容忽视。

附记：该文系教育部重点研究基地重大项目研究成果（2009JJD780004）。

注 释

[1] 吉林大学边疆考古研究中心、内蒙古自治区文物考古研究所：《内蒙古克什克腾旗喜鹊沟遗址发掘简报》，《考古》2014年第9期。后文凡未另注出处的喜鹊沟遗址资料均出于此简报。

[2] 赤峰市博物馆：《砚台山遗址（B2区）发掘简报》，《内蒙古文物考古》2009年第2期。

[3] 内蒙古自治区文化局文物工作组：《内蒙古自治区发现的细石器文化遗址》，《考古学报》1957年第1期。

[4] 克什克腾旗文化馆：《辽宁克什克腾旗天宝同发现商代铜甗》，《考古》1977年第5期。

[5] 巴林右旗博物馆：《巴林右旗古日古勒台新石器时代遗址调查简报》，《内蒙古文物考古》1992年第1、2合期。

[6] 日本东亚考古学会：《貔子窝——南满洲碧流河畔的先史时代遗迹》，《东方考古学丛刊》甲种第一册，1929年，第48、49页，插图22。

[7] 朱永刚、王立新、塔拉：《西拉木伦河流域先秦时期遗址调查与试掘》，科学出版社，2010年。

［8］ 韩嘉谷：《花边鬲寻踪——谈我国北方长城文化带的形成》，《内蒙古东部区考古学文化研究文集》，海洋出版社，1991年。

［9］ 辽宁省文物考古研究所：《辽宁省义县向阳岭青铜时代遗址发掘报告》，《考古学集刊》第13辑，中国大百科全书出版社，1999年。

［10］ 喀左县文化馆：《记辽宁喀左县后坟村发现的一组陶器》，《考古》1982年第1期。

［11］ 付琳、王立新：《夏家店下层文化消亡后的辽西》，《考古》2015年第8期。

［12］ 李恂甫、朱声显：《科尔沁右翼中期呼林河沿岸原始文化遗存》，《文物资料丛刊》（7），文物出版社，1983年。王立新、朱秀娟、陈小三：《内蒙古通辽市扎鲁特旗香山镇双龙泉与水泉沟遗址的调查》，《考古与文物》2011年第3期。陈小三、王立新、吉平：《内蒙古库伦旗查干朝鲁台遗址的调查与初步认识》，《边疆考古研究》第10辑，科学出版社，2011年。朱永刚、张哈斯、温景山：《科左中旗白菜营子遗址复查与遗存试析》，《内蒙古文物考古》2010年第2期。朱永刚、王立新：《敖恩套布和西固仁茫哈遗址复查与遗存辨析》，《边疆考古研究》第9辑，科学出版社，2010年。朱永刚、郑钧夫：《通榆县三处史前遗址调查与遗存分类》，《边疆考古研究》第7辑，科学出版社，2008年。金旭东、褚金刚、王立新：《吉林通榆县长坨子四处遗址的调查》，《北方文物》2011年第3期。王立新、豆海锋：《吉林洮南四海泡子四处遗址调查与初步认识》，《边疆考古研究》第9辑，科学出版社，2010年。

［13］ 吴小红：《喜鹊沟遗址炭样加速器质谱（AMS）碳—14测试报告》，《内蒙古克什克腾旗喜鹊沟遗址发掘简报》，《考古》2014年第9期，附录一。

［14］ 李振刚：《克什克腾旗志》，内蒙古人民出版社，1993年。

［15］ 汤卓炜、王立新、李东杰、刘玮：《喜鹊沟遗址动物遗存鉴定与初步分析》，《内蒙古克什克腾旗喜鹊沟遗址发掘简报》《考古》2014年第9期，附录二。

［16］ 李延祥、韩汝玢：《林西大井古铜矿冶遗址冶炼技术及产品特征初探》，《边疆考古研究》第1辑，科学出版社，2002年。

［17］ 李延祥、董利军、陈建立、朱延平：《塔布敖包冶铜遗址再探》，《边疆考古研究》第12辑，科学出版社，2012年。

［18］ Wang Lixin. The Lower Xiajiadian Culture of the Western Liao River Drainage, Anne P.Underhill edt. A Companion to Chinese Archaeology, Chapter 5, Wiley Blackwell Press, 2013.

［19］ 中国社会科学院考古研究所：《大甸子——夏家店下层文化遗址与墓地发掘报告》，科学出版社，1996年，第188~191页。

［20］ 齐亚珍、刘素华：《锦县水手营子早期青铜时代墓葬》，《辽海文物学刊》1991年第1期。

［21］ 辽宁省博物馆、昭乌达盟文物工作站、赤峰县文化馆：《内蒙古赤峰县四分地东山嘴遗址试掘简报》，《考古》1983年第5期。

[22] 辽宁省文物考古研究所：《辽宁北票市康家屯城址发掘简报》，《考古》2001年第8期。
[23] 王立新、李延祥、李波：《辽宁建平两处早期冶铜遗址的调查与初步认识》，《边疆考古研究》第19辑，科学出版社，2016年，47页。
[24] 克什克腾旗文化馆：《辽宁克什克腾旗天宝同发现商代铜瓿》，《考古》1977年第5期。
[25] 刘冰：《赤峰博物馆文物典藏》，远方出版社，2006年，第36页。
[26] 辽宁省博物馆文物工作队：《概述辽宁省考古新收获》，《文物考古工作三十年》，文物出版社，1979年。
[27] 苏赫：《从昭盟发现的大型青铜器试论北方的早期青铜文明》，《内蒙古文物考古》1982年总第2期。
[28] 据李延祥教授见告。
[29] 苏赫：《从昭盟发现的大型青铜器试论北方的早期青铜文明》，《内蒙古文物考古》1982年总第2期。
[30] 杨建华：《燕山南北商周之际青铜器遗存的分群研究》，《考古学报》2002年第2期。
[31] 肖成东、杨志达：《内蒙古赤峰北部两个重要的成矿带及其成矿特征》，《有色金属矿产与勘查》1997年第4期第6卷。
[32] 芮宗瑶、施林道、方如恒：《华北陆块北缘及邻区有色金属矿床地质》，地质出版社，1994年，第20页。
[33] 闻广：《中原找锡论》，《中国地质》1983年第1期。闻广：《中国古代青铜与锡矿》，《地质评论》1980年第4、5期。
[34] 童恩正、魏启鹏、范勇：《〈中原找锡论〉质疑》，《四川大学学报》（社会科学版）1984年第4期。
[35] 金正耀：《晚商中原青铜的矿料来源研究》，《科学史论集》，中国科学技术大学出版社，1987年。
[36] 段宏振：《太行山脉东西两翼：中原与北方青铜文化互动的重要通道》，《三代考古》（三），科学出版社，2009年。
[37] 付琳、王立新：《夏家店下层文化消亡后的辽西》，《考古》2015年第8期。
[38] 内蒙古自治区文物考古研究所、宁城县辽中京博物馆：《小黑石沟——夏家店上层文化遗址发掘报告》，科学出版社，2009年。

（该文系与付琳合作完成。原刊于《考古》2015年第4期）

试析商代方国都邑与商王朝军事重镇的异同

——以三星堆和吴城城址为例

研究商代的政治地理结构，方国都邑与军事重镇是学者们经常用到的两个概念。然而在考古实际中，若想判定一处城址究竟是军事重镇还是方国都邑却并非易事。例如，对盘龙城城址性质的判断就有方国都邑说[1]、军事据点说[2]、商王南土行都说[3]等多种说法。那么，商王朝的军事重镇与方国都邑各自有何特点？二者究竟有何异同？显然是值得思考的问题。

一、商王朝军事重镇的辨识

在《从早商城址看商王朝早期的都与直辖邑》一文中，笔者之一曾就郑州商城、偃师商城、洹北商城这样的早商都邑与盘龙城商城、东下冯商城、垣曲商城、焦作府城商城这些周边城址做过对比研究，归纳了四座周边城址与商王朝早期都邑的异与同，并分析推定了这些周边城址的性质。主要认识可以简单概括如下。

四座周边城址与早商都邑在文化面貌与葬俗方面表现出高度的一致性，城址的城墙、城壕、大型夯土建筑在建筑技术、建筑风格、布局规划等方面深受早商都邑的影响，甚至在建筑的朝向上也与王都保持高度一致，而与二里头夏都的建筑朝向截然不同。从而体现出商人自身的建筑理念，表明这类城址的设置与商人密切相关。然而，不容忽视的是，这些周边城址在面积上均与王都相差数倍至数十倍；早商都邑均有内外双重城墙，而四座周边城址仅有一周城垣；周边城址虽发现有一些手工业作坊，但生产规模与分工程度与王都应存在很大差距。更为重要的是，两类城址的大型建筑群在规模与布局上有很大不同。初步估算，四座周边城址的大型建筑区面积，即使与城址规模最小的偃师商城的宫城面积相比，也仅相当于后者的十分之一左右。而且，早商都邑中都至少存在两组或两组以上的大型夯土建筑基址群。布局清楚的偃师商城宫城内分为东西两列建筑。有学者提出其东列建筑为宗庙性质，而西列建筑为宫殿建筑，且已形成"前朝后寝"的规制[4]，是颇为合理的认识。而周边四座城址中的大型建筑，布局清楚者，皆是一组两进或三进的庭院式建筑，院内仅有一到两座单体建筑，缺乏寝宫类建筑，不见可确定为宗庙性质的建筑，更不见偃师商城宫城内那样的大型祭祀区和池苑区。也就是说，宗庙建筑的有无，以及大型建筑附近祭祀区与池苑区的有无，是两类城址最显著的区别标志。考虑到这四座城址在初建时均是选在彼时早商文化分布的边缘地带或交通要道上，有的还靠近重要的资源产地，可以看出这些城址在设置上具有明显的军事目的。而且，四处城址的始建大致都在二里岗下层偏晚阶段或稍早，时值偃师商城与郑州商城两大早商都城的繁荣时期，是早商王朝实力强盛之时，很可能正是出于商王朝向周边扩张实力、掠夺和控制资源的需要，由商王朝直接设立和管辖的城邑。不仅如此，四座城址的废弃亦与郑州商城、偃师商城大体同步，绝非偶然。说明据守这些城邑的居民与商王室当有休戚与共的利益关系。按照以往学界的习惯，可称此类城址为军事重镇。《左传·庄公二十八年》有："凡邑有宗庙先君之主曰都，无曰邑。"所记虽是周礼的内容，却也颇与早商的情形相合。四处周边城址与早商都邑最本质的差异也在于宗庙区的有无。恰与《论语》所说"周礼因于殷礼"可相互印证。结合甲骨卜辞所记有商王所作的一类邑来看，我们认为还可称其为"直辖邑"[5]。

在拙文发表之后，新郑望京楼遗址的发掘证明此处也存在一座早商文化的城址[6]，但限于工作主要集中于城墙与城门，城内布局还不清楚，其性质是否属于军事重镇一类还不能确定。但其37万平方米的规模与以上所说四处周边城址相若，类似后代瓮城形式的城门也反映出很浓厚的军事色彩，且从所处位置来看，毫无疑问也位于商人从都城南下的重要交通要道上。所以，有学者推测其应为一处军事重镇[7]，也不无道理。

商王朝军事重镇或"直辖邑"的辨识，对于进一步判断其与方国都邑的异与同可起到关键的基础作用。以下试以三星堆城址和吴城城址为例加以对比分析。

二、方国都邑的特征

多年的发掘和研究表明，三星堆城址与吴城城址虽所属文化性质不同，但均为商代方国的都邑，已得到越来越多学者的认同[8]。

吴城遗址位于江西樟树市西南方，赣江支流萧江上游南岸的低丘岗阜上。1973~2002年考古部门先后对其进行了10次发掘。其中1986年9月在高地岭南面的发掘中发现了"长廊式道路"，表明该遗址不是一般的村落居址。发掘者推测其应为大型聚落遗址，或是城邑[9]。1992年再次发掘"长廊式道路"及相关遗迹，初步判定该区域应为一处由道路、建筑基址、祭祀台座以及红土台地、柱洞群等组成的大型祭祀场所，从而肯定了吴城遗址是商代赣鄱流域一个重要的方国都邑[10]。其后的发掘逐步廓清了城址的范围、功能分区及城墙的年代、结构、修筑方式等。该城平面近圆角方形，依地形和水文环境而建。城址北宽南窄，城内南北最宽处约800、城垣周长约2960米，城内面积61.3万平方米。城垣各面有1或2处城门。从层位关系来看，城墙应始建于吴城一期的二里岗上层时期，到殷墟早期重修并开挖城壕[11]。其建筑方法是先挖截面呈斗状的基槽，然后用纯净生土一层层堆筑而成。对城内各区域的发掘，清理出许多重要遗迹，分布大多有规律可循，形成区域性分布的功能区：制陶区、居住区、铸铜区和祭祀区。遗憾的是未能确认宫殿区的所在。但据周广明先生见告，城址内现吴城水库管理处大院所在的范围是城内地势最高处，很可能就是宫殿区的位置。而且该处以往曾出土刻画有鸟形图案的纺轮（75T21④：151）。李家和等先生认为此器的鸟形图案就是商代甲骨文中出现过的"亚雀"的标志[12]。墓葬散见于城内各处，但南关外的正塘山一带墓葬较为集中，随葬器物也最为精美，应为一处重要墓葬区。

三星堆遗址位于成都平原腹心地带的广汉市西北的鸭子河南岸。从多年的调查和发掘来看，这是一个以三星堆古城为中心的庞大聚落群。城址的面貌也在不断地发掘中逐渐清晰起来。该城址以往确认的城墙包括东城墙、南城墙、西城墙、月亮湾城墙和三星堆城墙共五段。2013年新发现了"仓包包城墙"和"北城墙"，纠正了过去认为的该城以鸭子河为北部屏障的说法。这七段城墙基本上勾勒出城址内外城的结构。整个城址约3.5平方千米。城址内以月亮湾、三星堆、祭祀坑一线为中轴，呈东北—西南走向。据云各段城墙的构筑方法基本相同，均为五花土夯筑而成。墙体结构由主城墙、内侧墙、外侧墙三部分组成。主城墙多为平行夯层，内墙和外墙多为斜行夯层，主体城墙局部采用土坯砖作建筑材料[13]。但从我们实地参观的几处剖面来看，倒像是层层堆筑而成，每层厚薄不均，夯筑痕迹也不明显。除"北城墙"无城壕外，其余六段墙体外均有宽度不等的人工或自然的壕沟形成一个完善的排水和防御体系。2012年的勘探还在城址内发现多条古水道。从东、南城墙夯土压在三星堆一期文化层上，本身又被三星堆二期晚段文化层所叠压，且夯土层中陶片均属一期的层位关系来看[14]，该城应始建于三星堆二期早段前后。最具突破性的发现要属城址西北青关山夯土台上大型建筑基址F1的发掘。该房址长约65、宽近16米，建筑面积逾1000平方米，整体建筑于夯土台基之上，平面为长方形，呈西北—东南走向。10余处红烧土墙基、密集的"檐柱"及室内夯土中掩埋玉璧、石璧和象牙的现象显示，这并非一般性的建筑[15]。F1北侧约3米处还有一座与其走向大致相同，面积也基本相当的长方形红烧土建筑遗存，编号F2，部分被F1所叠压。勘探结果显示，在F1所在的"大型建筑群"下，还普遍存在着3或4层厚薄大致相同的红烧土堆积，各红烧土层又分别与夯土层和文化层交互叠压，总厚度超过4米。这些现象显示，青关山夯土台很有可能在相当长的时期内，都应是三星堆王国的宫殿及宗庙区所在地[16]。

此外，多年的勘探和发掘在三星堆城址内各区域还发现有陶窑多座（仅2012年的勘探就发现13座[17]），以及大型的玉璞、玉料、石璧半成品、石芯等玉石器制作遗存，还有残铜片、炼渣、坩埚残片、孔雀石等反映青铜冶铸业的遗存[18]；两大器物坑中精美的玉石器和神秘的青铜器都是发达手工业的产品；西城墙外亦有墓地的发现[19]。综上，可以看出三星堆古城是一个功能完善且分区明确的城址。

通过以上分析，可以归纳出二者作为方国都邑的一些共同的特征。

（1）二者的规模都是所属文化分布区中某一时期内最大的。三星堆城址面积约3.5平方千米，是三星堆文化中已知规模最大，遗存最为丰富，出土遗物级别最高的一处城址。而吴城和牛头城[20]两座城址，由目前的发现来看，很可能是年代有先后关系的两座吴城文化的都邑类城址。城址面积都在50万平方米以上。

（2）已有迹象显示，三星堆与吴城城址均有较为复杂的功能分区。三星堆城址从往年陆续的勘探及发掘来看，以青关山夯土台为代表的高等级建筑群，很可能为宫殿和宗庙类建筑所在。月亮湾附近可能为玉石器加工和青铜冶铸的场所[21]。三星堆附近两大器物坑的发现，表明此区域应为重要的祭祀区。城址内勘探出多座窑址（具体位置不详），当为制陶作坊区。城址外围的调查显示，周边密集分布着众多商周时期的中小型聚落，有些显然应属于与城址同时的普通居民点。西墙外仁胜村等地点还发现过墓群。吴城城址的中部发现有由红土台地、道路、建筑基址、红土台座、柱洞群组成的所谓"祭祀区"，但其具体功能或许并不单一。如前所述，该"祭祀区"西侧的吴城水库管理处所在有可能为宫殿宗庙区。而且，已知陶窑分布于内城西北，铸铜作坊址位于高地岭东侧，普通居民点可能分散于城内各台地上，南侧的正塘山一带分布有墓群。

（3）二者均有较为复杂的排水系统。三星堆城址中有数条纵横相连的人工壕沟，并与马牧河、鸭子河相通，形成人工与自然相结合的特殊排水和防御系统。吴城城址中也已发掘出多条自然水沟和一条人工水沟，结合城内岗阜的分布位置来看，利用天然地势排水是吴城人的智慧选择。

（4）二者都是各自区域内的政治、经济、文化和对外交流中心。大型城池与高等级建筑的修筑，玉石器的制作，青铜的冶铸等需要的不仅仅是人力，更为重要的是组织和协调人力的权力机构的存在。城内数十座陶窑的产量远超城址自身居民的需要；部分玉石器也可能会进入交换网络。三星堆的青铜铸造、造型技术与制玉工艺所代表的技术与文化发展水平，在三星堆文化内无出其右，某些成分甚至超越了同时期的中原商文化。吴城发现的众多刻划符号、先进的龙窑及发达的青铜冶铸技术，亦显示出非同寻常的文化水准。三星堆发现的象牙、海贝、青铜酒礼器以及新干大墓出土的青铜酒礼器、兵器，均体现出社会上层对外来珍稀物品的占有，是对外交流的集中反映。

三、方国都邑与商王朝军事重镇的异与同

将以上两处方国都邑的共性与商王朝军事重镇的特征相比较，则会注意到两类城址有一些相似点。比如，它们都是某一地区的政治中心，对一定区域有管辖或控制权。两类城址的朝向及大型建筑的形式与商王朝的都邑皆有一定程度的相似，城址南北纵轴皆近东北—西南走向，大型建筑皆建于夯土台基之上，以成排的立柱支撑屋顶的梁架结构；高级别的墓葬或祭祀坑中均发现有与商王朝都邑形制、花纹相同或相似的青铜礼器，表明当地统治阶层在建筑理念、建筑技术乃至于礼仪观念等方面对商王

朝"先进文化"的模仿。

尽管如此，两类城址在诸多方面也存在不容忽视的差异。就文化性质而言，区别最为明显。目前已判明的军事重镇系商王朝因特殊需要而在势力范围之内设立的，在陶器群与葬俗所代表的文化传统方面同属商文化范畴，即使受到当地文化的影响也不会改变其主体的文化性质。而以三星堆和吴城城址为代表的方国都邑，则往往是与商文化异质的其他文化分布区的中心所在。

从城址位置来看，无论是军事重镇还是方国都邑大都会选择易守难攻的地形建城，以利于防御。所不同的是前者选址的目的十分明确，要么靠近重要的资源产地，要么位于商王朝重要的交通要道上。东下冯商城靠近盐池，盘龙城商城邻近铜矿，府城商城、垣曲商城和新郑望京楼商城则分别位于通往北方、西北方和南方的交通要道上。而方国都邑则是综合了军事、政治、经济等多方面因素的最终选择结果，因而往往会成为某一大的区域之内的中心聚落。像三星堆、吴城城址一样，都应拥有区域内无与伦比的规模、控制力和技术，以及文化发展水平。

从城址建筑来讲，军事重镇无论是大型夯土建筑还是城墙与城壕，在建筑技术、建筑风格、布局规划、建筑朝向等方面都与商文化中心区保持高度的一致。在规模上也体现出作为商王朝控制网络中某一节点的规制，而无法逾越。方国都邑虽然可能在某些方面受到商文化的影响，但其自身特点则相当明显。吴城城址采用堆筑的方法建筑城垣，城内布局也并不规整，而是顺应当地的地形走势。三星堆城城垣的结构为"主城墙+内外护城坡"，建造方法中的基槽夯筑，与中原商代城址基本一致，而杆栏式、地面沟槽式的大、小建筑则显示出南方特有的风格。

从城址的功能来说，军事重镇由于筑城目的明确，决定了城址功能的单一性。城内大型夯土建筑一般仅有1或2处，类似于衙署，仅具备某种单一的管理职能。有的筑有特殊功能的建筑，如东下冯商城中的成排仓储设施。而方国都邑具有区域综合管理的能力，是政治、经济、文化、对外交流的中心，所以其内才会逐渐辨识出高级别建筑区、祭祀区、各类手工业作坊区、墓葬区等。功能分区远较军事重镇复杂。吴城城址中规模浩大的所谓祭祀区，不见于上述军事重镇。而三星堆城址内多处夯土建筑的存在，则表明其大型建筑的性质绝不仅限于"衙署"。

此外，分析两类城址的兴衰过程，可知商王朝的军事重镇均兴建于商文化实力强盛的二里岗下层偏晚阶段或稍早，而在商代中期的二里岗上层偏晚阶段控制力减弱以至放弃，反映出与商文化中心区"同兴同衰"的节奏。而以吴城和三星堆城址为代表的方国都邑则未必会表现出与此相谐的"韵律"。吴城在殷墟时期的繁荣或许与盘龙城军事据点的衰落乃至于对铜矿产地控制力的减弱不无关系；三星堆古城从商代早期延续至西周初，而在如此长的时间跨度中，商文化的中心都邑已数次迁移。如果考证吴城一带属于甲骨文中记载的"虎方"[22]和三星堆为古"蜀"都邑不误的话，二者与中原商王朝兴衰的相关度不同或许就更容易理解。作为与商王朝一度存在隶属关系的虎方，其文化内涵也必定深受商文化的影响。吴城文化的陶器群中有一组来自于商文化的因素即为明证。虎方与商王朝实力兴衰的此消彼长，亦即控制与反控制局面的变化，也自在情理之中。而古蜀国偏安一隅，其与中原商王朝的关系其实并不紧密，其政体的独立性较强[23]。

  以上就现有资料讨论了一些吴城和三星堆城址这样的方国都邑与已知的商王朝军事重镇之间的联系与区别，其目的一方面是希望在以后的考古实践中能够进一步区分出更多的方国都邑与军事重镇，另一方面自然是试图逐步揭示商王朝的政治地理结构。至少就目前所发现的商代城址来看，位于商文化分布区之内的城址除都城之外，规模比较有限，功能也比较单一（如缺少宗庙类建筑与大规模的祭祀区），而且布设这些城址的主要目的是为控制资源产地与交通要道，是军事重镇的可能性最大。而分布于商文化圈之外的商代城址，既有吴城这样与商王朝在政治、文化等方面联系较为紧密的方国都邑，又有三星堆这样与商王朝关系相对疏远，独立性较强的方国都邑。它们不仅规模较大，而且往往有明确的功能分区，都应是某一区域的政治、经济、文化和对外交流中心，在某种程度上可以与商王朝的都邑相抗衡。从这一点看，所谓的商文化分布区是否大体可以与商王朝直接控辖的王畿及其周边的四土相对应，而商文化外围的影响区是否可能与甲骨文中所说的"多方"相关呢？还可设想另一种可能，商文化的分布区之中是否也存在方国都邑类的城址？假如存在这样的都邑类城址，其布局、结构、功能与军事重镇类的城址又会有何不同？这显然是需要今后继续深入探索的问题。

注　释

[1]　李学勤：《盘龙城与商代的南土》，《文物》1976年第2期。北京大学历史系考古教研室商周组：《商周考古》，文物出版社，1979年，第66页。

[2]　湖北省文物考古研究所：《盘龙城——1963~1994年考古发掘报告》，文物出版社，2001年，第502~504页。

[3]　程涛平：《考古揭示盘龙城为商王南土行都》，《学习与实践》2011年第10期。

[4]　杜金鹏、王学荣：《偃师商城近年考古工作概要——纪念偃师商城发现20周年》，《考古》2004年第12期。

[5]　王立新：《从早商城址看商王朝早期的都与直辖邑》，《新果集——庆祝林沄先生七十华诞论文集》，科学出版社，2009年，第176~198页。

[6]　吴倩、魏青利、柏天然：《望京楼二里岗文化城址初步勘探和发掘简报》，《中国国家博物馆馆刊》2011年第10期。

[7]　顾万发、王羿、孙凯、焦建涛、吴倩：《河南新郑望京楼二里岗文化城址东一城门发掘简报》，《文物》2012年第9期。

[8] 四川省文物考古研究所：《三星堆祭祀坑》，文物出版社，1999年。江西省文物考古研究所、樟树市博物馆：《吴城——1973~2002年发掘报告》，科学出版社，2005年。李昆、黄水根：《吴城与三星堆》，《南方文物》2001年第3期。

[9] 江西省文物考古研究所、樟树市博物馆：《吴城——1973~2002年发掘报告》，科学出版社，2005年，第8页。

[10] 江西省文物考古研究所、樟树市博物馆：《吴城——1973~2002年发掘报告》，科学出版社，2005年，第9页。

[11] 江西省文物考古研究所、樟树市博物馆：《吴城——1973~2002年发掘报告》，科学出版社，2005年，第45、423页。

[12] 李家和、杨巨源、刘诗中：《亚雀考——兼谈戈戉和虎方诸问题》，《中国文物报》1989年12月29日第3版。

[13] 陈德安、罗亚平：《广汉三星堆遗址发掘获重大成果——确认三星堆城址为商代早期蜀国都城局部用土坯垒砌，为我国砖砌城墙的最早例证》，《中国文物报》1989年9月15日第1版。

[14] 陈德安、罗亚平：《广汉三星堆遗址发掘获重大成果——确认三星堆城址为商代早期蜀国都城局部用土坯垒砌，为我国砖砌城墙的最早例证》，《中国文物报》1989年9月15日第1版。

[15] 对性质的认识主要分为三种观点，一种观点认为是祭祀类建筑；另一种观点认为是府库；还有一种观点认为从目前的工作情况来看，其性质还很难断定，认为应该首先解决平面上的问题，扩大发掘面积，全面揭露后再讨论其性质。参见［17］。

[16] 雷雨：《三星堆考古再获重大突破——发现大型建筑基址群并确定两道新的堆（夯）土城墙》，《中国文物报》2014年3月14日第8版。

[17] 刘志岩：《三星堆遗址考古再获重大突破》，四川省文物考古研究院官网（2013-02-01）http://www.sckg.com/information/201302/251.html。

[18] 宋治民：《六十年来蜀文化研究的重大收获》，《四川文物》2009年第4期。

[19] 陈德安、雷雨：《四川广汉市三星堆遗址仁胜村土坑墓》，《考古》2004年第10期。

[20] 朱福生：《江西新干牛城遗址调查》，《南方文物》2005年第4期。

[21] 马继贤：《广汉月亮湾遗址发掘追记》，《南方民族考古（第五辑）》，四川科学技术出版社，1993年。

[22] 彭明瀚：《商代虎方文化初探》，《中国史研究》1995年第3期。彭明瀚：《盘龙城与吴城比较研究》，《江汉考古》1995年第2期。

[23] 段渝：《略论古蜀与商文明的关系》，《史学月刊》2008年第5期。

（该文系与王涛合作完成。原刊于《江汉考古》2015年第2期）

周代考古

关于天马—曲村遗址性质的几个问题

早在1982年发表的《晋豫鄂三省考古调查简报》中,邹衡先生即通过考古资料与文献记载的结合,推定了晋国始封地的大致范围,并提示了这一范围内的天马—曲村遗址作为晋国故都的可能[1]。随着大规模发掘工作的展开,该遗址有了不少新的发现,于是在1991年撰写的《晋始封地考略》一文中,邹衡先生遂明确提出该遗址即是叔虞始封之唐[2]。1992年,围绕天马—曲村遗址的考古工作又有了重大突破,这就是位于遗址中部偏北的北赵晋侯墓地的发现[3]。自此,天马—曲村遗址是早期晋都似成定论。

晋侯墓地发现之后,邹衡先生又否定了晋国都城在西周时期曾几经迁徙的说法,认为天马—曲村遗址的兴废过程正与侯马新田(新绛)遗址相衔接,前者既是唐,又是晋景公迁都新田之前的故绛,期间只有较短的时间可能以翼为都[4]。主持该墓地发掘的李伯谦先生也主张,晋国在西周时期不曾迁都。但他相信顾炎武"窃疑唐叔之封以至侯缗之灭,并在于翼"的看法,认为天马—曲村遗址既是唐,又是翼,而只是从晋献公开始,才又迁都于绛(故绛)[5]。

近来在学习有关早期晋都的诸多论述中,感觉天马—曲村遗址虽为晋都,但无论将其指认为故绛,还是指认为翼,似乎都有难解之处,甚至将该遗址看作是叔虞始封之唐,也难说是确凿无疑。

以往田建文和谢尧亭二位都曾对天马—曲村遗址"故绛"说提出过质疑[6],所说有一定道理。我认为以下几个方面尤其值得考虑。

其一,据《左传·庄公二十六年》记:"夏,士蒍城绛,以深其宫。"时值晋献公用士蒍之计"尽杀群公子"之后不久,将绛地的宫室维护起来,显然出于防患旧势力死灰复燃的动机。假如天马—曲村遗址为绛,那么在宫殿区外围应当有春秋时期的城。天马—曲村遗址经过十多年的细致工作,除在遗址南缘的三张村附近发现一战国秦汉时期的小城外[7],未发现有丝毫春秋城的迹象。所以在考古学上尚无法满足作为晋都故绛的必要条件。

其二,若相信《汉书·地理志》河东郡绛县条下班固自注:"晋武公自曲沃徙此"的说法,则献公八年"士蒍城绛"之前绛已为晋都。邹衡先生也如此看。那么以绛为都,究竟始自何时?郑玄《毛诗唐谱》有"其(僖侯)孙穆侯又徙于绛云"。邹衡先生不信,认为此说没有更早的记载,而且在北赵晋侯墓地中发现有晋穆侯的墓,所以穆侯不曾迁都[8]。实际上,晋侯墓地中发现有穆侯的墓并不能用以证明穆侯不曾迁都。原因即是周代贵族中曾有一种"反葬"（或称归葬）的习俗。《逸周书·作洛解》有："武王既归，成岁十二月崩镐，肂于岐周。"是由镐而反葬于岐周。《礼记·檀弓》："太公封于营丘，比及五世，皆反葬于周。君子曰：'乐，乐其所自生。礼，不忘其本。古之人有言曰：狐死正丘首，仁也'。"可见，这种"反葬"在当时贵族的观念中还是合于礼制的。邹衡先生也曾经指出"晋武公及其以后诸晋公，或皆归葬曲沃"[9]。既然武公等晋公可以归葬于曲沃，那么穆侯及其子文侯为何就不能由绛而归葬于天马—曲村的晋侯墓地呢？再者，从考古学上讲，天马—曲村遗址的晋文化虽然延续时间很长，但尚未确定宫殿、宗庙等重要遗迹的所在及其兴废过程。因此还很难说其繁荣期可延至西周末，甚至春秋早期。从目前发掘的晋侯墓地之外的大批墓葬来看，发现有44座铜器墓，主要属西周早、中期，占40座，而晚期（周厉王至周幽王）只有4座。尤其是晚期后段则只有一座二鼎墓和一座一鼎墓。春秋时期尚未发现铜器墓[10]。那么，在晋景公迁都新田之前相当长一段时间里（按邹先生看法，期间只有昭侯至侯缗较短的时间居翼），这里竟然罕见一般贵族的墓葬。这一现象是否暗示了西周晚期尤其偏晚阶段以后，晋的政治中心已经发生了转移？几年前刘绪先生就曾指出，天马—曲村遗址作为晋都的终止，有可能就是穆侯迁绛而导致的[11]。总之，宣王时穆侯徙绛一事，虽如孔颖达所说："盖相传为然"[12]，但是若没有确切依据，是难以排除的。

值得注意的是，今翼城县西北1千米处的苇沟—北寿城遗址，范围虽小于天马—曲村遗址，但却大于一般的晋文化遗址。该遗址南部1979年发现了一处东周时期的城址，范围约64万平方米。从出土遗存看，整个遗址的晋文化从西周早期一直延续到战国时期。邹先生起初也曾说不排除该遗址是晋国早期都城故绛的可能[13]，但自天马—曲村遗址的发掘尤其是晋侯墓地发现之后，遂否定了此说。原因是《国语·晋语》载晋文公返国，"丙午，入于曲沃，丁未，入于绛"。自曲沃（今闻喜西南）[14]至绛仅一日。如果以苇沟—北寿城遗址为绛，就较天马—曲村遗址距曲沃为远，似难一日而至。而且此遗址的规模比天马—曲村遗址要小得多。再就是据北赵晋侯墓地的发现，认为晋穆侯不曾迁都。其实，苇沟—北寿城遗址与天马—曲村遗址相距仅12～15千米，自曲沃至天马—曲村（直线距离约58千米）一日可达，就很难说至苇沟—北寿城一日不能到达。该遗址的规模也并不影响其作为一段时间的晋都的可能。邹先生认为是晋都翼的今翼城东南的故城村遗址，面积也大大小于天马—曲村遗址。至于穆侯徙都一事已如前述。所以，苇沟—北寿城遗址作为晋都故绛的可能不能排除。对于此遗址继续开展工作，尤其是了解所谓"东周城"的始建与兴废过程，恐怕仍是很有意义的。

天马—曲村遗址也不大可能是晋都翼。《史记·晋世家》："翼，晋君都邑也。"司马贞《索隐》云："翼本晋都也，自孝侯已下一号翼侯。"虽未明言徙都于翼，但由晋侯而称翼侯，自当是国都更迁的缘故。与魏国迁都大梁之后，于王名前加

"梁"字乃是类似的情况。故孔颖达《毛诗唐谱正义》就更直接地说,"昭侯以下又徙于翼"。可见,晋国都翼可能始于昭侯。而天马—曲村遗址则至少从西周中期偏早即已步入了繁荣时期[15]。显然与以翼为都的年代不合。再者,昭侯别封文侯之弟成师于曲沃之后,曲沃发展很快,以至于"邑大于翼"[16]。今闻喜西南古城址即所谓古曲沃的规模远小于天马—曲村遗址。显然,以天马—曲村遗址当翼是很不合适的。

探究翼的所在,今翼城东南约7.5千米处的故城村遗址应当引起重视。此地不仅发现有东周城址,且规模略小于"方二里"。邹衡先生很早就认为这里可能是东周的晋都翼[17]。无论从地望还是现有的考古迹象看,这种认识都是颇有道理的。不过,此说也有待于进一步的考古工作加以证实。

至于将天马—曲村遗址认定为叔虞始封之唐,目前也存在一些问题。

晋始封地所在,历来众说纷纭,长期没有着落。1982年,邹衡先生在考古调查的基础上,提出"霍山以南、绛山以北、汾水以东、浍水以西方圆百数十里的范围,很有可能就是《晋世家》所谓'方百里'的晋始封之地"。此说是基于早期晋文化遗址的分布状况所提出的,故而从认识上大大超越了前人。所得出的结论应当说是比较可信的。在此范围之内,共发现洪洞县的坊堆—永凝东堡、翼城县的苇沟—北寿城、故城村及翼城与曲沃二县邻接处的天马—曲村4处大规模的早期晋文化遗址。后来,邹先生以为此说"虽基本属实,但并不精确",而将晋始封地进一步限定在"翼城县的翔山以西、曲沃县的汾河以东、浍河以北,翼城、曲沃二县的崇山以南,东西长约30千米,南北广约15千米的长形地带"。认为此范围之内,"大概也就是晋始封地的中心所在",并将襄汾县乔山(崇山)以北和霍州市霍山以南的临汾盆地排除在外[18]。

据《左传·昭公元年》,叔虞所封的唐,起初是高辛氏之子实沈所居的大夏,后来唐人又居于此地。及成王灭唐,将其地封与叔虞。《国语·晋语》也有"实沈之墟,晋人是居"的说法。那么,从考古学上说,在叔虞封于此地之前,当地是否应当存在一种面貌并不同于周文化的遗存。而今被指认为唐的天马—曲村遗址,在晋文化之前,只发现有仰韶、龙山、东下冯型二里头文化三个时期的堆积,没有商代文化的线索。不仅如此,在翼城、曲沃二县以往的普遍调查中,除见到一些二里岗期遗存之外,晚商时期的遗存几乎未见任何迹象[19]。显然,将晋初封之地指定为这一区域,从考古学上使得唐人(或唐国)的文化无从着落。

很有意思的是,恰在邹衡先生后来所排除出去的乔山以北、霍山以南地区,以往在临汾大苏村曾发现过年代相当于"大司空村早期"的遗存[20]。临汾盆地南缘的浮山县桥北遗址近年也发现过殷墟三期前后的遗存[21]。另据邹先生说,"在洪洞县境内还有相当于殷墟四期遗址的分布,绝对年代约在商周之际,文化面貌亦似殷墟文化,而与早期晋文化绝然不同"[22](此条被邹先生作为排除临汾盆地为晋始封地的原因之一)。如果确实的话,将临汾盆地当作唐地显然就不会出现唐人的文化无从着落的问题了。而且,此地除可满足《史记·晋世家》所说"唐在河、汾之东"的条件外,以往唐地诸说中还有两种说法都和这一区域有关。一为平阳说。《毛诗唐谱》孔颖达正义引皇甫谧云："（尧）及为天子都平阳，于故《诗》为唐国，则唐国为平阳也。"《史记·晋世家》张守节正义亦云："然封于河、汾二水之东，方百里，正合在晋州平阳县。"此平阳县就在今临汾市一带，北距洪洞并不很远。一为永安说。《毛诗唐谱正义》引《汉书音义》臣瓒按："唐，今河东永安是也。"永安，一说在今霍县。邹衡先生则将其考虑在今洪洞县一带[23]。这是很有道理的。《汉书·地理志》"河内曰冀州，其山曰霍"条下颜师古注云："（霍山）在平阳永安县东北。"那么，今霍山西南正当洪洞一带。尤为重要的是，洪洞县城东北的坊堆村和永凝东堡一带20世纪50年代就曾发现过西周早期的遗址、墓葬和铜器群，还有刻字的卜骨[24]。1980年又在永凝东堡一带清理了一批中小型墓，时代可分为西周早、中、晚三期。其中早期的年代可至成康时期[25]。这批墓葬从并穴埋葬的墓位安排、墓葬形制及出土青铜礼乐器和陶器的风格看，都与天马—曲村遗址所见西周墓葬极其相似。已有的迹象表明，该遗址的性质非同一般。若能对此遗址继续开展一些工作，可能会对最终解决叔虞始封的唐地所在有很大帮助。

邹衡先生将临汾盆地排除于晋始封地范围之外的另一原因，则是这里有霍、杨、贾等小国的存在。查霍、贾二国可能系周初所封。其中霍传为武王子叔处的封国，其地在今霍州一带。贾，有云系叔虞少子公明封国，为晋之附庸，在今临汾一带。此二国与目前发现的坊堆—永凝东堡早期晋文化遗址均无直接关系。而与洪洞一带有关的杨国，据《元和姓纂》和《新唐书·世系表》，则系周宣王曾孙或宣王子尚父的封国，主要存在于春秋时期，与坊堆—永凝东堡遗址时代并不相合。因此，考虑叔虞始封地在今洪洞一带与上述记载似乎并无牴牾。邹衡先生也说，晋始封之时，"只能局限于很小的范围之内"[26]。那么，在临汾盆地叔虞的唐完全可能和其他小国并存。而且，如果相信叔虞后人曾经迁徙的话，其故地再封予别国并非没有可能。周及其一些属国东迁之后，就曾将岐山以西之地再封予秦。

天马—曲村遗址既非绛，又非翼，也非唐。它究竟应是晋的哪一个都邑呢？我怀疑这里很可能就是叔虞之子燮父所徙晋水傍的所在，也就是晋国和晋侯之所以名晋的由来。

按《史记·晋世家》云："……封叔虞于唐。唐在河、汾之东，方百里，故曰唐叔虞……唐叔子燮，是为晋侯。"是燮父以下始称晋侯。至于如何称为晋侯，郑玄《毛诗唐谱》解释说："成王封母弟叔虞于尧之故墟曰唐侯，南有晋水，至子燮改为晋侯。"虽未说燮父是否徙居，却明确了晋因晋水而得名。而其后的徐才《宗国都城记》则明言："唐叔虞之子燮父徙居晋水傍"，并说其位置为"今并州故唐城"。引徐才此说的《括地志》紧接着也说，"唐者，即燮父所徙之处"[27]。显然，此"唐者"指的是"故唐城"。可见，徐才与李泰都是认为燮父曾经徙都的，只不过将其位置错指为"并州晋阳"一带。值得注意的是，《古本竹书纪年》也有："晋侯作宫而美,康王使让之"[28]。按一般理解,称晋侯而未称唐侯,自当是国都更迁的缘故。此晋侯当指燮父。燮父甚至因大兴土木,建造豪华宫室,而受到了周王的责备。

《括地志》中还记有另一处"故唐城",即"故唐城在绛州翼城县西二十里"[29]。张守节在《史记·郑世家·正义》中说:"然则叔虞之封即此地也"。此故唐城的位置倒是与天马—曲村遗址相距不远。但却被推测为叔虞始封之地。如前所引,张氏关于叔虞之封,还有"正合在晋州平阳县"的说法。可见张氏自己关于翼城、平阳何为叔虞始封之唐,也是不敢遽定的。既然后世文献中关于叔虞始封和燮父所徙的具体所在都只是保留了一些推测性的说法,那么考古资料的分析显然就应作为主要的依据。

实际上,将天马—曲村遗址指认为唐虽不能满足考古学上的条件,但若将其认作燮父所徙之处,与已有的发现就并不矛盾。

1992~1994年,北赵晋侯墓地共清理晋侯及其夫人的墓葬8组17座。大家原以为在墓地范围内不会再有其他的大型墓葬,对所发现墓葬的年代、排序及墓主的身份等进行了大量研究。但最近获悉,就在M1、M2的北侧略偏西处又发掘了一组两座带墓道的大墓。可以肯定这又是一组晋侯及其夫人的并穴合葬墓。这样,该墓地就有了9位晋侯的墓葬。如果以往大多数学者将M8的墓主身份考订为晋献侯苏的意见是正确的话,那么,按照现有墓葬的排序,墓地中年代最早的很有可能就是晋侯燮父的墓。即使将来仍将最早的侯墓的墓主判定为晋武侯,那也不能据此否认天马—曲村遗址即为燮父所徙之处。道理如同前述,燮父作为第一位晋侯,他的墓还可以归葬他处。

邹衡先生在认为燮父不曾迁都的同时,甚至推测曲村北面的M6081可能是叔虞墓[30]。问题是无法解释此墓从规格到随葬待遇都较北赵诸晋侯墓为低。更为重要的是,倘若此墓真是晋始封君叔虞之墓,那么后来的诸晋侯墓为何不与他埋在一起而另辟墓域?这些问题值得考虑。

为了排除天马—曲村遗址为燮父所迁的可能,李伯谦先生也说,"从天马—曲村遗址整体情况来看,不仅发现有时代可早到周初成王时期的日常生活遗存,而且发现有可早到周初成王时期的贵族墓葬。……这就证明天马—曲村遗址开始形成的时间要早于康王时期,如康王时才迁都到此,早于康王时期地位仅次于晋侯的贵族墓葬在这里发现就难以解释了"[31]。其实,天马—曲村遗址发现有成王时期的贵族墓与康王时这里才成为国都并不矛盾。因为周初所封晋国的范围内或附近,除国都之外还可能有其他重要的据点或是附庸国的所在。并不能说只在国都才会有贵族墓的存在。苇沟—北寿城遗址虽不被认为是最初的国都,但在该遗址的凤家坡一带很早就曾发现过周初的贵族墓[32]。

此外,崇山西麓的陶寺遗址,从已发现的迹象看,无疑应是龙山时代的一处中心性遗址。邹衡先生在论述到陶寺遗址的性质时曾说,"陶唐氏虽属传说时代,其事迹倒与陶寺遗址所反映的社会状况相似。……因此,我们探究陶寺遗址的历史归宿时,除了'禹都平阳'(《世本》)以外,也还应该考虑到'尧都平阳'(《帝王纪》)

的文献记载,说不定后者更为贴切些"[33]。天马—曲村遗址北距陶寺遗址仅约20千米。假如陶寺遗址是"尧墟",则天马—曲村遗址从方位上也是合于《毛诗唐谱》所说尧之故墟"南有晋水,至子燮改为晋侯"的[34]。今天马—曲村遗址南缘有一细流,名曰滏河,邹衡先生即曾怀疑这就是年久失载的晋水[35]。这是很有道理的。但由唐改晋,假如认为国都不曾移动,这就很难讲得通。

综上所述,我以为目前天马—曲村遗址的发掘成果还不足以使以往有关早期晋都的诸多问题迎刃而解。相反,依据文献资料和考古实际的分析,我觉得天马—曲村遗址并不是邹衡先生所说的唐和故绛,也不是李伯谦先生所说的唐和翼,而最有可能是燮父所徙之处。要彻底理清这一连串的环节,需要做的考古工作还有很多。

注　释

[1] 北京大学考古专业商周组、山西省考古研究所等:《晋豫鄂三省考古调查简报》,《文物》1982年第7期。

[2] 邹衡:《晋始封地考略》,《尽心集——张政烺先生八十庆寿论文集》,中国社会科学出版社,1996年。

[3] 北京大学考古系、山西省考古研究所:《1992年天马—曲村遗址墓葬发掘报告》,《文物》1993年第3期。

[4] 邹衡:《论早期晋都》,《文物》1994年第1期。

[5] 李伯谦:《晋国始封地考略》,《中国文物报》1993年12月12日。《天马—曲村遗址发掘与晋国始封地的推定》,《中国青铜文化结构体系研究》,科学出版社,1998年。在此之前,高炜先生也曾提到过天马—曲村遗址作为晋都翼的可能。见高炜:《试论陶寺遗址和陶寺类型龙山文化》,《华夏文明》第一集,北京大学出版社,1987年。

[6] 田建文:《晋国早期都邑探索》,《三晋考古》第一辑,山西人民出版社,1994年。谢尧亭:《北赵晋侯墓地初识》,《文物季刊》1998年第3期。

[7] 邹衡:《天马—曲村遗址田野考古发掘报告(壹)·结语》,《夏商周考古学论文集》(续集),科学出版社,1998年。

[8] 邹衡:《论早期晋都》,《文物》1994年第1期。

[9] 邹衡:《论早期晋都》,《文物》1994年第1期。

[10] 邹衡:《天马—曲村遗址田野考古发掘报告(壹)·结语》,《夏商周考古学论文集》(续集),科学出版社,1998年。

[11] 刘绪:《天马—曲村遗址晋侯墓地及相关问题》,《三晋考古》第一辑,山西人民出版社,1994年。

[12] 《毛诗正义》卷六之一《唐谱·正义》。

[13] 北京大学考古专业商周组、山西省考古研究所等：《晋豫鄂三省考古调查简报》，《文物》1982年第7期。

[14] 闻喜西南约5千米的上郭村至邱家庄一带，曾发现大范围的周代遗址，有城址和墓葬。从遗存中年代最早的看与昭侯封桓叔的年代大体相当。所以邹衡先生认为这就是桓叔所居的曲沃。见北京大学历史系考古专业山西实习组、山西省文物工作委员会：《翼城曲沃考古勘察记》，《考古学研究》（一），文物出版社，1992年。

[15] 北京大学考古系、山西省考古研究所：《天马—曲村遗址北赵晋侯墓地第五次发掘》，《文物》1995年第7期。北京大学考古系、山西省考古研究所：《天马—曲村》（1980—1989），科学出版社，2000年。

[16] 《史记·晋世家》

[17] 见北京大学历史系考古专业山西实习组、山西省文物工作委员会：《翼城曲沃考古勘察记》，《考古学研究》（一），文物出版社，1992年。

[18] 邹衡：《晋始封地考略》，《尽心集—张政烺先生八十庆寿论文集》，中国社会科学出版社，1996年。

[19] 中国社会科学院考古研究所山西工作队：《晋南考古调查报告》，《考古学集刊》第6集，中国社会科学出版社，1989年。

[20] 中国社会科学院考古研究所山西工作队：《晋南考古调查报告》，《考古学集刊》第6集，中国社会科学出版社，1989年。

[21] 由建文：《初识唐文化》，《古代文明研究通讯》2004年总第21期。桥北考古队：《山西浮山桥北商周墓》，《古代文明》（辑刊）2006年第5卷。

[22] 邹衡：《晋始封地考略》，《尽心集——张政烺先生八十庆寿论文集》，中国社会科学出版社，1996年。

[23] 邹衡：《寻找燕、晋始封地的始末》，《夏商周考古学论文集》（续集），科学出版社，1998年。

[24] 山西省文物管理委员会：《山西洪赵县坊堆村古遗址墓群清理简报》，《文物参考资料》1955年第4期。解希恭：《山西洪赵县永凝东堡出土的铜器》，《文物参考资料》1957年第8期。

[25] 山西省文物工作委员会、洪洞县文化馆：《山西洪洞永凝堡西周墓葬》，《文物》1987年第2期。

[26] 邹衡：《晋始封地考略》，《尽心集——张政烺先生八十庆寿论文集》，中国社会科学出版社，1996年。

[27] 《史记·晋世家》"唐叔子燮，是为晋侯"条下正义引。

[28] 《北堂书钞》卷十八引。

[29] 《史记·晋世家》"唐有乱"和《郑世家》"唐人是因,服事夏商"条正义引。
[30] 邹衡:《天马—曲村遗址田野考古发掘报告(壹)·结语》,《夏商周考古学论文集》(续集),科学出版社,1998年。
[31] 李伯谦:《天马—曲村遗址发掘与晋国始封地的推定》,《中国青铜文化结构体系研究》,科学出版社,1998年。
[32] 李发旺:《山西翼城发现青铜器》,《考古》1963年第4期。
[33] 邹衡:《关于探讨夏文化的条件问题》,《华夏文明》第一集,北京大学出版社,1987年。
[34] 不过,郑玄《毛诗唐谱》却说此"尧之故墟"是"成王封母弟叔虞"之所。此说与《左传》昭公元年和定公四年所记晋始封之地是"大夏"或"夏墟"明显不同,不知何据。《史记·郑世家》集解引贾逵曰:"唐人谓陶唐氏之胤刘累也。事夏帝孔甲。封于大夏,因实沉之国,子孙服事夏商也。"以此而知,继实沉之后居于夏墟的唐人是尧之后裔。叔虞所封应是尧之后裔所居之地,与"尧之故墟"应为两地。
[35] 邹衡:《论早期晋都》,《文物》1994年第1期,注[23]。

(原刊于《中原文物》2003年第1期)

龙头山遗址的几个问题

龙头山遗址位于内蒙古赤峰市克什克腾旗土城子镇南6千米处。自1987年至1991年先后进行过四次较大规模的发掘，已揭露五千余平方米，是目前发掘面积最大、所获资料最为丰富的一处夏家店上层文化的遗址[1]。该遗址的发掘，对于全面推动夏家店上层文化的研究具有极为重要的意义。1991年，齐晓光先生一曾据前三次发掘的资料，对该遗址的一些基本问题进行了初步探讨[2]。本文拟结合第四次发掘的收获，对该遗址夏家店上层文化的分期、年代、地域特点和聚落布局进行重新认识，以促进这方面问题的深入讨论。

一、分期与年代

龙头山遗址已划分的5个区域中，Ⅰ、Ⅲ、Ⅳ、Ⅴ区缺乏文化层堆积，绝大多数遗迹都是直接开口于表土层下，打破生土层，而遗址Ⅱ区东端石砌围墙址的发掘，则提供一组很好的层位关系。墙内堆积可统一划分为三层，均叠压在墙体及其附属堆积之上，为墙体使用时期形成的堆积。此外还有十分丰富的遗迹现象。现将一些典型单位的层位关系依由晚及早的顺序整理如下：

ⅡH1（开口于地表，打破第1层）；

第1层；

ⅡH39、ⅡH40、ⅡH12、Ⅱ祭坑1、ⅡH11、ⅡH25（开口于第1层下）；

第2层；

ⅡH2、ⅡH4、ⅡH5（开口于第2层下）；

第3层；

ⅡH3、ⅡH6、ⅡH7、ⅡH54、ⅡF1、ⅡM1（开口于第3层下，打破生土层）。

另外，ⅡH70开口于东墙外侧墙体垫土下，打破生土层，与上述第3层下开口的单位属并列单位。

此组层位关系可作为龙头山遗址陶器形制演变分析的主要依据。

据初步统计，龙头山遗址夏家店上层文化陶器群中，鬲、罐、鼎、盆、钵等器类出现的频率较高，而且可供分类、排队的完整标本亦有一定数量，因而可作为形制分析的主要对象。

鬲　绝大多数都有发达的实足根。据腹部形状看，常见的有3型。

A型　直腹。腹上部多有对称双鋬手，个别有双桥耳。可分3式，Ⅰ式（ⅡH6∶1）→Ⅱ式（ⅡT0605②∶3）→Ⅲ式（Ⅱ祭坑1∶6）（图一，1、7、13）。变化趋势为口由微敞到稍内敛，上腹壁渐内收，三足根由直立而渐外撇，袋足由深渐浅，相应地腹腔容积渐大。

B型　鼓腹。领腹之间饰桥耳或于腹上端饰对称鋬手。可分2式，Ⅰ式（ⅡT0402②∶3）→Ⅱ式（ⅡH11∶3）（图一，8、14）。同A型鬲相似，此型鬲亦有三足由直立而渐外撇、袋足由深渐浅、腹腔容积渐大的变化趋势。

C型　扁腹。裆部也较A、B型低平。领腹之间饰对称桥耳。可分3式，Ⅰ式（ⅡT0701③∶1）→Ⅱ式（ⅡH12∶6）→Ⅲ式（ⅡH40∶15）（图一，2、9、15）。变化趋势为三足根由直立而渐外撇，腹腔由浅而渐深。

其他形态的陶鬲目前尚缺乏可供排队的标本。

鼎　均有较高的圆锥状实足根。从上部形态看有弧腹平底、敞口圜底、直腹平底诸型。其中弧腹平底型数量较多，可分3式，Ⅰ式（ⅡT0606③∶1）→Ⅱ式（ⅡH36∶1）→Ⅲ式（ⅡT0904①∶1）（图一，3、10、16）。变化趋势为口部由微外敞而渐内收，腹由浅而渐深，三足由直立而趋向外撇。

敞口圜底和直腹平底型鼎尚缺乏可供排队的标本，暂不分析。

罐　形态多样，有高领鼓腹、高领鼓肩、高领垂腹、高领深弧腹、矮领折腹、敛口鼓腹、直口筒腹及方腹小罐等型别之分。其中高领鼓腹型可分3式，Ⅰ式（ⅡH70∶3）→Ⅱ式（ⅡT0402②∶5）→Ⅲ式（ⅡH40∶18）（图一，4、11、17）。变化趋势为口沿由直而外侈，腹部由稍扁而渐圆，腹由浅而深。

其他形态的罐或因材料太少，或因缺乏可供排队的标本，也暂不分析。但有迹象表明，高领鼓肩罐与高领垂腹罐的演变趋势与高领鼓腹型大体相同。

盆　多为弧腹平底，腹下部多内曲。腹部有对称鋬耳。可分3式，Ⅰ式（ⅡH70∶7）→Ⅱ式（ⅡT0903②∶4）→Ⅲ式（ⅡH40∶6）（图一，5、12、18）。变化趋势为口由微敞渐内收，腹由浅而深。

钵　弧腹平底型较常见，形体似盆而略小。可分2式，Ⅰ式（ⅡH70∶9）→Ⅱ式（ⅡH40∶1）（图一，6、19）。变化趋势近于陶盆，口由外敞而渐内敛。

此外，还有少量凹口钵、方体钵和假圈足钵等，缺乏可供排队的标本。

以龙头山遗址Ⅱ区的层位关系为基础，根据以上典型器物的形制分析及各型器物式别之间的组合关系，可将该遗址夏家店上层文化遗存归纳为三个发展阶段（图一）。

第一段：以龙头山Ⅱ区第3层及3层下开口的ⅡH54、ⅡH6、ⅡM1等单位为代表。叠压于墙体垫土下的ⅡH70等亦可归入此段。典型陶器有AⅠ式鬲、CⅠ式鬲、Ⅰ式弧腹平底型鼎、Ⅰ式高领鼓腹罐、Ⅰ式弧腹平底盆、Ⅰ式弧腹平底型钵等。伴出的陶器

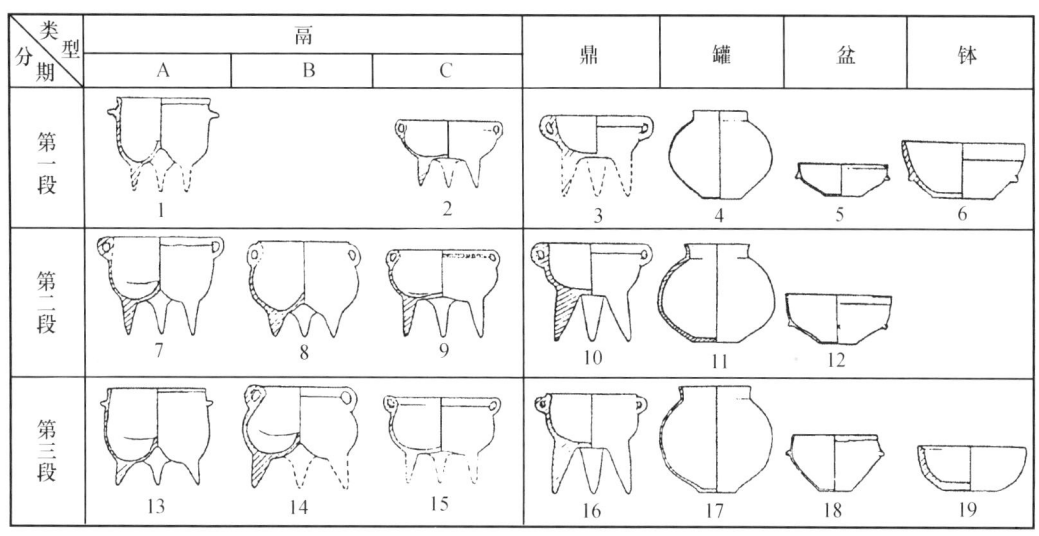

图一 龙头山遗址陶器分期图
1. ⅡH6∶1 2. ⅡT0701③∶1 3. ⅡT0606③∶1 4. ⅡH70∶3 5. ⅡH70∶7 6. ⅡH70∶9 7. ⅡT0605②∶3 8. ⅡT0402②∶3 9. ⅡH12∶6 10. ⅡH36∶1 11. ⅡT0402②∶5 12. ⅡT0903②∶4 13. Ⅱ祭坑1∶6 14. ⅡH11∶3 15. ⅡH40∶15 16. ⅡT0904①∶1 17. ⅡH40∶18 18. ⅡH40∶6 19. ⅡH40∶1

还有领饰附加堆纹的残鬲、直腹平底型鼎、高领垂腹型罐等。陶器均夹砂红褐陶，绝大多数为素面，器表色泽暗淡。另外，此段已出现剑身较窄、直刃的銎柄式短剑、刀背宽平的齿柄小刀、刃部微呈扇形的铜斧以及铜镞、铜泡、联珠扣饰、铜带饰、铜凿、锥等。

第二段：以遗址Ⅱ区第2层及2层下开口的Ⅱ祭坑2、ⅡH36、1层下开口的ⅡH12等单位为代表。此段典型陶器有AⅡ、BⅠ、CⅡ式鬲、Ⅱ式弧腹平底型鼎、Ⅱ式高领鼓腹罐、Ⅱ式弧腹平底盆。伴出器物除上段所见之外，还有无实足根的乳状袋足鬲、方腹罐、筒腹罐、矮领折腹罐、壶等。此段少量陶器的口沿外装饰有成组的蓖点几何形纹或动物形纹。另有少量红衣陶和极少量的戳印窝点纹。

第三段：以遗址Ⅱ区第1层及1层下开口的ⅡH39、Ⅱ祭坑1、ⅡH11、ⅡH40、ⅡH25等为代表。典型陶器有AⅢ、BⅡ、CⅢ式鬲、Ⅲ式弧腹平底型鼎、Ⅲ式高领鼓腹罐、Ⅲ式弧腹平底盆、Ⅱ式弧腹平底钵。此段伴出器物大多同上段。不过，已不见领饰附加堆纹的陶鬲。陶器口沿的外叠唇变薄并减少。纹饰仍然很少见。

由以上分期结果可以看出，各段之间在主要器物的变化上联系紧密，其间似无大的缺环。基本反映了该遗址夏家店上层文化发展的阶段性。若与以往的分期相比，本文所分的第一段相当于此前所分的第一、二期，本文所分的第二、三段大致分别相当于此前所分的第三、四期。

以龙头山遗址的分期为基础，可将目前所见的夏家店上层文化遗存归纳为顺序相承的四个阶段。第一期可以龙头山遗址第一段遗存单位为代表。此期遗存目前尚极少见于其他遗址。第二期可以龙头山遗址第二段遗存单位为代表。林西大井F2[3]、翁牛特旗大泡子青铜短剑墓[4]、建平水泉中层M8[5]等单位可归入此期。第三期可以龙头山遗址第三段遗存单位为代表。赤峰夏家店T1②、T3⑤、H5[6]，敖汉旗周家地M6、M42[7]，赤峰蜘蛛山H16[8]，宁城南山根M101、M3[9]，建平水泉城子M7801[10]等单位可归入此段。第四期代表单位有夏家店T7①、F4、H11，蜘蛛山H1、H21，周家地M45，赤峰红山后M3[11]，巴林右旗大板南山墓[12]等。此段遗存不见于龙头山遗址。以上四期，不仅陶鬲、鼎、盆、罐、钵等器类中的常见器形有着清晰的演变逻辑，而且铜短剑、斧、刀中的常见形态也有明显的演变规律可循。如銎柄式短剑（可分有格与无格二型）由龙头山一段ⅡM1：15那样的刃部狭长通直的形态发展为单或双波浪曲刃；齿柄小刀由龙头山一段ⅡM1：9刀背宽平而两侧对称起棱的形式逐渐偏向一侧起棱，同时刀首也由圆钝而发展为尖而上翘；扇形铜斧由龙头山一段ⅡM1：6那种刃部较缓的形式发展为刃部弧曲，刃两端外卷的样式。由此可见，龙头山遗址所区分出的三段遗存，在夏家店上层文化总体分期体系中大体居于早、中期的位置，而缺乏最晚期的遗存。

　　分期是进一步确立年代序列的前提条件。有关龙头山遗址的编年，齐晓光先生曾据^{14}C测年数据和典型器物的比较，将其上限定为商晚期或不晚于商周之际，而下限定为战国时期。现在看来，以往对该遗址夏家店上层文化的年代上限的认识，大致仍是成立的。但将年代下限定在战国，则理由并不充分。

　　如前所述，龙头山遗址第三段并非夏家店上层文化最晚期的遗存。与龙头山第三段年代相当的南山根M101出土有一群具有中原系风格的青铜器，如鼎、簋、簠、圭首援戈、骹部带耳的矛等。其年代正如原报告所推测的那样，相当于西周晚期到春秋早期。而属夏家店上层文化第四期的周家地M45出土有一件双翼有铤式铜镞（M45：1），此器双翼收束，脊透出本部较长的特点接近于洛阳中州路M4：30[13]，年代属春秋中期前后。考虑到上述夏家店上层文化这四期遗存的连续性发展的特点和主要器物的变化节奏，目前所分的第四期遗存的年代恐怕难以跨入战国时期。至于早于周家地M45的龙头山第三段遗存，其年代则只能估计在春秋中期以前，而最有可能是在两周之际。

二、地域特点

　　前文在分期的基础上简单归纳了一下龙头山遗址的阶段性特征，而地域特点又是构成该遗址夏家店上层文化总体特征的另一重要方面。

　　以往研究表明，夏家店上层文化的主要分布区北达西拉木伦河流域，南抵承德、平泉一线，西至七老图山，向东可到努鲁儿虎山东麓一带[14]。这一范围内，老哈河中上游及其支流地区（以下简称老哈河流域）又是该文化分布的中心所在。所以，归纳龙头山遗址夏家店上层文化的地域特征首先必须和这一地区的遗址相比较。

从总体分期序列看，老哈河流域以往发现的夏家店上层文化遗存大多属本文所分该文化的第三、四期。但近来喀喇沁旗大山前等遗址的发掘表明，这一区域内也存在夏家店上层文化较早时期的遗存[15]。也就是说，该区域内的夏家店上层文化和龙头山遗址的同类遗存实际上有着相当长的并行时期。以下从遗迹和遗物两方面将龙头山遗址与老哈河流域的夏家店上层文化遗址出土遗存做一简单比较。

先看遗迹。龙头山遗址发现的房址均为半地穴式，平面主要是圆形和圆角方形。而老哈河流域除见有同类房址之外，在夏家店、大山前等遗址还发现有土筑或石砌的地面式房址。

龙头山遗址已发掘的二百多座灰坑中，多数都是较规整的圆形袋状坑，有不少都在坑壁上留有二齿工具痕迹。另有少量圆形直壁、圆形锅底状和不规则形坑。从功能上又可分为窖穴、祭坑和取土坑等几类。这些与老哈河流域所见情况相同。但龙头山遗址发现有部分大坑套小坑的"组合式坑"，即在较大型的灰坑底部又开口有一或两个较小的袋形坑，大坑与小坑曾同时使用。这种形式的灰坑颇有特点，尚不见于老哈河流域。

龙头山遗址已发掘的墓葬均为单人葬。而老哈河流域除单人葬外，在夏家店、周家地等遗址还见有一些合葬墓。在形制上，龙头山遗址多见梯形竖穴土坑墓和袋形坑套梯形竖穴土坑墓。后者是在袋形坑的底部再挖出墓穴。而老哈河流域所见基本是长方形竖穴土坑墓，尚未发现袋状坑套梯形竖穴土坑墓这种形式。在葬具上，龙头山遗址较大型的墓为石椁木棺。一般的小墓多用石棺，也有少量未发现葬具。老哈河流域在南山根、小黑石沟[16]等地发现的较大型墓亦多为石椁木棺，但一般的小墓既有用石棺者，也有用木棺者。在周家地发掘的一批墓葬甚至以木棺葬具为主。在随葬品方面，龙头山遗址所见与老哈河流域中小型墓所见情况相似，基本组合都是兵器、工具加装饰品，有的还有一两件陶器，但未见青铜容器和马具。在葬俗上基本一致，但未见周家地等地发现的那种殉牲习俗。

再看遗物。从陶系上看，龙头山遗址与老哈河流域夏家店上层文化遗址均以夹砂红褐陶为主。但老哈河流域见有部分色泽鲜亮的红陶，而龙头山遗址几乎不见。在器表装饰方面，龙头山遗址见有少量圆涡纹、篦点纹和附加堆纹。其中尤以篦点纹组合成的动物纹和几何形纹最具特色。而老哈河流域纹饰陶的比例似乎更低。另外，龙头山遗址和老哈河流域部分遗址都见有少量红衣陶。红衣均系烧前绘于器表。但大山前等遗址所见的动物纹或几何形纹的彩陶却不见于龙头山遗址。在器形方面，龙头山遗址虽然多数器类的形态都常见于老哈河流域，但也有一些自身特点。比如，龙头山遗址B型（鼓腹）鬲的腹腔多较老哈河流域同期鼓腹鬲（图二，2）的腹腔为浅；C型（扁腹）鬲和弧腹平底型鼎较少见于老哈河流域，而老哈河流域所见的侈沿、浅弧腹

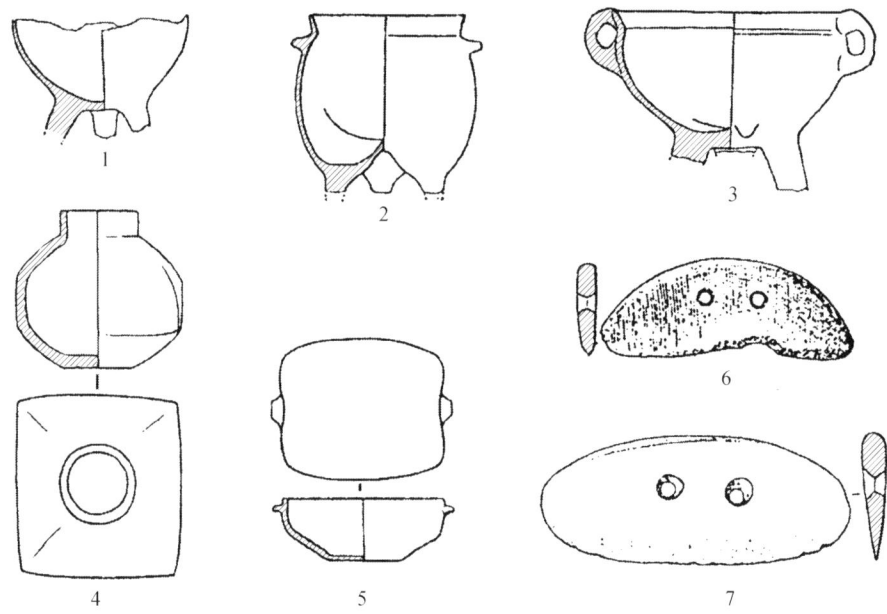

图二　夏家店上层文化陶、石器举例

1. 蜘蛛山（H16：4）　2. 夏家店（T1②：7）　3. 周家地（M45：01）　4、5. 龙头山出土
6. 南山根（T5②：15）　7. 龙头山Ⅱ（T0803②：1）

的陶鬲（图二，3）和形制与其相似的陶鼎（图二，1）又不见于龙头山遗址。另外，龙头山遗址还见有少量的方腹陶器，如方腹罐（图二，4）、方腹钵（图二，5）等，亦很有特色。

龙头山遗址所见厚体石斧、各式锤斧和圆盘状穿孔石器与老哈河流域常见的形态基本一致，但所见石刀有所区别。老哈河流域多见半月形石刀（图二，6），而龙头山遗址所见的椭圆形穿孔石刀（图二，7）颇具特点。

青铜器方面，由于龙头山遗址并未发现类似南山根M101那样的大墓，故品种和数量都要少得多，因而不易归纳其特点，但所发现的素面铜镜和鹿形牌饰尚不见于老哈河流域。

以上分析表明，龙头山遗址所见夏家店上层文化遗存与老哈河流域同类遗存相比，在基本面貌一致的情况下，又呈现出了不少的差异，而这些差异又主要体现为地域方面的特点。其中有些差异可视为受周邻文化影响强度不同的结果。如龙头山遗址所见篦点纹的比例稍高，这一点可能与其地域邻近松嫩平原的白金宝文化而受其影响程度较大有关；老哈河流域尤其是宁城一带的较大型墓中多见中原风格的青铜礼器和兵器，又是因其地域偏南，在接受中原文化影响方面得风气之先的缘故。还有，地域偏南的老哈河流域和努鲁儿虎山东麓一带都曾发现过几例墓中出东北系青铜短剑的现象，甚至还发现有此类剑与其他形式铜剑相结合的新形式。而这很早就有学者指出是受大小凌河流域同期遗存影响的结果[17]。但是，仍有一些差异点我们至今还不明白它们是如何形成的。当然，不排除现在所看到的一些不同点是因发现太少而暂时造成错觉的可能。

龙头山遗址所在的西拉木伦河流域，以往经发掘的夏家店上层文化遗址和墓葬很少，而且材料比较零星。从林西大井古铜矿遗址、翁牛特旗大泡子青铜短剑墓、巴林右旗大板南山墓等出土的少量遗物看，风格均与龙头山遗址同类器十分一致。1991年经较大规模发掘的巴林右旗塔布敖包遗址发现的夏家店上层文化遗存比较丰富，与龙头山遗址相比面貌很相似，但也有一些自身特点，如房址排列较整齐，门道多偏向房址一侧等[18]。从总体上看，龙头山遗址的文化面貌特征与西拉木伦河流域所见的夏家店上层文化遗存相比，接近程度显然要大于老哈河流域。

在龙头山遗址发掘之前，靳枫毅先生曾据林西大井和翁牛特旗大泡子等地点发现的有限的夏家店上层文化遗存，将西拉木伦河流域的夏家店上层文化作为一个新的类型来看待[19]。龙头山遗址发掘之后，齐晓光先生又据该遗址发现的丰富资料的细致分析，建议将西拉木伦河流域的夏家店上层文化命名为"龙头山类型"。至于该类型的分布范围，当时曾结合调查的资料提出了初步的意见，认为它向北可抵赤峰同锡林郭勒盟的邻界处，含西拉木伦河北属诸支流；南面大体以西拉木伦河和老哈河的中间分界，不超出金莫河，亦包括了老哈河和教来河下游的一部分；向西可达大兴安岭东麓，东面据通辽希伯营子短剑墓[20]的发现看，大概可包括上辽河的西段。

三、聚落布局

龙头山遗址地处西拉木伦河支流苇塘河的西岸，北、西、南三面环山。遗址坐西朝东，地势呈西高东低的箕形漫坡。据初步估测，主要遗存的分布范围东西长约600、南北宽约400米。遗址海拔860~910米。

遗址中部有一较大的东西向冲沟，当地俗名"城子沟"。该沟在西端地势较高处分成南北两叉。两叉之间的坡地东端即是石砌围墙基址。经地面踏查和钻探可知，遗址的主要遗存即以此居高的石砌基址为重心而呈扇面形分布。前二次发掘中曾将发掘地点所在划分为两个区域。其中Ⅰ区位于"城子沟"南侧偏东，邻近河滩，地势较平坦，其东缘为傍河而行的平双公路穿过。而石砌基址所在的高地定为Ⅱ区。在第三次发掘中，将"城子沟"南侧偏西定为Ⅲ区，其与Ⅰ区之间亦有一沟叉相隔。同时，"城子沟"以北，Ⅱ、Ⅲ两区的北侧又定为Ⅳ区。1991年，当了解到遗存分布范围继续向南扩大时，遂将Ⅰ、Ⅲ两区南侧的缓坡确定为Ⅴ区。Ⅰ区与Ⅴ区之间以一较浅的冲沟为界。

前三次发掘主要集中在Ⅱ区，同时也在Ⅰ、Ⅲ、Ⅳ区进行了小规模发掘。据发掘所获资料，齐晓光先生曾对该遗址的遗迹布局情况做出了初步判断。认为Ⅱ区东端的石砌基址应是一处祭祀中心，地势稍低的遗址中部一带（包括Ⅲ区及Ⅳ区中西部）

应为墓葬区。至于地势更为平坦的遗址东部，推测应属居住范围。另外，遗址南侧山脊（龙头山）中部疑为一有联系的石器打制场。由于受发掘面积所限，当时的认识难免含有较大的推测成分。1991年的第四次发掘，发掘面积4375平方米。发掘区主要集中在遗址的Ⅰ区和Ⅲ区，同时又对Ⅱ区石砌基址此前发掘的剩余部分和Ⅳ区的部分灰坑进行了清理。共发现灰坑238个、房址17座、墓葬19座，是四次发掘中规模最大的一次。这些新的发现，对于深入探讨龙头山遗址的聚落布局无疑能起到重要的推动作用。

龙头山遗址Ⅱ区的石砌基址大体位于遗址所在的箕形漫坡的顶端，所处位置十分突出。该基址的南北两侧为既深且宽的沟壑，十分陡峭。基址南北两侧的墙体部分已塌落沟中。基址西墙外约3米处发现一条人工护壕，宽约5、深约4米。基址东侧石墙外又是一条非常狭窄的坡道通往"城子沟"沟底。"城子沟"深达10米以上，现今沟底基岩裸露，仍留有不少从坡顶墙基塌落下来的石块。从种种迹象推测，基址南北两侧的沟叉并非很晚才形成的，而很有可能在夏家店上层文化时期业已存在。不过，沟在当时可能并不如现在这样宽和深。基址选择在这样的位置，在外围筑墙并挖筑与自然大沟相连的深壕，显然有特殊的用意。石墙和深沟大壑固然可以在当时的战争或冲突中起到有效的防御作用，但在平时无疑也将基址本身与聚落内的其他部分相隔离，起到一种分界的作用。

基址内绝大部分的区域已被清理，遗迹现象较为丰富。所发现的大部分灰坑和房址都与一般居住区内的同类遗迹有所不同，具有较明显的祭祀性质。这一点在以往的文章中有详细的总结报道，此不赘述。将该基址判断为龙头山聚落的祭祀礼仪中心，应该是可以成立的。从地层叠压关系和陶器分期情况看，这一祭祀址使用的时间是比较长的。同时，正如以往曾指出的那样，祭坑ⅡH70叠压于石墙垫土之下，说明在石墙建起之前这一带就有了祭祀活动。但也应注意到，这里层位最早的ⅡM1和ⅡF1等少数几个单位似乎并不具有祭祀的性质。ⅡM1系一梯形竖穴土坑墓，有石椁木棺，随葬品丰富，有铜兵器、工具、装饰品和桦树皮器等，是目前该遗址内发现的规格最高的一座墓葬。ⅡF1系一小型圆形半地穴式房屋，有柱洞和灶，形制同于一般居住用的房址。这一现象似乎表明，在这里成为聚落内特定的祭祀礼仪中心之前，不排除最初曾作为居住和埋葬区的可能。

从地势渐低的Ⅲ区和Ⅰ区出土遗存看，与Ⅱ区石砌基址出土遗存在时间上是基本并行的，但在主要遗存的性质上是有区别的。

在Ⅰ区的东部和中部共发掘了灰坑103座，从各种迹象看应是以窖穴为主。同时还发现了两座较小的圆形半地穴式房址。看来，这里主要应属居住活动的范围，但在具体的功能上则偏重于储藏。Ⅲ区的东部与Ⅰ区类似，分布有大片的窖穴。而在其西部，除仍有窖穴性质的灰坑发现外，则相对集中地分布着十多座房址，而且房址的形状多为圆角方形或长方形，有的有门道。显然，Ⅲ区的西部从具体的功能上看应是偏重于居住的。值得一提的是，就在Ⅲ区西部附近的沟中至今仍有几眼泉水经年不息。主要的居住遗迹之所以分布在这里，恐怕也体现了当时人们就近利用水源的意图。

Ⅰ区和Ⅲ区虽然属于居住活动的范围，但也都发现了一些墓葬。其中Ⅰ区发现的5座墓葬集中在发掘区中部偏南的一个较小的范围内，均为梯形竖穴土坑墓，头向东北，墓穴很浅，有的有石棺葬具。在Ⅲ区发现的16座墓葬，则都散布在整个发掘区内，没有明显的结群现象，而且形制上以袋形坑套梯形竖穴土坑的形式较多见，墓穴多数较深，与Ⅰ区发现的墓葬似有一定区别。Ⅰ、Ⅲ两区发现的墓葬虽都有个别墓打破灰坑或房址的现象，但结合出土遗存的比较看，很有可能都是在居住活动区使用的同时所埋的。结合钻探和试掘的情况可知，遗址的Ⅳ、Ⅴ两区也都分布有不少的灰坑等遗迹，Ⅳ区还发现有墓葬。表明这两区与Ⅰ、Ⅲ两区的情况可能是相同的。总之，龙头山遗址内目前并未发现大规模连续埋葬的墓葬区，这一点与以往的认识是不同的。实际上，过去在夏家店、南山根、小黑石沟等几处遗址的发掘中也曾遇到过这种现象，已发掘的夏家店上层文化墓葬分布在遗址内的各个地点，其中有的集结成较小的墓群，有的则干脆散布在居住性质的遗迹之间。墓葬与居住遗存之间并没有严格的分域。这可能是夏家店上层文化聚落布局中存在的一种较为普遍的现象。

还需说明的是，Ⅰ、Ⅲ、Ⅳ区从各种迹象观察虽然可视为一般的居住与埋葬区域，但也有个别灰坑具有较明显的祭祀性质。比如，Ⅳ区西部近"城子沟"沟畔发现一规格较高的墓（M2）。在此墓的两旁各有一坑，内置成人尸骨一具，未见陶器和其他遗物。其中一坑的死者侧卧于坑底西侧，颈、髋部各嵌有一枚骨镞，显系非正常死亡。另如ⅠH18，系一圆形袋状坑，坑底扔有三个人头骨，还有一些兽骨和石块。看来，一般的居住和埋葬区中也存在少量的祭祀现象。

综上分析，龙头山遗址内各区从功能上看可分为两个部分。一部分是位置显赫的Ⅱ区石砌基址，在相当长时间里，它是作为主要的祭祀礼仪中心使用的。另一部分以Ⅰ、Ⅲ两区为代表，Ⅳ、Ⅴ区也应包括在内，主要应属普通的居住与埋葬区。龙头山遗址这种祭祀礼仪中心偏上，而一般居住与埋葬区域偏下的布局，无疑体现了一种事先有意识的安排和规划。同时，祭祀礼仪中心的石墙和深壕的设置，不仅显示了防御的意图，更重要的是也象征着一种森严的分界。这种分界，很有可能正是为了强调人们观念中的"圣"与"俗"的区别。即前者主要是祭祀和礼仪活动的场所，是与祖先和神灵沟通的"圣地"，是"圣区"，而后者则是聚落内居民主要的生活起居或埋葬的场所，是"俗区"。当然，也不排除有少数祭祀活动在一般居住与埋葬区内进行的可能。

其实，夏家店上层文化聚落中这种祭祀遗迹相对集中的现象，20世纪50年代在赤峰夏家店遗址的发掘中就曾遇到过。该遗址第一岗地东端近沟壑处，在不大的范围内即发现有5个埋有人骨的灰坑和一座填土中埋人的房址，只不过当时并未强调它们的祭祀功能，而笼统地归入了埋葬类。喀喇沁旗大山前遗址的第Ⅳ地点也是一个相对独立的台地。该地点一面临河，两面有沟，靠山脊一侧则有人工壕沟。经发掘，这一壕沟应挖筑于夏家店下层文化时期，到夏家店上层文化时期它仍然存在。1998年，在该地点中北部的发掘中，在670平方米的范围内就发现了几十座夏家店上层文化的祭坑和几座祭房[21]。情况与龙头山遗址Ⅱ区石砌基址内所见十分相似。祭坑中共出土全躯或被肢解的人骨50多具，还发现有此前鲜见于报道的彩陶等珍贵遗物。表明这里在夏家店上层文化时期也是一个集中祭祀的场所。而大山前第Ⅳ地点附近的Ⅲ、Ⅴ两区则可能是同时期的主要居住和埋葬区。可见，龙头山遗址这种"圣""俗"二元对立的聚落布局在夏家店上层文化遗址中已并非孤例，而很有可能是规模较大的遗址中所普遍存在的一种布局模式。

另外，以往的报道中还曾提到遗址南侧的石器打制场。该场所位于龙头山山脊中部，地表岩石裸露，散布有大量石料、石坯及石器半成品，可辨的器形有石铲和石锄等。在遗址内的其他几个地点也曾零星采集到石料相同的石铲、石锄等。现在看来，夏家店上层文化中缺乏石铲、石锄这样的翻耕或中耕工具是众多的遗址发掘中得出的共同性认识。目前还缺乏足够的证据来说明它是龙头山夏家店上层文化聚落中的有机组成部分。

以上在新资料的基础上，我们对龙头山遗址夏家店上层文化的分期、年代、地域特点和聚落布局问题进行了重新认识。这些认识的合理与否，还有待以后工作的验证。

注　释

[1] 龙头山遗址第一至三次发掘的简要报道见内蒙古自治区文物考古研究所、克什克腾旗博物馆：《内蒙古克什克腾旗龙头山遗址第一、二次发掘简报》，《考古》1991年第8期。齐晓光：《内蒙古克什克腾旗龙头山遗址发掘的主要收获》，《内蒙古东部区考古学文化研究文集》，海洋出版社，1991年。

[2] 齐晓光：《内蒙古克什克腾旗龙头山遗址发掘的主要收获》，《内蒙古东部区考古学文化研究文集》，海洋出版社，1991年。以往关于龙头山遗址夏家店上层文化的分期、年代、遗迹布局及龙头山类型的提出等问题的意见，凡不再作注者，皆出此文。

[3] 辽宁省博物馆文物工作队：《辽宁林西县大井古铜矿1976年试掘简报》，《文物资料丛刊》，1983年第7辑。

[4] 贾鸿恩：《翁牛特旗大泡子青铜短剑墓》，《文物》1984年第2期。

[5] 辽宁省博物馆、朝阳市博物馆：《建平水泉遗址发掘简报》，《辽海文物学刊》1986年第2期。

[6] 中国科学院考古研究所内蒙古工作队：《赤峰药王庙、夏家店遗址试掘报告》，《考古学报》1974年第1期。

[7]　中国社会科学院考古研究所内蒙古工作队：《内蒙古敖汉旗周家地墓地发掘简报》，《考古》1984年第5期。

[8]　中国社会科学院考古研究所内蒙古工作队：《赤峰蜘蛛山遗址的发掘》，《考古学报》1979年第2期。

[9]　辽宁省昭乌达盟文物工作站、中国科学院考古研究所东北工作队：《宁城县南山根的石椁墓》，《考古学报》1973年第2期。中国科学院考古研究所内蒙古工作队：《宁城南山根遗址发掘报告》，《考古学报》1975年第1期。

[10]　建平县文化馆、朝阳地区博物馆：《辽宁建平县的青铜时代墓葬及相关遗物》，《考古》1983年第8期。

[11]　〔日〕滨田耕作、水野清一：《赤峰红山后》，《东方考古学丛刊》甲种第六册，雄山阁出版株式会社，1938年。

[12]　董文义：《巴林右旗发现青铜短剑墓》，《内蒙古文物考古》1981年创刊号。

[13]　中国科学院考古研究所编著：《洛阳中州路》，科学出版社，1959年，第102页，图七十，2。

[14]　朱永刚：《夏家店上层文化初步研究》，《考古学文化论集》（1），文物出版社，1987年。

[15]　赤峰考古队发掘资料。

[16]　宁城县文化馆、中国社会科学院研究生院考古系东北考古专业：《宁城县新发现的夏家店上层文化墓葬及其相关遗物的研究》，《文物资料丛刊》第9辑，1985年。项春松、李义：《宁城小黑石沟石椁墓调查清理报告》，《文物》1995年第5期。

[17]　林沄：《中国东北系铜剑初论》，《考古学报》1980年第2期。

[18]　内蒙古文物考古研究所发掘资料。

[19]　靳枫毅：《夏家店上层文化及其族属问题》，《考古学报》1987年第2期。

[20]　侯莉敏：《通辽市发现一座青铜剑墓》，《哲里木文物通讯》1982年创刊号。

[21]　赤峰考古队：《大山前发掘半支箭河调查有重要发现》，《中国文物报》1999年第11期头版。

（本文系与齐晓光共同署名，原刊于《北方文物》2002年第1期）

探寻东胡遗存的一个新线索

据史书记载，东胡是东周时期活跃于燕国东北面的一支胡人。燕国在北却东胡之后筑设长城，其主要目的即是为了抵御这支胡人的南下侵扰，并保卫新获取的大片土地。显然，就地理位置来说，燕北长城的南北两侧地带，应当就是找寻东胡遗存的重点区域。

在燕北长城所经行的努鲁儿虎山以西的赤峰地区，20世纪30年代日本人发掘红山后石椁墓群以后，滨田耕作等就曾将其命名的"赤峰第二期文化"的族属指为东胡[1]；1958年，李逸友先生在报道宁城南山根发现的一批青铜器时，也认为这是东胡的遗存[2]；1960年，夏家店遗址的正式发掘，确立了夏家店上层文化，证明红山后石椁墓群与南山根的铜器群应同属这一文化。发掘者进一步提示了该文化的族属与"东胡""山戎"相联系的可能性[3]。在努鲁儿虎山以东的大、小凌河流域，1960年朱贵先生在报道朝阳十二台营子清理的青铜短剑墓时，则提出了此类青铜短剑墓葬的族属为东胡的观点[4]。此说还得到了《新中国的考古收获》一书的肯定[5]。1978年，乌恩先生提出朝阳等地发现的曲刃青铜短剑遗存（ⅢA型）应归属于夏家店上层文化，认为夏家店上层文化的东界可至阜新、朝阳地区[6]。80年代初，靳枫毅先生更将大凌河中下游及小凌河流域的青铜短剑墓作为"十二台营子类型"而划归夏家店上层文化，并论证了这一概念下的夏家店上层文化的族属为东胡的观点[7]。在随后的文章中靳先生又对这一问题做了更为详细的探讨[8]。自此，将这种宽泛概念下的夏家店上层文化的族属视为东胡，成为考古界一段时间内颇为流行的观点。

对努鲁儿虎山东西两侧含曲刃青铜短剑的遗存是否属同一考古学文化的问题，1980年林沄先生在《中国东北系铜剑初论》一文中即提出了明显不同的看法："热河山地（夏家店上层文化的主要分布区）并非东北系铜剑的主要分布区。这就从总体上否定了东北系铜剑属于夏家店上层文化。"[9]这实际上已将大、小凌河流域以青铜短剑墓葬为代表的遗存与夏家店上层文化区别开来。1987年，朱永刚先生在《夏家店上层文化的初步研究》一文中也提出了类似的观点[10]。这一认识逐渐得到越来越多研究者的认同。目前，多数学者在论及大、小凌河流域晚于魏营子类型的青铜文化遗存时都已单称其为"凌河类型"[11]，甚至有的学者径称其为"凌河文化"[12]，而不再将其视为夏家店上层文化的一部分。

至于这两支文化的族属，林沄先生在1980年的那篇文章中已指出，东北系青铜剑主要分布区内的文化的族属并非东胡，这自然就包含了"凌河类型"在内。在1992

年所写的一篇文章中，林先生又进一步驳斥了夏家店上层文化的东胡说。具体理由有三：其一，夏家店上层文化中迄今没有找到可以晚到春秋中期以后的任何明确证据，与文献所记东胡活动的确切时间有很大差距；其二，夏家店上层文化是以东亚蒙古人种成分为主体，与被认为是东胡后裔的鲜卑、契丹的人种成分大不相同；其三，从文化内涵上看，夏家店上层文化有明显的定居村落，有农业，与东胡后裔乌桓、鲜卑的生活方式和习俗有显著差异[13]。

1992年，邵国田先生报道了敖汉旗铁匠沟战国墓地的调查清理资料，并于结语中提出该墓地A区墓葬是年代介于夏家店上层文化之后至战国燕文化到达之前的一种新遗存[14]。1998年，郭治中先生又向人们展示了敖汉旗水泉墓地的新发现，并提出了赤峰地区年代继夏家店上层文化之后的又一种新的考古学文化——水泉文化[15]。这两批新材料的发现，不仅填补了辽西区（包括努鲁儿虎山以西的赤峰地区）晚期青铜文化的缺环，也真正使人们认识到，夏家店上层文化的年代与文献记载中东胡的活动年代确有一定距离，难以将其族属与古族东胡直接联系起来。

铁匠沟遗存与水泉文化，从地域和年代上看显然与东胡活动的地域和年代十分契合。两种遗存所在的赤峰地区，大体属燕设五郡中的右北平和辽西郡的一部分，这里不仅有燕北长城所经行，而且长城于此分为南北两段，显见这一区域在防御东胡方面的重要性。从年代上说，两种遗存的年代大体都在春秋晚期至战国前期，正是燕国北却东胡之前的一段时期。所以，两种遗存自然可以作为探索东胡遗存的对象。然而，若想确定某类遗存的族属，仅仅考虑年代与地域的吻合是不够的，包括葬俗与经济形态在内的文化特征上的吻合，也显得格外重要。

文献中关于东胡的生活与习俗，缺乏直接的记载。不过，东胡之所以被中原文献称为"胡"，并不仅仅因为它"在匈奴东"（《史记·匈奴列传》索隐引服虔语），更重要的是它应具备与胡人相同的经济形态——"其畜之所多，则马、牛、羊"，"其俗宽则随畜，因射猎禽兽为生业"（《史记·匈奴列传》语）。这从文献记载的东胡后裔乌桓、鲜卑的习俗可以得到印证。

铁匠沟遗存系清理的被破坏的墓葬，三座墓的葬式、随葬品摆放位置、有无用牲现象等情况均无从知晓，经济形态不大明确。水泉墓地北区墓葬是水泉文化中迄今材料最为集中的一批。据发掘者介绍，有殉牲的墓约占墓葬总数的三分之一强，殉牲以猪最为多见，有少量的狗和个别的马、牛。从畜群的构成特点看，适合于定居饲养，而不适合较大范围的游动放养，与东胡所应具有的经济形态明显不合。所以，目前不宜将铁匠沟遗存与水泉文化的族属和东胡相挂钩。那么，东胡族的遗存仍需继续找寻。2002年发现的林西井沟子遗址西区墓葬，便是在赤峰地区继续探寻东胡遗存的新线索。

井沟子遗址位于林西县双井店乡敖包吐村井沟子自然村北约400米处的一个向阳坡岗上。这里地处西拉木伦河上游北岸，属大兴安岭南段余脉。该遗址于1989年赤峰市文物普查时发现。1998年，林西县文管所王刚所长曾报道了遗址内被破坏的一座墓葬[16]，引起了我们的注意。2002年5月，我们在复查该遗址时发现，遗址中部有多处墓葬被农民所挖育林坑破坏，人骨时有暴露，且有被盗现象。鉴于该遗址文化内涵的重要性，经报请上级文物主管部门批准，由内蒙古文物考古研究所与吉林大学边疆考古研究中心联合对墓群进行了抢救性发掘[17]。

据地面调查和钻探，发现遗址范围内的墓葬可分东、西两区。我们的发掘位置选择在西区墓葬所在的遗址中部，发掘面积650平方米，共发现墓葬31座、灰坑3个。其中3个灰坑属于夏家店上层文化时期，而以31座墓葬为代表的是一种新的文化类型。

此次发掘不仅获得了墓葬（M21）打破夏家店上层文化灰坑（H2）的层位依据，而且这批墓葬所反映的文化内涵，与夏家店上层文化相比也存在本质的区别。从赤峰红山后、南山根[18]、夏家店、小黑石沟[19]、龙头山[20]等地的发现来看，夏家店上层文化墓葬常见石质葬具；流行单人仰身直肢葬，偶见双人葬，不见多人合葬；用牲现象少见[21]；随葬陶器墓的比例不高，且墓中多见小型的罐、豆、钵、壶、鬲等（图一）；随葬青铜器中的銎柄式短剑、齿柄刀、空首斧以及骨器中的短铤骨镞等（图二），也很有代表性。而井沟子西区墓葬则不见石质葬具[22]；双人以上的合葬墓数量多于单人葬；用牲现象普遍；随葬陶器墓的比例较高，陶器以形体较大的素面夹砂红褐陶或灰褐陶的罐为主，另有少量鬲、钵、壶（图三），不见豆。同类陶器的形制

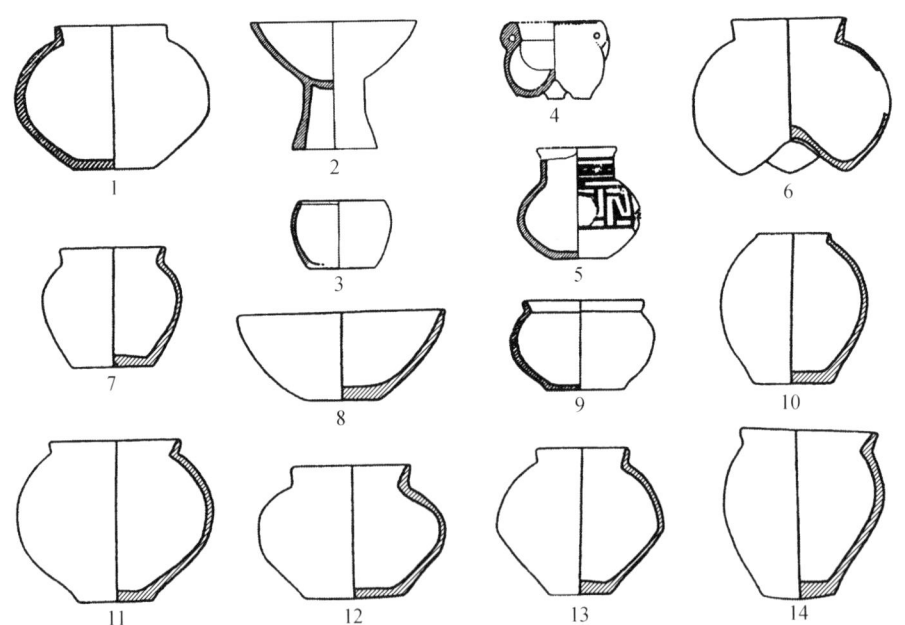

图一　夏家店上层文化墓葬出土陶器举例

1、7、9~14.罐（1.夏家店M14∶1，9.夏家店M7∶1，余皆红山后石椁墓地出土）　2.豆（大泡子墓）
3.钵（南山根M3∶18）　4、6.鬲（4.大泡子墓，6.红山后石椁墓地）　5.壶（大泡子墓）
8.碗（红山后石椁墓地）

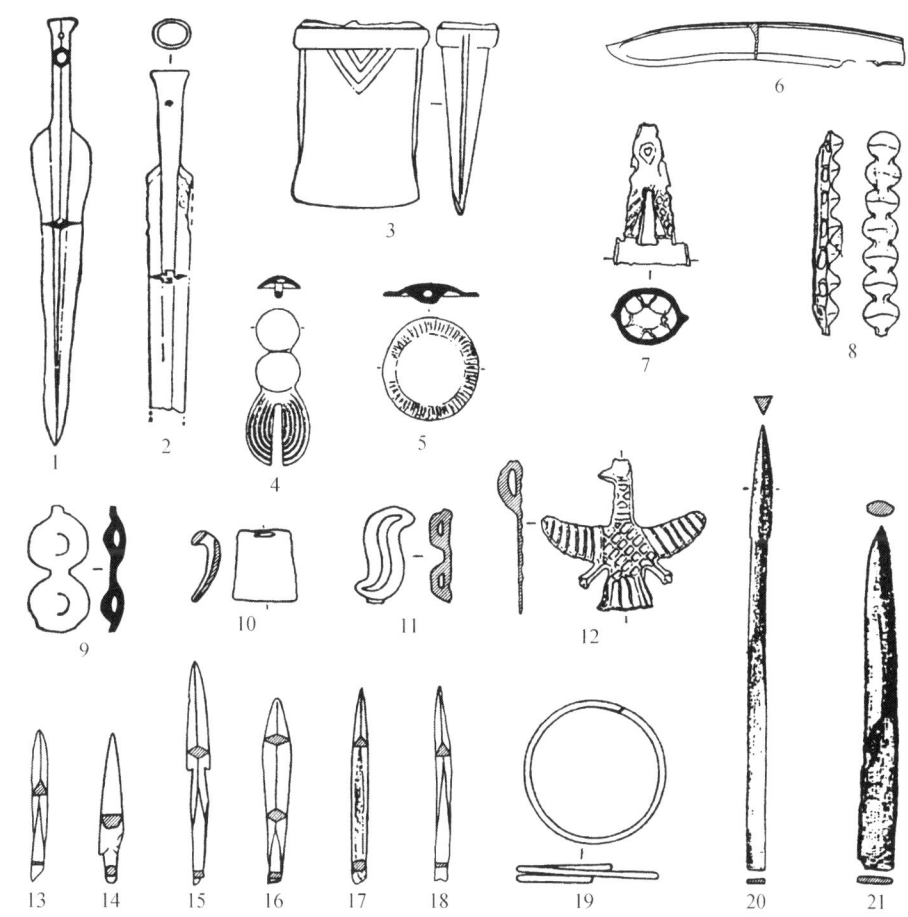

图二　夏家店上层文化墓葬出土青铜器、骨器与蚌器

1、2.銎柄式短剑（1.大泡子墓、2.龙头山ⅡM1∶15）　3.空首斧（龙头山ⅡM1∶6）　4.双尾铜饰（夏家店M11∶1）　5.铜泡（夏家店M17∶2）　6.齿柄刀（南山根M3∶7）　7.铃形饰（南山根M4∶41）　8、9.联珠形铜饰（8.南山根M4∶36、9.龙头山ⅡM1∶17）　10.箕形蚌饰（南山根M5∶2）　11."S"形铜饰（龙头山ⅡM1∶11）　12.铜鸟形饰（南山根M4∶28）　13～18、20、21.骨镞（13～18.红山后石椁墓地、20.夏家店M12∶3、21.M12∶1）　19.弹簧式耳环（红山后石椁墓地）

也有很大不同。如井沟子所见陶鬲与夏家店上层文化常见的陶鬲形态（图四）相比差别明显，似非同一系统；陶罐口沿不见夏家店上层文化流行的抹斜口沿的做法等。井沟子西区墓葬也出土有丰富的小型青铜器、骨器与蚌器（图五）。青铜器中的圆凸格扁茎直刃短剑、舌形铜坠饰、变体鸟首形饰与骨器中的梭形或方形骨扣、骨镞、弓弭等基本不见于夏家店上层文化；长铤骨镞在夏家店上层文化中也十分少见。这些差别的存在，表明井沟子西区墓葬是区别于夏家店上层文化的一种新型遗存。但两者又有一些相同的因素，如井沟子无耳类夹砂罐A、B、C、D四型的直领特征、外叠唇陶钵、个别陶鬲腹部带錾的作风、弹簧式耳环、铃形饰、联珠形饰、铜泡、齿柄铜刀、扁茎凹格式短剑、箕形蚌饰等，则体现了与夏家店上层文化同类器或一些制作

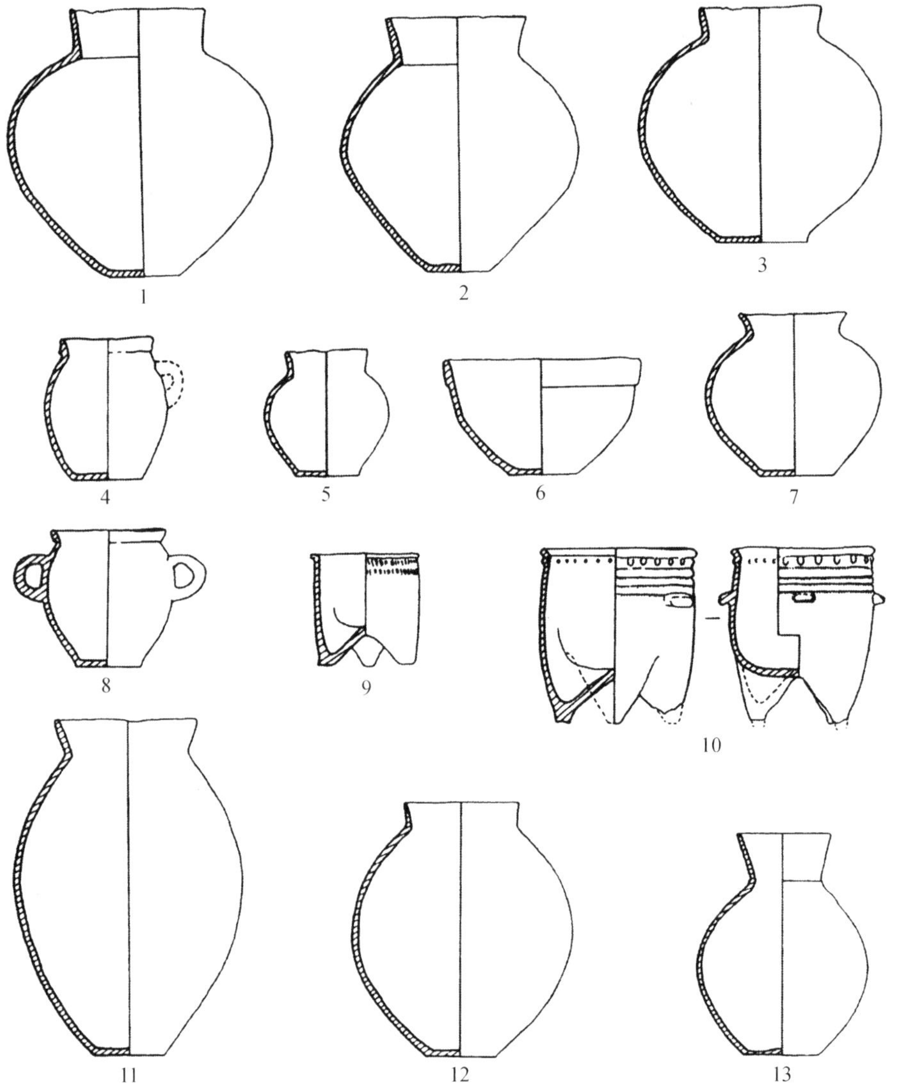

图三 井沟子遗址西区墓葬出土陶器

1. A型无耳类夹砂罐（M13：2） 2. B型无耳类夹砂罐（M15：2） 3. C型无耳类夹砂罐（M27：1） 4. 单耳罐（M13：39） 5. D型无耳类夹砂罐（M9：1） 6. 钵（M2：2） 7. E型无耳类夹砂罐（M13：3） 8. 双耳罐（M10：2） 9. B型鬲（M25：1） 10. A型鬲（M19：3） 11. F型无耳类夹砂罐（M5：20） 12. 泥质罐（M19：5） 13. 泥质壶（M13：40）（以上陶器分型同于发掘简报）

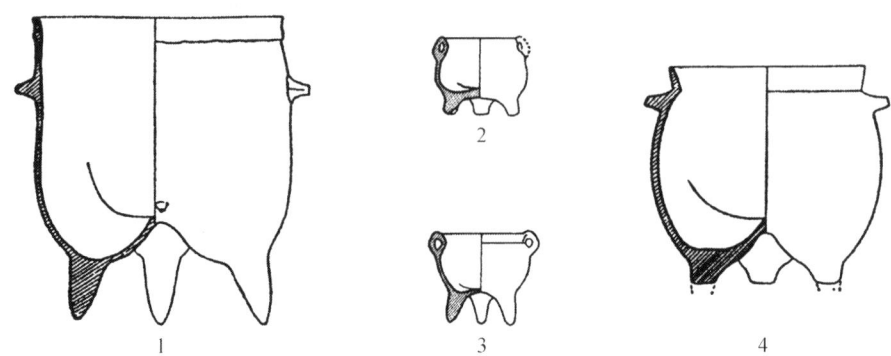

图四 夏家店上层文化遗址中常见的陶鬲形态

1~4. 均夏家店遗址出土（T3⑤：11、T7①：2、H5：15、T1②：7）

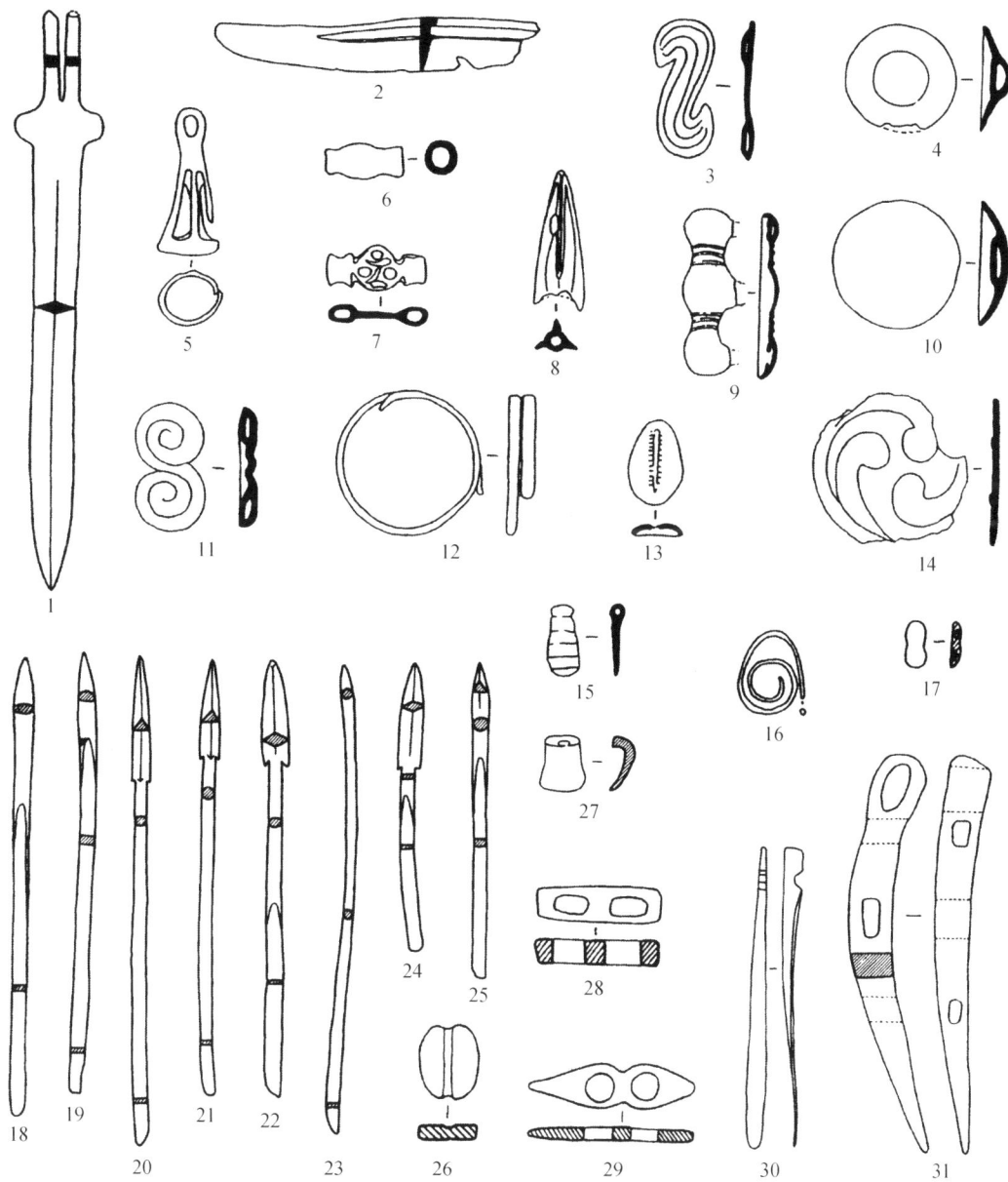

图五 井沟子遗址西区墓葬出土青铜器、骨器与蚌器

1. 短剑（M3∶6） 2. 铜刀（M5∶13） 3. 变体鸟形饰（M6∶1） 4、10. 铜泡（M15∶12、M5∶4） 5. 铃形饰（M3∶46） 6. 管状饰（M20∶10） 7. 变体鸟首形饰（M25∶10-4） 8. 铜镞（M26∶20） 9、17. 联珠形饰（M31∶7、M17∶6） 11. "S"形卷云纹铜饰（M13∶33） 12、16. 耳环（M3∶57-1、M31∶22） 13. 铜贝饰（M7∶11） 14. 涡纹铜饰（M5∶10） 15. 舌形铜坠饰（M8∶2） 18～25. 骨镞（M10∶4、M26∶13、M3∶23、M3∶25、M3∶54、M3∶26、M26∶8、M26∶7） 26. 贝形蚌饰（M3∶15-1） 27. 箕形蚌饰（M21∶25-1） 28、29. 骨扣（M3∶10、M3∶59） 30. 弓弭（M3∶38） 31. 骨镳（M3∶58）

风格上的联系。

与同期的铁匠沟遗存（图六）相比，二者出土遗物的相似性较大，如井沟子A型、B型夹砂罐、M2∶2钵与M13∶40泥质灰陶壶形制分别接近于敖汉铁匠沟AM3∶1罐、AM1∶1罐（铁匠沟简报称瓮）、AM2∶3钵（铁匠沟简报称碗）和AM2∶2壶；两处墓地还出土了风格十分一致的变体鸟首形铜饰（铁匠沟简报称鸟纹饰）、涡纹铜

图六　铁匠沟A区墓葬出土器物

1、2、4. 罐（AM3∶1、AM2∶1、AM1∶1）　3. 壶（AM2∶2）　5. 钵（AM2∶3）　6. 变体鸟首形饰（AM2∶11）　7. 环首铜刀（AM1∶2）　8. "S"形卷云纹铜饰（AM1∶17）　9. 虎形饰（AM1∶11）　10. 带钩（AM1∶29）　11. 铃形饰（AM2∶6）　12. 铜镞（A区采）　13、14. 铜泡（AM3∶2、AM1∶22）　15. 耳环（AM2∶27）　16. 野猪交媾式牌饰（AM1∶9）　17. 野猪形牌饰（AM1∶6）　18. 涡纹铜饰（AM1∶15）

饰（铁匠沟简报称涡纹圆形牌饰）、圆形铜泡、弹簧式耳环、瘦高喇叭状铃形饰、有銎三翼铜镞、"S"形卷云纹铜饰（铁匠沟简报称连锁卷云纹条形饰）等。铁匠沟A区的3座墓已遭破坏，仅知均为土坑竖穴墓，呈西北—东南向，分单人葬和双人合葬两种，这些特征与井沟子西区墓葬也比较接近。但铁匠沟A区墓葬所出野猪形牌饰、虎形铜饰、环首刀、带钩等不见于井沟子西区墓，加之有无用牲现象等情况不明。所以二者是否属于同一性质的考古学文化，尚有待今后的进一步工作。

与水泉墓地北区墓葬相比，二者存在一定的联系，如夹砂褐陶的单耳罐、双耳罐以及圆形铜泡、铜丝卷曲而成的耳环等在两片墓地均有发现。墓圹方向也比较相似。但二者的区别却非常显著。水泉北区墓葬多见木质葬具；流行单人仰身直肢葬；用牲以猪的头蹄为主，且多位于填土之中；随葬陶器以器形较小的单耳罐、双耳罐、叠唇鼓腹罐和单把杯为主（图七）。井沟子西区所有墓葬均未见葬具痕；多双人以上合葬墓；用牲以马、牛、羊为主，不见猪，位置既有在墓内者，又有埋于填土中者；随葬陶器以大型无耳类夹砂罐为主，四足筒腹鬲颇具特色。水泉墓葬的骨镞和各类质料的装饰品的丰富程度亦远不及井沟子墓葬。从这些方面看，二者显然属于不同性质的考古学文化遗存。据初步了解，水泉文化的遗存只稀疏的分布于老哈河流域和大凌河的上游一带，而井沟子西区墓葬的发现，则表明在夏家店上层文化消退后，西拉木伦河流域的青铜文化也并非空白。井沟子西区墓葬应当可以代表一种新的文化类型，可暂称为"井沟子类型"。

井沟子类型不仅从年代和地域上满足与东胡相联系的条件，从墓葬所反映的经济形态上看，也与古族东胡存在着紧密的联系。

井沟子西区墓葬的用牲现象很普遍，在后期破坏较轻的28座墓中有25座出现牲骨，用牲墓的比例高达89.29%。所用牲畜主要是适合于放养的马、牛、羊、驴、骡，

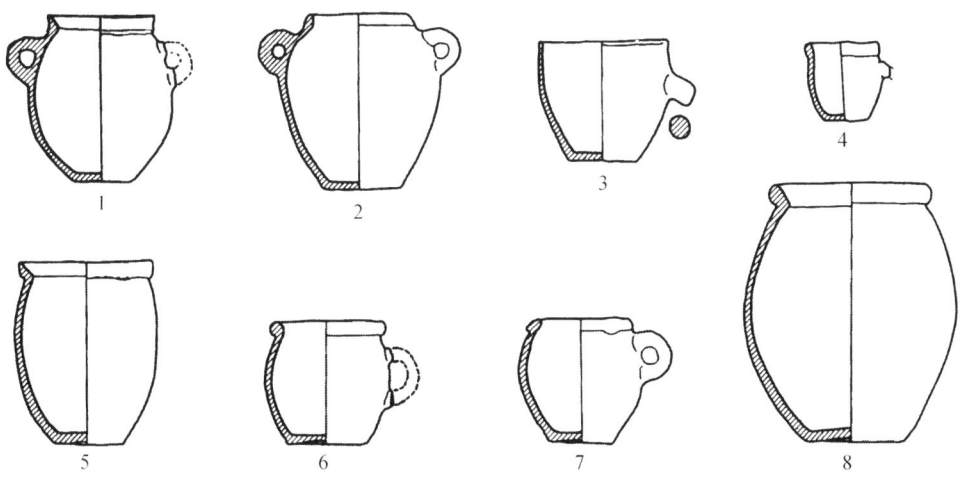

图七　水泉墓地北区墓葬出土陶器
1、2. 双耳罐（M79∶1、M73∶1）　3、4. 单把杯（M22∶2、M3∶2）　5、8. 叠唇鼓腹罐（M76∶1、M8∶1）
6、7. 单耳罐（M75∶1、M36∶3）

尤以马的数量最多,另有狗1例,而未见猪。墓内也未发现任何农业生产工具或农产品,反映了畜牧业在当时的经济生活中当占据主导地位。此外,墓内还出少量未经加工的野生动物的骨骼,经鉴定有鹿、獐、狐狸,同时也有水生的背角无齿蚌和淡水螺,骨器中又存在大量骨镞,说明渔猎可能是居民经济生活的一项重要补充手段。

井沟子类型墓葬所反映的经济形态特点,有别于赤峰地区年代上早于它的诸种考古学文化,也不同于年代与其基本相当的水泉文化。可以说,这是赤峰地区目前可确定的年代最早的以畜牧业经济为主、以渔猎经济为辅的一种新型经济形态。

春秋战国之际,中国北方长城地带及其以东以西地区普遍流行在墓内用牲的习俗,但各地在用牲墓所占的比例、用牲种类与数量、所用牲畜部位及放置位置等方面都存在一定的差异,彼此所反映的畜牧业的类型与发达程度亦各不相同。井沟子类型墓葬的用牲特点,与地域邻近的冀北山地以军都山、梨树沟门墓地为代表的文化类型[23],以大小凌河流域为分布中心的凌河文化晚期[24],嫩江流域以平洋墓葬为代表的汉书二期文化[25]相比,差异显著,显示了自身的独特性。从其畜群的构成来看,更适合于在较大的范围内游动放牧。

显而易见,将井沟子类型指认为东胡,从畜牧、射猎这种生业特点上看,无疑是最为合适的。

值得注意的是,井沟子类型的居民虽系牧民,可能过着具有一定游动性的放牧生活。但这并不意味着该类型没有相对稳定的定居点。井沟子西区墓葬随葬陶器的墓21座,占此次清理墓葬总数(31座)的67.74%,比例较高,说明陶器是日常生活中的常备用品;随葬陶器以形体较大的夹砂罐(A、B、F型)数量最多,这类罐往往又是口小、肚大,便于就地盛储和加工食物,而不利经常性的长途搬运;数量较多的陶器型别都存在进一步分式的可能,表明这片墓地存在一定的时间跨度,并不是短暂的埋葬地。以上情况显示,井沟子西区墓葬所对应的应当就是一个比较稳定的居住和活动地点。

人种学的初步研究成果表明,井沟子西区墓葬人骨材料具有明显的低颅、阔面、面部扁平的北亚蒙古人种性状,与已知的鲜卑、契丹的人种特征十分接近。研究者认为,这是东北地区目前所确定的年代最早的一批古西伯利亚类型的居民,它与此前分布于东北地区的古居民的人种特征差异很大[26]。综合考虑,这一人群的主体很有可能源出更北的蒙古高原。

既然井沟子居民的人种成分与文献所记东胡后裔的鲜卑、契丹的人种特征相近同,年代、地域、生业特点与历来学者们对东胡的印象又如此吻合,那么,我们已有理由将其视为真正的东胡族的一部分。然而,井沟子西区墓葬的发现,毕竟只是探寻东胡遗存的一个新线索,循此线索,还需继续做很多的工作。

注 释

[1] 东亚考古学会：《赤峰红山后——热河省赤峰红山后先史遗迹》，雄山阁出版株式会社，1981年，第82、83页。

[2] 李逸友：《内蒙昭乌达盟出土的铜器调查》，《考古》1959年第6期。

[3] 中国科学院考古研究所内蒙古工作队：《赤峰药王庙、夏家店遗址试掘报告》，《考古学报》1974年第1期。刘观民、徐光冀：《内蒙古东部地区青铜时代的两种文化》，《内蒙古文物考古》1981年创刊号。

[4] 朱贵：《辽宁朝阳十二台营子青铜短剑墓》，《考古学报》1960年第1期。

[5] 中国科学院考古研究所：《新中国的考古收获》，文物出版社，1962年。

[6] 乌恩：《关于我国北方的青铜短剑》，《考古》1978年第5期。

[7] 靳枫毅：《论中国东北地区含曲刃青铜短剑的文化遗存》（上），《考古学报》1982年第4期。靳枫毅：《论中国东北地区含曲刃青铜短剑的文化遗存》（下），《考古学报》1983年第1期。

[8] 靳枫毅：《夏家店上层文化及其族属问题》，《考古学报》1987年第2期。靳枫毅：《夏家店上层文化及其族属问题的探讨》，《北京文物与考古》第二辑，北京燕山出版社，1991年，第65~103页。

[9] 林沄：《中国东北系铜剑初论》，《林沄学术文集》，中国大百科全书出版社，1998年，第311~334页。

[10] 朱永刚：《夏家店上层文化的初步研究》，《考古学文化论集》（一），文物出版社，1987年，第99~128页。

[11] 王成生：《概述近年辽宁新见青铜短剑》，《辽海文物学刊》1991年第1期。

[12] 卜箕大：《辽西地区青铜时代文化》，吉林大学博士学位论文，1998年，第75~77页。

[13] 林沄：《东胡与山戎的考古探索》，《环渤海考古国际学术讨论会论文集》，知识出版社，1995年，第174~181页。

[14] 邵国田：《敖汉旗铁匠沟战国墓地调查简报》，《内蒙古文物考古》1992年第1、2期。

[15] 郭治中：《水泉墓地及相关问题之探索》，《中国考古学跨世纪的回顾与前瞻》，科学出版社，2000年，第297~309页。

[16] 王刚：《林西县井沟子夏家店上层文化墓葬》，《内蒙古文物考古》1998年第1期。

[17] 吉林大学边疆考古研究中心、内蒙古文物考古研究所：《2002年内蒙古林西县井沟子遗址西区墓葬发掘纪要》，《考古与文物》2004年第1期。

[18] 辽宁省昭乌达盟文物工作站、中国科学院考古研究所东北工作队：《宁城县南山根的石椁墓》，《考古学报》1973年第2期。中国科学院考古研究所内蒙古工作队：《宁城南山根遗

　　　　址发掘报告》,《考古学报》1975年第1期。中国社会科学院考古研究所东北工作队:《内蒙古宁城县南山根102号石椁墓》,《考古》1981年第4期。

[19] 项春松、李义:《宁城小黑石沟石椁墓调查清理报告》,《文物》1995年第5期。内蒙古文物考古研究所发掘资料。

[20] 内蒙古自治区文物考古研究所、克什克腾旗博物馆:《内蒙古克什克腾旗龙头山遗址第一、二次发掘简报》,《考古》1991年第8期。齐晓光:《内蒙古克什克腾旗龙头山遗址发掘的主要收获》,《内蒙古东部地区考古学文化研究文集》,海洋出版社,1991年,第58~72页。内蒙古文物考古研究所发掘资料。

[21] 以往定性为夏家店上层文化的敖汉旗周家地墓地不见石棺葬具,合葬墓占一定比例,用牲除狗之外还有牛、马头及马蹄等,葬俗有别于其他地点的夏家店上层文化墓葬。随葬的"短颈罐"与长铤骨镞等器物,风格也不同于夏家店上层文化。这批墓葬的文化性质有待进一步探讨。周家地墓地资料见中国社会科学院考古研究所内蒙古工作队:《内蒙古敖汉旗周家地墓地发掘简报》,《考古》1984年第5期。

[22] 王刚先生1998年所报道的那座墓葬据称有石棺葬具。据我们实地勘察,井沟子遗址东部有两座被破坏的石棺墓。王先生文中所提及的石棺墓,很可能即是这两座墓葬中的一座,与西区墓葬无涉。但王文中所报道的陶器等遗物,据当地村民反映,却是出于西区墓葬所在的范围内。

[23] 已发掘的冀北山地的几处东周"山戎"墓地,用牲墓在墓地中所占的比例不一,高者如玉皇庙约占60%,低者如虎什哈炮台山,只有14%左右。所用牲畜种类中,以狗或牛最为常见,如军都山三处墓地用牲以狗数量最多,其次为羊和牛,马最少,且只见于规格较高的墓。梨树沟门1993年清理的30多座墓,用牲以牛最为常见,其次为狗,据说还有马。所用部位有头、腿(肱骨)、蹄,不见有其他部位骨骼的报道。这一区域内文化的经济形态虽然畜牧业的成分很大,但其畜群的构成,表明不大适合于长距离、大范围的游动。典型资料见北京市文物研究所山戎文化考古队:《北京延庆军都山东周山戎部落墓地发掘纪略》,《文物》1989年第8期。滦平县博物馆:《河北省滦平县梨树沟门山戎墓地清理简报》,《考古与文物》1995年第5期。河北省文物研究所、承德地区文化局、滦平县文物管理所:《滦平县虎什哈炮台山山戎墓地的发现》,《文物资料丛刊》1983年第7期,第67~74页。

[24] 凌河文化的经济形态当以欠发达的农业经济为主。从水泉墓地南区墓葬来看,其用牲以猪最为常见。参见王立新:《辽西区夏至战国时期文化格局与经济形态的演进》,《考古学报》2004年第3期。

[25] 平洋砖厂墓地清理的97座墓葬,有40座墓用牲,以狗和马的数量最多,其次是猪、牛,有少量羊以及捕获的野兽、飞禽和鱼。出土的大量生产工具或武器,多与渔猎活动有关。这表明畜牧与渔猎都是重要的经济部门,但以哪项为主,不易遽定。报告认为当时人们的经

济生活停留在"游牧状态中",恐怕是不对的。资料见黑龙江省文物考古研究所:《平洋墓葬》,文物出版社,1990年。将平洋墓葬归属于汉书二期文化的意见见潘玲、林沄:《平洋墓葬的年代与文化性质》,《边疆考古研究》第一辑,科学出版社,2002年,第194~203页。

[26] 井沟子西区墓葬出土人骨的人种特征由朱泓和张全超先生分析鉴定,朱泓、张全超:《内蒙古林西县井沟子遗址西区墓地人骨研究》,《人类学学报》2007年第2期。

(原刊于《边疆考古研究》第3辑,科学出版社,2004年)

秦统一前内蒙古中南部地区的文化多元化及其历史背景

内蒙古中南部地区大致包括北至阴山，南抵鄂尔多斯高原南缘，西起包头，东达黄旗海左近的区域。长期以来，该地区一直是中国北方农牧交错地带的重要组成部分。

以1973年田广金先生主持发掘内蒙古杭锦旗桃红巴拉墓群[1]为开端，中国考古学家在内蒙古中南部地区先后发现了多批具有畜牧业特征的遗存，并且围绕该区域畜牧业文化的年代、文化特征、区域类型、产生机制及其与匈奴文化之间的关系等诸多方面的问题展开了热烈的讨论。迄今为止，至少已取得了两方面重要的共识：一是该地区专业化的畜牧业即游牧文化大致始自春秋晚期或稍早阶段；二是自春秋晚期开始，包括内蒙古中南部地区在内的整个北方长城地带的诸多文化在各个层面上发生了由浅入深的逐渐融合，从而形成了一个横贯中国北方的"文化带"[2]，而且内蒙古中南部地区在这一"文化带"的形成过程中扮演了至关重要的角色。然而，这一地区在春秋晚期至战国时期究竟呈现了一种什么样的文化分布格局？在中原赵、秦势力到达之前游牧业是否成为当地唯一的生产方式？其文化格局与经济形态背后又有怎样的人群、社会与环境背景？这些问题显然都值得做进一步的思考。近年和林格尔新店子[3]、凉城县忻州窑子[4]和小双古城[5]等新资料的刊布，为上述问题的考察提供了新的契机。

一、区域内文化遗存的分类

尝试将各地区考古遗存进行不同层次的归类，一直是中国考古学家十分关心的基础性课题。以往不少学者研究内蒙古中南部地区春秋晚期至战国时期的文化，往往只把目光聚焦在以畜牧业为特征的文化遗存上，尤其注重辨析各类畜牧业遗存之间的共性与差异，而很少关注区域内畜牧业文化以外的遗存（图一）。实际上，该地区既存在以畜牧业经济为特征的遗存，同时也还并行着以农业经济为特征的遗存。即使以畜牧业文化为研究中心，由于各人在划分文化时掌握的标准并不完全相同，以致在最终所划分出的文化或类型上是有明显差别的。

田广金先生曾将区域内所谓游牧性质的遗存划分为阴山南麓的"毛庆沟类型"、

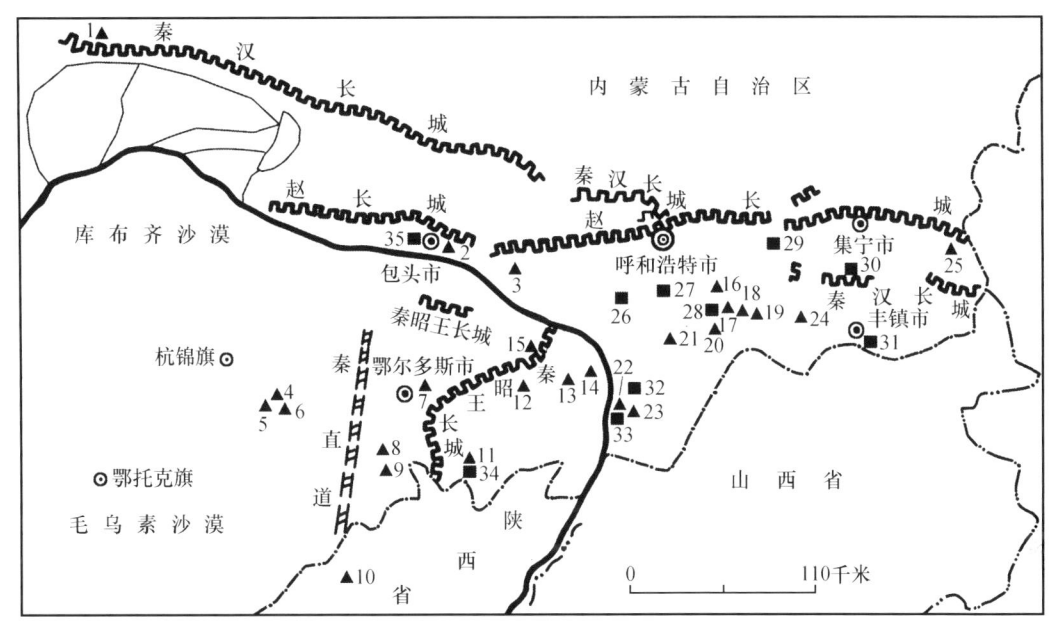

图一　内蒙古中南部地区春秋晚期至战国阶段主要遗存的分布示意图

1. 呼鲁斯太　2. 西园　3. 水涧沟门　4. 阿鲁柴登　5. 桃红巴拉　6. 公苏壕　7. 碾房渠　8. 明安木独　9. 石灰沟　10. 纳林高兔　11. 瓦尔吐沟　12. 速机沟　13. 宝亥社　14. 玉隆太　15. 西沟畔　16. 崞县窑子　17. 毛庆沟　18. 饮牛沟　19. 忻州窑子　20. 新店子　21. 范家窑子　22. 阳畔　23. 西嘴子　24. 小双古城　25. 沟里头　26. 古城村　27. 土城子　28. 将军沟　29. 城卜子　30. 呼和乌素　31. 十一窑子　32. 后城嘴　33. 城嘴子　34. 广衍故城　35. 二〇八墓地

鄂尔多斯地区的"桃红巴拉类型"和包头地区的"西园类型"[6]。乌恩先生则将前两个类型分别称为"毛庆沟文化"和"桃红巴拉文化"[7]。林沄先生则将毛庆沟、饮牛沟、崞县窑子所在的"阴山东段的山前地区"、桃红巴拉、西沟畔、玉隆太等墓地所在的"河套内的东北部地区"及呼鲁斯太墓地所在的"阴山西段地区"视为文化面貌有明显差别的三个区。而且当时就已指出，同处"阴山东段的山前地区"的毛庆沟与崞县窑子墓地的文化面貌仍有一定差异，因而可作为不同的"组"来看待[8]。此后乔梁先生进一步将毛庆沟遗存和崞县窑子遗存直接区分为两个分布地域有别的文化类型[9]。近年，曹建恩先生又以浑河流域和林格尔新店子墓地、清水河县阳畔墓地的新发现为基础，命名了一个新的文化类型——新店子类型[10]。

学者们之所以会在分类中采用不同的概念，产生不同的划分方案，原因之一就是长期以来学界对以畜牧业为特征的遗存的分类始终缺乏可以共同遵循的标准。可以说，如何对以畜牧业为特征的文化遗存进行分类，已成为当前研究中亟待解决的问题。

绝大多数学者可能会相信，对于墓葬材料来说，包括墓葬形制结构、墓向与殉牲习俗在内的葬俗是一种最能体现文化传统的综合性指标。这类特征虽然也可随时间、场合的不同而发生转变，但总体说来要较其他特征更为保守。陶器与服饰品则"不仅具有使用功能而且反映文化传统与审美观念"[11]，显然也是区分不同人群文化特质的一类重要因素。而武器、工具与马具更多具有技术层面的实用功能，虽然也可在一定程度上反映使用习惯与生产习惯的不同，但其往往在畜牧业文化中具有很强的通用性，往往会因快速传播而成为广大地区的共有因素。考虑到以上三个层次的各自特点，我们赞成在区分不同的畜牧业遗存时重点考虑葬俗与陶器及服饰品的区别。而对武器、工具与马具在各类遗存中的有无或多少则更多地考虑是否因所处发展阶段的不同或生产力发展水平的高低所造成的，一般情况下仅将这些因素作为区分不同文化遗存的次要标准。

依此分类想法，试对内蒙古中南部地区以畜牧业为特征的遗存进行重新归类。在分类中，对于有两个以上分布地点的遗存，笔者将按以往大家习惯采用的概念，称其为"类型"。而对目前仅发现一个地点，文化面貌又不同于其他遗存的，暂时只称其为"遗存"。就目前资料来看，区域内以畜牧业为特征的遗存大体可划分为四种类型。

第一种类型，可沿用以往提出的西园类型的命名。经正式发掘的地点有包头西园[12]、和林格尔新店子[13]、清水河县阳畔[14]及西嘴子墓地[15]。大体分布于大青山南麓的土默川平原及其以南浑河流域的丘陵地带。墓向以东北向为主，形制有土坑竖穴墓、偏洞室墓和洞室墓三种（图二）。其中偏洞室墓是在竖穴的西北侧边掏出窄长的弧顶土洞，死者摆放于土洞之中，土洞底部稍低于竖穴底部，而洞室墓则是在竖穴的东北端向前挖出进深有限的土洞，将死者的上半身置于洞中，且往往头端较低，脚端稍高。三种形制的墓在新店子墓地中并存，在保存较好的51座墓中，所占比例分别为39.2%、21.6%和39.2%。其他几个地点中，西园的7座墓中偏洞室墓6座、土坑竖穴墓1座；阳畔的6座和西嘴子的3座皆为洞室墓。各地点的墓葬均未发现葬具。葬式绝大多数为单人仰身直肢葬，仅有个别的单人侧身直肢、单人侧身屈肢葬和双人合葬。普遍流行随葬动物骨骼的现象。新店子墓地保存较好的51座墓中有43座有殉牲，平均每墓殉葬动物个体数为7.14个。西园的7座墓皆有殉牲，少者4个，多者46个。殉牲的种类有马、牛、羊（包括山羊与绵羊），数量上以羊最多，次为牛、马。但从新店子殉牲各墓的统计来看，不同家畜骨骼在墓葬中的出现率却以牛为最高，其次为山羊和绵羊，马最少[16]。牲头多摆放在墓圹的填土内或竖穴底部的二层台上。一般牛、马的头骨居中或居前，羊头则多散置于周边与后部。牲头多侧置或倒置，吻部朝向均与墓主人头向相同。部分蹄骨散落在牲头间，还有部分墓葬在死者尸骨旁放置牛或羊的肩胛骨或少量蹄骨，这或许是向死者奉献的肉食品。随葬品以各种质料的服饰品居大宗，而罕见陶器。其中又以位于腰、腹部的小型铜泡、联珠饰、管状饰与长方形铜饰数量最多，应为上衣或腰带上的饰品。不过，除少量带扣之外，带饰中缺少形体较大的动物形饰牌。头、颈部则有耳环和由石珠、骨珠构成的项饰。兵器工具类中有骨镞、骨

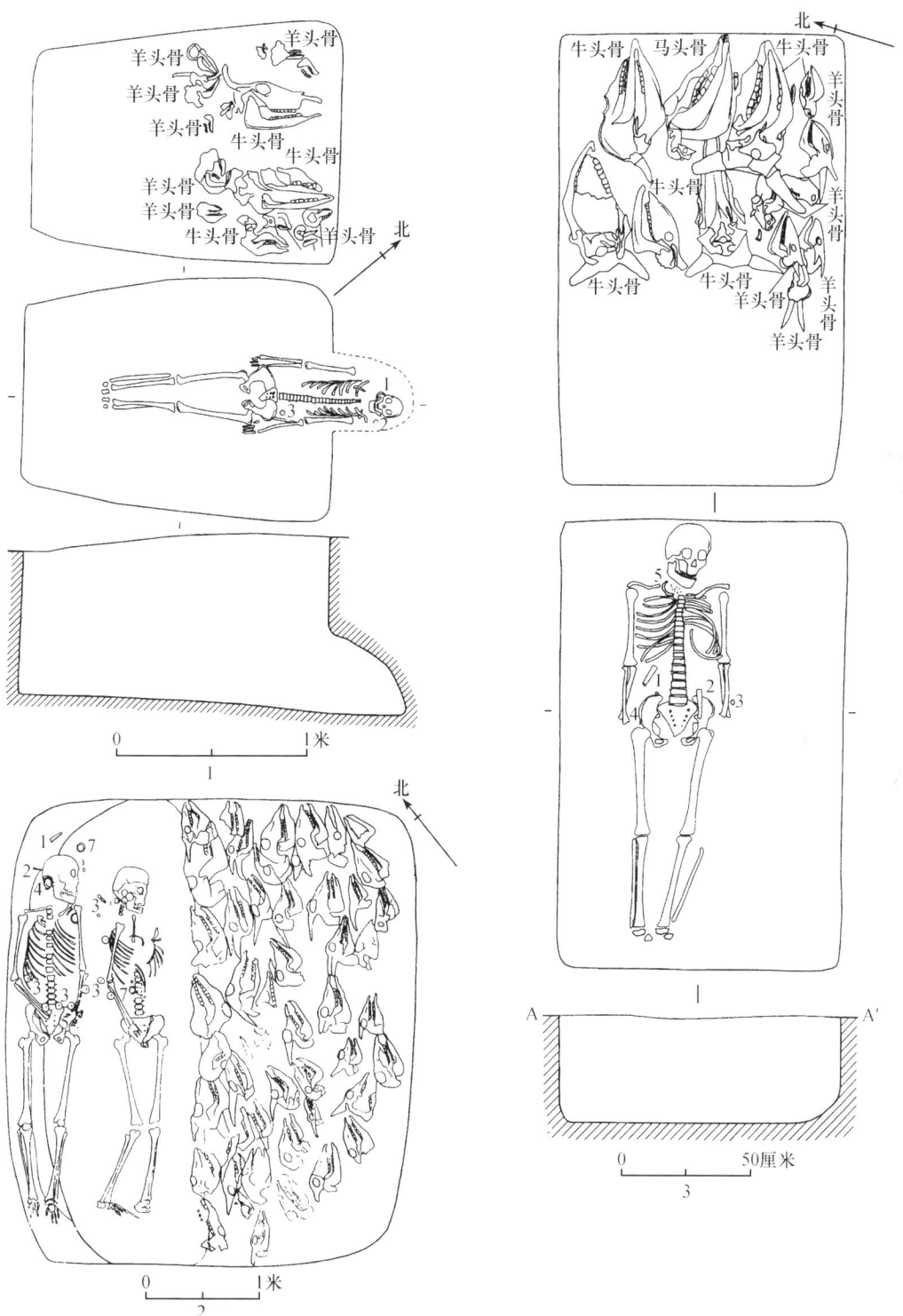

图二 西园类型墓葬形制
1. 洞室墓（新店子M9） 2. 偏洞室墓（西园M3） 3. 土坑竖穴墓（新店子M37）

弓弭、铜刀、铜锥、骨针筒与骨针等。青铜短剑与戈等形体较大的兵器见于新店子和阳畔墓地，而不见于西园墓地。各地点均少见青铜的车、马具（图三）。

从殉牲及随葬品组合来看，该类型的经济形态应是一种发达的专业化的畜牧业。

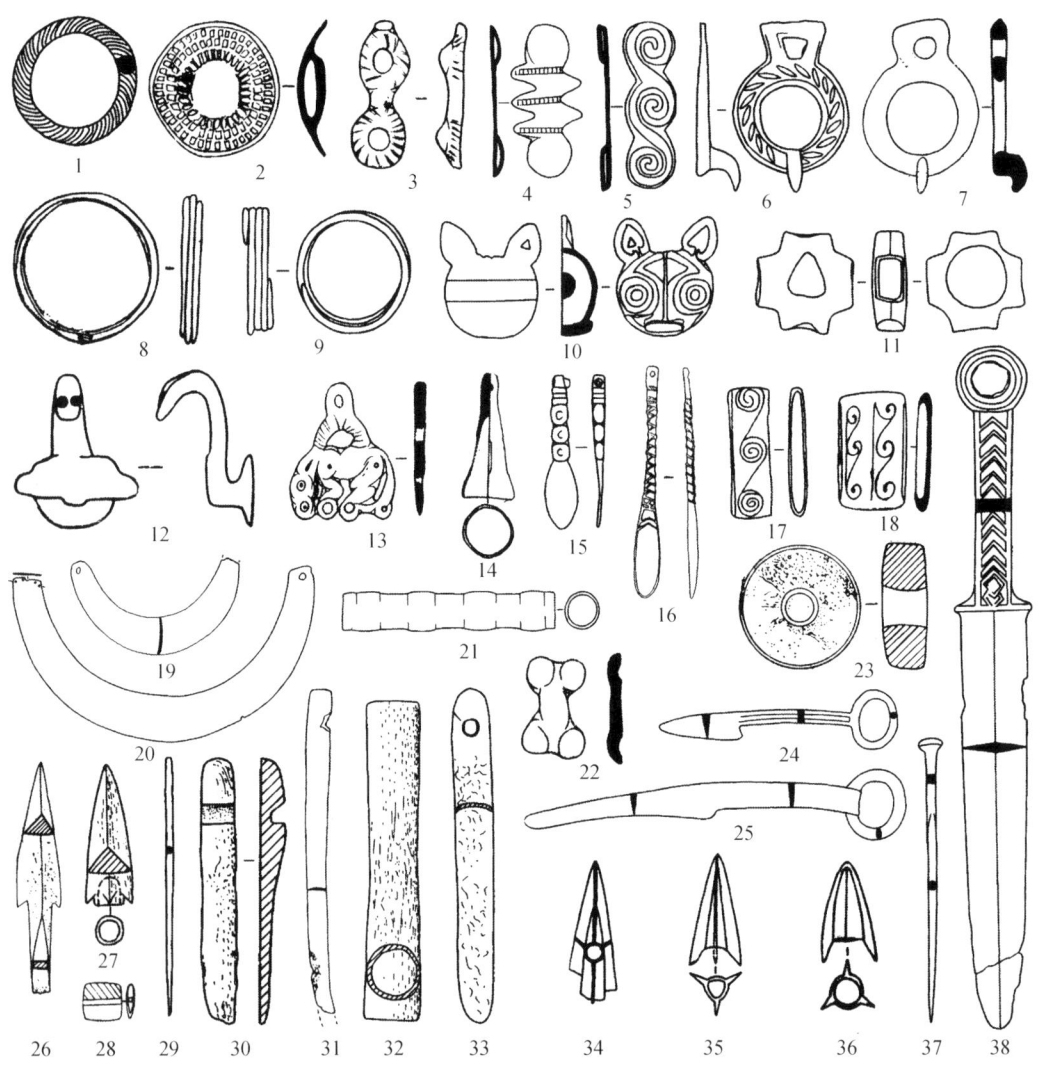

图三 西园类型墓葬随葬品

1. 铜环（新M41：3） 2. 铜泡（西M6：10） 3~5、22. 联珠饰（西M2：4、新M18：10、新M29：5、西M6：11） 6、7. 带扣（新M20：1、西M4：4） 8、9. 耳环（西M3：4、新M34：5） 10. 虎头形泡饰（新M43：11） 11. 节约（新M37：9） 12. 带钩（西M5：13） 13. 动物形坠饰（西M3：6） 14. 铃形饰（西M6：6） 15、16. 铜匙形饰（新M47：12、西M6：2） 17、18. 长方形铜带饰（新M30：9、西M5：14） 19、20. 项饰（西M5：3、新M43：1） 21. 铜针筒（新M35：4） 23. 骨珠（西M5：2） 24、25. 铜刀（新M25：1、新M24：1） 26、27. 骨镞（西M5：7、新M11：11） 28. 绿松石珠（西M4：6） 29. 骨针（新M47：12） 30、31. 骨弓弭（新M20：8、西M4：9） 32. 骨针筒（新M47：6） 33. 骨匕（新M53：7） 34~36. 铜镞（新M41：4、新M43：4、西M5：18） 37. 铜锥（新M37：1） 38. 铜短剑（新M41：1）

（西：西园墓地 新：新店子墓地）

对新店子墓地出土人骨的稳定同位素分析表明，居民饮食结构中肉食占有很高比例。对出土人骨的肢骨研究则发现，这里男性居民的上、下肢的粗壮程度存在明显差异，上肢的粗壮程度要明显强于下肢，同时股骨的骨干上部颇为扁平，显然与长期的骑马放牧生活有密切的关系[17]。从新店子墓地骨、角、蚌器所使用的材料看，当时经济生活中还应有少量的狩猎和捕捞。

需要指出的是，曹建恩先生是将浑河流域的新店子与阳畔墓地等单独作为一个地方类型的[18]。之所以将这一地区的遗存与西园墓地视为不同的类型，大概主要看到了两个方面：一方面，是西园墓地多为偏洞室墓，而浑河流域诸墓地多见洞室墓。按他的看法，这两种墓葬形制当有不同来源，洞室墓当来源于陇山地区，偏洞室墓的源头则可追溯至分布于甘肃中部的沙井文化[19]。实际上，这两种墓都属于一种仿窑洞式建筑的墓葬形制，其祖型不仅在甘青地区的半山文化中就已出现[20]，在年代大致相当的陇山地区的菜园文化中也有相当数量的发现。在宁夏海原菜园村周围的几处墓地中，既有类似偏洞室墓的"竖穴侧龛墓"，又有类似洞室墓的所谓"洞室侧龛墓"[21]。即使是在年代与西园类型相当的杨郎文化流行的洞室墓中，洞室在竖穴的底部也是既有居中者，也有偏于一侧者[22]。可见这两种墓葬形制在西部的甘青宁地区皆有着悠久的传承。这两种在结构上有相通性、分布上又颇为一致的墓葬形式恐难以作为区分不同考古学文化的特征。另一方面，短剑、铜戈等大型武器见于浑河流域而西园墓地不出，也不宜作为区分不同文化的特征性指标，理由已如前述。正是出于上述考虑，笔者主张将以往命名的西园类型与新店子类型合并，将二者划归同一个文化类型。

此外，和林格尔范家窑子[23]、土默特右旗水涧沟门铜器出土地点[24]都在西园类型的分布范围之内，均出自被破坏的墓葬。其中水涧沟门地点尚可看出墓葬为土坑竖穴墓，人骨头向北偏东。两地点出土铜器从种类上基本未超出西园类型随葬品的特点，所以可暂归西园类型。

至于这一类型的年代，西园墓地的发掘报告将该墓地出土遗存的年代推定为相当于春秋晚期至战国早期，杨建华先生则将其年代改定在春秋晚期[25]。新店子墓地的年代发掘者认为大致相当于春秋晚期至战国早期。阳畔墓地和西嘴子墓地的资料尚未正式报道。但发掘者初步推测阳畔墓地的年代下限为战国早期，而年代上限或可早至春秋中期[26]。所以目前可暂将该类型的主要年代范围估计在春秋晚期至战国早期。

第二种类型，可以崞县窑子类型名之。除凉城崞县窑子墓地[27]外，2003年发掘的凉城忻州窑子墓地[28]可归入这一类型。以往仅知崞县窑子一个地点时，学者们推测该类型可能是分布于蛮汗山以北地区的。忻州窑子墓地的发现却使其向南的分布到达了蛮汗山以南的岱海盆地，且该墓地西距毛庆沟墓地仅3千米。崞县窑子墓地未全部发掘，共清理墓葬25座。忻州窑子墓地基本全部揭露，共清理墓葬69座。两墓地均土坑竖穴墓，约三分之一的墓有头龛或二层台（图四）。葬式明确者均单人仰身直肢葬，头向东或东北（忻州窑子墓地墓葬的方向在50°~101°）。除忻州窑子墓地有1座石棺

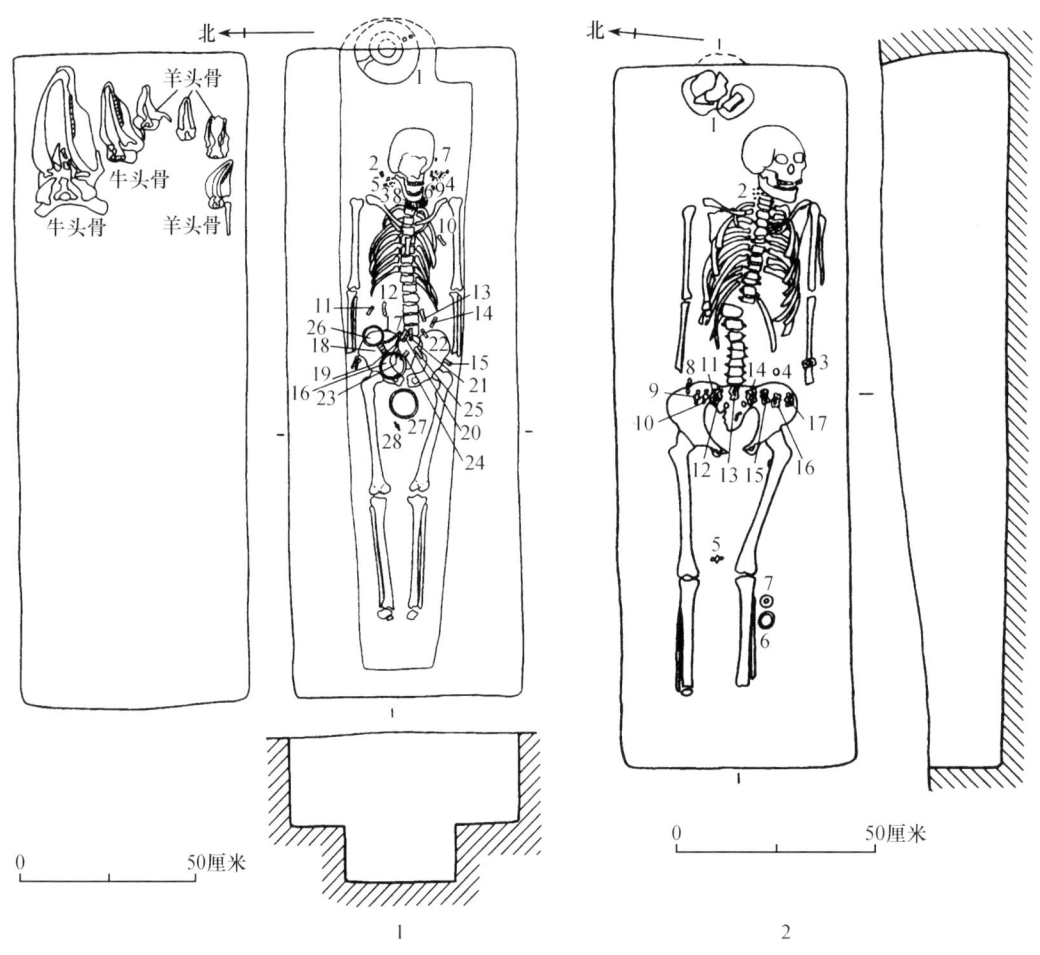

图四 崞县窑子类型墓葬形制
1. 带头龛和二层台的墓（忻州窑子M33） 2. 带头龛的墓（忻州窑子M50）

墓外，余均未见葬具。殉牲墓的比例较高。崞县窑子墓地除7座墓被破坏严重情况不明外，其余18座墓均有殉牲。忻州窑子墓地共44座墓有殉牲，占保存较好的66座墓中的66.7%；墓地平均每墓殉牲约2.6个个体。殉牲种类有马、牛、羊、猪、狗和马鹿。以羊最多，其次为牛，再次为马和猪，狗和鹿很少。仅以头骨计，忻州窑子墓地随葬羊、牛、马、猪、狗的比例依次为72.3%、17.9%、4%、4%、1.7%。牲头多成排摆放在死者头端上部的填土中，多下颌朝上，吻部朝前。部分蹄骨散置在牲头间。崞县窑子墓地还有部分墓葬随葬羊的下颌骨、矩骨和肩胛骨，应当也属随葬的肉食。

随葬陶器的墓所占比例较高。崞县窑子墓地清理的25座墓中，有23座出有陶器。忻州窑子经正式发掘的66座墓中有52座墓出土陶器，一般每墓随葬1件。陶器流行圆肩或折肩的双耳壶、圆肩或折肩的绳纹罐、素面罐及少量单耳罐、双耳罐。还有个别四系罐和单耳杯。陶器总体以素面为主。铜器以服饰品为大宗，尤以管状饰、铜泡、联珠饰和鸟纹牌饰为多，有少量带扣、环、铃、耳环、镜形饰、别针等。不见青铜兵器与马具。骨器数量不多，有骨镞、弓弭、扳指和带扣等，还有部分绿松石珠与玛瑙珠（图五）。陶器多位于头端或壁龛中，头、颈部有耳环或绿松石、玛瑙珠组成的项饰，其他铜饰多集中于腰、腹部。弓弭与骨镞出于男性墓中，有放置在二层台上的例子。

从殉牲及随葬品组合来看，该类型的经济形态亦应以畜牧业为主。而两个地点均发现少量以猪殉葬的现象，又表明该类型或许存在一定的农业经济成分。男性墓中随葬骨镞和马鹿的情况显示出狩猎可能也是经济生活中的一项补充。

崞县窑子墓地的发掘者认为该墓地的年代为春秋晚期或稍早至战国早期。忻州窑子墓地的年代发掘者也推定在春秋晚期至战国早期。看来，这大概就是崞县窑子类型的主要年代范围。

第三种类型，可以以往命名的毛庆沟类型称之。除凉城毛庆沟墓地[29]外，还包括了前后经两次发掘的凉城饮牛沟墓地[30]。两墓地均位于岱海西侧的蛮汗山南麓，相互距离仅约1千米。发掘者估计毛庆沟墓地至少应有墓葬150余座，仅发掘了其中的79座。饮牛沟墓地共清理38座墓葬。两墓地墓葬皆长方形竖穴土坑墓，但都包含了东西向和南北向两种方向的墓葬。毛庆沟墓地东西向墓67座，南北向墓12座；饮牛沟墓地东西向墓16座，南北向墓22座。东西向墓少数有头龛；南北向墓个别有生土二层台。东西向墓多与山坡等高线平行，头向东或东北；南北向墓则多与等高线垂直，头向朝北或西北。葬式绝大多数为单人仰身直肢葬。两种墓向的墓葬皆有部分有木质的葬具。毛庆沟墓地随葬有动物骨骼的墓有40座，约占半数。但以牲头殉葬的典型殉牲墓仅有16座，有24座墓只发现有零碎的动物骨骼。饮牛沟墓地38座墓中，共11座墓发现有动物骨骼，比例不足1/3；以牲头殉葬的仅2座，有1座以整只狗入殉；其余多为肩胛骨、肢骨、肋骨等带有肉的部位，和毛庆沟墓地所记录的"零碎的动物骨骼"一样，应该都是随葬的肉食品。牲头多置于死者头端上部的填土中，下颌朝上，吻部朝前。而肩胛骨、肢骨、肋骨等部位多摆放在死者头端或足端的棺外。殉牲的种类有马、牛、羊、猪、狗、狐等。总体上以羊为多，其次为牛。毛庆沟殉葬的动物头骨中羊头57、牛头15、马头4、狗头1个；平均每墓将近1个头骨。饮牛沟墓地随葬的动物骨骼若以个体计有猪6、羊6、狗3、狐4；平均每墓不足1个个体。

随葬陶器多见于东西向墓中。毛庆沟79座墓有36座出土陶器，不足1/2。饮牛沟38座墓中只有5座墓出土陶器。陶器以绳纹鼓腹罐为主，有少量素面鼓腹或鼓肩罐及个别带耳罐。陶器一般置于死者头端或头前壁龛中。服饰品占随葬品中的大宗，主要包括以珠、环组成的项饰和由带扣、带钩、环、双鸟纹牌饰、虎纹牌饰、联珠状饰、铜泡等构成的带饰，属于一种比较复杂的带饰。带饰多出于东西向墓中。南北向墓多只随葬带钩，且多将带钩打断后分置于死者头、足两端。兵器工具类有青铜或铁质的双鸟回首式短剑、鹤嘴斧、戈、矛、刀与镞，皆出于东西向墓中。鹤嘴斧位于肩或腹部，

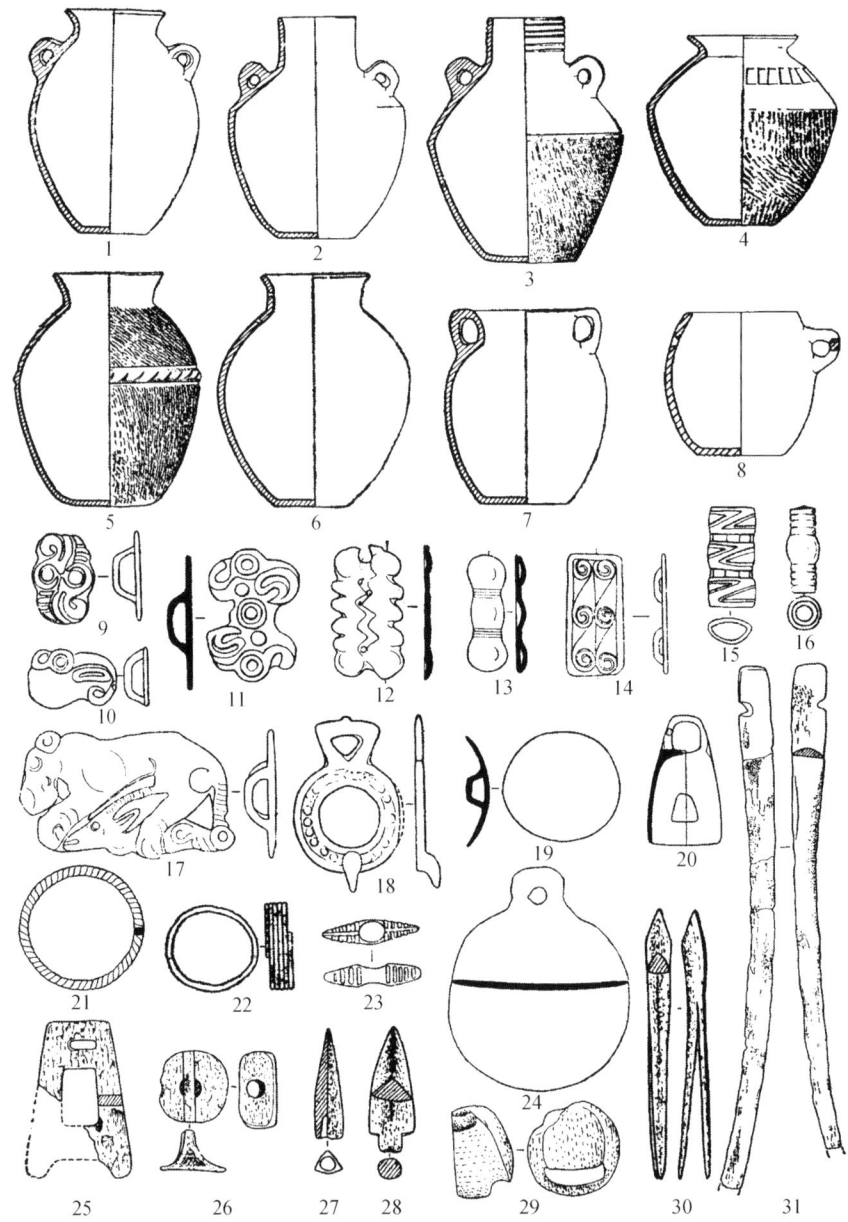

图五 崞县窑子类型墓葬随葬品

1~3. 双耳壶（崞M9:1、崞M13:1、崞M20:1） 4、5. 绳纹罐（崞M29:1、崞M28:1） 6. 素面罐（崞M17:1） 7. 双耳罐（崞M15:1） 8. 单耳杯（忻M17:1） 9~11. 鸟纹牌饰（崞M2:1、崞M12:4-5、忻M53:6） 12、13. 联珠饰（崞M30:1-1、崞M22:8-1） 14. 长方形牌饰（崞M24:8） 15、16. 管状饰（忻M13:7、崞M1:4-3） 17. 虎纹牌饰（崞M12:2-2） 18. 带扣（崞M5:6） 19. 铜泡（忻M29:31） 20. 铜铃（崞M3:2） 21. 铜环（崞M31:3） 22. 铜耳环（崞M24:3） 23. 铜别针（崞M5:7） 24. 镜形饰（崞M22:6-1） 25. 骨带扣（崞M14:4） 26. 骨扣（崞M14:7） 27、28、30. 骨镞（崞M6:1-1、崞M21:5、崞M14:6） 29. 骨扳指（忻M11:7） 31. 骨弓弭（崞M2:6）（崞：崞县窑子 忻：忻州窑子）

短剑、铜刀位于腰侧，矛、戈位于肩部，铜镞位于足下。另有少量青铜节约或马衔。在西园类型和崞县窑子类型中习见的弹簧式耳环，却只在毛庆沟墓地中发现了3件（图六）。

毛庆沟墓地的年代，发掘者曾推定在春秋晚期至战国晚期，但同时又指出墓地晚期的南北向墓葬应是在赵国占领此地之前就已居住在这一带的中原人。这实际上是将墓地的年代下限断在了战国赵文化到达之前。杨建华先生就将该墓地的年代判断为春战之际至战国中期。所以确切点说，毛庆沟墓地的下限似可断在战国中、晚期之交赵国势力到达之际。至于饮牛沟墓地，1997年的发掘报告将其年代断为战国末期前后，认为其年代上限与毛庆沟墓地的终结期可相衔接[31]。此说合理。有了分期编年序列，通过观察可以发现，毛庆沟类型中两种墓向的墓葬在数量、葬具、殉牲与随葬品组合方面由早至晚都有一定的变化。在毛庆沟墓地，南北向的墓均位于坡下，是在墓地的偏晚阶段才加入以墓地为代表的人群集团的，从数量上少于东西向墓。至饮牛沟墓地阶段，南北向墓从数量上已超过了东西向墓。在葬具上，南北向的墓自始至终有使用木质葬具者，而东西向墓起初不使用任何葬具，到毛庆沟墓地的晚期也开始使用木质葬具。毛庆沟墓地的南北向墓原本是没有殉牲的，也不出其他动物骨骼。到饮牛沟墓地阶段，尽管殉牲墓数量总体减少，南北向墓中也开始随葬动物骨骼。从随葬品方面看，由毛庆沟到饮牛沟，东西向墓无论是从青铜兵器与工具，还是从陶器、北方风格的服饰品的出土种类及数量上都有明显减少的趋势，而陆续有一些东西向的墓开始采用中原式的带钩来随葬。在饮牛沟，也有一座南北向的墓随葬了小型单耳罐和双耳罐，打破了南北向墓不随葬陶器的惯例。所以，正如1997年饮牛沟墓地发掘报告的执笔者小田木治太郎先生曾经指出的那样，从毛庆沟到饮牛沟，来源不同的两个集团的葬俗有日趋融合的趋势[32]。

毛庆沟类型的经济形态无疑体现出了一些畜牧业经济的特点。但与前述西园类型、崞县窑子类型相比，都有显著区别。首先，随葬动物骨骼的墓的比例及每墓平均的殉牲量明显低于西园类型和崞县窑子类型。其次，随葬肉食的墓从比例上又远多于典型的殉牲墓。以猪、羊下颌骨随葬的葬肉习俗在鄂尔多斯地区年代相当于龙山晚期至商代早期的朱开沟遗址中已占有一定比例[33]，在西周晚期至春秋前期的准格尔旗西麻青墓地中[34]，以羊肢骨随葬的现象已经比较流行，表明以肉食随葬是延续当地此前源远流长的一种传统，从性质上与草原牧人以动物头蹄代表整牲来殉葬有很大不同。尤其到了偏晚的饮牛沟阶段，以猪、狗作为主要入殉对象，更与游牧文化异趣。最后，墓地的较大规模，所对应居住址的近1米厚的文化堆积以及陶窑群的存在，均昭示着该类型居民的定居生活。所以，该类型的经济形态很有可能属于一种农牧兼营的形式。

第四种类型，仍以以往命名的桃红巴拉类型名之。包括经正式发掘或清理的杭锦旗桃红巴拉墓群、公苏壕M1[35]、准格尔旗西沟畔M1~M3[36]和玉隆太残墓[37]。分

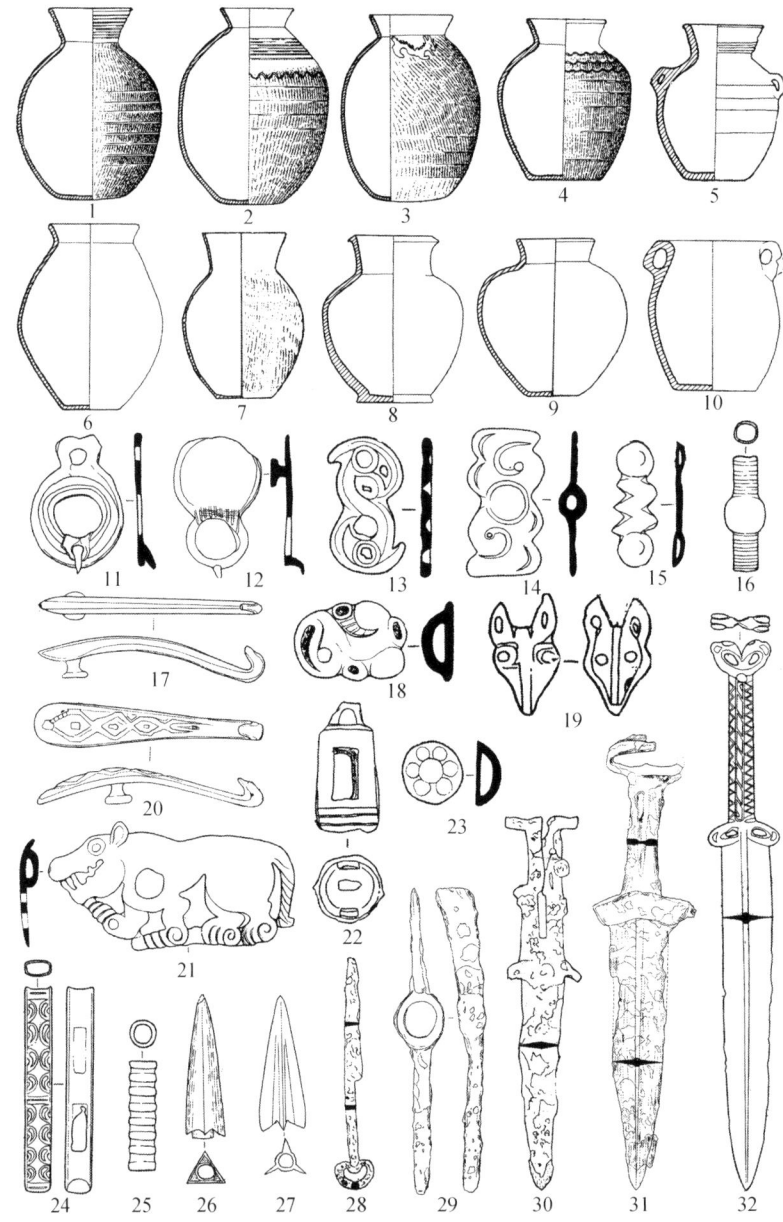

图六 毛庆沟类型墓葬随葬品

1~4、7. 绳纹罐（毛M45∶6、毛M63∶7、毛M44∶4、毛M37∶1、饮M9∶1） 5. 双耳壶（毛M59∶1）
6、8、9. 素面罐（毛M61∶1、毛M35∶1、毛M23∶1） 10. 双耳罐（毛M64∶1） 11、12. 带扣（毛M59∶9、毛M11∶6） 13、14. 双鸟纹牌饰（毛M7∶2·⑤、毛M63∶1·①） 15. 联珠饰（毛M2∶4） 16、25. 管状饰（毛M10∶5、M6∶7·③） 17、20. 带钩（毛M58∶7·①、毛M53∶1） 18. 鸟形牌饰（毛M61∶3·②）
19. 兽头饰（毛M2∶7） 21. 虎形牌饰（毛M55∶4） 22. 铜铃形饰（毛M39∶6） 23. 铜泡（毛M47∶9）
24. 铜针管（毛M10∶4·①） 26. 骨镞（毛M6∶6·①） 27. 铜镞（毛M6∶5·②） 28. 铁刀（饮M1∶4）
29. 铁鹤嘴斧（毛M38∶1） 30、31. 铁短剑（饮M1∶2、毛M38∶4） 32. 铜短剑（毛M70∶3）（毛：毛庆沟 饮：饮牛沟）

布范围大致在鄂尔多斯高原地区。该类型中迄今缺乏经过大规模揭露的墓地材料。墓葬形制明确者皆竖穴土坑墓，仅桃红巴拉的一座墓见有生土二层台。葬式清楚者均单人仰身直肢葬，头向北或东北，都未见葬具。经清理的11座墓皆有殉牲。种类有马、牛、羊。详细报道殉牲数量的只有桃红巴拉M1和M2，两墓总计随葬羊头44、马头12、牛头8个。牲头皆位于墓内填土中，由于数量多而层层叠压，摆放缺乏规律。西沟畔3墓报道者仅交代均发现有马、羊头骨，以M2举例时也只说在男性墓主头骨的左侧"发现马、羊头骨多具"。虽不知殉牲的比例，却也得悉殉牲尚有摆放于头端一侧的现象。保存较好的西沟畔3座墓，公苏壕M1和桃红巴拉M1、M2均出有陶器，除公苏壕M1出2件外，余均每墓1件。器形有单耳筒腹罐、单耳鼓腹罐、双錾罐、单把杯、碗等，多为素面夹砂灰褐陶。陶器既有摆于头端又有置于足下者。数量最多的随葬品仍是各种质料的服饰品，包括以带扣、铜环、双鸟纹牌饰、管状饰、长方形牌饰、兽头饰、联珠状饰、铜泡等构成的腰部与胸部装饰，以及位于头、颈部的耳环、耳坠、项圈与串珠。武器工具类有青铜短剑、鹤嘴斧、铜镞、铁制长剑、铜刀以及锥、斧、凿等，也有一定数量的车马器，包括马衔、马镳、节约、马面饰、竿头饰、盘角羊首辕头饰、车軎、喇叭形器、圆牌饰等（图七）。

值得注意的是，武器工具类中除青铜短剑、铁制长剑及刀子出土时位于腰际，是随身佩带之物外，鹤嘴斧、锥、镞及车马器出土时多靠近牲头，有的马衔甚至还在马嘴中，显然都是出行时所应配备的器具。服饰品、马具及武器上的饰品都有以金、银等贵重金属制成的。从殉牲墓的比例、殉牲种类与数量及随葬品组合来看，这一类型也应是一种发达的畜牧业经济。

至于该类型的年代，桃红巴拉墓群发掘报告将其推定为春秋晚期。西沟畔的3墓，报告作者认为M3可能相当于战国早期，M1、M2的时代约当战国晚期。玉隆太残墓，报告认为当在战国晚期。而杨建华先生则将桃红巴拉墓群的年代改定在春战之际至战国早期，认为西沟畔M3属战国中期，M2的年代约当战国末至秦，玉隆太墓葬的年代当在战国晚期偏早。我们认为杨先生的定年更加合理。桃红巴拉类型的年代范围大致就在春战之际到战国末或秦。

此外，准格尔旗宝亥社[38]、瓦尔吐沟[39]、速机沟[40]、伊金霍洛旗石灰沟[41]、明安木独[42]、东胜市碾房渠[43]、杭锦旗阿鲁柴登[44]及神木县纳林高兔[45]等地点的遗物多系征集自被破坏的墓葬或窖藏，从器物组合和形制风格看，都与西沟畔、桃红巴拉与玉隆太等地点的出土品有较多的相似之处，且都位于鄂尔多斯地区，因此都可暂归入桃红巴拉类型。按杨建华先生的分期，以上8个地点的器物群除宝亥社和明安木独两地点的年代稍早，可至春秋晚期以外，其余各地点均属战国晚期。

除以上归纳的4个类型之外，内蒙古中南部地区以畜牧业为特征的遗存还有3个地点。

凉城小双古城墓地[46]，位于岱海南岸，1996年与2003年两次发掘，共清理墓葬

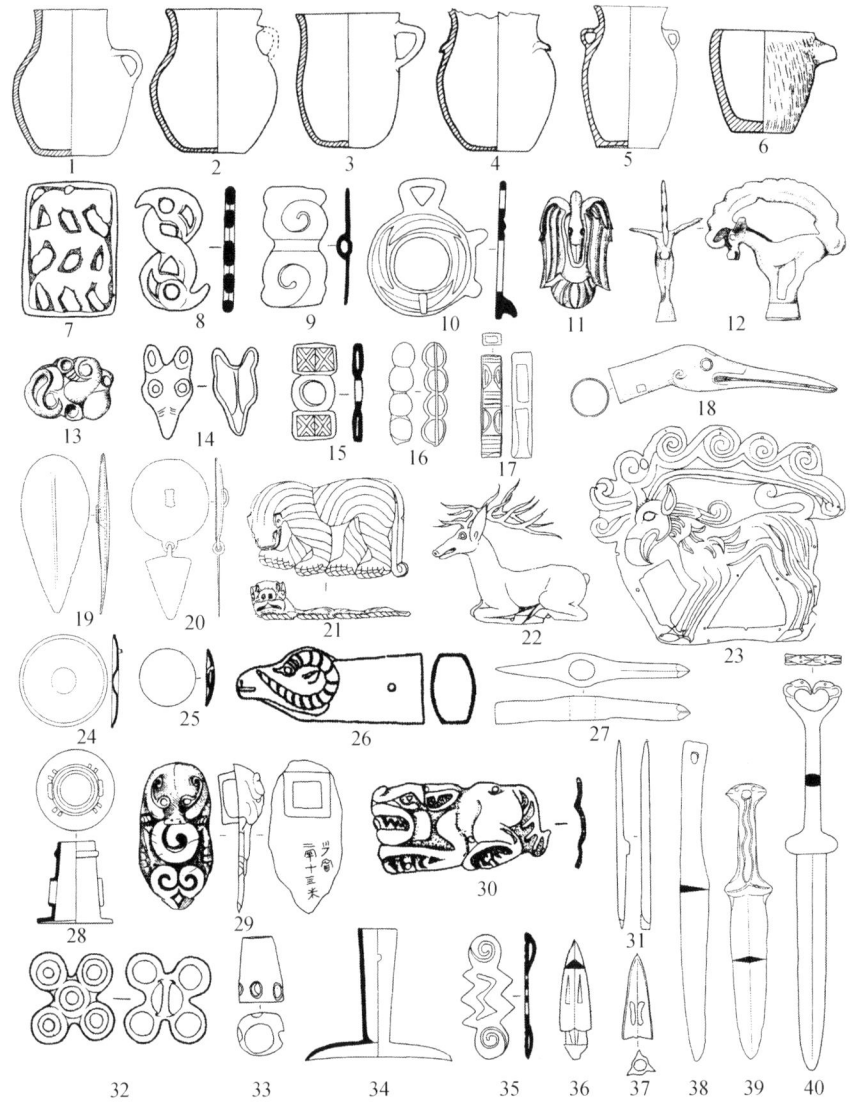

图七 桃红巴拉类型墓葬随葬品

1、2. 单耳鼓腹罐（西M3∶3、桃M2∶2） 3. 单耳筒腹罐（桃M1∶1） 4. 双錾罐（公M1∶19） 5. 双耳壶（明安木独墓） 6. 石单把杯（桃M2∶1） 7. 长方形牌饰（桃M5∶7） 8、9. 双鸟纹牌饰（桃M1∶31、公M1∶8） 10. 带扣（桃M2∶6） 11. 铅鸟形饰（西M2∶41） 12. 鹿形竿头饰（西M2∶9） 13. 鸟形牌饰（西M3∶19） 14. 兽头饰（桃M1∶29） 15. 几何纹牌饰（玉2222） 16、35. 联珠饰（桃M1∶40、玉2223） 17. 管状饰（桃M5∶9） 18. 铜鹤头饰件（西M2∶72） 19、20. 铜马面饰（公M1∶8、桃M1∶14） 21. 圆浮雕金虎（纳林高兔） 22. 圆雕银鹿（纳林高兔） 23. 怪兽纹金饰片（西M2∶29） 24. 铜圆牌饰（玉2254∶1） 25、32. 铜泡（玉2219、桃M1∶30） 26. 盘角羊首辕头饰（石灰沟墓） 27. 铜鹤嘴斧（公M1∶1） 28. 铜车帽（玉2249∶1） 29. 银节约（西M2∶13） 30. 虎纹金饰片（阿鲁柴登墓） 31. 铜锥（公M1∶2） 33. 骨管（桃M1∶41） 34. 铜喇叭形器（玉2250∶2） 36、37. 铜镞（玉2224、西M3∶19） 38. 铜刀（桃M5∶1） 39、40. 铜短剑（西M3∶1、公M1∶5）（桃：桃红巴拉 公：公苏壕 西：西沟畔 玉：玉隆太）

15座。经正式发掘的14座墓中有2座竖穴土坑墓。12座偏洞室墓,是保存较完整的一处小规模墓地。葬式以单人仰身直肢葬为主,头向北或东北(8°~55°)。正式发掘的14座墓中有11座有殉牲。殉牲种类有马、牛、羊。主要以牲头和部分蹄子来随葬,以头骨计,共有马4、牛16、羊47个,平均每墓殉牲4.8个。偏洞室墓中,殉牲均位于竖穴底部,即墓主的左侧,多头骨正置、吻部向前。竖穴土坑墓中的殉牲位于墓主尸骨之上的填土中或墓底尸骨周边。有6墓出土陶器,每墓1件。其中有5件绳纹鼓腹罐和1件素面罐。陶器多位于墓室或竖穴前端。随葬铜器以位于腰、腹部的云纹牌饰、铜泡、管状饰等小件饰品为大宗,也有形体较大的虎纹牌饰及少量耳环、铃、镜形饰、坠饰等。武器工具类中不见短剑与鹤嘴斧等,仅有少量青铜环首刀、不规则孔首刀、锥与骨镞等(图八)。刀、锥之类工具多置于身体一侧。从殉牲种类、数量及随葬品组合与形制看,小双古城遗存也属于一种较发达的畜牧业经济。其年代发掘者推断为春秋晚期至战国早期。此墓地在墓葬形制、墓向及殉牲方面与西园类型尤其是其中的西园墓地非常相似,但墓地中近半数的墓随葬陶器,服饰品中流行以云纹牌饰和虎纹牌饰构成的带饰而不见带扣等特征,则又明显区别于西园类型。与地域邻近的毛庆沟相比,虽然陶器及服饰品的形制风格比较相近,可葬俗又有很大差别。与地域上也一

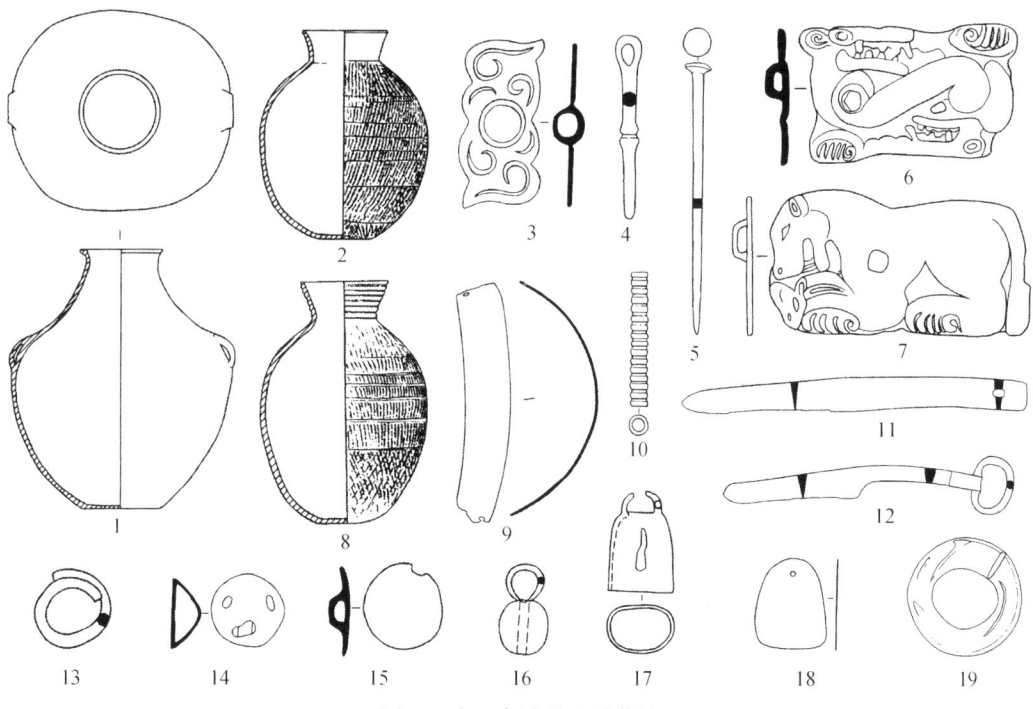

图八 小双古城墓地随葬品
1. 素面罐(M13:1) 2、8. 绳纹罐(M11:1、M7:1) 3. 云纹牌饰(M3:5) 4. 铜棒形饰(M11:9)
5. 铜锥(M12:2) 6、7. 虎纹铜牌饰(M13:2、M11:2) 9. 铜项饰(M6:2) 10. 管状饰(M3:11)
11、12. 铜刀(M15:1、M12:1) 13. 铜耳环(M10:4) 14、15. 铜泡(M7:2、M4:3) 16. 铜珠
(M6:6) 17. 铜铃(M3:3) 18. 金牌饰(M6:7) 19. 铜环(M9:11)

度深入岱海地区的崞县窑子类型相比，在不随葬骨镞以外的其他兵器及出现虎纹牌饰方面体现出一些共性，但在葬俗、陶器和部分服饰品上则显示了明显差异。所以，小双古城遗存目前尚不宜归属于以上划分的任何一个类型中。由于葬俗的顽固性和保守性，我们不妨推测，该类遗存很可能是来源于西园类型，但在进入岱海地区后又受到了来自毛庆沟类型和崞县窑子类型的强烈影响，从而导致了自身文化面貌与母体之间发生了很大的变化，成为一种过渡性质的遗存。

呼鲁斯太墓群[47]，位于乌拉特中后联合旗境内的阴山北麓，其西南20千米即为著名的石兰计山口，又称狼山山口，是由河套地区北上大漠的重要通道。共发现3座墓葬，均长方形竖穴土坑墓。墓坑南北向，头向北。殉牲仅记录了M2的情况：27个马头在人骨架上方呈三行排列。3墓共发现陶器7件。均为夹砂红褐陶，外表磨光。完整者当为一件小口长颈的双耳壶。出土的武器工具类有双鸟回首式短剑、鹤嘴斧、刀、锛、镞等，车马器有车辕饰、马面饰及铜铃。服饰品很少，只有管状饰、扣饰和鹿形牌饰（图九）。其中M2的马面饰、铜铃、鹤嘴斧、刀子是位于马头骨之下和人骨架之上，陶罐位于墓主人头端。此墓的形制、方向、随葬青铜武器工具、车马饰的种类、形制及放置位置，都与桃红巴拉类型极为相似，故以往学者多将其归入桃红巴拉类型。但墓葬只以大量马头来殉葬的现象尚不见于其他地点的报道。随葬的小口长颈双耳壶的器形也颇为特殊，类似器形不见于桃红巴拉类型。所以我们赞成林沄先生的看法[48]，暂将其视为一种独立的遗存。其年代被报道者推定为战国早期，杨建华先生认为应改定在战国中期。

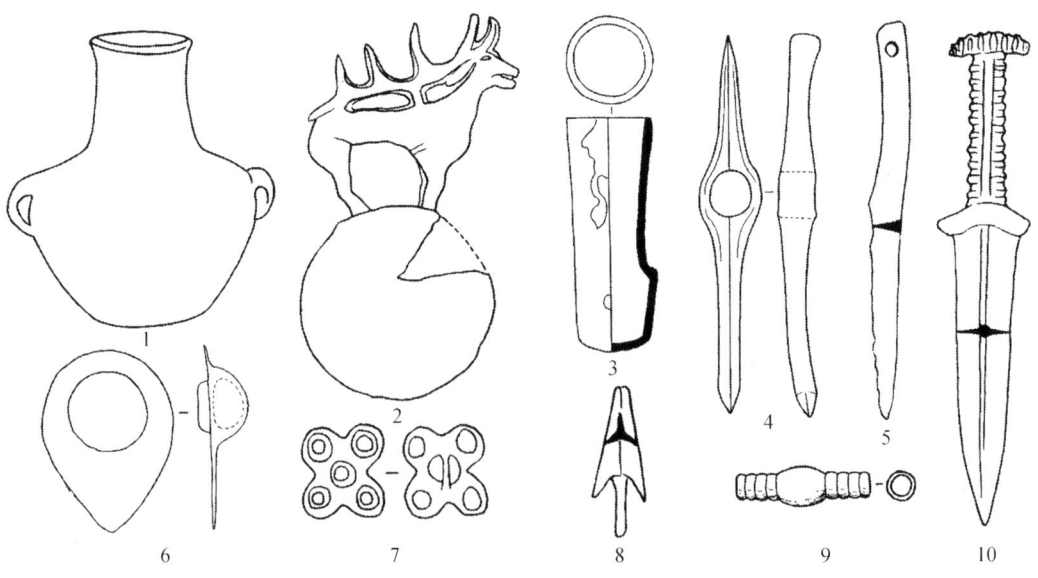

图九　呼鲁斯太墓群随葬品
1. 陶双耳壶（M2∶48）　2. 铜鹿形牌饰（M2∶16）　3. 铜柄形器（M2∶49）　4. 铜鹤嘴斧（M2∶1）
5. 铜刀（M2∶4）　6. 铜马面饰（M3∶18）　7. 铜泡（M2∶7）　8. 铜镞（M2∶6）　9. 铜管状饰（M2∶9）
10. 铜短剑（M1∶3）

沟里头墓葬[49]，位于兴和县石湾乡刘家村西。墓葬为长方形竖穴土坑墓，东西向。人骨仰身直肢，头向西北。清理时发现过马和羊的碎骨。出土有青铜短剑、带钩、扣形饰、圆扣饰、三棱铜镞、骨镞等（图一〇）。此墓头向西北的特点似不同于以上所区分出的4个类型。鉴于材料太少，暂不归入任何类型。此墓年代杨建华先生大致判定为战国早期。

以上将内蒙古中南部地区春秋晚期至战国阶段以畜牧业经济为特征的遗存区分为4种类型及3种遗存。但从经济形态看仍可细分为两种：一种包括西园类型、崞县窑子类型和桃红巴拉类型，属于专业化的畜牧业，很可能是采用游动放牧的生产方式，可归属于游牧性质的遗存；另一种则以毛庆沟类型为代表，经济形态属于农牧兼营。

实际上，除了以上以畜牧业为特征的遗存之外，与此同时区域内还并存着另一类文化面貌与经济形态判然有别的文化遗存。

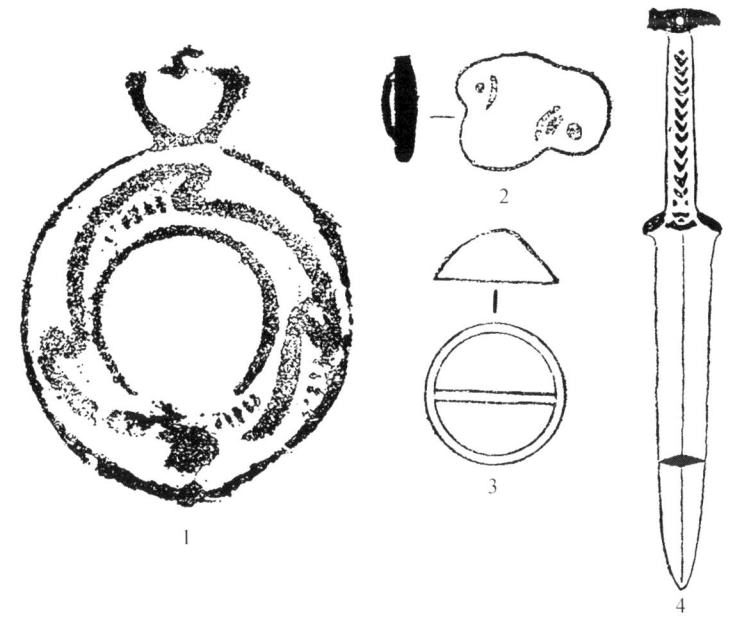

图一〇　兴和沟里头墓葬随葬品
1. 铜带扣　2、3. 铜泡　4. 铜短剑

1. 和林格尔土城子古城春秋晚期墓[50]

1997～2005年，内蒙古文物考古研究所对和林格尔土城子古城外围墓葬区进行了大面积的勘探和发掘，共发现春秋晚期墓葬10座。材料未系统报道。据介绍，这批墓葬均长方形竖穴土坑墓，墓室呈口大底小的斗状。葬式有单人仰身直肢葬或仰身屈肢葬。随葬陶器多为夹砂陶，器类有鬲、罐、盆等，未见殉牲，亦未发现葬具。举例介绍的ⅡM715为北向，仰身屈肢，随葬品组合为鬲、盆、夹砂罐等（图一一）。从葬

图一一　和林格尔土城子M715出土陶器

俗到随葬陶器特征皆与晋国晚期墓葬十分相似。墓区内曾出土一柄带有铭文的青铜短剑。李学勤先生将铭文释为"耳铸公剑",将其定为春秋五霸之一晋文公重耳所用之物[51]。晋文公重耳之母与夫人皆为狄人,他本人也曾为避难"居狄凡十二年而去"(《史记·晋世家》)。墓中出土重耳所铸之剑,似乎暗示了这一批居民或许正是与晋国有着密切关系的一支狄人。从已掌握的资料看,这批墓葬所反映的经济形态明显不同于上述游牧或农牧兼营性质的遗存,而很可能是以农业经济为主。

2. 战国晚期的赵、秦文化遗存

目前在清水河县城嘴子遗址[52]、卓资县城卜子古城[53]和托克托县古城村古城[54](即云中故城)发现有战国晚期的建筑遗存及少量瓮棺葬与成人墓葬。出土有筒瓦、板瓦、云纹和弦纹瓦当等建筑材料,夹砂灰陶釜及泥质灰陶的瓮、罐、盆、碗、豆等生活用具,还有铜镞、带钩及布币、刀币等(图一二)。在和林格尔土城子古城[55]、将军沟[56]、丰镇市十一窑子[57]、清水河县后城嘴[58]、察右前旗呼和乌苏[59]、包头市二〇八地质队家属楼[60]等地点皆发现有战国晚期中原文化系统的墓地。

和林格尔土城子古城外围所发现的1023座战国晚期墓葬均长方形竖穴土坑墓,既有东西向,又有南北向,大多无葬具。葬式以单人仰身直肢葬为主,有部分仰身屈肢和侧身屈肢葬。部分墓葬带有头龛或壁龛,还有带围沟的墓葬。出土随葬品有陶、铜、铁、玉、骨、木器等。陶器常见生活用器罐与钵及仿铜陶礼器鼎、豆、壶、盘、匜等(图一三)。铜器主要有带钩、铜环、铜剑、铜戈等,还见有铁剑与铁带钩。文化因素构成以战国赵文化为主,也有较多的秦文化成分。此外还有少量反映北方特点的单耳夹砂罐等。总体看这是一处级别较高的中原赵、秦居民的墓地。将军沟墓地所发现的36座墓中,以南北向墓为主,有少量东西向。随葬品比较简单,多数墓空无一物,少数墓出铜、铁带钩,个别墓随葬动物肩胛骨。墓地的级别明显低于和林格尔土城子战国墓地。东西向墓的存在及随葬动物肩胛骨的习俗表明战国赵、秦文化中也融入了少量北方游牧文化的因素。这支战国晚期的赵、秦文化在阴山以南、黄河以北的土默川平原及其以东地区有着广泛分布。从岱海地区的区域性调查来看,这一时期的居民点的密集程度,超越了此前的任何时期[61]。

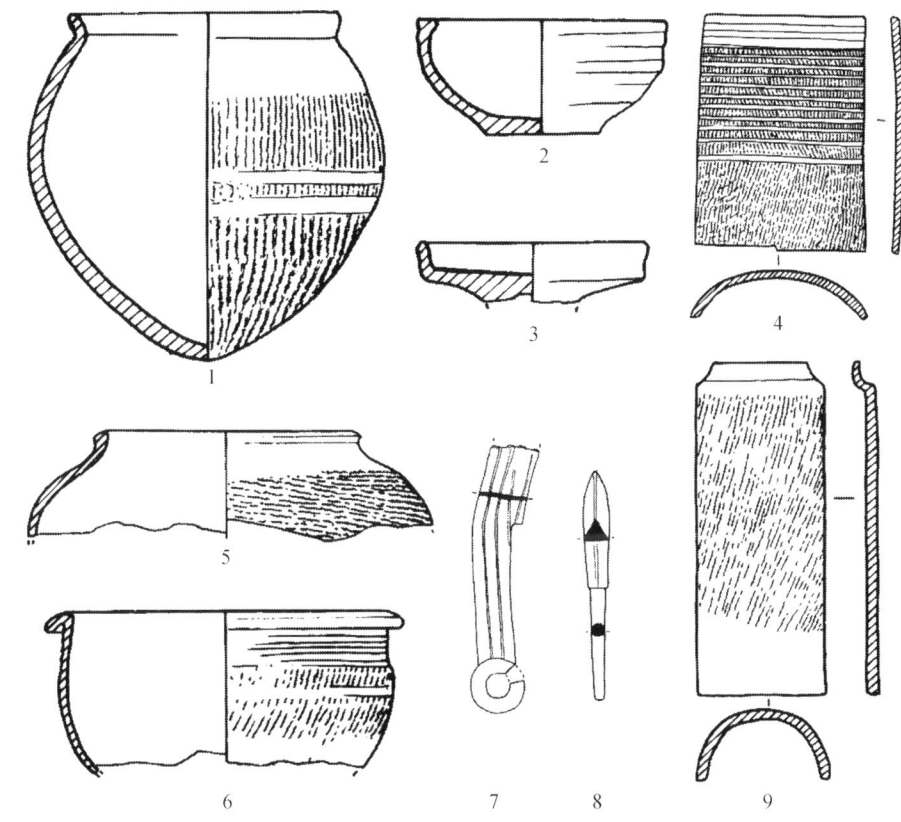

图一二　遗址出土战国晚期赵、秦文化器物图

1. 陶釜（城嘴子ⅢM1∶1）　2. 陶碗（城嘴子IF2∶1）　3. 陶豆（城嘴子ⅡHG1②∶3）　4. 板瓦（城卜子G1∶15）
5. 陶瓮（城卜子G1∶10）　6. 陶盆（城卜子C∶9）　7. 铜刀币（古城村H32∶2）　8. 铜镞（古城村H32∶4）
9. 筒瓦（城卜子T1922②∶2）

图一三　和林格尔土城子战国晚期M1394出土器物

在黄河以南地区，位于秦长城内侧的秦汉广衍故城的外围，早年曾发掘过一批墓葬[62]。其中以八垧地梁M4、M7、M9、M10为代表的第一期墓，发掘者认为应属战国时期。曹建恩先生认为其中有属战国早期者[63]，不过，从出土陶器以"瓮、釜、小罐""瓮、双耳夹砂罐、小罐""釜、双耳夹砂罐"为组合，流行口大底小的斗状长方形竖穴土坑墓，以及直肢葬和屈肢葬共存，头向不一等现象看，这第一期墓葬的年代只宜定在战国晚期到秦代[64]。总体上看，这批墓葬的年代大致可从战国晚期延至西汉前期。而有些墓中仍有以牛头、牛蹄和牛羊肉随葬的现象，则可视为本地区此前殉牲习俗的遗留。

以上分析表明，自春秋晚期到战国晚期，内蒙古中南部地区自始至终都是一个多元文化并存的地区，呈现出一种前所未有的复杂格局。在经济形态上，虽然在赵、秦势力到达之前游牧业成为这一地区的主导产业，但是仍然在局部地区并存着农牧兼营的经济甚至于农业经济，该区域并未被全盘游牧化。即使战国晚期赵、秦文化的相继进入，也并未完全结束该地区多元文化的并行局面。大致要到秦的统一，才使得长城以南的大部分地区置于中原王朝郡县制的管辖之下，文化面貌也趋于一致，而长城以北则成为游牧世界的一部分（图一四）。

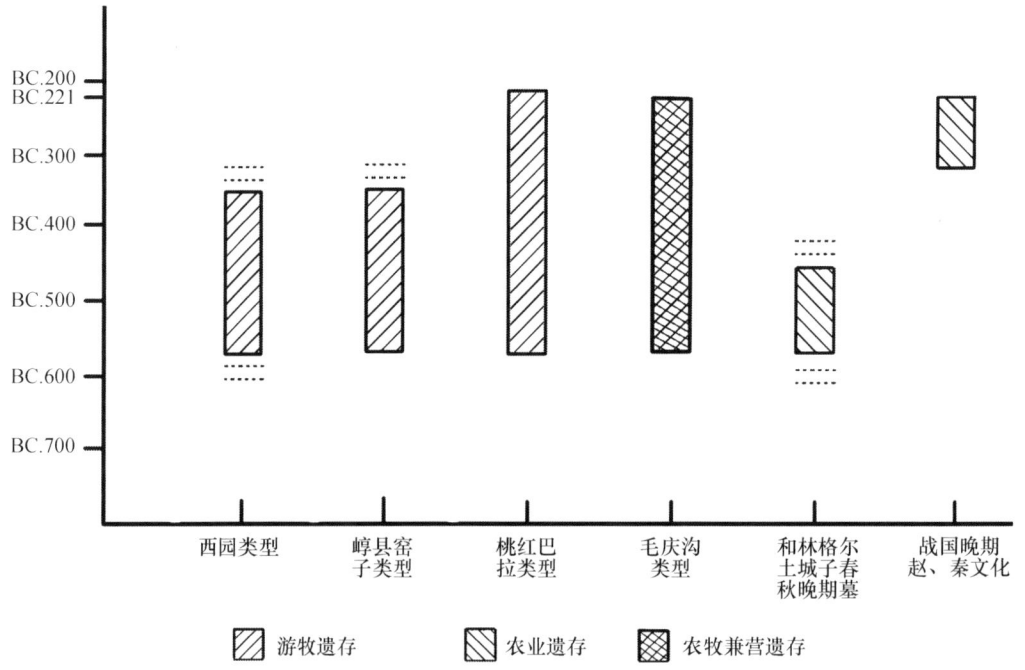

图一四　内蒙古中南部地区春秋晚期至战国阶段不同经济形态并存情况示意图

二、文化多元化与经济形态多样性的人群、社会与环境背景

以往研究表明,内蒙古中南部地区自新石器时代中期的仰韶文化王墓山下类型开始,经海生不浪文化(或庙子沟文化)、阿善三期文化、老虎山文化(或称永兴店文化)、大口二期文化、朱开沟文化、西岔文化,到西周晚期至春秋早期的西麻青遗存,几乎都是单一文化的叠相更替,而自春秋晚期或稍早阶段开始,这一稳定的区域文化分布格局被彻底打破。而且,新出现的若干文化类型或遗存在分布上甚至出现了插花式的现象。例如,毛庆沟类型的分布范围中既有崞县窑子类型的遗存,又有自西而来的以偏洞室墓葬为代表的小双古城遗存;西园类型的分布范围中又镶嵌着以和林格尔土城子古城春秋墓为代表的遗存。为何会出现这一奇特的文化现象?其中缘由颇值得深思。

虽然目前的资料积累程度还不足以彻底解决这一问题,但已有的信息也为回答这一问题提供了一定的可能性。

1. 人群来源的复杂化

体质人类学的研究表明,内蒙古中南部地区目前可以确定的最早的人种类型是庙子沟文化居民为代表的"古华北类型"[65]。至龙山阶段,西岔遗址的石棺墓中就同时发现了"古华北类型"与"古中原类型"两类不同体质特征的居民。两种体质类型的居民共存于同一墓地,表明他们已经开始了文化上的融合。进入青铜时代,从业已掌握的人骨资料看,在春秋中期以前,该地区的居民在人种类型上依然延续着新石器时代业已出现的两个古代人种类型。而至春秋晚期,一种新的古代人种类型——与现代蒙古人种北亚类型颅骨形态相似的一类古代居民群体出现在了内蒙古中南部地区。由于此种类型的古代居民"具有较小的颅长绝对值,颅型特征为圆颅型、偏低的正颅型结合阔颅型"的特征,与苏联学者以往命名的"古西伯利亚类型"有一定的区别,且这类古代居民主要分布在现今蒙古国以及中国的内蒙古地区,在广义的地理单元上属于蒙古高原地区,所以张全超博士建议将其命名为"古蒙古高原类型"[66]。由于此种类型的古代居民在春秋中期以前不见于中国北方地区,所以一般认为这些居民很可能是从春秋晚期或稍早阶段,由中国北部的境外南下的。

由于这类居民的到来,使得内蒙古中南部地区居民的人种构成变得更加复杂。三种不同人种的居民不仅在区域内呈现出犬牙交错的分布状态,而且在同一墓地中也出现了不同人种类型相杂处的现象(表一)。

表一　内蒙古中南部地区春秋晚期至战国时期居民的人种类型

出土地点	年　代	人种类型
包头西园	春秋晚期	古蒙古高原类型
杭锦旗桃红巴拉	春战之际至战国早期	古蒙古高原类型
和林格尔新店子	春秋晚期至战国早期	古蒙古高原类型
清水河阳畔	春秋中晚期至战国早期	古蒙古高原类型
清水河西嘴子	春秋晚期至战国早期	古蒙古高原类型
凉城毛庆沟	春秋晚期至战国中晚期之际	古华北类型、古中原类型
凉城饮牛沟	战国末期前后	古华北类型、古中原类型
凉城崞县窑子	春秋晚期至战国早期	古蒙古高原类型、古华北类型
凉城忻州窑子	春秋晚期至战国早期	古蒙古高原类型、古中原类型
凉城小双古城	春秋晚期至战国早期	古蒙古高原类型、古中原类型
和林格尔将军沟	战国晚期	古中原类型
和林格尔后城嘴	战国晚期	古中原类型

注：本表依据张全超：《内蒙古和林格尔县新店子墓地人骨研究》一书的表6.8制成。原表中的"凉城县板城墓地"现依发掘简报改为"凉城县忻州窑子墓地"。表中的"北亚类型"依文意改称为"古蒙古高原类型"。年代依前文分析与原表稍有不同。

尤为重要的是，同属"古蒙古高原类型"的居民，在不同的文化类型中已表现出不同的葬俗。例如，在崞县窑子类型中，此种类型的居民流行头向东的竖穴土坑墓，而且不随葬除弓箭以外的其他任何武器。在桃红巴拉类型中，这类居民则采用头向北的竖穴土坑墓。在西园类型和凉城小双古城遗存中，他们甚至采用了与西北地区类似的洞室墓或偏洞室墓作为主要的墓葬形制。之所以如此，或许表明同属"古蒙古高原类型"的居民在具体的来源地区、迁徙途径乃至对异质文化成分的接受态度方面都存在诸多差异。其中西园类型中的"古蒙古高原类型"居民很可能是先南下到达甘肃中部或宁夏，在那里接受了当地的部分葬俗之后，才辗转迁徙到内蒙古中南部地区的。

同样是"古中原类型"的居民，伴随赵、秦两国军事占领迁徙而来者，往往直接保留着各自原有的葬俗。例如，和林格尔土城子古城战国晚期墓地的赵国居民与秦国居民就采用了各自原先的葬俗。而先于军事占领阶段到达的中原人在葬俗上则体现出很大的差异。在与"古蒙古高原类型"居民混处的凉城忻州窑子和小双古城墓地中，从墓葬形制、墓向、殉牲和随葬品上都已很难与"古蒙古高原类型"的人群区分开来，体现出了高度的一致性。在与"古华北类型"居民共处的凉城毛庆沟和饮牛沟墓地中，不仅在墓葬形制、墓向上保持自己的特点，甚至在随葬品上也坚守着自己的风俗习惯。这种情况的存在至少透露出三个方面的信息：其一，"古中原类型"的居民可能不是同时而是分多批陆续进入内蒙古中南部地区的。其二，"古中原类型"居民可能来自于不同的地区。和林格尔土城子墓地中的中原人就既有来自赵国地区，又有来自秦国地区的。在较早阶段很可能也存在类似情况。其三,"古中原类型"居民与不同人群在融合模式上有所不同。或许,作为长城地带原住居民的"古华北类型"居民能够接受并容忍"古中原类型"居民在葬俗上保持自己的特点,而"古蒙古高原类型"居民对于加入自身团体的"古中原类型"居民在葬俗上有一定的强制性?

有理由认为,春秋晚期至战国阶段内蒙古中南部地区人种类型的复杂化以及同一人种类型在具体来源、迁徙途径、融合模式等诸多方面的不同,很可能是导致该地区文化多元并行、异彩纷呈的主要原因之一。

既然文化的多元与人群构成的复杂有关,那么经济形态的多样化是否也与不同人群的生业传统有关呢?

前文分析表明,西园类型属于一种发达的畜牧业经济,可以认为它是一种比较典型的游牧文化。该类型中的新店子墓地、阳畔墓地和西嘴子墓地由于是近十年来的发掘资料,人骨得到了全面的搜集和分析。这几处墓地的人骨可鉴定人种者皆为"古蒙古高原类型"。同样可归属发达畜牧业经济类型的桃红巴拉类型,由于多是早年的发掘或临时清理,人骨材料极少保存下来。仅存1例残破的男性成年的颅骨,经鉴定与现代蒙古组的体质特征很接近,被张全超博士归入"古蒙古高原类型"[67]。有"古蒙古高原类型"与"古华北类型"共存的凉城忻州窑子墓地和小双古城墓地所反映的经济形态亦是比较发达的畜牧业。但在崞县窑子墓地中则有2例女性随葬猪骨的现象,其中1例(M19)的人骨经鉴定即属"古华北类型"。表明养猪这一与农业经济相关的经济成分很有可能是由"古华北类型"居民携入的。而由"古华北类型"和"古中原类型"居民构成主体居民成分的毛庆沟类型则保留了更多的农业经济特点。所以,有理由相信发达的畜牧业经济和游牧的生产方式原本是"古蒙古高原类型"居民的固有传统。数年前笔者曾对长城地带中段青铜时代文化的发展与经济形态的演进做过专门考察,发现专业化的畜牧业在该地区的出现具有十分明显的突然性,而且是伴随春秋晚期有现代蒙古人种北亚类型特点的人种(即后来张全超命名的"古蒙古高原类型")而一同出现的。所以当初就提出了一种推想,认为长城地带中段地区自春秋晚期兴起的发达畜牧业,并非该区域此前原有经济形态自身逐步演进的结果,而很可能是由包括"北亚类型"人种在内的外来人群所携入的[68]。如今,随着人种学研究的新进展,又为笔者以前的看法提供了新的证据。

伴随着畜牧业经济成为内蒙古中南部地区的主导经济形态,部分"古华北类型"或"古中原类型"的居民加以学习效仿是完全可以理解的,甚至当惯于"人习战攻以侵伐"的游牧人在自己生活的邻近地区纵横驰骋的时候,部分土著的"古华北类型"居民学习"胡服骑射"以求得自保也是情理之中的事。这可能正是毛庆沟墓地东西向墓的男性成年以随葬带饰与武器为荣的主要动因。

但是,毕竟也有相当一部分居民并未放弃自己传统的生业方式,甚至于在葬俗上依然保持着自身的独立性。毛庆沟墓地中南北向墓葬的主人与和林格尔土城子古城外围春秋晚期墓的主人即是如此。实际上,正如许多人类学家所注意到的那样,游牧经济是一种十分脆弱的生业方式,它对农业经济或多或少都有一定的依赖性[69]。尼古拉·迪·科斯莫(Nicola Di Cosmo)就曾设想中国北方长城地带是位于农业社会和游牧社会之间的"缓冲地带",即使是在牧业成为主宰的时期,这一地带的农业成分乃至农业集团也依然会存在,为牧人提供必要的农产品、陶器等必需的一些生活用品[70]。这是很符合实际的一个观点。了解了这一点,自然就会理解当游牧业在内蒙古中南部地区蓬勃发展之际,为何还会有半农半牧经济甚至农业经济在局部得以延续,而始终没有形成游牧业"一统江山"的经济格局。

2. 社会组织的小型化与分散化

墓地是考古学可以借助来研究古代社会的最好的资料。与中原农业社会的墓地往往数百甚至上千座墓葬聚集一处的景象完全不同,内蒙古中南部地区已发现的游牧或农牧兼营社团的墓地在规模上要小很多。目前经全面发掘的墓地有凉城饮牛沟、和林格尔新店子、凉城忻州窑子和小双古城,墓地中包含墓葬数量依次为38、56、69和15。这四处墓地虽然都曾遭受不同程度的人为或自然原因的破坏,但墓地的主体基本上得以保留,即使将被破坏的部分估算上,各墓地的墓葬数量也不会增加很多。蛮汗山北部的崞县窑子墓地和南侧的毛庆沟墓地虽然也经过大面积的发掘,但都不是全部发掘。崞县窑子墓地只清理了墓葬分布较密集处的25座墓,应当还有少量墓葬被破坏或未发掘。毛庆沟墓地共清理79座墓,发掘者估计整个墓地至少应有150座墓葬,较其他墓地的规模都要大。这可能与其农牧兼营的经济形态、有定居点的情况是相一致的。由此可以估计,那些以游牧为生业,未见相应定居点的墓地的墓葬数大概都不能超过毛庆沟墓地这一规模,少者十多座,多者数十座,大概是符合实际情况的。而且也需注意,以上所列诸墓地皆位于自然环境相对优越的内蒙古中南部的偏东地区,周围地貌大都是低山丘陵地区,宜耕宜牧,水资源丰富,还有一定的林地资源可以利用。而西部经发掘的桃红巴拉、公苏壕、西沟畔、玉隆太、西园和呼鲁斯太皆位于沙化非常严重的地区。虽然各墓地都未交代是否进行了全面揭露,但从文字描述的情况看,当时地表勘察凡是能发现的墓葬皆进行了发掘。墓葬少者如玉隆太、公苏壕仅见1墓。多者如桃红巴拉有6座,西园有7座。值得注意的是,西沟畔此时期的墓葬虽然只有3座,却还分别位于相距约2千米的两个不同地点。呼鲁斯太墓群的3座墓也有类似情况。看来,在环境相对恶劣的西部地区,墓地的规模普遍要较东部区更小一些,也是十分可能的。大概每一人群在一个地点的驻牧时间都不会很长,才会造成这一现象。以上有些地点还可以看出明显的墓葬分群现象,如饮牛沟墓地可分5群,崞县窑子墓地可分3群。新店子墓地分为东、西两区,每区又都可分南、北两个墓群。这一现象似乎表明,以墓地为代表的人群之下还可划分一层更小的社会组织。鉴于每群少则几座,多则20余座墓葬的情况看,这更低一层次的社会组织很有可能就是家族(或称扩大家庭)。

近来杨建华先生通过对毛庆沟墓地的分析发现，成年男女两两成对的墓只见于南北向的墓葬中，表明这些来自中原的移民的基层社会组织是核心家庭。而东西向的墓葬则可以区分出成年男性墓群、成年女性墓群和儿童墓群，墓葬的布局是按照整个社区的年龄和性别来划分的，表明在本地居民中个体家庭还未成为社会最基本的组织结构[71]。需要补充的是，西园墓地发掘的7座墓分为两处。偏西的一处包括5座墓葬和2座祭祀坑，墓葬和祭坑分3排，排列紧密，应是一最小的社会单位。其中间一排包括3座墓和1座祭坑。3座墓中居中的M3是2个成年女性的合葬墓，皆非正常死亡，而分居此墓两侧的则是两个成年男性。显然，在这一家族墓中同样只强调集体观念而缺乏核心家庭的观念。《史记·匈奴列传》在叙述到匈奴之俗的时候说，此族是"贵壮健，贱老弱。父死，妻其后母。兄弟死，皆取其妻妻之"。联系到上述现象，真觉十分类似。也许，在内蒙古中南部这些早期游牧或农牧兼营的人群中并非没有核心家庭的存在，但是作为社会最基本的生产和生活单位的仍是家族。于是，在墓地中也表现出只强调家族或整个集团利益的埋葬制度。

所以，在以游牧或农牧兼营为生业的居民中，除了有定居点的毛庆沟有规模较大的墓地，代表结构稍显复杂的一种社会组织之外，其他墓地所对应的社会组织往往只是少则1个，多则数个家族所构成的小型社会组织，家族是最基本的生产和生活单位。不仅如此，这些小型化的社会组织在分布上也十分分散。在以往的文物普查中这些以畜牧业为特征的遗存都很少发现，且几乎不见任何集群分布的现象。在近年岱海盆地与邻近的永兴盆地的区域性调查中发现有密集的战国晚期的赵、秦文化遗址点，而游牧或农牧兼营性质的遗址或墓葬除已知的地点外一个也未发现[72]。而且，从分期角度看，这种社会组织的小型化、分散化的特点自春秋晚期始，直到出现明显社会分层的战国晚期前后，一直也未发生大的改变。《史记·匈奴列传》在记"晋文公攘戎狄"之事后说，当时的北方诸族是"各分散居溪谷，自有君长，往往而聚者百有余戎，然莫能相一"。此种情势，大概一直到赵、秦相继占领阴山以南地区之前都是如此。可以想见，在这种小型化、分散化的社会中，由于缺乏统一的力量，各个部族的文化虽有相互融合之势，但毕竟积习难改，难以整合在一起。这很有可能是区域内多元文化得以长期并行的另一方面重要的原因。

再者，赵、秦对这一地区实施有效的占领，从目前的考古资料来看也并非是一蹴而就的。按《战国策·赵策二》记载，赵国自赵襄子时就曾"兼戎取代以攘诸胡"。但所攘之胡并未确指，也未有略地的记载。而比较明确的向内蒙古中南部一带扩展势力则始于赵武灵王变服骑射之时（前307年）。《史记·匈奴列传》记赵武灵王"北破林胡、楼烦，筑长城，自代并阴山下至高阙为塞，置云中、雁门、代郡"。而此道长城的走向已基本探明，是西起临河县东北的两狼山口（即赵时的高阙），沿阴山山脉东段的大青山南麓迤逦东行，经卓资县北而至兴和县境内[73]。所置的云中郡，其故址即前述托克托县古城村古城。其辖境约当今土默特右旗以东，大青山以南，卓资县以西，黄河以北地区。《史记·赵世家》又记载赵武灵王26年（前300年）曾"攘地北至燕代，西至云中、九原"。此条记载说明云中以西的临河、五原至包头一带，当也已纳入赵国的版图。目前已发现的战国晚期的赵文化遗址大都位于这一区域之内。当赵文化到达之后，该区域内以游牧为主业的西园类型和崞县窑子类型的遗存皆已消失不见，唯有农牧兼营的毛庆沟类型得以延续下来，与来自中原的移民共处。这或许就是真正"攘胡"的结果，即在赵国的占领区之内，文化、生业特点与其完全异质的胡人即游牧民是不被见容的，是重点驱赶的对象。而那些原本就定居、有农业的土著人和先前的中原移民则被容留下来为新的占领者服务。而据《史记·赵世家》记载，赵武灵王实行胡服骑射之后的第二年（前306年）就曾"西略胡地，至榆中，林胡王献马"。榆中所在，传统说法认为是在准格尔旗境内，后来史念海先生又考证其应在固原之北[74]。总之应在鄂尔多斯高原范围内，可这一带并未发现赵文化遗址。很可能，以"林胡王献马"表示臣服为结果，赵国的势力并未真正进入鄂尔多斯地区，使得该地区的游牧文化得以继续延续。不仅如此，在秦国的势力北向拓展时也只是将鄂尔多斯东部的部分地区纳入了秦长城之内[75]。而秦长城外侧紧邻的西沟畔一带就是游牧文化的活动范围了。由分期看，秦长城以西的鄂尔多斯中西部地区的桃红巴拉类型的年代下限可至战国末至秦。也就是说，直至战国末期，内蒙古中南部地区都并未完成文化与社会的一体化进程，而直至蒙恬率秦军"北击胡，悉收河南地，因河为塞"，鄂尔多斯的大部分地区才有可能被真正纳入秦帝国的版图之中，文化多元并行的格局才基本终结。不过，由于有楼烦白羊王的存在，仍然不能说内蒙古中南部的所有地区皆已被秦王朝占据。因为直至秦末，匈奴冒顿单于趁中原楚汉相争、边塞失控之际还曾"南并楼烦白羊河南王"。甚至到汉武帝元朔二年（前127年），卫青还曾"击胡之楼烦白羊王于河南，得胡首虏数千，牛羊百余万"。可见以"楼烦"为号的这支牧人，虽自赵武灵王开始就不断遭受中原势力的打击，后又被匈奴兼并，却仍然顽强地活动在"西河"或"河南"而不愿离去，直到被卫青最终消灭。

与此相关的一个问题也颇耐人寻味。既然进入内蒙古中南部地区的游牧民在战国晚期以前一直维持着简单化、小型化的社会，怎能构成对赵、秦二国的强大威胁，以至于最终出现以"拒胡"为目的而筑设的长城呢？笔者觉得应从两方面考虑。

其一，社会的小型化与分散化，并不代表在军事上无法形成强大的攻击力。《史记·匈奴列传》就如此形容"逐水草迁徙"的北方游牧民："士力能弯弓，尽为甲骑""急则人习战攻以侵伐""故其见敌，则逐利如鸟之集。其困败，则瓦解云散矣"。可以想象，拥有快捷骑兵的草原游牧人群，虽在平日散居于广袤的草原上，恰如天边的朵朵浮云，一旦风起，便可骤聚成滚滚压境的乌云，为近邻的农耕社会带来巨大的破坏力。汉代初年投靠匈奴的中行说曾说："匈奴人众不能当汉之一郡，然所以强者，以衣食异，无仰于汉也。"此说虽稍显偏颇，却具有一定的启发意义。

其二，林沄先生认为，"赵武灵王提倡'胡服骑射'而发展大规模的骑兵作战，和商代后期商人采用马拉战车一样，是中原国家对蒙古高原上已先出现的有威力的军事技术做出的反应"[76]。那么，赵、秦长城的修筑无疑也可归入应变措施之一，成为骑马民族难以轻易逾越的屏障。另外，不能不考虑赵、秦势力的北上，也有拓疆殖民的用意在其中。史书中记载赵、秦诸国对北方民族的战争时屡用"攘地"或"略地"之语，向北拓展新的生存空间的意图不言自明。实际上，赵长城以南被赵国占据的地区均属宜于开展农耕的冲积平原或丘陵盆地，甚至连秦长城也刻意绕开毛乌素沙漠的腹心地带，而只将鄂尔多斯东部的准格尔丘陵地区圈入长城之内。也许，略取和保卫宜耕的土地，是长城得以出现的另一重要动因。

3. 春秋晚期前后不同人群得以入居内蒙古中南部地区的环境背景

以往研究表明，内蒙古中南部地区由于地处中国北方季风尾闾区及其边缘，环境气候的变化比以西、以东地区更为敏感。大约从距今3500年开始，气候整体步向干冷化[77]，导致朱开沟文化衰落之后当地出现了长达近千年的文化"间歇期"，直至春秋晚期游牧文化的出现。直到近十多年，西岔文化和西麻青遗存的发现，才初步填补了这一时段的缺环[78]，但所见的遗址点数量远较其他时段少得多。在近年岱海地区的区域性调查中发现，304.4平方千米的范围内自老虎山文化之后仅发现有3处朱开沟文化的遗址点，根本未见西岔文化和西麻青阶段的遗存[79]。这种长时间的人烟稀少的状况，必然会给区域内的生态环境以"休养生息"的机会，也为春秋晚期前后胡人的南下驰骋，以及其他人群进入这一地区提供了广阔的生存空间和良好的环境背景。这是春秋晚期内蒙古中南部地区能够出现不同人群混杂、多元文化并存格局的客观条件。

以上分析表明，内蒙古中南部地区自春秋晚期开始出现的游牧文化并未使这一地区实现全盘的游牧化。多元文化的并行发展和经济形态的多样并存的局面几乎在区域内贯穿始终。这一切之所以会成为可能，应当是来自不同方向的人群在此长期混杂、共存，社会又长期保持简单化、分散化的发展模式而未能实现统一的结果。当然，此前近千年的文化低水平发展和对环境低强度的开发，也为不同人群进入这一地区提供了客观上的条件和资源上的保障。

注　释

[１]　田广金：《桃红巴拉墓群》，《鄂尔多斯式青铜器》，文物出版社，1986年，第203～219页。

[２]　杨建华：《春秋战国时期中国北方文化带的形成》，文物出版社，2004年。该书是近年有关中国北方早期游牧文化研究的集大成著作。

[３]　内蒙古文物考古研究所：《内蒙古和林格尔县新店子墓地发掘简报》，《考古》2009年第3期。

[４]　内蒙古文物考古研究所：《内蒙古凉城县忻州窑子墓地发掘简报》，《考古》2009年第3期。

[5] 内蒙古文物考古研究所:《内蒙古凉城县小双古城墓地发掘简报》,《考古》2009年第3期。

[6] 田广金:《中国北方系青铜器文化和类型的初步研究》,《北方考古论文集》,科学出版社,2004年,第160~199页。

[7] 乌恩:《欧亚大陆草原早期游牧文化的几点思考》,《考古学报》2002年第4期。

[8] 林沄:《关于中国的对匈奴族源的考古学研究》,《内蒙古文物考古》1993年第1、2期合刊。

[9] 乔梁:《中国北方动物饰牌研究》,《边疆考古研究》第6辑,科学出版社,2002年,第13~33页。

[10] 曹建恩:《内蒙古中南部商周考古研究的新进展》,《内蒙古文物考古》2006年第2期。

[11] 杨建华:《春秋战国时期中国北方文化带的形成》,文物出版社,2004年,第130页。

[12] 内蒙古文物考古研究所、包头市文物管理处:《包头西园春秋墓地》,《内蒙古文物考古》1991年第1期。

[13] 内蒙古文物考古研究所:《内蒙古和林格尔县新店子墓地发掘简报》,《考古》2009年第3期。

[14] 曹建恩:《内蒙古中南部商周考古研究的新进展》,《内蒙古文物考古》2006年第2期。

[15] 材料未正式发表。简介见张全超:《内蒙古和林格尔县新店子墓地人骨研究》,科学出版社,2010年,第75页。

[16] 陈全家、曹建恩:《内蒙古和林格尔县新店子墓地殉牲研究》,《内蒙古文物考古》2009年第2期。

[17] 张全超、朱泓:《内蒙古和林格尔县新店子墓地人骨研究》,《考古》2009年第3期。

[18] 曹建恩:《内蒙古中南部商周考古研究的新进展》,《内蒙古文物考古》2006年第2期。

[19] 曹建恩、孙金松:《中国北方地区东周西汉时期偏洞室墓葬研究》,《中国史研究》(韩国)第53辑,2008年。

[20] 谢端琚:《试论我国早期土洞墓》,《考古》1987年第12期。

[21] 宁夏文物考古研究所、中国历史博物馆考古部:《宁夏菜园——新石器时代遗址、墓葬发掘报告》,科学出版社,2003年,第198~320页。

[22] 宁夏文物考古研究所:《宁夏彭堡于家庄墓地》,《考古学报》1995年第1期。宁夏文物考古研究所、宁夏固原博物馆:《宁夏固原杨郎青铜文化墓地》,《考古学报》1993年第1期。

[23] 李逸友:《和林格尔县范家窑子出土的铜器》,《鄂尔多斯式青铜器》,文物出版社,1986年,第222页。

[24] 郑隆:《水洞沟门墓》,《鄂尔多斯式青铜器》,文物出版社,1986年,第220、221页。

[25] 杨建华:《春秋战国时期中国北方文化带的形成》,文物出版社,2004年。下文所引杨建华先生关于内蒙古中南部地区诸遗存的分期与年代方面的观点,凡出此书,皆不再另注。

[26] 曹建恩:《内蒙古中南部商周考古研究的新进展》,《内蒙古文物考古》2006年第2期。

[27] 内蒙古文物考古研究所：《凉城崞县窑子墓地》，《考古学报》1989年第1期。

[28] 内蒙古文物考古研究所：《内蒙古凉城县忻州窑子墓地发掘简报》，《考古》2009年第3期。

[29] 内蒙古文物工作队：《毛庆沟墓地》，《鄂尔多斯式青铜器》，文物出版社，1986年，第227~315页。

[30] 内蒙古自治区文物工作队：《凉城县饮牛沟墓葬清理简报》，《内蒙古文物考古》1984年第3期。内蒙古文物考古研究所、日本京都中国考古学研究会：《饮牛沟墓地1997年发掘报告》，《岱海考古（二）——中日岱海地区考察研究报告集》，科学出版社，2001年，第278~327页。

[31] 内蒙古文物考古研究所、日本京都中国考古学研究会：《饮牛沟墓地1997年发掘报告》，《岱海考古（二）——中日岱海地区考察研究报告集》，科学出版社，2001年。

[32] 内蒙古文物考古研究所、日本京都中国考古学研究会：《饮牛沟墓地1997年发掘报告》，《岱海考古（二）——中日岱海地区考察研究报告集》，科学出版社，2001年。

[33] 内蒙古自治区文物考古研究所、鄂尔多斯博物馆：《朱开沟——青铜时代早期遗址发掘报告》，文物出版社，2000年。

[34] 曹建恩：《内蒙古中南部商周考古研究的新进展》，《内蒙古文物考古》2006年第2期。

[35] 田广金：《桃红巴拉墓群》，《鄂尔多斯式青铜器》，文物出版社，1986年，第203~219页。

[36] 伊克昭盟文物工作站、内蒙古文物工作队：《西沟畔战国墓》，《鄂尔多斯式青铜器》，文物出版社，1986年，第351~365页。

[37] 内蒙古博物馆、内蒙古文物工作队：《玉隆太战国墓》，《鄂尔多斯式青铜器》，文物出版社，1986年，第366~371页。

[38] 伊克昭盟文物工作站：《内蒙古准格尔旗宝亥社发现青铜器》，《文物》1987年第12期。

[39] 内蒙古文物工作组：《几年来的内蒙古文物工作》，《文物参考资料》1957年第4期。内蒙古文物工作队：《内蒙古出土文物选集》，文物出版社，1963年，第54、55页。

[40] 盖山林：《准格尔旗速机沟出土的铜器》，《鄂尔多斯式青铜器》，文物出版社，1986年，第372~374页。

[41] 伊克昭盟文物工作站：《伊金霍洛旗石灰沟发现的鄂尔多斯式文物》，《内蒙古文物考古》1992年第1、2期合刊。

[42] 伊克昭盟文物工作站、伊金霍洛旗文物保护管理所：《内蒙古伊金霍洛旗匈奴墓》，《文物》1992年第5期。

[43] 伊克昭盟文物工作站：《内蒙古东胜市碾房渠发现金银器窖藏》，《考古》1991年第5期。

[44] 田广金、郭素新：《阿鲁柴登发现的金银器》，《鄂尔多斯式青铜器》，文物出版社，1986年，第342~350页。

[45] 戴应新、孙嘉祥：《陕西神木县出土匈奴文物》，《文物》1983年第12期。

[46] 内蒙古文物考古研究所:《内蒙古凉城县小双古城墓地发掘简报》,《考古》2009年第3期。

[47] 塔拉、梁京明:《呼鲁斯太青铜器墓葬》,《鄂尔多斯式青铜器》,文物出版社,1986年,第223~226页。

[48] 林沄:《关于中国的对匈奴族源的考古学研究》,《内蒙古文物考古》1993年第1、2期合刊。

[49] 崔利明:《内蒙古兴和县沟里头匈奴墓》,《考古》1994年第5期。

[50] 内蒙古文物考古研究所:《和林格尔县土城子古城考古发掘主要收获》,《内蒙古文物考古》2006年第1期。另据墓地发掘主持人陈永志先生告知,这批墓葬中不见以动物头、蹄来随葬的现象。

[51] 内蒙古文物考古研究所:《和林格尔县土城子古城考古发掘主要收获》,《内蒙古文物考古》2006年第1期。

[52] 内蒙古自治区文物考古研究所:《清水河县城嘴子遗址发掘报告》,《内蒙古文物考古文集》第三辑,科学出版社,2004年,第81~128页。

[53] 内蒙古自治区文物考古研究所、乌兰察布博物馆:《卓资县城卜子古城遗址调查发掘简报》,《内蒙古文物考古文集》第三辑,科学出版社,2004年,第129~143页。

[54] 内蒙古文物考古研究所、托克托县博物馆:《托克托县古城村古城遗址发掘简报》,《内蒙古文物考古文集》第三辑,科学出版社,2004年,第218~261页。

[55] 内蒙古文物考古研究所:《和林格尔县土城子古城考古发掘主要收获》,《内蒙古文物考古》2006年第1期。

[56] 材料未发表。简介见张全超:《内蒙古和林格尔县新店子墓地人骨研究》,科学出版社,2010年,第58页。

[57] 乌兰察布博物馆:《内蒙古丰镇市十一窑子战国墓》,《考古》2003年第1期。

[58] 材料未发表。简介见张全超:《内蒙古和林格尔县新店子墓地人骨研究》,科学出版社,2010年,第65页。

[59] 曹建恩:《察右前旗呼和乌苏战国汉代北魏墓葬》,《中国考古学年鉴》1996,文物出版社,1998年,第110页。

[60] 包头市文物管理处:《包头市二〇八墓地》,《内蒙古文物考古》1997年第2期。

[61] 岱海中美联合考古队:《2002年、2004年度岱海地区区域性考古调查的初步报告》,《内蒙古文物考古》2005年第2期。

[62] 崔璿:《秦汉广衍故城及其附近的墓葬》,《文物》1977年第5期。

[63] 曹建恩:《内蒙古中南部商周考古研究的新进展》,《内蒙古文物考古》2006年第2期。

[64] 墓葬断代标准参考滕铭予:《秦文化:从封国到帝国的考古学观察》,学苑出版社,2002年,第21~46页。

[65] 朱泓:《中国东北地区的古代种族》,《文物季刊》1998年第1期。

[66] 见张全超：《内蒙古和林格尔县新店子墓地人骨研究》，科学出版社，2010年，第73~89页。

[67] 见张全超：《内蒙古和林格尔县新店子墓地人骨研究》，科学出版社，2010年，第73~89页。

[68] 王立新：《试论长城地带中段青铜时代文化的发展》，《庆祝张忠培先生七十岁论文集》，科学出版社，2004年，第365~385页。

[69] 持这种观点的代表人物是阿纳托利·哈扎诺夫。Anatoly M. khazanov. Nomads and the Outside World. The University of Wisconsin Press, 1994: 212~221.

[70] Nicola Di Cosmo. Ancient Inner Asian Nomads: Their Economic Basis and Its Significance in Chinese History. The Journal of Asian Studies 53, 1994(4): 1092~1126.

[71] 杨建华、洪猛、曹建恩：《毛庆沟墓地的两种墓葬所反映的不同社会结构》，《边疆考古研究》第8辑，科学出版社，2009年，第64~73页。

[72] 岱海中美联合考古队：《2002年、2004年度岱海地区区域性考古调查的初步报告》，《内蒙古文物考古》2005年第2期。

[73] 李兴盛、郝利平：《乌盟卓资县战国赵长城调查》，《内蒙古文物考古》1994年第2期。朝克：《呼和浩特地区长城遗存》，《内蒙古文物考古》1994年第2期。包头市文物管理处、达茂旗文物管理所：《包头境内的战国秦汉长城与古城》，《内蒙古文物考古》2000年第1期。李逸友：《中国北方长城考述》，《内蒙古文物考古》2001年第1期。

[74] 史念海：《新秦中考》，《中国历史地理论丛》1987年第1期，第119~160页。

[75] 史念海：《鄂尔多斯高原东部战国时期秦长城遗迹探索记》，《考古与文物》1980年第1期。李逸友：《内蒙古史迹丛考》，《内蒙古文物考古文集》第二辑，中国大百科全书出版社，1997年，第393~411页。

[76] 林沄：《中国北方长城地带游牧文化带的形成过程》，《燕京学报》2003年第14期，第95~145页。

[77] 杨志荣：《中国北方农牧交错带全新世环境演变综合研究》，海洋出版社，1989年。田广金、史培军：《中国北方长城地带环境考古学的初步研究》，《内蒙古文物考古》1997年第2期。田广金、唐晓峰：《岱海地区距今7000~2000年间人地关系演变研究》，《岱海考古（二）——中日岱海地区考察研究报告集》，科学出版社，2001年，第328~343页。

[78] 曹建恩：《内蒙古中南部商周考古研究的新进展》，《内蒙古文物考古》2006年第2期。

[79] 岱海中美联合考古队：《2002年、2004年度岱海地区区域性考古调查的初步报告》，《内蒙古文物考古》2005年第2期。

（原刊于《边疆考古研究》第10辑，科学出版社，2011年）

青铜时代考古综合

试论长城地带中段青铜时代文化的发展

本文所说的"长城地带中段",在人文地理上属于我国北方农牧交错带的重要组成部分。在行政区划上,大致包括了内蒙古的中南部、陕北及晋西北地区。

近年,随着考古新发现的不断增多,若干缺环的陆续填补,该地区青铜时代考古学文化的编年序列已大体建立起来。在分期、分区与谱系研究的基础上,探索区域内青铜时代文化的发生、发展与流变的过程,剖析区域内考古学文化经济形态的转变及其动因,对于深入理解该地区的文化史、社会史与经济史,具有十分重要的意义。

一、区域内早期青铜时代文化的确立

以内蒙古伊金霍洛旗朱开沟遗址命名的"朱开沟文化",被认为是该地区唯一一个可确定的早期青铜时代文化。但自1984年张忠培先生对该"文化"的陶器提出"分堆"意见[1]以来,学术界围绕这一"文化"的实际内涵与性质展开了比较热烈的讨论。看法大体分属两类:一类以发掘者和资料整理者为代表,认为朱开沟遗存拥有一个稳定而独具特色的陶器群,并可划分为前后相继的五个发展阶段,演变序列清楚,理当将其与青铜时代早期的其他考古学文化加以区别[2]。另一类意见认为,朱开沟遗存内涵比较复杂,不仅年代跨度大,而且可能分属于不同性质的考古学文化[3]。持第二类意见的学者,在对朱开沟遗存的具体分类、分析方面又有所不同。2000年夏《朱开沟》报告的出版[4],为相关研究的纵深开展带来了契机。据最近王乐文的研究,朱开沟遗存实际上可明确区分为两种年代不同、性质有别的考古学文化[5]。其中甲类遗存以鋬手鬲、敛口斜腹瓿、单耳罐、双耳罐、单耳鬲、盉、折肩罐为代表,流行方格纹、篮纹与绳纹。这类遗存的墓葬随葬陶器与居址出土陶器在表现出较大共性的同时,又存在一定的差异。比如,鋬手鬲和敛口斜腹瓿这样的较大型炊具习见于居址中,而墓葬中则多见器形较小的单耳罐、单耳鬲与双耳罐。乙类遗存以带领鼓腹肥袋足鬲、带纽罐、敞口盆形瓿、敞口盆和矮领罐为典型器物,流行细绳纹,且前三类器物中有的还装饰有蛇纹。两类遗存的基本陶器组合泾渭分明。在邻近地区内,伊金霍洛旗白敖包[6]、神木寨峁[7]、新华[8]、准格尔旗大口[9]等遗址迄今只发现有朱开沟甲类遗存,不见朱开沟乙类遗存,而准格尔旗寨子塔[10]和南壕[11]等遗址中又只见朱开沟乙类遗存而未见朱开沟甲类遗存。表明新区分出的朱开沟甲、乙两类遗存确实代表着两种不同性质的考古学文化。从朱开沟遗址的层位关系看，居址中乙类遗存大都打破或叠压在甲类遗存之上，可知朱开沟甲类遗存早于乙类遗存。

新分出的朱开沟甲类遗存与以往所命名的大口二期文化[12]和新近命名的寨峁文化[13]、新华文化[14]相比，陶器组合基本一致，当属同一性质的考古学文化。若与年代稍早的老虎山文化[15]、永兴店文化[16]相比，陶器组合也可谓大同小异。比如，朱开沟甲类遗存中的鋬手鬲与单耳鬲其实就是由前一阶段流行的双鋬斝式鬲、单耳斝式鬲直接发展而来，很难将这一完整的演进过程从中割断。其他如盉、敛口斜腹瓿、敛口斝、单耳罐、双耳罐（折腹型）、大口尊、折肩罐、壶、浅腹高柄豆等众多器类也均与老虎山、永兴店文化的同类器一脉相承。所不同的，主要是朱开沟甲类遗存阶段又吸收了一些源自齐家文化、客省庄文化、陶寺文化和王湾三期文化的因素，并在发展过程中形成了一定的阶段性特色。据王乐文研究，朱开沟甲类遗存的年代大体处于龙山时代晚期的偏晚阶段至夏代中期前后（前2200～前1800），而且这一阶段的金属器在朱开沟遗址只见有纯铜的指环和铜钏。显然，即使单从金属冶铸技术的发展角度看，朱开沟甲类遗存也仍与新石器时代晚期阶段的诸考古学文化有相当大的一致性，而有别于早期青铜时代的考古学文化。所以，我们赞成将朱开沟甲类遗存所代表的文化仍视为新石器时代晚期的文化，将其作为长城地带中段龙山时代文化的偏晚发展阶段。

新分出的朱开沟乙类遗存，其年代"约当二里头文化三、四期"至"二里岗上层晚段"。且朱开沟遗址已发表的青铜器皆属这一时期，所以，将其视为长城地带中段的早期青铜时代文化应是名副其实。考虑到学界已习惯于将饰蛇纹的带领鼓腹肥袋足鬲和鋬纽罐等与"朱开沟文化"相联系，我们赞成以"朱开沟文化"这一名称来专指新区分出的朱开沟乙类遗存。

二、区域内青铜时代文化的演进

业已掌握的资料显示，该区内青铜时代文化的发展可分为夏至早商、晚商至周初、西周晚期至春秋中期、春秋晚期至战国四个阶段。

夏至早商时期，可明确辨识出来的考古学文化只有一个，即朱开沟文化。据目前的发现，可知该文化的分布范围大致包括了内蒙古中南部的阴山以南地区、陕北的榆林地区北部和晋西北的管涔山以西地区。中心的分布区当在伊金霍洛旗经准格尔旗、清水河县至凉城一带。经调查和发掘的遗址已有30余处。

朱开沟文化的陶器群，虽与当地龙山阶段的考古学文化呈现了很大差异，但彼此之间的承继性仍比较明显。以往田广金等先生曾经指出，朱开沟文化颇具特色的带钮罐应当就是由老虎山F29∶1那样的陶罐发展而来的[17]。朱开沟文化最具代表性的陶器带领鼓腹肥袋足鬲，从形制上明显承继了龙山阶段的鋬手鬲的基本特征，而且在发展的过程中始终保持着袋足肥硕、无附加实足根的特点，从而与晋中等地的鋬手鬲"后裔"走上了不同的发展轨迹。此外，朱开沟文化中的花边鬲和三足瓮也属于继承当地龙山阶段的文化因素。

王乐文注意到了朱开沟文化中有一组来自下七垣文化的因素，包括敞口深弧腹盆、敞口盆形甗、中口深腹罐、小盆形钵、钻孔石镰、鸟形陶塑等。其中前两类器物在朱开沟文化的陶器群中从早至晚都有，数量也较多，且有明显的演变规律可循。说明这组来自下七垣文化的因素在整个朱开沟文化的陶器群中占据着重要地位，甚至有可能在朱开沟文化的形成过程中都扮演了十分重要的角色。

此外，朱开沟文化在发展的过程中还受到了来自二里头文化、晋中夏至早商时期遗存、大坨头文化和早商文化的影响。但这些因素大多只存在于朱开沟文化的部分时段，从形制上又缺乏稳定的存在状态。因而从重要性上显然不及当地的土著因素及来自下七垣文化的因素。

当然，有些文化因素，比如引人注目的蛇纹装饰，目前尚难以确认其源头。

朱开沟文化中还出土有少量早期北方系青铜器，器形有环首刀、短剑、圆牌、耳环、臂钏等。其中的实心体喇叭口形耳环，也见于长城地带东段的夏家店下层文化。据研究，这类铜饰很可能是从中亚一带经中国新疆传入北方长城地带的[18]。朱开沟遗址所见的短剑，是迄今所知北方系青铜器中年代最早的短剑。郎树德在分析了中国甘肃地区的史前骨梗石刃石器之后提出，有些形制的骨梗石刃刀，很可能就是这类短剑形制上的祖型[19]，颇有道理。至于其余器类的起源，尚不清楚。

朱开沟文化对周邻同期诸考古学文化也产生了一定的辐射作用。其文化因素向东流布的趋势体现得尤为明显。在西辽河水系区的夏家店下层文化和海河北系区的大坨头文化中都发现有来自这一文化的因素。刘观民先生曾敏锐地指出，发现于夏家店下层文化范围内的少量饰蛇纹的带领鼓腹肥袋足鬲、甗等就是由朱开沟文化传播过去的，且这些因素又通过夏家店下层文化而远播到蒙古东部与外贝加尔地区[20]。此后的研究表明，夏家店下层文化中所见的罐、鬲等器物口沿装饰鋬纽或花边堆纹的作风，也属于来自朱开沟文化的因素。这些西来因素大致从夏家店下层文化中期开始出现，晚期较为流行[21]。与文化因素东向的传布势头相比，该文化对其南侧诸考古学文化的影响则显得相对微弱。虽然在郑州地区的早商文化中见有朱开沟文化风格的肥袋足鬲[22]，在陕西扶风壹家堡[23]、耀县北村[24]、礼泉朱马嘴[25]商文化遗存中也发现有饰蛇纹的这类陶鬲，但总体上看，在晋中、陕北以南地区的同期考古学文化中，来自朱开沟文化的因素均十分零星，缺乏成群成组出现的迹象。所以，从文化互动的角度看，朱开沟文化在与其南侧诸考古学文化的交流中体现了明显的弱势，而在与东侧诸考古学文化的交流中则居于相对优势的地位。这很可能与各地区文化的发达程度不同有关。

朱开沟文化结束之后，除部分因素被西岔文化和李家崖文化继承（详后）之外，具有该文化独特风格的带领鼓腹肥袋足鬲及其口沿的花边装饰在中国北方地区得以广泛流布[26]。这类因素向东沿燕山南北都有分布，在围坊三期文化、魏营子文化、西拉木伦河流域晚商时期遗存中都可见到，甚至在嫩江流域的白金宝遗址二期遗存中也有发现。在以南地区，晋中的杏花村墓地、关中的先周时期遗存、西北地区的辛店文化、寺洼文化中也有风格类似的陶鬲存在。这支文化虽然消失了，但它在中国北方相当大的范围内却产生了深远的影响。

西岔文化是以近年发掘的内蒙古清水河县西岔遗址命名的[27]。目前经正式发掘的仅西岔遗址一个地点。调查发现或征集到该文化遗物的还有清水河县的四座塔、扑油塔[28]、碓臼沟[29]、老牛湾、埋坟墕[30]等不多的几个地点。此外，早先崔璇先生在准格尔旗的龙不湾遗址也曾发现过属该文化的陶器[31]。推测该文化主要分布于内蒙古中南部的南流黄河两岸，分布范围大致不出朱开沟文化的中心分布区。该文化陶器以夹砂灰褐陶和泥质褐陶为主，流行绳纹，作为辅助性纹饰的水波状划纹颇具特色。器类有双鋬鬲、小口曲颈罐、甗、鼎、豆、单耳罐、双耳罐、敛口小罐、盆、钵等。其中前两类器物数量最多，最有代表性。灰坑和墓葬中还出有少量北方系青铜器，器类有刀、管銎斧、空首斧、弹簧式耳环、有銎铜镞、锥、铜泡等。此外，遗址中还出土有一些残陶范，所铸器形有管銎斧、直柄齿状格短剑、刀子等。

曹建恩在《西岔文化初论》一文中，将该文化分为三期四段，并初步将其年代推定在殷墟四期至西周中期前后[32]。综合考虑该文化陶鬲及青铜管銎斧的形制，我们认为该文化的主要年代范围当在晚商时期，下限可至西周早期。

对比西岔文化与朱开沟文化的陶器，二者的差异十分明显。西岔文化的陶鬲一律颈带双鋬、袋足下另附实足根，多数鬲沿腹之间无明显转折，这些风格显然区别于朱开沟文化典型的鬲类器；小口曲颈罐也不同于朱开沟文化常见的罐类器。此外，二者还有一些重要的器类互不相见或缺乏明显的联系。不仅如此，西岔文化流行侧身直肢葬的葬俗特点也不同于朱开沟文化。足见二者文化面貌差异之大。当然，二者之间也还存在着一些共性。比如，西岔文化中有部分陶鬲体形矮胖、领腹之间有较明显转折，如除去颈部所带双鋬和实足根不论，体形仍大体接近朱开沟文化晚期阶段的带领鼓腹肥带足鬲；其他如鼓腹罐、敞口弧腹的盆形甗、深弧腹盆、厚背弯身石刀等，也可能属承袭朱开沟文化的因素。但是，这些因素在西岔文化中无疑只是处于从属地位。

除朱开沟文化之外，西岔文化是否还有更为重要的源头，其源出何处？从目前的考古资料中虽不能得出令人满意的答复，但也并非毫无线索。20世纪80年代初，晋中考古队在吕梁山东麓的娄烦县河家庄、罗家曲和庙湾遗址[33]都曾发现过领腹转折不明显的曲颈鬲或罐，其中庙湾采集到的那件鬲颈腹之间还带有双鋬。这类遗存被划归晋中第Ⅵ期，年代属夏至早商阶段。需要指出，从吕梁山东麓所获得的这批遗物，虽然从面貌上与太原盆地以白燕四期和杏花村五期为代表的遗存非常接近，但也存在着一些差异。曲颈鬲的存在，应当就是吕梁山东麓，甚至更西地区的夏至早商期遗存的一个特点。从形制上看，西岔文化最具特色的双錾曲颈型鬲的祖形应当就是娄烦庙湾采集的这种陶鬲；与西岔文化同类器相似的敞口斜腹甗、敛口小罐、绳纹柱足鼎、厚背弯身石刀等在娄烦的几个遗址中也有发现。这些调查的资料业已透露，吕梁山区的夏至早商期遗存，很可能就是西岔文化的一个重要源头（图一）。当然，限于资料，西岔文化中还有一些重要的文化因素，如小口曲颈罐肩部常饰的水波状划纹，来源尚不清楚。

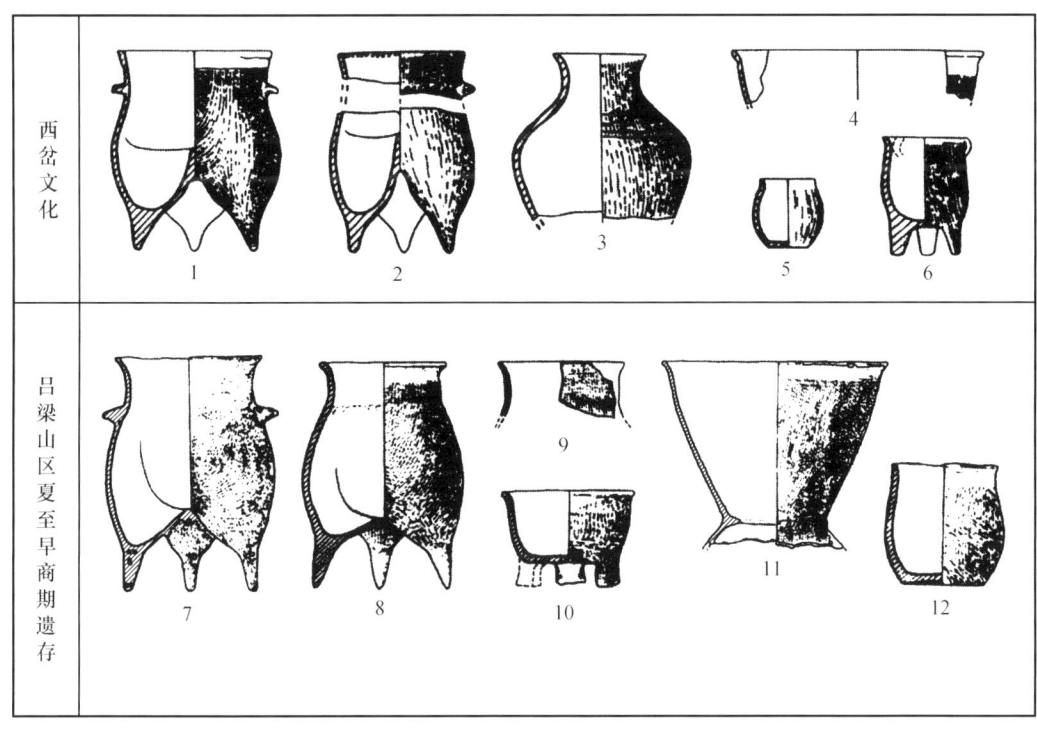

图一　西岔文化部分因素来源示意图
1～6.清水河西岔（H11∶2、H43∶1、H30∶2、H33∶8、H43∶2、H32∶4）　7.娄烦庙湾采集
8、10～12.娄烦河家庄（H8∶2、H8∶4、H8∶16、M1∶2）　9.娄烦罗家曲H1

青铜器方面，西岔文化所见的武器和工具类样式，与整个北方地区商末周初时期的北方系青铜器呈现了较大的共性。其中的管銎战斧，林沄先生较早提出这是一种源自西亚的武器[34]。由西岔遗址的陶范所反映出的直柄齿状格短剑，当是此类短剑中目前所知年代最早的。其剑格与剑身特点与朱开沟遗址出土短剑基本一致，表明此类短剑也有源出于中国北方的可能。

就目前看，西岔文化与周邻文化的关系主要体现在武器和工具方面的共性特征上。该文化"在对外影响方面，远不如朱开沟时期那样强烈，在接受外来因素方面，也不如东周时期复杂"[35]。以往太原光社[36]、柳林高红[37]、清涧李家崖[38]、绥德薛家渠[39]等遗址都曾见到过曲颈鬲,除不带双鋬外,风格大致接近于西岔文化的典型陶鬲,甚至在陕北甘泉史家湾遗址的先周—西周期遗存中也可见到此类陶鬲的踪影[40]。这类陶鬲既有可能是受西岔文化的影响而产生,也有可能就是吕梁山及以西地区文化传统的遗留。

李家崖文化是1988年以陕西清涧李家崖古城址命名的[41]。大约同时,李伯谦先生则提出了"绥德—石楼类型青铜文化"的概念[42]。目前该文化经正式发掘的遗址仅有李家崖和薛家渠两处。1983年晋中考古队清理的山西柳林高红H1,显示了与该文化面貌上的一致性[43]。就目前所知,该文化主要分布于南流黄河中段的东、西两岸地区。

这一文化的陶器以夹砂或泥质的灰陶为主。陶器群中最富特征的是带领鼓腹柱足鬲、敞口斜腹瓿、三足瓮、小口广肩罐、大口尊和敞口弧腹高圈足簋。流行绳纹。陶鬲的领口多有附加堆纹"花边"或压印的花边装饰。泥质陶器上往往装饰形式多样的压印纹。

以往陕北的绥德、清涧、延长、延川、子长与山西西部的吉县、永和、石楼、柳林、保德等县都曾发现过晚商至周初的青铜器,多系成群出土,有的地点甚至屡次发现。由于多系征集和清理,缺乏与陶器伴生的实例,所以长期以来难以确定其考古学文化的归属。在李家崖城址的发掘中,于城内发掘了40座墓葬,其中有4座墓各出1件青铜武器,包括有銎钺1、管銎斧1、"铜戚"2件。另外,在居住区范围内还出有金珥饰、铜蛇首匕、铜镞等遗物。而且,城址北部的灰坑中还发现有陶范碎块[44]。李家崖城址的发掘使得上述区域内以往出土的青铜器有了确切的文化归属。

田广金先生较早注意到,李家崖文化以沿饰花边的带领鼓腹鬲和蛋形三足瓮为代表的一组因素与朱开沟文化有明显的承接关系,因而提出李家崖文化是由朱开沟文化南向发展而形成的[45]。作为李家崖遗址发掘者之一的吕智荣先生甚至提出,朱开沟遗址的第五段与李家崖文化是同一文化的不同发展阶段[46]。比较两个文化的陶器群,可以发现它们确实存在着密切的联系。应当承认,朱开沟文化的确是李家崖文化的一个重要源头,但并不能就此否认两者之间存在质的差异。首先,装饰花边的带领鼓腹鬲从整体造型看虽系承继朱开沟文化的因素,但此时多已出现了足尖平钝的作风,或干脆制成柱状实足,说明这种新型陶鬲的产生可能融入了来自其他方面的因素;其次,如前所述,李家崖文化中领腹无明显转折的曲颈鬲,有可能就是吕梁山区及以西地区自身文化传统的延续;除此之外,也当注意到,该文化中包括敞口弧腹高圈足簋及云雷纹、方格乳丁纹在内的来自商文化或先周文化的因素。若考虑到该文化的青铜器,则其文化成分就体现得更为复杂。以往研究这一地区商代青铜器的学者都普遍认识到,这一铜器群中既有典型的商式青铜容器(如鼎、爵、斝、觚、卣、瓿等)与兵器(如扁内铜钺与铜戈),又有典型的北方系青铜武器、工具与装饰品(如管銎战斧、铃首剑、长銎钺、蛇首匕、条形三銎大刀、形态多样的有柄小刀、弓形饰、金珥饰等），甚至还有体现中原因素与"土著"因素相融合的一组器物（如直线纹簋、带铃豆、带铃觚、銎内钺、銎内戈等）。其中的北方系青铜器，其产生和发展的脉络颇为复杂，是有待于继续深入研究的课题。

李家崖文化在发展的过程中，对其周邻地区的考古学文化也产生了一定的影响。以往张忠培先生曾论及李家崖文化对晋中地区以杏花墓地为代表的文化和以淳化黑豆嘴、赵家庄墓葬为代表的遗存的影响[47]，所论正确。也有学者认识到，先周—西周文化系统中出现的分裆、柱状足根的陶鬲，当归因于来自李家崖文化的冲击[48]。

值得注意的是，李家崖文化与西周时期的遗物缺乏明确的伴生关系。或许暗示这支文化可能在西周初年前后就结束了。在该文化消失之后，分裆柱状足根鬲在西周文化中有突然增多的趋势。同时，具有李家崖文化典型风格的蛋形三足（或四足）瓮、大口尊、小口广肩罐等遗物也出现在沣镐西周文化和天马—曲村遗址的早期晋文化中。在天马—曲村，随葬有管銎战斧的墓亦有3例[49]。凡此，皆表明该文化的流向可能与关中、晋南等地的西周文化有关（图二）。

李家崖文化有中心性的城邑，能够制造具自身特点的青铜容器与兵器，其发达程度领先于当时北方地区其他同时期的考古学文化。由于李家崖城址中出土有带"鬼"字的陶片[50]，文化分布区又与以往诸家考证的鬼方方位大体相合，所以有学者认为该文化的族属就是鬼方。武丁时期，鬼方与商王朝发生过耗时颇长的战事。《易·既济》云："高宗伐鬼方，三年克之。"此后，鬼方臣服于殷，称鬼侯，商末甚至成了纣的三公之一。周人兴起之后，也与鬼方发生了大规模的战争。尤其是小盂鼎铭所记周初的那次战争，两战共擒其酋豪三人，获馘四千八百余人，俘虏一万三千零八十一人。足见打击之沉重。李家崖文化的衰落，很有可能与周初的大征服有关。《左传·宣公四年》记成王封叔虞于唐，赐予"怀（隗的假借字）姓九宗"。据陈公柔先生考证，此"怀姓九宗"实即商代鬼方的后裔[51]。由此可知，鬼方被击溃之后，一部分隗姓宗族被作为人口封予晋国。如今，考古资料所显示的上述迹象与文献记载若合符节，足可互证。

西周晚期至春秋中期，长城地带中段的考古遗存发现不多。目前仅在准格尔旗的西麻青[52]、米脂张坪[53]、神木寨峁[54]等几个地点发现有这一时期的墓葬或灰坑。

在张坪所清理的4座墓，皆仰身直肢，头向北。有3座墓随葬有陶器，均为鬲、盆、豆、罐的周式组合（图三）。年代大致可定为春秋早中期。其中鬲、盆、豆的形制，皆具晋文化的典型风格。这些墓的形制、葬具及普遍随葬小石圭的习俗也与晋文化相同，显示了与晋文化在面貌上的一致性。但是，所见陶罐的体形，要较晋文化典型的罐类器瘦高。同时，M2中还出有北方系的铜带扣和三棱镞，显示了一定的自身特色。寨峁遗址第三期AH2∶1陶鬲，约当春秋早期，亦为典型的晋式鬲。

西麻青墓葬已清理19座。以仰身屈肢为主，仰身直肢次之，头向北。多以羊肢骨随葬。陶器为鬲、罐、盆的组合。年代大致在西周晚期到春秋早期[55]。鬲亦为典型晋

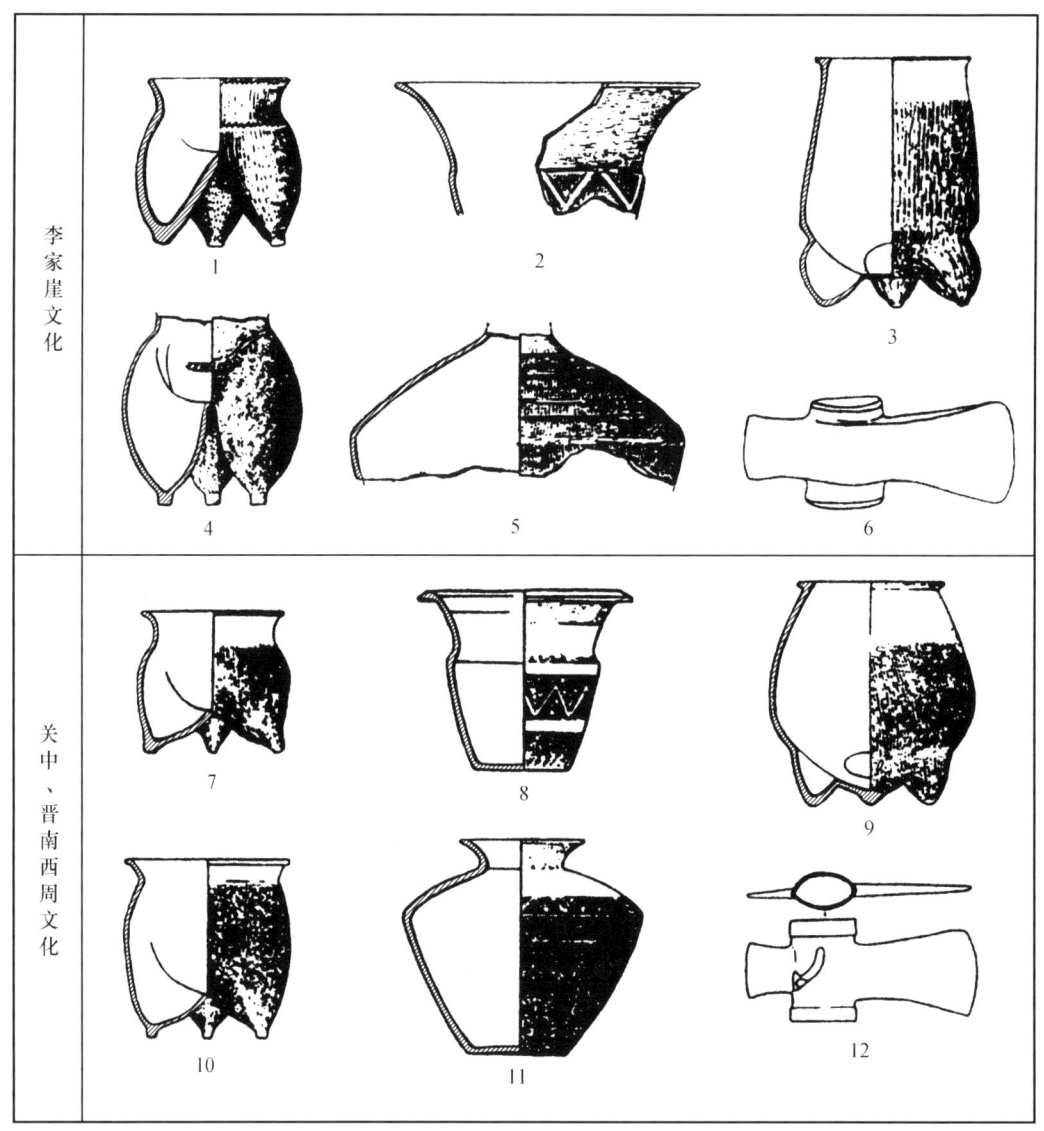

图二　李家崖文化部分因素流向示意图

1. 清涧李家崖（AT13H1∶1）　2、4、5. 柳林高红（H1∶8、H1∶5、H1∶6）　3. 绥德薛家渠（M1盗洞∶11）
6. 柳林高红出土　7、10. 长安张家坡1983~1986（M77∶3、M253∶2）　8、9、11、12. 天马—曲村
（M6382∶3、M6136∶3、M6324∶3、M6123∶12）

式。罐的形态多样，有肩置单耳者，还出有中原式的圭首戈和北方系的铜带扣、弹簧式耳环。这批墓的葬式、葬俗、随葬品与张坪墓葬存在一定的差异，有可能代表了不同的文化类型。

显而易见，张坪遗存、西麻青遗存与前一阶段的李家崖文化、西岔文化相比，面貌已是大相径庭，除西麻青遗存的弹簧式耳环尚可溯源于当地此前的西岔文化之外，已很难找到两类遗存与当地此前文化之间的联系。相反，两类遗存均体现了与周文化

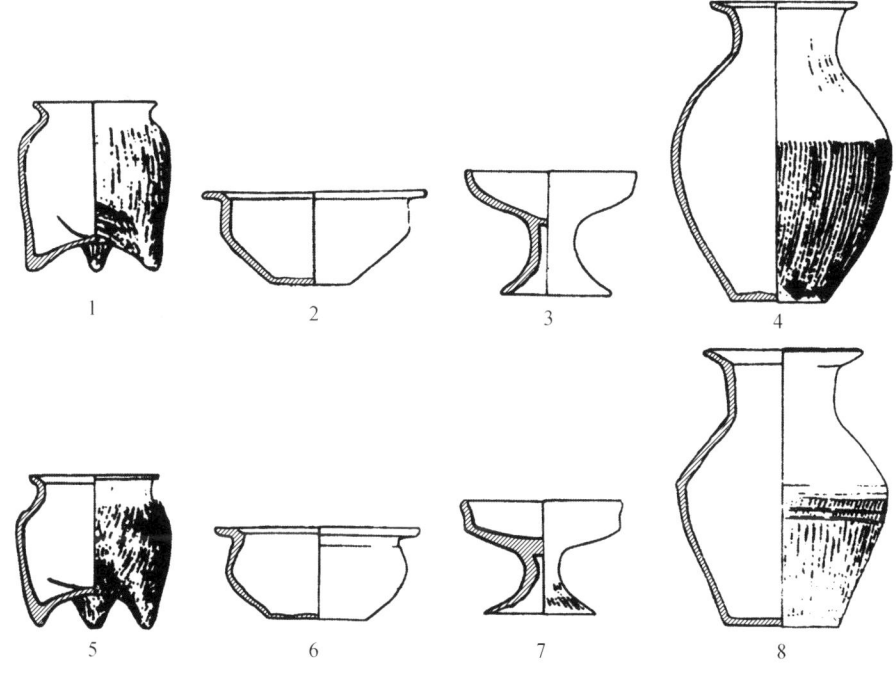

图三　米脂张坪墓地出土陶器

1~4. M1：5、M1：3、M1：1、M1：2　5~8. M2：4、M2：2、M2：3、M2：5

系统的趋同态势。尤其是张坪遗存，从葬俗上展现了更为浓郁的周文化特点。虽然相关的材料并不很多，但已有迹象显示，准格尔—和林格尔丘陵区以南，此期已被初步纳入周文化圈之内，成为周文化的地方变体。

春秋早期前后，南流黄河的以西地区居住的当是狄人。《史记·匈奴列传》："晋文公攘戎狄，居于河西圁、洛之间，号曰赤翟、白狄。"圁，即圁水，据史念海先生考证即今之窟野河，发源于准格尔旗中部之束会川[56]。而"狄，隗姓也"（《国语·周语中》富辰语）。如前所述，周之隗姓源于商代的鬼方。可以设想，鬼方于周初被击溃之后，除去被强迫南迁的之外，应当还有一些能够留存下来。张坪遗存和西麻青遗存，无论从年代、地理位置还是略带个性的文化特征看，都可能属狄人的遗存。在经历了西周王朝先进文化的长期熏陶之后，狄人的文化与周人逐渐趋同，是很自然的事。

春秋晚期至战国时期，长城地带中段的南部从文化上已可明确归属于周文化系统中的晋（或三晋）文化之中。

1983年，陕西省考古研究所在李家崖城址的周围发掘了一批东周至秦代的墓葬[57]。发掘者将37座有随葬品的墓分为七段，年代估计在春秋中期偏晚至秦代。从发表资料看，所定上限年代明显偏早。实际上，这批墓葬的主要年代范围当在春战之际至秦代。第一至第五段墓葬（春战之际至战国中），大体属魏国治有上郡的时期，文化面貌显示了与三晋地区的高度一致性。墓中的双耳罐等器物，则体现了北方风格。第六段墓葬（战国晚），时代上虽属秦治上郡时期，但墓葬的诸般特点仍与三晋文化近同，只是到了第七段（秦代），秦文化的部分特点方才得以显现。由此可见晋文化对陕北地区浸润之深。

晋中考古队在柳林高红、双务都、娄烦西街与庙湾等地清理和采集到的东周陶器[58]，除个别年代较早外（如娄烦西街的折盘豆），主要属春秋晚期至战国时期的遗存，面貌也与晋文化混同难辨。

与此同时，长城地带中段的偏北地区，却并存着一些异质性很强的文化遗存。其中内蒙古中南部地区已发掘的重要墓地有包头西园[59]、杭锦旗桃红巴拉[60]、乌拉特中后旗呼鲁斯太[61]、凉城毛庆沟[62]、凉城崞县窑子[63]等处，这些墓地的年代大体都在春秋晚期至战国中期前后。所见遗存与长城地带西段与东段的同期遗存在文化面貌上呈现了较大的共性。林沄先生曾作了如此归纳：①流行带扣、"S"形带饰、斯基泰式短剑、鹤嘴锄等为代表的晚期北方系青铜器；②墓中普遍殉牲，且基本都以头、蹄来代表，反映了一种重视畜牧业的文化传统；③墓中常有骨弓弭与骨镞、铜镞，说明对这种武器的重视；④墓中多见铜或骨质的马衔、马镳，而缺乏车器，说明骑马术的存在[64]。这些共性的存在，表明长城地带继商末周初花边鬲与早期北方系青铜器的大传播之后，又一次呈现了文化高度交融的趋势。

对于长城地带中段偏北地区此期遗存在地域上的差异，以往田广金先生做了较为详细的归纳，将其划分为毛庆沟类型、桃红巴拉类型和西园类型[65]。杨建华先生从葬俗这种综合性较强的标准出发所作的归纳[66]，其结果与田广金先生的划分基本相同。毛庆沟类型以岱海地区的毛庆沟墓地、饮牛沟墓地[67]和崞县窑子墓地为代表，时代大体相当于春战之际至战国中期前后。墓葬均为长方形竖穴土坑墓，少数墓有头龛或二层台。葬式绝大多数为单人仰身直肢葬。偏早阶段的墓向皆东西向，偏晚阶段出现南北向墓。随葬品种类及其放置位置与墓向有密切的联系。东西向墓中，陶器多位于头端，装饰品多在腰部以上位置，武器工具类既有位于腰际者，又有位于头侧和脚端者，还有置放于二层台上的例子。南北向墓除带钩之外几乎没有其他随葬品，且大多数带钩被打成两段分置头足两处。殉牲只见于东西向的墓中，种类以羊为主，马的数量有限，晚段牛的数量增加。所以，若从葬俗上看，南北向的墓与东西向的墓存在较大的差异，南北向墓所代表的遗存应是穿插在东西向墓所代表的类型之中，二者当反映来源不同的人群。若以陶器而论，蛮汗山以南的毛庆沟、饮牛沟墓地的出土陶器比较接近，多见无耳罐，流行绳纹；蛮汗山以北的崞县窑子墓地则多见带耳罐，陶器表面多为素面。所以杨建华先生建议将其细分为两个类型[68]。这两个小类型中，陶器的绳纹与轮制灰陶的特点显然是受中原影响；毛庆沟类型陶罐上常见的水波纹装饰，很可能属内蒙古中南部自西岔文化以来已形成的文化传统的延续[69]。此外，两类型中偶见的三足罐形鼎，可能是接受冀北地区的影响因素。但是，对于二者主体陶器群的形成机制一时还难以把握。

桃红巴拉类型包括呼鲁斯太、玉隆太[70]、西沟畔[71]、桃红巴拉等地点的墓葬，分布于河套及其以北的阴山南北，时代从春秋晚期至战国晚期或稍晚。战国晚期，乌拉山、大青山一线以南，实际已被圈入赵长城之南[72]，但该地的晚期青铜时代文化仍然延续了一段时间。这一类型中，墓葬也是长方形竖穴土坑墓，头向多朝北，葬式为单人仰身直肢葬；随葬品少量置于填土中殉牲之下（如车马器），余皆置于人骨架周围。殉牲以马为主，羊次之；牲头既有成排摆放（呼鲁斯太M2），又有层层叠压、放置随意者（如桃红巴拉）。随葬陶器以夹砂褐陶为主。从器形看多带耳的罐、杯。杨建华先生指出，该类型中的单耳或单把器类应当是来自西部甘宁地区甚至更西的新疆地区的影响[73]，颇有道理。需要说明的是，类似呼鲁斯太M2出土的小口细颈双腹耳壶这种器类的渊源，仍有待于进一步探索。

西园类型以西园墓地为代表。墓葬既有竖穴土坑墓，又有竖穴土坑偏洞墓，头向东北，葬式有仰身直肢、侧身直肢和仰身屈肢之分。有单人葬和双人葬。随葬品以装饰品为主。武器仅见镞与弓弭。所发掘的7座墓中均有殉牲，种类只有牛、羊的头骨及个别蹄骨，整齐地摆放在右侧的二层台上；牛头在前，羊头在后。马仅见于墓旁的祭坑之中。这批墓葬的形制特征与葬俗和长城地带西段的甘宁地区的同期遗存相似[74]，而与竖穴偏洞墓类似的墓葬形制在龙山时代偏早阶段的宁夏海原菜园村附近的几个墓地中就已出现，反映了该地区的固有文化传统[75]。所以，西园墓地所代表的人群有可能是来自西部甘宁地区的移民。

从成分构成上看，以上三个类型的青铜器也体现了一定的多源性。其中既有来自北侧欧亚大草原地带和南侧中原文化的影响，又有源自长城地带内部的东西互动的因素。各类型中所见的有鼻的带扣、"S"形构图的带饰、鹤嘴锄（或斧）、双鸟回首式短剑等，被认为是属于吸收斯基泰—塔加尔文化的因素，而且这群北来的因素可能是经图瓦、阿尔泰和内蒙古西部再传播到长城地带的[76]，其中的带扣在长城地带中段的上一阶段就已出现。表明这批北方草原因素的南下大致是从春秋中期前后开始的。双鸟回首式柄首的斯基泰式短剑，据说是首先到达长城地带西部，继而再向东传播[77]。战国晚期，当赵长城筑设之后，北方草原的影响再一次南下。河套地区屡见的域外风格的金银器，可谓其中的杰出代表。青铜器中源自中原的因素，从数量和种类的丰富程度上，显然不及北方草原的因素。毛庆沟墓地所见的戈、带铤铜镞、印章及晚期多见的带钩、玉隆太墓葬所出的车軎等，无疑应属典型的中原样式；准格尔旗宝亥社出土的椭方形口的铜釜[78]，从器形到纹饰均受到中原系青铜器的影响，属中原与北方两种文化因素相结合的结晶。从长城地带之内的文化互动上看，北方风格的车马器如竿头饰和马面饰等，以长城地带西段发现最多，故中段地区所见应是源于西部的影响；单体动物形饰牌与大环首刀则应是来源于冀北山地的特色性器物[79]。至于弹簧式耳环，因首见于当地的西岔文化之中，与陶器表面的水波纹一样，很可能是当地文化传统的延续。该区发现较多的多体动物形饰牌，据说其中的蹲踞状者很可能就是起源于当地[80]。

除上述三个类型之外，晋北管涔山东麓的平鲁井坪"楼烦墓"[81]，也颇应引起注意。已报道的4座墓均长方形竖穴土坑墓，头向北或东。葬式有3例为单人仰身直肢，1例为成年女性与婴儿的合葬，成年女性仰身屈肢，侧向婴儿，当非普通葬式。4墓均有木质葬具。未见殉牲。随葬品中的夹砂灰陶单耳罐和"丁"字形骨器颇具特色，另见环首刀、带钩、玉石串珠等遗物。据发掘者介绍，这4座墓与同墓地战国中晚期墓葬相比差异很大，应属于不同时代、不同族属的文化。其时代被推定为春秋晚期至战国早期。从发表的环首刀和带钩的形制看，这种判断基本正确。显而易见，这批墓葬面貌十分独特，不仅与前述三种类型之间差异显著，且与地域偏东的浑源李峪[82]、原平塔岗梁[83]遗存有着本质的不同。若从随葬的单耳罐看，似乎与西部的甘宁地区和河套地区存在着某种联系。

总体上看，长城地带中段此期遗存的类型及其分布，与前一阶段相比发生了巨大的变化。偏南的陕晋间黄河两岸，受晋文化的影响继续增强，已可明确纳入晋文化的分布范围之内。偏北地区，自西麻青遗存消失之后，于内蒙古中南部及陕北北部出现了葬俗明显有别的三种类型。同时，晋北的平鲁井坪墓葬，也可能代表另一种新的文化类型。这四种遗存，均与晋文化呈现了很强的异质性，它们各自的文化构成也显得颇为复杂，暗示了该地区人群构成及来源上的复杂性。实际上，人种鉴定的成果也反映出同样的现象。崞县窑子墓地颅骨鉴定结果表明，这里的人群可归属于北亚蒙古人种范畴，但含有某些东亚蒙古人种的成分[84]；桃红巴拉M1一具男性残颅的部分数据，显示其与北亚蒙古人种相近[85]；毛庆沟与饮牛沟都在同一墓地并存两种葬俗。据测量数据按不同葬俗分组研究，发现南北向墓的颅骨为较纯的东亚蒙古人种，而东西向墓的死者虽以东亚蒙古人种成分为主，但含有北亚人种的成分[86]。可见，即使是同一墓地，也有不同人群杂处的现象。这种"不同体质形态的人群犬牙交错的状态，证明了长城地带的既有共同因素又各有特点的多种文化，不是同一族源的人群在文化上分化所致，而是不同族源的人群各自创造而又互相渗透的结果"[87]。

据文献记载，战国时活动于内蒙古中南部及陕晋北部的"异族"有林胡、楼烦和参（或作三）胡。当然，也可能还有文献失载的其他民族。其中的"胡"，应当就是前此未见于这一区域的北亚蒙古人种，可能是从蒙古高原先于匈奴本体而南下的居民。而类似楼烦这样的人群则很可能属于"北方长城地带的原有居民"[88]。了解这一背景，对于我们深入理解此期长城地带中段偏北地区文化的分布与特征，具有十分重要的意义。但是，若想将文献记载中的古族与这里的各个文化类型相互对号，至少在目前是不大现实的事。

纵观长城地带中段青铜时代文化的发展演变，区域内的偏北地区与偏南地区似乎走过了不同的发展道路。

偏南的吕梁山区及其以西的陕晋间黄河两岸，与朱开沟文化同期的遗存总体面貌尚不清楚。不过，这里的陶鬲在曲颈的特点上与晋中太原与忻定盆地的同期遗存存在着一定的差异，亦不同于朱开沟文化的陶鬲特点。继之而起的李家崖文化，汇聚了来自南北方向的众多文化因素，形成了一个领先于整个长城地带同期文化的发达局面。该文化消失之后，有较多的因素流入沣镐与晋南等地的西周文化之中。从张坪遗存的发现看，至少在两周之际，这里已被初步纳入周文化大系统中的晋文化之中。此后，晋文化对该地的影响又不断加大，致使该地的文化已完全融入其中。总体上看，这个区域青铜时代的文化在与南侧中原系统考古文化的互动中，自身的个性不断丧失，最终与中原文化走向一体。

偏北地区，朱开沟文化是一支发达的早期青铜时代文化，它接受中原夏、商文化的影响，并发展了自身特色的青铜器。在其发展过程中和结束之后，均对北方广大地区的青铜时代文化产生了深远的影响。后继的西岔文化，特色鲜明，但却体现了一定的保守性，无论是对外来因素的吸纳，还是向外辐射影响，均表现得十分弱势。西周晚期至春秋前期的西麻青遗存的发现，表明周文化系统的分布曾扩及这一地区。但进入春秋晚期，令人不可思议的是，这里竟又出现了多元文化并立的局面，且新出现的文化类型均与晋文化呈现了很强的异质性。即使是在赵长城筑设之后，河套地区仍存续着浓郁草原风格的文化，未曾有大的改变。秦末汉初，这里的人群还一度被纳入强盛的匈奴联盟之中[89]。大致以汉武帝建置朔方郡为标志，该地区才最终被并入中原文化圈之内。通观该区域青铜时代文化的整个发展过程，各阶段文化之间的承继性较差，而更替性鲜明，似乎正反映了这样的事实：来自不同方向的人群的反复撞击与争夺，是长城地带中段偏北地区历史发展的主旋律。

三、相关问题的讨论

关于长城地带中段青铜时代考古学文化的经济形态的转变，以往田广金等先生曾提出这样的认识和设想：朱开沟文化（包括本文所说的朱开沟甲类遗存）早期，经济形态仍以农业为主，至中期大型墓中开始殉葬数量较多的羊下颌骨，说明畜牧经济已经比较发达，晚期出现了鄂尔多斯式青铜器，工具组合发生明显变化，标志着畜牧业的进一步发展，成为牧农或农牧结合型的文化。朱开沟文化结束之后，这种农牧结合型文化向东南方向移动，形成李家崖文化。受殷商王朝抵制，含鄂尔多斯式青铜器和花边鬲的朱开沟文化、李家崖文化因素向东流布，融入围坊三期文化和魏营子文化之中。魏营子文化继而发展成畜牧业更加发达的夏家店上层文化。距今2500年前后，北方气候整体向暖湿方向发展，但由于东部相对干冷，以鄂尔多斯式青铜器为主体的文化载体似乎又回到了明长城沿线，与当地土著文化因素相融汇，形成了燕山南麓的"山戎文化"、鄂尔多斯的"狄—匈奴系统文化"和陇山周围的"西戎文化"，经济形态演进到了游牧或半游牧状态[90]。显然，这一认识的核心是主张春战之际出现的游牧经济是由长城地带的早期农业经济逐渐演变而生成的。田先生的这种观点对考古界以及钻研人地关系的一些学者均产生了较大的影响。但客观地讲，这种认识不过是在长城地带中段青铜时代文化的自身发展序列尚未完全建立起来的前提下所做出的一种推想而已。

在将朱开沟遗存区分为两类性质不同的遗存之后，王乐文对该遗址的墓葬殉羊情况做了重新统计：属朱开沟甲类遗存的朱开沟遗址第三段，在162座土坑墓中，有11座随葬有羊下颌骨。第四段和第五段共114座土坑墓中只有M1098和M1064随葬有羊下颌骨，这两墓通过随葬器物确知属于重新界定后的朱开沟文化的只有M1064。可见，由龙山时期到朱开沟文化阶段，当地的畜牧业并没有得到明显发展的证据。相反，倒是当地龙山晚至夏代早期的文化中有较多的墓随葬有猪或羊的下颌骨。

朱开沟文化的石质生产工具中石斧、石刀、石镰占据了绝大多数，而石铲极少见，表明这支文化的农业有可能是重视斩草除木与收割，而忽视中耕环节的一种粗放式的经营形态。

继之而起的西岔文化和李家崖文化，有大型的聚落与丰富的堆积，甚至在李家崖城址的窖穴中还发现过粟谷[91]，可想而知也是定居且有农业的文化。从二者的石质农业生产工具看，农业的发展程度与朱开沟文化相差无多。但二者手工业工具种类丰富，且均有陶范出土，说明以青铜冶铸为代表的手工业较之上一阶段得到了进一步发展。李家崖城址中出有大量兽骨，种类有牛、马、羊（山羊与绵羊均有）、猪、兔、鸡、鹿、野猪等。但比例不明，且未见殉于墓葬中者。马的出现，是这一时期畜群中的一个重要变化。但总体看，其畜牧业仍然是依附于农业的一种欠发达的形态。此外，从西岔遗址出土的网坠、骨镞以及李家崖城址中发现的野生动物骨骸看，渔猎应当是当时经济生活中的必要补充手段。

西周晚期至春秋中期，陕北的张坪遗存中缺乏判断经济形态的直接资料。从其墓葬形制与葬俗接近晋文化的角度，推测它应当是以农业经济为主。内蒙古中南部的西麻青遗存，墓内人骨旁多见羊肢骨，体现出了一些畜牧经济的特点，但随葬陶器的基本组合与周文化系统很接近，因此也难以相信它是一种以畜牧业为主业的经济形态。

可以明确的是，自春秋晚期开始，长城地带偏北的内蒙古中南部一带已进入发达的畜牧业时期。已辨识出来的三个类型皆具典型的畜牧经济特点。在三个类型中，桃红巴拉类型墓葬的殉牲比例高达100%，且数量多，种类以马为主，在畜群的构成上体现了较高的游牧化程度。西园类型的墓葬中也皆有殉牲，殉牲虽不用马，但马却见于墓旁的祭祀坑中，反映游牧化程度当与桃红巴拉类型接近。毛庆沟类型殉牲的墓在半数以上，种类以羊为主（山羊、绵羊各半），次为牛，马的数量不多，且每墓殉牲数量相对少于偏西的两个类型，说明游牧化程度相对较低。到该类型的偏晚阶段，马已不用于殉牲，牛的数量增加[92]。加之该类型中有少数墓内殉猪，表明其经济形态虽以畜牧业为主,但游动放牧的范围可能并不会很大。以上分析表明,三个类型虽同以畜牧业经济为主,但在具体的生产方式上存在一定的差异。

至于地域偏南的吕梁山区及其以西的陕晋间黄河两岸,从此期遗存所透露的信息看,很大的可能仍是保持经营农业的传统。

综观长城地带中段青铜时代文化经济形态的发展,可以发现,这一区域的偏南地区,经济形态自始至终当以农业为主,未发生明显的变化;偏北的内蒙古中南部一带,自朱开沟文化至西麻青遗存,经济形态也未见发生明显变化的迹象。所以,至春秋晚期出现以畜牧业经济为主的经济形态,是一个很突然的过程,其间缺乏畜牧业比重不断增加、经济形态逐渐演进的渐变程序。况且前已述及,这一区域各阶段考古学文化的更替性很强,春秋晚期前后出现的三个类型与当地此前的西麻青遗存更体现了明显的异质性。因此,从文化发展的角度,也难以将三个类型所具有的经济形态视为当地此前经济形态的自然延续。

春秋晚期前后,南下的北亚蒙古人种原本就已是牧人[93];包头山前的西园类型,从拥有偏洞室这种独特的葬俗看,大有可能是来自西部甘宁地区的移民,而畜牧经济在中国的西北方地区此前也孕育已久[94]。所以,长城地带中段这一时期的发达畜牧业经济,很有可能是由这些外来的人群所"携带"过来的。当然,并不排除有部分原住居民受到外来人群的影响,放弃自己原有的生业传统,而转向经营畜牧业。从现已掌握的资料看,长城地带中段青铜时代文化经济形态的转变,其演进途径有别于我国的西北地区。

在整个长城地带,来自北方草原的北亚蒙古人种并不仅限于内蒙古的中南部。位于这一地带西段的宁夏彭堡于家庄墓地和东段的内蒙古林西井沟子遗址西区墓葬,出土人骨均有明显的北亚蒙古人种的体质特征[95]。二者的出现年代,大致也在春秋晚期前后。而由这些人群所经营的,都是发达的畜牧业。在具体的生产方式上,又都具有程度不同的游动性。因而,在长城地带发达畜牧业的兴起过程中,这些北来的人群所起的作用可能尤为重要。

近十多年来,越来越多的研究实例倾向于以环境的演变来解释文化的变迁与经济形态的转变。这固然是好的发展趋势。但环境的变化,在不同的条件下对文化的发展和经济形态的演进究竟能起到多大的影响和制约作用,都是需要作具体分析的,不能一概而论,更不应先入为主地认为:环境变,文化即变,经济形态即变。

以往有不少学者相信,距今3500年前后气候转向冷干,导致了"朱开沟文化"由农业经济转向农牧结合型经济,并向东南移动形成李家崖文化。事实上,正如前文所述,经重新界定后的朱开沟文化,其本身并不存在畜牧业因素增加的任何明显证据。而且,朱开沟文化结束之后,当地仍旧存在与之有一定承继关系的考古学文化——西岔文化,这支文化仍以农业为主要生业。对西岔遗址的孢粉分析显示,西岔文化时期尽管气候总体偏干,但栽培禾本科花粉的存在和变化,反映当地仍有较强的农耕活动。至该文化的晚期，农耕活动甚至达到了略高于现代的强度[96]。显然，研究的新进展与考古的新发现表明，以往的那种设想可能过于简单化了。

不过，也有一个现象值得注意。在经历了多年的一般性调查和普查之后，内蒙古中南部所发现的西岔文化遗址仍十分零星，数量上远不能与朱开沟文化相比，似乎已反映出两种文化遗址分布密度的不同。朱开沟文化之后，当地的定居农业聚落减少，可能确与当地气候的干冷化有一定的关系。

文化的变迁，既可能起因于环境的变化，也可能是由于战争、人群迁徙或垦殖过度等人为因素所导致，甚至可能是多方面因素综合作用的结果。比如，当探索李家崖文化结束的原因时，除考虑西周寒冷期的影响因素之外，是否也应当考虑战争及其所造成的大规模人口迁徙的直接作用。至于经济形态的转变，同样不能仅仅考虑环境变化的制约作用，人群的穿插流动也可能是促使其演进甚至发生突变的重要因素。

以上对长城地带中段青铜时代文化的发生与发展过程作了概括性的归纳和分析，并对相关的问题进行了讨论。主要的看法可总结为以下几点。

（1）重新界定后的朱开沟文化（夏代晚期—早商），可作为该地区青铜时代文化的开端。

（2）长城地带中段的偏南与偏北地区，青铜时代的文化在发展中走过了不同的道路。偏南地区，李家崖文化结束之后，有部分因素融入关中与晋南地区的西周文化。至少从两周之际开始，当地的文化已被初步纳入周文化系统之中。而偏北地区，青铜时代各阶段文化之间的更替性较强，反映了外来人群对该地区的反复撞击与争夺，这构成了该区域青铜时代文化发展的突出特点。

（3）长城地带中段偏北地区春秋晚期兴起的发达畜牧业，并非该区域此前原有经济形态自身渐进的结果，很可能是由外来的人群所携入的。

（4）探索文化的变迁与经济形态的转变，不能只考虑环境的制约作用，包括战争及人群迁徙在内的人为因素的作用，也应充分注意。

附记：本文系教育部人文社会科学重点研究基地重大项目研究成果。另外，笔者在调研与收集资料期间，得到陕西省考古研究所、山西省考古研究所和内蒙古文物考古研究所诸多师友的大力帮助，谨此致谢！

注　释

[1]　张忠培：《朱开沟遗存及其相关的问题》，《中国北方考古文集》，文物出版社，1990年。
[2]　内蒙古文物考古研究所：《内蒙古朱开沟遗址》，《考古学报》1988年第3期。杨泽蒙：《朱开沟文化因素分析及与周邻地区考古学文化的关系》，《岱海考古》（二），科学出版社，2001年。

[3] 除张忠培先生外，崔璇、魏坚等先生也持此类观点。崔璇：《朱开沟遗址陶器试析》，《考古》1991年第4期。魏坚、崔璇：《内蒙古中南部原始文化的发现与研究》，《内蒙古文物考古文集》第一辑，中国大百科全书出版社，1994年。

[4] 内蒙古自治区文物考古研究所、鄂尔多斯博物馆：《朱开沟——青铜时代早期遗址发掘报告》，文物出版社，2000年。

[5] 王乐文：《朱开沟遗址出土遗存及相关问题的研究》，吉林大学硕士学位论文，2003年。以下所引王乐文观点，凡出此文，不再另注。

[6] 内蒙古文物考古研究所、伊金霍洛旗文物管理所、鄂尔多斯博物馆：《伊金霍洛旗白敖包墓地发掘简报》，《内蒙古文物考古文集》第二辑，中国大百科全书出版社，1997年。

[7] 陕西省考古研究所：《陕西神木县寨峁遗址发掘简报》，《考古与文物》2002年第3期。

[8] 陕西省考古研究所：《陕西神木新华遗址1999年发掘简报》，《考古与文物》2002年第1期。

[9] 吉发习、马耀圻：《内蒙古准格尔旗大口遗址的调查与试掘》，《考古》1979年第4期。

[10] 内蒙古文物考古研究所：《准格尔旗寨子塔遗址》，《内蒙古文物考古文集》第二辑，中国大百科全书出版社，1997年。内蒙古文物考古研究所：《准格尔旗寨子塔北坡遗址清理简报》，《万家寨水利枢纽工程考古报告集》，远方出版社，2001年。

[11] 内蒙古文物考古研究所：《准格尔旗南壕遗址》，《内蒙古文物考古文集》第一辑，中国大百科全书出版社，1994年。

[12] 吉发习、马耀圻：《内蒙古准格尔旗大口遗址的调查与试掘》，《考古》1979年第4期。

[13] 吕智荣：《陕北、内蒙古中南部及晋北地区寨峁文化》，《史前研究》，三秦出版社，2000年。

[14] 孙周勇：《河套地区龙山时代考古学文化初步研究》，西北大学硕士学位论文，2002年。

[15] 田广金：《内蒙古中南部龙山时代文化遗存研究》，《内蒙古中南部原始文化研究文集》，海洋出版社，1991年。

[16] 魏坚：《试论永兴店文化》，《文物》2000年第9期。

[17] 田广金、郭素新：《鄂尔多斯青铜器的渊源》，《考古学报》1988年第3期。

[18] 林沄：《夏代的中国北方系青铜器》，《边疆考古研究》第一辑，科学出版社，2002年。

[19] 郎树德：《甘肃史前石刃骨器研究》，《内蒙古文物考古》1993年第1、2期。

[20] 刘观民：《苏联外贝加尔地区所出几件陶鬲的分析》，《中国原始文化论集》，文物出版社，1989年。

[21] 王立新、卜箕大：《对夏家店下层文化源流及与其他文化关系的再认识》，《青果集》第二辑，知识出版社，1998年。

[22] 如郑州医疗器械厂T14③：2鬲。河南省文物考古研究所：《郑州医疗器械厂考古发掘报告》，《郑州商城考古新发现与研究》，中州古籍出版社，1993年。

[23] 北京大学考古系商周组:《陕西扶风县壹家堡遗址1986年发掘报告》,《考古学研究》(二),北京大学出版社,1994年。

[24] 陕西省考古研究所商周室、北京大学考古系商周实习组:《陕西耀县北村遗址1984年发掘报告》,《考古学研究》(二),北京大学出版社,1994年。

[25] 北京大学考古系:《陕西礼泉朱马嘴商代遗址试掘简报》,《考古与文物》2000年第5期。

[26] 参见韩嘉谷:《花边鬲寻踪——谈我国北方长城文化带的形成》,《内蒙古东部地区考古学文化研究文集》,海洋出版社,1991年。

[27] 内蒙古文物考古研究所、清水河县文物管理所:《清水河县西岔遗址发掘简报》,《万家寨水利枢纽工程考古报告集》,远方出版社,2001年。

[28] 曹建恩:《西岔文化初论》,吉林大学硕士学位论文,2003年。

[29] 曹建恩:《清水河碓臼沟遗址调查简报》,《万家寨水利枢纽工程考古报告集》,远方出版社,2001年。碓臼沟遗址距西岔遗址很近,二者堆积绵绵相连,故曹建恩最近又将二者合并,统称西岔遗址。

[30] 曹建恩:《清水河县征集的商周青铜器》,《万家寨水利枢纽工程考古报告集》,远方出版社,2001年。

[31] 崔璿:《河套地区东周以前含袋足器诸器群及相关问题》,《中国考古学会第七次年会论文集》,文物出版社,1992年,图八,1罐。

[32] 曹建恩:《西岔文化初论》,吉林大学硕士学位论文,2003年。

[33] 国家文物局、山西省考古研究所、吉林大学考古学系:《晋中考古》,文物出版社,1999年。

[34] 林沄:《商文化青铜器与北方地区青铜器关系之再研究》,《考古学文化论集》(一),文物出版社,1987年。

[35] 曹建恩:《西岔文化初论》,吉林大学硕士学位论文,2003年。

[36] 解希恭:《光社遗址调查试掘简报》,《文物》1962年第4、5期,图三,1、2鬲。

[37] 国家文物局、山西省考古研究所、吉林大学考古学系:《晋中考古》,文物出版社,1999年,图七一,2鬲。

[38] 张映文、吕智荣:《陕西清涧县李家崖古城址发掘简报》,《考古与文物》1988年第1期,图七,9鬲。

[39] 北京大学考古系商周考古实习组、陕西省考古研究所商周研究室:《陕西绥德薛家渠遗址的试掘》,《文物》1988年第6期,图九,7鬲。

[40] 陕西省考古研究所、延安地区文管会、甘泉县文管会:《陕北甘泉县史家湾遗址》,《文物》1992年第11期,图二九,2鬲。

[41] 张映文、吕智荣:《陕西清涧县李家崖古城址发掘简报》,《考古与文物》1988年第1期,图七,9鬲。吕智荣:《试论李家崖文化的几个问题》,《考古与文物》1989年第4期。

[42] 李伯谦：《从灵石旌介商墓的发现看晋陕高原青铜文化的归属》，《北京大学学报》（哲学社会科学版）1988年第2期。

[43] 国家文物局、山西省考古研究所、吉林大学考古学系：《晋中考古》，文物出版社，1999年。

[44] 戴应新：《陕北和晋西北黄河两岸出土的殷商铜器及有关问题的探索》，《考古学研究》，三秦出版社，1993年。

[45] 田广金：《中国北方系青铜器文化和类型的初步研究》，《考古学文化论集》（四），文物出版社，1997年。

[46] 吕智荣：《朱开沟古文化遗存与李家崖文化》，《考古与文物》1991年第6期。

[47] 见《晋中考古·结语》，国家文物局、山西省考古研究所、吉林大学考古学系：《晋中考古》，文物出版社，1999年。

[48] 许伟、许永杰：《周文化形成与周人兴起的考古学考察》，《辽海文物学刊》1989年第2期。

[49] 北京大学考古学系商周组、山西省考古研究所：《天马—曲村》（1980～1989）第二分册，科学出版社，2000年。

[50] 吕智荣：《陕西清涧县李家崖古城址陶文考释》，《文博》1987年第3期。

[51] 陈公柔：《说隗氏即怀姓九宗》，《古文字研究》第十六辑，中华书局，1989年。

[52] 内蒙古文物考古研究所发掘资料。承曹建恩先生盛情，笔者观察过这批遗存。

[53] 北京大学考古系商周实习组、陕西省考古研究所商周室：《陕西米脂张坪墓地试掘简报》，《考古与文物》1989年第1期。

[54] 陕西省考古研究所：《陕西神木县寨峁遗址发掘简报》，《考古与文物》2002年第3期。

[55] 曹建恩：《西岔文化初论》，吉林大学硕士学位论文，2003年。

[56] 史念海：《河山集》第五集，山西人民出版社，1991年。

[57] 陕西省考古研究所陕北考古工作队：《陕西清涧李家崖东周、秦墓发掘简报》，《考古与文物》1987年第3期。

[58] 国家文物局、山西省考古研究所、吉林大学考古学系：《晋中考古》，文物出版社，1999年。

[59] 内蒙古文物考古研究所、包头市文管处：《包头西园墓地》，《内蒙古文物考古》1991年第1期。

[60] 田广金：《桃红巴拉的匈奴墓》，《考古学报》1976年第2期。

[61] 塔拉、梁京明：《呼鲁斯太匈奴墓》，《文物》1980年第7期。

[62] 内蒙古文物工作队：《毛庆沟墓地》，《鄂尔多斯式青铜器》，文物出版社，1986年。

[63] 内蒙古文物考古研究所：《凉城崞县窑子墓地》，《考古学报》1989年第1期。

[64] 林沄：《中国北方长城地带游牧文化带的形成过程》，《燕京学报》新十四期，北京大学出版社，2003年。

[65] 田广金：《中国北方系青铜器文化和类型的初步研究》，《考古学文化论集》（四），文物出版社，1997年。

[66] 杨建华：《东周时期北方系青铜文化墓葬习俗比较》，《边疆考古研究》第1辑，科学出版社，2002年。杨建华：《东周时期中国北方文化带形成初探》，《燕京学报》新十四期，北京大学出版社，2003年。

[67] 内蒙古自治区文物工作队：《凉城饮牛沟墓葬清理简报》，《内蒙古文物考古》1984年第3期。

[68] 杨建华：《春秋战国时期中国北方文化带的形成》，吉林大学博士学位论文，2001年。

[69] 曹建恩：《西岔文化初论》，吉林大学硕士学位论文，2003年。

[70] 内蒙古博物馆、内蒙古文物工作队：《内蒙古准格尔旗玉隆太的匈奴墓》，《考古》1977年第2期。

[71] 伊克昭盟文物工作站、内蒙古文物工作队：《西沟畔匈奴墓》，《文物》1980年第7期。

[72] 李逸友：《中国北方长城考述》，《内蒙古文物考古》2001年第1期。

[73] 杨建华：《春秋战国时期中国北方文化带的形成》，吉林大学博士学位论文，2001年。

[74] 杨建华：《东周时期北方系青铜文化墓葬习俗比较》，《边疆考古研究》第1辑，科学出版社，2002年。

[75] 宁夏文物考古研究所、中国历史博物馆考古部：《宁夏菜园——新石器时代遗址墓葬发掘报告》，科学出版社，2003年。

[76] 林沄：《中国北方长城地带游牧文化带的形成过程》，《燕京学报》新十四期，北京大学出版社，2003年。

[77] 杨建华：《春秋战国时期中国北方文化带的形成》，吉林大学博士学位论文，2001年。

[78] 伊克昭盟文物工作站：《内蒙古准格尔旗宝亥社发现青铜器》，《文物》1987年第12期。

[79] 杨建华：《春秋战国时期中国北方文化带的形成》，吉林大学博士学位论文，2001年。

[80] 杨建华：《春秋战国时期中国北方文化带的形成》，吉林大学博士学位论文，2001年。

[81] 支配勇、高平如：《平鲁井坪楼烦墓》，《文物季刊》1992年第1期。

[82] 山西省考古研究所：《山西浑源县李峪村东周墓》，《考古》1983年第8期。

[83] 山西忻州地区文物管理处：《原平县刘庄塔岗梁东周墓》，《文物》1986年第11期。忻州地区文物管理处、原平市博物馆：《山西原平刘庄塔岗梁东周墓第二次清理简报》，《文物季刊》1998年第1期。

[84] 朱泓：《内蒙古凉城东周时期墓葬人骨研究》，《考古学集刊》（7），科学出版社，1991年。

[85] 潘其风、韩康信：《内蒙古桃红巴拉古墓和青海大通匈奴墓人骨的研究》，《考古》1984年第4期。

[86] 朱泓：《内蒙古凉城东周时期墓葬人骨研究》，《考古学集刊》（7），科学出版社，1991年。

[87] 林沄：《关于中国的对匈奴族源的考古学研究》，《内蒙古文物考古》1993年第1、2期合刊。

[88] 林沄：《中国北方长城地带游牧文化带的形成过程》，《燕京学报》新十四期，北京大学出版社，2003年。

[89] 林沄：《关于中国的对匈奴族源的考古学研究》，《内蒙古文物考古》1993年第1、2期合刊。

[90] 田广金：《中国北方系青铜器文化和类型的初步研究》，《考古学文化论集》（四），文物出版社，1997年。田广金、史培军：《中国北方长城地带环境考古学的初步研究》，《内蒙古文物与考古》1997年第2期。

[91] 吕智荣：《李家崖文化的社会经济形态及发展》，《考古学研究》，三秦出版社，1993年。

[92] 杨建华：《东周时期北方系青铜文化墓葬习俗比较》，《边疆考古研究》第1辑，科学出版社，2002年。

[93] 林沄：《中国北方长城地带游牧文化带的形成过程》，《燕京学报》新十四期，北京大学出版社，2003年。

[94] 水涛：《甘青地区青铜时代的文化结构和经济形态研究》，《中国西北地区青铜时代考古论集》，科学出版社，2001年。

[95] 韩康信：《宁夏彭堡于家庄墓地人骨种系特点之研究》，《考古学报》1995年第1期。井沟子遗址西区墓葬系吉林大学边疆考古研究中心与内蒙古文物考古研究所联合发掘的资料。人骨由朱泓、张全超先生分析鉴定，研究报告待刊。

[96] 汤卓炜、曹建恩、张淑芹：《内蒙古清水河县西岔遗址孢粉分析与古环境研究》，《边疆考古研究》第3辑，2004年。

（原刊于《庆祝张忠培先生七十岁论文集》，科学出版社，2004年）

辽西区夏至战国时期文化格局
与经济形态的演进

本文所说的辽西区,依照张忠培先生的界定,"是指医巫闾山以西,北至西拉木伦河两侧,包括西拉木伦河、老哈河、大凌河、小凌河及它们的支流地区"[1]。区内以东北—西南走向的努鲁儿虎山为界,可分为东、西两个相对独立的地理单元。西区地貌以山地丘陵为主,海拔多在500~1500米。年平均气温,北端阿鲁科尔沁旗大致在5.5℃,南端宁城县为7.3℃,西端的克什克腾旗为2.4℃。年平均降水量在300~400毫米,基本属中温带大陆性季风气候[2]。东区地貌多为平川和低矮的丘陵,海拔50~700米[3]。在气候上,北部的年平均气温和降水量与西区大致相当,中、南部由于邻近渤海,气候较西区相对温暖和湿润。就目前认识,辽西区作为一个相对独立的文化区,大致形成于距今8000年前后的兴隆洼文化阶段。至青铜时代,该区本身相对稳定的结构不断受到冲击,文化格局和经济类型相继发生了不同程度的变化。本文即拟在以往该区域夏至战国时期古文化的分期、编年与谱系研究的基础上,探索区域内文化格局的演进与经济形态的转变,并试图对这些变化背后的原因做出合理的推测。

一、文化格局的演进

通过对区域内诸考古学文化的分布、特征、年代与成分构成的具体分析,可将该区域文化格局的演进过程分为夏至早商、晚商—春秋中、春秋晚—战国中、战国晚四个阶段。

夏至早商时期,辽西区可确定的只有一种文化,即夏家店下层文化。在相当长时间内,学者们都是将燕山以南西起壶流河流域、东至京津唐地区的同期古文化划归夏家店下层文化。自20世纪90年代初,随着大坨头文化命名的提出和材料的日渐丰富,人们逐渐认识到,燕山南、北的这两种遗存是渊源有自、并行发展、性质不同的考古学文化。

从调查掌握的资料来看,夏家店下层文化分布较密集的区域是在老哈河中上游,教来河上游,大、小凌河及其支流地区。其范围北至西拉木伦河两岸,南到渤海之滨,东西大致以七老图山和医巫闾山为界,西南不逾燕山山脉。经试掘或发掘的遗址已超过30处,墓葬近千座。在这广阔区域内,文化面貌达到了高度的一致性。遗址所见陶器以夹砂或泥质灰陶为主，褐陶、黑陶其次。流行绳纹或弦断绳纹。尊形鬲、无腰隔甗、罐形鼎、尊、中口深腹罐、双鋬深弧腹盆、大口鼓腹瓮、浅盘高柄豆等器类数量多，分布面广，且大都存在自身较完整的演变序列，从而构成了一个特征鲜明的稳定陶器组合，区别于周邻同时期的其他考古学文化。墓葬随葬陶器以鬲、罐为基本组合，且多饰复杂的彩绘纹饰，是为专门明器，风格亦独树一帜。依据最新资料，该文化可分为前后相继的五段，其中二至五段大体相当于二里头文化一期至二里岗下层或稍晚，一段略早于二里头一期，可至龙山期之末[4]。据已公布的碳测数据，可将这一文化的绝对年代估计在距今4000~3400年。

以往关于辽西区夏家店下层文化的渊源，不少学者曾进行过探讨。主要看法可归为两类：一是认为该文化具有黄河流域龙山文化的浓厚作风，可归为中原系统或它的一个地方变种[5]；一是主张该文化的主体因素源自辽西区红山、小河沿文化，同时也吸收有中原龙山期文化因素[6]。夏家店下层文化中确有一组因素系源自当地的红山文化与小河沿文化。如陶器中颇为流行的尊及钵形鼎、浅腹平底盆、浅盘高柄豆等均可在后两种文化中找到前身。此外，大甸子和丰下遗址所见玉器与红山文化玉器、夏家店下层文化陶器的彩绘作风与小河沿文化彩绘陶之间，也都存在不容忽视的联系。但不能借此只强调该文化植根于当地新石器时代晚期文化的一面。实际上，在该文化的形成过程中，来自后冈二期文化的包括夹砂深腹罐、无腰隔甗、深腹双鋬盆等为代表的因素（约占陶器群总体的30%）的冲击，对当地红山、小河沿文化起到了重要的作用。从此，以鬲、甗类空三足器为代表的文化取代了当地传承数千年的筒形罐文化。这是一次质的飞跃[7]。从这一意义上说，夏鼐先生提出的夏家店下层文化是"中原龙山文化的变种"的说法，是有一定道理的。后冈二期文化的年代下限一般认为是公元前2100年前后，这与我们估计的夏家店下层文化的上限年代基本衔接。由于两支文化地域相隔较远，被夏家店下层文化所继承的该文化的因素又是大量的，所以，这种现象只能理解为后冈二期文化居民远距离迁徙的结果。大甸子墓地人种研究的成果表明，该墓地居民在种族上不是单一的，而存在两个类型、三个分组。其中第一类型（第一分组）的居民"可能与中原地区居民的关系具有更直接的联系"[8]。这与我们的研究结果基本相合。当然，在夏家店下层文化的居民中，有可能正像大甸子墓地的材料所提示的那样，来自中原的居民在比例上要低于当地的原住居民，但这丝毫不会影响他们在夏家店下层文化形成过程中所扮演角色的重要性。

夏家店下层文化与周邻地区甚至相距更远的考古学文化都存在一定的联系[9]，关系最为密切的自然要数燕山以南的大坨头文化。正如大家都已注意到的那样，后者典型的鼓腹鬲、折肩鬲、簋等在前者的陶器群中屡有所见，而前者最具特色的尊、尊形鬲等也频见于后者。并且，这种相互之间的联系在中晚期还有不断加强的趋势。可以说，这两支考古学文化在某种程度上已构成了一个层次更高的"亲缘文化区"。

医巫闾山以东的高台山文化与夏家店下层文化也存在较为密切的联系。朱永刚先生在论述此问题时说，"前期，夏家店下层文化对下辽河区的影响起了决定性的作用，主要表现在高台山文化演化过程中对袋足三足器制作工艺的借鉴与吸收；后期，以高台山文化向西的扩展为主。这一时期的夏家店下层文化红褐陶系增多，绳纹衰退，而在随葬陶器和丧葬习俗方面反映的渗透现象尤为明显"[10]。

夏家店下层文化中所见饰蛇状或棱状堆纹的鬲、甗，以往就有学者指出这是由内蒙古中南部同期文化东向传播的结果[11]。不仅如此，夏家店下层文化所见罐、鬲等器物口沿带錾纽或花边堆纹的作风，也属朱开沟文化因素。这些因素大致也是从中期之后逐渐增多。目前所见两地之间的关系，主要是一种文化因素自西向东的单向流动，其中的蛇纹鬲等，甚至通过夏家店下层文化远播到蒙古国东部与外贝加尔地区[12]。据冯恩学研究，辽西区至少从富河文化阶段就已经与外贝加尔地区之间发生了联系[13]。所以，夏家店下层文化阶段出现的鄂尔多斯—辽西—外贝加尔这样一个文化传播带，是以新石器时代三地之间的文化联系为基础的。

夏家店下层文化还吸收了来自地域上并不毗邻的二里头文化、先商文化、岳石文化和前白金宝文化的少量因素。若从早期北方系青铜器的传播角度看，夏家店下层文化甚至与相隔万里之遥的安德罗诺沃文化之间也存在着间接的联系[14]。

值得注意的是，那些来自于南面和东面的文化因素在地域上一般多见于夏家店下层文化的偏东区域，而来自北面和西面的文化因素则多发现于偏西区域。加之在其他方面所呈现的一些区域性差异，已可将该文化以努鲁儿虎山和教来河下游为界而区分为东、西两个类型。

尽管这一时期努鲁儿虎山东、西两侧的文化呈现了些许差异，但整体的文化面貌是颇为一致的。在文化格局上可视为单一文化的时期。

晚商至春秋中期，辽西区努鲁儿虎山东西两侧的文化开始明显分化。以东地区，继夏家店下层文化之后兴起了魏营子文化，随后又被凌河文化的早期所取代；以西地区后来成为夏家店上层文化的主要分布区。这一时期又可划分为前、后两个阶段：晚商至西周中期、西周晚期至春秋中期。

前一阶段主要包括魏营子文化和夏家店上层文化的早期。

魏营子文化遗存从20世纪70年代初已陆续有所发现，并逐渐引起人们的注意。1987年，郭大顺先生发表《试论魏营子类型》一文，详细概括了这种遗存的内涵与特征，并明确指出这是一种年代上介于夏家店下层文化与曲刃青铜短剑所代表的文化之间的一种新的文化类型[15]。90年代初，有学者开始将其改称魏营子文化[16]。

根据以往提供的较明确的资料，魏营子文化主要分布于大、小凌河流域。目前发表的属该文化的遗存大多是调查和清理的材料，而经正式发掘的遗址不多，只有阜新平顶山[17]、义县向阳岭[18]、兴城仙灵寺[19]等几处。该文化陶器以夹砂红褐陶为主，素面陶所占比例较大，陶器纹饰多见绳纹，纹痕浅细而乱，且常在饰纹后再打磨掉。器类有鬲、甗、钵、盆、罐、瓮、豆，鬲的数量最多，多数陶鬲的口部还装饰指压附加堆纹条带（多称花边鬲），是最富代表性的器物。

董新林曾以义县向阳岭遗址的发掘资料为基础，将魏营子文化分为二期四段，并将其年代上限估计在殷墟二期前后，下限估计在两周之际[20]。在对该文化年代下限的认识上，显然与郭大顺先生最初所说的西周早期相差很大。究其原因，主要是董新林主张喀左和尚沟B、C、D地点的墓葬与A地点墓葬实际同属一个墓地，自当归属同一个文化。我们认为，郭大顺先生当初未将和尚沟B、C、D地点墓葬归入魏营子文化，现在看仍是颇有道理的。但对该文化的下限年代，郭先生却赞同卜箕大所提出的西周中期前后的看法[21]。

虽然资料并不丰富，却仍可看出魏营子文化复杂、源头颇多。正如郭大顺先生所强调的那样，魏营子文化陶质、陶色方面的特点与夏家店下层文化（应主要是东区）晚期红褐陶比例增加、绳纹退化的趋势是明显有承接关系的。从器形上看，喀左后坟水井中出土的筒腹鬲、侈口鼓腹罐、敞口钵（原简报图一，7、13、8、10、18）等都可视为夏家店下层文化同类器的延续[22]。但该类器物所占的比例并不大。

花边鬲是魏营子文化中最引人注目的器类，这类风格的器物至少在晚商时期已伴随着北方系青铜器而广布于中国北方的长城地带[23]。已知内蒙古中南部的朱开沟文化是该陶鬲最早出现并逐渐流行的文化。但具体到魏营子文化中的陶鬲究竟是由哪一支文化直接传播而来？是否所有花边鬲均是由外地传入？目前仍无法确切回答。有迹象表明，义县向阳岭遗址中有一种颈部饰附加堆纹的"花边鬲"，高颈，体形颇瘦长。遗址中共存与此种陶鬲上部形态极其相似的陶罐[24]，所以，"花边鬲"很可能是由一种陶罐加以改制而创造出来的。高台山文化中有一种颈部饰附加堆纹的陶壶，从形态上看像是上述陶罐的前身[25]。另外，前面归为夏家店下层文化因素的喀左后坟出土的筒形鬲，口部装饰附加堆纹花边。可见，魏营子文化中的花边鬲的来源并不单一。除了在"花边"风格上的一致外，难以笼统地认为都是自西而来的因素。

也有人详述了魏营子文化与高台山文化的关系，认为魏营子文化中的直腹鬲（如平顶山H113：2、后坟图一，5）、矮领壶、外叠唇盆和圈足钵等，从形态上明显与高台山文化相类，可能是高台山文化南进的一支[26]。需要补充的是，魏营子文化中带錾耳或贯耳的盆、素面的甗（如平顶山88H303：4、88采：08、88H201：2、88H201：4）等，亦当为继承高台山文化的因素。

以往发现于大小凌河流域的北方系青铜器与青铜礼器窖藏，现在看来可以归属于魏营子文化。不仅因为已发现了魏营子文化陶器与这些青铜器共生的例子[27]，更主要的是迄今为止在该区域所辨识出来的年代相当的遗存只有魏营子文化一种。从这组青铜器看，北方系的环首刀、短剑、啄戈、管銎战斧等，大都是沿长城地带由西而来的因素；青铜礼器多是商末周初的典型中原式样，而窖藏本身的年代则基本在周初。这些珍贵的器物很可能是周初封燕之后，魏营子文化的高层居民通过某种手段直接或间接由燕国而得到的。魏营子遗址木椁墓的形制和在椁外填灰膏泥的做法[28]，都与中原贵族墓极其相似。较高级的墓葬中有的还随葬中原式的礼器与车马器，说明他们在祭祀和丧葬等方面是仿效中原贵族的。但同时也应注意到，魏营子文化青铜器中还存在类似喀左小波汰沟出土青铜器盖那样的"具有浓厚地方特色的产品"[29]。

此外，朝阳等地曾出土过年代相当于白家庄期或稍晚阶段的锥足鼎、平底爵等青铜礼器[30]，它们的性质是属魏营子文化，还是属夏家店下层文化，目前尚无法确定。

努鲁儿虎山以西地区，以往在赤峰西牛波罗[31]、克什克腾旗天宝同[32]、翁牛特旗头牌子[33]都曾出土过晚商青铜礼器，其中头牌子出土一甗二鼎的年代还可早到殷墟早期。与此年代相当的陶器遗存很少，目前仅知在宁城西门外[34]、克什克腾旗天宝同等地有一些线索。在后一处遗址采集的陶片中见有饰附加堆纹花边的陶鬲口沿和饰绳纹抹平的甗（鬲）足，接近于魏营子文化同类器特征。但其中一件口沿残片上有横錾耳，这一现象却不见于目前所知的魏营子文化陶器之中。搞清这类遗存的面貌和性质，是将来工作的一个重点。

以往不少学者将努鲁儿虎山以东大小凌河流域含曲刃青铜短剑的遗存归入夏家店上层文化，并将其作为该文化的一个地方类型，称为"凌河类型"[35]或"十二台营子类型"[36]。林沄先生很早就曾指出，努鲁儿虎山以东地区的遗存不宜归入夏家店上层文化[37]。随后，朱永刚、翟德芳先生也相继发表了类似观点[38]。从目前的调查和发掘资料来看，夏家店上层文化的主要分布区北至西拉木伦河，南抵承德、平泉一线，西至克什克腾旗，东达努鲁儿虎山东麓。

最近，我们以克什克腾旗龙头山遗址的分期为基础，将目前所见的夏家店上层文化遗存归纳为四个阶段。其中以龙头山遗址Ⅱ区第3层及第3层下开口遗迹为代表的第一期，遵从发掘者的意见估计为年代不晚于商周之际，或可早至晚商。以敖汉旗周家地M45为代表的第四期，年代大致可估定在春秋中期前后，而以南山根M101为代表的第三期，以往就有较充分的证据确定为西周晚期至春秋早期。这样，夏家店上层文化的早期（第一、二期）应与魏营子文化并行[39]。

目前夏家店上层文化第一期遗存仅见于龙头山遗址[40]，第二期遗存较多见于西拉木伦河流域，老哈河流域及努鲁儿虎山东麓很少发现，说明正如从前有人估计的那样，夏家店上层文化很可能是最早形成于西拉木伦河流域，而后才逐渐向南扩展[41]。从这些早期阶段的遗存看，流行素面的夹砂红褐陶，器表装饰横錾耳和竖桥耳等风格与下辽河流域的高台山文化十分接近，典型的筒腹鬲、无腰隔素面甗及部分形态的罐、盆、钵、壶等，也都能在高台山文化中找到形制上的直接前身。所以朱永刚先生几年前曾指出，夏家店上层文化的主体应当就是来源于高台山文化[42]。除此之外，又有两类因素也比较惹人注目。一是在龙头山、大泡子遗址[43]都发现有口沿装饰花边的陶鬲，这究竟是吸收大小凌河流域魏营子文化的因素，还是承自当地晚商期遗存？由于材料甚少，一时难以明了。二是来自北方地区的文化因素，包括仿桦树皮筒形罐、仿皮囊式陶器、分叉装铤式柳叶铜镞、素面铜镜、大型铜鹿牌饰等。其中有些成分，如装饰篦点几何纹和动物纹的仿皮囊器等，可能是直接来自松嫩平原的白金宝文化。另外，夏家店上层文化最具代表性的青铜器——銎柄式短剑，也有学者提出是受卡拉苏克文化的影响而创制出来的[44]。

人种学研究成果表明，夏家店上层文化居民是含有北亚人种性状特征的东亚人种[45]，与下辽河流域高台山文化居民的体质特征非常接近[46]。这就为考古学的分析提供了重要证据。据陈山研究，地理位置偏北的龙头山组夏家店上层文化人骨混有更为显著的北亚人种因素[47]。这是否说明，来自下辽河流域的居民可能与北亚人种或北亚人种成分较强的人群有了更多的接触？如果是这样，那么夏家店上层文化早期遗存中掺入的北方地区文化因素便可得到较合理的解释。

以上分析表明，至少从商末周初开始，努鲁儿虎山东西两侧的文化就走上了一条不同的发展轨道。以东的魏营子文化与以西的夏家店上层文化，并不像以往认为的那样具有前后承继关系，而是各有自身的起源与发展过程，文化面貌亦有本质的不同。西周晚期至春秋中期，努鲁儿虎山以东新兴以曲刃青铜短剑为重要特征的凌河文化，以西的夏家店上层文化则发展到了鼎盛阶段。近年，随着新资料的增多，越来越多的学者认识到，大小凌河流域的凌河类型遗存确与夏家店上层文化有着鲜明的区别，应是一支独立的考古学文化，甚至可以径称为凌河文化[48]。

年代相当于西周晚期到春秋中期的凌河文化遗存资料并不丰富，主要包括喀左和尚沟B、C、D地点墓葬[49]，锦西乌金塘墓[50]。朝阳十二台营子M1、M2[51]，朝阳袁台子M1[52]，喀左南沟门石椁墓[53]，锦西邰集屯小荒地古城H10[54]等，大致相当于朱永刚先生所分大小凌河流域含曲刃青铜短剑遗存的第1、2段[55]，其中喀左和尚沟B、D地点墓葬，学者主张归入魏营子类型，这种看法的证据仍不充分，在资料较少的情况下，宁可暂信曲刃青铜短剑及伴随遗物的出现是该地区文化的一次重大变化。还有，这一时期高级别墓葬采用石椁墓，陶器多为手制素面夹砂红褐陶等特点，皆有别于魏营子文化。从文化因素看，这类遗存中至少可析为四组：第一组包括圈足钵、敛口钵[56]、大口罐（图一，5、2、3）等，此类因素上承本地魏营子文化同类器。第二组以短茎式曲刃短剑、双錾筒腹罐（图一，1）等为代表，可能起源于辽东地区。第三组以抹斜口沿的叠唇双錾盆、侈口鼓腹罐（图一，6、4）等为代表，均为素面夹砂红褐陶，风格同于夏家店上层文化，应是吸收后者的文化因素。郭治中先生曾经指出，朝阳十二台营子墓出土青铜器上所见的蛇纹、犬纹、人面纹等应与夏家店上层文化相关[57]。第四组系以青铜戈、双翼有铤式铜镞为代表的来自中原系统的文化。此外，墓葬中还有多纽铜镜、扇刃铜斧、铜牌、挂缰钩、铜泡、长条形马镳、铃形饰等器类，其上多饰特色鲜明的几何形纹饰。这些文化因素有些起源于北方草原地区，但此时多少都已形成了自身特点，当然也不排除有些就是自己独创的可能。在几组外来的文化因素中，源自辽东地区的文化因素最为重要。努鲁儿虎山以东地区魏营子文化的消亡和凌河文化的兴起，在相当程度上就是起因于这种因素的流入。

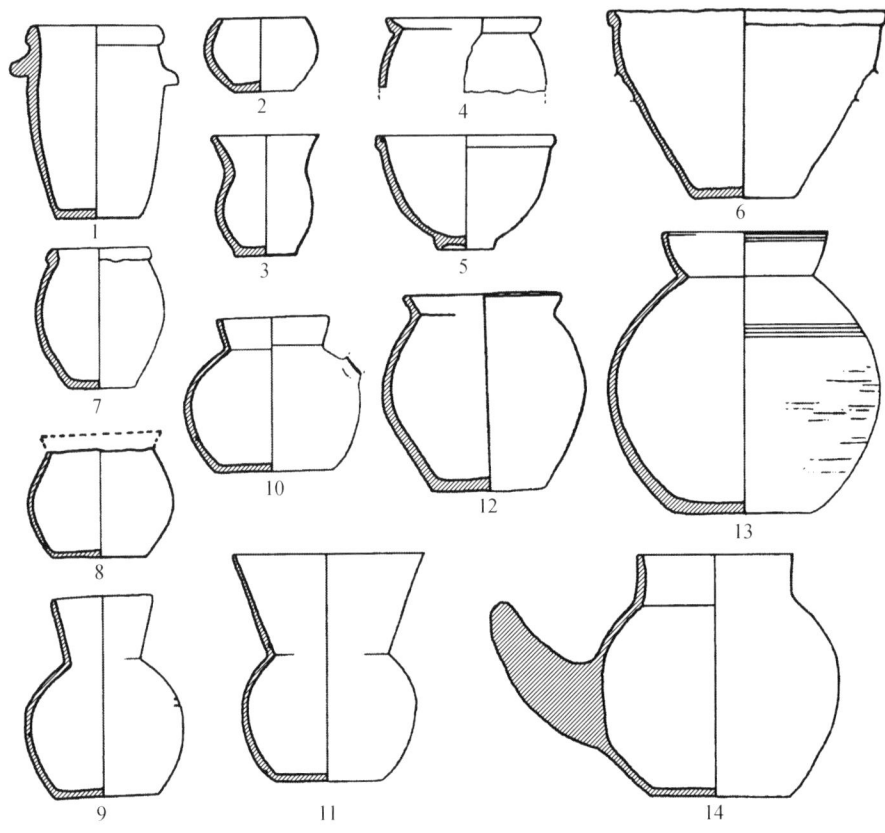

图一 凌河文化陶器

1. 双鋬筒腹罐（朝阳袁台子M1∶2） 2. 敛口钵（朝阳东岭岗M1） 3、11. 大口罐（喀左南沟门石椁墓、敖汉水泉M108∶2） 4、8、12. 侈口鼓腹罐（锦西小荒地古城H10∶4、喀左南洞沟石椁墓、敖汉水泉M45∶1） 5. 圈足钵（朝阳袁台子M1∶1） 6. 双鋬盆（锦西小荒地古城H10∶2） 7. 叠唇鼓腹罐（敖汉水泉M69∶2） 9. 长颈壶（敖汉水泉M105∶1） 10、14. 角把罐（敖汉水泉M100∶1、喀左果木树营子墓） 13. 凹沿鼓腹罐（敖汉水泉M29∶1）（1～6. 早期 7～14. 晚期）

夏家店上层文化晚期（第三、四期），该文化的分布重心南移，老哈河中上游及其支流地区成为遗址分布最为密集的地区。而且在宁城南山根、小黑石沟两个地点发现贵族墓，暗示了这一带可能存在着一个权力与财富高度集中的中心性聚落[58]。与早期相比，这一时期夏家店上层文化所吸收的外来文化因素主要是青铜器，且大都出土于贵族墓之中。

与内蒙古长城地带及以北的草原地区相似的文化，从种类、数量上远超早期阶段，如柄身连铸的短剑、兽首刀、管銎斧、挂缰钩、动物牌饰、形制特殊的马衔和马镳等都可视为北方草原样式。但应注意的是，有些源自北方草原地区的文化因素已与其他文化融为一体，形成了夏家店上层文化的自身文化风格。

正如学者注意的那样，宁城一带的大墓出土了不少典型的中原式青铜礼器和兵器，但同一墓中所出青铜礼器不仅年代早晚相差甚大，且毫无形成固定搭配的迹象。

所以，与其将这种现象解释为这里的贵族从礼制上认同中原，倒不如将其看作是一种战利品或财富的炫耀。

夏家店上层文化墓葬中所见的各式曲刃短剑显然是受凌河文化影响的结果，有些直接接受了凌河文化青铜短剑的典型式样，有些则将其他形态短剑的刃部改造成曲刃，如銎柄式和兽首式曲刃短剑即是如此。

在青铜器方面，夏家店上层文化在大量吸收外来文化因素的同时，也产生了一批独具特色的器类，如双耳鬲、钵形鼎、联体罐、联体豆、祖柄勺等，其中不少是仿自当地陶器的式样。有趣的是，墓葬中真正盛有食物和佐料的是上述这些"土著"式样的青铜容器[59]。

夏家店上层文化因素的向外流布，目前只见于大、小凌河流域和冀北山地一带。从文化因素的双向交流角度，仅能看到它与辽西区内的凌河文化存在较密切的关系。

综观晚商至春秋中期前后辽西区的总体文化格局，尽管努鲁儿虎山东西两侧的文化始终不乏彼此交流的例证，但至少从商末周初开始，两区的文化就已出现了质的区别。所以，这一时期可概括为文化的东西分异时期。

春秋晚期至战国中期，辽西区的文化格局呈现了更为复杂的形势。目前能够辨识出来的遗存，至少已有四种：凌河文化（晚期）、水泉文化、凌源五道河子遗存和敖汉铁匠沟遗存。

凌河文化晚期遗存，以往见诸报道的有喀左南洞沟[60]、老爷庙果木树营子[61]、凌源河汤沟、北票何家沟[62]、凌源三官甸子[63]、锦西寺儿堡[64]、建平二十家子[65]等，多是墓葬及零星发现的青铜短剑等遗物，遗址材料也仅有锦西邰集屯小荒地古城一个地点[66]。而新近公布的敖汉水泉墓地的南区墓葬[67]（包括北区的M50、M55），是目前所见最丰富和系统的一批资料。

从出土遗物来看，此期较常见的泥质或夹砂侈口鼓腹罐、大口罐（图一，8、12、11）当继早期的同类器发展而来，长颈壶，泥质凹沿鼓腹罐（图一，9、13）和贯耳壶（喀左老爷庙果木树营子）等则明显具有辽东区同类器的风格，表明来自辽东方向的文化因素依然活跃。此期新见的角把罐（图一，10、14），形式独特，郭治中先生认为它是泥质侈口鼓腹罐的衍生器种。形体瘦小的夹砂叠唇鼓腹罐（图一，7）也是水泉文化中的常见器类，叠唇和唇缘内侧抹斜的特点，与凌河文化早期所见夏家店上层文化的双錾盆、侈口鼓腹罐的口部特征比较接近。此期文化中来自中原的文化因素仍占一席之地，凌源三官甸子墓葬旁边安置殉马坑的习俗无疑当习自中原，一些较高级别的贵族墓中还出土有中原式的青铜容器（如三官甸子鼎、南洞沟簋）。

凌河文化在发展过程中，也在不断向外传播它的影响，最明显的是针对努鲁儿虎山以西以北地区。作为该文化典型陶器的大口罐，甚至远播到西拉木伦河之北（详后）。在燕文化全面到达之后，凌河文化的一部分与之逐渐相融，而另一部分则向东流布。林沄先生曾就曲刃短剑的分布态势有类似说法[68]，今本溪上堡遗址发现的几座石棺墓[69]，所出曲刃短剑与叠唇罐从形制上看明显属凌河文化同类器的延续，年代据伴出的燕式泥质陶器判断，已入战国晚期。

以1995年发掘的敖汉旗水泉墓地命名的水泉文化以该墓地北区墓葬（不包括M50、M55）为代表，是西拉木伦河流域夏家店上层文化之后至战国燕文化到来之前，具有地域特色的考古学文化之一。性质与之相同的遗存包括敖汉山湾子部分墓葬[70]、赤峰松山区初头朗镇部分战国墓[71]等，宁城三座店[72]、喀喇沁旗西府[73]和大山前[74]也曾收集到属于该文化的遗物。据此可知其分布范围当在努鲁儿虎山以西地区，部分地段可至此山东麓。该文化墓葬所出典型器类主要包括双耳罐、单耳罐、叠唇鼓腹罐（图二，1~6），三种器物的共同特征是夹砂红褐陶的质地与厚厚的叠唇。其他还有少量单把杯、高领鼓腹罐（图二，7~9）和长颈壶等，其中部分带耳罐和叠唇鼓腹罐唇缘内侧抹斜的特点以及高领鼓腹罐的斜直领，体现了与本地此前的夏家店上层文化的联系。但由于缺乏遗址材料，对该文化整体面貌及其形成过程的了解一时还难以深入。郭治中先生曾推断，水泉文化中最富特征的带耳陶罐，其耳部特征与长城地带中段流行的带耳陶器一致。问题是这些带耳陶器的母体即叠唇鼓腹罐究竟是先产生于凌河文化而西传，还是诞生于努鲁儿虎山以西再向东播散，还是一个尚待解开的谜，不过，水泉文化与凌河文化存在密切的联系却是不容忽视的事实。从水泉墓地南区墓葬打破北区墓葬并结合墓葬年代的推断看，凌河文化在其最后阶段还曾一度北上，占据一部分原属水泉文化的分布范围。

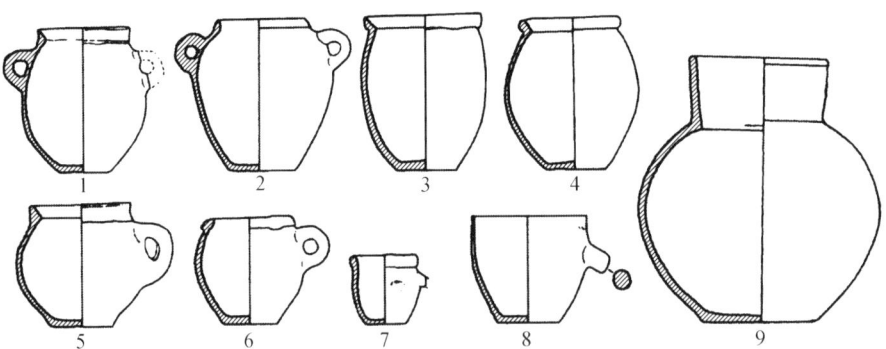

图二　水泉文化陶器

1、2.双耳罐（敖汉水泉M79：1、敖汉水泉M73：1）　3、4.叠唇鼓腹罐（敖汉水泉M76：1、敖汉水泉M8：1）　5、6.单耳罐（敖汉水泉M7：2、敖汉水泉M36：3）　7、8.单把杯（敖汉水泉M3：2、敖汉水泉M22：2）　9.高领鼓腹罐（敖汉山湾子）

最新的人种学研究结果显示，水泉墓地居民（南北区墓葬未分开鉴定）的颅面部特征基本接近蒙古人种的东亚类型，而在诸古代对比组中，又与辽西区夏家店上层文化合并组、大甸子全组等人骨材料的种系特征相近[75]，说明他们与此前当地的居民仍有血缘关系。

凌源五道河子遗存，目前仅见五道河子墓地一处，共清理11座墓[76]。该墓地位于青龙河上游右岸，属努鲁儿虎山南段东麓。从出土的铜戈看，墓葬的年代大致应在战国早期偏晚[77]。有学者认为其性质应划归以冀北山地为分布中心的"山戎文化"，并可作为该文化晚期的代表性遗存[78]。实际上，从已报道的资料看，这批遗存不宜归属辽西及其邻近地区目前所知的任何一种文化。首先，这批墓葬的形制与葬俗相当独特，墓穴一般前宽后窄，平面呈梯形，有的设二层台，墓底铺有一层桦树皮。已有学者指出，这种墓制和葬俗与一般曲刃短剑墓明显有别，却与年代较晚的完工、扎赉诺尔等被认定为东胡族系的鲜卑墓葬有相当的一致性[79]。其次，出土遗物中未见陶器，而以青铜兵器、工具、车马具、装饰品、乐器等为组合。从成分构成上看，墓中所出长援长胡三穿戈、扁茎无格式柳叶形长身铜剑、圆茎直刃铜剑、蟠螭纹铜纽钟等无疑应属中原文化系统，而马形铜饰牌、牛形金饰牌、联珠状铜饰、三角形或人形铜坠饰等又具北方草原地区的风格。此外，墓中出土的3件当卢（M1）与喀左南洞沟石椁墓出土的鳄鱼形当卢在造型和纹饰上非常接近，但未见凌河文化最富特征的曲刃青铜短剑、扇刃铜斧及装饰发达几何形纹饰的饰件等，显示了与凌河文化在整体面貌上泾渭分明。墓中还出土了4件圆首扁圆茎直刃短剑，风格与张家口白庙[80]、宣化小白阳[81]、滦平梨树沟门[82]等地所见同类器十分接近，当系地域邻近而受后者影响的结果，但总体上与冀北山地东周遗存的差别显著。我们认为，在这类遗存中，特殊的葬俗及铜马饰牌等因素很可能属早期形成的"本体因素"，而所含中原文化、冀北山地东周遗存、凌河文化的因素，很可能是其进入辽西山地之后，在与周邻文化的接触中吸收、融合的成分，属"非本体因素"。有迹象表明，这种遗存的根系不在辽西本地，加强对这种遗存的工作并仔细地搜集鉴定人骨，将是一项有意义的课题。

1992年报道的敖汉旗铁匠沟墓地A区的3座墓葬，文化面貌也比较独特，遗存的年代在夏家店上层文化之后至战国燕文化到达之前的"春秋末至战国初"[83]。墓中所出弹簧形耳环、铃形饰、夹砂罐的直领等反映出与夏家店上层文化具有一定的承袭关系；涡纹铜饰、卷云纹铜饰、虎形饰、连锁"之"字纹带饰等在长城地带中区同期遗存中则是非常流行的饰件。需要说明的是，墓中所出的夹砂侈口鼓腹罐（M2：1）和短颈壶（M2：2）等可能是接受凌河文化或水泉文化的因素，但同时却未见后两者最具代表性的带耳罐或叠唇鼓腹罐等器类。尤为重要的是，墓中所出7件野猪形饰牌，是辽西区的首次发现，颇有特色，所以我们主张暂时将其作为一种单独的遗存来看待。至于其文化面貌与最终的性质归属，有待于进一步探索。

此外，西拉木伦河之北的林西井沟子墓葬也颇值得注意。简报认为属夏家店上层文化[84]，郭治中先生已指出其判断有误[85]。此墓共出3件陶器，其中Ⅱ式罐形制非常接近敖汉铁匠沟罐（M2：1），Ⅲ式罐与水泉墓地南区所出凌河文化晚期大口罐特征一致，卷云纹铜饰亦与铁匠沟同类器相同。由于仅此一墓，虽可大致断为战国时期，但具体年代和文化性质尚难下断语。

以上几种遗存，年代较明确的大多都在春秋晚期至战国早期，以水泉墓地南区为代表的凌河文化的最晚阶段，年代的下限不晚于战国中期。众所周知，自燕将秦开北却东胡之后，燕国包括辽西地区在内的广大东北方地区设郡置县，并修筑长城，这些地区正式纳入燕国版图。但北击东胡的年代却不甚确定，一般认为是公元前4世纪末至前3世纪初，即战国中晚期之交。辽西区目前发现的燕文化或燕文化作风比较浓厚的遗存的年代，绝大多数在这一时间之后，但也有少量例外。一处是喀左眉眼沟1975年清理的两座瓮棺葬[86]。从发表的红陶釜（瓮M1：1）形制看，确如简报作者所说，与北京怀柔东周墓Ⅱ式釜形制相近，年代当在战国早期，不会晚于战国中期。而陈光女士在燕墓日用陶器的分期序列中，甚至将这两个瓮棺葬的年代断在春秋战国之际[87]。另一处是朝阳袁台子墓地[88]，资料未正式公布。据介绍，墓葬可分两期，年代大致为战国早、中期。有些墓中手制的夹砂罐与燕式的鼎、豆、壶等共出。已发表的一件属于第二期的盖豆，郑君雷将其年代断为战国中期偏早前后[89]。辽西区以外，沈阳热闹街墓也是一个颇为重要的墓葬[90]。该墓在郑君雷的墓葬分期体系中也断为战国中期偏早。以上现象表明，燕国北却东胡之前，很可能燕文化的陶器及葬俗等就已影响到了包括辽西在内的东北南部地区，其中不排除有些墓葬的主人就是来自燕地的移民的可能。

可见，自夏家店上层文化消亡之后，原属该文化分布区的努鲁儿虎山东麓以西地区，文化面貌出现了错综复杂的局面，目前可判别的至少已有水泉文化、铁匠沟墓葬、五道河子墓葬三种遗存，它们虽然年代相当，但彼此的来源、性质互不相同。而以东地区，凌河文化虽仍在延续，但从战国早期前后开始，燕文化可能就已穿插其间。所以，春秋晚期至战国中期，辽西地区的文化较之此前的东西分异时期更为复杂，呈现了一种多元文化并存的局面。

战国晚期，燕文化随着燕国势力的北进而广布于辽西区。自燕北长城以南，文化面貌重新展示了较大的一致性。目前经调查和发掘的遗址既有郡县治所，又有军事性质的边障堡垒，还有一般性的村落。从这些遗址中所出战国燕文化遗存看，来自燕文化的成分几乎都占绝大多数，从生产工具、生活用具到建筑构件等，大多是典型的燕文化式样。但也曾发现少量的"非燕文化因素"。试举几例说明，一例是喀喇沁旗大山前第Ⅰ地点。在战国晚期，是一座小型的军事堡垒，围墙中发现了若干战国时期的房址。其中一座（F37）居住面上发现了典型燕式的夹蚌红陶釜、泥质灰陶盆等与一组夹砂褐陶器共存的现象。后者的可辨器形有双鋬罐、侈口鼓腹罐（图三，1、2）等。其他战国墓中还出有带耳罐、叠唇鼓腹罐等，也是夹砂褐陶[91]，其中有些遗物的风格明显接近于水泉文化的同类器，或许就是自水泉文化承袭而来。这种现象的存在说明了一个重要的问题，即燕国北击东胡之后，并未将这里的原住居民驱赶殆尽。是否燕国对当地不同的人群采取了不同措施，是需要探索的问题。

努鲁儿虎山以东的锦西邰集屯小荒地古城，战国燕文化的地层或灰坑之中共存有

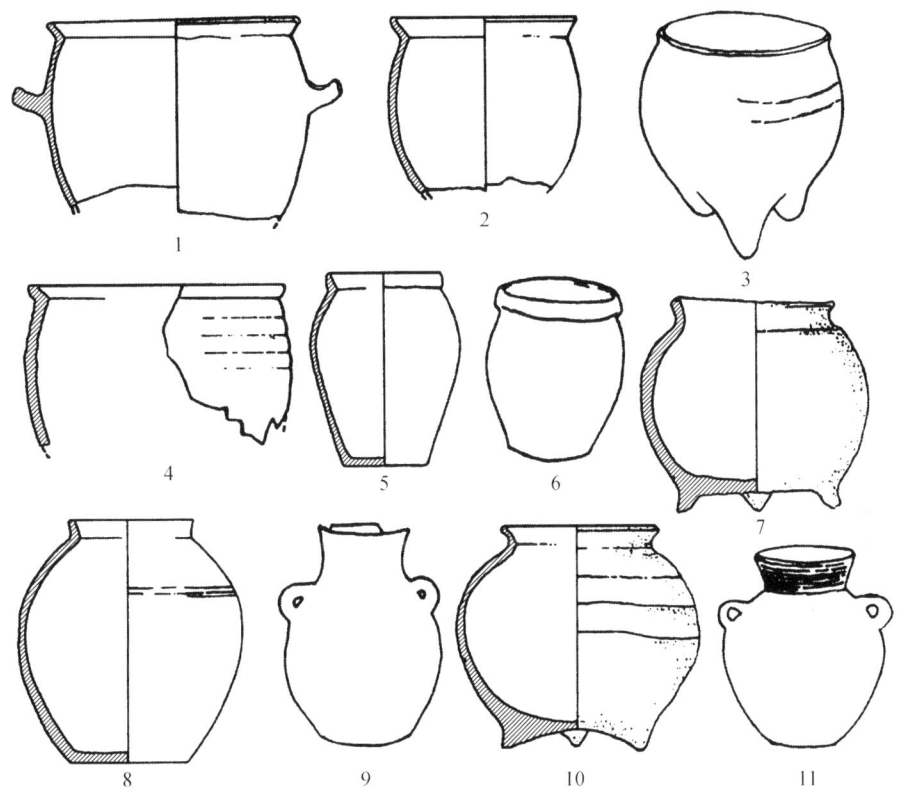

图三 辽西地区战国燕文化中的"非燕文化因素"

1. 双錾罐（喀喇沁旗大山前F37∶6） 2、4. 侈口鼓腹罐（喀喇沁旗大山前F37∶5、锦西小荒地古城H4∶1） 3、7、10. 罐形鬲（赤峰红山区榆树林子墓、喀左眉眼沟M1∶2、喀左眉眼沟M1∶1） 5、6. 叠唇鼓腹罐（敖汉乌兰宝拉格95ASWM8∶3、喀左园林处墓） 8. 侈口鼓腹罐（敖汉乌兰宝拉格95ASWM8∶5） 9、11. 壶（喀左园林处墓、喀左园林处墓）

少量非燕式陶器，如"C"型釜，实际是一种夹砂红褐陶侈口鼓腹罐（图三，4），明显是由凌河文化继承而来。这一时期的少量墓葬中也存在燕式陶器与非燕式陶器共出的现象。敖汉旗乌兰宝拉格1995年发掘的M8属战国晚期，墓中与燕式仿铜陶鼎、盘、匜等共出的夹砂叠唇鼓腹罐和泥质侈口鼓腹罐（图三，5、8）[92]，可能就是凌河文化同类器的遗留。

以往研究凌河文化时常被提到的喀左园林处墓葬[93]，很可能是燕国占领辽西地区后的土著遗存。该墓出土的青铜短剑未发表，但从文字叙述可知非东北系的曲刃剑。鼎是仿燕式陶鼎，盆和Ⅰ、Ⅱ式壶（图三，9、11）具有与梨树沟门墓地同类器相同的风格。尤为重要的是，此墓还出有燕地战国墓曾经见过的长条形小石板[94]。墓中两件夹砂罐（图三，6）系凌河文化叠唇鼓腹罐的后继型式。综合考虑，该墓的主人也可能是来自冀北山地一带的受燕文化影响较深的移民。

此外，喀左眉眼沟M1和赤峰红山区发掘的一座战国墓中[95]，与燕式仿铜陶礼器伴出的都有一种罐形鬲（图三，3、7、10），相似的器物在冀北山地屡有发现。因此可以产生这样一个设想：燕国占领辽西地区后，除容留一部分当地土著之外，可能将部分早先占领区（如冀北山地）内的居民迁移到新占区，当然，这种迁移也可能是一种自发的行为。战国晚期辽西地区燕墓中所见冀北山地东周遗存的文化因素，很可能即是由这些移民携带而来的。

总体上看，自从辽西地区（至少是大部分）被纳入燕国版图之后，虽然当地的土著因素仍有保留，并随外来的移民又携入一些非燕文化因素，但文化面貌整体上趋向一致。这一时期可称为文化的再次整合时期，而这次整合，是以燕国大规模的军事扩张为前提的。

以上讨论，揭示了辽西区夏至战国时期文化格局演进的大致过程。即由单一文化时期而逐渐过渡到文化的东西分异时期，多元文化的并行时期，最后又在强有力的政治行为的左右下，文化再次走向整合。期间每一种新文化的出现乃至每一次文化格局的改变，大致都起因于外来文化的强劲冲击，从而促使当地考古学文化相对稳定的结构发生了质变。其中根本的动因自当是人群的穿插流动，而且该区域在被燕国统一之前，这种人群的穿插流动有着越演越烈的趋势。

二、经济形态的发展

近年的考古研究对古代的经济形态给予了更多的关注。长城东段的辽西地区历史上曾长期处于农业文化与游牧文化交互作用的地带，传统认为，这一地区大致以东胡出现为标志，与长城地带的其他地区一起，步入了游牧经济阶段。但实际上，这一地区游牧文化的出现时间、形成机制在相当大程度上还是一个未知数。就现有资料，系统分析该区域内夏至战国时期不同阶段、不同文化的经济形态及总体的发展过程，可能会有助于上述问题的解决。夏至早商时期的夏家店下层文化已公认是较发达的农业文化，主要体现在以下方面。

第一，夏家店下层文化的遗址不仅分布十分密集，且其中的坡岗型和平地土丘型遗址多有文化层堆积，不少地点的堆积还很厚，有的甚至深达6米以上，遗迹遗物也十分丰富。说明这些遗址大都经历了较长时期的定居活动。

第二，几乎每个经过较大规模发掘的遗址，都出土大批与农业生产相关的石质生产工具。其中磨制石器最为常见，约占70%。在所有石质生产工具中，有肩石铲是数量最多的一种，据赤峰药王庙[96]、南山根[97]、北票丰下[98]等几个地点的统计情况看，占磨制石器总数的三分之一以上。这种工具体甚轻薄，刃多向一侧倾斜，捆柄后便于松土锄草，是主要的中耕工具。其次是打制的亚腰石锄，一般认为这是一种掘土工具。但这类石器多数体形厚重，刃部很钝或干脆没有刃部，很难入土翻地。所以也可能作为一种砍砸工具，或用于破碎土块。其他如可用于砍伐的厚体石斧、用于收割的三棱形或长条形石刀以及加工谷物的石磨盘与石磨棒等亦有一定数量。可见，该文化石质生产工具中很难确认出类似赵宝沟文化和红山文化尖头石耜那样的掘土工具。实际上，当时的主要翻土工具可能并非石质的。近年我们在喀喇沁旗大山前遗址的发掘中注意到，有不少夏家店下层文化灰坑的坑壁上遗留有一种齿状工具的痕迹，其中有些明显可以辨认出是一种双齿的工具，齿距一般7～12厘米，很可能就是中原地区流行的掘土工具——耒。所以，当时农业生产中耒或许已取代了石质的耜而成为主要的翻耕工具。此外，少量形状规整的灰坑的坑壁上也留有铲类工具的痕迹，但经过仔细观察，发现使用铲类工具的目的主要是为了将这些坑的坑壁修整光滑[99]。如果考虑到大量木质工具的存在，则夏家店下层文化农业生产工具的种类就已相当齐全了。从砍伐的斧类工具，到翻耕的耒，破碎土块的锄，再到中耕的铲和收割用的石刀及谷物加工工具，应有尽有。种类的多样化和形制的定型化说明农具的使用已有了明确的分工，同时也表明该文化属于一种精耕细作的农业类型。

第三，已发掘的不少遗址中都曾发现谷物的痕迹，如赤峰四分地东山嘴遗址出土的陶甗内发现形似现代黄米的炭化谷粒[100]，敖汉旗大甸子墓地有的墓随葬陶罐中盛有谷子[101]。我们在大山前遗址的发掘中，在一些祭祀坑和灰土层里也发现了不少碳化谷物[102]。从北票丰下等遗址出土谷物的鉴定看，品种主要为稷和粟。

从以上三个方面可以看出，农业在夏家店下层文化居民的经济生活中占据重要的地位。

夏家店下层文化遗址几乎都出土大量的动物骨骼，家畜的种类主要有猪、牛、羊、狗，此外还有极少量野生的鹿科动物和兔等。大山前遗址1996～1997年出土的夏家店下层文化动物骨骼已进行了鉴定。在2145块可鉴定标本中，猪所占的比例最大，达48.2%，其次是牛、羊、狗，分别占24.3%、15.3%、10.9%。此外还有20例马和几例鹿科的狍、鹿等。所发现的马尚不能确定是家马还是野马[103]。从某种意义上说，猪是与人争食的动物，所以，养猪业的规模应是以农业的发展为基础的。夏家店下层文化居民饲养动物中猪所占的比例，也从一个侧面反映了当时农业的发展程度。牛和羊所占比例合计达40%，说明畜牧业是当时居民肉食品的主要来源，在经济生活中占有较重要的地位。从各个遗址所出野生动物骨骼极少的现象看，狩猎在经济生活中可以说是无足轻重的。另外，大甸子墓地中较盛行以猪、狗殉葬的习俗，主要反映了一种农业居民的行为。由此可见，夏家店下层文化的经济形态确实是以农业经济为主，并以畜牧业作为重要的辅助性手段。

相当于晚商至西周中期的魏营子文化，能反映经济形态的资料较少。从现有资料可知，这也是一种定居性的文化。在义县向阳岭和阜新平顶山等遗址都发现了堆积有一定厚度的居住址。石质生产工具中有可用于砍伐的斧、锤斧，用于收割的长条形和半月形石刀及石镰等，但缺乏中耕用的石铲。单从石质农具的种类与数量看，魏营子文化的农业类型较之此前的夏家店下层文化明显落后，很可能是缺乏中耕的一种粗放式农业。见于报道的动物骨骼只有少数墓葬中的殉牲，如喀左和尚沟A地点M3殉葬的猪前腿[104]，高家洞M1填土中发现的两个羊头[105]。由此可见，魏营子文化很可能是一种由不发达农业所支持的定居文化，也存在养猪和畜牧业成分。但各自所占比例如何，则需要在以后的工作中着力解决。不过，这一时期墓中殉羊的现象虽只发现1例，但与此前相比，却很可能是一个重要变化。因为夏家店下层文化虽然养羊，但在已报道的大量殉牲实例中却绝不见以羊殉葬的现象。另外，魏营子文化还发现少量青铜马具与车具，说明当时已开始饲养马匹并用于驾车，但是否普遍尚不得而知。

继魏营子文化之后兴起的凌河文化，能够反映经济形态的资料不多。这一文化的居住址迄今只在锦西邰集屯小荒地和义县向阳岭两个地点做过发掘，在小荒地战国文化层之下发现凌河文化堆积层，并清理过一个灰坑。该遗址北半部的一座山城，推测属这一时期[106]。在义县向阳岭遗址还清理出一座房址[107]。看来，凌河文化的居民应是定居而非牧民。

凌河文化的石质农具仅发现石斧、锤斧及半月形石刀，未见中耕工具，特征与魏营子文化十分相似。但是，这一时期的墓葬中流行用铜斧随葬的现象却颇应引起注意。铜斧既可作为手工工具，也可作为砍伐工具。

饲养动物目前只能通过墓中的殉牲现象做初步了解。在凌河文化早期阶段，喀左和尚沟B地点M6的壁龛中殉葬牛头一具。晚期阶段的凌源三官甸子一座大型墓葬的旁边有殉马坑；水泉墓地南区的部分墓葬发现用猪、牛、狗的头、蹄或下颌殉葬的现象，其中以猪最多。殉牲中强调对猪的选择反映了农业民族的心理特点。但这一时期殉牲的种类又扩及牛和马，很可能从侧面反映了畜牧业在当时已占据了重要的地位。凌河文化中发现的青铜马具和车具，从种类和数量上远超魏营子文化阶段，可说明养马和用马在这一时期已比较普遍。此外，朝阳十二台营子M1出土的铜鱼钩和石网坠，显示了捕鱼是经济生活中的一项内容。喀左南洞沟出土的造型生动的鳇鱼形当卢和节约，也说明生活在这里的人们对鱼类是非常熟悉的。

努鲁儿虎山以西地区，年代相当于魏营子文化早期的遗存分布零星。近年在赤峰南部松山区与喀喇沁旗境内展开的大规模调查，未发现此时期的遗址[108]，其经济形态有待研究。

有关夏家店上层文化的经济形态，以往学术界颇有争议。且往往与该文化族属的推断联系在一起。相信该文化族属为东胡的学者多认为它以畜牧业为主，甚至认为是游牧。而相信该文化族属是山戎的学者，一般则认为是农业文化，并兼营畜牧。究其原因，缺少详细的实物资料将不可避免地影响到对该文化经济形态的判断。

从调查和发掘资料看，夏家店上层文化在努鲁儿虎山以西各个时期的遗址分布相对比较密集。在老哈河中上游地区，其分布密度甚至接近夏家店下层文化。但这个文化的遗址有一个共同特点，即遗址中大多缺乏文化层堆积，往往只分布着较稀疏的遗迹，只在少数遗址的局部地段存在文化层相叠压的现象。出土陶器中生活用具的种类比较齐全，且颇多大型盛贮器，说明这也是一种定居性的文化。遗址中的人口密度或遗址使用年限不及夏家店下层文化。

夏家店上层文化出土石质农具的组合种类与魏营子文化和凌河文化基本相同，主要是石斧、锤斧，半月形或椭圆形石刀，缺乏中耕用的石铲。石质农具之外，相当多的夏家店上层文化灰坑坑壁留有齿状工具的痕迹，有些是双齿工具，这一点与夏家店下层文化相似，说明当时大量的挖土工具应是木质的耒耜。较高级别的墓葬中普遍随葬铜斧，其中小黑石沟1985年发掘的石椁墓一墓就出22件[109]。此外，遗址中见有极少量的骨铲，南山根M101中还出土1件铜锄[110]。可见，夏家店上层文化是一种相对粗放的农业类型。

克什克腾旗龙头山和喀喇沁旗大山前夏家店上层文化的祭祀坑中，都保存有碳化谷物的痕迹，建平水泉中层的一个"窖穴"（T103J1）中残存的碳化谷物甚至深达0.64米，经鉴定有粟和稷[111]。以谷物作为祭品无疑应属农业居民的行为，表明农业仍是其经济生活的主要来源。

不少夏家店上层文化遗址中出土动物骨骼，家畜有猪、狗、马、牛、羊，可能还有鸡（如夏家店），猪最多。野生动物以林西大井铜矿遗址出土的一批最为集中，有鹿、麂、野马、野牛、狼、狍、狐、兔、熊、野鸡等[112]，其他遗址较少见，可能和大井遗址的性质非一般性居民点有关。最近大山前遗址1996~1997年夏家店上层文化中期或稍晚阶段遗址出土的动物骨骼已鉴定，在162块标本中，猪占59.9%，其次是狗、羊、牛，分别占12.96%、12.96%、11.73%，其他只有马和马鹿各2例[113]，说明这一时期的家畜饲养并不发达，牛、羊所占的比例甚至不如夏家店下层文化高。另从殉牲情况看，夏家店上层文化绝大多数地点发现的墓葬都未见殉牲的实例，只有属该文化偏晚阶段的敖汉旗周家地墓地发现有殉葬狗、牛、马头以及马蹄的现象，殉牲特点有别于同时期的努鲁儿虎山以东的凌河文化，也非自身固有的习俗，故推测很可能是该文化晚期受来自北方或长城地带其他文化的影响而形成的一种葬俗。从对殉牲种类的选择上看，适宜于放养的马和牛受到了重视，而猪至少已非必殉之物了。这也许从一个侧面反映了夏家店上层文化的晚期畜牧业开始在人们的经济生活中占据重要的地位。

总之，夏家店上层文化是一种不甚发达的农业经济所支持的定居性文化，并兼营畜牧业。在这一文化的晚期，畜牧业比例有所增加，但并不发达，更非游牧。

至于夏家店上层文化之后在其原来的分布区内所新出现的几种遗存，由于各方面的发现都很少，只能就有限的资料做大致的推测。

水泉文化目前仅发现几处墓地，遗存分布稀疏，未见居住遗迹与生产工具的报道。北区墓葬有殉牛、猪、狗头骨、蹄或下颌的现象，以猪最多。各墓殉牲的种类和数量不等，殉牲墓约占墓葬总数的三分之一。殉牲特征与凌河文化基本一致，经济形态也当与其相似。

敖汉铁匠沟遗存，从其出土的各种青铜饰件与冀北山地、内蒙古中南部地区同期遗存所具有的相似风格看，经济形态至少也不是发达的农业经济。报道者说："铁匠沟墓地出土的野猪形、鸟纹等铜饰件，反映了山地森林民族狩猎业的文化特征。"不失为一种合理的推测。

凌源五道河子遗存，最突出的特征莫过于以桦树皮为葬具，以大量的马牙为殉和流行马形牌饰，反映了当时人们意识深处对桦树皮与马的重视和眷顾。毫无疑问，这与农业居民的精神截然两样，很可能是目前最适合判断为游牧民族的一种遗存。考虑到努鲁儿虎山东麓以西同时期遗存分布极为稀疏的现象，可以认为那里有足够的地域供古人纵横驰骋，从一定意义上说，他们最有可能是曾一度南下，而后又被远驱漠北的古族——东胡。

战国晚期的燕文化无疑是农业定居文化，上至郡县治所，下至一般性村落遗址，都有较厚的文化堆积。与此前相比，生产工具因铁器的引入而发生了质的变化，大量的镢、锄、铲、犁等铁农具的使用，基本淘汰了木、石农具，铁器的应用，从而推动了农业生产的发展。这一时期长城和大大小小的城堡的建设，自然是以发达的农业经济为基础的。遗址中出土动物骨骼比较丰富。大山前1996~1997年发掘区出土动物骨骼的可鉴定标本共1351块，以猪骨最多，占46.1%，其次是牛、狗、羊，分别占19.8%、16.9%、14.4%，马很少，只占2.5%，显然是一种依附于农业生产的家畜饲养业形态。野生动物有獐、鹿各2例，马鹿与熊各1例，表明狩猎在经济结构中比例甚微。

纵观辽西地区夏至战国时期古文化的经济形态便会发现，自夏家店下层文化较发达的农业文化解体之后，努鲁儿虎山东西两侧相继出现了以欠发达农业经济所支持的定居文化。从殉牲现象看，大小凌河流域的魏营子文化和后继的凌河文化，反映畜牧经济的羊、马、牛有逐渐受到重视的趋势。努鲁儿虎山东麓以西地区，夏家店上层文化的晚期似乎畜牧业成分也存在增大的倾向。但这些依然是依附于农业的一种畜牧业形态。至春秋战国之际，与辽西地区多元文化并行格局相应，出现了不同特征的经济类型并存的局面。大小凌河流域的凌河文化晚期，经济形态同于此前。而在努鲁儿虎山东麓以西的原夏家店上层文化分布区内，新出现的几种遗存的经济形态明显有别，既有与凌河文化和夏家店上层文化晚期相近的类型（水泉文化），又有反映"山地森林民族狩猎业"特点的类型（铁匠沟遗存），甚至还可能出现了游牧业（五道河子遗存），其中后者显然是不同于此前的新型经济形态。战国晚期，伴随燕国势力的北扩，辽西地区出现了一种较之夏家店下层文化更为发达的农业经济。总体上看，辽西地区夏至战国时期经济形态的演进，大体存在两种情况：同种经济类型中的渐变和不同经济类型之间的突变。

下面探讨经济形态演进的内在机制。近年对甘青和内蒙古中南部地区青铜文化的研究，都得出一个相似的认识，即环境的变化是该地区由农业转向畜牧业甚至游牧业的主要原因[114]。那么,辽西地区夏至战国时期所发生的经济形态的转变是否也具有同样的控制因素呢?

环境变迁的众多研究实例表明,在距今4000年前后(相当于夏代早期),中国北方有一个气温和降水量快速下降的阶段。有的研究者做过推算,这一时期年平均温度比现今低1~20℃,持续时间约为200年,若与此前的高温期气候相比,年平均气温下降3~40℃[115]。通过对贝壳堤等海岸线指示物的研究,也发现在距今4000~3800年间渤海有一个明显的低海面时期,显示气候干凉[116]。可见这是一次十分剧烈的气候变化。不过,古土壤和孢粉研究表明,这一时期辽西地区的气候仍相对比较湿润。翁牛特旗四道杖房剖面的第5层,^{14}C测定年代为距今4010±85年,理化分析表明,这层古土壤是在较现今更为湿润的环境中形成的。该层孢粉以草本的蒿属、藜科为主,应属草原植被。吉林大安叉干沙丘剖面,^{14}C测定年代为距今3920±150年,理化分析结果也显示气候较为湿润[117]。所以,距今4000年前后北方气候虽普遍转向干冷并存在一个低温期,但辽西及邻近地区的气候仍相对比较湿润。

夏代中晚期至早商阶段(距今3800~3400年),目前已有三个地点文化堆积中的孢粉资料,其中敖汉旗大甸子墓葬中的两个样品分别出自M14和M16的填土,共发现96粒孢粉,种类分属油松、桦、云杉、蔷薇和菊科植物,其中油松花粉占孢粉总数的69%,反映了当时墓地附近的植被状况[118]。1983年又从该墓地7座墓葬内取样,其中M1117:5样品发掘时即知是罐内盛放的谷物。M1123:2和M1241:2陶罐内的样品统计出大量的松的孢粉(85.5%~99.4%),M1145:2则以沼生或水生植物香蒲占绝对优势(81.8%)。这3件样品比例异常,暗示了这些陶罐或许在置入墓葬之前已有盛装物。该地点另外3例样品则分析出少量孢粉,计有松、云杉、栗、禾本科、蒿、麻黄、豆科和水龙骨[119]。第二个地点是敖汉旗喇嘛洞山遗址。取自一座夏家店下层文化灰坑(年代为距今3600年左右)的5块土样,孢粉以草本植物花粉为主,占72.5%,蕨类植物和木本植物花粉各占20.8%和6.7%[120]。第三个地点是喀喇沁旗大山前遗址,在分属夏家店下层文化中期或稍晚阶段的8个单位中取土样13块。从样品所含孢粉分析,木本植物花粉平均占36.35%,其中松、冷杉、云杉等针叶植物花粉数量较多,约占28.38%,桦、栎、胡桃、榆、椴、栗属等阔叶植物占7.66%。灌木及草本植物占57.14%,禾本科和耐旱的蒿、藜孢粉所占比例较高,分别为25.93%、21.12%、7.58%左右,还有少量麻黄、榛、紫菀、菊科、蓼、伞形科、杜鹃科、十字花科、唐松草、莎草科等,蕨类及藻类植物孢粉很少,占3.35%,种类有石松、卷柏、水龙骨、膜蕨科、真蕨纲等[121]。

以上三个地点的孢粉统计结果显示出一定的差异,这些差异有的可能是由微环境或堆积形成季节的不同而造成的,如大甸子两座墓葬填土样品油松孢粉比例很高,可能和墓地附近生有松林有关;喇嘛洞山灰坑样品中蕨类植物石松与卷柏的孢粉比例偏高,或许因其地处山麓。而有些比例异常的现象则可能是人为造成的,如大甸子墓葬几例陶罐中的样品即是如此。总体考虑，大山前遗址孢粉样品数量较多，且多出自遗址中的不同单位甚至不同地点，其统计结果相对来说可信度较大。以大山前遗址的孢粉统计为基点并兼顾其他两个地点，可认为当时努鲁儿虎山以西的区域是属于针阔叶混交林草原植被，反映气候温暖较湿，属暖温带气候类型。另外，遗址中发现的野生动物有斑鹿（药王庙）、狍、麂和兔等，也与上面推测的气候状态相适应。

以往几处重要遗址的发掘表明，夏家店下层文化的房屋建筑存在一个由早期的半地穴式逐渐向地面式过渡的现象，或许就和夏代中晚期气候由冷转温的变化有关。

晚商至西周早期阶段（距今3400～2900年），目前仅有三例自然层中的环境资料，均位于努鲁儿虎山以西地区。一是浑善达克沙地东端的达来诺尔湖岸剖面，据该剖面显示的湖相层来看，距今3400年前湖面要比今日广阔得多。距今3400～3300年，湖面缩小，湖滨发育的地层为泥炭层夹风沙透镜体，表明这一时期气候波动频繁，风沙活动加强[122]。二是翁牛特旗苞米营沙坨剖面，^{14}C年代为距今3280±85年。孢粉中"木本植物花粉最多只占孢粉总数的18.4%，种类非常单调，只见到针叶树松属，灌木及草本植物花粉最高占孢粉含量的80.3%，其中藜科含量最高，达71.7%，其次为蒿属，最高35.7%，另外还有个别的禾本科、莎草属等"。三是林西县半拉山高阶地剖面，^{14}C年代为距今3035±85年，孢粉以草本植物蒿属、藜科占绝对优势[123]。综合分析可知，这一时期气候较以前变得相对干燥，风沙活动也随之加强。

西周中期至春秋中期（距今2900～2500年），适值夏家店上层文化中晚期阶段。孔昭宸等先生曾公布一例采自敖汉周家地墓地的孢粉资料[124]，并据此推测夏家店上层文化时期气候温干。其实，这例采自死者腹中的孢粉资料是否能够客观地反映当时的植被与气候，颇令人怀疑。属于这一阶段的夏家店上层文化堆积中，目前已有两例孢粉资料。一处是敖汉旗西台遗址剖面（距今2800年左右），共取3块土样。统计显示，木本植物花粉占孢粉总数的29.5%，种类有松属、桦属、栎属、椴属、胡桃属等；草本植物花粉占49.9%，有禾本科、藜科、菊科、蒿属、莎草科、蓼科、苋科等；蕨类植物孢子占22.6%，有中华卷柏、石松科。研究者认为可能代表针阔叶混交林草原植被，反映气候温暖较湿[125]。另一处是大山前遗址夏家店上层文化地层剖面，此层年代大约相当于夏家店上层文化中期偏晚（距今2800～2700年），仅取1块样品。木本植物花粉占孢粉总数的24.8%，其中针叶植物花粉占13.7%，阔叶植物花粉占11.1%，种类有松属、桦属、栎属、胡桃属、榆属、椴属、柳属等，与西台遗址剖面反映的情况相似。灌木及草本植物花粉占孢粉总数的71.8%，其中蒿属、禾本科和藜科花粉比例较高，分别为33.2%、24.7%和10.2%。其余有少量榛属、紫菀属、菊科等。蕨类及藻类植物孢粉很少，只占3.4%，种类有卷柏、水龙骨属、真蕨纲[126]。综合这两个地点的孢粉资料，可知夏家店上层文化中期以后的气候又转而温暖湿润，甚至接近夏家店下层文化中晚期的气候。

春秋晚期至战国（距今2500～2200年），仅知翁牛特旗乌丹少郎河北岸剖面，

^{14}C年代为距今2474±75年,孢粉中木本的针叶树以松属为主,阔叶树桦属、栎属、榆属、椴属、桤木属占有少量比例,草本植物蒿、藜、菊、麻黄占有绝对优势,研究者认为这里的植被应属灌丛草原[127]。与前一阶段相比,此时气候似乎有转向干冷的趋势。此外,在辽宁南部地区,研究者认为冰后期温暖气候转变为凉爽或比较寒冷气候的界限在距今2500年前后[128]。内蒙古中东部冰缘地貌的研究表明,寒冷的第三冰缘阶开始于距今2400~2300年[129]。综合辽西及邻近地区的环境变化信息,可知这一时期的气候要较前一阶段相对干凉。

归纳起来,辽西地区环境演进大体经历了五个阶段:夏代早期(距今4000~3800年),气候冷湿;夏代晚期至早商(距今3800~3400年),气候较暖;晚商至西周早期(距今3400~2900年),气候温干,风沙活动增强;西周中期至春秋中期(距今2900~2500年),气候恢复暖湿状态;春秋晚期至战国,温暖期结束,气候干凉。需要说明的是,前引环境信息的所出地点,基本都在努鲁儿虎山以西,所以,这一环境演进过程主要是反映了辽西区偏西偏北地区的状况。偏东偏南的大、小凌河流域,由于受海洋气候的影响,环境转变的剧烈程度当不及前一地区。

从上述环境演进的过程再看文化经济形态的发展。夏代早期正值中国北方普遍降温的时期,由于辽西地区的气候仍然保持了相对较为湿润的状态,所以以发达农业经济而著称的夏家店下层文化形成于此。至夏代晚期和早商,气候转向温和湿润,更有利于农业的发展。正是在这一时期,夏家店下层文化步入繁荣发达的阶段,聚落成群,阶层分化,礼制形成。而从这一文化的末期即距今3400年前后,辽西地区气候出现大的波动,并总体转向温干,风沙活动加剧,这种状态显然不再有利于农业的发展。辽西地区地貌多丘陵山地,至今耕地仍多仰仗自然降水,若遇长期干旱或雨不逢时,便会减产甚至颗粒无收。已有学者指出,夏家店下层文化之所以消亡,主要是其大规模农垦活动"导致了西辽河流域严重的沙质荒漠化",从而迫使其居民不断南迁[130]。温暖干燥的气候,加上大规模的垦殖,必然严重破坏自然生态环境,这是导致努鲁儿虎山以西以北地区的沙质荒漠化和居民远徙的主要原因。

晚商时期的文化分布格局也正好说明了这一问题。在努鲁儿虎山以东的大小凌河流域,由于气候的转变不甚剧烈,自然环境状况较好,所以自夏家店下层文化之后,兴起了与之有一定承继关系的魏营子文化,文化的发展体现了较强的连续性。而努鲁儿虎山以西以北地区,相当于魏营子文化早期的遗址寥若晨星,文化上出现了一个长达近400年的间歇期。从而为生态系统的自我恢复提供了时机。直到距今3000年前后,以欠发达的农业经济为基础的夏家店上层文化,才又出现于西拉木伦河流域。大致自西周中期前后开始,随着气候重新转向温湿,环境条件改善,夏家店上层文化分布范围便向南扩及老哈河流域和努鲁儿虎山东麓,并于今宁城一带形成了一个强大的政治中心。这些显然是以农业经济的发展为基础的。

至春秋晚期之前,努鲁儿虎山东西两侧文化的经济结构皆以欠发达的农业经济为主并兼营畜牧业的形式发展着。期间的经济形态虽有渐变的迹象，却一直未发生重大转变。

以春秋晚期为起点，辽西地区的气候再次转干并明显降温。伴随这一变化，夏家店上层文化解体，在其原来的分布区内出现了经济形态明显不同的遗存。以农业经济为主的水泉文化分布非常稀疏，铁匠沟遗存和五道河子遗存又不存在明显的农业迹象。夏家店上层文化的定居民是被外来的异族击溃或驱散，还是由于气候干凉不再适宜大规模的垦殖而远徙他处？目前尚难回答。不过，以铁匠沟和五道河子墓葬为代表的遗存，却很可能正是由于气候的干凉而由更北的地方南下的。这在后来的历史时期是被不断重演的历史现象。与此同时，大、小凌河流域的凌河文化则依然相对稳定地延续着，直到战国燕文化全面到达。

以上讨论的若干实例表明，环境的变迁的确影响和制约着辽西区夏至战国时期古文化经济形态的发展。在两个气候最为适宜的时期（夏代晚期至早商、西周中期至春秋中期），不同类型的农业经济都得到了充分发展，夏家店下层文化和夏家店上层文化步入了各自的繁盛期。而在气候温干或干凉的时期，欠发达的农业经济很难得到发展，其他的生业形式自然便受到重视。而且，不仅经济形态的发展如此，甚至有些文化的消失（如夏家店下层文化）和新文化的出现（如铁匠沟遗存和五道河子遗存），也有环境变迁的因素为其深层根源。但如全面考虑，却有两方面事实不能忽略。其一，在经济形态转变的过程中，每一种新的经济形态的出现并非都是由本地此前的经济形态逐步演化的结果。夏家店下层文化尽管有部分因素被魏营子文化所继承，但其主要的流向不在本地，因此，很难认为稍后出现的欠发达的农业文化是由它演化而来的。通过与周邻地区的比较可以看出，自它之后出现的欠发达型的农业经济主要是由来自东、西两方面的文化流和人流而携入的。春秋战国之际所出现的铁匠沟遗存和五道河子遗存，很可能是新型的经济形态。从文化成分的分析来看，它们也当是由外来的人流而带来的。战国晚期出现的更为发达的农业经济亦是如此。可见，前述诸种经济类型的本质差异主要是根源于文化传统的不同，它们之间的转变准确地说应是一种更替，这可能正是辽西地区夏至战国时期古文化经济形态发展的一大特点。其二，环境干冷化的过程中长城地带并不一定就不能存在发达的农业文化。战国燕文化在辽西区的全面出现和繁荣时期，就正好处于该地区环境相对干冷的阶段。因此，探究文化和经济类型的发展与环境变迁之间的关系时，不能单纯强调文化或经济类型对环境的被动适应和依赖，也应充分考虑到其中的人为的、能动的因素。

三、结　　语

　　本文综合近年新的发现和研究成果，探讨了辽西区夏至战国时期考古学文化的格局演进与经济形态的发展，并对其中的控制因素进行了初步分析。结果发现，在文化格局的演进过程中，努鲁儿虎山是一个重要的分水岭。相当于夏至早商时期的夏家店下层文化，大致以此山为界而分化为两个区域类型。至少到商末周初，此山两侧的考古学文化已走上了不同的发展轨道，具有明显的东西分异的特征。春秋晚期至战国中期前后，辽西地区虽然出现了多元文化并行的局面，但新出现的三种文化大致仍分布于努鲁儿虎山东麓以西的范围内，这种差异的影响可能一直保留到战国燕文化全面到达或更晚。地域上呈现出的东西差别，主要是由两地与周邻地区文化互动的方向和重点不同导致的，但也应注意到，即使在文化东西分异时期之后，此山两侧的考古学文化仍然存在密切的交流，显示了这一历史文化区仍有其相对的稳定性。从纵向发展上看，努鲁儿虎山以东地区自夏家店下层文化至魏营子文化，再到凌河文化，文化传统多少有一定的承继性。而此山以西地区，自夏家店下层文化之后出现了一个颇长的间歇期，然后发展出面貌与夏家店下层文化截然不同的夏家店上层文化。至春秋战国之际，新出现的铁匠沟遗存和五道河子遗存又与夏家店上层文化无多联系，显示了此山以西在文化发展上具有较大的更替性。或许这些现象除了人为因素之外，也与两地的自然环境及其变迁程度的差异有密切关系。

　　从经济形态的发展上看，春秋晚期之前，努鲁儿虎山东西两侧的考古学文化并不存在重大差别。在夏至早商时期，此山东西两侧的农业经济同样发达。在此之后，以东地区的魏营子文化、凌河文化与以西地区的夏家店上层文化，都属于一种欠发达的农业经济为主并兼营畜牧业的形态。春秋战国之际开始，以铁匠沟墓葬和五道河子墓葬为代表的新型文化的出现，打破了以往的经济文化格局。铁匠沟遗存显示了山地狩猎居民的经济特征，五道河子遗存则很可能是一种较纯粹的游牧业，尤其后一种经济形态与本地此前的经济类型近乎完全异质，与同时期的水泉文化和凌河文化的晚期亦有鲜明的差异。总体看，这种不同特征的经济类型的并存，大体是与这一时期文化格局的多元并行相对应的（图四）。考察经济形态发展的内在控制因素，可以发现环境的演变在相当大程度上制约和影响着经济形态的发展，甚至可能是这一地区旧的经济类型的消失和新的经济类型产生的直接或间接的诱因。但是，这一地区不同经济类型的转变并非循序渐进式的演化，而是新旧之间的更替，其间的差异主要植根于文化传统的不同。

　　附记：本文系教育部人文社会科学重点研究基地吉林大学边疆考古研究中心重大项目研究成果。

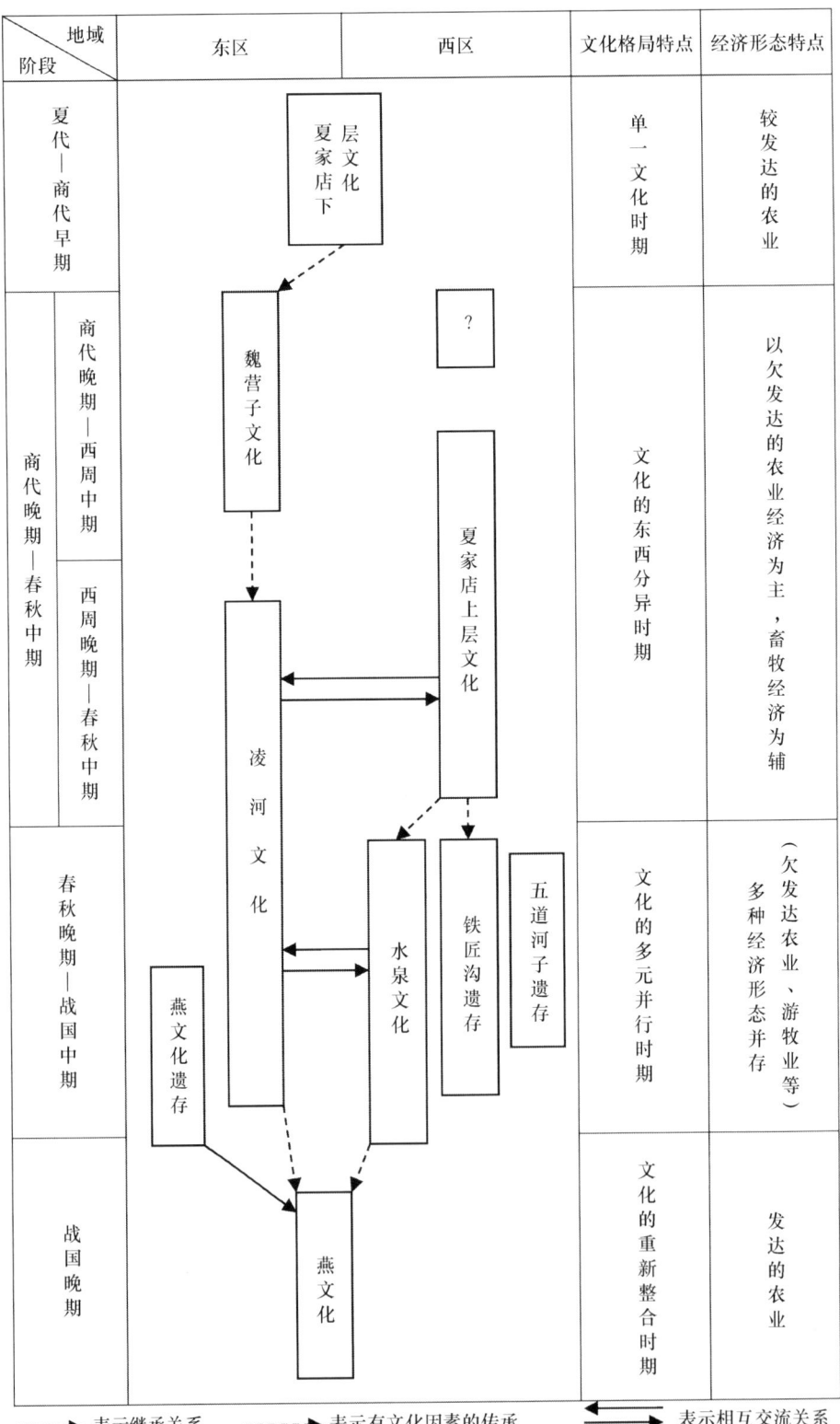

图四　辽西区夏至战国时期文化格局与经济形态演进示意图

注　释

［1］　张忠培：《辽宁古文化的分区、编年及其他》，《辽海文物学刊》1991年第1期。

［2］　内蒙古自治区测绘局综合队：《内蒙古自治区地图册》，内蒙古自治区测绘局出版，1989年。

［3］　《中华人民共和国地形图》，地图出版社，1993年。《中国自然地理图集》第二版，中国地图出版社，1998年。

［4］　王立新、卜箕大：《关于夏家店下层文化的几个问题》，《博物馆纪要》13，檀国大学校中央博物馆（韩国），1998年。

［5］　夏鼐：《我国近十五年的考古新收获》，《考古》1964年第10期。

［6］　李恭笃、高美璇：《夏家店下层文化若干问题》，《辽宁大学学报》1984年第5期。何贤武：《试论辽西地区古代文化的发展》，《中国考古学会第六次年会论文集》，文物出版社，1987年。

［7］　王立新、齐晓光、夏保国：《夏家店下层文化渊源刍论》，《北方文物》1993年第2期。王立新、卜箕大：《再论夏家店下层文化的源流及其与其他文化的关系》，《青果集》（二），知识出版社，1998年。

［8］　潘其风：《大甸子墓葬出土人骨的研究》，《大甸子》，科学出版社，1996年。

［9］　王立新、齐晓光、夏保国：《夏家店下层文化渊源刍论》，《北方文物》1993年第2期。王立新、卜箕大：《再论夏家店下层文化的源流及其与其他文化的关系》，《青果集》（二），知识出版社，1998年。

［10］　朱永刚：《东北青铜文化的发展阶段与文化区系》，《考古学报》1998年第2期。

［11］　田广金、郭素新：《鄂尔多斯式青铜器的渊源》，《考古学报》1988年第3期。

［12］　刘观民：《苏联外贝加尔地区所出几件陶鬲的分析》，《中国原始文化论集》，文物出版社，1989年。

［13］　冯恩学：《我国东北与贝加尔湖周围地区新石器时代文化交流的三个问题》，《辽海文物学刊》1997年第2期。

［14］　林沄：《早期北方系青铜器的几个年代问题》，《内蒙古文物考古文集》第一辑，中国大百科全书出版社，1994年。

［15］　郭大顺：《试论魏营子类型》，《考古学文化论集》（一），文物出版社，1987年。

［16］　韩嘉谷：《燕史源流的考古学考察》，《北京文物与考古》，北京燕山出版社，1991年。

［17］　辽宁省文物考古研究所、吉林大学考古学系：《辽宁阜新平顶山石城址发掘报告》，《考古》1992年第7期。

［18］　王成生：《义县向阳岭青铜时代遗址》，《中国考古学年鉴》，文物出版社，1993年。

［19］　高美璇：《兴城县仙灵寺夏家店下层文化遗址》，《中国考古学年鉴》，文物出版社，1985年。

[20] 董新林:《魏营子文化初步研究》,《考古学报》2000年第1期。

[21] 卜箕大:《辽西地区青铜时代文化》,吉林大学博士学位论文,1998年。

[22] 喀左县文化馆:《辽宁喀左县后坟村发现的一组陶器》,《考古》1982年第1期。

[23] 朱永刚:《夏家店上层文化的初步研究》,《考古学文化论集》(一),文物出版社,1987年。韩嘉谷:《花边鬲寻踪》,《内蒙古东部区考古学文化研究文集》,海洋出版社,1991年。

[24] 董新林:《魏营子文化初步研究》,《考古学报》2000年第1期,第14页,图七,13。

[25] 腰高台山73M4:3、76 M12:1壶。沈阳市文物管理办公室:《沈阳新民县高台山遗址》,《考古》1982年第2期。新民县文化馆、沈阳市文物管理办公室:《新民高台山新石器时代遗址1976年发掘简报》,《文物资料丛刊》第7辑,文物出版社,1983年。

[26] 朱永刚:《论高台山文化及其与辽西青铜文化的关系》,《中国考古学会第八次年会论文集》,文物出版社,1996年。

[27] 如喀左和尚沟A地点M1、道虎沟墓、高家洞M1等。分别见辽宁省文物考古研究所、喀左县博物馆:《喀左和尚沟墓地》,《辽海文物学刊》1989年第2期。郭大顺:《试论魏营子类型》,《考古学文化论集》(一),文物出版社,1987年。辽宁省文物考古研究所:《辽宁喀左县高家洞商周墓》,《考古》1998年第4期。

[28] 辽宁省博物馆文物工作队:《辽宁朝阳魏营子西周墓和古遗址》,《考古》1977年第5期。

[29] 郭大顺:《试论魏营子类型》,《考古学文化论集》(一),文物出版社,1987年。

[30] 辽宁省博物馆文物工作队:《概述辽宁省考古新收获》,《文物考古工作三十年》,文物出版社,1979年。郭大顺:《赤峰地区早期冶铜考古随想》,《内蒙古文物考古文集》第一辑,中国大百科全书出版社,1994年。

[31] 资料存赤峰市博物馆。

[32] 克什克腾旗文化馆:《辽宁克什克腾旗天宝同发现商代铜瓿》,《考古》1977年第5期。

[33] 苏赫:《从昭盟发现的大型青铜器试论北方的早期青铜文明》,《内蒙古文物与考古》1982年第2期。

[34] 辽宁省博物馆文物工作队:《概述辽宁省考古新收获》,《文物考古工作三十年》,文物出版社,1979年。

[35] 郭大顺:《试论魏营子类型》,《考古学文化论集》(一),文物出版社,1987年。

[36] 靳枫毅:《论中国东北地区含曲刃青铜短剑的文化遗存》(上),《考古学报》1982年第4期。

[37] 林沄:《中国东北系铜剑初论》,《考古学报》1980年第2期。

[38] 朱永刚:《夏家店上层文化初步研究》,《考古学文化论集》(一),文物出版社,1987年。翟德芳:《中国北方地区青铜短剑分群研究》《考古学报》1988年第3期。

[39] 王立新、齐晓光:《龙头山遗址的几个问题》,《北方文物》2002年第1期。

［40］ 内蒙古自治区文物考古研究所：《克什克腾旗龙头山遗址第一、二次发掘简报》，《考古》1991年第8期。齐晓光：《内蒙古克什克腾旗龙头山遗址发掘的主要收获》，《内蒙古东部区考古学文化研究文集》，海洋出版社，1991年。

［41］ 刘观民、徐光冀：《内蒙古东部地区青铜时代的两种文化》，《内蒙古文物考古》创刊号，1981年。

［42］ 朱永刚：《论高台山文化及其与辽西青铜文化的关系》，《中国考古学会第八次年会论文集》，文物出版社，1996年。

［43］ 贾鸿恩：《翁牛特旗大泡子青铜短剑墓》，《文物》1984年第2期。

［44］ 朱永刚：《试论我国北方地区銎柄式柱脊短剑》，《考古》1992年第12期。

［45］ 朱泓：《夏家店上层文化居民的种族类型及相关问题》，《辽海文物学刊》1989年第1期。

［46］ 朱泓：《中国东北地区的古代种族》，《文物季刊》1998年第1期。王明辉：《辽河流域古代居民的种系构成及相关问题》，《华夏考古》1999年第2期。

［47］ 陈山：《克什克腾旗龙头山青铜时代居民的人类学研究》，吉林大学硕士学位论文，1995年。

［48］ 卜箕大：《辽西地区青铜时代文化》，吉林大学博士学位论文，1998年。

［49］ 辽宁省文物考古研究所、喀左县博物馆：《喀左和尚沟墓地》，《辽海文物学刊》1989年第2期。

［50］ 锦州市博物馆：《辽宁锦西乌金塘东周墓调查记》，《考古》1960年第5期。

［51］ 朱贵：《辽宁朝阳十二台营子青铜短剑墓》，《考古学报》1960年第1期。

［52］ 王成生：《概述近年辽宁所见青铜短剑》，《辽海文物学刊》1991年第1期。

［53］ 郭大顺：《试论魏营子类型》，《考古学文化论集》（一），文物出版社，1987年。

［54］ 吉林大学考古学系、辽宁省文物考古研究所：《辽宁锦西市邰集屯小荒地秦汉古城址试掘简报》，《考古学集刊》第11辑，中国大百科全书出版社，1997年。

［55］ 朱永刚：《大、小凌河流域含曲刃短剑遗存的考古学文化及相关问题》，《内蒙古文物考古文集》第二辑，中国大百科全书出版社，1997年。

［56］ 靳枫毅：《论中国东北地区含曲刃青铜短剑的文化遗存》（上），《考古学报》1982年第4期。

［57］ 郭治中：《水泉墓地及相关问题之探索》，《中国考古学跨世纪的回顾与前瞻》，科学出版社，2000年。

［58］ 林沄：《东胡与山戎的考古探索》，《环渤海考古国际学术讨论会论文集》，知识出版社，1996年。

［59］ 赤峰市博物馆项春松、宁城县文物管理所李义：《宁城小黑石沟石椁墓调查清理报告》，《文物》1995年第5期。

［60］ 辽宁省文物考古研究所、喀左县博物馆：《喀左南洞沟石椁墓》，《考古》1979年第6期。

[61] 刘大志、柴贵民：《喀左老爷庙乡青铜短剑墓》，《辽海文物学刊》1993年第3期。

[62] 靳枫毅：《朝阳地区发现的剑柄端加重器及相关遗物》，《考古》1983年第2期。

[63] 辽宁省博物馆：《辽宁凌源三官甸青铜短剑墓》，《考古》1985年第2期。

[64] 孙守道、徐秉琨：《辽宁寺儿堡等地青铜短剑与大伙房石棺墓》，《考古》1964年第6期。

[65] 建平县文化馆、朝阳地区博物馆：《辽宁建平县的青铜时代墓葬及相关遗物》，《考古》1983年第8期。

[66] 吉林大学考古学系、辽宁省文物考古研究所：《辽宁锦西市邰集屯小荒地秦汉古城址试掘简报》，《考古学集刊》第11辑，中国大百科全书出版社，1997年。

[67] 郭治中：《水泉墓地及相关问题之探索》，《中国考古学跨世纪的回顾与前瞻》，科学出版社，2000年。以下所引水泉墓地的资料均出此文。

[68] 林沄：《中国东北系铜剑初论》，《考古学报》1980年第2期。

[69] 魏海波、梁志龙：《辽宁本溪县上堡青铜短剑墓》，《文物》1998年第6期。

[70] 邵国田：《内蒙古敖汉旗发现的青铜器及有关遗物》，《北方文物》1993年第1期。

[71] 1984年清理，资料现存赤峰市博物馆。

[72] 宁城县文化馆、中国社会科学院研究生院考古系东北考古专业：《宁城县新发现的夏家店上层文化墓葬及其相关遗物的研究》，《文物资料丛刊》第9期，文物出版社，1985年。

[73] 喀喇沁旗文管所征集。

[74] 赤峰考古队征集。

[75] 朱泓等：《内蒙古敖汉旗水泉遗址出土的青铜时代人骨》，《东北亚先史文化的比较考古学研究》2002年第2期。

[76] 辽宁省文物考古研究所：《辽宁凌源县五道河子战国墓发掘简报》，《文物》1989年第2期。

[77] 简报作者已指出五道河子M1：43戈形制与山彪镇M1出土的戈相似。而山彪镇M1的年代一般是定在战国早期偏晚。参见朱凤瀚：《古代中国青铜器》，南开大学出版社，1995年，第985~988页。再参照其他两件铜戈的形制，可将这批墓葬的年代大致估计在战国早期偏晚阶段前后。

[78] 靳枫毅、王继红：《山戎文化所含燕与中原文化因素之分析》，《考古学报》2001年第1期。

[79] 朱永刚：《大、小凌河流域含曲刃短剑遗存的考古学文化及相关问题》，《内蒙古文物考古文集》第二辑，中国大百科全书出版社，1997年。

[80] 张家口市文物事业管理所：《张家口市白庙遗址清理简报》，《文物》1985年第10期。

[81] 张家口市文物事业管理所等：《河北宣化县小白阳墓地发掘报告》，《文物》1987年第5期。

[82] 承德地区文物保护管理所等：《河北省滦平县梨树沟门墓群清理发掘简报》，《文物春秋》1994年第2期。

[83] 邵国田：《敖汉旗铁匠沟战国墓地调查简报》，《内蒙古文物考古》1992年第1、2合期。以下有关铁匠沟墓地材料均出此文。

[84] 王刚：《林西县井沟子夏家店上层文化墓葬》，《内蒙古文物考古》1998年第1期。

[85] 郭治中：《水泉墓地及相关问题之探索》，《中国考古学跨世纪的回顾与前瞻》，科学出版社，2000年。

[86] 朝阳地区博物馆等：《辽宁喀左大城子眉眼沟战国墓》，《考古》1985年第1期。

[87] 陈光：《东周燕人生活用器分析》，《北京建城3040年暨燕文明国际学术研讨会会议专集》，北京燕山出版社，1997年。

[88] 辽宁省文物普查训练班：《1979年朝阳地区文物普查发掘的主要收获》，《辽宁文物》1980年第1期。

[89] 郑君雷：《战国时期燕墓陶器的初步分析》，《考古学报》2001年第3期。

[90] 金殿士：《沈阳市南市区发现战国墓》，《文物》1959年第4期。

[91] 赤峰考古队发掘资料。

[92] 郭治中：《水泉墓地及相关问题之探索》，《中国考古学跨世纪的回顾与前瞻》，科学出版社，2000年。

[93] 傅宗德、陈莉：《辽宁喀左县出土战国器物》，《考古》1988年第7期。

[94] 原报告未说明出有这种小石板，徐基先生在《辽宁喀左大城子眉眼沟战国墓》（《考古》1985年第1期）一文中提及。

[95] 张松柏：《赤峰市红山区战国墓清理简报》，《内蒙古文物考古》1996年第1、2期。

[96] 中国科学院考古研究所内蒙古工作队：《赤峰药王庙、夏家店遗址试掘报告》，《考古学报》1974年第1期。

[97] 中国科学院考古研究所内蒙古工作队：《宁城南山根遗址发掘报告》，《考古学报》1975年第1期。

[98] 辽宁省文物干部培训班：《辽宁北票丰下遗址1972年春发掘简报》，《考古》1976年第3期。

[99] 例如，97KDIH226坑壁遗留的双齿工具痕，齿距12、齿宽2.5厘米。97KDIH370坑壁遗留的工具痕为宽条状，宽5.5厘米，似为一种单平刃的铲类工具所留。

[100] 辽宁省博物馆、昭乌达盟文物工作站、赤峰县文化馆：《内蒙古赤峰县四分地东山嘴遗址试掘简报》，《考古》1983年第5期。

[101] 中国社会科学院考古研究所：《大甸子》，科学出版社，1996年。

[102] 赤峰考古队发掘资料。

[103] 大山前遗址出土动物骨骼，由吉林大学汤卓炜先生鉴定。下同。

[104] 辽宁省文物考古研究所、喀左县博物馆：《喀左和尚沟墓地》，《辽海文物学刊》1989年第2期。

[105] 辽宁省文物考古研究所:《辽宁喀左县高家洞商周墓》,《考古》1998年第4期。

[106] 朱永刚、王立新:《辽宁锦西邰集屯三座古城遗址考古纪略及相关问题》,《北方文物》1997年第2期。

[107] 王成生:《义县向阳岭青铜时代遗址》,《中国考古学年鉴》,文物出版社,1993年。

[108] 赤峰联合考古调查队:《内蒙古赤峰地区1999年区域性考古调查报告》,《考古》2003年第5期。中美赤峰联合考古队:《内蒙古赤峰地区区域性考古调查阶段性报告》(1999~2001),《边疆考古研究》第1辑,科学出版社,2002年。

[109] 赤峰市博物馆项春松、宁城县文物管理所李义:《宁城小黑石沟石椁墓调查清理报告》,《文物》1995年第5期。

[110] 辽宁省昭乌达盟文物工作站、中国科学院考古研究所东北工作队:《宁城县南山根石椁墓》,《考古学报》1973年第2期。

[111] 辽宁省博物馆、朝阳市博物馆:《建平水泉遗址发掘简报》,《辽海文物学刊》1986年第2期。

[112] 辽宁省博物馆文物工作队:《辽宁林西县大井古铜矿1976年试掘简报》,《文物资料丛刊》第7辑,文物出版社,1983年。

[113] 由于夏家店上层文化的灰坑在遗址中多打破夏家店下层文化的堆积,所以不排除这些动物骨骼中有些是由下层堆积中搅扰上来的可能。但总体来讲所统计的各类动物骨骼的比例仍是大致可信的。

[114] 水涛:《论甘青地区青铜时代文化和经济形态转变与环境变化的关系》,《环境考古研究》第二辑,科学出版社,2000年。田广金、郭素新:《中国北方畜牧——游牧民族的形成与发展》,《中国商文化国际学术讨论会论文集》,中国大百科全书出版社,1998年。

[115] 任震球等:《行星运动对中国五千年来气候变迁的影响》,《全国气候变化学术讨论会文集》,科学出版社,1981年。

[116] 张景文等:《^{14}C年代测定与中国海陆变迁研究的进展》,《第一次全国^{14}C学术会议文集》,科学出版社,1984年。

[117] 裘善文等:《东北西部沙地古土壤与全新世环境》,《中国全新世大暖期气候与环境》,海洋出版社,1992年。

[118] 孔昭宸、杜乃秋:《内蒙古自治区几个考古地点的孢粉分析在古植被和古气候上的意义》,《植物生态学与地植物学丛刊》1981年第3期。

[119] 孔昭宸、杜乃秋等:《内蒙古自治区赤峰市距今8000~2400年间环境考古学的初步研究》,《环境考古研究》第一辑,科学出版社,1991年。

[120] 宋豫秦:《西辽河流域全新世沙质荒漠化过程的人地关系》,北京大学博士后研究工作报告,1995年。

[121] 由中国社会科学院考古研究所齐乌云博士鉴定,研究报告待刊。

[122] 杨志荣、索秀芬：《中国北方农牧交错带东南部环境考古研究》，《环境考古研究》第二辑，科学出版社，2000年。

[123] 降廷梅：《内蒙古农牧交错带全新世孢粉组合及植被探讨》，《中国北方农牧交错带全新世环境演变及预测》，地质出版社，1992年。

[124] 孔昭宸、杜乃秋等：《内蒙古自治区赤峰市距今8000～2400年间环境考古学的初步研究》，《环境考古研究》第一辑，科学出版社，1991年。

[125] 宋豫秦：《西辽河流域全新世沙质荒漠化过程的人地关系》，北京大学博士后研究工作报告，1995年。

[126] 由中国社会科学院考古研究所齐乌云博士鉴定，研究报告待刊。

[127] 降廷梅：《内蒙古农牧交错带全新世孢粉组合及植被探讨》，《中国北方农牧交错带全新世环境演变及预测》，地质出版社，1992年。

[128] 中国科学院贵阳地球化学研究所第四纪孢粉组、^{14}C组：《辽宁省南部一万年来自然环境的演变》，《中国科学》1977年第6期。

[129] 李容全：《内蒙古高原湖泊与环境变迁》，北京师范大学出版社，1990年。

[130] 宋豫秦：《西辽河流域全新世沙质荒漠化过程的人地关系》，北京大学博士后研究工作报告，1995年。

（原刊于《考古学报》2004年第3期）

中国东北地区所见的珍珠纹陶器

所谓珍珠纹,是指陶器成形后以钝头的小棒在器壁上顶压而成的一种圆突形纹饰,往往于器物的领口、颈部或上腹部的外表构成环绕一周或数周的纹饰带,也有的是在这些部位由外向内顶压的。也许正因为它看起来颇似人们颈部所佩戴的珍珠项链,所以俄罗斯学者从很早开始就称其为"珍珠纹"。这种风格独特的装饰大体滥觞于贝加尔湖周围地区新石器时代偏早阶段的伊萨科沃文化(距今6000年前后),并流行于这一地区的整个青铜时代和早期铁器时代,甚至一直延续到中世纪[1],可见其生命力的旺盛和影响的深远。

我国学者中,较早注意到这种特殊装饰的是已故的刘观民先生。他曾将科右中旗巴扎拉嘎和镇赉坦途乡一带采集的珍珠纹陶器与苏联外贝加尔地区的考古发现相对比,指出这种装饰在两地陶鬲上的同时发现,显示了南北文化交流的痕迹[2]。

时至今日,随着东北考古的蓬勃开展,饰有珍珠纹的陶器已屡有所见。日渐丰富的材料表明,珍珠纹陶器在所属的文化性质和年代上都并不单纯。本文试图在分析东北地区珍珠纹陶器的分布、特征、文化属性与年代的基础上,探讨这类陶器在中国东北地区的发生、发展与消亡的历史过程。这种尝试可能会有助于对贝加尔湖周围地区与中国东北地区古文化交流问题的认识。

对于珍珠纹,以往中国的考古文献中称呼不一,有称为乳点纹或乳丁纹的,也有称其为突粒纹或凸点纹的。从已有的发现来看,饰有这种纹饰的陶器主要见于以下地点。

西岗子遗址,属吉林省镇赉县坦途乡,位于洮儿河与嫩江交汇处附近。1960年吉林省博物馆在全省文物普查时发现[3]。公布的采集品中有3件夹砂灰陶的陶器口沿上饰有珍珠纹。其中两件口较直,筒形腹,在珍珠纹的上下两侧还同时装饰有平行的锯齿状附加堆纹,简报作者认为是罐的口沿(图一,3、6)。另一件简报作者认为是鬲的口沿,矮领、鼓腹,领部饰三排珍珠纹(图一,9)。遗址中一同采集的还有饰细密的篦点几何纹的陶片、细石器、磨制石刀等。限于对比材料少,简报作者将这些采集品笼统归入所谓的"细石器文化"。后来刘观民先生提出应将这些遗物归入青铜时代。

包力屯后岗子遗址,西北距坦途乡西岗子遗址10多千米[4]。采集有两件饰珍珠纹的陶器口沿残片。一件为细砂黄褐陶,器形莫辨,沿外饰两排珍珠纹(图一,10);另一件为夹粗砂黑陶,简报称为瓮形器,口沿外有一排珍珠纹,其下则饰一条压印斜

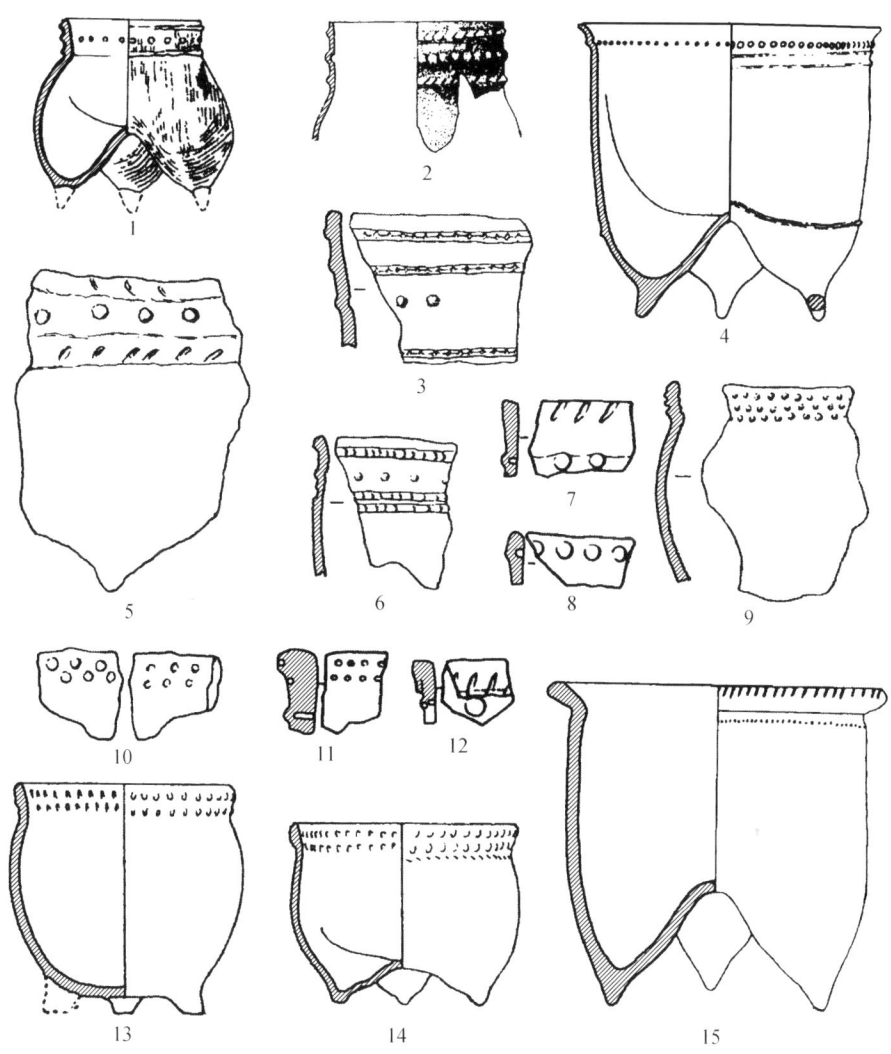

图一　嫩江流域的珍珠纹陶器

1.肇源古城（H3∶1）　2.大安大架山采集　3、6、9.镇赉西岗子采集　4.肇源小拉哈出土　5、10.镇赉包力屯后岗子采集　7、8、11、12.鄂伦春旗嘎仙洞出土　13、14.泰来平洋（M174∶1、M124∶6）　15.海拉尔西山采集

向坑点的附加堆纹（图一，5）。此外还采集到泥质红陶片、细石器、磨制石器等。简报将这批采集品也全部归入所谓的细石器文化。

小白音胡硕遗址，位于内蒙古哲里木盟科右中旗巴扎拉嘎公社小白音胡硕屯北，霍林河上游左岸，1975年吉林省文物工作队调查发现[5]。采集物中有两件口沿残片，领外饰附加堆纹与珍珠纹条带，报告称为小口罐（图二，2、3）。此外，还采集到筒形罐残片、鬲足等遗物。后来，刘观民先生又介绍了该遗址采集的两件夹砂灰褐陶的口沿残片。其中一件领口斜直，领外和器表印有纵向的细绳纹，领口上端饰附加堆纹一周，其下为一周珍珠纹（图二，1）。另一件口沿沿面内侧微凹，领外饰四周附加堆

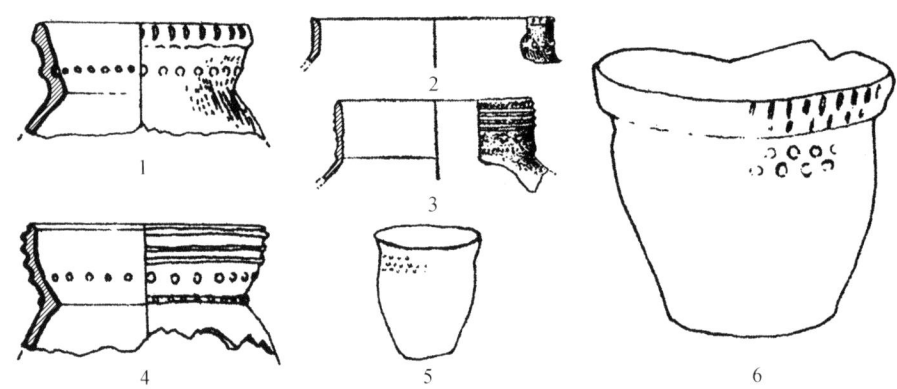

图二 东北地区其他地点的珍珠纹陶器
1~4.科尔沁右翼中旗小白音胡硕遗址采集 5.辽阳三道壕第二居住址出土 6.西丰西岔沟墓地出土

纹和一周珍珠纹（图二，4）。刘观民先生认为这两件标本应是陶鬲的口沿残片，并且指出这种鬲的局部形态与他所划分的夏家店下层文化的B型鬲（鼓腹鬲）极相似，因而推测它们"像是青铜时代较早阶段的遗存"。

大架山子遗址，位于大安县舍力公社黎明大队哈哈屯西北1千米处的沙丘之上，地处洮儿河下游右岸，1982年调查发现[6]。采集到一件夹砂灰陶口沿残片，直口高领，领外上下各饰一周附加堆纹，堆纹中间有一周珍珠纹（图一，2）。简报认为是罐，将它与采集到的细石器一起归为新石器时代的遗物。乔梁先生则认为这是一件陶鬲的口沿，其年代当接近或略晚于白金宝H1，属白金宝文化中期[7]。

古城遗址，位于黑龙江肇源县境内的嫩江东岸，1984年曾做过试掘，资料未正式公布[8]。乔梁先生曾介绍了古城H2、H3所各出的一件陶鬲。H3所出一件，高领鼓腹，通体绳纹，领部外侧上下各饰一周附加堆纹，堆纹之间有一周珍珠纹（图一，1），并云类似H3鬲的领部在H2中也有发现。乔先生将古城 H3、H2归属于白金宝文化，认为属该文化的早期。

平洋砖厂墓地，位于黑龙江泰来县境内嫩江之西。1984年发掘，共清理97座墓葬[9]。大多数墓葬随葬陶器以壶与碗或钵构成基本组合。其他有少量罐、瓮、小三足器、鬲、盆、匜、杯、支座等。在公布的陶器中有一件鬲和一件三足罐饰有珍珠纹。鬲（M124：6）为侈口矮领，鼓腹，尖底款足，沿外饰两周珍珠纹，其下又有一周戳印斜条纹（图一，14）；三足罐（M174：1）口腹形态近于上述陶鬲，圜底近平，下设三个柱状实足，略外撇。沿外有珍珠纹两周（图一，13）。出以上二器的墓的发掘者均将其归为平洋墓葬第一期，年代推定在春秋晚期。发掘者以这批墓葬为代表命名了平洋文化。但也有学者认为这批墓葬实际应当归属于较早命名的汉书二期文化[10]。

海拉尔西山遗址，位于海拉尔北松山以西，滨洲铁路北侧。该地点在1984年普查时曾发现一件形体较大的陶鬲[11]。鬲为夹砂红褐陶，侈口圆唇，筒形腹，尖底款足。

唇缘压印有斜向绳纹,颈下有一周以小棒由外向内戳捅出来的未透的纹饰,当是珍珠纹的另一种表现形式(图一,15)。张忠培先生认为这件陶鬲当属汉书二期文化遗存,并认为海拉尔所属的呼伦贝尔地区应归入嫩江流域考古学文化区[12]。

小拉哈遗址,位于肇源县境内的嫩江左岸,1992年发掘[13]。发掘报告将出土遗存分为三期。其中归入第三期的一件泥质红褐陶鬲(H1003:1),侈口筒腹,深闇底袋足。口沿下饰一周珍珠纹,珍珠纹带之下饰两周附加堆纹,三个袋足的上部也均饰一周三棱状条形堆纹(图一,4)。发掘报告认为第三期遗存当属汉书二期文化范畴。同时又指明并入第三期的H1003鬲与T132②:1侈口鼓腹小底罐的年代很可能处在白金宝文化和汉书二期文化之间,代表了两种文化过渡阶段的遗存。李学来在《白金宝文化研究》一文中又明确将小拉哈H1003归入白金宝文化[14]。

嘎仙洞遗址,位于大兴安岭北段、嫩江支流甘河上源的一条称为嘎仙沟的山谷之中。1980年,呼伦贝尔盟文管站在洞口附近进行了小规模清理[15]。陶片主要出自探沟的第2层。陶系有粗砂黑褐陶、细砂红褐陶、细砂黑褐陶,器形主要是侈口瘦深腹的罐和直口罐。在碎陶片中有7件口沿残片上有珍珠纹装饰,这些口沿多直口,沿加厚,但器形不明(图一,7、8、11、12)。还有两片可能是鬲足的夹砂红褐陶残片。简报将探沟第2层定为早期鲜卑文化层。

锅撑子山遗址,位于林西县城南6千米处。20世纪50年代内蒙古自治区文化局文物工作组在遗址西坡南侧曾采得夹砂灰褐陶罐(原报告称瓮)1件[16],可复原。该罐大口高领,筒腹微鼓,领腹分界不甚明显,领外上下各有一周压印长方形坑窝的附加堆纹,两道堆纹之间则有4周珍珠纹(图三,5)。此外还在附近采集到红褐色的鬲足、细石器等遗物。关于采集遗物的年代,限于当时材料有限,报告作者未作细致说明。

呼特勒遗址,位于巴林右旗查干木伦河下游北侧,地属沙巴尔台苏木。2002年吉林大学师生调查该遗址时在C地点采集到两件器物的领口残片[17],其中编号02YHT(C)0:2者为夹砂红褐陶,领较直,领外中部饰珍珠纹,其下饰两条附加堆纹(图三,1)。编号为02YHT(C)0:1的一件为夹砂灰褐陶,沿内微凹,领外上下各饰一

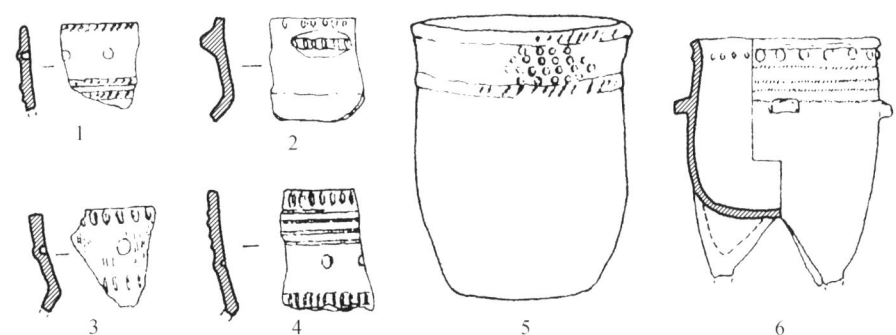

图三 西拉木伦河流域的珍珠纹陶器及相关遗物
1、2、4.巴林右旗呼特勒遗址[02YHT(C)0:2、02YHT(A)0:4、02YHT(C)0:1] 3.巴林右旗查尔斯台遗址[02YCE(A)0:22] 5.林西锅撑子山遗址采集 6.林西井沟子(M19:3)

排指甲戳印纹，中部偏上有抹压而出的凸弦纹，其下为珍珠纹（图三，4）。此外，该遗址A地点还采集到领带鸡冠状鋬手的陶鬲口沿残片，系夹砂褐陶，口沿及鋬手上有捺窝纹（图三，2）。

查尔斯台遗址，位于查干木伦河下游南岸，地属巴林右旗巴彦汉苏木。2002年调查时在该遗址A地点采集到一件陶器口沿残片[18]，编号为02YCE（A）0：22。夹砂红褐陶，沿内微凹，沿外上下侧饰指甲戳印纹，中间有珍珠纹，沿外与器表还隐约可见细绳纹的痕迹（图三，3）。此外，该地点还采集到赵宝沟文化、红山文化和夏家店上层文化的陶片。

西岔沟墓地，地属辽宁西丰县乐善乡，属辽河东侧支流寇河的河谷地带。墓地遭严重破坏，1956年由前东北博物馆文物工作队清理[19]。在出土的大量陶器中有少量夹砂罐和陶鬲饰有珍珠纹。简报曾发表一件大口小底的夹砂粗陶罐的照片。该器沿外饰两周戳印坑点纹，颈部以下饰两周珍珠纹（图二，6）。西岔沟墓地的年代，报道者孙守道先生认为相当于西汉的早中期。

三道壕遗址，在辽宁省辽阳市北郊的三道壕村，地属太子河西岸的冲积平原，1955年由东北博物馆文物工作队发掘[20]，属西汉的村落遗址。在该遗址的第二居住址出土一件侈口深腹的罐，报告未作详细说明，从照片上看颈部以下饰有三周（？）珍珠纹（图二，5）。

井沟子遗址，位于林西县境内的西拉木伦河北岸。2002年我们在该遗址的中部清理了31座墓葬（属该遗址西区墓葬）[21]。共出土4件陶鬲，2件饰有珍珠纹。编号为M19：3的一件可复原。该器系夹砂黑灰陶，侈口厚圆唇，筒腹，下设四个尖底款足，足根略残。器腹中部偏上有四个对称安置的方形鋬手。沿下饰一周珍珠纹，其下饰四道平行的篦点纹条带（图三，6）。M1所出者虽不能复原，仍可看出其形制、纹饰与M19所出基本一致，亦为筒腹四足鬲，但腹部并无鋬手。从这批墓葬的葬俗与随葬品特征来看，当代表西拉木伦河流域夏家店上层文化之后的一个新的文化类型。

除上述诸地点外，黑龙江肇源白金宝遗址[22]、齐齐哈尔老龙头墓地[23]、内蒙古巴林右旗古日古勒台遗址[24]、锡林郭勒盟东乌珠穆沁旗金斯太洞穴遗址[25]等也曾出土过珍珠纹陶器，但资料未正式刊布。

上述珍珠纹陶器的出土地点，多位于京哈铁路以西的东北西部地区，但也有的地点已超出了这一范围而到达了辽东一带。出土地点比较集中的有两个区域：一是居东北侧的嫩江流域；一是偏西南侧的西拉木伦河流域。

以往研究表明，嫩江流域（包括松花江与嫩江交汇处附近和呼伦贝尔地区）是一个相对独立的考古学文化分布区，在历史上具有长期的稳定性[26]。自1986年以来，伴随肇源白金宝（第三次）与小拉哈遗址的大规模发掘，该区域青铜时代至早期铁器时代的文化序列与谱系关系已日渐清晰。近年，朱永刚先生经过细致的整理，将白金宝遗址第三次发掘的资料分为四期[27]。这四期遗存基本代表了嫩江流域青铜时代至早期铁器时代的四个发展阶段。以白金宝一期为代表的第一阶段，已有学者提出了小拉哈文化的命名[28]。至今还未发现可明确归入此段的珍珠纹陶器。白金宝二期遗存，是在嫩江流域辨识出来的又一种新的文化类型。这一阶段的陶器群虽然仍以罐类器为主体，但陶鬲的出现与绳纹的流行却暗示了一种文化风格上的转变。此期的陶鬲多为带领鼓腹鬲，一般领口与器身外表均有绳纹，而且领口外侧经常装饰1或2道压有坑窝的附加堆纹条带。其中有些就同时饰有珍珠纹。前述肇源古城H3所出陶鬲及大安大架子山采集的陶鬲口沿，从形制与纹饰风格看都当归属这一时期。乔梁先生曾敏锐地指出，松嫩平原并非陶鬲的原生地，肇源古城H3所出的带领鼓腹鬲应当是受长城地带流行的花边鬲的影响而产生的，很有道理。从目前的资料看，所谓的花边鬲中最为常见的一种形态即是带领鼓腹鬲。这种陶鬲最先流行于长城地带中段的朱开沟文化（以朱开沟遗址第五段及部分第四段遗存为代表）之中，时代大致相当于夏代晚期至早商。但那时的带领鼓腹鬲一般没有明显的实足根，有实足根的带领鼓腹鬲是到晚商前后才流布于长城地带的[29]。所以，白金宝二期遗存的年代最有可能是在晚商前后，这也是珍珠纹陶器最早见于嫩江流域的年代。白金宝三期是白金宝遗址的主体遗存，以往就是以它命名了白金宝文化。前述肇源小拉哈H1003：1鬲即应归属这一时期。镇赉坦途西岗子所采的两件"陶罐"的口沿残片，从局部形态和纹饰风格上均与小拉哈鬲近似。所采的那件陶鬲口沿，与前一时期带领鼓腹鬲仍保持了一定程度的相似性。结合该遗址所采集的一些纹饰陶片综合考虑，可暂将这批遗存一同归入白金宝文化。而白金宝文化的年代大体是从西周到春秋中期[30]。白金宝四期遗存，就是以往命名的汉书二期文化。前述平洋砖厂墓葬所出珍珠纹陶器及海拉尔西山所采陶鬲均应归入这一文化。至于嘎仙洞所出珍珠纹器口沿，局部形态与同层所出的典型早期鲜卑陶器似有一定的区别。从发掘简报所报道的GPT3北壁地层剖面图看，出陶片的第2层中间夹有平平的炭灰带，说明此层原本有进一步细分层的可能。所以，这些珍珠纹器是否与早期鲜卑陶器有共生关系是很令人怀疑的。我们认为，这些珍珠纹器及可能为鬲足的陶器残片与汉书二期文化有密切的关系，甚或就应归属于这一文化。平洋砖厂与齐齐哈尔老龙头墓地出土资料表明，这一时期的珍珠纹陶器的器形不仅有鬲，也有小三足器（系鬲的简化形式）、小盆等。汉书二期文化的年代，其上限一般认为可至春秋晚期，而下限从对平洋墓地的最新研究成果看可能已入西汉时期[31]。不过，该文化中出珍珠纹陶器的单位尚没有可晚到西汉时期的迹象。

此外，镇赉包力屯后岗子所采的两件珍珠纹陶器标本，一则陶片太小，二则未附剖面图，使人难以了解器形，加之缺乏共出遗物的图像资料，尚难以确切判定其年代与文化属性。初步估计其年代不早于白金宝文化时期。

嫩江流域的珍珠纹陶器从晚商前后出现，中经白金宝文化而延续到汉书二期文化。其间虽未间断，但在各个阶段珍珠纹都不属于最流行的纹饰。从所施的器形看，以带领鼓腹鬲居多，也有筒腹鬲和少量其他器类。

西拉木伦河流域的古文化在很长时期内同邻近的老哈河流域乃至努鲁儿虎山以东的大小凌河流域保持着较大程度的一致性，所以以往的论述多将该区域作为西辽河水系区或广义的辽西地区的有机组成部分。最新的研究显示，这一区域青铜时代的文化遗存也可分为四个大的发展阶段[32]。第一阶段遗存属夏家店下层文化，迄今只在几个地点有零星发现，可能是夏家店下层文化分布区的北部边缘地带。未见可明确归属此段的珍珠纹陶器。第二阶段是以克什克腾旗天宝同遗址采集花边鬲等遗物为代表的遗存，时代大体属晚商前后。前述巴林右旗呼特勒遗址与查尔斯台遗址所采集的珍珠纹陶器口沿都属于这一时期。从采集品看，特征与魏营子文化和白金宝二期遗存流行的带领鼓腹鬲比较相似，但有些陶鬲沿外安置鋬手的现象却不见于后两种文化类型。由于至今尚未发掘到这一时期的典型单位，所以还难以认识其总体的文化面貌。早年林西锅撑子山遗址采集的那件饰有珍珠纹的陶罐，若单从领口风格观察，也可暂归此段。第三阶段是分布于这一区域的夏家店上层文化的龙头山类型，时代大致在西周到春秋前期[33]。目前未见可归入此段的珍珠纹陶器。第四阶段是以新发掘的林西井沟子遗址西区墓葬为代表的遗存，时代约当春秋晚期至战国前期。属于这一阶段的井沟子所出4件陶鬲，风格与汉书二期文化的陶鬲有一定程度的接近，但其中3件陶鬲下设四个空足、1件陶鬲上腹安置4枚鋬手的做法却不见于后者。这些陶鬲可能是受汉书二期文化影响而产生的，但已形成了自身独特的风格。

可见，西拉木伦河流域珍珠纹陶器的出现时间大致也是晚商前后。此期珍珠纹陶器数量不多，器形以带领鼓腹鬲为主，也有陶罐。此后的夏家店上层文化中还未发现此类陶器。至井沟子遗存中又有少量出现。

再看其他地点。科尔沁右翼中旗小白音胡硕遗址采集到的珍珠纹陶器口沿，虽如刘观民先生所说与夏家店下层文化的B型鬲的形态有一定的相似性，但若考虑到这些口沿残片的领外普遍饰绳纹与附加堆纹的事实，就很难完全将二者等同起来。况且，遗址中采集的鬲足俱已出现了明显的实足根。整体观之，这些采集品的特征倒是与西拉木伦河流域前述第二阶段的遗存以及嫩江流域白金宝二期遗存中的陶鬲特征更为接近，时代宜定为晚商前后为是。由于材料过少且缺乏有共存关系的单位，目前还很难确定其文化性质的归属。该遗址所在的霍林河流域，从地理位置上恰好处于西拉木伦河与嫩江流域两大区域之间，如果考虑到所谓花边鬲的传播方向是自西向东的话，那么嫩江流域的有花边装饰的带领鼓腹鬲，则很有可能即是经由这里而继续东去的。

锡林郭勒盟金斯太遗址是一处以旧石器时代堆积为主的洞穴遗址。据发掘者介绍，珍珠纹陶器出自该遗址第2层，破碎程度较大，其中既有领口又有腹片，可辨器形者有鬲与罐。伴出的陶器口沿上有的有小鋬纽装饰，有的器表有蛇纹，这些特征与朱开沟文化有一定的联系，但也有区别，文化属性不大明确。从介绍的情况和笔者观察到的部分标本看，这批遗存的年代似不晚于晚商。

西岔沟墓地地处汉代辽东郡外北边，从简报报道的材料看，将年代定为西汉时期是比较合适的。但文化构成上十分复杂，很可能是一种相对独立的文化类型。

三道壕遗址属汉代辽东郡辖区之内，出土遗物以汉文化因素为主，有少量非汉文化因素，饰珍珠纹的陶罐即属此列。报告将这批遗存的年代定为西汉是比较合适的。

总体来说，珍珠纹陶器在我国东北地区不仅分布面广，而且延续时间颇长，年代上限似不晚于晚商，下限已至西汉。尽管有的地点所见的珍珠纹陶器尚难以准确判定文化属性或年代，但大体上这类陶器在东北地区的发展线索已经有了一定的眉目：至迟在晚商时期，珍珠纹陶器已在北达嫩江下游，南抵西拉木伦河流域的大兴安岭东侧地区有了较广泛的分布。且已有迹象表明，此岭西侧的锡林郭勒草原一带，这类陶器的出现年代可能更早。相当于西周至春秋中期的珍珠纹陶器迄今只在嫩江下游的白金宝文化中有所发现。与此前相比，似乎这类陶器的流行程度大大降低。大约从春秋晚期到战国阶段，珍珠纹陶器的分布范围又明显扩大，向北可至大兴安岭北段，向西至呼伦贝尔草原，南届西拉木伦河一线，为不同的文化类型所拥有，呈现了繁荣发展的趋势。但至西汉时期，便又明显趋于衰落。目前确知属于这一时期的珍珠纹陶器仅有辽阳三道壕、西丰西岔沟等地点。东汉以后的遗存中已基本不见。

正如刘观民先生很早就注意到的那样，东北地区所见的珍珠纹装饰，无疑是受贝加尔湖沿岸地区古文化的影响而产生的。目前年代明确的珍珠纹装饰是于晚商时期出现在嫩江下游至西拉木伦河流域这一广大的区域，依最近的传播距离，我国的呼伦贝尔与蒙古东部草原或许都是当时重要的传播通道所在。况且，在此之前西拉木伦河流域的富河文化与嫩江流域的昂昂溪文化就已分别与贝加尔湖周围地区的古文化发生过联系[34]。所以，这一区域内的晚商遗存都有条件较直接地接受来自北方的珍珠纹装饰，并形成风格各异的珍珠纹陶器。但事实是，这一区域内最初的珍珠纹陶器却大多是风格十分一致的带领鼓腹鬲。这种现象表明，珍珠纹装饰与带领鼓腹鬲的结合很有可能是在某一局部地区率先发生，而后才传布开来，似乎不大可能是在不同的地区、不同的文化系统中"不约而同"的发生。尽管我们目前还很难确切判断这种结合最初的发生地区，但从金斯太遗址的年代和晚商时期带领鼓腹鬲在东北地区的传播趋向这两方面看，珍珠纹陶鬲在锡林郭勒草原与西拉木伦河流域的出现从时间上都可能略早于霍林河流域和嫩江流域。此外，锡林郭勒草原与西拉木伦河流域所见的晚商或更早时期的珍珠纹陶器既有带领鼓腹鬲，又有夹砂罐类器，都应是当地习见的炊器，而嫩江流域这一时期的珍珠纹装饰只见于当地作为辅助性炊器的陶鬲之上，还未见饰于当地主流炊器——夹砂筒腹罐之上的例子。这一现象似乎也说明前一区域对珍珠纹的接触应当略早，后一地区最初的珍珠纹装饰可能是随带领鼓腹鬲的继续东进而"携带"过去的。

在地域上，锡林郭勒草原上的金斯太遗址是一个十分重要的地点。其位置紧邻中蒙边界，往北即是内蒙古东部草原。它的发现，表明锡林郭勒盟与内蒙古东部这一片相连的草原确是贝加尔湖周围地区与西拉木伦河流域古文化交流的重要通道所在。早期陶鬲的北传和珍珠纹装饰的南播很可能都是经由这里。

珍珠纹陶鬲还见于外贝加尔地区。奥克拉德尼科夫曾经介绍了出自阿琴村附近茹恩—库索奇谷的一件[35]。该鬲领部与足根特征与东北西部地区所见晚商时期的带领鼓腹鬲接近，但其袋足既深且肥、器表垂挂多条蛇纹的做法却极富自身特色。乔梁先生曾详细分析了外贝加尔地区所见的陶鬲[36]。文中将上述这件陶鬲归为A型，并指出此型陶鬲可能是外贝加尔区域文化对外来因素吸收、改造的结果，已形成了鲜明的地域特点。加之此型陶鬲的年代也并不能早于晚商，因此难以将其看作是东北地区珍珠纹陶鬲的祖型。

很有意思的是，作为东北西部最早接触珍珠纹装饰的地区，锡林郭勒草原与西拉木伦河流域迄今未见夏家店上层文化时期的珍珠纹陶器的报道，而在嫩江流域，珍珠纹陶器不仅在年代与夏家店上层文化相当的白金宝文化中有，而且延续到了更晚的汉书二期文化。造成这种现象当存在两种可能：一是尚未发现或没有及时报道；一是夏家店上层文化（可能还包括与之同时期的其他遗存）或许与当地晚商时期的遗存区别大、异质性强，不属同一文化系统，故而珍珠纹的传承中断。究竟哪种可能更大，限于资料一时还难以明确。至于嫩江流域，珍珠纹装饰在此绵延千余年之久绝非偶然。谈及这一地区古文化的谱系关系时朱永刚先生曾说，"松嫩平原从新石器（时代）到汉代以前，各个不同时期的古文化遗存间存在着不同程度的递进与演变的谱系联系，尽管某一时期受到周邻文化的冲击或影响而发生阶段性的变化，但基本上是自成体系且几乎没有被间断的连续发展过程"[37]。可见，珍珠纹陶器在这一地区的长期延续，正是取决于该地区古文化的渐进性发展。如前所述，在西拉木伦河流域的井沟子遗存中所发现的珍珠纹陶鬲，从形制特征上看，倒很有可能是受嫩江流域汉书二期文化同类器影响的结果。

以往就有学者注意到，西丰西岔沟墓群的出土物中有不少与平洋一类墓葬相似的成分。郑君雷博士甚至认为，西岔沟墓地的原生因素很可能就是从北方地区南下的[38]。观察该墓地出土的珍珠纹陶器，有的从器形上确与汉书二期文化系统的同类器十分相似，有的却有明显区别[39]。考虑该墓地所在地区此前并无使用珍珠纹陶器的传统，将这里的珍珠纹装饰看作是从北方嫩江流域南下的因素显然是比较合理的。与西岔沟墓地年代相当的辽阳三道壕遗址所出珍珠纹陶器，从器形上虽不好定其归属，但这种特殊装饰的来源却也应当与西岔沟墓地的情况相同。

除东北地区之外，近年在我国新疆的石河子水泥厂[40]和民丰县尼雅遗址以北地区[41]也陆续发现有珍珠纹陶器。其中石河子水泥厂墓葬出土的珍珠纹陶器为大口矮体的陶罐，珍珠纹环绕于近口处一周（图四，1、2）。此类风格的陶片在墓地西南的一条灰沟中也有发现（图四，3、4）。发掘者指出这批墓葬与苏联鄂毕河上游叶尔班附近发现的卡拉苏克时期的墓葬在特征上有较多的相似之处。尼雅以北调查采集到的珍

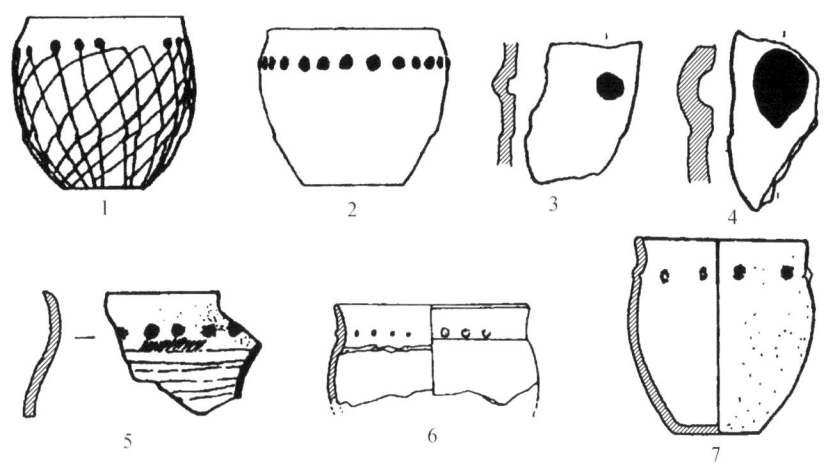

图四　新疆地区的珍珠纹陶器

1~4. 石河子水泥厂（M01：1、M1：1、G1：7、G1：8）　5~7. 尼雅以北地区（96MNBBC：5、93NBC：2、96MNBBC：1）

珠纹陶器也是罐类器。其中既有与石河子墓葬出土的大口矮体夹砂陶罐形制基本一致者（图四，7），又有束颈较明显者（图四，5、6）。调查者认为，这批采集资料代表了尼雅遗址以北地区青铜文化的一个类型，并称之为"尼雅北部类型"。时代估计在距今3000年。需要说明的是，这两个地点所在区域的考古工作还比较薄弱，尚未建立起详细的古文化编年序列，故目前还难以确切认识这里所发现的珍珠纹陶器的年代，更难以认识珍珠纹陶器在整个新疆地区的发展与变迁问题。但已有迹象显示，新疆的珍珠纹装饰很可能是经由叶尼塞河中上游和鄂毕河上游一带的卡拉苏克文化传播过去的，而与东北西部地区所见的珍珠纹陶器并没有直接的联系。

记得李水城先生在研究中国北方的蛇纹器时曾说，"蛇纹器在任何一个遗址中所占的比重都很有限……可是它却在中国北方如此广阔的地域内连续出现了1500年之久，足见其生命力之顽强"[42]。而今我们通观中国北方地区所发现的珍珠纹陶器，从中也发现了惊人的相似性。可以说，珍珠纹陶器在中国北方地区的分布之广、延续年代之久（尤其是在东北西部地区），丝毫也不亚于蛇纹器。那么，珍珠纹这种源自贝加尔湖周围地区的简简单单的纹样为什么会拥有如此大的魅力，实在是值得人们去思考。

附记：本文系教育部人文社会科学重点研究基地吉林大学边疆考古研究中心重大项目研究成果。在资料搜集过程中，曾得朱永刚、冯恩学二位先生帮助，特此致谢！

注　释

[1] 冯恩学:《俄国东西伯利亚与远东考古》,吉林大学出版社,2002年,第99~184、282~361、501~526页。

[2] 刘观民:《苏联外贝加尔地区所出几件陶鬲的分析》,《中国原始文化论集》,文物出版社,1989年,第371~377页。以下所引刘观民先生此文观点,不再另注。

[3] 吉林省博物馆:《吉林镇赉县细石器文化遗址》,《考古》1961年第8期。

[4] 吉林省博物馆:《吉林镇赉县细石器文化遗址》,《考古》1961年第8期。

[5] 李甸甫、朱声显:《科尔沁右翼中旗呼林河沿岸原始文化遗存》,《文物资料丛刊》第7辑,文物出版社,1983年,第115~119页。

[6] 吉林省文物工作队:《吉林大安县洮儿河下游右岸新石器时代遗址调查》,《考古》1984年第8期。

[7] 乔梁:《松嫩平原陶鬲研究》,《北方文物》1993年第2期。以下所引乔梁先生此文资料或观点,皆不再另注。

[8] 笔者在黑龙江省文物考古研究所文物标本室曾观察过该遗址部分出土资料。

[9] 杨志军、郝思德、李陈奇:《平洋墓葬》,文物出版社,1990年,第71、72页。

[10] 潘玲、林沄:《平洋墓葬的年代与文化性质》,《边疆考古研究》第1辑,科学出版社,2002年,第194~203页。

[11] 王成:《内蒙古海拉尔西山发现大型陶鬲》,《北方文物》1998年第2期。

[12] 张忠培:《黑龙江考古学的几个问题的讨论》,《北方文物》1997年第1期。

[13] 黑龙江省文物考古研究所、吉林大学考古学系:《黑龙江肇源县小拉哈遗址发掘报告》,《考古学报》1998年第1期。

[14] 李学来:《白金宝文化研究》,《青果集》,知识出版社,1998年,第204~227页。

[15] 呼伦贝尔盟文物管理站:《鄂伦春自治旗嘎仙洞遗址1980年清理简报》,《内蒙古文物考古文集》第二辑,中国大百科全书出版社,1997年,第444~452页。

[16] 内蒙古自治区文化局文物工作组:《内蒙古自治区发现的细石器文化遗址》,《考古学报》1957年第1期,图版贰,1。

[17] 朱永刚:《查干木伦河流域古遗址文化类型及相关问题》,《考古与文物》2004年第3期。

[18] 朱永刚:《查干木伦河流域古遗址文化类型及相关问题》,《考古与文物》2004年第3期。

[19] 孙守道:《"匈奴西岔沟文化"古墓群的发现》,《文物》1960年第8、9期。孙守道:《再论"匈奴·西岔沟文化"古墓群的文化内涵、族属及国别问题》,《内蒙古文物考古》1993年第1、2期合刊。

[20] 东北博物馆:《辽阳三道壕西汉村落遗址》,《考古学报》1957年第1期,图版伍,6。

[21] 吉林大学边疆考古研究中心、内蒙古文物考古研究所：《2002年内蒙古林西县井沟子遗址西区墓葬发掘纪要》，《考古与文物》2004年第1期。

[22] 黑龙江省文物考古研究所与吉林大学考古学系发掘资料，现存吉林大学文物陈列室。

[23] 黑龙江省文物考古研究所发掘资料。笔者曾观察过其中部分标本。

[24] 巴林右旗博物馆：《巴林右旗古日古勒台新石器时代遗址调查简报》，《内蒙古文物考古》1992年1、2期合刊。第71页文字提及，但未附线图与照片。

[25] 内蒙古文物考古研究所发掘资料。笔者曾观察过该遗址2000年度的发掘资料。

[26] 张忠培：《黑龙江考古学的几个问题的讨论》，《北方文物》1997年第1期。

[27] 黑龙江省文物考古研究所、吉林大学历史系考古专业：《肇源白金宝》，科学出版社，2009年。

[28] 黑龙江省文物考古研究所、吉林大学考古学系：《黑龙江肇源县小拉哈遗址发掘报告》，《考古学报》1998年第1期。

[29] 韩嘉谷：《花边鬲寻踪》，《内蒙古东部区考古学文化研究文集》，海洋出版社，1991年，第41～52页。

[30] 因已确定白金宝二期遗存的年代属晚商时期，故晚于它的白金宝文化的年代上限大致可推定为西周，而对其下限年代的认识可参见李学来：《白金宝文化研究》，《青果集》，知识出版社，1998年，第204～227页。

[31] 潘玲、林沄：《平洋墓葬的年代与文化性质》，《边疆考古研究》第1辑，科学出版社，2002年，第194～203页。

[32] 王立新：《辽西区夏至战国时期文化格局与经济形态的演进》，《考古学报》2004年第3期；朱永刚：《查干木伦河流域古遗址文化类型及相关问题》，《考古与文物》2004年第3期。

[33] 王立新、齐晓光：《龙头山遗址的几个问题》，《北方文物》2002年第1期。

[34] 冯恩学：《我国东北与贝加尔湖周围地区新石器时代文化交流的三个问题》，《辽海文物学刊》1997年第2期。

[35] 〔苏联〕奥克拉德尼科夫：《外贝加尔地区的三足器》，《苏联考古学》1959年第3期，图3。

[36] 乔梁：《中国境外发现的鬲形陶器》，《文物》2002年第1期。

[37] 朱永刚：《肇源白金宝遗址第三次发掘与松嫩平原汉代以前古文化遗存的年代序列》，《吉林大学社会科学学报》1998年第2期。

[38] 郑君雷：《中国东北地区汉墓研究》，吉林大学博士学位论文，1997年。

[39] 笔者在辽宁省文物考古研究所曾看到过西岔沟墓地出土遗物的部分图像资料。

[40] 新疆文物考古研究所、石河子市博物馆：《石河子市古墓》，《新疆文物考古新收获》（续），新疆美术摄影出版社，1997年，第428～436页。

［41］ 张铁男、于志勇：《民丰尼雅遗址以北地区考古调查》，《新疆文物考古新收获》（续），新疆美术摄影出版社，1997年，第451~457页。岳峰、于志勇：《新疆民丰县尼雅遗址以北地区1996年考古调查》，《考古》1999年第4期。

［42］ 李水城：《中国北方地带的蛇纹器研究》，《文物》1992年第1期。

（原刊于《边疆考古研究》第2辑，科学出版社，2003年）

也谈"昔三代之居，皆在河洛之间"的根由

宋豫秦先生在《"三代之居皆在河洛之间"的原因与启迪》一文中提出，夏、商、周三代之所以迭相以河洛之间为都（或别都），主要是出于生境优化的选择。河洛之间不仅地势高平，无水旱之忧，而且地理位置适中，水路交通便利，加之该区域具有生态多样性的显著特点，任何灾害都不足以对区域内的生境造成颠覆性的破坏，所以，该地区自然会成为由嵩山南麓山地北上的夏人、由太行山东麓冲积扇南下的商人以及由地形破碎的黄土高原腹地逐步东进的周人立都的最佳选择[1]。其论不仅以相关文献记载为依据，更从人地关系的角度寻找这种行为的深层原因，是很有启发意义的认识。然而，通过对文献和考古资料的重新梳理与分析就会发现，地理位置和资源的优越性虽是三代立都于河洛之间的重要原因，而自夏朝以来所产生的王朝正统观念的不断强化，也应是导致这种历史发展趋势不容忽视的一个方面。

谢维扬先生曾提出，在古代中国政治传统中始终存在着一个王朝正统的观念。他说："在夏朝国家建立后，由它控制的地域已逐渐成为标志国家主体的不可分割的内容。这在中国历史上造成了一个重要的政治传统，即建立一个真正的、被承认的国家，就必须占据特定的地域，并有相应的中央权力"，"新建立的王朝必须证明它继承了前代王朝的主要主体性标志，即所控制的地域和所拥有的中央权力"[2]。这是很有道理的认识。不过，在地域和权力这两个主体性标志之外，前朝的民众与财产也应是"标志国家主体的不可分割的内容"。《吕氏春秋·似顺论》："汤武一日而尽有夏商之民，尽有夏商之地，尽有夏商之财。以其民安，而天下莫敢之危（按：《群书治要》引作'莫敢危之'）；以其地封，而天下莫敢不说；以其财赏，而天下皆竞（按：《群书治要》引'竞'下有'劝'字）。无费乎郼与岐周，而天下称大仁，称大义，通乎用非其有。"占有并支配前朝的地域、民众和财产，以维护其王朝正统的地位和彰显自身权力的合法性，此后的任何一个王朝莫不如是而为。笔者认为，正是出于强化这种王朝正统观念的需要，商、周两代才会迭相以夏王朝的腹心地区为都，并在此膺受天命，实施对四方土地、人口和贡赋的管理。

首先，夏朝的建立使得河洛之间成为一个重要的地缘政治中心，其后商代夏、周代商都必须要占据前朝所控制的地域，尤其是河洛之间这一最早的地缘政治中心。

现代史学对早期中国社会发展史的研究表明，启继禹而立是一件划时代的大事。据史书记载，在启之前，中原地区曾出现若干被称为"帝"的族群首领，其中年代较晚的尧、舜、禹之间的权力递嬗，按《孟子》《史记》等文献的记述，属于贤德之

人之间的禅让，即通过举贤与能而实现权力的和平交接。而据《竹书纪年》《韩非子·外储说》《吕氏春秋·恃君览》的有关记载，三者之间的权力交接却并非一帆风顺，都曾发生过暴力争斗。无论哪种说法更为真实，有一点可以肯定，三者之间的权力递嬗并没有稳定于某一家系之中。而禹之子启的继位，彻底改变了以往的权力交接模式，使"帝"这种称号从此传继于同一家系之中，真正形成了以"家天下"为突出特征的政治体制，这种体制一直延续至清，再无质的变化。这就是现代学者所习称的王朝体制，而河洛之间正是这种王朝体制的诞生之地。

考古学研究表明，以豫西河洛之间为分布重心的二里头文化就是夏代夏国之人的文化，主要是由嵩山以南的煤山文化与河洛地区的王湾三期文化整合而成的。伴随着嵩山南北的文化整合，该区域的聚落形态也由多中心对抗型向金字塔形的结构演变，反映了一种统一的政治秩序已建立起来。而这一局面的出现，很可能就是由于夏初通过对有扈氏等敌对势力的征伐和兼并所导致的[3]。由此可见，正是由于嵩山南北第一次地域政体的整合，才导致了夏王朝的出现。从此，王朝体制取代松散的联盟制成为了中国早期国家基本的政治体制。作为中国历史上的第一个王朝，夏的出现结束了此前中原大地"方国林立"的局面。从二里头文化聚落形态的向心性分布特征来看，夏王朝直接控制的地域至少应包括了现今河南的中西部地区。这与《史记·孙子吴起列传》所记"夏桀之居，左河济，右太华，伊阙在其南，羊肠在其北"的情形亦大体相符。

商是一个兴起于太行山东麓地区的小国，至汤时其国的范围也不过是"方百里"或"方七十里"[4]。趁后桀之乱而不断壮大自己的实力，"汤始征，自葛载"[《墨子·滕文公》（下）]，其后又陆续灭掉韦、顾、昆吾等国，最后一举灭夏，并"作宫邑于下洛之阳"（《春秋繁露·三代改制质文》），政治意图非常明显，就是要取代夏后而成为诸侯之长。周又只是商西鄙的一个小国，其后势力渐大，至文王时被商封为"西伯"，赋予其专征伐的至高权力，但其仍不满足，继而一路东进，最终实施翦商。显然，占据前代王朝的所控地域，尤其是都城所在，是获得其王朝正统地位的必要之举。

其次，三代迭相以河洛之间为都，是为在此膺受天命并由此获得权力的合法性。

有趣的是，虽然实际上是启开创了一个新的时代，然而启的子孙却从未将启作为夏王朝的开创者。夏代早期有所谓"太康失国、羿浞代夏"。按照《左传·哀公元年》的说法，作为"中兴"之主的少康，其最大功绩便是剪灭寒浞之子浇、豷，而"复禹之绩，祀夏配天，不失旧物"。显然，在夏人自己看来，夏的伟业是禹开创的。之所以会把一个新型的家天下的社会制度视为禹的遗产，无疑是为了借助禹的影响昭示这种王朝体制的合法性。其中的"祀夏配天"，即祭祀天帝及配享在天帝左右的祖先，是强化王权神圣性的一个重要的宗教手段。这种宗教手段被后来的商、周两代所继承[5]。也就是说，谁拥有了天命，谁才可以独揽这种最高的宗教祭祀权力。为了获取这种权力,理想的状态当然就是占据这种权力观念的发祥地——河洛之间。

纵观古史,王朝与王朝之间的更替,莫不伴随着血雨腥风的革命。后来者都会将自己的行为美其名曰"受命于天"。在他们看来,唯有如此才会获得正统与合法的地位,才会得到天下百姓的认可。这种家天下的王朝体制自夏初产生之后,经400余年的经营,在中原及其周边早已深入人心。

帝桀之乱,人心思变,乃有圣王商汤起兵伐之,替天行道。灭夏之后,这种王朝的体制需要由商汤来继承,夏朝的疆域或势力范围也需由商汤来统治。于是乎才有"故汤受命而王,应天变夏作殷号……作宫邑于下洛之阳"之举(《春秋繁露·三代改制质文》)。其地应即今偃师商城,经学界30年来的探究,已无异议。这样做的目的一是强调自己的行为是"应天"之变,一是要在夏王朝的中心建立起统治机构。由此双管齐下,获取并保证商王朝的正统地位和合法性。《诗·商颂·殷武》有"天命多辟,设都于禹之绩",叔夷钟铭有"虩虩成唐,又严在帝所,尃受天命……咸有九州,处禹之堵"。都是说成汤受命之后,立都于禹居之处。由此便可继续借助于禹的影响,而使自己的伟业得到天下人的认可。

其后商纣无道,周武王起而伐之。牧野之战后,武王随即在朝歌宣布"膺更大命,革殷,受天明命"(《史记·周本纪》)。然而,据《逸周书·度邑》与《史记·周本纪》的记载,取得如此军事胜利的武王却仍然忧心忡忡,夜不能寐。周公问其何以如此。武王答道:"我未定天保,何暇寐"(《周本纪》)。由《逸周书·度邑》和《史记·周本纪》的相关记载可知,武王此次对周公交代的至关重要的一件事,就是说要求得天命永保,就必须"依天室"。唐兰先生很早即指出《逸周书·度邑》中的天室实即太室山,即今之嵩山[6]。其后,蔡运章、曲英杰先生又相继提出,天亡簋铭中提到的"天室"也是指嵩山[7]。林沄先生更是将天亡簋铭与《逸周书·度邑》及《诗·周颂》中的《般》《时迈》篇相联系,根据簋铭中有"王祀于天室,降,天亡又(佑)"之语,认为这些文字其实均与武王封禅嵩山这一重大历史事件有关。正因为武王曾亲自登临嵩山,于是乎才有"自洛汭延于伊汭,居易毋固,其有夏之居。我南望三涂,北望岳鄙,顾詹有河,粤詹洛伊,毋远天室"(《周本纪》)这样的视野和想法。高山古来便被视为天人之间沟通的通道,尤其是华夏第一个王朝即是以嵩山为中心而建立的。所以武王"在克商之后便登上这座圣山,进行祭天和望四方山川的重要宗教典礼,在'登陟出于灏气之上'的氛围中,产生依天室而定天保的建新都的念头"[8]。此论极具启发意义。然而,武王之所以会产生依天室这种想法,其直接目的却并非为了"依天"。据《左传·宣公十二年》记楚庄王言,可知《诗·周颂·时迈》是武王克商之后所作之颂。该诗云:"载戢干戈,载橐弓矢。我求懿德,肆于是夏,允王保之。"《史记集解》引徐广曰:"《周书·度邑》曰:'武王问太公曰,吾将因有夏之居也,南望过于三涂,北詹望于有河。'"说得很明白，武王之所以考虑在河洛之间立都，就是因为这里是"有夏之居"，是圣王禹居之处，要继承禹那样的美德，上天才会庇佑。于是才会在夏人心目中的圣山举行封禅和望祭山川的大典。此次大典之后，武王随即就"营周居于洛邑而后去"（《周本纪》）。可惜此志未竟而亡，其后成王即位，"使召公复营洛邑，如武王之意。周公复卜申视，卒营筑，居九鼎焉"（《周本纪》）。显而易见，武王对河洛之间"有夏之居"的眷顾，实际上也是借助禹居之所有"天室"而得到上天的眷顾，从而溯本求源，使自己从商王那里获得的权力得到合法化。

再次，河洛之间在夏商周三代王朝所控地域的地理位置相对居中，便于对四方的管理。其中，"四方入贡道里均"（《史记·周本纪》）是很重要的考虑。

传统认为，包括"河洛之间"在内的豫西地区被称作天下之中，是由来已久的，禹划九州而豫州居中是为明证。甚至有说法认为，正是因五岳之中的中岳嵩山靠近河洛之间，所以才会有自夏以来的十三朝于此立都。实质上，这种认识恰恰颠倒了因果关系。

对《尚书·禹贡》的禹划九州的说法，历代的史家大多深信不疑。自古史辨派的深入检讨，已有越来越多的学者相信，这种说法其实是在战国时期才最终形成的一个理想图景。另外，由于《左传·襄公四年》魏绛引《虞人之箴》中就有"茫茫禹迹，画为九州，经启九道"的说法，表明此种传说很可能是由来已久的。不过，禹时究竟是否有那样规划有序的九州布局的确是值得怀疑的。正如《楚辞·天问》中屈原的诘问："九州安错？川谷何洿？东流不溢，孰知其故？"然而不可否认的是，也许正是因为禹的"治水有功"，使其在当时中原各部族及后世皆享有崇高的声誉，被尊为圣王，而有夏之居也由此成为一个重要的地缘政治中心，如此设想恐怕实不为过。

而对于嵩山被称为中岳，《史记·封禅书》已说得很明白："昔三代之居，皆在河洛之间，故嵩山为中岳，而四岳各如其方。"也就是说，正是因为夏商周三代相继立都于此，所以嵩山才有中岳之称，成为天下之中的地理标志。嵩山及河洛之间为天下之中观念的形成，应存在一个历史过程。

有商一代，虽曾立都于禹迹，但彼时并未明确河洛之间为天下之中的观念。自成汤至太戊，是偃师商城和郑州商城两大都城并立于郑洛地区的时期。二城均位居早商文化分布区的中心区域。周边则有夏县东下冯商城、垣曲商城、焦作府城商城和黄陂盘龙城商城等直辖邑[9]。从现有资料来看，偃师商城的设置除为管控夏遗民之外，或许对商王朝经营包括关中和晋南在内的西北地区具有重要作用。该城不仅先于郑州商城而进入繁荣时期，而且从宗庙、宫殿东西并列的宫城布局、规模宏大的祭祀中心、池苑区以及仓储设施来看，无不显示其在商朝早期所具有的重要地位。然而，自仲丁迁隞之后，这两大都城渐趋衰落。究其缘由，一方面可能正如历来史家所强调的中商时期商王朝有所谓的"九世之乱"，内部矛盾十分突出；另一方面，我们从考古学的分析发现，郑洛地区的两大都城的废弃并不仅仅是因为都城自身的迁移。控制晋南资源的两个重镇——东下冯商城和垣曲商城,也几乎是一同放弃的[10]。这期间的无奈,似乎不仅仅是内因所致。武丁前后甲骨文记载中,商的主要敌对势力来自包括山西在内的西北方,这种局面或许于此之前已经形成。此后商都屡迁而不离豫北冀南的故土,或许正有凭依太行屏障的用意。盘庚迁殷之后,稳定下来的商王朝又称其国为中商,称其国都为大邑商(卜辞)或天邑商,称其周边势力范围为四土。显然,在商人看来,河洛之间虽为禹迹的中心,也是必须倚重的一个地缘政治中心,但还不是绝对的天下之中。对迫不得已迁离河洛之间的晚商时期的商人来说,自己的国都就是天下的中心。

河洛之间为天下之中观念的形成,西周初年应是一个关键时期。《国语·周语》载:"昔夏之兴也,融降于崇山……商之兴业,梼杌次于丕山……周之兴业,鸑鷟鸣于岐山。"可见,至少在周人看来,夏商周三族的初兴之地,皆有各自心目中的圣山。彼时的崇山,尚未具备其后中原王朝地理版图日渐扩大后所形成的五岳独尊的地位。但自周初开始,有鉴于夏商两代俱曾立都于此,以及灭商之后将商的疆域纳入自身版图的实际,对来自西方的周人统治在东方新获的大片土地而言,河洛之间无论从地理位置居中,还是"四方入贡道里均"的角度来讲,都可称为"中国""土中"或"天下之中"。周初何尊铭文有"武王既克大邑商,则廷告于天。曰:余其宅兹中国,自之薛(乂)民";《诗·大雅·民劳》有"民亦劳止,汔可小康。惠此中国,以绥四方";《逸周书·作洛篇》有"乃作大邑成周于土中";《史记·刘敬叔孙通列传》有"乃营成周洛邑,以此为天下之中也。诸侯四方纳贡职,道里均矣"。可见,将河洛之间视为天下之中而测土度邑,是周初才确定下来的。对此,唐兰先生已明确指出[11],此不赘述。

由此可见,河洛之间为"天下之中"的观念是因夏商周三代迭相以此为都而逐渐形成的。所以迭相以此为都,最初的出发点并不是因为这里是"天下之中"。实质上除第一、二两条原因之外,商、周两朝甫定天下,从所控地域上看,河洛之间皆居于相对中心的位置,对管理新获土地、人口和贡赋的实际需要而言,都是十分必要的。

最后,夺取并支配前代王朝的财物,尤其是祭祀天地、宗庙、社稷的重器,也是体现王朝合法性的必要手段。对三代王朝而言,其中最具代表性的莫过于对九鼎这一权力标志的争夺和占有。《墨子·耕柱》有:"昔者夏后开使蜚廉折金于山川,而陶铸之于昆吾,是使翁难雉乙,卜于白若之龟,曰:鼎成三足(当为四足之误,笔者按)而方,不炊而自烹,不举而自臧,不迁而自行,以祭于昆吾之虚。上乡(飨)……九鼎既成,迁于三国。夏后氏失之,殷人受之;殷人失之,周人受之。"《史记》《汉书》均记为禹铸九鼎。所记虽都有神秘化的成分,但从夏代中晚期国都二里头遗址中已经发现有三足圆鼎、斝、盉、觚等青铜容器及四足的陶方鼎的事实来看,许多学者相信这里发现青铜的方鼎也只是迟早的事。九鼎的迁移历来被视为王权的更替。《左传·宣公三年》有"鼎迁于商,载祀六百"之说,表明九鼎拥有多久,就意味着国祚延续多长。楚庄王问鼎之轻重，也历来被视为对王权觊觎的典型。凡此，皆表明三代社会中，王朝正统的观念存在一个不断被强化的过程。

总之，可以认为自夏以来王朝体制与王朝观念的出现，以及商、周两代的继承与不断强化，应当是造成"三代之居，皆在河洛之间"的主要根由。

最后还需补充的是，周朝将洛邑作为东都，还有稳定和经营东土的政治考虑。据前引《逸周书·度邑》和《史记·周本纪》所记，令武王夜不能寐而忧虑的另一件未竟之事，就是"悉求夫恶，贬从殷王受"（《周本纪》）。目的就是要将那些不从天命的恶人一网打尽，使他们像殷王纣那样得到惩治。武王深知，周以小邦而能兴兵灭商，主要是殷纣无道，"天不享殷"（《周本纪》），而在军事上又得到了许多诸侯的拥戴。虽然牧野之战取得了胜利，可是天下还有许多像商纣一样不顺天命的恶人并未得到惩治，尤其是商朝在东土的盟友，如薄姑、奄等，其实力犹在。武王的这一忧虑在其死后立即成为现实。纣子武庚联络东土诸侯及管、蔡叛周，使周王朝在建立之初即受到生死攸关的威胁。从这一点来说，营洛邑，继续肃清残余敌对势力，不能不说是武王的远见。周公在平叛之后，不仅继续实施"封建亲戚，以藩屏周"的政策，更将哪些顽固的商遗民分而治之，除分与鲁、卫、燕等诸侯各一部分之外，将商之精锐部分迁至洛邑加以集中管理，从而实现了武王的另一重要遗愿。

注　释

[1] 宋豫秦：《"三代之居皆在河洛之间"的原因与启迪》，《古都郑州》2012年第4期。2005年宋豫秦、虞琰先生在"中国·二里头遗址与二里头文化国际学术研讨会"上围绕这一问题曾有一个发言，见《三代文明崛起的生境优化过程及其启示》（提要），《二里头遗址与二里头文化研究》，科学出版社，2006年，第534、535页。

[2] 谢维扬：《中国早期国家》，浙江人民出版社，1995年，第393、401页。

[3] 王立新：《从嵩山南北的文化整合看夏王朝的出现》，《二里头遗址与二里头文化研究》，科学出版社，2006年。

[4] 《孟子·公孙丑上》："汤以七十里。"《墨子·非命上》："汤封于亳，绝长继短，方地百里。"《荀子·王霸篇》："汤以亳，武王以鄗，皆百里之地也。"

[5] 谢维扬：《中国早期国家》，浙江人民出版社，1995年，第377页。

[6] 唐兰：《西周青铜器铭文分代史徵》，中华书局，1986年，第12页。

[7] 蔡运章：《周初金文与武王定都洛邑》，《中原文物》1987年第3期。曲英杰：《先秦都城复原研究》，黑龙江人民出版社，1991年，第127页。

[8] 林沄：《天亡簋"王祀于天室"新解》，《史学集刊》1993年第3期。又收入《林沄学术文集》，中国大百科全书出版社，1998年，第166～173页。

[9] 王立新：《从早商城址看商王朝早期的都与直辖邑》，《新果集——庆祝林沄先生七十华诞

论文集》，科学出版社，2009年。
[10] 王立新：《早商文化研究》，高等教育出版社，1998年。王立新：《试论早商文化的分布过程》，《中国考古学的跨世纪反思》，商务印书馆（香港），1999年。
[11] 唐兰：《西周青铜器铭文分代史徵》，中华书局，1986年，第76页。

〔原刊于《夏商都邑与文化》（一），中国社会科学出版社，2014年；又刊于《庆祝张忠培先生八十岁论文集》，科学出版社，2014年〕

理论与方法

也谈文化形成的滞后性

——以早商文化和二里头文化的形成为例

在论述到文化变迁的过程与动因时，美国人类学家C.恩伯和M.恩伯曾说："一种文化变迁的最剧烈最迅速的途径必然是暴力推翻这个社会的统治者的结果。"[1]这当然是相对于创造发明、文化传播与文化移入等其他文化变迁的动因来说的。但是，也几乎没有人怀疑，在那些因重大政治变革而导致的一系列变化中，一种新的结构稳定的物质文化的形成，在时间上往往会相对滞后于重大政治事件本身的发生。这种文化形成的滞后性已经引起了一些考古学者的关注[2]。对此，本文拟以早商文化和二里头文化的形成为例加以申述。

一

依据文化因素的分析，我们知道下七垣文化和二里头文化是早商文化的两个最主要的来源。同时，还有来自其他考古学文化的因素参与其中。新形成的早商文化并不是将这些来源不同的各类文化因素机械相加的结果，各类文化因素经过碰撞与交融、选择与淘汰，已然形成了一个统一的、结构稳定的基本陶器组合。在这一组合中，鬲、甗、鬲式斝成为炊器中的主体，而夹砂深腹罐与鼎退居次要地位；平底或凹底深腹盆、大口尊、盆式簋、粗柄盘形豆等器类不仅数量多、分布广，而且多有明显的演变规律可循，构成了盛贮器与饮食器的主流，成为区别于此前的二里头文化与下七垣文化的鲜明特征[3]。

然而，在以二里岗下层早段为开端的早商文化形成之前，在以沁水为界的二里头文化与下七垣文化由相对独立而走向整合的过程中，在郑洛地区相继出现了洛达庙三期遗存、南关外期遗存、郑州化工三厂遗存、偃师商城第一期第1段遗存和所谓的"二里头四期偏晚"遗存。这些遗存在年代上基本同时，但彼此在面貌特征上却有一定差异，难以相互统属，形成一种多元文化纷陈杂处的局面。

在以往的研究中，洛达庙三期遗存、南关外期遗存、郑州化工三厂遗存多被认作是年代与二里头四期大体相当，略早于二里岗下层，且与后者具有明显承继关系的遗存。在《早商文化研究》一书中，笔者曾对郑州地区这三种遗存的文化成分构成做了初步的分析，对各类遗存的性质做了初步的判断。下面仅进行简单的概括，并依据新的发现和认识稍做补充说明。

关于洛达庙三期遗存，当时我主要依据洛达庙遗址的出土遗存将其陶器分为四群。A群包括夹砂中口深腹罐、捏沿罐、圆腹罐、刻槽盆等，系承继洛达庙一、二期的同类器发展而来，在数量上占据主体；B群包括细绳纹鬲、有腰隔甗、敞口卷沿有肩盆等，也占一定比例，系源自下七垣文化；C群包括大口尊、小口瓮、敞口斜腹平底盆等，也有一定数量，可能是二里头文化和下七垣文化的共同因素；D群当时仅见鬲式斝一种，推测系二里头文化的宽裆敞口斝与下七垣文化常见的弧腹鬲相结合而创生的新器种。尽管所发表的材料并不完整，难以统计各群陶器的确切比例，但仍可知这类遗存的主体成分还是二里头文化的因素。不过，B、D群因素的存在也使我们很难再将其与洛达庙一、二期遗存一同归入二里头文化的二里头类型。鉴于此，当时笔者提出应将此类遗存视为二里头文化晚期在郑州地区所形成的一种新的地方类型。

实际上，1985~1986年在郑州黄委会青年公寓建筑工地发掘所获的所谓洛达庙中期和晚期遗存[4]亦属同一性质的遗存。袁广阔先生曾将这批遗存的陶器分为四组。其中，A组为二里头文化因素，数量最多；B组为下七垣文化因素，数量少于A组；C组属岳石文化因素，数量最少；D组属于A、B、C三组"混合后的产物"，约占陶器总数的20%[5]。可见，此处的洛达庙三期遗存与洛达庙遗址的第三期相比，不仅多出了一组源自岳石文化的因素，且融合型陶器的比例也高于洛达庙遗址第三期遗存。

此外，可以归属洛达庙三期遗存的还有1998年发掘的郑州商城宫殿区内一段早期夯土墙下叠压的一批灰坑。发掘者将这批灰坑中出土的陶器分成三组。其中，A组属二里头文化因素，约占出土遗物总数的85%；B组属漳河型先商文化因素，约占出土遗物总数的10%；C组系岳石文化因素，约占出土遗物总数的5%[6]。在这批材料中，也较洛达庙遗址的第三期多出了一组源于岳石文化的因素。需要指出的是，叠压这批灰坑的早期夯土墙中所出的陶器，从形制风格看，也当归属于洛达庙三期遗存。

通过对以上三处洛达庙三期遗存的陶器分组可以看出，其基本的共性是源自二里头文化的因素仍居主体。但各地点所见的下七垣文化和岳石文化的因素及其比重似有一定的区别，显示了这类遗存在郑州地区的不同地点面貌特征未必完全一致，陶器组合尚不具有质的稳定性。因此，我觉得目前还不宜将此类遗存视为二里头文化的一个地方类型，暂时仍以洛达庙三期遗存称之。

至于南关外期遗存，笔者同意安金槐与李伯谦先生的观点，将其特指以南关外遗址下层为代表的遗存[7]，认为这类遗存与二里岗下层早段的陶器相比仍有较大差异，年代上也早于后者，大体相当于二里头文化第四期。其陶器的成分来源并不单一，大体上可分为四群。A群包括无腰隔、无实足根、腰饰附加堆纹的甗和浅腹素面大平底盆等，属源自豫东或鲁西地区的岳石文化因素；B群包括卷沿细绳纹鬲、敞口斜腹的细绳纹甗盆等，是源于下七垣文化的因素；C群包括素面的斝、爵，属源自二里头文化的因素；D群包括大口尊、小口鼓腹的罐（小口瓮），属二里头文化和下七垣文化的共同因素。可见，这也是早商文化形成前夕，由岳石文化、下七垣文化和二里头文化三者相互碰撞、融合而形成的一种新的遗存。由于陶器群中褐陶的比例较高，较之同期的洛达庙三期遗存，似乎陶器群中的岳石文化风格显得更为浓厚。需要指出的是，根据2001年出版的《郑州商城》所报道的材料[8]，可知南关外期文化层中出有较多的陶鬲残片，仅从基本复原的陶鬲看，数量也多于其他器类，说明陶鬲应当是此类遗存中的主要炊器。这些陶鬲一般胎较厚，卷沿，深腹略鼓或扁圆，腹最大径居中，既有弧裆或矮平裆，又有分裆。其器形特征与下七垣文化漳河型多见的卷沿弧腹、腹最大径偏下的陶鬲有明显区别，但却与下七垣文化辉卫型中的常见陶鬲形制相近（图一）。所以，南关外期遗存中的下七垣文化因素很有可能是直接来源于该文化的辉卫型，而且在陶器群中应当是属于主导性的因素。

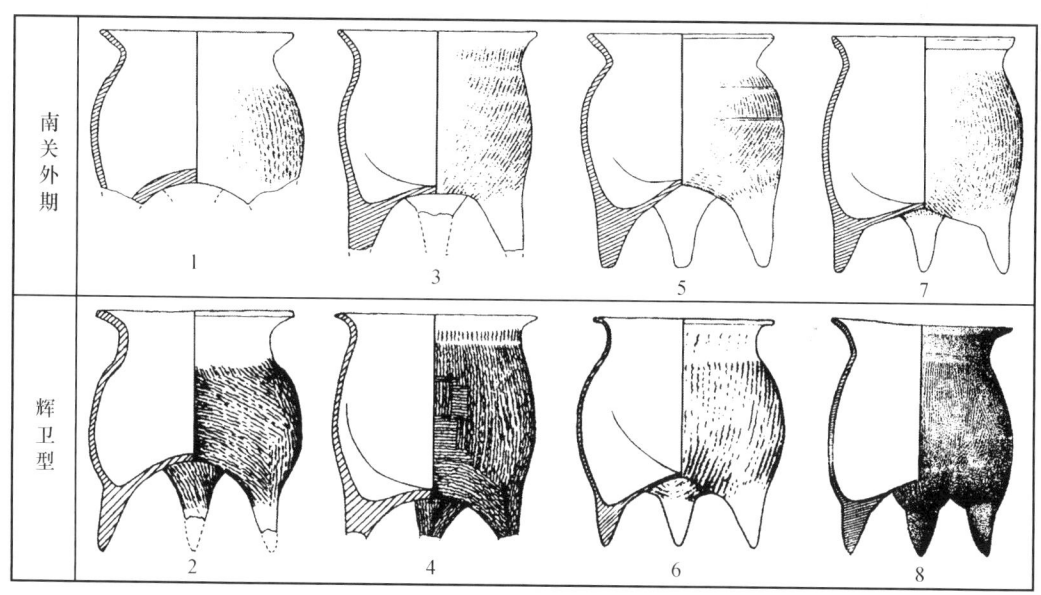

图一　南关外期遗存与下七垣文化辉卫型陶鬲对比图
1. 南关外C5T87④：132　2. 辉县孟庄ⅧT173③：1　3. 南关外C5T86④：53　4. 辉县孟庄XXT26H101：4
5. 南关外C5T87③：58　6. 淇县宋窑T302⑩：141　7. 南关外C5T102③：12　8. 辉县琉璃阁H1：87

郑州化工三厂遗存是指以1990年发掘的郑州化工三厂90ZSC8ⅣT2H1为代表的遗存[9]。发掘者认为这类遗存的特征与洛达庙类型、二里岗下层、南关外期遗存都存在很大差别，时代略早于二里岗下层，应相当于先商文化的较晚阶段。其陶器也可分为四群：A群包括素面罐、器表有刮抹痕的素面空足鬶等，为泥质棕陶或红陶，属源于岳石文化的因素；B群包括夹砂灰陶的鬲、甗和泥质灰陶的大敞口卷沿深腹盆等，数量上较A群稍多，系来源于下七垣文化的因素；C群包括器形独特的鬲形鼎、敛口鼓腹簋，不见于同期其他考古学文化，当属新创生的器形；D群包括内壁拍印麻点的小口瓮，是源于二里头文化的因素。在三支来源中，以下七垣文化因素表现较为突出。

以上分析表明，在郑州这一范围并不很大的区域内，在二里岗下层偏早阶段之前至少还并存着三种面貌独特的遗存，三种遗存中每种都能分析出二里头文化、下七垣文化和岳石文化的因素。洛达庙三期遗存仍以二里头文化因素居主导，南关外期遗存中的下七垣文化辉卫型因素居多，岳石文化因素也较浓厚，而化工三厂遗存中的下七垣文化因素最为突出。但是，若将它们分别与二里头文化、岳石文化和下七垣文化相比，面貌特征虽有不同程度的接近，其间的变化却泾渭分明。而与早商文化相比，又尚未具备二里岗下层早段之后所形成的那种稳定的基本陶器组合，也难以归入早商文化。在这三类遗存出现之前，郑州地区原为二里头文化二里头类型的分布区，与商族有关的下七垣文化和与东方夷人有关的岳石文化则俱为外来文化。三种遗存交错并存的复杂面貌，正是南下的下七垣文化与西进的岳石文化在此碰撞、整合过程中所形成的，是灭夏前后夷、夏、商三种势力于此冲突交汇的结果。豫东的杞县鹿台岗遗址以发现了成组的、特征鲜明的漳河型晚期陶器而引人注目[10]。以往宋豫秦先生曾经指出，豫东地区发现的这类因素应是由濮阳至杞县这一夹在岳石文化和辉卫型文化之间的"通道"南下，继而再西向发展[11]。在鹿台岗先商遗存中，下七垣文化漳河型的因素与岳石文化因素有了一个较密切的结合过程。也许正因为如此，进入郑州地区的外来遗存中都携带有较多的岳石文化因素。相伴进入郑州地区的下七垣文化和岳石文化因素，在南关外期和化工三厂遗存中都已结合得非常紧密。这种现象似乎表明，在成汤灭夏的斗争中，东方夷人很可能是商人最重要的盟友。

二

在偃师一带，已发现的"二里头四期偏晚"遗存和偃师商城第一期第1段遗存，年代与前述郑州地区三种遗存大体相当，文化面貌亦显示了一定的独特性。

在《早商文化研究》中，笔者曾主张将二里头遗址以ⅢH23为代表的部分"四期偏晚"的遗存从二里头文化中独立出去，认为其年代与二里岗下层偏早阶段基本同时，可以归入早商文化的第一期第1段。这是在《偃师二里头》[12]尚未出版之时得出的认识。其后，岳洪彬对二里头文化第四期遗存做了非常细致的分析[13]。他认为二里头四期偏晚阶段与偏早阶段相比不仅在器物形制上有变化，在器物组合上亦复不同，它们之间的差异已是"期"的不同而非"段"的差别。他将二里头四期偏晚阶段的陶器分为五组：A组包括有灰陶的盘口风格的深腹圜底罐和圆腹罐，还有厚胎绳纹实足尖鬲、大口尊、捏口罐等，是继承二里头原四期偏早阶段发展而来的；B组包括灰陶的素面实足尖的薄胎细绳纹鬲、薄胎平底深腹罐、束颈盆等，系成组出现的下七垣文化的因素；C组包括褐陶的刮抹纹中口深腹罐、大口罐、素面鼓腹鬲等，是源于岳石文化的因素；D组器类和数量较少，有蛋形瓮、单耳长颈鬲，是东下冯类型的因素；E组仅有一件袋足鬲，具有先周文化高领袋足鬲的风格。岳洪彬认为，正是因为其中B、C组因素的成组出现，才导致了此期的二里头文化遗存面貌与此前相比发生了重要变化。这种变化"应是以下七垣文化晚期为代表的商族文化大规模入侵造成的结果"。我基本同意他的观点，但有几点需做说明。其一，他之所以将实足尖上有绳纹的鬲类陶器都划入A组，是因为自二里头文化三期中就已见到这样的陶鬲。实际上，这种风格的陶鬲并非二里头文化自身有代表性的器类，归根结底仍是外来因素。这些胎地略厚、足尖有绳纹的陶鬲虽不同于下七垣文化漳河型陶鬲的风格，但在辉县孟庄、淇县宋窑等遗址中的下七垣文化辉卫型遗存中多见，仍应视为源自下七垣文化的因素。其二，岳文所分的E组陶器仅列举了一件陶鬲，其注释中该器的出处有误，又未列单位号，故不知其究竟指哪件陶鬲。在迄今发表的二里头文化的陶器中尚未见一件有"先周文化"高领袋足鬲风格的陶鬲，况且已知的所谓先周文化的高领袋足鬲并没有可早至二里头文化时期者。故此组器物可以暂不考虑。其三，《偃师二里头》报告中并未公布二里头四期偏晚诸单位的陶器器类统计表，但岳文中提到B组器物群"在数量和比例上几乎与原二里头文化的典型器群A组近同"。若然，则这批遗存从性质上就既不能划归二里头文化，也不能划归下七垣文化。其与组合稳定、器物形制定型化程度很高的早商文化相比，也存在较大的差异。例如，二里头四期偏晚阶段的陶器群中，陶鬲缺乏定型化特征，几乎一件一个样。缺乏早商文化中流行的浅盘粗柄豆、深腹盆形簋、鬲式斝等；大口尊既有口径与肩径相若者，又有口径稍大于肩径者。而这些特征，又恰恰使得其与郑州地区的洛达庙三期遗存和偃师商城的第一期第1段遗存的面貌十分接近。所以，目前也只宜将这类遗存视为外来的下七垣文化、岳石文化与当地的二里头文化碰撞、融合所形成的一种过渡性质的遗存，不应将其纳入早商文化。

偃师商城的发掘者根据宫城北部大灰沟（即后来所称的祭祀C区与祭祀B区）发掘中所见的层位关系以及陶器形制与组合的变化，将偃师商城商代遗存第一期细分成两段[14]。其中的第1段以T28的第9、10层和T32的第9B、9C层为代表。第2段则以T28的第8层和T32的第9A层为代表。已发表的陶器虽不很多，但熟悉发掘资料的王学荣先生却对第一期1、2段之间的区别与联系做了比较详细的总结。他将偃师商城第一期文化的陶器群分为五组，分别为具有二里头文化因素的器物、具有下七垣文化因素的器物、具有岳石文化因素的器物、具有晋南东下冯类型文化因素的器物和具有湖北盘龙城文化因素的器物。其中后三种来源的器物数量很少。王学荣认为，第一期1段"陶器群中具有二里头文化特征的陶器占绝对多数，也即二里头文化占较大优势，具'先商文化'特征的陶器只占一部分"。第2段陶器群"具'先商文化'特征的陶器群明显呈上升趋势，除祭祀区，宫城内、外其他地点表现出具'先商文化'和具二里头文化特征的陶器群在数量上大体均衡或前者略占上风，早商文化已略显成熟之势"[15]。而且通过比较提出，偃师商城的第一期第2段约与二里岗下层C1H9中偏早一组遗物（即安金槐先生所公布的该单位的材料）的年代相当，第一期第1段的年代则同意杜金鹏先生的意见，认为其早于以C1H9为代表的二里岗下层偏早阶段，与二里头遗址四期偏晚阶段的年代大体相当[16]。我认为王学荣对偃师商城第一期第1、2段内涵的总结是基本可信的，对两段遗存的年代判断也是很有道理的。但需要说明的有以下几点。其一，他所列举的"具有二里头文化因素的器物"中，大口尊、敛口瓮、高领瓮以及浅腹平底盆等器类不仅见于二里头文化，在先商文化尤其是辉卫型中也有一定数量。像这些器类笔者觉得宜划归为二里头文化与下七垣文化的共同因素，已很难确切说清它们的直接来源。其二，王学荣所说的具有东下冯类型文化因素的器物主要是指一种"斝"，即我所称的鬲式斝。他认为这种器物来源于东下冯类型中所见的单把高领鬲。通过观察可以发现，东下冯类型中的领部较高的单把鬲虽然早、晚都有，但并没有形成一种稳定的形态，也难以排出一个有逻辑的演变序列。偏晚的东下冯第三期的这类单把高领鬲颈部短粗，且残余有绳纹痕迹[17]。从类型学上很难将这类器物与洛达庙三期阶段开始出现的鬲式斝联系起来。以往我曾提出这是由二里头文化的一种单耳斝与商文化系统中典型的弧腹鬲相结合的一种产物。其三，王文所称的"具有湖北盘龙城文化因素的器物"，从其注释中所列郑州商城出土的相应器物来看，有的是指一种卷沿、鼓腹、圜底的罐形鼎，有的则指一种鼓腹、矮平裆的鬲。实际上，他所指的那种鼎，与下七垣文化中的罐形鼎（如辉县琉璃阁H1∶49）[18]就十分相似。而他所指的那种矮平裆鬲则与下七垣文化辉卫型中常见的陶鬲形态十分接近，并非是源于盘龙城的文化因素[19]。

明确了这几点，再来看偃师商城第一期遗存的性质与内涵。其第2段遗存，如果考虑到二里头文化与下七垣文化共有因素的存在，其组合特点就非常接近二里岗下层偏早阶段的遗存，且器物形制特点也与后者十分相似，应当归入早商文化。而第1段遗存，即使是考虑到二里头文化与下七垣文化共有因素的存在，恐亦难改变二里头文化因素占据优势地位的事实。那么，这样的一种内涵显然就更接近洛达庙三期遗存和二里头四期偏晚遗存，实际上从各类典型器物的形制风格比较来看亦是如此。这样，目前所见到的偃师商城的第一期第1段遗存从性质上就不宜归入早商文化，同二里头四期偏晚阶段遗存一样，也只能视为早商文化形成前夕的一种过渡性质的遗存。

通过以上分析可以看出，目前在郑州地区所发现的洛达庙三期遗存、南关外期遗存、郑州化工三厂遗存和偃师一带所发现的偃师商城第一期第1段遗存、二里头四期偏晚遗存，实际上都是由外来的下七垣文化、岳石文化因素与当地的二里头文化因素碰撞、融合后所形成的过渡型遗存，尚未最终形成一种统一的相对稳定的文化结构。这些遗存的面貌相互之间既有联系又有区别，南关外期遗存、郑州化工三厂遗存是以下七垣文化因素为主，洛达庙三期遗存、偃师商城第一期第1段遗存和二里头四期偏晚遗存则以二里头文化因素为主导，每种遗存又都含有或多或少的岳石文化因素。但是，鉴于这些遗存在文化内涵上均缺乏质的稳定性，似无必要一定将它们分别归入某一种考古学文化。

史载成汤以七十里或百里之地"兼桀之天下"(《管子·轻重篇甲》),其胜利自非一朝一夕之事。《孟子·滕文公下》有:"汤始征,自葛载,十一征而无敌于天下。"《诗·商颂·长发》又有"韦顾既伐,昆吾夏桀"之语,表明他的兼并战争当是一段艰辛而漫长的历程。而且,汤在灭夏过程中为了迅速壮大自身的力量,还与一些方国部族形成了伐夏的联盟。《楚辞·天问》中说:"成汤东巡,有莘爰极,何乞彼小臣,而吉妃是得。"说的就是成汤通过与东方的有莘氏联姻而得到贤臣伊尹之事。有学者认为有莘氏时居今豫东的开封、陈留等地,因为这一带直到春秋时还被称为"有莘之虚"[20]。《吕氏春秋·慎大览》则有"汤与伊尹盟,以示必灭夏"的记载,将商汤与伊尹所在的有莘氏结盟的目的说得更加清楚。通过联合与兼并,必然会造成较大范围内人群的穿插流动。而不同人群的穿插流动又必然会导致文化上的冲突、激荡与整合。商人原居豫北冀南,其伐桀路线不论是直接南下还是到豫东再转而西行,郑州一带都是必经之地。所以,郑州一带的三种遗存应当就是这种文化的动荡与整合时期的遗存。

偃师一带的两种遗存亦是如此。不过,由于偃师商城西距夏都二里头遗址仅约6千米,且与《汉书·地理志》班固自注和董仲舒《春秋繁露》中有关汤都所在的说法可相互印证,故而应是最具夏商分界界标性质的一处遗址。它的出现,年代自应在灭夏之后。以此观之,偃师商城第一期第1段遗存与下七垣文化因素成组出现的二里头遗址第四期偏晚阶段的遗存,绝对年代都应进入了商纪年。那么,在相对年代上与偃师商城第一期第1段大致同时的郑州地区的三种遗存,其出现时间虽然可早至灭夏前,但延续年代却可至灭夏之后。而在时间上晚于上述诸种遗存的以郑州二里岗下层早段为开端的早商文化的形成,则无疑已滞后于"汤革夏命"的发生一个时期。这种新形成的结构稳定的考古学文化,应当就是商代商国之人的文化,是一种以商族为代表的国族的文化。

三

二里头文化的形成,走过了与早商文化的形成大体相似的历程。以往大多数学者在探讨二里头文化的渊源时,都将豫西龙山时期遗存看作是二里头文化的主源,这自然有其合理之处。但将这一地区文化的嬗变视为豫西龙山—新砦期—二里头文化三者之间的单线传承,却与考古实际不符。实际上,在龙山时代晚期,豫西地区以嵩山为界并存着两支不同性质的考古学文化。嵩山以北以洛阳盆地为中心的地区分布着王湾三期文化,嵩山以南则分布着基本陶器组合与前者有很大区别的煤山文化。二里头文化正是以这两种文化的相互碰撞与整合为基础而形成的。所谓的新砦期遗存,恰是这种文化碰撞与整合时期所出现的结构尚不稳定的过渡性遗存。这一点，笔者在《从嵩山南北的文化整合看夏王朝的出现》一文中已做了较为细致的论述[21]，此不赘述。

需要补充的是，新出版的《新密新砦——1999～2000年田野考古发掘报告》[22]中所报道的材料，则更能体现新砦期遗存的自身特点及其形成机制。报告所分的新砦一期属于龙山时代晚期遗存，据其器类统计，此期器形以罐（主要是深腹罐）、碗（钵）和小口高领罐最为常见。其中罐类占64%、碗（钵）占16%、小口高领罐占5.33%，其他器类均不超过5%，"在上述各器类中，罐类占一半以上，加上碗、钵这三种器类达到整个常见器物群的80%，属于典型的罐文化区的特征。……鼎的数量没有豆、杯和圈足盘的数量多，属于不常使用的器类。"按照这种陶器器类构成及其比例，无疑可将新砦一期遗存归入以罐类为主要炊器的王湾三期文化的范畴。到新砦二期即考古界习称的新砦期，则有了以下几方面的重要变化。其一，在陶器群中罐类器的比例明显下降，占42.96%；而鼎的比例则由一期的1.6%大幅上升到9.23%，已成为数量仅次于夹砂深腹罐的一类炊器。这不能不说是受到了嵩山以南的鼎系文化圈的影响。其二，器盖的数量大增，由一期时仅占1.07%上升到23.58%，居第二位。与此相应的是，需要带盖的器物数量也应增多。检视器物统计表可以发现，一期的子母口缸（瓮）占0.8%，而二期的同类器占1.01%，并无明显的变化。但是，正如报告作者所做的实验那样，此时唇沿加厚的深腹罐、子母口鼎以及四足瓮的口部都可与相应大小的器盖契合。有人认为新砦期遗存之所以与当地龙山期遗存相比发生了大的变化，其中一个重要原因就是此时以子母口器为代表的东方因素的大量涌入[23]。在永城王油坊[24]、杞县鹿台岗[25]等豫东地区的龙山晚期遗存中，子母口缸（或瓮）确是数量稍多的一种器类，且与新砦遗址二期所见的同类器形制相似，故不排除新砦遗址二期遗存中的此类器受豫东地区的影响而产生的可能。但事实是此类器物在新砦一期即王湾三期文化阶段就已出现，且到二期并未发生数量与比例上的质变。那么确切地说，新砦二期子母口器增多主要就是指子母口鼎的流行。然而，经过考察豫东乃至山东地区的龙山时期遗存，并未发现有哪种文化（或类型）是以新砦二期式的子母口鼎为主要的流行样式，甚至都找不到形制完全近同者。这种情况下，显然不能排除此时突然增多的子母口鼎是受先已存在的子母口缸（瓮）的启发而新创制的可能。而且，这类鼎多有双把手，足较高，也当是随着使用方式的变化或他地流行样式的启发而作的改进。溯其源头，流行用鼎本身仍应与鼎系文化圈中煤山文化因素的加入有密切的关系。其三，此期碗、钵类的数量急剧减少，由一期的16%锐减到此期的2.83%。其中原因，尚不明了。但无论如何，上述变化已经使得新砦二期遗存的文化面貌明显区别于新砦一期。

新砦遗址所在的新密一带，恰是以深腹罐为主要炊器的王湾三期文化的东南部边缘，临近以鼎为主要炊器的煤山文化分布区，新砦期遗存诞生于此当并非偶然，显系嵩山南北这两支异质文化剧烈互动的结果。当然，如同早商文化形成之前所出现的过渡期遗存一般，在嵩山南北的文化整合过程中也还加入了来自其他地区的一些文化因素。伴随着嵩山南北的文化整合，这一区域内的聚落形态也由多中心、对抗式的布局转变为二里头文化时期的金字塔式的层级聚落结构。联系到相关文献的记载，我认为这种文化格局与聚落形态的转变，就是起因于夏启对有扈氏与观氏等敌对势力的大规模征伐与兼并。而新砦期遗存由新密到郑州，再到洛阳盆地的花地嘴，正显示了原居嵩山以南的夏人势力北上西进，入主洛阳盆地的发展历程[26]。所以，作为嵩山南北文化的动荡与重组时期的新砦期遗存，其绝对年代应当就在夏纪年的范围之内。但作为嵩山南北建立起统一政治秩序之后所形成的夏国之人的文化，应当还是具有质的稳定性的二里头文化。不过，这一文化的形成显然已经滞后于夏王朝的建立。在此之前的新砦期遗存，或许还包括时代大体相近的登封王城岗的龙山最晚期遗存，虽然都与夏族有密切的关系，绝对年代也可能都在标志一个新时代到来的"钧台之享"之后，但严格意义上却还不是夏代夏人的考古学文化。因为夏代的夏人不仅包括了夏族，还包括了与其结盟或被其兼并的诸多族氏，此夏人显然已指夏国之人，即一种国族。在新砦期，既然作为一种结构稳定的夏国之人的文化还未形成，那么从概念上就不应当笼统地称其为早期夏文化。

通过对早商文化和二里头文化的形成过程与形成机制的考察可以发现，在这两种文化形成之前，都曾存在过一段文化的动荡与重组的时期。其深层原因当系成汤和夏启时期因大规模的联合与兼并所导致的人群的穿插和流动以及社会秩序的重建。在这一过程中，不同人群原有的文化传统的崩解，从而整合为一个新的文化体系，其中的各类文化成分显然都需要有一个吸收与融合、淘汰与扬弃的时期，使得此前此后结构稳定的考古学文化间会多多少少产生一些面貌复杂、非此非彼的文化遗存。由于这些整合过程中的遗存在文化内涵上皆呈现出明显的过渡性的特征，故而普遍缺乏一种质的稳定性。这些过渡性的遗存在年代上虽有可能全部或部分已进入了夏或商纪年，但由于文化结构上的非稳定性特征，仍然很难将它们归入稍后形成的二里头文化或早商文化。二里头文化作为夏代夏国之人的文化，早商文化作为商代早期商国之人的文化，它们的形成无疑都已滞后于王朝建立后一段不算很短的时间。对这种文化形成滞后于王朝建立的重要现象的探索与思考，同样有助于理解史前时期考古学文化的演进及其动因，有助于理解考古学上所说的过渡期与过渡性遗存的存在。

注　释

[1] 〔美〕C.恩伯、M.恩伯著，杜杉杉译：《文化的变异——现代文化人类学通论》，辽宁人民出版社，1988年。

[2] 王学荣：《夏商王朝更替与考古学文化变革关系分析——以二里头和偃师商城遗址为例》，《古代文明研究》第一辑，文物出版社，2005年。王学荣：《制度革新与文化融合——王朝

更替与考古学文化变革关系的个案分析，以二里头和偃师商城遗址为例》，《二里头遗址与二里头文化研究》，科学出版社，2006年。

[3] 王立新：《早商文化研究》，高等教育出版社，1998年。下文我的观点凡出此书，皆不再另加注释。

[4] 河南省文物研究所：《郑州黄委会青年公寓考古发掘报告》，《郑州商城考古新发现与研究》（1985~1992），中州古籍出版社，1993年。

[5] 袁广阔：《关于先商文化洛达庙类型形成与发展的几点认识》，《二里头遗址与二里头文化研究》，科学出版社，2006年。

[6] 河南省文物考古研究所：《河南郑州商城宫殿区夯土墙1998年的发掘》，《考古》2000年第2期。

[7] 河南省博物馆：《郑州南关外商代遗址的发掘》，《考古学报》1973年第1期。安金槐：《对于郑州商代南关外期遗存的再认识》，《华夏考古》1989年第1期。李伯谦：《先商文化探索》，《庆祝苏秉琦考古五十五年论文集》，文物出版社，1989年。

[8] 河南省文物考古研究所：《郑州商城——1953~1985年考古发掘报告》上册，文物出版社，2001年。

[9] 河南省文物考古研究所郑州工作站：《郑州化工三厂考古发掘简报》，《中原文物》1994年第2期。

[10] 郑州大学文博学院、开封市文物工作队：《豫东杞县发掘报告》，科学出版社，2000年。

[11] 宋豫秦：《夷夏商三种考古学文化交汇地域浅谈》，《中原文物》1992年第1期。

[12] 中国社会科学院考古研究所：《偃师二里头——1959年~1978年考古发掘报告》，中国大百科全书出版社，1999年。

[13] 岳洪彬：《二里头文化第四期及相关遗存再认识》，《21世纪中国考古学与世界考古学》，中国社会科学出版社，2002年。

[14] 中国社会科学院考古研究所河南二队：《河南偃师商城宫城北部"大灰沟"发掘简报》，《考古》2000年第7期。

[15] 王学荣：《偃师商城第一期文化研究》，《三代考古》（二），科学出版社，2006年。

[16] 杜金鹏：《偃师商城与"夏商周断代工程"》，《偃师商城初探》，中国社会科学出版社，2003年。

[17] 中国社会科学院考古研究所、中国历史博物馆、山西省考古研究所：《夏县东下冯》，文物出版社，1988年，第82页，图八一，4~6。

[18] 中国科学院考古研究所：《辉县发掘报告》，科学出版社，1956年，第8页，图七，4。

[19] 2001年出版的《盘龙城——1963~1994年考古发掘报告》对盘龙城遗址夏商遗存的分期与年代判断有不妥之处。蒋刚先生对其进行了重新分期与断代。他所划分的商代遗存第一期第1

段陶器特征十分接近郑州南关外期遗存，年代亦应相当。袁广阔先生首先注意到这两批遗存的相似性，但他认为南关外期遗存中的"鬲式鼎"与素面的斝、爵等因素源自盘龙城是不能令人信服的。在蒋刚重新划分的盘龙城商代遗存第一期1段之前，鄂东北地区并没有形成使用所谓"鬲式鼎"、矮平裆鬲以及素面爵、斝的传统。其中的"鬲式鼎"与矮平裆鬲如上文所说是下七垣文化辉卫型中的典型陶器，素面的爵、斝又是二里头文化中有代表性的器物。这些因素先已汇聚于郑州地区的南关外期遗存之中，所以，盘龙城的这类因素倒是很有可能直接源于郑州地区。参见蒋刚：《盘龙城遗址群出土商代遗存的几个问题》，《考古与文物》2008年第1期。袁广阔：《关于"南关外期"文化的几个问题》，《中原文物》2004年第6期。

[20] 晁福林：《从方国联盟的发展看殷都屡迁原因》，《北京师范大学学报》1985年第1期。

[21] 王立新：《从嵩山南北的文化整合看夏王朝的出现》，《二里头遗址与二里头文化研究》，科学出版社，2006年。

[22] 北京大学震旦古代文明研究中心、郑州市文物考古研究院：《新密新砦——1999～2000年田野考古发掘报告》，文物出版社，2008年。

[23] 赵春青：《关于新砦期与二里头一期的若干问题》，《二里头遗址与二里头文化研究》，科学出版社，2006年。

[24] 中国社会科学院考古研究所河南二队、河南商丘地区文物管理委员会：《河南永城王油坊遗址发掘报告》，《考古学集刊》5，中国社会科学出版社，1987年。

[25] 郑州大学文博学院、开封市文物工作队：《豫东杞县发掘报告》，科学出版社，2000年。

[26] 王立新：《从嵩山南北的文化整合看夏王朝的出现》，《二里头遗址与二里头文化研究》，科学出版社，2006年。

（原刊于《考古》2009年第12期）

关于文明探源研究的一点思考

许永杰先生提出在"夏商周断代工程"和"文明探源工程"研究中存在两个瓶颈问题,一是年代学上的,一是材料上的。笔者个人理解,探索中原文明的起源与形成,单靠年代学的研究可能在相当长的时间内难以形成突破。而单靠文献材料,可能也很难形成突破性的认识。一则可资利用的传世文献有限,二则现存文献史料或多或少都有可疑可析之处。孟子云,"尽信书,则不如无书"。这个"书",指的是《尚书》。连《尚书》这样的文献都不可全信,何况那些追溯三皇五帝的书呢?所以,若想解决文明形成的问题,只能从考古学角度出发,去寻找新的史料。

在考古学关于文明起源与形成的研究上,笔者认为必须把握两个关键点。一是要确定明确的基点。殷墟已进入文明阶段,这一点是举世公认的。"文明探源工程"将研究的时代下限定在公元前1500年,应当就是考虑到殷墟已是非常可靠的基点。也正是因为殷墟的发现才使得商史成为信史。另一个需要把握的关键点,就是在文明探源研究中要强调综合性的指标。这一综合性的指标在西方就是指城市的出现,而在中国,应当以都邑的出现作为这种综合性的指标。柴尔德曾提出城市革命的理论,尽管其后有不同的修正意见,但至今仍是西方史学界、考古界的一种主流性认识。傅筑夫、张光直等很早就认识到中国古代城市具有自身的特点,主要是政治权力的中心[1]。这样的中心与其称之为城市,不如称其为都邑。而什么是都邑?文献说得很明白,"凡邑,有宗庙先君之主曰都,无曰邑"(《左传·庄公二十八年》)。可见,在古人看来,都与邑最重要的区别就是先君宗庙的有无。中国三代以降的社会,之所以被许多学者归结为家天下的社会,其根源概本于此。祭祀先君之宗庙的出现,应是家天下局面形成的最重要的标志。

偃师商城宫城的全面揭露是一项了不起的工作。从布局上看,其内的主要建筑包括东西两列。东列建筑有明显的祭祀遗存,功能上很可能与宗庙有关。而西列建筑的南部是大型敞厅式建筑,适合作办公场所,北部是排房,门前有水井,是生活场所,恰好符合前朝后寝的古代宫室布局理念,应是宫殿[2]。再看盘龙城商城、垣曲商城、东下冯商城、焦作府城商城等这些周边城邑,城内的主要建筑只是一组前后两进或三进的四合院式建筑,很适合作官署,而绝不见宗庙性质的建筑。这就是都与邑最重要的区别[3]。

由此往前再看二里头遗址,由许宏先生主持的宫城发掘也是一项了不起的工作。偃师商城宫城内宫庙建筑东西分列的格局与二里头遗址宫城内的建筑布局十分相似。

二里头遗址第三期出现宫城，此期宫城的西南部由一号宫殿建筑及其南侧的第七号夯土建筑基址构成一列建筑，一号宫殿主体殿堂、南侧的门塾和七号建筑基址三者遵循着同一条南北轴线。王学荣推测这七号建筑基址应是与一号宫殿建筑配套使用的、重要的、具有礼仪性质的门塾遗存[4]。二里头三期宫城内的东列建筑以二号宫殿建筑为重心，位于宫城内东侧偏北位置，四号夯土建筑基址位于其正南。二号宫殿主体殿堂、二号宫殿建筑南门塾与四号夯土建筑基址的主体殿堂大体遵循着同一南北轴线。这东西两列建筑中，布局比较清楚的一号宫殿，杜金鹏先生认为应是一内部没有分间的敞亮厅堂，应系朝堂建筑[5]。而东侧的二号宫殿建筑很早即被绝大多数学者认可为宗庙建筑。由此可见，偃师商城第一期宫城内宫庙东西并列的格局乃至"前朝"与宗庙建筑在宫城内的具体位置，都与二里头三期宫城的布局有惊人的相似之处。就目前的发现来看，二里头三期东列建筑下压的二期三号和五号建筑基址的庭院中均发现有成排的贵族墓葬，显然也非用于起居和平时办公的建筑，很可能也属于宗庙的重要组成部分。不仅如此，偃师商城宫城在小城中居于中部略偏东南，而二里头遗址的宫城，也是居于整个遗址中部偏东南处。所以，偃师商城宫城位置的选择和宫庙分列的整体规划可能继承了二里头夏代晚期宫城的建筑理念。所不同的是，单个建筑的形制结构发生了变化，建筑的朝向也由二里头时期的一律面向东南而变为一律面向西南。而这恰如文献中所说，"殷因于夏礼，所损益可知也"（《论语·为政》）。显然，与早商都邑中类似的宫、庙布局的出现，使得二里头遗址有理由被认定为都邑，从而成为继续上溯都邑的出现与中原文明形成的一个新的基点。

再往前，新砦是一个极其关键的遗址。建议今后若有条件，应大面积甚至全面揭露该遗址的中心区，摸清其布局。对于年代更早些的陶寺、王城岗等遗址，也应集中精力开展这方面的工作。

所以归结起来，由许永杰先生提出的两个瓶颈问题，笔者想到了文明探源研究中应当把握的两个关键点。而这两个关键点合起来看就是一个工作核心，那就是在今后的工作中着力寻找和确认综合性的判定指标即都邑，其中至关重要的一项工作就是要寻找和确认宗庙性质的遗存。

附记：本文由作者2012年5月22日在江苏张家港"中国文明起源与形成学术研讨会"上的讨论发言整理修改而成。

注　释

[1]　傅筑夫：《中国经济史论丛》，生活·读书·新知三联书店，1980年。张光直：《关于中国初期"城市"这个概念》，《文物》1985年第2期。

[2]　杜金鹏、王学荣：《偃师商城近年考古工作要览——纪念偃师商城发现二十周年》，《考古》2004年第12期。

［3］　王立新：《从早商城址看商王朝早期的都与直辖邑》，《新果集——庆祝林沄先生七十华诞论文集》，科学出版社，2009年。

［4］　王学荣：《夏商王朝更替与考古学文化变革关系分析——以二里头和偃师商城遗址为例》，《古代文明研究》第一辑，文物出版社，2005年。

［5］　杜金鹏：《偃师二里头遗址一号宫殿基址再认识》，《安金槐先生纪念文集》，大象出版社，2005年。

（原刊于《中国文物报》2012年8月1日第3版综合）

浅论考古资料系统化与解释研究的方法

按照国内目前通行的看法，一般的科学方法从其研究的内容看可分为两类：一类是获取对象的现象、事实、材料的经验方法；一类是对获取的材料进行概括、形成概念、造成判断、进行推理、构成理论体系的方法。考古学中以地层学为主的发掘方法、具体遗存的模拟试验等手段即可归属第一类，而类型学、年代学、系统的模拟和系统的类比等方法或方法体系则可归入第二类。其中第二类从世界考古学的研究现状来看，又可据研究目标不同而分为两小类：一类是以类型学、年代学为代表的基础方法论，旨在使离散的考古资料系统化；一类是以系统的模拟和系统的类比为代表的高层次方法论，旨在解释历史现象和历史过程。

一、考古资料系统化研究的方法

考古学是世界范围内认识人类历史的重要桥梁，考古学方法或方法论的进化在一定程度上标志着本学科的发育程度。

一般认为，现代考古学是以田野考古为基础，以地层学、类型学方法的采用为产生标志。然而，长期以来，在中国考古学研究中，地层学和类型学一直被视为本学科的主体方法论，缺乏明确的功能和层次之分。

考古地层学的产生是受地质学上地层原理的启发。与地质学所不同的是，考古地层学面对的主要是人类活动时期形成的不同堆积。与传统的古物学或金石学相比，考古地层学的确立主要是从根本上改变了以往获取资料的方式。从这一意义上看，有些学者将它看作现代考古学所采用的一种技术手段[1]，也有一定道理。当然，这还涉及一般科学方法论上有关技术与方法区分的争论。而我们的目的乃是要分清地层学与类型学各自的应用范围与功能，进而明确它们各自在考古学方法中所应占有的地位。

考古类型学的产生受近代自然科学，尤其是生物学分类思想的影响，它与生俱来就是一种研究资料的手段，并且成为考古学研究的一种重要的基础方法论。自20世纪20、30年代，地层学和类型学相继被中国学者所采用。在以后的考古学研究中，二者逐渐紧密结合，地层学和类型学一样，也被视为一种重要的研究方法。事实上，这是将分期中所应用的层位关系分析（相对年代分析）混同于地层学本身，从而导致的一种误解。

当然，中国考古界的一些杰出学者在对待地层学和类型学的关系上则持深思熟虑的态度。早在20世纪30年代，苏秉琦先生发掘宝鸡斗鸡台时，就首次运用了较为纯粹的类型学分类和排序[2]，成为中国考古学真正意义上类型学使用的开端。60年代，苏秉琦先生《洛阳中州路》结语[3]、邹衡先生《试论殷墟文化分期》等著作所使用的分期方法[4]，标志着中国考古类型学走向成熟。在他们那里，地层学所提供的层位关系只起类型学排序的一种年代导向作用，从客观上明确了地层学与类型学各自的主要作用，摆正了二者的关系和地位。

考古类型学的研究还可运用在多种考古学文化所共同拥有的单类成分，尤其是单类器物的分类和排序研究方面。其中林沄先生东北系青铜短剑的研究和高广仁先生、邵望平女士史前陶鬶的分类排序成为这类研究的范例[5]。对于单类器物的类型学考察使类型学本身更加具有独立的性质。

遗存年代的分析方法有人称年代学。年代学研究包括两个方面：①对遗存相对年代的分析研究。它不仅包括对遗存所在实际层位关系的分析，而且包括以往考古文献所提供的"间接层位"关系的分析，即以往根据层位关系确立了相对早晚关系的遗存演变序列，能为其他与之有共生关系的遗存的类型学排序提供年代标杆。除此之外，共同组合关系中多类器物演变逻辑相互参照等方面的分析也能提供遗存相对早晚关系的导向。②遗存绝对年代的分析。主要是运用现代科学技术如^{14}C、树木年轮、铀系法测定的年代数据分析遗存的绝对年代，在有史时代，器铭的考释和文献记载的比证也往往能够提供有关遗存绝对年代的重要信息。

总之，地层学本身是获取资料的方法体系，地层学提供的层位关系又成为年代学研究的一种依据。不能因地层学的层位关系对遗存具有一定的年代导向作用而将它认为是类型学分析的基础。完美的类型学应当摆脱地层学的羁绊而成为一种相对独立的分析方法。

类型学、年代学相较之下，类型学是构筑考古遗存时空框架从而使离散的考古资料系统化的主导方法论。类型学分类的关键在于同类器物不同型别（或亚型）的辨识，排序主要是用式别表示每一型（或亚型）的演变顺序和阶段性。类型式的划分应充分体现遗存多元并行（包括分叉和合一）的演进关系。这是最基本的类型学思想。但是，在中国考古学的研究实践中，类型学一直存在着运用层次和运用水平上的巨大差别。直到今天，仍有很多考古工作者对遗存的分类和排序并未遵循类型学的一般法则。主要存在两种不良倾向：①分期排队主要依据地层，混淆类与型、型与式的划分，从而根本无从认识遗存发展演变的逻辑。②不分型、只分式，同类器物往往简单连缀成单线机械的演进序列。因此，在资料系统化的过程中，严格的类型学分类、排序应当成为每一位考古学者所应掌握的基本方法。

类型学的分类、排序还可诉诸量化手段。量化的分类在欧美出现较早，自20世纪50年代即开始普遍运用。通常是先凭经验观察，划分大的器类，如手斧、砍砸器、刮削器等。然后确定这些类别的若干有意义的属性（通常为线性测量值、比值或百分比，也有名词性属性），通过对这些属性的聚值分析来考察某一大类器物是否可继续划分为若干小类、型或亚型。当然，事先必须对原始的属性值进行一种数学的线性变换。这样，最终的结果就会形成一个分类的系统（hierarchy）[6]。量化分类与传统的经验分类在所要达到的目的上有着相同的一面，如分出若干型和亚型。但在具体的观察与操作中，量化分类往往同等地考虑很多个属性项，而传统的分类则多从经验出发选择那些看似明显的特征。所以在一定意义上说，量化分类与传统分类的区别主要是精确度的不同。但是，量化分类依然无法完全摆脱主观因素的制约，究竟选择哪些属性，这些属性是否含有型或亚型的意义则必然渗入主观判断的因素。另外，观察的属性项越多，比较分类的过程就必然愈趋复杂和困难。还有，对一些纯性状的因素如纹饰难以进行计量处理，结果就只好用更为模糊的0和1来表示，0代表无纹饰，1代表有纹饰，这样必然会对分析结果的科学性造成很大影响。由于种种主观和客观因素的限制，量化分类尚无法取代经验的分类。况且，在量化分类的同时，同型（亚型）遗存属性上的亲疏关系在排列上虽有可能构成一种时间上的顺序关系，但其终究无法替代类型学的排序功能。

分期是构建时空框架的关键，而分期的基础则是类型学的分类和排序。具体的分期也可分为以经验为主的分期和以量化为主的分期两种。前者在中国考古学中一直颇受重视。经验分期的关键在于把握组合关系以及期、段、组的划分标准。量化分期目前在我国尚处于初步尝试阶段。例如，史家墓地已有五种分期方案[7]，其中两种分期方案是运用的量化手段。总的分期结果彼此都有出入。尤其是量化分期的结果与地层关系有不同程度的相悖现象。事实上，出现这种结果的原因主要在于原报告作者并未采用严格意义上的类型学方法进行分类排序，而不在量化分析本身。史家墓地所有经分类的器物只有式别，从根本上混淆了型与式、平行与演变的关系。

类型学的另一重要作用便是在时空框架业已设立的基础上揭示考古学文化的谱系关系。以往单纯的类型学研究，着眼点多在于同一文化或同一器类中的比较、分类和排序，与此同时却忽略了将一个考古学文化的遗存同它"前后左右"的考古学文化的遗存进行宏观时空上的比较，在宏观比较中确定那些具有文化含意的型别。在此基础上划分的同类器物的不同型别往往在分布地域上不同，渊源上也有所差异。区、系、类型思想的产生即是以此为出发点。这一思想是苏秉琦先生1975年给吉林大学考古专业学生做报告时首先提出的，继而又在俞伟超、张忠培先生倡导的谱系研究中得到系统的阐发[8]。

绝大多数考古学文化都是多元的、开放的系统。一个考古学文化往往既有承继同一根系考古学文化的因素，又有吸收不同根系考古学文化的因素。分析同一考古学文化的结构和考察不同考古学文化之间的异同都应建立在文化因素纵向与横向的比较之上。同一根系前后承继（包括分枝）的考古学文化构成一种以纵向为主的系统；一定区域内不同根系、互相交流影响的考古学文化系统又构成一种横向上更大范围、更高层次的系统。这些系统在一定区域、一定时间内呈现相对稳定的状态。在某些情况下会产生系统的巨幅涨落，出现文化传统的断裂或替代现象。只有进行宏观的比较才能揭示考古学文化的谱系关系，反过来说，分类必须带着谱系的观念去搞才会具有张光直所说的"文化社会意义"[9]。

在宏观比较中产生的谱系思想同样能够指导类型学的微观解析研究。这种认识的前提是同类器物本身的各个组成部分有时也具有谱系的含意。因此，在进行单类器物的类型学分析时，可将形制复杂的器物分解为几个基本的组成部分。首先，对各个组成部分进行分类，在此基础上选择有明显演变规律可循的某一个或几个部分进行排序，以期指导组装后的各型别的演变序列；其次，通过对单类器物的分期，进一步探讨该类器物各个型别其至某一基本组成部分的源流，以及该类器物各个基本部分的组装机制，认识该类器物发生、发展和消亡的过程。进而深化对含该类器物的诸考古学文化谱系关系的认识。微观解析的研究方法能将以往整体的器物观察转化为不同部位、不同构件的系统分类和排比，从而避免整体观察可能具有的模糊性和片面性。

综上分析，类型学与年代学应是建立考古学文化时空框架、揭示考古学文化谱系关系的基础方法论，其主旨在于将离散的考古资料用时空和谱系这两条线索加以有机的串联，从而形成考古资料的系统化。

当然，类型学与年代学并不能代表考古资料系统化的全部研究方法。聚落考古中的空间分析客观上也成为一种促使资料系统化的有效方法，如遗物出于遗址中何处，遗址内诸遗迹的布局关系。遗址定位选择的何种地形，以及一定区域内遗址的分布状况等都成为空间位置分析的考察对象。这些位置关系国外一般采用量化手段来研究。

毫无疑问，考古资料的系统化并非我们的终极目的，这是由学科本身的性质和发展趋势所决定的。如若到此为止，我们所要建立的考古学史学体系则只能是徒具骨骸而已，考古学就永远无法赋予历史以人化的含义。

二、考古资料解释研究的方法

考古资料经历了系统化处理之后，必然要成为考古学解释历史现象和历史过程的重要出发点。

从世界范围内的考古解释研究来看，系统思想与系统理论成为指导性的思想和方法论。在实际应用中，这些理论和方法依据本学科自身特点至少可以分两类：一类是通过建立模式对考古学文化各个系统进行演绎推理的模拟试验研究；一类是运用不同学科之间相似的资料系统进行类比。前者普遍采用了定量分析,后者主要处于定性分析阶段。

1. 系统模拟

20世纪40年代,美洲考古学的时空框架大体形成,在此基础上,相当多的考古学者开始把目光转注于人类生存方式和历史发展过程的解释研究。60年代末、70年代初与系统科学同步兴起的模拟考古学又逐渐从方法上取代了传统的聚落形态和遗存功能的分析方法。如今,模拟试验在欧美考古学中的运用范围已相当广泛。小到一件石器制作过程与功能的分析,大到聚落过程的分析研究普遍采用了模拟方法。对于单个或单类遗存的产生、使用、废弃的过程及功能的模拟在方法上属本文开头所分的第一类。本文着重分析考古学文化各种系统的模拟。

在各类系统的模拟研究中,人与自然环境的关系成为考古学家注意的焦点。系统模拟的具体分析步骤如图一所示。首先,确定研究的目标,估测与研究目标相关的各个组成部分的参数值;其次,建立数学的或逻辑的模式。数学的模式一般表现为方程式。运用方程式将各种参量组织到一个动态的系统之中。在不同的制约条件下,参量的变化自然会导致这一系统的不同适应结果。因此,研究者必须考虑这一系统可能会出现的若干结果,通过数理推论来选择最优方案,从而对某一考古学现象的过程或某些环节的信息提供预测。当然,这种预测必须经历实际考古资料的验证才能成立。那些经过反复验证的演绎理论就会成为一定时空框架内普遍适用的解释理论。在一般的系统模拟中,电脑扮演着举足轻重的角色。当代欧美模拟考古中常用的模式有些是借用人文地理学和民族学中已经比较成熟的模式,如人文地理学中的基本网格模式,都有现成的方程式可供利用;另一些模式则是面对复杂的考古现象而重新设计的,如针对日本绳纹时代的人口增减情况而设定的模式即属此类[10]。

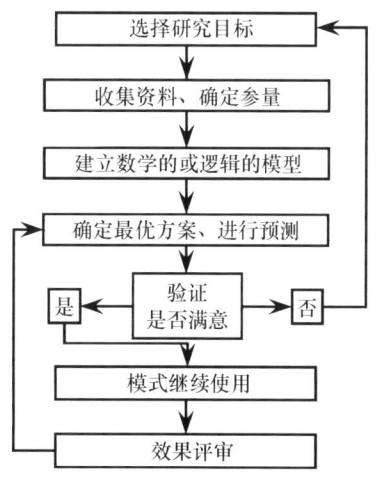

图一　系统模拟的具体分析步骤

一般来说，进行考古学文化各个系统的模拟首先要求考古资料具有一定的时空系统性。从某种意义上说，进行这类研究从发掘阶段即已开始。欧美考古界相当盛行的聚落系统研究就是建立在重点发掘与广泛调查的基础之上。它要求发掘者一开始就具备系统研究的主观意识、对一定区域内特定考古学文化的聚落群有一个时空上的整体了解，继而在考古资料系统化的基础之上从事较高层次的聚落形态研究。20世纪70年代初，克拉克运用随机游动模式对欧洲黄土地带班克拉美克（Bandkerramik）和卡罗斯（Karos）地区新石器时代早期聚落传播情况进行的模拟研究，即属这类研究中较为成功的例子[11]。

模拟研究一方面要求考古资料的系统性，另一方面又要求田野工作中攫取信息的多样性。例如，收集聚落活动时期各个阶段各个地点的土样和大量的非人工遗物，以便通过各种检测手段来认识当时的生态环境、人们的取食范围等方面的情况。而且，对于聚落经济系统的模拟常常要求发掘者提供一个有关遗址周围土地、水源和农业潜力的详细地图。在实际的操作过程中，往往就是要格外注意那些遗址文化层分布地带以外区域内的人工制品的散落以及水资源的变迁等情况。

不可否认，在具体模拟研究中所使用的一些信息往往是出于大致的估计。比如，每亩作物的产量、每只羊或每头牛每年所需的青草量、每只家畜过冬所需的饲料量等。因此，有些模拟结果不太理想。但从总体上看，这类研究代表了考古资料系统化之后的研究新方向。以往，中国考古学虽不乏对聚落系统、经济系统、生态环境系统诸方面的考察，但是，目前系统的模拟试验研究尚未滥觞。

2. 系统类比

古代遗存及其环境虽然缺失了作为活性的人的存在，但考古学家依然能通过已知的事物来推测未知的事物。除了运用模拟试验演绎推理之外，另一种由已知推求未知的方法即是类比。类比应当遵循一定的规则，这在杨建华女士《试论考古学研究的三个层次及其方法》一文中已有详细的论述[12]。事实上，类比的关键不仅在于类比对象之间具有某些相似性的联系或是时空、文化发达程度的尽量接近，更为重要的是，应将类比双方都看作一个有机联系的系统，通过一个系统中各种因素的有机联系来推测另一系统中应当具有的某些现象和规律。只有如此，才能避免形而上学式的类比。这样的类比我们暂称为系统类比。类比的资料主要来自其他人文学科，如历史文献学、古文字学、历史地理学、民族学等。

长期以来，中国考古学解释研究的兴奋点在于各种社会关系的研究。而且，由于接受了唯物辩证法与历史唯物主义原理的指导而取得了举世瞩目的成绩。系统类比的应用在中国有着得天独厚的优势。中国是一个有着悠久文献传统的文明古国，古籍典册浩如烟海，近代历史地理学、古文字学和民族学的兴起更为中国考古学的解释研究注入了新的动力。

众所周知，古文字学、历史文献学资料系统和考古学资料系统的类比和参证使得商周文明的研究成为整个中国考古学的重要基石。而且，由于商周考古所取得的成功经验使得考古学上溯中国文明的起源已成为可能。从世界范围来看，中国考古学的系统类比研究丝毫不落人后。试举以下两例说明。

20世纪60年代中期完成的《元君庙仰韶墓地》一书是史前墓地研究的首次成功尝试[13]。在分期与墓地布局的研究基础上，张忠培先生从分析合葬墓的性质入手，通过葬式、随葬品数量及放置位置的分析研究排除了一妻多夫或一夫多妻的可能性，从另一些现象的研究又证明了女性地位高于男性，尤其是只有成年女性和小孩的合葬墓，从而提出了这一时期世系由母系继承的解释。这一研究过程不仅直接利用了体质人类学的鉴定成果和考古学自身的分析方法，更为重要的是运用民族学资料进行了系统类比。至于合葬墓、墓区、墓地本身三种等级结构直接与恩格斯和摩尔根所阐述的北美印第安人的家族、氏族、部落三级结构相类比。当然，类比的资料尚有可争议的成分。

另一运用系统类比法的典型例子是林沄先生有关中国早期国家形式的研究[14]。早期国家形式是关系到中国文明形成和国家建立的重大课题。对于这一课题的探讨要求研究者必须具备多学科综合研究的能力。首先，林沄先生通过考古资料的分析指出：约当公元前三千纪后半叶，黄河中下游地区的聚落群（邑群）在等级、功能上的分化达到了一定程度，基本形成了以大型聚落为中心吸引周围诸小型聚落的有机系统。这种结构的聚落系统与先秦文献中反映出的都鄙系统（都鄙群）已相当吻合。从文献和金文记载来看，都鄙分化和都鄙系统（国）的形成使得社会从纯粹血缘性集团，逐步发展为一种地域性的社会集团。从考古上看，越来越多的研究表明，公元前三千纪到公元前二千纪之交中国境内相当多的区域内都已形成一种不同血缘关系相混合的考古学文化。整个夏商周三代中国境内一直保持着各都鄙群分立的局面，以郡县制的推行为标志的中央集权国家的形成正是在"逐步取代国内各都鄙群的相对独立性，而对外用兼并取代联合"的基础之上产生的。

系统类比方法同样可以用来研究古代人类所拥有的信仰系统和思维系统。通过系统类比能够认识祭祀现象所体现的原始信仰与宗教、埋葬现象所体现的民族认同意识以及艺术反映的人的审美意识。例如，《国语》记载周代祭祀的形式是"积土为坛，掘地为坎"。从现今发现的春秋盟誓遗址来看，主要是坎的形式。通过盟书释读，了解到其目的主要是通过对天地盟誓，借助天地神力以达到对参盟者行为的约束。早在新石器时代，中国境内就存在坛和坎这两种祭祀遗存，面向海洋的地区多有祭坛的形式，而内陆地区则主要表现为坎的形式。目前对这类遗存的辨识虽有所进展[15]，但对这些遗存的祭祀对象、祭祀方式、祭祀目的等一系列的"软件"由于缺乏系统的类比还难以搞清。

以上重点介绍的模拟试验和系统类比当然不是解释研究的所有方法。除此之外，在具体的研究中往往因研究目的的不同而需要采用一些其他方法。例如，从墓葬葬式和随葬品分析结合体质人类学鉴定往往能认识男女分工、墓主身份和地位等一些问题。这些方法的使用常常体现了多学科交叉的性质。

至此，我们分析了研究考古学资料的两类主要方法体系。总体上看，欧美考古的时空框架研究完成的较早，但在具体的研究中考古资料的系统化作为一项基础工作仍在进行。中国有关这一方面的研究在老一辈学者的辛勤努力和指导下，在基础方法论的认识方面不断深化，尤其是谱系关系的探讨为中国考古学资料系统化的研究开辟了新的领域。在解释研究方面，西方的计量化系统研究领先于我们。当然，我们也有自己的优势和长处。但不可否认，中国考古学在解释研究的整体意识上还很薄弱，目前多数的考古文献依旧停留在资料的整理与报道阶段。而且，相当多的考古工作者每每沉醉于一些举世闻名的重大考古发现，实则考古学的真正研究目的却往往掩映于实际发现所带来的惊喜与骄傲之下，考古学研究的方法范围仍然相当偏窄。

由于种种主观和客观因素的局限，考古资料的系统化和系统化之后的解释研究往往只能认识历史现象和历史过程的一些侧面，甚至只是这些侧面的一些动态的图景。因此，我们没有必要也绝不可能建立一个包罗万象的模式系统去复原人类的整个历史。恩格斯早就说过："世界表现为一个统一的体系，即一个有联系的整体，这是显而易见的。但是要认识这个体系，必须先认识整体自然界和历史，这种认识人们永远不会达到。因此，谁要建立体系，他就只好用自己的臆造来填补那无数的空白，也就是说，只好不合理地幻想、玄想。"[16]

考古遗存是有限的，考古工作者从中获得和认识的信息也是有限的。然而，考古学方法体系的丰富和发展必然会在一定程度上弥补材料不足造成的种种缺陷。尤其从中国考古学的发展来看，需要我们年轻一代一方面具备扎实的田野工作和资料系统化研究的素质，一方面适应当代多学科交叉发展的趋势，加强方法论方面的修养，相信在不远的将来能为中国考古学研究带来较大改观。

注　释

[1]　张光直：《考古学专题六讲》，文物出版社，1986年。

[2]　苏秉琦：《斗鸡台沟东区墓葬》（节选），《苏秉琦考古学论述选集》，文物出版社，1984年。

[3]　苏秉琦：《洛阳中州路》（西工段）结语，《洛阳中州路》（西工段），科学出版社，1959年。

[4]　邹衡：《试论殷墟文化分期》，《北京大学学报·人文科学》1964年第4、5期。

[5]　林沄：《东北系铜剑初论》，《考古学报》1980年第2期。高广仁、邵望平：《史前陶鬹初论》，《考古学报》1981年第4期。

[6]　〔英〕J. E.多兰、F. R.哈德孙：《数学和电脑在考古学中的应用》，英国爱丁堡大学出版社，1975年。

[7]　张忠培：《史家村墓地的研究》，《考古学报》1981年第2期。朱乃城：《概率分析方法在

中国考古学中的初步运用》,《史前研究》1984年第1期。陈铁梅:《多元分析方法应用于考古学中相对年代研究——兼论渭南史家墓地三种相对分期方案的比较》,《史前研究》1985年第3期。伊竺:《关于元君庙、史家村仰韶墓地的讨论》,《考古》1985年第9期。陈雍:《史家墓地再检讨》,《史前研究》1986年第3、4期。

[8] 俞伟超、张忠培:《苏秉琦考古学论述选集·编后记》,《苏秉琦考古学论述选集》,文物出版社,1984年。张忠培:《研究考古学文化需要探索的几个问题》,《文物与考古论集》,文物出版社,1987年。

[9] 张光直:《考古学专题六讲》,文物出版社,1986年。

[10] 〔日〕及川昭文著,石应平译:《考古学资料的量化研究》,《文物春秋》1992年第1期。

[11] 〔英〕伊安·豪德:《考古学的新方向:考古学中的模拟研究》,牛津大学出版社,1979年。

[12] 杨建华:《试论考古学研究的三个层次及其方法》,《吉林大学社会科学学报》1988年第2期。

[13] 北京大学历史系考古教研室:《元君庙仰韶墓地》,文物出版社,1983年。

[14] 林沄:《关于中国早期国家形式的几个问题》,《吉林大学社会科学学报》1986年第6期。

[15] 卜工:《北首岭遗址广场墓葬的特殊含义》,《辽海文物学刊》1990年第2期。

[16] 〔德〕马克思、恩格斯著,中共中央马克思恩格斯列宁斯大林著作编译局译:《马克思恩格斯全集》第20卷,人民出版社,1972年,第663页。

(此文与林兵共同署名。原刊于《吉林大学社会科学学报》1993年第3期)

大安后套木嘎遗址发掘方法、技术与记录手段的新尝试

后套木嘎遗址位于吉林省大安市红岗子乡永合村西北一条东北—西南走向的漫岗中段，新荒泡的东岸，是一处典型的沙岗型遗址。遗址中部地理坐标为北纬45°39′27.5″，东经123°47′15.1″，海拔130~155米，岗顶高出西侧水面6~12米。遗址面积近141万平方米，遗存密集区达55万平方米。地表可辨遗物分属于新石器时代、青铜时代和辽金时期。其中新石器时代与青铜时代遗存基本分布在遗存密集区范围内，而密集区之外仅断断续续地分布有辽金时期遗存。该遗址于1957年调查发现[1]，此后李莲[2]、张忠培[3]、陈全家[4]等先生先后做过复查。遗址于1999年被确定为吉林省省级文物保护单位。2011~2014年，为全面推行国家文物局新颁布的《田野考古工作规程》[5]，在吉林省文物局的直接领导下，由吉林大学边疆考古研究中心、吉林省文物考古研究所合作组建"吉林省田野考古实践与遗址保护研究基地"，采用"省校联合，三位一体"的协同创新模式，通过对大安后套木嘎遗址周边地区开展区域性考古调查及对遗址本身的有计划发掘，努力推进基地在人才培养、科学研究与遗址保护三方面的协调发展。由于新操作规程虽对考古勘探、发掘、整理与记录的方法作出了相关规定，但在发掘方法上主要是提供了一些指导性的理念，故此次工作重点在发掘方法、技术与记录手段方面作了新的尝试和探索。

一、借鉴和吸收欧洲平面发掘法的优点，改进探方发掘法

（一）平面发掘法的主要特点及操作流程

平面发掘法（也有人译为全面揭露发掘法）是由法国考古学家安德雷·勒卢瓦古朗（André Leroi-Gourhan）所创制的一套旨在揭示人类活动面及人类行为的发掘方法。这种方法于20世纪70年代初、中期兴起于法国，其后逐渐在欧洲大陆流行开来，成为当今世界范围内一种主要的田野考古发掘方法[6]。该方法的出现，是建立在对之前流行的探方发掘法的批评和反思的基础上的。最初主张采用平面发掘法的学者，几无例外地指责探方发掘法只注意纵向上的地层叠压关系，而忽视同一层面上诸多遗存现

象之间的相互联系。实际上，这恰恰是适应了聚落考古兴起之后考古学家试图对考古发掘手段做出相应变革的需要。为便于观察和分析同一层面上诸遗存的分布及相互联系，把握同一时期的聚落布局特点，该方法对传统发掘手段所做出的最为重要的变更即是：整个发掘区无论面积大小，皆不再布设探方网格，不留隔梁与关键柱，统一按照可判断先后顺序的地层单位（Stratigraphic Unit）依次进行发掘，主旨在于尽可能完整地揭露出每一个较大的层面。发掘区四壁可作为控制地层堆积早晚次序的剖面，也可根据实际需要随时在发掘区之内留取判断地层关系的剖面。待具体问题解决，再打掉所留临时剖面，继续整体向下推进[7]。2001、2002年，中法合作对河南南阳龚营遗址的发掘，部分区域完全采用平面发掘法揭露[8]，1999~2001年，中美合作对山东日照两城镇遗址的发掘，也借鉴了平面发掘法的编号与记录等手段[9]。2012年夏，在后套木嘎遗址的发掘中，为进一步与欧洲大陆流行的平面发掘与记录方法进行对比，我们在遗址AⅣ发掘区南部200平方米的区域采用平面发掘法发掘，具体工作由时在法国巴黎第十大学留学的博士生文臻和在吉林大学留学的法籍博士生Pauline Sebillaud联合指导，与我们的发掘同时展开。这种方法的操作流程可归纳为如下五个方面。

（1）依据土质、土色及相关性状，将发掘区内所辨识出来的每一种堆积及建筑层面均区分为不同的地层单位。

（2）依地层单位出现的先后顺序编流水号。

（3）辨识地层单位间的叠压、打破关系，并分析诸地层单位之间的相对早晚。

（4）按由上至下、由晚及早的顺序对已辨识的地层单位逐个进行发掘。

（5）依据发掘结果对不同地层单位的性质进行判断，确认出堆积层、灰沟、墓葬等功能单位。

（二）平面发掘法与探方发掘法的联系与区别

众所周知，中国考古学自20世纪30年代殷墟发掘的中后期开始，已采用探方法作为主要的发掘方法，此后不断探索并积累了大量处理复杂灰土堆积的经验与方法。迄今所普遍采用的探方发掘法，在区分不同堆积的标准（土质、土色）、辨识堆积先后顺序的方法（依据叠压、打破）、考古发掘的操作程序（由上至下，由晚及早）等方面，都与当今欧洲流行的平面发掘法是基本相同的。而且，自殷墟发掘开始，在历史时期考古遗址的发掘中，就已将揭露大型建筑的布局作为发掘工作的一项主要目标。20世纪50年代，为了解原始社会的氏族组织，中国考古还曾学习当时苏联的考古经验，对西安半坡[10]等遗址采用大规模揭露的发掘形式，以揭示某一阶段的村落布局。此后类似的工作仍陆续开展。这些发掘工作虽然在层位划分、测量和记录等方面仍依赖最初所布设的探方网格，但在到达主要建筑层面时，打掉隔梁乃至关键柱，保证主要建筑布局的完整性，甚至着力找寻遗址内各阶段的"地面"[11]，做法显然与平面发掘法有相通之处。然而，两种发掘方法的区别亦十分明显。

首先，平面发掘法不布设探方，不留隔梁与关键柱，整体逐层揭露的发掘方式不同于探方发掘法。探方发掘法之所以能够在中国长期流行，原因可能是多方面的。这既与社会环境的长期封闭有关，又与测绘手段的相对落后，以及便于利用隔梁运土等因素有关。中国的田野考古直到很晚才普及全站仪全程测绘，许多地区存在堆积较深的软遗址，如无探方网，既不便于观察、记录和测绘剖面，又不利于向发掘区外运土，主要是客观因素制约的结果。当然，在业务熟练的专业人员相对缺乏的情况下，采用容易控制的探方法发掘，也可避免过多的操作失误。

其次，判断遗存单位功能的出发点和具体方式不同。中国以往采用的探方发掘法，主要是利用平面辨识地层和遗迹单位，利用剖面确定某一地层和遗迹单位的层位。举例说，当我们在探方平面上画出一长条形的遗迹，且有一定宽度，头脑中多半已凭借经验而判断出这可能是一条灰沟，就按照清理灰沟的方法直接操作即可。而在后套木嘎平面发掘试验区内，当在平面上辨识出这样的长条形堆积时，发掘主持者只将其视为一个地层单位，在其上每隔一段打一剖沟，通过若干剖沟的剖面，确定这一堆积是否真是一条沟，以及沟内堆积的分层情况。相比而言，我们以往判断遗存单位功能的方式有更多先入为主的成分。

最后，平面发掘法的编号体系不同于我们采用的探方发掘法。平面发掘法在发掘过程中，先是将遇到的每一种依靠土质、土色辨识出来的堆积以及建筑层面都按顺序编流水号（可以包含年度与发掘区编号），待清理进行到一定阶段，再根据实际情况将几个地层单位归属为某一类遗迹，并给出遗迹号（feature number）。例如，在南阳龚营遗址的发掘中，在发掘者依据发现顺序所编出的一系列地层单位流水号中，最终认定第904号单位是指一个灰坑的坑腔（包括坑壁、坑底）本身，而第905号、第925号单位则分别是该灰坑内先后发现的第1、2层填埋堆积[12]。而按照我们的编号习惯，假如将这个灰坑识别了出来，就应该直接给它一个灰坑的编号，如H5，那么，坑内的两层堆积则可分别编为H5①和H5②。从编号上即可对每一个堆积单位或建筑层面的性质一目了然。

经过系统的比较，我们认为目前这两种发掘法各有优劣。平面发掘法的优点在于，它可以摆脱隔梁、关键柱等对大范围观察和判断遗迹现象所造成的割裂感和阻隔感[13]，更便于对主要建筑遗迹平面布局的整体把握。而且，将建筑本身或建筑层面（如灰坑的坑腔）与建筑内的堆积分别编为不同的地层单位，有利于进一步区分建筑的建造时期、使用时期和废弃时期。而不利之处，最主要仍是面对地层堆积很深、叠压与打破关系复杂的遗址时，假如缺少经验丰富的直接操作者，发掘的难度显然是比较高的。并且，尽管平面发掘法的整体编号体系并不缺乏分层、分级概念，但也正如有学者所指出的那样，在发掘过程中编列大量看不出与地层和遗迹之间内在联系的流水号，琐碎而不易记忆，至少在现阶段是很难让大多数中国的田野考古工作者所适应的[14]。

（三）探方发掘法与平面发掘法相结合的尝试

在后套木嘎遗址的发掘中，我们尝试采用了探方发掘与平面发掘相结合的发掘方法。

（1）针对后套木嘎遗址地层堆积连续且较为简单的实际情况，发掘采用逐层揭露，逐层打掉隔梁的办法，力求揭露出同一层面上各类遗迹的完整分布状态，逐层向下推进。

（2）发掘区边缘采用3米长的钢管作为高界桩，一半打到地下，一半露于地表上，便于随时根据标高恢复探方和隔梁，以利测量和绘图。

（3）对于延展范围较大的遗迹，根据实际需要留取若干剖面，以利掌握遗迹内各部分堆积的存在状况。例如，对半地穴式房址的清理，我们一般采用在房址中留"十"字形隔梁的办法；清理已辨识出的灰沟，每隔一段距离就留一个小隔梁，便于观察灰沟内不同部位的剖面。小剖沟或剖面的设置，应有助于了解遗迹的开口层位、堆积状态及遗存的性质等。

（4）在发掘过程中既按土质、土色区分出最小的堆积单位，按堆积单位记录和全面搜集各类遗物，同时又注意建筑本身或建筑层面的编号和记录。清理过程中保持遗迹内或层面上各类遗物的存在与分布状态，进而研究堆积的形成过程。

三年来的具体实践表明，将探方发掘法与平面发掘法相结合，不仅能够满足2009年版《田野考古工作规程》在发掘理念、记录方式与记录内容上的要求，而且在具体实施过程中便于操作和掌握，在现阶段的中国田野考古中是值得推广，而且是有条件、有能力加以全面推广的。但当务之急是加紧新型考古人才的培养和转换传统的工作理念。

二、注重考古新技术的开发和利用，提高考古工作的质量与效率

在后套木嘎遗址的发掘过程中，通过相关技术人员的参与合作，我们在测绘、照相、绘图、采样等方面开发和利用了几项新的技术，极大地提高了工作的质量和效率。

（一）采用全程全站仪测绘技术

大致从20世纪80年代末期开始，全站仪在欧美发达国家的田野考古工作中陆续得到应用。尤其是当采用平面发掘法发掘时，由于不再布设具有测量功能的探方网，全站仪测绘较之其他测绘手段就显得更为直接和有效。中国虽然从90年代中期之后也

陆续开始在田野考古中运用电子经纬仪、全站仪等电子测绘设备，但在相当长的一段时间里主要是由考古部门短期聘请专业人才，利用全站仪测绘遗址地形图或布设探方网，也有少量考古工地在发掘过程中利用全站仪测绘遗迹图和出土标本的三维坐标[15]，但极少能在发掘过程中利用全站仪全程测绘各类田野用图。自2011年起，我们在后套木嘎遗址的发掘中全程采用全站仪测绘技术，测绘发掘区数字总平面图（包括所有遗迹单位的数字三维图像）、数字剖面图以及每个标本的三维坐标点、每个采样位置的三维坐标点。白天采集和记录测量数据，晚间及时将测绘数据导入计算机，并以Auto CAD软件绘制成图。这是国内田野考古中采用全程全站仪测绘的为数不多的先例之一。

（二）全程应用数字化图像采集与处理技术

在以往开展的田野考古工作中，考古摄影与考古绘图是两种几乎不发生关系的技术，甚至在大学考古专业的教学中，二者也常常被当作两门独立的课程来讲授。自2002年始，吉林大学边疆考古研究中心的林雪川工程师即开始钻研数字化图像采集与处理技术在考古学中的应用课题，将考古摄影与考古绘图有机结合起来，并先后在计算机器物制图、三维人像复原等方面取得了重要的技术突破[16]。在后套木嘎遗址发掘过程中，我们采用林雪川设计、组装的六翼航拍器与Pauline Sebillaud设计的活头挑杆，全程、适时采集各类遗迹及发掘区全景的正投影图像，继而利用Photoshop软件的强大图像处理功能，根据考古制图的实际需要设计出专门的"考古绘图工作区"，通过截图、局部放大、增加反差、勾描轮廓等步骤，最终将遗迹照片转变为可供发表用的线图，从而首次在中国的田野考古中实现了发掘现场图像采集、处理与成图的一条龙数字化操作。其后，鉴于以Photoshop制作的线图是由像素密度所决定的光栅图（Raster），所占内存往往很大，且放大后图像容易变虚，Pauline Sebillaud又尝试采用Illustrator软件，将各类遗迹的正投影照片绘制成矢量图（Vector）。这种图像有明确比例，质量很小，且可无限放大，效果良好。

（三）系统采样与浮选

为尽可能全面地收集土壤中所含各类遗物尤其是植物类遗存，在本次发掘中我们采用了按堆积单位系统采集土样的技术。具体说就是在所有按土质土色所划分出来的最小的堆积单元中，用同样容积的容器采集同样分量的土样（4升），以最大限度地体现所采土样在时间（分期或阶段）和空间（聚落内的位置）上的代表性。其中，地层和普通遗迹采用平面法采样，探方中每个地层与遗迹内每个小层均割取同样分量的土样。对于面积较大的堆积单位，如房址居住面，则可采用网格法抽样采样。具体做法是在居住面上拉出边长1米的网格，以梅花式隔格采集同等分量的土样。采集的每份土样除单独包装1小袋（50毫升）留待检测植硅石、酸碱度等之外，均及时分组浮选并悬挂阴干。浮选样本由美国俄勒冈大学人类学系和吉林大学边疆考古研究中心的研究人员开展合作研究。除采集系统浮选土样之外，每年度的发掘中，我们还按相应的技术要求采集用于检测年代的炭样、用于古DNA检测的人骨与兽骨、用于环境复原的孢粉土样、用于分析古人健康状况的墓葬中古寄生物土样等。其中孢粉土样的采集不同于浮选土样的采集，需选择典型的文化层剖面，以柱状法自下而上逐层割取土样。层薄者仅取1例即可，而层厚者须自下而上多取几例。采样量一致，且须标明层位编号和距地表深度。为开展必要的比较研究，还需在遗址边缘地带寻找理想的自然剖面，亦以同样方法采样。墓葬中古寄生物土样的采集与分析，是目前国际上研究早期人类肠内寄生物及痢疾等疾病的一种新技术[17]。我们采用了剑桥大学考古人类学系生物人类学专业所设计的墓葬古寄生物土样采样流程[18]。对墓葬中的每例人骨，要求在骶骨孔（共8个小孔）处采集最靠近骨面的土样10克，在骶骨前方采集最接近骨面的土样40克。同时，作为检测时的比对标本，还需在该例人骨的头部和脚部分别采集土样50克。土样需分别密封包装。采集不同人骨与不同部位的土样前，工具皆应事先以纯净水清洗。以上所有采样均需尽量避免任何方式的污染，需及时按要求做好包装和记录，任何一个采样点皆应测取三维坐标。

此外，2012年发掘开始之前，我们与吉林大学地球探测科学与技术学院联合，用探地雷达与电阻仪对拟发掘区进行物理探测，通过将地表探测影像与发掘结果相比对，证明以此二类科技手段探测普通村落类遗址的效果并不理想。尽管如此，这也不失为一次有益的尝试。在2013、2014年的发掘中，我们还与吉林省测绘局合作，尝试用三维扫描仪对大层面和重要遗迹单位进行了扫描和图像制作；与沈阳有色金属公司合作，对半地穴式建筑的边壁和动物骨骼做了纳米硅渗透加固实验，这些都取得了预期的效果。

三、构建田野考古资料数据库，实现考古资料录入与管理的电子化

20世纪90年代中期以来，伴随中国综合国力的不断增强，国家对文物保护事业的投入力度不断加大，考古发掘、调查工作的数量与规模持续以几何倍数增长。面对这种日新月异的发展趋势，传统的田野考古记录及资料存储和管理手段已渐渐难以满足对巨量资料的管理和利用需求，建设方便、快捷、高效的田野考古数据库已成为中国考古学发展的当务之急。2009年版《田野考古工作规程》中，已开始倡导考古资料录入与管理的电子化，并为考古调查、发掘、采样、测绘等基本工作项目提供了具有指导意义的记录表格。然而，由于数据库的设计和利用往往具有非常明确的目的性，且常常受工作对象、工作条件、人员素质等多方面因素的影响，所以，迄今为止，中国

除少数几家条件具备的基层文博单位正在尝试建设自身的田野考古数据库之外，尚未建立起具备行业标准的统一的田野考古数据库。

2011年，受吉林省文物局的委托，我们依据新版《田野考古工作规程》中的记录格式，并结合"吉林省田野考古实践与遗址保护研究基地"的工作目标和实际工作需要，设计了一系列田野考古调查、发掘与整理工作的记录表格，并以Filemaker软件制作成方便快捷、易于使用的"吉林省田野考古数据库"[19]。此后又陆续根据吉林省各地考古工作的实际需要进行增补和修改。目前已成形的数据库中，田野考古工作的记录表格总计包括系统调查记录表、考古钻探记录表、探方层位关系示意图、堆积单位记录表、墓葬记录表（又分土坑竖穴墓、洞室墓等分表）、人骨保存状态记录表、灰坑记录表、房址记录表、城址记录表、城墙记录表、城门记录表、夯土台基记录表、土堆记录表、窑址记录表、其他遗迹记录表、采样记录表（含墓葬寄生物采样流程）、摄像记录表、照相记录表、全站仪设置记录表、全站仪测绘记录表等21份。整理工作记录表格包括系统调查整理表、发掘记录登记表、绘图记录表、整理记录登记表、文物入库登记表、陶片数量统计表、器形与纹饰统计表、陶片称量统计表、器物标本记录卡等9份。在新规程所提供的记录规范及格式之外，我们设计的数据库主要在以下三个方面进行了尝试性的探索。

其一，在新规程中，考古发掘记录仅有一个"发掘记录表"，内容虽然基本涵盖每一堆积单位的土质、土色、包含物及遗迹的形状、结构、尺寸等必要信息，但对田野考古中常见的各类遗迹缺乏记录内容的针对性。在后套木嘎遗址数据库的设计上，我们在强调"堆积单位"概念的同时，又修改并保留了1984年版《田野考古工作规程》及《考古工作手册》中所列灰坑、房址、墓葬等常见遗迹的记录要点及相关表格[20]，从而更便于田野一线人员的接受、掌握和操作。

其二，部分记录表格中的内容借鉴或参考了欧洲流行的田野考古工作记录规范。其中"人骨保存状态记录表"，系由法国体质人类学家Henry Duday和Patrice Courtaud先生所设计[21]，并由曾雯与Pauline Sebillaud博士翻译和修改。此表的引入，填补了中国考古学以往在人骨现场观察和记录内容方面的诸多空白项，对进一步观察和分析死者的埋葬过程、埋葬行为、埋葬习俗以及后期扰乱活动等具有不可替代的作用。例如，对尸体在下葬前是否曾经捆绑、摆放尸体时头下是否置有枕具等，都是以往田野发掘记录中常常被忽略的记录项目。尤其是此表中所配"人骨保存状态示意图"，通过现场观察和填涂，可直观、形象、简洁地表现人骨各部位是否移位、是否破碎等存在状态。可以说，此表是一个非常实用的田野考古记录表，值得在今后的田野考古工作中进一步推广。此外，在堆积单位记录表、采样记录表、系统调查记录表中，也借鉴和参考了欧洲田野考古中的部分记录项目[22]。

其三，吉林省境内存在大量高句丽、渤海及辽金时期的城堡类遗址，此类城址的调查和发掘已逐渐成为吉林省田野考古工作的重中之重。但无论是新、老规程还是

《考古工作手册》中均未曾就城址的发掘设计过标准统一的记录表。为满足实际工作的需要，2014年8月，我们在后套木嘎遗址举办吉林省考古领队现场研修班，通过相互交流和认真讨论，在集思广益的基础上为数据库新设计了城址记录表、城墙记录表、城门记录表、夯土台基记录表、土堆记录表等表格，进一步充实和完善了吉林省田野考古数据库。

该项田野考古数据库的建设和推广利用，对提高吉林省田野考古工作的质量和效率，已起到十分重要的促进作用。

以上我们对后套木嘎遗址发掘在方法、技术与记录手段方面的尝试做了初步总结，宗旨是以有限的工作尽可能扩展获取遗存的广度与提高获取遗存的质量，从中萃取研究人类历史的方方面面的信息。纵观考古学史可以发现，考古学理论与思潮的每一次大的发展，几乎都与从遗存中提取信息的方法和技术的发展有直接关系，这显然是与考古学以物质遗存为研究对象、实践性与可操作性强的学科特点所分不开的。20世纪90年代中期以来，中国考古学正以崭新的姿态走向世界，在田野考古工作中，学习世界考古学的前沿技术与方法，努力提高我们自身获取考古信息的能力，是实现中国考古学与世界考古学接轨的至关重要的途径。为此，还需要我们每一位田野考古工作者继续积极探索田野考古方法与技术的改进和提高。

注　释

[1] 李莲：《白城发现细石器文化遗址》，《文物参考资料》1958年第11期，第78~80页。

[2] 李莲：《吉林安广县永合屯细石器遗址调查简报》，《文物》1959年第12期。

[3] 张忠培：《白城地区考古调查述要》，《吉林大学社会科学学报》1963年第1期。

[4] 陈全家、王春雪、宋丽：《吉林大安后套木嘎石制品研究》，《边疆考古研究》第4辑，科学出版社，2005年。

[5] 国家文物局：《田野考古工作规程》，科学出版社，2009年。

[6] Courbin P. André Leroi-Gourhan et la technique des fouilles. Bulletin de la Société préhistorique française, 1987(84-10): 328-334.

[7] 丁兰：《当代法国田野考古发掘方法与技术》，《华夏考古》2006年第4期。

[8] 杨宝成、〔法〕杜德兰（Thote Alain）著，何竞译：《南阳附近的龚营遗址的发掘：方法和结果》，《考古发掘与历史复原》（法国汉学，第十一辑），中华书局，2006年，第36~48页。Thote Alain, Karine Michel. Une coopération franco-chinoise: les fouilles du site de Gongying. Archéopages, 2010: 79-84.

[9] 中美两城地区联合考古队：《山东日照市两城镇遗址1998~2001年发掘简报》，《考古》2004年第9期。栾丰实：《中美合作两城考古及其意义》，《文史哲》2003年第2期。栾丰实：《聚落考古田野实践的思考》，《考古学研究》（九），文物出版社，2012年，第

787~800页。

[10] 中国科学院考古研究所、陕西西安半坡博物馆：《西安半坡》，文物出版社，1963年。

[11] 赵辉：《遗址中的"地面"及其清理》，《文物季刊》1998年第2期。

[12] 杨宝成、〔法〕杜德兰（Thote Alain）著，何竟译：《南阳附近的龚营遗址的发掘：方法和结果》，《考古发掘与历史复原》（法国汉学，第十一辑），中华书局，2006年，第36~48页。

[13] 比如探方发掘法最常采用的5米×5米规格的探方，整体面积虽然是25平方米，但由于隔梁与关键柱的存在，实际发掘过程中所能观察到的面积只是4米×4米，即16平方米，有36%的面积观察不到。不利于判断大遗迹、遗迹之间的相互联系及开展空间分析等。

[14] 栾丰实：《聚落考古田野实践的思考》，《考古学研究》（九），文物出版社，2012年，第787~800页。

[15] 秦岭、张海：《电子全站仪在田野考古中的应用》，《考古》2006年第6期。

[16] 吉林大学边疆考古研究中心、北京市文物研究所：《北京市石景山区老山汉墓出土颅骨的计算机虚拟三维人像复原》，《文物》2004年第8期。

[17] Carvalho Gonçalves, Marcelo Luiz, Adauto Araújo, Luiz Fernando Ferreira. Human Intestinal Parasites in the Past: New Findings and a Review. Mem Inst Oswaldo Cruz, 98, 2003: 103-118.

[18] 墓葬古寄生物土壤采样流程由剑桥大学考古人类学系在读博士生叶惠媛提供。

[19] Pauline Sebillaud、刘晓溪：《后套木嘎遗址田野考古数据库的建设》，《边疆考古研究》第14辑，科学出版社，2014年，第89~102页。

[20] 国家文物局：《田野考古工作规程》，内部资料，1984年。中国社会科学院考古研究所：《考古工作手册》，文物出版社，1982年，第11~77页。

[21] Courtaud, Patrice. Anthropologie de Sauvetage: Vers une optimisation des méthodes d'enregistrement. Présentation d'une fiche anthropologique. Bulletins et Mémoires de la Société d'anthropologie de Paris 8, 3, 1996: 157-167. Duday, Henri, Éric Crubézy, Pascal Sellier, and Anne-Marie Tillier. L'anthropologie de «terrain»: reconnaissance et interprétation des gestes funéraires. In Anthropologie et archéologie: dialogues sur les ensembles funéraires. Bull, et Mém. de la Soc. d'Anthrop. de Paris, edited by Éric Crubézy, Henri Duday, Pascal Sellier, and Anne-Marie Tillier, Société d'anthropologie de Paris.Paris, 1990: 29-50.

[22] Kipfer, Barbara Ann. The Archaeologist's Fieldwork Companion. Blackwell Publishing. London, 2007:53-148. Djindjian, François. Manuel d'archéologie. Paris: ArmandColin, 2011: 70-89.

（本文与Pauline Sebillaud及霍东峰联合署名。原刊于《吉林大学社会科学学报》2016年第1期）

灰坑发掘中应当注意的三种情况

　　灰坑是遗址发掘中最常见的一种遗迹。虽然司空见惯，但其间存在的问题却不少。在近年的教学实习中我们就曾遇到这样三种情况，应引起注意。

　　其一是关于"葫芦坑"问题。按照一般经验，平面上凡是出现了两个"相切圆"，构成了一个葫芦形坑口，那么一定要当成打破关系而将二者在平面上区分开来。这种判断在大多数情况下无疑是正确的。然而就有那么一次，无论我们怎样细刮平面、反复辨认，最终还是无法将其分开，因为两个"相切圆"内的堆积特征太一致了。无奈，我们只有选择一个长剖面（即横贯两个"相切圆"的剖面），以二分法向下试做。结果发现，两个"相切圆"确实有自己的坑壁、坑底，应是两个坑。但坑内的堆积却是相通连的，只是上部堆积一端较薄，一端很厚，而下部堆积则是倾斜状的，厚薄方向也恰恰相反。经过分析，搞清了这是由于存在打破关系，而致使其中一坑的坑内堆积倒塌向另一坑中，最后再被一齐填平的缘故。后来又遇到了几例类似的现象。其中有的被打破的坑只是上部堆积倒向另一坑中，而偏下的一层或两层还没有发生倒塌现象。针对这种情况，我们强调在发掘中一定要留长剖面，注意坑内的分层和堆积的特点。给两坑不同的坑号，但坑内的层可以统一编，记录也共用一份。

　　其二是关于袋形坑的特殊性的问题。有一天一个同学跑来报告，说是自己犯了错误，将一个灰坑"挂"在了剖面上，但却怎么也搞不清坑的开口。我走去一看，剖面上一块近似圆角三角形的灰土，"坑口"确实像悬在一个地层的中间。这种情况还很少遇到。我拿起手铲刮了刮，注意到这块土的范围稍微扩大了，便恍然大悟。推想该坑很可能是开口于方外某一层下的一个袋形坑，剖面上的那块土就是这个坑的下部"袋"进探方内一部分而形成的。经过扩方，最终验证了我的想法。在后来的发掘中，我们又陆续遇到了几例这样的情况，甚至还有一例方外的地面式房址的墙"蹭"进方内很小一部分的现象。从而了解到探方的剖面也能提供不少关于方外遗迹的情况。只要头脑中有了这样的经验和印象，处理起来便得心应手了。

　　其三是关于坑内堆积的性状及成因等的描述问题。赤峰大山前遗址夏家店下层文化灰坑的堆积中常见成层的黑灰土。这些黑灰土仅从土质、土色看都颇为一致。主要成分都是大量的草木灰。但若仔细观察，便会了解到有些灰层是在坑内烧火所形成的，而有些则是从坑外倾倒进来的。由于起初我们并没有刻意强调这种差别，所以学生在记录坑内堆积时仍是单调地记述坑内各层灰土的深度、厚度、土质、土色。这虽与《田野考古工作规程》中的要求并不矛盾，但无意间却漏掉了一些极为重要的信息，如坑内的黑灰土是水平分布还是倾斜状分布，是在坑内烧火所形成还是从外部倾倒灰烬所形成，灰烬倾倒的方向及其与周围房屋之间的关系等。当我们注意到这种情况后，便立即召集学生做了细致的分析和讲解，使学生理解了详细记述坑内堆积的性状与成因，对于判断灰坑的功能乃至整个聚落的布局有着重要意义。

以上简单谈了三点我们在近年的考古实践中所遇到的问题。相信类似的情形经常做田野工作的朋友都可能碰到过。这里不揣浅陋地说出来，只是迫切希望这些田野经验和教训不应闷在大家肚子里。经常的总结和交流，可能会有助于我们的学科向前发展。

（原刊于《中国文物报》2000年9月20日）

后 记

我是1984年入吉林大学考古专业学习的。本科毕业后又先后师从张忠培、林沄先生攻读新石器时代考古与商周考古方向的硕士与博士学位。自己之所以能在先秦考古领域的耕耘中有所收获，首先是和两位导师对我的辛勤栽培分不开的。能兼得中国考古界两位名师的点拨，是我此生最大的荣幸。而且，我在吉大求学之时，正是吉大史学三领域——古文献、古文字与考古学——各自蓬勃发展、交相辉映的黄金时期，面对林立的高手和知识的海洋，我整日莫名兴奋、如饥似渴，除了系统学习考古专业的课程，还先后选修了陈世辉先生的"古文字学概论"、吕绍纲先生的"三礼研究"、陈恩林先生的"三传研究"、丛文俊先生的"诗经研究"和李无未先生的"音韵学"等多门历史系和古籍研究所的硕士或博士研究生课程，从而大大拓展了自己的知识面。然反观我如今的学术定位与志趣的形成，不能不说是受林沄先生始终坚持的多元史料观的影响最巨，明白了要研究先秦历史问题，考古学、古文字学和古文献学这三个领域都只能提供一部分史料而已。从这一角度看，无论从事其中任何一个领域的研究，都是既不能故步自封，也不能妄自尊大。只有打破学科壁垒、交叉整合、兼收并蓄，才是光明之路。当然，在我学术成长的途中，也曾先后得到邹衡、安金槐、严文明、李伯谦、杨育彬、陈雍、许伟、刘绪、杨建华、王巍、卜工、朱永刚、许永杰、朱泓、魏坚、塔拉、宋豫秦、水涛等先生和师长们的关心和支持，从他们身上我获益良多。历经三十余年的学习和求索，我如今年届五十，在朋友和学生们的建议下，产生了编一本自选集的想法。这本文集，对考古界曾经关心和指导过我的师长们而言，只能算我临时上交的一份"期中考试"的答卷，也希望能为朋友们和学生们查找我散落各处的文章，与我展开进一步的切磋提供便利。

本书是从我已发表的一百余篇各类杂作中选出的、有关中国新石器时代考古与夏商周考古的33篇论文所集成，包括"新石器时代考古""夏代考古""商代考古""周代考古""青铜时代考古综合""理论与方法"六个专题。主要研究内容涉及两个方面，一是中国中原地区龙山至商代考古学文化的编年谱系、变迁过程与发展动因研究，一是北方长城地带新石器时代至青铜时代的文化与社会进程研究及早期游牧文化的形成机制研究，算是集中反映了我以往对先秦考古若干热点与难点问题的思考与心得。

近年来，我逐渐开始审视和反思自身的治学方向，并将自己的学术定位概括为"立足边疆，兼及中原；关注史前，探析夏商"。也就是说，在研究地域上，自己虽长期在北方边疆地区开展田野考古工作和相关问题的探索，却依然在持续地关注和参与中原地区龙山至商代考古若干问题的研讨，并提出自己的见解；在研究的时间范围上，自己虽以夏商周时期考古为钻研重点，却也不断关注新石器时代考古研究的若干专题，从而在一定程度上构建出有自身特色的先秦考古研究体系。但是，当我将自己的这些想法汇报给林沄先生的时候，他却告诉我：这只是你的一个研究取向，而非你的研究特色。我最欣赏你的一点，是你始终扎根田野，并能在田野考古中不断思考。还有一点，就是你能为解决一个学术问题而广泛涉猎各个领域的已有认识，殊为难得。老师夸奖，实不敢当。然知我者，莫如师也。与其说这是老师的赞赏，不如说这是老师的鼓励。我想，对师恩的最好报答，莫过于今后继续奋马扬鞭，驰骋于学术和育人的旷野，去实现自我的人生价值。

在文集付梓之际，我要感谢我的夫人张旭。我多年带学生野外实习，是她义无反顾地承担了家务和抚养女儿的重担。于此仅举一例：1998年我在赤峰大山前带学生实习，由于遗迹现象非常复杂，指导工作异常艰难。当我接到电话赶回家，女儿已在头天出生了。我在家伺候她们母女不足一月，就又急匆匆赶回工地。对此，夫人没有丝毫的抱怨，给我的只是鼓励和支持。

我还要感谢我的朋友和学生们。我文章中的有些基础材料是请一些朋友和学生代为收集的，不少插图是请林雪川老师和我的历届研究生们帮助绘制的，英文摘要也多是请史宝琳（Pauline Sebillaud）等学生帮着翻译的。井中伟、林森老师在繁重的教研任务之外，带着在校研究生杨琳、魏凯、胡平平、李朵、和菲菲、武俊华、杨习良、王建峰、陈晓玲、霍耀帮助编辑、校对本文集。其中2000年之前发表的论文因为没有电子文档，还需要重新打印、绘图。学生们的热情帮助，令我感动。

还要感谢科学出版社的王琳玮女士为本书编校所付出的辛勤努力。